航天科技图书出版基金资助出版

实用空间系统项目管理

Applied Project Management for Space Systems

[美] 朱莉·切斯利（Julie Chesley）
威利·J·拉森（Wiley J. Larson）
玛里琳·麦奎德（Marilyn McQuade）
罗伯特·J·曼瑞德（Robert J. Menrad） 编
杨保华 等 译

中国宇航出版社
·北京·

Edited by Julie Chesley, Wiley J. Larson, Marilyn McQuade, Robert J. Menrad
Applied Project Management for Space Systems
ISBN-13: 978-0-07-340885-9

图书在版编目(CIP)数据

实用空间系统项目管理／（美）切斯利（Chesley，J.）等编；杨保华等译. -- 北京：中国宇航出版社，2013.10（2016.11 重印）

书名原文：Applied project management for space systems

ISBN 978-7-5159-0465-8

Ⅰ.①实… Ⅱ.①切… ②杨… Ⅲ.①航天系统工程-项目管理 Ⅳ.①F407.5

中国版本图书馆 CIP 数据核字(2013)第 174228 号

责任编辑　刘亚静　杨　洁
责任校对　祝延萍　　**封面设计**　谭　颖

出版发行	中国宇航出版社		
社　址	北京市阜成路 8 号　邮　编　100830 (010)68768548	版　次	2013 年 10 月第 1 版 2016 年 11 月第 2 次印刷
网　址	www.caphbook.com	规　格	787×1092
经　销	新华书店	开　本	1/16
发行部	(010)68371900　(010)88530478(传真) (010)68768541　(010)68767294(传真)	印　张	35
		字　数	852 千字
零售店	读者服务部　北京宇航文苑 (010)68371105　(010)62529336	书　号	ISBN 978-7-5159-0465-8
		定　价	150.00 元
承　印	北京画中画印刷有限公司		

本书如有印装质量问题，可与发行部联系调换

航天科技图书出版基金简介

航天科技图书出版基金是由中国航天科技集团公司于2007年设立的，旨在鼓励航天科技人员著书立说，不断积累和传承航天科技知识，为航天事业提供知识储备和技术支持，繁荣航天科技图书出版工作，促进航天事业又好又快地发展。基金资助项目由航天科技图书出版基金评审委员会审定，由中国宇航出版社出版。

申请出版基金资助的项目包括航天基础理论著作，航天工程技术著作，航天科技工具书，航天型号管理经验与管理思想集萃，世界航天各学科前沿技术发展译著以及有代表性的科研生产、经营管理译著，向社会公众普及航天知识、宣传航天文化的优秀读物等。出版基金每年评审1～2次，资助10～20项。

欢迎广大作者积极申请航天科技图书出版基金。可以登录中国宇航出版社网站，点击“出版基金”专栏查询详情并下载基金申请表；也可以通过电话、信函索取申报指南和基金申请表。

网址：http：//www.caphbook.com

电话：(010) 68767205，68768904

译　序

空间系统工程是一种集多种高技术于一体的大型、复杂的系统工程，它由航天器、航天运输系统、航天发射场、航天测控网和应用系统等组成，是一种完成特定航天任务的工程系统。空间系统工程兴起于20世纪60年代中期，经过40多年的发展，形成了一套具有航天特色的系统工程方法论，并极大地推动了航天科技工业的发展。

空间系统工程不仅包含技术过程，要求人们按照系统科学的理论和方法规划、研究、设计、制造、试验、运行和应用空间系统，还包含管理过程，要求人们按照系统科学的理论和方法有效地管理这一系统，从而使空间系统更好地为人类服务，达到以投入最少的人、财、物，直接或间接地获取最佳的经济、军事、科学和社会效益的目的。20世纪60年代著名的阿波罗登月计划采用了网络计划技术，使此耗资300亿美元、2万家企业参加、40万人参与、700万个零部件组成的项目顺利完成。随着信息时代的来临和空间技术的高速发展，空间系统工程和空间系统项目管理也在不断发展。

由美国国防部和国家航空航天局组织编写的两本姊妹书——《实用空间系统工程》和《实用空间系统项目管理》，分别从工程和项目管理两个方面介绍了复杂空间系统工程研制、管理的经验、知识和方法，尤其是书中包含许多与空间有关的案例研究和经验教训，十分适合直接从事空间领域工作的工程研制人员和管理人员参考，也适合作为大学本科生和研究生的课程教材。为方便国内读者使用，我们组织了部分科研人员对这两本书进行了翻译。本书为《实用空间系统项目管理》。

在本书的编译过程中，陈泓、原民辉、赵志纲、于淼参与了策划和审核工作，朱鲁青、范嵬娜、刘豪、何洋、范志涵、何大海、郑驰、张鑫伟、范晨参加了部分章节的翻译，杨维垣、朱毅麟、田莉参加了全书校对，在此一并表示感谢。

感谢中国空间技术研究院、北京空间科技信息研究所、中国宇航出版社等单位在本书翻译和出版过程中给予的大力支持，感谢薛培元、杨倩、邱楠、车晓玲、程松涛、负敏、刘佳等对本书做出的贡献。

由于时间仓促及译者水平有限，本书的内容难免有错误和疏漏之处，恳请广大读者批评指正。

杨保华

2013年6月30日

前　言

当前，复杂空间系统的设计、开发和实施正面临着惊人的挑战。每年仅国防部（the Department of Defense，DoD）、美国国家航空航天局（the National Aeronautics and Space Administration，NASA）、联邦航空管理局（the Federal Aviation Administration，FAA）在航天产品与服务方面的投入就超过500亿（2008财年美元）。从全球来看，各国政府每年的航天总投入高达740亿美元。通信卫星、导航系统、成像系统以及载人航天领域的商业投入，在某些年份与政府航天投入持平，甚至超过了政府航天投入。复杂的技术，数量众多的组织，分散的地理分布，众多的政治实体，多种多样的预算周期，加之跨文化的活动，对即使是最富经验的项目团队和项目经理都形成了挑战。

《实用空间系统项目管理》一书的写作目的，是为在复杂空间系统设计、开发和运行中起领导作用的项目经理们提供启示、过程、工具和信息。本书对项目管理学会（PMI）及其他众多专著中业已完善的项目管理的一般知识和方法提供了补充。

本书提供了复杂空间项目管理的有关方法和信息，旨在帮助有抱负的项目经理在项目管理的理解和绩效方面更上一个台阶。本书不仅对直接从事项目工作的实践者有意义，还可以作为研究生层次的课程及开发计划的基本参考书。书中讲述了许多与空间有关的案例研究、示例及教训，为读者管理和指导现有的空间项目提供历史性借鉴。

《实用空间系统项目管理》主要分为四部分：项目界定（Bound），项目执行（Execute），项目促成（Enable），项目评估（Reassess）。读者会注意到这四部分的英文首字母合在一起是“啤酒”（BEER）！我并非主张喝酒，我的作者和编辑同事也是如此，尽管在过去三年中有的人为撰写本书会偶尔多喝了一些。

项目界定包括项目的获取、项目的策划与组织、与利益相关方互动沟通，以及管理一个复杂项目所产生的大量信息。成功的关键是一开始就建立起适当的项目，并防止他人将其搞糟！

与复杂空间项目有关的大量工作是在计划执行中开展的。在执行中我们开展了系统工程，开发并管理项目要求、组织及开展任务保证和后勤保障，处理生命周期成本、预算及预算战略。我们致力于采购与合同管理、项目监测、风险识别与管理等。我们关注的是及时满足需求并且不超出预算，交付必要的产品或服务，最终使利益相关方满意。

项目促成贯穿于整个项目生命周期。它涉及合适的领导和团队管理、战略性及时交流沟通、扎实的决策方法，以及对个体和组织的文化保持敏感。我们采取高效率活动来激励人员和组织以有用而且富有成果的方式从事项目。

项目评估是好的项目管理的一个关键而高效的特点。它包括对照其他成功项目的过程和方法对我们的项目管理成熟度进行评估，目的是识别我们方法的漏洞或不足。我们还关注对项目有重大影响的关键战略问题，这样就可以预见相关问题，并在问题对项目造成破坏之前就加以解决。

对我而言，《实用空间系统项目管理》是一个终于实现了的梦想。从事航天工作 35 年后，我们有能力说服“顶尖的”项目执行经理们贡献出自己的经验财富和项目中吸取的教训。这对于我来说是件好事，但真正得到好处的是作为读者的你们，因为你们将从 400 多个人·年①的空间项目管理集体经验中受益！

《实用空间系统项目管理》是美国空军研究院空间技术系列丛书的第 16 本书。该研究院的宇航部连续领导该丛书计划已达 20 年！我想对鲍伯·格里芬（Bob Griffen）和迈克·德洛伦佐（Mike DeLorenzo）陆军准将、马蒂·弗朗斯（Marty France）上校的远见卓识和所做的不懈努力表示最衷心的感谢。马克·查尔顿（Mark Charlton）中校接替承担领导责任，使《实用空间系统项目管理》最终完成。谢谢你们！

空间技术系列丛书是美国航天界发起并资助的，至今已有 20 年。自 1988 年开始以来，已有 23 个国家级组织对这一工作表示支持。由于有美国空军导弹与航天中心、多个项目群办公室和美国空军分支机构、国家侦察局、NASA 总部（包括多个任务部）、NASA 戈达德空间飞行中心、联邦航空管理局、海军研究实验室以及其他众多机构的领导、出资和支持，才使得这一工作能够开展，谢谢你们一直以来的支持。

在这里我必须对本书 48 位作者的坚韧和辛苦表示肯定。三年里，为了达到编辑的要求，他们构思、起草、重新组织、评审并对所写材料再次加工。没有他们的专业知识、坚持和耐心，这本书不可能完成。作为编辑人员，我们的目标是制作出作者们引以为豪的、有价值的专业书籍。

这些工作中主要的贡献者是阿妮塔·舒特（Anita Shute）、玛里琳·麦奎德（Marilyn McQuade）和佩里·勒基特（Perry Luckett）。作为一个团队，他们逐字逐句地编辑，所做的每一项工作都是为了拿出真正反映作者和编辑团队工作质量的完稿复本。阿妮塔·舒特亲自设计了本书每一页的版式，就像她做其他 12 本书时一样。感谢你们的专注和出色表现！

对于我来说，从事这一工作的乐趣因我的三位杰出的编辑同事而大为加强：朱莉·切斯利（Julie Chesley）、鲍伯·门拉德（Bob Menrad）和玛里琳·麦奎德。他们三位将自己奉献给了这个团队来撰写本书，着实使这三年令人激动和享受！许多作者对编辑团队的领导力、洞察力和智慧表达了他们的谢意。

最后，我要向我的妻子卡罗尔（Carol）和我的三个孩子阿普里尔（April）、安布尔（Amber）和基利（Kiley）表示衷心的感谢，他们给予我坚定的支持和鼓励，并与我一起为梦想付出。

《实用空间系统项目管理》及其姊妹篇《实用空间系统工程》的著者和编者希望我们的同行，无论是资深专家还是管理新手，能从这些著作中获取更好地应对军、民、商企业管理复杂空间系统面临的挑战所需的知识。

威利·J·拉森（Wiley J. Larson）博士
空间技术系列丛书总编

① 指所有作者的经验之和。——译者注

目　录

第1章　概论

朱莉·切斯利（Julie Chesley）博士
科罗拉多大学
鲍勃·门拉德（Bob Menrad）
空间项目经理
威利·J·拉森（Wiley J. Larson）博士
美国空军大学

本书旨在为有抱负的中级项目经理提供成功管理空间项目所需的流程、工具和洞察力。本章介绍的是重要概念和方法、项目生命周期和指南，以及项目经理获得成功所需的能力。我们还提供了一个项目经理发展模型，便于项目经理为进一步的专业发展制定策略，为管理更大更复杂的项目做好准备。

我们为这本书感到激动。它是政府及产业界数十位空间领域专家合作的成果，他们都是这一领域的顶尖人物。他们都是实际从事这一工作的人，所积累的经验都奉献到这本书中来，不少案例都是首次呈现。对抽象的概念都通过大量的示例来说明，我们相信这可以提供额外的兴趣和清晰度。我们的目的是使读者方便地获得专家们来之不易的经验和教训。就此而言，作者们承担的是新任职或中级项目经理非实时导师的功能。

对这种帮手的需要比以往任何时候都迫切，因为紧缩且逐年降低的预算比以往更快地把项目经理们推到了他们职业的高层位置。对于那些感到他们被稍早地“扔到了困境”或简单地使他们离开安乐小窝的项目经理来说，本书肯定有益处。

考虑到与通用项目管理的重叠，本书强调了将项目管理原则应用于空间系统采购的独特内容。许多其他重要文献对更通用的主题有更深入的研究。克莱兰（Cleland）和爱尔兰（Ireland）在2002年出版的《项目管理——战略设计与实施》（Project Management—Strategic Design and Implementation）一书中对项目管理给出了坚实的通用概述。他们还对上溯数百年的项目管理提供了丰富的历史知识。H·克兹诺（H. Kerzner）在2003年出版的《项目管理——策划、进度和控制的系统方法》（Project Management—A Systems Approach to Planning，Scheduling and Controlling）一书中，除了其他重要的内容外，还重点描述了项目管理成熟度的16个要点。项目管理学会（PMI）对于项目及项目群经理来说是国际范围内首要的专业性组织。它们的众多文献中包括最基本的2004版《项目管理知识体系指南》（PMBOK）。这三本著作提供了项目管理的知识框架，是所有有抱负的项目经理应当摆放在书架上的必读书。

克莱兰和爱尔兰对“项目管理”的定义是：“为创造此前不存在的、在组织战略的设计与执行中能提供绩效能力的事物而汇集到一起的各种资源的组合。项目具有明显的生命周期，它开始于一个想法，通过设计、工程、制造或建造实现进展，然后交给项目所有者使用”[1]。

项目关注的是有限时间内组织的具体目标。《项目管理知识体系指南》对项目的定义是：“为创造一种独特的产品或服务而采取的临时性努力。项目由受资源限制的人员去开展，有清晰的开始和结束”。它对项目管理的定义是：“针对项目活动，通过应用知识、技能和工具来管理需求”。[13]

尽管上述文献中所描述的知识、过程、工具和技术等概念为所有项目的管理提供了平台，但未必能满足复杂项目的需要。实际上，“针对普通项目的常规系统开发并不适用于复杂项目”[9]。

我们不采用复杂性的常规定义，因为多数定义都不能令人满意，但我们应当了解使项目变得复杂的方面。汉森（Hansen）和拉什（Rush）在 1988 年曾建议复杂项目和系统具有如下特征：高成本，高度关注工程和信息技术以及由众多可修饰的分系统和组件构成的个性化产品。复杂系统和项目的其他特征包括：

1）集成到系统中的各种技术成熟度；

2）有许多独一无二或很少见的系统；

3）此前从没有做过；

4）众多复杂的接口和系统工程挑战；

5）大量使用软件；

6）需要独特的测试设施和设备；

7）交付后没有机会再对硬件进行调整、校正、维修或改进；

8）严格的操作环境；

9）性能要求高。

属于复杂项目的示例包括机场、国家空中交管系统、行李处理系统、大型飞机、铁路及列车系统、海底隧道、核电厂、海岸钻井及水上系统、军事指挥控制系统、大坝及水电站等，当然，还有空间系统。如图 1 - 1 所示，后面的系统具备了复杂系统上述特征的大部分（如果不是全部）。

本书重点关注的是复杂空间系统的项目管理。作者假设读者基本了解上述参考文献中所描述的术语、工具和过程。我们聚焦在典型项目之外的复杂空间系统的有关特点。复杂系统的项目经理仍然要面对使用多年的项目管理的三要素：成本、进度和技术性能。我们对空间项目增加了第四个要素：风险。我们的任务是以可接受的风险提供成本及进度约束下合同规定的性能。

为实现项目成功而进行的这些客观的性能度量之间高度相关。假如我们遇到一个问题，如一种未经飞行验证（因此存在更大风险）的天线技术未能满足技术指标，研制团队就会向项目经理寻求指导和帮助。如果项目经理要求进一步开展工程工作并再次进行测试，就需要花费相应的时间和费用，致使无法在规定预算和进度内交付指定的合格产品。下面会发生什么问题？我们是否可以推迟进度并在别处削减成本？我们能否申请追加经

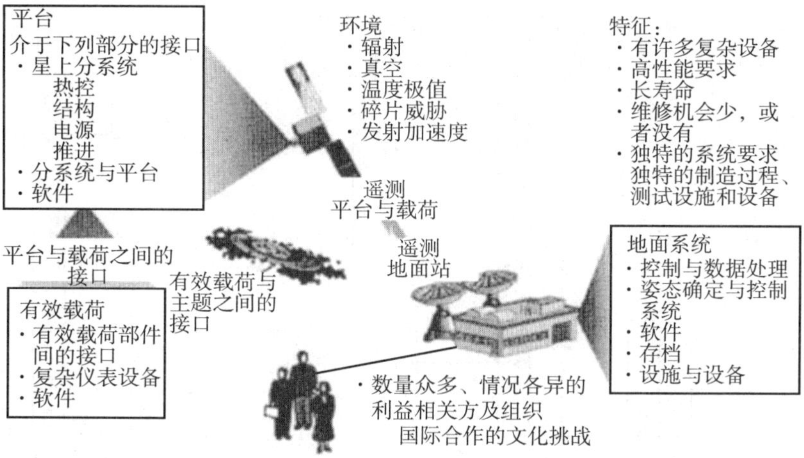

图 1-1　空间系统的复杂特征

空间任务要求在项目管理方法和技术上要超越满足简单项目的方法和技术

费？这种失效将如何影响其他分系统？其他承包商能否提供此种天线技术？

如果这样一个简单事例就把项目经理置于看似不可能的困境，我们还有什么希望顺利地建成完整的复杂空间系统？如果项目的全部预算都发生了变化，将会导致什么情况？如果某一关键空间组件只有一个供应商，而这个供应商的大部分有经验的员工又流失了，又会出现什么情况？幸运的是我们具备相应的策划和风险管理技术，使我们能在这类挑战出现时对不能预料的困难加以考虑。项目经理需要知道有什么现成的工具、技术和来之不易的教训用来指导如何应对这些挑战。

为了应用项目管理中的这些工具和技术，我们必须熟悉决定一个空间项目成功的相关问题。空间系统的开发是在严格的法律、国家政策法规、政府及私营利益相关方利益的背景下进行的，项目经理的角色是利用经过验证的策划和工程过程来满足成本、进度和性能要求。满足这些要求所需的领导力和组织洞察力在本书中也有所提及。我们之所以将这些内容写进去，是因为毕竟要靠人来创建具有高度执行力的组织解决问题，以及使工具和过程适应新的环境，从而建成庞大的空间系统。

项目管理要求很高，对于与空间系统相关的环境来说尤其如此。许多已出版的文献中都对这些复杂性进行了阐述。美国审计总署（GAO）在 2007 年的报告中说，自 20 世纪 90 年代中期以来，美国国防部大部分的空间采购计划都遇到了成本增加或进度延误的问题，其中有的成本增加超出原计划的 100%，进度延误超过 6 年[4]（见图 1-2）。报告以天基红外系统（SBIRS）为例，着重说明自项目开始之日起所遇到的复杂的技术和管理上的困难。“天基红外系统背负着不成熟的技术、不明确的需要、不稳定的经费、低估了的软件复杂性、欠缺的洞察力，以及导致成本超支数十亿美元、进度延误一年的其他问题这些重担”[5]。很明显，我们现在面临的是一个充满挑战的环境。

NASA 在空间系统的开发和交付中同样遭遇过类似的问题。哥伦比亚号航天飞机失事造成航天员牺牲就是一个惨痛的例子。事故的发生不仅仅是因为特定的技术问题，更广泛

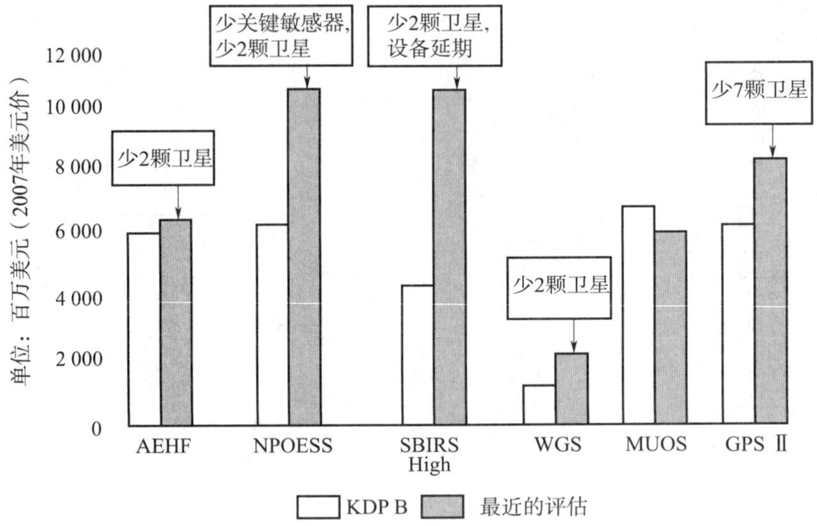

图 1-2　关键决策点 B 与最近评估的计划总成本之间的差距

这是国防部的项目群示例，自 20 世纪 90 年代中期以来，都遇到了成本增加或进度延误的问题

意义上是计划管理的历史和文化，“包括为了获得航天飞机项目的批准而进行的最初的妥协、后续几年的资源制约、变化不定的优先发展项目、进度压力……”这些问题与国防部的空间项目经理遇到的问题非常相似。因此，空间项目经理必须了解过去的困难，并能运用从曾遭受意外挫折的项目中吸取的教训和成功项目的经验。在谈到这一问题时，我们想方设法从数百个空间项目的不幸事故中选出最具代表性的事例。我们还指导读者使用失败教训数据库和其他类似的文献资源。

尽管本书对复杂空间项目在成本、进度、性能和风险方面的特征进行了描述，但阅读更具科学性或工程倾向的专著，对获得空间飞行要求方面的技术认识是有用的。《空间技术文库》包括如下著作：《理解空间》（Understanding Space），《空间任务分析与设计》（Space Mission Analysis and Design），《载人航天》（Human Spaceflight），以及《空间任务的经济有效运行》（Cost-effective Space Mission Operations）。

1.1　项目管理过程——项目经理的“啤酒”

我们不是建议项目经理要喝啤酒！尽管有些项目很具挑战，因而有可能迫使你去喝酒，我们建议的是使用 BEER 模型。表 1-1 为项目经理解释了 BEER 模型的含义。

表 1-1　BEER 过程①

步骤	步骤描述	讨论所在章节
1	项目界定（Bound）	第 1.1.1 节，第 2～6 章
2	项目执行（Execute）	第 1.1.2 节，第 7～16 章
3	项目促成（Enable）	第 1.1.3 节，第 17～20 章
4	项目评估（Reassess）	第 1.1.4 节，第 21 章和第 22 章

①这个表描述了 BEER 这个缩写词的含义和与本书有关的过程。与在其他章中的安排一样，表中给出了关于每个

过程具体讨论所在的章节。

1.1.1　项目界定

项目经理需要做的首要工作是建立项目执行的框架，图 1－3 指出了框架的关键问题。

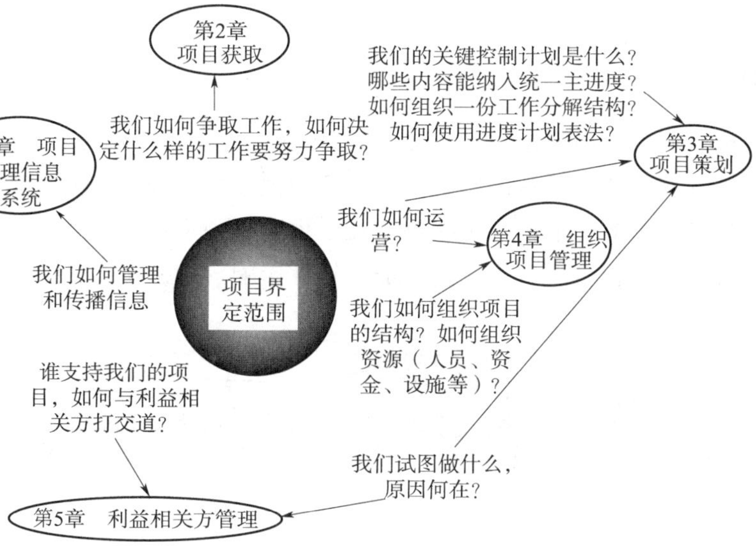

图 1－3　项目界定

对上述基本问题的回答为项目的成功奠定了基础，该图绘制出了相关章节的有关问题

下面 5 个过程构成项目界定的要素：

1）项目获取——项目获取在项目正式开始前搭建了一个成功平台。此前它仅仅属于政府之外组织的一个功能，会随着这些组织对新任务的竞争在政府机构中变得日益重要。与理解机遇、制定战略、组建一个项目建议团队以及完成项目建议书有关的技巧和过程反映的是其自身的“项目”活动。

2）项目策划——项目策划为整个项目奠定基础，确保目标在成本范围内及时实现。项目策划还考虑了最终产品背景和愿景的总体理念。项目策划的结果是一个列举出基线［要求、工作分解结构（WBS）、进度和资源］和监督执行控制计划的路线图。

3）组织项目管理——相比于建立组织结构图或实施工作分解结构，项目管理的组织更为复杂。它涉及对项目管理的理解和能力开发，要考虑其目的和优先顺序、项目成员的技能和能力、正式及非正式交流模式、组织及项目的文化，以及嵌入的商业过程和系统。所有这些都会影响到我们在谈到组织时通常要考虑的正式结构。

4）项目利益相关方管理——管理项目利益相关方对于项目的成功至关重要。考虑到多数空间项目的规模和复杂性，必须有一个识别利益相关方及其与项目关系的过程；评价他们的利益、需求、紧急程度，以及将他们的意愿施加到项目上的能力；为每一个利益相关方选定一条适当的行动进程。尽管我们不能对每个利益相关方做到面面俱到，但一个对利益相关方重要性及影响有较好理解的框架，将有助于更有效地执行项目，减少项目在执行时因成本超支而需要重大变更的可能性。

5）项目管理信息系统——作为基础结构的一部分，项目管理信息系统（PMIS）有助于实现空间项目目的和透明度相统一。大型的、在地理上分散的团队需要对技术和性能基线有一致的理解。嵌入到项目管理信息系统中的共享数据系统提高了团队成员的生产效率，鼓励能优化项目执行的并行工作，增加对复杂的、互相关联的问题的认识和沟通。

1.1.2 项目执行

有了项目框架后，下面就要执行项目。对于一个复杂系统来说，这要涉及多方面的、非线性的而且是互相关联的过程。空间系统的复杂性在很大程度上要比其他系统承担更严重的后果——如出现失效会造成人员死亡或任务失败。一个因素发生变化——无论是项目内部的还是外部的——都会对整个工作造成连锁性影响，如图 1－4 所示。

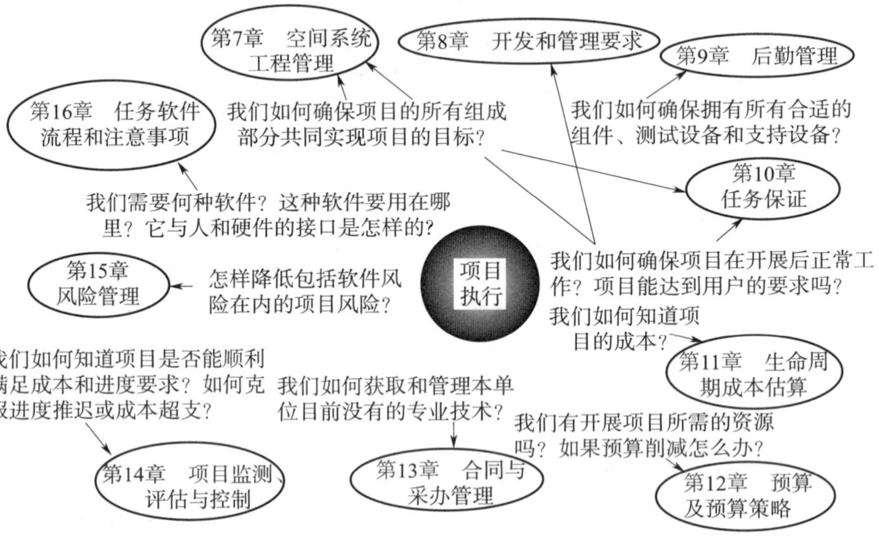

图 1－4 项目执行

项目经理对于项目执行有许多要注意的事情，这里只是列举出了对于本章所涉及内容最重要的注意事项

本书近乎一半的章节都涉及项目的执行。这一点很有意义，因为正是项目执行才使项目从想法和纸面东西转变为实际的、可工作的空间系统。

系统工程——系统工程是将一个项目中的各技术细节连接到一起的黏结剂；它负责维护从概念开发到运行最后直到系统退役的技术整体性。在项目设计期间，系统工程对要求加以定义并制定相应的技术方案。随着项目生命周期的持续，系统工程制定技术计划和控制，提供技术评估和决策分析。最后，系统工程负责实施该设计，评估其性能，并将其交付最终用户。项目经理依靠系统工程团队，将用户对系统的愿景变为现实。

本书所涵盖的任何一个主题都可以单独写成一本书，系统工程也不例外。我们所提供的有关系统工程的简洁内容在多数情况下可以满足多数项目经理的需要。但是，对于希望阅读关于空间系统工程整本专著的读者，我们提供了本书的姊妹卷《实用空间系统工程》

(Applied Space Systems Engineering，ASSE）作为本书的补充，《实用空间系统工程》满足了空间领域实践者对于系统工程完整参考的需要。

1）开发和管理要求——大型复杂系统的详细设计和接口需要建立连接并加以跟踪，以确保在生产和集成过程中每件工作都正确地完成——“正确地做事情”（build the thing right)。我们还需要保证“做正确的事情”（build the right thing)。制定一个完善的要求管理过程可以确保实现这一目标。

2）后勤管理——后勤管理在空间项目中往往是一件事后才想起来的工作。但是如果直到设计完成才想起后勤保障管理，就会造成严重的问题。后勤保障管理可以保证项目生命周期期间的飞行硬件、地面系统和测试设备的零部件可用。

3）任务保证——任务保证的作用是通过开展独立的质量评审，验证产品飞行的技术成熟度。任务保证是项目经理降低项目风险、提高对项目技术有效性信心的得力工具。

4）生命周期成本估算——确定一个项目的总成本非常困难。空间任务项目复杂程度的日益增加，使得成本估算过程更加困难。范围的变更、技术挑战、变为实际问题的风险，以及项目的重新构建都是在项目估算完成过程中引发变更的因素。项目经理需要了解如何建立成本估算、所选择估算方法的影响，以及如何考虑风险。精确的成本估算对于定义成本范围至关重要，在此范围内我们有理由期望项目获得成功。

5）预算及预算策略——获得并保持执行空间项目所需资金十分重要。但要在政府预算过程中博弈却相当令人生畏。在某一既定时间内，项目要参与组织制定未来预算、鉴别预算提交情况、使用获准的经费，并评估计划的性能等工作——所有这些都要在与利益相关方优先项目的竞争或者冲突中进行。掌握预算制定、执行和倡导的艺术和科学是成功之必须。

6）合同与采办管理——每个项目都会涉及依靠外部力量，需要通过协议或合同加以管理。理解如何最佳地建立和管理这些合同至关重要。确保所有的技术细节正确只是项目成功完成的一部分。需要及早采取的重要步骤包括决定合同类型、编制招标文件包以及完成对外部力量来源的选择。合同谈判完成后，必须管理和监督合同的履行。项目经理需要了解如何最佳地建立合同关系并推动合同履行，以满足项目目标。

7）项目监测、评估与控制——有效地管理和执行项目要求，切实理解项目是如何实际执行的。对于这一点有许多可用的工具和评审方法。一个适用于各种空间项目的重要工具是挣值管理（EVM)，这是一个集成了项目成本、进度和技术性能的过程。对照最初的计划，准确理解有多少工作正在开展，会对保证项目得到持续跟踪所采取的管理活动有重要的认识。由独立专家开展的外部评审会给空间任务项目管理这一复杂过程带来丰富的经验。最后，利用不同来源的指标对来自任意工具的信息加以验证，有助于更有效地发挥所有工具的功能，也有助于项目经理更深刻地认识需要做出的实际调整。

8）风险管理——风险是可预见的、对项目会造成消极影响的事件，必须对风险加以计划、避免或削减。这对于多数空间项目严格的进度、成本和性能来说都至关重要。风险管理为识别、跟踪、减缓和终止风险提供了手段和过程。

9）软件——软件以多种方式出现，对于任何空间项目必不可少，航天器、任务控制和科学数据系统都严重依赖软件。正是因为其重要性，软件越来越多地成为空间项目延误或失效的起因。软件与系统其他组成部分的集成和兼容是贯穿项目生命周期始终的一个问题。软件是项目经理明显需要关注的内容，因为它具有自己独特的开发、测试和验证特性。

1.1.3　项目促成

我们现在转而讨论项目管理的人员和行为方面。在项目管理更具有技术性的方法中，这方面很容易被忽视，但它们对于有效地执行项目却很重要。项目经理最起码需要考虑图1－5所列出的问题。

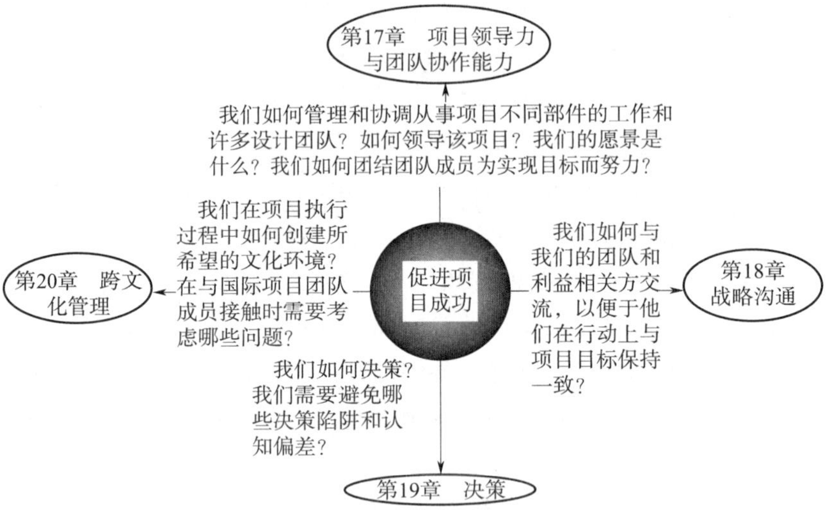

图1－5　项目促成

这部分是BEER中的第二个“E”，强调的是项目管理中人的方面，此图描绘了这几章中项目经理在这一领域通常要关注的事项

针对图1－5中的问题，我们给出的四个领域是：项目领导力和团队协作能力、战略沟通、项目经理决策和跨文化管理因素。

1）项目领导力和团队协作能力——领导一个空间项目是一项艰难的、有时是令人生畏的任务。项目经理在考虑展示未来、建立有效的关系、调动团队积极性以及交付工作成果的思路时，采取能最大限度发挥项目团队优势的领导理念很重要。

2）战略沟通——空间项目的成功执行需要许多人的合作和活动。如果没有深思熟虑的沟通战略，是很难获得这种合作和协调行动的。战略沟通的目的，就是告知、劝说和激励他人采取有助于实现项目目标的行动。理解沟通要求并提出满足这些要求的战略，对于激励人们采取此类行动是一种有力而且有效的工具。

3）决策——项目经理每天都要作决策。空间项目的复杂性、不确定性以及经常有冲突的需求，需要有一个规范的决策过程。及早定义并制定决策框架，选择合适的方法，有助于提高决策的质量。对风险、决策陷阱和认知偏差的影响有所了解将有助于我们的决策。

4）跨文化管理因素——文化是指我们做事情的方式。文化几乎看不见，尽管它植根于组织成员的互动及对这种互动的理解中。项目经理的任务，就是确保所在项目的成员最大限度地减少文化的冲突和误解，构建一种独特而富有成果的、共享的项目文化。对于有多种国际文化背景、组织分散的团队来说，要做到这一点着实不易。理解并欣赏文化的差异，提高不同文化的融合能力会显著增强一个项目的实力。

1.1.4　项目评估

我们在需要许多过程来界定、执行和促使一个空间项目实现的同时，还要在项目进行过程中反复多次对自己的工作方式进行再评估。项目经理必须能够回答图 1－6 提出的问题。

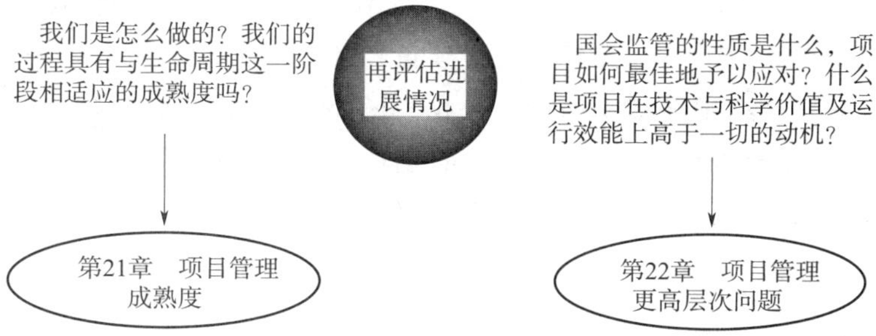

图 1－6　项目评估

项目经理应从项目的日常活动中走出来审视其前景。这两章介绍的是对项目成功很重要的更大的背景知识

我们从两个方面对项目进展进行评估。项目管理成熟度（PMM）模型为把我们的项目与处于生命周期同一阶段的其他项目进行比较提供了标杆。还有可能回过头来，在更宽更高层次上对影响许多空间项目的一般性问题进行考察。

1）项目管理成熟度——与年度体检类似，项目管理成熟度通过对项目生命周期的某一点上的优势和劣势进行评估，来检查项目的健康状况。该过程的关键是在评审结束后，项目经理要对项目每个阶段应重点关注的内容和完成评审后采取的校正活动进行判断。

2）更高层次问题——尽管每个空间项目都独一无二，我们在这一章里还是介绍了一些启发思考的、每个项目经理都应当知晓的顶层观念。了解国会的监管过程可以使我们有机会与负责执行这一重要国家角色的人们合作，从而将原本是对立的关系转变为强有力的合作联盟。最后，所有项目都希望获得成功，但什么是成功？在空间任务的历史上，曾经有过项目团队与利益相关方对成功的定义不一致的混乱情况。认识到项目本身不能单独定义成功，会从根本上改变对项目管理的度量方法。项目经理如果不能从内心认识到这一细微差别，会最终使项目失败[①]；所以什么是成功不会被过分强调。

3）最后，我们介绍了许多正在开展的、不同项目管理活动中的案例。本书的最后一

① 原文“pickett's charge”，指 1863 年美国南北战争的一场著名战役，这次冲锋准备不足而导致惨败。——译者注

部分介绍了如何将策划、生命周期成本估算、预算、跟踪，以及所提及并已解决的风险管理等过程集成到一起，这是国际空间站计划所遇到的一个受到高度关注的问题。

1.2 项目经理的能力

这一节介绍空间系统项目经理需要具备的几种能力。在此之前我们必须对术语进行定义。

1）项目是指一项有固定的持续时间和有限范围的活动。项目群可以包括多个项目并无限进行下去。

2）项目经理通常被 NASA 用来指担任项目领导工作的个人。优秀的项目经理经常会成为项目群经理。这一节讨论的是作为出色的项目经理和项目群经理应具备的能力。

NASA、国防部、产业界，以及项目管理学会投入了很多的时间和财力来识别和记录项目经理必须具备哪些能力，各自都形成了项目经理应当具备的能力列表。我们介绍了其中的一个列表并简要介绍了最重要的能力。我们还介绍了绩效等级的概念，提出在某一具体能力上如何从一个新手成长为一名专家。我们讨论了如何使用能力和绩效等级来评估自身发展的进展状况。最后，对能力列表和本书目录进行了一个对比，表明我们所提到的都是最关键的项目管理能力。

1.2.1 项目经理能力典型列表

这里我们要回答一个问题："一个项目经理需要具备什么样的能力?"表 1－2 从 10 个方面，将来自与空间有关的政府及产业机构对项目及项目群经理的能力要求进行汇总，形成了一个能力列表。所有能力都很重要，但用黑体字表示的是多数机构都强调的能力，可用于形成和确认该列表。这些内容是本书的基础。

表 1－2 是在 NASA 项目群/项目及工程领导力学院模型的基础上改编而成的，其输入来自 NASA 各中心、国防部、《项目管理知识体系指南》、产业界，以及 NASA 戈达德空间飞行中心 M·戈德曼（M. Goldman）领导的"设计一门课程"活动。更多的信息可在 www. nasa. gov/APPEL 网站找到。

表 1－2 项目经理能力列表[①]

项目经理能力	能力描述节选
1.0 **项目概念开发** 1.1 **项目建议**	识别和分析机遇（如投标书），确定是否符合本组织；制定与用户要求有关的 WBS；进行劳动力和成本估算；起草和审查项目建议书；交付建议书；回答后续的客户问题
1.2 **制定要求**	利用功能分析、分解和分配开发项目要求；将要求确定到基线中；管理要求以保证尽可能少的变动；定义、制订、验证、审查和管理项目要求的变动情况
1.3 **采办管理**	定义可行的、准确的和明确的要求；确定合同类型；根据项目要求制作询价包；计划并开展供方选择；评估建议书，维护文档并确保其外观较好；磋商和授予合同

续表

项目经理能力	能力描述节选
1.4 **项目策划**	制定有效的项目管理计划，对小型、中型及复杂项目的项目要素进行技术集成，包括定义范围、估算进度和资源，对从方案到发射及跟踪的全部项目阶段活动进行分配
1.5 **成本估算**	制定可信的成本估算，为各种系统工程的折中研究、可用性分析、战略规划、资本投资决策，以及在项目策划中的预算准备提供支持；根据需要为独立评估提供信息
1.6 **风险管理**	识别和分析风险及其影响；制定并实施风险减缓战略；跟踪风险；采取连续的风险管理计划。在所有项目或项目群层次上沟通风险信息
2.0 **资源管理**	
2.1 IT 和管理信息系统	
2.2 **预算和全成本管理**	针对年度及生命周期的预算执行预算过程。确保资源可用性与项目资源需求之间的一致性
2.3 资本管理	
3.0 **项目实施**	
3.1 **系统工程**	集成技术过程，以技术上最稳健和最经济的方式对项目的系统进行定义、开发、制造和运行
3.2 设计与开发	
3.3 **合同管理**	开展采购管理，监督承包商的活动，以确保硬件和软件以预计的成本按时交付，并满足所有的性能要求。开展变动情况报告和变更控制
4.0 **交付、运行和结束**	
4.1 **后勤管理**	开展后勤策划；支配系统设计；制定后勤记录；为维修和支持制定培训和技术手册；计划并进行包装、处理、存储和运输；支持运行系统
4.2 **利益相关方管理**	识别、吸引和维护与具备以下特征的个人及组织的关系： · 积极参与该项目； · 对项目及其结果施加影响； · 具有可能会受项目执行或完成影响的利益
4.3 技术转让和管理	
5.0 **计划控制和评估**	
5.1 **跟踪和预测项目绩效**	定义绩效测度；维护项目的 EVM 系统；对照关键路径和综合主进度跟踪进展；跟踪技术、成本和进度余量；开展连续的风险分析；定期报告项目健康状况
5.2 **项目控制**	开展技术和计划性活动，控制成本、进度及技术内容和技术状态，确保项目的绩效不超过已批准的基线，并应对绩效的变化情况
5.3 **项目评审和评估**	计划、开展和管理内部及外部的项目计划性和技术性评审。将监测和跟踪项目状态的测度包括在内
6.0 **项目环境**	
6.1 **组织结构和内部目标**	使工作方法和风格适应组织的功能、社会、文化和政治结构，从而实现组织的项目群和项目目标
6.2 项目管理程序和指南	
6.3 国际标准和政治蕴涵	
7.0 **人力资本管理**	
7.1 职位管理	
7.2 招聘新员工、雇用和保留	

续表

项目经理能力	能力描述节选
7.3 **团队动态和管理**	与各种项目团队成员协作；设计、推进和管理团队过程；制定并实施能促进团队士气和产能的战略
8.0 **安全和任务保证**	
8.1 环境和生态学	
8.2 工作场所安全	
8.3 **任务保证**	在项目生命周期内实施与组织的安全和任务保证战略、政策及标准相一致的安全性、可靠性、可维护性和质量保证活动
8.4 安全	
9.0 **专业人员和领导力开发**	
9.1 导师指导	
9.2 **沟通和决策**	在项目团队内部及与利益相关方、技术专家、承包商及其他人实施旨在进行清晰而富有建设性交流的战略，及时地沟通决策
9.3 **领导力**	影响、鼓舞和激励个人及团队去实现目标；为个人和团队有效工作创造条件；认可个人及团队的成就并给予奖励
9.4 道德规范	
10.0 **知识管理**	
10.1 知识获取和转移	
10.2 知识共享	

①本列表是 NASA 总工程师“集成学习和开发计划”的结果，用黑体字表示的能力在所有组织中获得高度认可，因此在此列出。

1.2.2　绩效等级

现在把重点转向绩效等级。我们先来问几个问题。我们能期望一个新来的、没有经验的项目经理表现得像一位有丰富经验的项目经理那样吗？管理一个只有几个人的、规模在10万美元的项目，与管理一个有成百上千人的、规模在10亿美元的项目究竟有多大不同？很明显两者的差别是巨大的，我们使用一个绩效等级体系对其加以说明。

一个简单的方法是识别如下四个绩效等级：第一级——了解与项目管理有关的术语和过程；第二级——能够将项目管理过程和方法应用于小型项目；第三级——能够将项目管理过程和方法应用于大型项目，并能领导负责较小型项目的其他人；第四级——能够作为项目群经理管理一组更大型项目。我们对绩效等级的定义作如下扩展[11]：

1）第一级能力——项目团队成员：

· 执行基本的、基础的和常规的活动；

· 获得各种工作领域专业知识。

绩效测度在导向上是要掌握第一级的基本政策和程序，以及这些政策和程序在工作及开发活动中的应用。

2）第二级能力——分系统经理：

· 管理大型系统中的简单项目；

· 绩效测度包括第一级和第二级有关知识和技能的掌握和应用，以及对第二级项目环境中的具体情况和挑战的应对。

3）第三级能力——系统经理：

· 管理一个更加复杂的项目；

· 在启动和开发表 1-2 所示的内容及技能领域担负领导责任；

· 证明对并行开发的次级要素能进行成功的顶级管理（系统集成）。

绩效测度包括掌握、应用和修改对第一、二、三级能力相应的知识和技能，以及在第三级的项目环境中，能够应用、分析和综合有关项目的问题和挑战的原始解决方法。

4）第四级能力——项目群经理：

· 管理一个复杂的项目群，或者一组具有多个相关接口的复杂项目；

· 为整体工作确定组织气氛；

· 较快适应政治和战略现实以保持工作切实可行。

绩效测度包括前三个级别的要求，以及针对第四级项目群环境的情形和挑战额外采用的适当实验性和原始的准则。政策制定与所有前面各级别的评价、评估和开发同等重要。

表 1-2 列出的每一种能力都有不同的绩效等级要求。团队的变化及其管理就是一个例子。一个项目管理的新人可能在第一级工作，在一位有经验的项目经理的领导和指导下参与团队活动。获得自己的小型项目，项目经理要前进到第二级，现在必须策划和管理同处一地的小型团队（比如 5 个人）的活动。在第三级别上，项目经理要负责多个（如 8～12 个）由来自不同地区、不同组织的成员组成的团队。该项目经理可能要单独领导其中的几个团队，但需要经常依靠他人来领导其余的团队。该项目经理不仅必须应对这一复杂情况，而且还得有能力领导和管理它。因此，表 1-2 所列的每一种能力视工作环境的不同，都有一个强制性的动态要求集合。

本书关注的主要是第二和第三级别（应用）的绩效等级。这些材料也适合于其他情况，但重点是对资金在 100 万美元至 10 亿美元之间的空间项目的管理。

如何才能将项目经理的能力和绩效等级熟练地应用于项目管理呢？“在过程中工作”的说法适用于此。实际上，我们多数人都是在过程中工作。我们不断获得新经验，拥有新能力，并希望成为一个自己所期望的人。这其中就包括项目管理。对于读者来说，我们建议你考虑你现在所具备的项目经理的能力，并思考你将来要管理的项目或项目群的类型。然后，制定一项针对该能力发展的计划，并获得必要的知识和技能，达到下一个绩效等级。

1.3 事例与个案研究

我们以火灾卫星（FireSAT）作为空间项目的一个例子。被冠以“前所未有的最著名卫星”的火灾卫星，多年来有多本著作都将其作为说明与空间任务有关的技术概念的例子。本书（第7，8，11，18和19章）将这一假设的个案研究加以扩展，用来证明空间项目管理的关键方法和适当的信息。

（1）任务陈述

由于森林大火对旅游和商业的影响日益增大，公众对其的关注度日益提高，美国需要一个更有效的系统来对此加以识别和监控。也可以（但不是必需）对其他国家的森林火灾进行监控；收集着火地区、蔓延情况、速度和持续时间的统计数据；提供其他的森林管理数据。

最终，森林服务局的火灾监控办公室和这一地区的护林员将会使用该系统。数据流和数据格式必须满足没有经过专业训练的上述两种人的需要，使他们能够对不断变化的情况快速作出反应。

（2）任务目标

主要目标：实时探测、识别和监控包括阿拉斯加和夏威夷在内的美国全境的森林火灾。

次要目标：

1）向公众证明正在采取控制森林火情的主动行动；

2）收集有关火灾发生和发展的统计数据；

3）为其他国家监控森林火灾；

4）收集其他森林管理数据。

以任务陈述和任务目标为背景，本书的作者们又为火灾卫星案例增加了一些细节和插图，作为各章相关内容的实例。通过空间技术文库的其他著作熟悉火灾卫星的读者会发现这些例子很受欢迎、很有趣，甚至有娱乐性。

1.4 项目生命周期与项目管理指南

本节通过考察NASA和国防部的基于项目阶段的生命周期的方法，为本书奠定了框架。我们以此定义一个通用的基准框架，来考察本书的项目管理主题。

项目管理是一门学科，因此项目经理应时刻寻找其他的资料和培训辅助工具来增加或保持对项目管理的精通。因此，我们还提供了到哪里去获得有助于在这一具有挑战性的职业中获得成功的信息指南。

1.4.1 项目生命周期概述

对空间系统开发的管理有多个途径。在技术开发工作中，“快速原型法”（rapid prototyping）就是一种通用的方法。我们可以将这一方法描述为“制造一点，测试一点，如此反复，直到结束”。尽管我们可以将这一研制模式应用于非技术项目，但这是一种先天就具有高风险的方法。这种方法不能及时向管理层及利益相关方提供对关键问题的认识，最后导致问题因成本过高而无法解决，或者无法有效克服。这对于像火星飞行任务这样两年才有一次发射窗口的情况，或者用于支持在战场上士兵作战的军事系统来说都是不可接受的。

因此，几乎所有的组织和利益相关方都采用分阶段的生命周期方法来开发标准的、基于实施的项目。还有一种瀑布模型，是在开发过程中、而不是在即将结束时才管理风险。问题提早暴露出来，可以使项目经理、组织及利益相关方对补救措施达成一致意见。而且由于基于实施的项目基本上是技术的应用——相对于新技术的专门开发而言——任何项目在此过程中都要反复执行。这必然有利于通过多个项目的管理积累经验。他们可以对在规定的时间内，项目完成既定的、具有一定复杂程度的活动所需的资源定义合理的期望值。

这是开发空间飞行系统时采用基于阶段划分方法的充分理由。项目经理必须做好需要做更多工作的准备，不仅仅是根据这一方法对项目进行简单的管理。我们需要掌握这一方法以确保团队取得成功。

如果基于阶段划分的方法是单一的，情况就会变得简单。我们只需学习在过去项目中较低等级上获得的经验，并将其应用于我们自己的项目。但是，实际情况并非如此。这种方法并非是单一的，民用航天、军事航天以及私营企业都对这一过程进行适应性修改，以满足与其各自领域有关的具体的细微差别。为了确保成功，新的项目经理必须掌握自己所在领域的使用过程，来使用这一基于阶段划分的模型。表 1－3 列出了这一模型所用到的有关术语。

表 1－3　项目管理定义①

术语	释义
决策权威	由组织委派的、有权批准项目正式转移到下一个生命周期阶段的个人
门	一个项目必须参与的事件，通常为强制性的，在参与期间要经过利益相关方、用户方或决策权威的评审
关键决策点（KDP）	决策权威认为项目具备正式进入下一个生命周期阶段条件的里程碑
生命周期	从设想、研制到最终处置的期间，一个可交付的最终项（系统）所经历的所有阶段
里程碑	项目中的重大事件，通常指一个重要可交付项目、可交付项目集、或一个事先已达成一致的功能性验证等的完成。里程碑既可以是内部的——由项目团队自己设定，也可以是外部的——由利益相关方、用户方或决策权威设定
阶段	项目生命周期中的一个特定时段，期间针对一个通用的目标或可交付成果，大部分项目资源都用于相同的主要活动，如要求定义、设计或操作

续表

术语	释义
系统	要素的集合——空中的和地面的——各要素以一种集成的方式共同作用，形成满足操作性要求所需的能力。每种要素包括其对整体目的做出贡献所需的硬件、软件、固件、设备、设施、人员、过程以及程序等
技术权威	由决策权威指定的，对系统中要求的建立、变更及让步、弃权负技术责任的个人，通常是该项目的系统工程师

①表中给出了关键术语的定义，旨在为本章和书中其他章节的讨论提供支持。

(1) NASA 和 DoD 的模型

图 1-7 给出的是 NASA 的基于阶段划分的生命周期方法，用于 NASA 所有机构项目的管理。图 1-8 是 DoD 的方法。在 NASA，项目被划分为两个主要部分或者“航天局级”的阶段：项目制定和项目实施。DoD 的项目生命周期划分为三个主要部分或“国防部级”的阶段：系统采购前、采购、维护。组织一般对所有高层次的阶段给予高度重视；新的项目经理不应认为项目制定或系统采购前阶段的各项活动的严格程度比后续阶段要差。

组织层次的各阶段又分解为项目层次的阶段。项目团队正是在这些阶段中开展工作的。也正是在这些阶段中，对过程、程序和产品进行外部评审，并确定项目正式进入下一阶段的关键决策点。

每个项目层次的阶段都有相当的工作量，必须完成这些工作才能达到继续前进的成熟等级。因此，将要完成的逐个阶段的工作是综合主进度的基本输入。鉴于该信息可能随着该方法的改进会有所变化，我们在此不再重复。项目经理应针对现在的要求，查找到 NPR7120.5D，即 NASA 的《空间飞行项目群和项目管理要求》或 DoD 的 5000.2《国防采购系统操作》。

(2) 本书的基准框架

通过对 NASA 和 DoD 生命周期模型的考察，我们发现在如何将特定的工作类型表述为特定名称的阶段方面，二者有很多相似之处。这两个模型对于正在进行的工作差别较小，更多的是在于社团的期望，以及在一个既定的阶段内要完成工作内容的产品清单上。也就是说，从一个纯粹的实践者的角度看，诸如要求定义或生产定义一类的活动，对于任意一个社团来说在本质上是相同的。

因此，我们先抛开某一行业对任一阶段或产品的具体期望，主要关注一个项目经理在一个既定的活动中可能共同遇到的重要相似点。这是我们在本书中努力要做到的事情。在实际工作中，领域专家关注的是成功的要素，把项目管理看做一个学科，而对某一行业的具体细微差别较少关注。在涉及某一行业的具体信息时，作者都有清楚的表述。其他行业的人员也可以研究这些具体案例，获得对权衡余地的更多了解。另外，这一信息源还将读者的注意力吸引到作为成功基本支撑的核心项目管理能力上。我们把这些留给项目经理，在下面的项目管理指南的支持下，在他或她的组织环境中应用这些知识。

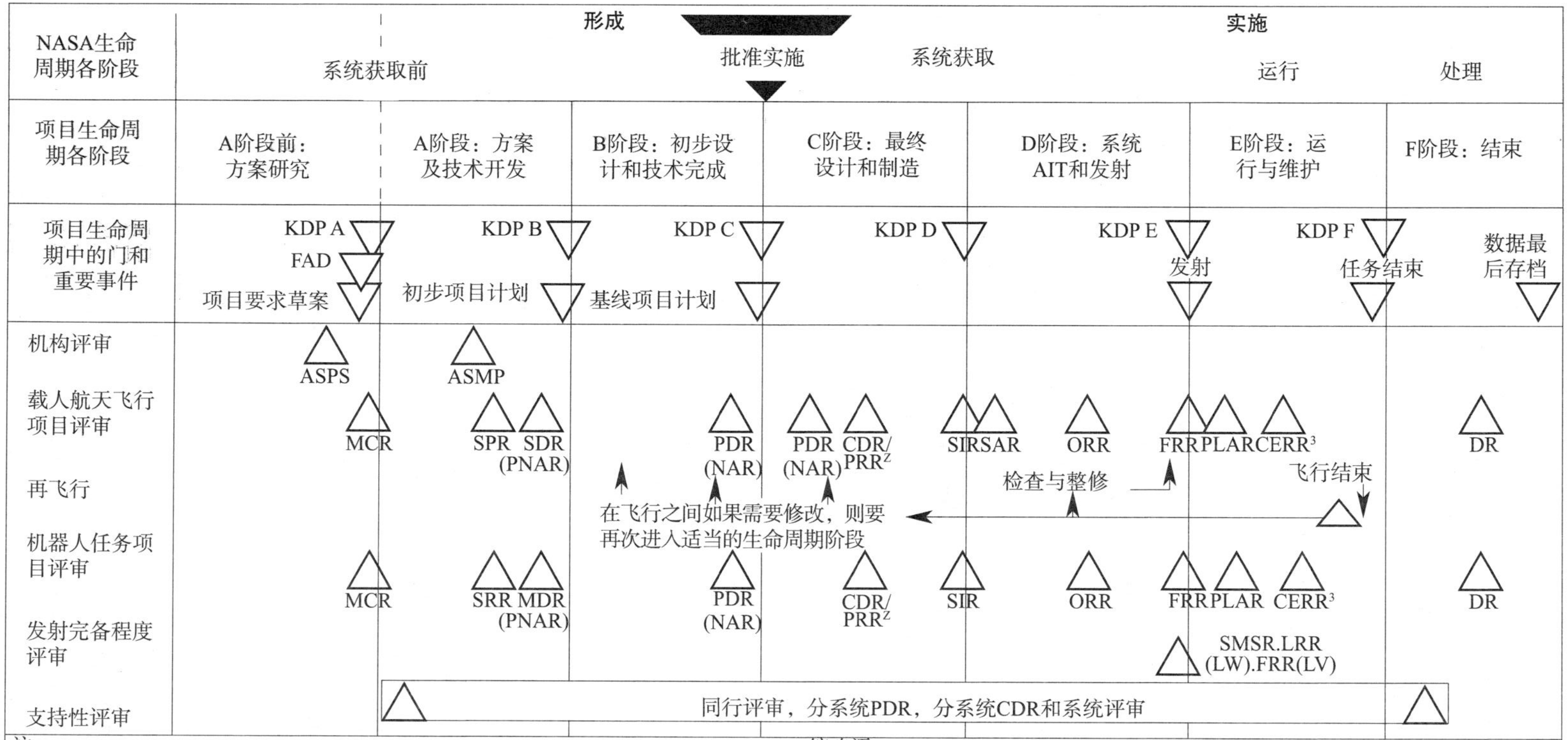

注：

1. 如果每个关键决策点都有相关的信息支持，而且该措施在项目规划中已有充分记录，则评审的时间安排、次数及内容可灵活安排。这些评审由项目针对独立系统要求评审开展，见第2. 5节和表2–8。
2. 多系统(24)复本需要产品成熟度评审，时间安排为假定。
3. 关键事件就绪评审根据项目群办公室的决定建立。
4. 对于无人任务，系统要求评审和任务定义评审可以合并。
5. 获取战略规划会和获取战略会是机构评审而非生命周期评审。
6. 根据需要可包括再认证。
7. 项目计划在关键决策点的C阶段确立基线，并根据需要进行评审和更新，以确保项目的内容、成本和预算保持一致。

缩略语

ASP—获取战略规划会
ASM—获取战略会
CERR—关键事件就绪评审
DR—处理评审
FAD—制定、授权和记录
FRR—飞行就绪评审
KDP—关键决策点
CDR—关键设计评审
LRR—发射就绪评审
MCR—任务方案评审
MDR—任务定义评审
NAR—无主评审
ORR—运行就绪评审
PDR—初步设计评审
PFAR—飞行后评估评审
PLAR—发射后评估评审
PNAR—初步无主评审
PRR—产品成熟度评审
SAR—系统验收评审
SDR—系统定义评审
SIR—系统集成评审
SMSR—安全与任务成功评审
SRR—系统要求评审

图1–7 NASA分阶段的生命周期

该模型适用于NASA所有的飞行项目。在NASA的政策文件《NASA空间飞行项止群和项目管理要求》中有详细定义

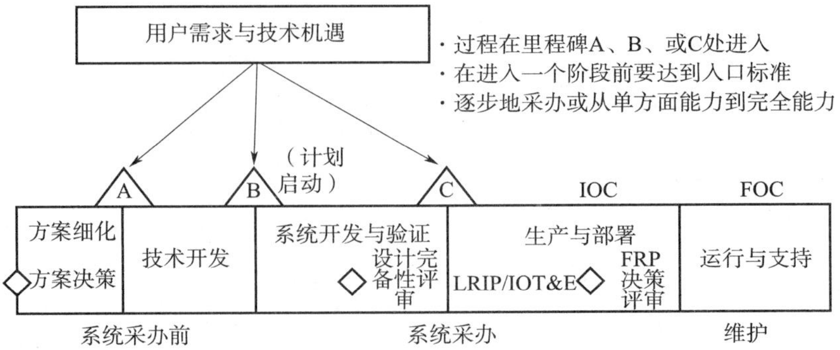

图 1－8　国防采办管理框架

DoD 的项目在其进展期间要经过五个项目级的阶段

1.4.2　项目管理指南

项目经理的岗位不仅仅是一个职位……它还是一份使命。也就是说只有天资和愿望还是不够的。我们应该把这种能力培养到精通的程度——也就是在一个相关的环境内应用某一学科的原则的能力。这一点决定了我们可以轻松地完成日常工作，最终在发射日取得成功的可能性。因此，实践者与员工的区别，不仅仅在于通过完善自己的工作技能得到这一岗位，还要通过努力保持这一岗位。

这一公认的事实已经为项目经理提供了众多资源。尽管没有对这些资源做过详尽的调查，但我们为项目经理们提供的是一些基本原则，用来管理他们将在最长的时间内从事的一个项目……即他们的职业。

（1）正式培训

正式的课堂培训无可替代。我们要像对待项目中其他的里程碑事件一样把正式培训列入活动计划。这一点说起来容易，做起来难。我们必须认识到对这一深层原则正式理解的意义，以及应用项目管理原则和最佳实践的工具的重要性。

无论是民用航天、军事航天还是私营航天业，其中的每个组织都有对新的项目经理进行培训的计划。这些通常是了解如何才能达到文化标准所期望的、做好工作的最佳方式。这一清醒的认识，对于通过报告和以组织能清楚理解的方式交流的状态，以及建立关于何时向上级管理者报告问题的启动机制来设定期望值是一个关键因素。这一点反映出成功的项目经理的一个特点——一个好的项目经理和一个伟大的项目经理之间的差别，就在于伟大的项目经理知道什么时候寻求帮助。

除了内部的培训机会外，多家外部的培训机构都开发了成熟的、得到行业认可的知识体系。充分利用这些外部机构获得的详细信息是一个很不错的想法。有的情况下，顺利完成全部或部分课程会获得有关证书。当然，在课堂上参加培训本身不会造就一位项目经理。获得了有关证书也不一定就使一个候选人有机会获得下一个项目管理的岗位，它只是管理者在制定某项任务时所使用的方程中的一个变量。

（2）进修培训

正如医生和律师这样的专业人士需要参加年度业务培训那样，项目经理也需要做同样的事情。这类培训可以采取以下方式：教室、会议、专家论坛及类似形式。在这些场合，我们会从学习别人遇到的困难中获益，知道他们是如何较好或较差地处理这些困难。我们还有机会与别人分享自己遇到的难题，会从别人那里得到如何以不同的情形处理问题的见解。这种场合通常会给我们提供自觉或不自觉地指导他人的机会。在我们沿着自己职业的台阶不断进步过程中，我们要问我们在这一过程中回馈了什么，使下一代项目经理受益。

最后，并非所有的培训机会都是正式的。使我们在职业成长过程中变得更好的一个重要信息来源，就是由行业、用户和利益相关方产生的那些报告。其中包括吸取的教训、政府审计总署的报告、故障报告和事故报告等。对于在NASA工作的许多人来说，2003年发布的哥伦比亚事故调查委员会（CAIB）的精辟报告使该机构众多实践者发生了改变。我们不应低估这些信息源的威力。

（3）在岗培训

培养一名业务精通的项目经理，一个最有效的方法就是让他在已具备相应熟练程度的另一位项目经理手下工作。通过这种日复一日的观察，可以了解如何成功地利用项目管理的原理来解决预期和非预期、技术和政治、风险和机会的问题，这一点应当给予特别重视。在项目副经理岗位上的工作，是为实现明天的岗位目标的最好培训。

几年前，在员工数量较多、任务较饱满时，这比较容易实现，组织能够承担这种交叉情况。为了满足今天更精益的实际要求，企业建立起了导师计划。通过正式或非正式的关系，在某种程度上复制过去的模式。这种关系通常是跨项目的，因此很受限制，但这的确使实践者能接近更高层次的项目经理，后者可以提供针对这些情形的见解和指导，从而提高我们的能力。非正式的导师关系可以像观察一位在本行业中的佼佼者那样简单。每个组织都有这样一个人，每个人都知道这个人是谁……他或她因为某种原因获得了那样的知名度。

本书在写作和编辑中始终考虑到导师关系这个内容。尽管读者从来没有见过我们这些作者，我们在向你们讲述，分享着我们的伤痛和在应对那些你们要成功就要遇到的挑战中获得的经验。把本书放在手头，当做一部百科全书来使用（当出现具体问题时阅读它），有了我们的观点和承诺，你就永远不会在某一天觉得你是在孤军奋战，也不会对如何领导你的团队前进不知所措。你作为一个项目经理的成功就是本书的全部所在。

参考文献

[1] Cleland, David I. and Lewis R. Ireland. 2002. Project Management: Strategic Design and Implementation. Fourth Edition. New York, NY: McGraw - Hill.

[2] Columbia Accident Investigation Board (CAIB). August 2003. The Columbia Accident Investigation Board Final Report. Available at http://www.globalsecurity.org/space/library/report/2003/caib - report _ vol. - 1 _ august2003. htm.

[3] Department of Defense (DoD). May 12, 2003. Instruction 5000. 2 - Operation of the Defense Acquisition System. Available at URL: https://akss.dau.mil/dag/TOC _ 5002. asp? sNode= R&Exp= Y.

[4] Government Accounting Office (GAO) (1). April 19, 2007. GAO - 07 - 730T—Space Acquisitions: Actions Needed to Expand and Sustain Use of Best Practices. Available at URL: http://www.gao.gov/new.items/d07730t.pdf.

[5] GAO (2). September 12, 2007. GAO - 07 - 1088R—Space Based Infrared System. Available at URL: http://www.gao.gov/new.items/d071088r.pdf.

[6] Hansen, Karen Lee and Howard Rush. 1998. Hotspots in Complex Product Systems: Emerging Issues in Innovation Management. Technovation 18 (8 - 9): 555 - 561.

[7] Kerzner, Harold. 2003. Project Management: A Systems Approach to Planning, Scheduling and Controlling. Eighth Edition. Hoboken, NJ: John Wiley and Sons.

[8] Larson, Wiley J. and Linda K. Pranke. 1999. Human Spaceflight: Design and Operations. New York, NY: McGraw - Hill.

[9] Morris, Peter W. G. and George H. Hough. 1987. The Anatomy of Major Projects: A Study of the Reality of Project Management. New York, NY: John Wiley and Sons.

[10] NASA. 2007. NPR 7120. 5D—NASA Spaceflight Program and Project Management Requirements. Washington, DC: NASA.

[11] NASA Office of the Chief Engineer (OCE) —Academy of Program and Project Leadership (APPL). 2004.

[12] NASA /OCE—Integrated Learning and Development Program (ILDP). 2005.

[13] Project Management Institute (PMI). 2004. A Guide to the Project Management Body of Knowledge. Third Edition. Newtown Square, PA: Project Management Institute, Inc.

[14] Sellers, Jerry Jon. 2000. Understanding Space: An Introduction to Astronautics. Second Edition. New York, NY: McGraw - Hill Companies, Inc.

[15] Squibb, Gael F., Daryl G. Boden, and Wiley J. Larson, eds. 2005. Cost - Effective Space Mission Operations. Second Edition, New York, NY: McGraw - Hill.

[16] Wertz, James R. and Wiley J. Larson. 1999. Space Mission Analysis and Design. Third Edition. Dordrecht, The Netherlands: Kluwer Academic Publishers.

第 2 章　项目获取

雷蒙德·A·鲍德温（Raymond A. Baldwin）
私营业者

项目获取是一个预先策划的、结构化的战术过程，记录的是过去的经验，反映的是一个“供应商组织”的能力。其目的是劝说一个客户组织为该供应商安排工作。其中新工作至关重要，因为它或者增加工作来扩大市场份额，或者替换接近完工的工作来保持市场份额。项目获取最好是作为一个项目由一位项目经理来领导。

我们为什么要拿出一整章的篇幅来论述项目获取呢？现在的空间任务经常是通过竞争来安排的。竞争程度的不断提高，加之竞争市场的扩大都要求政府或企业的项目经理具备项目获取的技巧。这些技巧包括识别新的项目机会，提供具有创新性的、经济有效的解决方案，以及管理业务开发和获取。

获取活动传统上是一种商业活动，有关组织制定相应的战略、战术和流程，编制建议书来销售服务和产品。今天，项目获取在政府内部也变得日益重要。执行令 12615[4] 和 OMB 通知 A76[2] 规定，美国政府负责对内部采办与传统外包的经济有效性对比进行确认。政府过去只是简单地判断一个公司的建议书是否满足要求，是否提供了在可接受风险水平上的最好价值，但是现在这一范式已经发生了变化：现在的政府组织不得不在其内部及彼此间争取项目和经费。

表 2-1 给出了一个适用于政府和企业的一般性获取流程。在对每一步的讨论中，我们都会对一个新到任的项目经理在其工作中必须认识到的常见隐患进行考察。鉴于许多组织已经建立了项目获取的程序，我们在必要时应该对这个一般性流程进行修改，以保持与已有规范一致。

在项目获取过程中，我们要处理四项主要任务：

1）评审和分析中期及最终产品；

2）建议是否投标或谢绝该机会；

3）如果工作继续，对建议书的制作加以管理；

4）对本次机会的最终成败进行监督。

项目经理的成功主要体现为一个推动者而非在项目执行阶段的普通人员。项目经理应当鼓励团队奋起迎接挑战，投入必要的时间，充分发挥想象力，最终目标是提供一个能满足或者超过客户期望的解决方案。

这一措施需要强有力的领导力和合理的项目管理技能。我们必须能够管理各种资源并从中受益，自始至终都要展示信心，采用一种能号召别人有意愿追随的感召力，有自我激励、有创造力、思想开放的组织，有愿景，展现一点“二手车”销售者的促销姿态，自始至终有道德和富有直觉。这些技能并非与生俱来，而是可以通过学习和训练来掌握的。一个项目经理具备了这些能力，就会成为一名业务精通的项目获取经理，通常能提出一份有质量的建议。

表 2-1 项目获取过程①

步骤	过程	讨论所在章节
1	评估获取机会 a. 识别机会 b. 收集和审查数据 c. 识别组织能力 d. 制定高层次制胜战略 e. 为管理提供建议	第 2.1 节 第 2.1.1 节 第 2.1.2 节 第 2.1.3 节 第 2.1.4 节 第 2.1.5 节
2	准备获取 a. 制定一个建议书管理计划 b. 获得、组建和指导该建议小组 c. 安排一次建议书启动会	第 2.2 节 第 2.2.1 节 第 2.2.2 节 第 2.2.3 节
3	制定和形成项目获取建议书 a. 分配细化任务，并制作工作串联图板 b. 形成并评审建议书第一稿 c. 形成并评审最终稿 d. 完成相关活动和形成最终建议书 e. 交付建议书	第 2.3 节 第 2.3.1 节 第 2.3.2 节 第 2.3.3 节 第 2.3.4 节 第 2.3.5 节

①组织应将业务获取作为一个项目，并把它分解成类似于生命周期阶段的阶段，每个阶段有自己的目的和目标。

2.1 评估获取机会

就其最简单的形式来说，项目获取来自该组织之外的一个事件。它可以来自以下几个方面：

1）期刊上发布的一份正式项目建议邀请；

2）诸如 www. e—pipeline. com 这样的网站上提供的商业机会；

3）口头谈话；

4）客户对信息的需求；

5）发现组织能满足其需求的客户。

机会有可能以非正式的方式出现，但为了做出与战略规划和资源制约因素相一致的响应，组织必须从这一非正式模式转变为正式获取。

2.1.1 识别机会

项目经理可能没有识别机会，但如果有，则可能来自与已有客户在现有活动中的网络联系。在任何情况下，有关机会的信息都会通报给管理和业务开发小组，从而开始从非正式获取过渡到正式获取。

一旦管理层决定该项目是一个很好的获取机会，他们就会指派一名项目经理更详细地评估这一获取机会。组织并未决定要对此参与竞争，而是他们已经确定这个机会符合组织的战略计划，可能值得去竞争。从这个角度明确了项目经理的岗位职责，开始组建一个小组对这一机会进行详细的审查。

这一小组必须具备确定该机会有关要求的相应技能和经验。一般来说，该小组的核心人员应具备以下四方面的经验：

1）系统工程，包括对运行方案和要求的分析；

2）组织的业务和能力；

3）合同、定价、金融和物流；

4）建议策划和进度安排。

如何来发现和得到这样的人才？我们通常需要根据公司管理层、上级及组织的“老人”的建议来甄选合格的人才。

有的组织为这样的小组指派一名建议经理——这种做法对于大型的项目获取机会尤其重要。建议经理的职责通常包括：

1）监管管理任务；

2）收集和管理文件；

3）审查要求；

4）制定建议大纲和进度；

5）协调技术发布的支持；

6）制定建议计划。

在短期内有很多工作要做，小组的动态性起着重要的作用。我们在选择小组成员时对这些约束条件必须有清醒的认识。我们需要确保他们具备鼓励团队工作和产生结果所需的承诺和愿景（第 17 章详细讨论团队工作）。

我们不仅要识别合适的人，还要确保——有时通过积极地参与——有合适的人可用。这种可用性尤其关键，因为我们通常几乎没有时间来做这个工作。管理层所说的手头有人和使他们可用还是有区别的。答应对人员的可用时间负责的经理可能不是负责确定工作优先顺序的监管人员。我们必须立即取得监管人员的承诺来降低风险。如果这样还不奏效，我们应当请求管理层指派一名我们选出的人——或者一个可以接受的人的替代解决办法。

2.1.2　收集和审查数据

我们组建了机会评审小组后，必须尽可能实际地收集关于该机会的数据和情报。这一任务要占用大量的时间和研究。表 2－2 给出了可能的信息来源和每个信息来源可能提供的内容。

表 2-2　机会数据信息来源一览表①

可能的信息来源	描述
任务概念文件	本文件可能使用别的名称，如系统说明书。它包含一个对任务的高层次概述，记录了最终用户的要求和对性能的期望。这些内容推动整个任务的发展——或者至少是组织感兴趣的那部分
用户接触和访谈	了解潜在客户需求的唯一真实方法是花一些时间与他们进行面对面交谈。我们想知道，“谁是我们的用户”
环境情报	环境情报就是关于项目开展所在物理及社会环境的知识。社会知识可以帮助我们准备管理措施，物理知识可以让我们了解建议书的技术需求。我们通过参加所有用户举办的工作组、企业日、评审或回顾，以及现场参观等方式获得这些信息。我们要搜集两类主要信息： • 物理的——设施布局或空间、维护和维修、制约因素、系统和设备类型、一般性操作动作、操作性演示等 • 社会的——个人品行、员工数量、一般操作互动、流程及活动等
过去的建议书和汇报记录	这一信息源包括了以前的获取战略，以及评估委员会的结果记录。我们希望通过这次机会重复制胜战略，避免失败的战略。在以前的建议书中，那些没有满足评估成功标准的技术、进度和成本要素特别重要
电话采访	我们组织中可能已经有人与该用户合作过，这样可以为获取信息提供有用的关系。这样的事例包括，其他什么人可能对这个机会感兴趣，或者谁正在寻求与别人合作。这类讨论有助于评审小组整理竞争对手或潜在伙伴的信息，并考察其相对优势和劣势。所有这些信息都有助于确定这次获取机会的“获胜”潜力

①针对机会尽可能多地收集信息很重要，所以项目经理要从几个信息源收集信息。

避免对客户的关注面过窄——在多数情况下，用户方有一个团队，由一个或几个组织构成并负责这个机会。因此，为了避免发生问题，我们需要将用户作为个体或一个团队来认识和了解。

例如，评审组确定他们相信的某人会在合同签署后担任用户方项目经理。他们与此人建立起良好的工作关系，并根据他或她的想法制定建议书。但设想一下采办的拖沓程度远超过预期的情形。在用户最终审查完成该小组的建议书之时，用户方项目经理已经变动到其他项目，使得该小组的建议书关注面太窄，以至于无法满足组织的需求。

因此，我们应与尽可能多的用户方项目经理建立网络联系，以确保建议书涵盖全部想法。项目经理和团队需要识别和致力于各个层次上的最终用户，包括系统管理员、关键设施工程师、飞行控制师和值班经理。他们需要询问问题、讨论任务目标、提出可选方案，并对任务风险的资源进行调查。所有这些人的观点将有助于团队制定一个制胜的战略。

识别和学习有关竞争的内容——对竞争有更多的了解是环境情报的一个重要来源。这是一项新工作，还是已经到位的承包商？客户打算竞争这件工作吗？如果是，那么谁是竞争者呢？如果有这么一项工作，有人正在做着这样的工作——有继承性者。他们对于任务有最深刻的见解和认识，通常比客户知道的还要多。我们需要知道的是客户是否对他们的工作满意。我们可以通过过去的任务评估、面对面与客户交流，以及非正式讨论等方式来加以了解。不重视有继承性者的优势和劣势是一个战术上的失误。

我们还需要知道对这个机会感兴趣的其他机构的情况。方法之一就是看这个任务此前是否进行过竞标。如果有，我们可以从项目合同办公室那里得到对此项目建议请求感兴趣的机构名录。这个名录可以帮助我们了解哪些机构认为自己有能力和策略对这项工作再作一次尝试。

对于大规模的空间任务机会来说，评审小组可以通过最终用户提供的公开发布会和会议获得大量的竞争对手信息。感兴趣的竞争对手可能会出席公开发布会。收集这类信息的手段包括人际网络、获得嘉宾名单和观察。

2.1.3　识别组织能力

我们已经组建了评审小组并收集了有关信息。现在我们需要回答一个关键问题："我们的机构能完成这项工作吗?"在多数情况下，项目经理并不完全了解组织的能力，因为能力是随时间变化的。我们只能依靠管理人员和业务开发人员，以及小组的组织情况来确定本组织能否满足用户的要求和期望。一个最佳的做法就是在高层次上列出这些要求和期望，然后让小组将组织的优势、劣势和过去类似的项目列在下面。这个方法可以使我们很好地看清组织目前处在什么位置。

2.1.4　制定高层次制胜战略

下面对"竞标/不竞标"进行分析。我们需要确定制胜的机会，因此该分析要回答六个关键问题：

1）有利方面和不利方面有哪些（财务的和战略的）?

2）有什么风险?

3）我们是要做主承包商还是分包商?

4）我们需要与别人合作吗?

5）我们建议书的预算应当是多少?

6）赢得这一机会需要哪些投入?

对于上述决策没有现成的答案。每个组织都有自己的底线、预算和战略目标。评审小组召开头脑风暴会议很有帮助，在会上，通过演示，如一张表格，可以列举出所有竞争对手（包括他们的组织）。这一表格可以勾画出每个竞争对手的可知属性：能力、优势、劣势、风险（见第 15 章以了解有关风险的更多信息）。

将所有有关变量汇总到一起的最好方法是使用一张评分表，或者机会分析矩阵。表 2-3 给出的是一个实例。

一旦评审小组确定该机会值得去努力，他们下一步的工作是制定一个高层次的制胜战略——向管理层建议投标的部分内容。该小组需要回答："为什么是我们?"最好的办法是采用头脑风暴法。

对于一个完整的战略，评审小组要回答与下列事项有关的问题：所需的产品和工艺、有效的途径、人员配备要求和成本等。对这些问题的回答汇总后必须使该组织显得很突出——使用户相信该组织有能力提供最好的、最经济有效的完成任务的措施。表 2-4 给出了制胜战略和建议书主题的示例。随着该表的不断扩充，评审小组要开始识别关键思路、主题和计划。

表 2－3 机会分析矩阵评分表①

竞争对手	能力	分值	优势	分值	劣势	分值	风险（负数）	分值	风险减缓措施	分值
Fly－By－Night 宇航公司（我们的组织放在第一位）	·航空电子开发 ·制造设施 ·全球物流 ·运营与维护	4 3 4 2	·在 XYZ 领域行业领先 ·XYZ 产品真正满足用户需求	5 4	·没有过去的客户绩效 ·制造业当前饱和	2 3	·可能无法满足日益增长的产品制造需求	(－3)	·针对制造能力确定资金和更新计划	2
累积分值＝26		13		9		5		(－3)		2
Notably Simplistic 宇航公司（这家及下面的公司是可能的竞争对手）	（适应机会要求的能力。我们可以将其分解到更低的层次）	15	（我们应当认真思考，尽可能多地明确优势，特别是对于我们自己的组织）	7	（我们应当列出所有的劣势；对于我们组织看不见的劣势我们无法消除）	3	（我们应当识别所有的风险，但在此只对前五个关键风险进行识别，每个建议书都有风险）	(－5)	（我们应当注意前五个）	4
累积分值＝24		15		7		3		(－5)		4
其他										

①1 分表示最低，5 分表示最高。机会打分高低对于竞标及预防组织资源浪费十分重要。复杂因素评价是最终决策的基础，可以使用决策工具模型以保证决策的高质量。

表 2－4 制胜战略和建议书主题举例①

战略	主题
我们是在职者，没有人比我们更了解这项工作	交叉功能人员配备可以减少人员数量、提供冗余度
我们开发和制造了该产品，因此我们最清楚如何进行产品维护	较低的工资率和管理费用降低了运行成本
我们成功地为 NASA、海军、空军、陆军和私营企业开发了类似的系统	

①客户选择的依据取决于选择准则。符合客户要求的战略和主题会强化组织建议书的优势。

建议书可以使用每一个主题，但应当只强调前五个。太多的主题会使建议书的重点不突出，用户更难以识别最主要的主题。主题应当易于识别和理解，所以建议书应当不间断地对其加以强调。例如，组织可能已经具备了在行业中被认为是最佳实践的、关于产品生命周期的完整记录流程。建议书制作小组可能想在执行概要和管理途径中先对该流程加以解释，并在所有技术方法中参考这一内容。

制定一个顶级的制胜战略——为了制定一个顶级的制胜战略，我们需要确定该任务对组织的价值和益处，确定为实现该项目建议书目标而需要的资源和成本、管理风险，并确定后面我们是否还具有这样的机会。

确定该任务对组织的价值和益处——任务与组织的战略目标关系如何？机会的价值取决于绩效周期内任务的整体价值。要获得一个经过评估的价值，评审小组要做一个粗量级的评估基础（BOE）。评估基础是一个工作要求清单，是小组认为开展必要工作所需的，包括了所有的假设情况。评估基础是动态的：随着建议书产品的不断成熟，需要对其加以完善。

确定建议书的资源和成本。这是项目经理的基本责任，但我们应从已从事过此类工作的其他人那里获得相应的洞察力。我们需要为管理层提供一个有关制作建议书所需条件的评估。评审小组利用评估基础数据来识别分组和开展这些活动所需的资源（管理、技术发布、人力资源、财务等）。它们可以累积出劳动时间，并与一定的劳动成本相乘得到累积值。评审小组还需要获得有关人力资源、财务和业务所需技术发布的评估。

利用诸如"减缓"这样的主动模式而不是"监测"这样的被动模式来管理风险。在任何建议书的有关工作中，因为时间短，周期很紧，组织不太可能足够认真地识别、分析和减缓未来的风险。它们倾向于快速完成这一活动，造成对用户来说很重要的风险的忽视。因此，它们会得到较低的评估分值——或更糟的非一致性评分。

在赢得机会后要能与机会共存。在花时间制定一项制胜战略前，我们要确保去争取这个机会是有充分理由的。那种我们要"不惜一切代价获胜"的想法是危险的。如果我们赢得了这次机会，就要按照标书上的要求去做。不能说我们的工作由七个工程师就能完成，而所有的数据和逻辑都表明这项工作至少需要十个人。

2.1.5　为管理层提供建议

我们现在要对工作做一概述，以便向管理层提供有关的发现和建议。组织有多种方式来生成一个概述，可能已经记录了管理层想要的东西。如果没有，项目经理应当至少提供下列信息：

1）对任务、使命或工作的高层次描述（包括位置和绩效周期）；

2）任务对组织的价值和益处（美元数量、估计的利润和战略）；

3）采购进度（项目建议书和工作陈述发布，建议书到期日，后续任务和启动）；

4）竞标；

5）组织的合格性（为什么我们能够做这项工作）；

6）一般性制胜战略；

7）建议书资源或成本要求；

8）拟成立的项目竞标团队的人员组成；

9）用户、主合同、分合同计划和行动；

10）提出"竞标或不竞标"，以及是作为主承包商还是分包商的建议。

面对面地将这些结果呈送给管理层是最佳的方式。我们需要安排一个正式的汇报时间。参加人必须包括能决定是否参与竞标、并对建议书制作所需资源进行安排的权威人士。比较糟糕的情况是因为能拍板的人未到场，评审小组还得再作一次汇报。项目经理应当是主要汇报人，但评审小组的全体成员都必须准备好回答管理层的问题。他们肯定会问问题的！同样重要的是管理层能亲眼见到完成这一高质量产品的人。

此时，评审小组对建议书已投入了感情。这是可以理解的——小组成员已经结合成一个单位，在时间紧张的情况下做了大量工作。他们要讲述自己所知道的内容，建议书也要以他们的见解为基础。这样，管理层再作决策就没有问题了。如果评审小组建议竞标，而管理层不同意，评审小组不要太在意。还可能走向另一个极端，评审小组说一个坏主意，管理层却说就这么干。在任何情况下，领导层作决策都不能没有评审小组和项目经理的引导。

2.2 准备获取

假定管理层已决定参加项目竞标，我们就进入第二阶段：准备获取。这一阶段将形成一个全面的建议书计划，列举出能满足用户要求的建议性策略。它由两部分组成：建议书管理策划（策划这项工作）和建议书团队（找到所需要的人）。

在这两步中，我们要先定义单个的建议书任务和要求及其进度来满足用户的要求。其中要与管理层和领域专家共同制定一个工作分解结构，识别完成获取工作所需的资源，建立建议书制作小组，安排详细的策划活动。（见第 3 章有关工作分解结构及其制作的详细情况。）

2.2.1 制定建议书管理计划

什么是建议书管理计划？它不是我们展示给用户的建议书的组成部分。它的用途是列举或定义所需资源，在交付日之前制定、评审、讨论、发布并交付一份满足任务要求的建议书。

项目经理与建议书经理必须通力合作，制定一份切实可行的建议书管理计划。该计划应当包括投标书（RFP）和工作说明（SOW）的概述、一个高层次的工作分解结构（通常指的是第一层次的工作分解结构）、一般性的制胜战略、建议书指导方针、建议书组织结构图，以及一个建议书制作的时间表。

建议书经理领导下列四项主要活动：

1）制定指导要求——这是有关“应当进行”（shall）的要求清单，是任务的活动或产品需要满足的；

2）制定、分发、监控汇总——这是有关的客户建议经理和合同办公室希望如何整理建议书的内容，例如是幻灯片演示还是书面报告、页码、字体和章节设计等。

3）确定并保持建议书的进度——这个进度是为满足建议书交付日期所要开展工作的内容和时间，多数组织的进度标准模板是 30 天、60 天和 90 天；

4）监管和指导技术发布——这指的是维护开发数据库、提供图表和技术编辑、管理发布和分发服务。

项目经理需要清楚并支持建议书经理的有关活动，但不应事必躬亲。一份建议书管理计划中的如下活动属于项目经理的主要职责：审查投标书和工作说明、制定工作分解结构、确定制胜战略和准备建议的组织图。

对于小型任务，我们可能必须独立完成全部或大部分工作，包括建议书经理职责范围内的工作。但对于更复杂的任务来说，整个评审小组都应通力合作，其中项目经理起领导者和推动者的作用。

制定一份高层次的概述，分析任务要求、投标书和工作说明——建议书制作小组要快速获得对有关要求的详细理解，要求对投标书和有关数据进行彻底的审查。每个人都要阅读、理解和识别每项要求（第 8 章详细讨论有关要求）。在建议书制作过程中建立一个要求矩阵，并以受控方式进行更新是一个好主意。评审小组不应做重复工作！表 2－5 是要求矩阵的一个实例。

表 2－5　建议书一致性矩阵①

工作说明要素代码	工作分解结构要素代码	建议书要素代码	描述
3.0，3.2a，3.5b，4.0	5.8，1.2	4.2.3	系统电子设备集成
3.4c，5.1b	5.8，4.6	4.2.4	电子设备逻辑支持
⋮	⋮	⋮	⋮

①这是一种技术状态受控的产品，记录并在建议书与所有要求之间建立了关联。通过认真地控制其内容，项目经理可以确保评审小组不会只是重复这一耗时的步骤。要素代码与下面所示每个文件的多个段落有关。

建议书评审小组要反复使用这个矩阵来核对和检查每项要求。我们还可以把它作为建议书的附件提供给选择委员会的评估人员和最终用户评审小组。他们可以用它来更容易地识别建议书中针对工作说明要求的答案，并在他们完成评估后回到建议书的关键部分。

如果建议书评审小组不建立一个要求矩阵则会浪费时间和资源。随着矩阵开始建立，跟踪要求就会变得简单，即使对于中等规模的采购也是如此。但是建议书制作小组如果没有一个矩阵就会：

1）迫使建议书制作者一遍遍地审查工作说明；

2）制定的建议书不完善，无法满足用户要求；

3）无法表明他们曾使用一种结构化的流程来避免丢失重要的细节。

这些困难会造成团队成员之间的矛盾和不团结，导致项目经理的名声不好……这些都会使评估人员得出不一致性的结论。

定义一种高层次的工作分解结构（第一层次）——现在需要列举出我们必须涉及的单个要素并为满足任务要求开展工作。这一任务最常使用的工具是工作分解结构，在第 3 章将会有全面的介绍。

制作团队和组织图——在工作分解结构有雏形时，我们可以开始制定任务的组织结构。项目经理和团队必须决定如何对任务和支持团队分组，定义它们如何协作。管理结构有两种形式：矩阵式或直接式。两种方法各有优缺点[1,3]。

在赢得机会后项目经理通常会成为项目的领导者。我们必须记住：建议书中的组织结构图是指在机会获取成功后如何开展工作。因此，我们需要保证它有意义，能应对用户和我们的管理要求。在策划时，对挑选出的高级经理进行一次合格性检查是一个非常好的办法。

由于人的参与，一些意外的事情就会发生，因此需要使用相当数量的风险预案，如对处理工期延误的问题，在建议书进度上要有灵活性。第 15 章更详细地讨论了风险分析和减缓技术。

项目经理必须冷静并给予支持。在发生引起支持性组织关注的事件时，我们必须表现出平易近人的态度，表明我们愿意为帮助他们解决问题做必要的工作。当然，尽管表现得尽可能的公平和给予支持，有的支持性组织仍会陷入困境。在这种情况下我们会像旧谚语所说的那样，“会哭的孩子有奶吃”。项目经理，而不是支持性组织负责管理这些项目建议书。为了满足管理层的期望，我们必须从建议书制作活动的最顶层解决进度延误问题，对进度修改进行磋商，确保按时交付。

使整个组织都参与——为了使大家都参与，我们必须得到人力资源部门的支持，得到财务部门对定价的看法，完成内部评审，确保各项事情按期进行。

获得人力资源部门的支持——每个投标书都会有些特殊条款和要求超出主流工程师或经理的知识范围。这样的事例包括合同采办（如联邦采办法规）、成本估算、安全、物流等。我们应该把对这些特殊领域的审查工作委托给有相关能力的组织成员。必要时管理层应把这样的专家调入建议书制作小组。

但是，我们需要留心的是这些支持性组织（如物流和法律）可能不把建议书作为他们的头等大事，在他们的时间安排上可能有许多其他要做的工作。我们可能需要对他们施加压力，要求其按时提供必要的支持。对经磋商后要提供的书面支持，项目经理应当从部门负责人那里得到相应的书面认可，包括进度和必要的产品等。

获得财务部门对定价的有关建议——任何一项制胜战略的另一个关键要素是定价。如果组织生产出了最佳的产品和价值，但只根据价格仍可能丢标。已经有很多这样的情况发生。出现这种丢标情况的两个主要原因，一是超出了客户的预算，二是有竞争对手出价比我们低。那么怎样才能获得对定价的看法？最简单的办法是先看看以前类似工作中有关合同的价值。客户可能提供一个可以预期的价格范围，但这种情况并不典型。

定价策略的第二部分又回到了工作分解结构、评估基础和物资账单（BOM）上。有了这些信息，再加上营销数据、合同模型和可预期的用工方案，建议书制作小组就能确定一个比较实际的价格。根据工作分解结构、评估基础和物资账单中的有关信息，就会对竞争对手的定价离我们有多近感到吃惊。除非项目经理是金融方面的专家，定价任务应当交给一个支持小组来完成。但项目经理应当参与定价工作，因为他们针对客户目标价格、劳动力—收益成本和物料成本的输入对于价格方案至关重要。

建议书的定价是科学也是艺术：是数据和数字与观念和过去的经验相混合的产物。最后，项目经理必须确保建议书制作小组能证明其定价方法和结果都是正确的。

开展内部评审——在建议书—管理计划完成后，我们应当通过开展内部评审来做一次合理性检查。小组的每个成员和提供支持的部门都应当通过描述活动、进度（如有需要）、风险、对小组内其他成员的公开依赖情况，以及一个“今后工作”的打算，来展示在该计划中自己那部分的状况。

评审应当是正式的，但因为是内部评审，所以可以采用工作会的形式。每次评审要由项目经理主持，确保小组能识别和解决所有问题。我们不允许小组成员公开指责或妨碍评审工作的进行。如果出现了有关问题，应当记录下来并专业而迅速地加以处理。

2.2.2　获得、组建和指导建议书制作小组

在项目建议获取的第一阶段，组织建立一个评审小组，用以对这次机会进行快速的、高层次的考察。但现在要把能参与详细建议书编制的小组联合起来。图 2－1 给出的是一个典型的建议书组织。

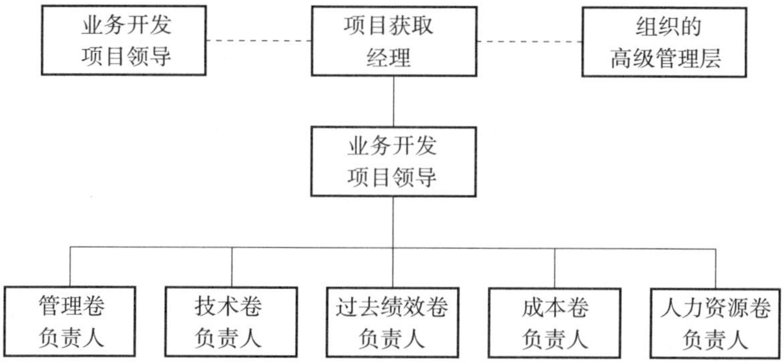

图 2－1　典型的建议书组织结构图

建议书制作团队负责制作实际的建议书。项目经理必须确保该团队由经验丰富的专业人员组成，既忠诚又可用，为工作提供保障

识别关键资源和技能：我们需要为建议书制作的每个领域都找到经验丰富的领导者：技术的、管理的、过去绩效表现方面的、人力资源的以及定价方面的等等。我们用于识别和获得关键资源的流程在这里同样适用。我们可能在印象里知道一些人，但从管理层、同事及更有经验的项目经理那里得到有关的见解和建议是一个不错的主意。

在建议书流程中，每个职位都有其具体的角色和职责，如表 2－6 所示。我们最起码也应在四个领域指定负责人：技术、管理、定价和人力资源。我们必须让他们对项目有一个完整的认识，包括管理层的机会审查包，以及建议书管理计划、投标书、工作说明、工作分解结构、评估基础和物资账单等。

寻求合伙人和分包商——用户需求可能涉及组织目前不具备的经验。如果有这种情况，组织要努力寻求一个合伙人，或者签订一份获得这些技能所需的分包商合同。这种合作方式也称为外包，可以帮助我们填补技能、知识或经验的不足，还可以使我们应对自己的劣势——而这些是用户所能察觉到的实际的东西！如果用户根据过去的经验，或

者因为对组织缺乏了解而看到的是我们的劣势，项目建议小组必须设法改变这一认识。

表 2－6　角色与职责①

职务	职责	高层次责任
项目经理	项目获取负责人	·推动高层管理者作出决策 ·获得并管理资源 ·推进建议书有关活动 ·指导建议书制作整体工作
建议书经理	生产负责人	·协助项目经理 ·制定投标书/工作说明矩阵要求 ·管理进度和生产整体工作
管理经理	管理工作开展负责人	·定义工作分解结构要素 ·定义主题 ·支持开发者的工作 ·制定评估基础
技术经理	技术工作开展负责人	·定义工作分解结构要素 ·定义主题 ·支持开发者的工作 ·制定评估基础和物资账单
历史绩效经理	过去绩效工作负责人	制定并形成过去绩效概述
成本工作负责人	成本工作开展负责人	制定合同定价和支持性工作表
人力资源经理	人力资源支持负责人	支持建议书制作小组和制定人员计划

①建议小组中有一个由组织中专业人员组成的核心团队，每个岗位都有指定的角色和职责；它们一起保证建议小组完成建议书。

在多数组织中，项目经理不亲自经手合同团队组织或分包商合同的签订。我们应当依靠合同支持小组与他们磋商（第 13 章有更详细的解释），但是我们必须深度地参与未来的合伙人和分包商角色的定义。组织中没有其他人对项目的需求、伙伴团队需要弥补的力量，以及组建后的团队是否能够成功地合作有如此深刻的理解。

在找到合伙人或分包商后，我们必须对他们以及在建议书制作期间他们所提供的支持建议加以管理，以便成为一个整体的团队。这种管理可能具有挑战，特别是在以下三个方面：

1）集中办公（co-location）——对于伙伴团队来说可能不容易做到；

2）资源限制——团队的领域专家可能在我们的时间框架内一时无法工作，但仍是承担此项工作最合适的人；

3）承诺的层次——团队成员可能会根据自己对投资回报的看法提供有限的支持。

我们需要提早关注这些问题，并在它们对建议书制作过程产生影响之前就加以解决。其中要做的工作包括为团队组建合同定义角色和职责。我们需要与团队成员的管理方建立沟通渠道和联系点，以便及时而直接地处理有关问题。

确定团队任务和进度——项目经理现在需要与各负责人见面，给他们指定各自的任务和进度。他们负责监督在各自领域内对任务要求提出意见。在项目建议书制作期间，这些负责人直接向项目经理汇报。

我们应当给这些负责人几天的时间来分析和理解项目要求、高层次的工作分解结构、制胜战略，以及组织的实现方法。在他们完成对这些数据的评估后，他们会开始制定下一层次的工作分解结构、资源计划和进度。团队负责人必须认识到主进度的里程碑很重要，要使自己的活动符合进度要求。工作分解结构、主题和进度总是不断变化和不断加以定义的，但成功取决于我们用来管理这些变化的、结构化的过程。

这时，这些负责人开始确定一种途径来识别所需的技能和资源。我们和团队负责人应当开展内部审查来识别工作分解结构和工作开展的相互依赖性，确保涉及工作分解结构的全部要素、对资源要求做到全部审查并开始资源定义。

为建议书制作团队寻找合适的人——为项目建议书制作团队找到合适的人并非易事。多数组织中有经验的人和领域专家都忙于多项工作，每项工作中都有一位负责人要这些专家来满足产品和进度要求。这些专家怎么会放下手头正在做的工作，来承担另一份责任呢？项目经理需要同组织的直线经理协商找到这样的人。如果很难找到，项目经理应尽可能早地告知其上级，而不应浪费宝贵的时间来解决人员问题。其上级应提供一个可操作的解决方案，或者是类似经验的人，或者是提供原来所选人员的一项计划。

2.2.3　安排一次建议书启动会

要召开一次整个团队人员都参加的建议书启动会，人员包括领导、领域专家、编写人员、研究人员和所有的保障人员。启动会的目的是提出任务概述、建议书的实施方法、建议书进度组织，还要该建议书团队的成员做出承诺。会议结束时有关建议书的工作就开始了！

2.3　制定并形成项目获取建议书

我们现在再把注意力转向项目获取过程的第三个也是最后一个阶段，这一过程由五个子阶段组成：推敲和理解，初稿，终稿，活动收尾和建议书递交。每一步又有多个步骤。

到目前为止，建议书的撰写计划和进度安排已经完成，任务团队和有关活动已经安排妥当，有关组织体系已经就绪。否则，该团队就尚未准备好继续开展工作，我们就不应让上级推着我们往前走。许多项目建议书制作团队（在尚未准备充分时），因为其上级要求往前推进工作，结果就出现了里程碑有遗漏、提出额外要求或者开销超支的情况，为了防止出现此类情况，应当对全部准备情况进行记录和说明，并定期向上级主管报告。

2.3.1　分配细化任务，并制作工作串联图板

我们已经明确了建议书制作团队需要了解的高层次要素（第一层工作分解结构），现在还要把每个要素再细分为多个子要素（第二、三、四层等多个层次）。领域专家必须提出并细化这些较低层次的要素。对于这一点，我们在制作工作串联图板之前，要吃透里程碑的含义，理解有关活动是如何相互影响的。

分配并细化工作分解结构的要素——在制作一份项目建议书时，很重要的一点，是要弄清楚开展一项任务的任何一部分工作都需要做什么。但是向客户提交这么详细的一份建

议书不太现实，所以需要明确要包含的工作分解结构要素的层次。建议书制作团队需要考虑下面两个重要问题：

1）客户是否需要获得足够的细节和证据，才能认为建议书制作团队理解并满足了任务要求？换句话说，该建议书可信吗？

2）我们是否为覆盖最低层次的要素分配了足够的空间和时间？许多建议书都对最终交付客户评审小组的内容进行长度或字数的限定（书面建议书限定页数，口头建议书限定时间）。

举一个例子。我在参加一个新建地面跟踪站项目建议书的工作时，客户要求有关技术实现方法的内容不能超过100页。我们的工作分解结构细化到第四层，这样建议书制作团队就知道自己需要做什么。但我们无法将200多个要素逐一写出又不超出页数限制，客户也不想看如此详细的内容。于是我们决定写到第二层（对某些特殊情况写到第三层），并阐述了这一层次的技术实现途径。这样客户对天线和跟踪系统的操作概念等一些要素就有了足够的认识。

接下来的工作是团队负责人将工作分解结构要素分配给合适的领域专家，这些领域专家对这些要素必须理解到最低一级可能的层次，并清楚投标书和工作说明的要求。这是任务开发的正常发展过程，人们可以在这一过程中形成一个概念并加以细化，最终形成一个具备一定功能的产品。随着建议书制作活动的开展，制作团队必须理解并进一步细化更详细的要素任务和规范要求。

我们必须确保所有进度图表的输入和更新都发送到同一个知识库中，并得到了控制（参见第6章了解项目管理信息系统的详细内容）。必须有专人维护和更新主进度里程碑，对照里程碑进行比较，将进度安排的任何问题告知建议书制作团队，并定期向团队负责人分发该图表。我们需要在整个建议书制作阶段安排时间审查主进度——强烈建议每天审查——以便尽早发现问题。

理解里程碑及其相互依存关系——为了根据已确定的要素规范制定有效的进度，接到工作安排的人员开始制作甘特（Gantt）图，对与他们负责的那部分建议书内容有关的每项活动及其相互依存关系加以识别。尽管有的时候比较费时，这项工作会为团队提供一份能展示所有活动及其相互依存关系，以及关键里程碑的流程图。在建议书制作阶段通过考察这份流程图，团队就能做到：

1）跟踪总的进展；

2）快速识别对进度的积极和消极影响；

3）识别活动的相互依存关系和潜在影响；

4）分析未来的进展以帮助减缓风险。

注意进度拖后——由于各里程碑之间的相互依赖性，如果其拖后失控就可能酿成灾难。

我曾经在为一个卫星飞行操作项目制作建议书时目睹过此类问题的发生。项目经理原本强调前面的分析和计划编制，但他给领域专家留出太多的时间来细化他们的分析和计划。由于没有意识到这一点，项目经理把进度中的全部冗余时间都花费在这一步上。后来，在建议书形成阶段，有几项计划之外的事件浮出水面，导致了进一步的延误。直到建议书完工前的最后一周，数位负责撰写的领域专家和工作人员不得不为按时完成建议书而夜以继日地工作。

这件事经常警示我们，“更好”是“好”的大敌！我们必须对各项活动做出进度安排，并根据这一安排管理各项活动。这样我们才能在给予团队成员尽可能多的时间的同时，仍然能为下游问题留出余量。可能不太容易对一位领域专家说：“时间到。”但这样做要比后来发生灾难性的进度拖后好得多。

制作工作串联图板——在建议书制作团队和领域专家花费一定时间审查投标书、工作说明、战略及进度后，他们可以开始制作工作串联图板。工作串联图板描述的是每一个工作分解结构要素，内容包括解释有关要求及组织能满足这些要求的能力、主题及敏感问题、风险，以及组织满足该要素的一般方法。我们利用工作分解结构为每个要素的工作串联图板提供大概情况，为领域专家列举出全部需要涉及的要求。表2－7给出的是工作串联图板的一个基本范例。

每个组织都有自己的工作串联图板制作方法和风格，但应确保格式中至少包含以下9个项目：

1）与投标书各部分一致性检验清单；

2）章节或要素大纲和策略；

3）问题及风险管理（识别风险和风险减缓）；

4）组织的优势、劣势、机会和威胁；

5）差异特性；

6）特征与好处；

7）过去的经验和绩效；

8）要排除的重要主题和想法；

9）制图方法。

团队负责人和领域专家必须花费一定时间和精力从事工作串联图板制作的工作。我们必须密切监督图板的制作工作，关注导致领域专家陷入困境的情况。如果出现这一情况，我们需要提供指导和帮助，如果制作者仍未摆脱困境，我们要参与图板的制作。领域专家必须保证把主题思路放在最前面，以便建议书的每个章节都能突出强调战略主题。由于这一工作既单调乏味又具有难度，我们还要提醒那些对此不以为然的领域专家，尽快结束这一短视行为。

项目建议书的制作不允许工作串联图板占用太多的时间。这一约束条件会造成要求或主题漏项、方法策划不充分、各部分概貌不清晰，以及缺乏区别点。明白了这一危险，我们就可以完成为该活动分配所需的资源和培训。也就是说，由于负责人认为这些工作都在他心里，他们仍然会低估工作串联图板的制作时间。但将工作安排有效地落实到纸面上则是一种需要学习的技巧，这种挑战通常会使团队成员感到吃惊。但是，如果做得正确，就会使得建议书所有内容的撰写和展示更加容易。

表 2－7　建议书工作串联图板示例①

<table>
<tr><td colspan="2">投标书/工作说明参考和各节：美国复杂性部（Department of Complexity），RFP 555555－1，SOW1.2.3.4，第 3 段为科学数据传输提供的网络连接设计</td></tr>
<tr><td>一致性检验清单
RFP 要素　一致性要求
1.2.3.4.1　应当提供 99.3 的可用性
1.2.3.4.2　带宽＝453 Mbps
1.2.3.4.3　开放架构设计</td><td>要素及各节的基本大纲
（建议书说明）
· 正文：Times New Roman 12 号
· 图中文字：Times New Roman 10 号
· 折页算作 2 页
· 该输入的页码限定为 4
· 为以下工作提供技术方法概述
　设计、集成和测试
　部署、维护和操作
· 提供过去的绩效</td></tr>
<tr><td>优势
· 我们是一家 WAN 基础设施主要供应商
· 在产品设计、开发和部署中过去和现在都有重要绩效

威胁、问题及风险
· 现有基础设施不支持协议
· 主要设计团队已满负荷或已安排工作</td><td>劣势
· 操作和维护本地化网络运营中心的经验和组织机构有限
· 没有与该客户打过交道

风险管理
· 描述如何提升满足协议要求的能力
· 考虑与合伙人一起增强设计团队力量</td></tr>
<tr><td colspan="2">方法概述（技术的、管理的及其他）：
· 利用组织的工程生命周期模型作为设计方法的基础
· 每部分的布局
　描述和目标
　技术途径
　　物理架构
　　协议设计与升级
　　后勤
　操作</td></tr>
<tr><td>特征
· XYZ 载波能提供具有 200％发展潜力的充足带宽
· 现有 WAN 基础设施可提供 4 级冗余</td><td>好处
· 载波因任务数据流要求的不同只需作非常小的变动，不会给客户造成额外费用
· 链路的可用性保证达到 99.999 3％</td></tr>
<tr><td colspan="2">差异特性（即我们的建议书有别于竞争对手之处）
只有我们才具备能支持数据流链路要求的已安装好的 WAN</td></tr>
<tr><td colspan="2">主题还是取消：我们现在就准备使用——没有实施成本</td></tr>
<tr><td colspan="2">过去的绩效和经验：
为 NASA、海军、陆军、维珍航空公司提供过支持</td></tr>
<tr><td colspan="2">图表：
在这一部分，将所建议的网络连接画一个工作简图</td></tr>
</table>

①领域专家负责工作分解结构中他们那部分的工作。在对投标书、工作说明和其他资料进行全面审查后，领域专家要制定出一个完整的、基于建议书内容的能满足要求的实施途径，他们要在工作串联图板中展现这些信息。在收集到全部工作串联图板后，项目经理对建议书的内容就会有完整的认识。

给工作串联图板提意见——在建议书制作团队做好串联图板后，应将其张贴在团队的会议区，以便于其中有代表性的部分和要素出现在最终的建议书中。我们应该鼓励参与建议书工作的所有人都定期对全部图板提意见。我们要给建议书经理和团队负责人留出一些时间来分别对图板进行讨论，然后再一起进行讨论。这个方法能确保每个图板都按照逻辑顺序描述组织的战略实施途径，同时看到它们能彼此融合和同步。如果不对这些会议做出进度安排，几乎可以肯定的是，要花费很长时间来集成这些图板，通常需要返工，甚至会消耗掉进度安排中宝贵的浮动时间。

在领域专家独立开展工作的同时，项目经理可以通过不直接参与图板制定的高级管理人员来安排有关评审工作。这种正式评审可以使管理层对能改善建议书表述的团队的实施途径和供给输入、评论及方向进行评估。还可以使他们知道建议书制作团队在想什么，这又会给后面的评审带来好处。有的管理层的评论有价值，但有的评论没有价值。项目经理需要对这些评论进行全部倾听和审查，然后再对最后的战略和方向作出决定。

2.3.2 形成并评审建议书第一稿

现在团队负责人和领域专家开始撰写建议书的第一稿。我们需要花一点时间来看一下至此有多少工作已经完成，理论上已经完成了相当数量的工作。如果有什么值得新上任的项目经理吸取的经验的话，它就是：要完成一项能中标的建议书，并非只是在电脑前坐下来就开始撰写那么简单！

形成建议书第一稿——项目经理需要为此提供把关、鼓励和管理上的支持，但对于项目经理是否也要参与撰写工作有着不同意见。对于一个很小的、容易管理的建议书来说，项目经理可以说是最佳的信息源，应当成为领域专家作者中的一员，但对于大型的项目建议书，项目经理则不应成为领域专家或建议书作者。他们的时间应当用来管理许多活动、参加会议、对管理作总结和解决有关问题。并非所有事情都能平稳地运行，对此项目经理在时间上必须具备足够的灵活性来应对，同时又不在其职责与写作责任之间发生冲突。

还有一点就是项目经理因为对建议书的“横向范围”有最清楚和最完整的理解，通常是大型建议书执行概要的最佳写作者。他们在执行概要中所使用的概念贯穿整个建议书内容。因此，在其他人撰写各自所负责的建议书内容的“纵向细节”时，项目经理应负责执行概要的撰写。

执行概要是整个建议书内容的一个简洁而清晰的摘要，其长度通常不超过一页半。它强调的是建议书制作团队最希望评审人员对建议书了解的关键信息。它是建议书内容的高度浓缩，阐述的是为什么该团队具有所需的“正确答案”。这个概要通常提供的是能给评估人员留下持久积极印象的要点（我们希望评审人员能记住的关键主题和显著特征）。最后，必须让评审人员有信心认为建议书制作团队理解了要求，并具备满足要求的质量最佳、最经济有效的方案。执行概要的写作语气应当是积极的、激励性的和挑战性的。

什么时候是编写执行概要的最佳时间？表 2－8 给出了两个选择。第一个选择是在完成建议书的撰写工作后再编写。等到最后再写，我们可以对项目组的最终计划、开展工作的思路和关键主题有最好的理解。总之，我们根据建议书内容编写概要。

表 2-8　有关何时编写建议书执行概要的选择①

编写执行概要的方法	
第一种方案	第二种方案
在建议书制作过程结束时编写执行概要	在建议书制作过程开始前编写执行概要
优点 · 最短的编写时间 · 最清楚地理解概要所包含的有关计划、实施途径和主题的内容 缺点 · 不向建议书制作团队提供有关最终状态的“愿景” · 在建议书制作团队编写工作中不向其提供模板 · 在领域专家完成有关工作之前有很少的时间来修改组织的愿景	优点 · 向团队提供对于建议书的全面“愿景” · 向领域专家和保障部门提供一个预选定义的“遗留问题清单”，以确保完整性、一致性和准确性 · 向管理层提供在建议书撰写过程早期对愿景进行修改的机会 · 推动建议书制作团队开展积极讨论，以确保对组织的制胜战略达成共识 缺点 · 最初的愿景可能需要在评审期间大幅修改，造成团队内部的混乱
所有内容都平等……推荐第二种选择	

①尽管领域专家是其各自专业领域内容编写的最佳人选，但项目经理应当编写建议书的摘要，称作执行概要。我们主张先写执行概要，为建议书制作团队设定愿景。

第二个选择是事先形成执行概要草稿，以便对建议书的方向加以界定，并为描述领域专家将涉及的所有关键要素创建模板。这种例子有管理方法、技术方法或者使我方的建议书区别于他人工作的有关项目。建议书制作团队的成员可以把这一草稿作为各自部分的检查清单，确保他们能以一致而统一的方式涵盖各要素。在完成建议书的制作后，我们可以将执行概要细化到最终形式，反映出该团队对如何应对风险、机遇和实施途径的细化有成熟的思考。

通常来说，第二个方案更好，因为它可以给建议书制作团队提供有关制胜战略、主题及一般实施途径的概况和检查清单。执行概要不要求完美无瑕或非常全面，即使只是附有说明的大纲也会有不错的效果。

每日评审工作进展状态——建议书制作团队进入这一阶段后，项目经理更主要的是作为推动者，而其花在技术途径和策划上的精力相对较少。但我们应该继续安排并主持每天的进展状态会议，牢记管理好时间是成功的关键。建议书撰写人员需要投入尽可能有效的时间进行撰写。因此，这种会议需要针对整体进展情况和有关问题做到既简洁又不空洞。这里用到的是正确的会议管理原则：如果一个问题出现后需要团队投入更多的精力，他们就应该安排一次专门的会议来解决这一问题。

细化建议书的制胜战略——在形成建议书草稿的过程中，所有参与人员都要对各自负责的要素细化制胜战略。他们需要识别和集成能得到客户注意和接受的、新的差异特性和措施。他们要在每天的会上向团队介绍这些细化内容，以便于整个团队能快速接受、修改或拒绝它们。在提交这些更改内容前，团队负责人应与领域专家一起进行检查，这样才能使整个建议书不断改进完善。

细化主进度——项目经理和建议书经理必须坚持不懈地细化主进度。更改内容包括交付延迟、早期交付、调整方向以及进度压缩。主进度有一个固定的最初开始日期（客户的投标书发布日期）和固定的最终截止日期（交付日期）。这两个日期不能更改，但可以对这两个日期之间的、较低层次的活动进度进行调整。建议书制作团队需要认真考虑这种调整会给进度带来什么影响，因为我们希望尽可能地与最初的主进度保持一致。太多的更改会导致进度的强烈波动，一旦团队发现它们对相互依存关系造成了影响，他们（连同他们的家人）很可能会大吃一惊！

与人力资源和财务部门共同监督策划——在建议书制作的这一阶段，我们要与人力资源和财务部门密切合作。更新后的工作分解结构、估算基础以及材料清单是这两个组织开始制定详细的人员安排和定价计划的基础。我们需要继续参与这些重要活动，在他们就所建议的人员安排、管理和定价方面作出重要决定时发表意见。在组织着手开展此项工作后，我们要一直关注这些决定的结果。如果人力资源部门不了解工作的技术内容，他们所做的计划就有可能包含对正在开展的项目造成制约的决定。在这种情况下，负责此项工作的项目经理就需要从头梳理。

评审建议书草稿（粉队）——现在需要建议书经理安排对建议书草稿进行评审，这些人有时称作“粉队”。如果建议书没有专门负责的经理，这个任务就落到项目经理的肩上。“粉队”应当由外部人员而不是建议书制作团队的人员组成。这次评审应当包括在此项工作的管理、技术、财务和人力资源等领域有经验的人员。其目的就是从客户评估的角度认真考察建议书内容。为了做好准备，建议书制作团队应先期开展一次包括如下问题的自我评估：

1）建议书是否有进度安排和里程碑？

2）是否已对可交付物进行了识别？

3）是否在整个建议书中使用了主题和策略？

4）建议书是否提到了创新内容？

5）建议书是否有降低风险的计划？

6）建议书是否包含差异特性，如过去的绩效？

“粉队”对草稿的评审可以毫不留情。评审组的目的是通过更加明了地纠正错误来指出缺点和建议整体改进。一般来说，评审组都特别擅长指出缺点和建议更改，但对于“如何做”却爱莫能助。

举一个例子，我所做的第一份任务建议书需要以演示文稿格式交付，我们认为评审组会紧盯着评审不放。老实说这份陈述没有经过充分准备，尽管我在这次评审后认为我会被解聘，但管理层却不这么看。我们还有很多工作没做，但已经进入正轨……我只需要再顺着建议书的思路往下做。有了评审组的这些输入，制作团队又调整了一下方向，加之长时间的努力，团队最终制作出了一份出色的建议书并被选中。

这个例子告诉我们，项目经理和建议书制作团队应该看到，评审组对他们工作的考虑不会像他们想象的那样全面。建议书当然不会完美无缺。尽管在这一点上花了不少时间，我们总是有其他工作要做，而忽略了这一点。评审组会很严肃地对后续工作和工作的优先顺序作出评估。

这次评审结束后，建议书制作团队必须针对反馈开展工作。问题、关注项、抱怨和行动都是细化建议书的组成部分。我们必须保持积极的态度，特别是出于建议书制作团队的考虑。我们必须脸皮厚一些，并且记住并非所有“粉队”的建议都有意义或完全有用。在汇报中，我们需要以一种积极的方式回答评审组的所有问题，表现出对评审组成员和评审过程的感谢。接下来我们要对有关的意见和建议加以消化，然后把有价值的部分融入到建议书当中。形成最终稿的时候到来了！

2.3.3　形成并评审最终稿

时间在不断流逝，因此建议书制作团队必须将精力集中在初稿评审所提出的问题和关注事项上。很重要的一点是继续控制和推动团队工作，以满足交付时间进度要求。我们应该继续坚持每天的进展状态会制度。

分析初稿和解决矛盾——我们必须与建议书经理和领域负责人一起，认真分析初稿评审组提出的结论和建议。应该根据跟踪要素整理出一份有关关注事项和建议的清单。我们不可能对建议书返工，因此项目经理需要根据团队的意见，决定对哪些建议不予采纳，并做好原因说明记录以便于参考。在建议书团队开始将同意接受的建议进行整合时，我们要跟那些建议未被采纳的评审人员进行联系并作出解释。通常情况下，这些评审人员会同意这样的决定并放弃自己的意见。这种交流对最终评审有好处，在他们再次看到建议书时，他们会告诉管理层他们支持我们的思路，而不会公开地质问我们为什么忽视他们的意见。

在建议书团队就相关注意事项排出优先顺序后，我们需要告知领域专家，便于他们开始着手解决这些问题。同样，我们要在每天的状态会上跟踪相关工作的进展。

把专家的想法转换成清晰的书面文字——聪明的工程师不见得就是最好的作者，所以评审有的时候关心的是语言表达而非方法。简单来说，有的领域专家有很强的工作能力和知识，但要把自己的想法落实到纸面上却存在困难。

为解决这一问题，我们应当考虑安排建议书团队中已完成本职工作又具有良好写作能力的人员来帮助有写作困难的领域专家。如果我们已经培养了这种正确的合作精神，提供帮助的团队成员是不会介意的。对于有富裕时间的团队成员来说，即便自己不是需要帮助的那个领域的专家，这种方式一样有效果。他们的价值在于能够理解目标，从领域专家那里获得适当的信息，并将其转换为符合团队愿景的建议书。事实上，这是为什么他们已完成了自己的工作的原因。他们完备的能力可以让我们给那些不善言辞的领域专家尽可能多的时间来掌控自己的工作。

但是，有的时候我们还必须安排外部写作者和了解问题、需求及战略的团队成员的工作。他们一起工作可以较好地完成任务。我们要对他们密切关注，必要时还可以加以干预。这种后期更改的方式对组织动态的影响之大可能足以影响到建议书的写作。我们要对此类细微的影响有所预期，对其迅速识别并帮助团队加以克服。这是建议书初稿形成过程的最后一步，大约持续两周时间，这样我们就没有富裕时间了。

评审和细化主进度——至此，由于时间所剩不多，任何对主进度的重大更改已无可能。我们必须找出重要的拖后项，快速识别进度问题并立即解决。可以采取的措施包括花更多的金钱、工作时间更长或者周末加班，以及组建突击队来集中解决问题。

评审和批准人力资源部门的用工方案和定价方案——这时人力资源部门已经根据建议书制作团队的分析完成了用工方案的编制。我们必须对这一成果进行认真评审，确保其准确性并能支持所要求的工作。用工方案会显著影响到建议书的成本，所以如果不准确则会给预算造成消极影响。

我们还要注意确保定价方案的准确性。这一方案将人力成本换算成价格——我们要根据这一数额向客户收取劳动费用。组织要决定将成本换算为价格的格式，但一般来说价格等于成本再加上管理费和收益。将成本换算为价格很重要。客户方的评审人员是以价格形式考虑预算总额的。价格反映不充分会造成合同的结构性亏损。

完成终审（红队）——建议书快要完成了。项目经理这时要召集一个建议书-管理层的终审组，通常被称作“红队”。项目经理和建议书经理应当尽量邀请到参加草稿评审的同一拨人。主要原因是他们熟悉投标的机遇、要求、建议书的策略及主题，他们还非常熟悉建议书草稿评审的结果。“红队”中如果新人很多，通常会对草稿评审期间识别出的问题重新考察，浪费了宝贵时间，导致建议书不能快速完成。如果我们对“粉队”评审意见的处理有详细的记录，则会有助于保持终审组成员工作的顺利开展。

在完成终审后，项目经理、建议书经理、团队负责人以及重要的领域专家应该向终审组成员进行面对面的汇报。终审组可能会提出一些细化的建议，提议进行细微的方向调整。但如果终审组发现建议书有重大缺陷，我们应当与他们一起讨论，安排行动事项，并根据需要调整资源以保证进度的顺利进行。

最重要的是，我们要始终关注一个关键事实：“飞机即将到达，没有时间走来走去了。”我们不能让终审组的评审进度安排因某种原因出现延误。这次评审的主要任务是识别尚未完成的工作，因此如果此时发生延误，无疑将使建议书制作团队来不及做出反应。

紧张的进度安排还意味着不能畏缩不前，因为我们必须主动地管理终审组的评审。我们必须通过严格限定建议书的内容范围，同时符合投标书和工作说明的所有要求来确保其简短。项目经理需要保证评审工作的开展，同时又不影响管理层开展自己的工作。建议书制作团队希望意见少一点。我们必须说服评审组不提出战略方面的修改意见，即使是很小的一个领域。否则，项目经理就得准备说：“我们能做到，但它将会导致……”最后就成了管理层的呼吁。

2.3.4　完成相关活动和形成最终建议书

现在到了建议书形成的最后一步。最终完成建议书要用 14～16 天时间，其中 2～3 天用于分析，7～9 天用来重新审视建议书的有关问题。在重新审视技术问题的同时，还可以安排 2～3 天时间完成管理层的最终定价评审并交付最终建议书（6～7 天）。与主进度安排保持一致很重要。

项目经理有权根据需要重新安排领域专家解决有关问题，但缺乏时间从而可能导致队伍规模不断扩大。我们要吸收那些对要求理解最透彻并且最容易沟通的人员参与进来。给他们交代好工作并提供所需资源后，就放手让他们来处理有关事情。

（1）检查最终活动的关键注意事项

疏忽了某一点——在向终审组完成汇报后，项目经理和团队负责人要对注意事项进行讨论，解决所有可能造成不符合要求的问题。建议书可能出现的最糟糕的情况是，为了便于客户评估，把未达到要求的内容做了标注。

要点不明确——同样令人烦恼的是尽管建议书符合所有要求，但客户评审组很难确定哪些是建议书的要素并把这些要素与工作说明对应上。建议书制作团队不仅要提供一个一致性矩阵（第 2.2.1 节），还要说明已完成的建议书如何严格遵循投标书和工作说明的大纲要求。

重点不突出——终审组对建议书可能需要确定的另一个重要方面，是建议书团队的特征和主题。如果终审组很难找到这些内容，客户也会难以找到。建议书制作团队必须在定稿付印前解决这一问题。

得到管理层对定价方案的批准——我们可能需要上级管理层对建议书的报价予以批准，但如果建议书制作团队已经正确地完成了估算依据和材料清单，这一批准可以直截了当地获得。任何有关待办事项的突击活动也应完成。我们也要参与某些问题的讨论，甚至提出一些小的建议，但这一阶段相对来说我们更希望获得的是批准评审。

监督并确保建议书形成——建议书经理的职责是监督建议书的形成，但项目经理也需要对其有所了解。项目经理应在建议书制作的早期就要熟悉为建议书提供技术支持的发布团队，通过与他们一起工作建立信任和团队协作关系。对于那些他们的工作就是为了使建议书看上去既专业又完整的团队，我们不应低估他们的重要性。

我们必须通过设定一个由建议书经理来具体落实的最后发布期限，在“最后一分钟”完成所有输入和“不能不做的”更改。负责发布的团队可能试图将最后期限提前，但如果他们参与了最后期限的判定，他们可能会尊重已经确定的期限。

2.3.5 交付建议书

最后这一阶段与其他各阶段同样重要。有一句有关项目获取的格言是这样说的，“没有哪一份建议书是完美无缺的，你只是把时间用完了。”

在交付前快速审查建议书——如果一份建议书中有内容遗漏、空白页、章节顺序错乱、旧版本等问题，就会使建议书制作团队数月的辛勤工作大打折扣。这种错误甚至会导致项目经理丢了在组织中的工作。我们至少也要在建议书交付之前进行粗略的审查。项目经理、建议书经理和团队负责人应认真检查每一页内容，确保建议书内容完整有序。这只是一种简单的扫视，并非对建议书通读，所以只需要花几小时的时间。

安排建议书交付的时间进度——在对建议书进行粗略检查后，项目经理和建议书经理要对向客户交付建议书的事项作出安排。客户会明确提交书面建议书的地点和时间。如果不是项目经理亲自交付，建议书制作团队需要通过一个知名送货机构向客户按期送达建议书。如果我们通过内部人员去送递，该人员应在送货之日前先试走一次。我们应该安排较富裕的应急时间，以应对诸如天气不好、交通事故或车胎漏气等突发事件。

必要时制作演示——有的客户要求建议书以演示而非实物方式交付。事实上，一份建议书中既有演示也有实物的情况并非少见。建议书制作团队应在会前花几小时来准备和练习演示。聪明的项目经理会在建议书预算内容中增加一项为正式演示提供指导所需的开支。如果两个机构竞争同一个项目，而且他们的技术、管理和成本情况大致相当，那么，谁提供的演示最顺利又最有信心，谁就会占据优势。对于一项标的为数百万美元的建议书来说，花钱请人指导也是值得的。

解散建议书制作团队——我们已经完成了建议书的提交工作，至此就可以解散建议书制作团队了。项目经理仍然有一项必须要做的事情：向每一位团队成员致谢，最好是亲自致谢。表达感谢有多种方式：面对面的、备忘录式的、现金奖励等。无论从哪方面说，这一步都会对项目经理的声望有显著影响。团队中心存感激的成员会更乐意为将来的建议书提供最高质量的支持……其他人也大抵如此。

2.3.6　获胜

剩下来的事情就是等待客户与本组织联系，可能有几种出现方式：

1）质疑或澄清的通知——此时客户对建议书中的一项或多项内容有疑问或要求作出澄清解释。在接到这一通知后，项目经理要通报管理层，并召集能对问题作出回答的领域专家。澄清问题通常要求在限定时间内做出答复，所以我们不能浪费时间。

2）“最佳的也是最终的”通知——此时客户希望我们对建议书的报价再进行审查，给出一个修改后的最合适的价格。如果项目经理接到的是这样的通知，他（或她）应立即着手安排管理、财务和人力资源。这将是一次有关策略和重新报价的练习。

3）“赢还是输”的通知——虽然是一种自我安慰，但我们也要积极思考！如果通知中说“不，谢谢”，客户可能会邀请我们去做一次汇报。无论结果如何，为客户提供一次汇报总是很珍贵。这种汇报会给我们积极的或消极的信息，有助于细化我们的获取流程。我们应当记录下这一通知并告知管理层。

如果组织收到的是“赢还是输”的通知，一般来说建议书获取过程就结束了，除非组织来自工业界并希望对政府的合同授予提出异议。

渴望成功的项目经理从来不会一开始就认为自己会输。因此，必须认识到这一情绪在建议书获取活动中起很大作用。但是，那些最终输掉的经理会有一种出于情绪或事业的强烈的驱动要对最终决定提出异议。这种异议应由高层管理层而不是项目经理来提出。项目经理应记住，提出异议很少会改变合同的授予——尽管有可能，但可能性不大。如果组织打算提出异议，它的律师会要求项目经理提供很多的补充解释和记录。出于这一原因，项目经理理应争取成功，但也要通过保留团队工作的记录来作好失败的准备。

对于丢标更妥当的处理方法是接受邀请参加一次汇报会。有关最终决定的基本情况会在会上公布。需要注意的是参加这次会议不是去提出异议的，最终的决定不可能被推翻。但是，如果项目经理和团队的骨干成员有正确的认识，这次会议会给他们提供非常有价值的教训，可以知道建议书的评估准则是如何被贯彻的。这种见解不仅会对以后的建议书获取活动有益，还展示了一个高水平的专业团队在逆境中的表现。

2.4　小结

这一章包括了建议书获取活动的三个主要阶段——评估、准备和制作，每个阶段又包括几个分活动。良好的项目管理能力对于项目的获取和工作开展来说非常关键。

项目获取经理需要理解每个阶段的基本要求（了解大局），以便有效地管理一个项目获取活动。最后，我们需要记住以下三点：

1）项目获取经理负责能否争取到机会；

2）这些获取阶段包括大量工作，这些工作需要有一位具备良好管理能力和心理承受能力的专职项目经理；

3）项目经理不必事必躬亲，也不应深入参与获取活动的各个方面。项目经理必须组建一支优秀的团队，向团队成员授权，信任、支持并鼓励他们，放手让他们干各自分内的事情。

对于政府和私营业来说，市场正朝着开放竞争的方向发展，这就要求组织有一条获取机会的正式途径。本章概述了一个完整的获取过程所包含的主要组成部分。如果组织的过程尚不完整，对团队进行相应调整的责任就落到建议获取经理的肩上。他们会为组织提供已有的教训。这样的话，团队获得成功的可能性就最大，组织也会在不断变化的环境中适应项目获取工作中的挑战。

参考文献

[1] Kerzner, Harold. 2001. Project Management: a Systems Approach to Planning, Scheduling and Controlling. 7th ed. New York, NY: John Wiley.

[2] Office of Management and Budget (OMB). May 29, 2003. OMB Circular No. A - 76 (Revised). Washington, DC: Government Printing Office.

[3] Project Management Institute (PMI). 2004. A Guide to the Project Management Body of Knowledge. 3rd ed. Newtown Square, PA: PMI.

[4] Reagan, Ronald. November 19, 1987. Executive Order No. 12, 615—Peformance of Commercial Activities. Code of Federal Regulations, 1987 Compilation, p. 259.

第3章　项目策划

伯纳德·D·西里（Bernard D. Seery）
NASA戈达德空间飞行中心
查尔斯·A·阿塔（Charles A. Athas）
西格玛空间公司
L·休·鲁滨逊（L. Sue Robinson）
项目绩效有限公司
贾雅·巴杰帕伊（Jaya Bajpayee）
NASA戈达德空间飞行中心

在项目策划过程中，我们辨别并安排该项目的所有方面，为的是在时间和预算范围内实现项目的目标。项目成功与否在很大程度上取决于在策划之初所投入的精力、受到的关注和运用的技巧。项目策划的成果就是项目路线图，它把项目范围与项目的时间表、财务、技术设计、人员及其他方面联系到一起。

首先要理解项目的要求（既有最低的也有全面的）并明确所有的利益相关方。第二步是要透彻地理解资源的可用情况——经费限制条件、交付日期和组织的能力。接下来策划团队要识别项目的最终产品和服务，并制定项目实施战略来保证在规定的时间和成本范围内予以交付。项目实施战略包括：技术和管理基础设施；决定自己开发还是购买；制定一项技术计划，确保所有技术都充分成熟，至少达到关键设计评审（CDR）所要求的技术成熟度（TRL）6级；制定信息系统计划和用工计划。接下来我们要建立项目基线，包括要求基线、工作分解结构、进度和资源。最后我们要建立项目控制计划来监督和控制各种要素（见表3-1）。

表3-1　项目计划目录[①]

说明		
1.0	项目概述	介绍项目、活动及状态
1.1	简介	介绍项目计划
1.2	目标	讨论项目测度目标
1.3	任务描述和技术途径	通过介绍生命周期的各阶段，提供有关任务的概貌，包括轨道、发射日期和任务时间线。还对空间段、地面段和用户段的技术途径（包括操作概念）进行概述
1.4	项目主管部门、治理结构、管理结构和实施途径	识别项目经理所在领域的组织机构和负责项目监管的指导管理委员会。根据项目分类、合伙人组织责任、责任链和领域组织机构的决策途径描述其治理结构

续表

		说明
1.5	定义利益相关方	描述项目的利益相关方（如首席调查人员、科学界、技术界、公共及教育界、所属项目群和发起人组织），以及项目用来确保相关方利益的过程
2.0	项目基线	介绍项目计划的项目基线
2.1	要求基线	在项目群计划中，项目群对项目提出的清单或参照性要求，讨论如何通过概述要求分配过程，使这些要求传递到更低的层次
2.2	工作分解结构基线	提供项目的工作分解结构和到第二层次工作分解结构要素
2.3	进度基线	概述项目的统一主进度，包括所有关键里程碑、主要事件、关键路径的逻辑相互依存关系，以及贯穿项目生命周期的评审
2.4	资源基线	介绍项目的劳动力估算和以财年为单位的资金要求，这些内容与项目的工作分解结构一致。描述项目的基础设施要求
3.0	项目控制计划	介绍项目计划的控制方案
3.1	技术进度和成本控制计划	描述项目的挣值管理方法
3.2	安全与任务保证（SMA）计划	说明生命周期内安全与任务保证的功能和活动。识别并记录项目特有的安全与任务保证角色、职责和关系
3.3	风险管理计划	概述项目如何实施连续的风险管理过程
3.4	采办计划	记录一种使项目能满足其任务目标并提供最佳价值的集成采办战略
3.5	技术开发计划	描述实现任务目标所需的技术评估、开发、管理和采办战略
3.6	系统工程管理计划	概述项目系统工程管理计划的主要元素
3.7	软件管理计划	概述项目如何开展和管理软件采办工作以实现项目和任务的目标
3.8	评审计划	概述项目针对项目生命周期开展的、包括同行评审在内的连续评审的方法
3.9	任务运行计划	描述执行任务所需的活动
3.10	环境管理计划	描述在认证环境管理办公室的支持下，要开展的符合《国家环境政策法案》[13]和行政令 12114[3]要求的活动
3.11	后勤计划	描述项目如何实施组织的后勤保障政策，包括：提供支持的综合后勤基础设施，包括维修、测试和保障设备；培训；技术文件；包装、搬运和运输；以及项目生命周期中的后期保障信息系统
3.12	科学数据管理计划	描述项目如何管理由操作性任务产生和获取的科学数据
3.13	信息和技术状态管理计划	描述技术状态管理方法
3.14	安全计划	描述项目为确保安全和技术保护所制定的计划
3.15	出口管制计划	描述项目如何实施出口管制要求
4.0	超差放行	列举出要求超差放行申请并获准的所有组织要求，包括超差放行的理由
5.0	更改记录	跟踪和记录对项目计划的更改
6.0	附录	

①尽管每个项目计划各不相同，但多数都具有以上通用要素。

当然，策划活动的大部分内容都不是按先后顺序有组织地发生。最终用户经常无法清楚地表达他们的要求。例如，科学家希望从某一项任务中获得尽可能多的“发现”，有时会把严格的要求看做是对最大发现的制约。还有，包括多个利益相关方的大型项目通常难以在项目的要求上达成一致意见。项目经理需要推动这些讨论来建立要求。不仅如此，在成熟项目落后于工期的情况下，在策划阶段对新项目的出资就会减少。这样的话，我们就要主动对项目实施途径进行调整。总之，许多外部因素会影响到项目策划的过程。成功的项目经理会管理好这些日常的更改，同时使团队全力实现项目目标，还要与管理层进行沟通，使他们保持对项目经理的信心和对项目的支持。能满足每个利益相关方的特定要求，使利益相关方保持对团队日常工作的支持和信任是项目经理成功的关键。

项目策划的成果就是一项能成功实施该项目、从而在成本和进度约束条件内满足技术要求的计划，我们把它记录在项目计划中。

项目计划就是项目经理与关键利益相关方，如管理层、客户及发起人之间达成的协议。它规定了项目的管理方式，内容包括：项目结构、管理工具、项目如何满足组织过程和要求；项目控制计划；顶层的应急方案，如缩小范围和终止。它描述了技术架构和方法、财务、进度、风险和实施途径，以及贯穿项目生命周期的管理哲学。在得到批准后，它就成为了项目、项目群和实施组织之间的工作协议。它提供的是对问题、要求和行动的透明性。

在 NASA，管理层必须在任务方案评审（MCR）（通常是在初步设计评审前后）之前批准项目计划。此时，组织的各个层次都要对该研究阶段的结果进行评审，在成功通过任务方案评审后，任务就得到可以继续推进的确认。如果评审未通过，则可能意味着任务的终止。图 3－1 给出的是一个典型项目的时间线。项目计划在任务方案评审时是一个可交付项。项目的成功与项目策划直接相关，因此我们应尽早制定项目计划。

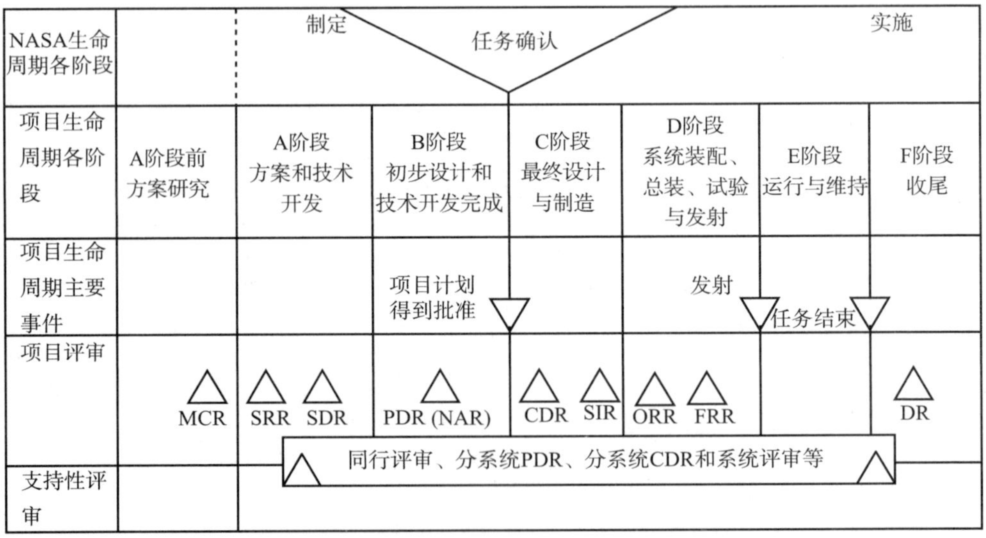

图 3－1　一个典型的 NASA 项目的时间线

在 NASA，项目计划要在关键设计评审之前完成并经过管理层批准。（MCR—任务方案评审；SRR—系统要求评审；SDR—系统定义评审；PDR—初步设计评审；NAR—无主（non-advocate）评审；CDR—关键设计评审；SIR—系统集成评审；ORR—运营成熟度评审；FRR—飞行成熟度评审；DR—退役评审）根据 NPR7123.1 修改[10]

本章对项目策划及其最终产品——项目计划进行了交叉讨论。由于项目是不断变化的，我们在生命周期每个阶段的开始都要对该阶段进行详细的策划。项目计划是一个动态文件，如有新增信息、关系或其他细节内容，都会在每个新阶段加以更新。项目计划的制定过程见表 3-2。

表 3-2　项目计划的制定过程[①]

步骤	项目策划过程	讨论所在章节
1	制定项目概述 a. 撰写任务概述 b. 制定项目目标 c. 确定项目策略	第 3.1 节 第 3.1.1 节 第 3.1.2 节 第 3.1.3 节
2	理解项目背景 a. 理解项目环境 b. 理解约束条件 c. 理解项目的法律和法规环境 d. 理解治理的内涵	第 3.2 节 第 3.2.1 节 第 3.2.2 节 第 3.2.3 节 第 3.2.4 节
3	制定实施途径 a. 组建一支精干高效的项目团队 b. 建立管理信息系统 c. 建立技术架构 d. 建立管理架构	第 3.3 节 第 3.3.1 节 第 3.3.2 节 第 3.3.3 节 第 3.3.4 节
4	建立项目基线 a. 建立要求基线 b. 建立工作分解结构基线 c. 建立进度基线 d. 建立资源基线	第 3.4 节 第 3.4.1 节和第 3.6 节 第 3.4.2 节和第 3.7 节 第 3.4.3 节和第 3.8 节 第 3.4.4 节、第 11 章和第 12 章
5	制定项目控制计划	第 3.5 节
6	创建项目工作分解结构	第 3.6 节
7	制定项目进度	第 3.7 节

①尽管这些步骤是以线性方式呈现的，随着项目的成熟我们通常会回过头来重新审视各种步骤。

3.1　制定项目概述

项目概述提供的是对项目背景及其现状的简要描述，包括项目制定活动、决策及文档的结果。项目概述在一个较宽泛的层次上对项目面临的风险加以识别，它影响了我们的策略及实施途径。项目概述的基本要素是任务概述、项目目标和项目策略。

3.1.1　撰写任务概述

任务概述是任务在包括任务设计在内的生命周期中的简要描述，内容包括发射日期、飞行计划、任务时间线、任务阶段和主要事件，如任务结束后的处理等。它还提供预期的任务结果、数据存档计划和数据分发策略。

此外，任务概述还给出对技术途径的简要描述，包括：空间段、地面段和用户段；运营概念；系统从开发到交付的转阶段工作。它描述了待开发的系统（硬件和软件）、继承系统、系统接口和设施；识别影响系统开发的主要约束条件（如成本、发射窗口、所需要的运载火箭、任务行星环境、燃料和发动机设计、国际合作伙伴等）。

3.1.2 制定项目目标

多数情况下，客户或利益相关方的目的和目标就是我们的顶层目标。在科学测量任务中，科学目的变成顶层目的和目标，包括顶层（Level 0）测量要求和由此派生出来的具体性能目的。第 0 层在 NASA 表示机构级的目的和目标、任务说明、运行约束条件和功能分解集成。与之形成对照的是第 1 层（Level 1），它包含可测量可量化的项目目的、性能要求、运行概念和任务成功准则。

在国防部，第 0 层要求是从基于性能的合同中，对所需要和所希望的内容提出的每一个相关要求汇总后派生出来的。第 0 层要求被称作关键性能测度（KPMS），其中有的是不可修改的。在进入招标之前，我们利用 A 阶段的研究对关键性能测度加以确认。

为了清楚地识别项目的目的，我们必须理解组织的层次，因为客户的要求会追踪到组织的某一特定项目。民用组织，如 NASA，会先把客户的要求分派到项目群，再细分到某个项目。因此 NASA 的项目经理必须理解项目和项目群之间的区别，NPR7120.5D 是这样定义的：

项目群是由任务董事会或任务支持办公室开展的一项战略投资，有明确的架构、要求、投资水平，以及支持一个或多个项目的管理机构。项目群支持 NASA 已确定的重要战略方向。

项目是项目群中具体的投资。项目有明确的要求、生命周期成本、开始和结束。与项目群类似，项目也有管理机构，可能与其他项目、机构或国际合作伙伴有接口关系。项目形成的新的或修改后的产品直接满足组织的战略需求。

3.1.3 确定项目策略

项目策略定义了项目如何开展工作，包括它重视什么、它的本质、它需要应对的外部力量、它需要严格到什么程度，以及它的逻辑和决策的原则。项目策略主要根据其风险类别加以定义，另一个影响定义的要素是：任务是应用型的（例如天气预报、卫星电视、军事应用）、科学探索型的还是技术验证型的。

项目风险分类——项目的性质通过风险等级加以定义。NASA 采用四级风险分类法对其项目加以分类[8]。风险分类是一种结构化的风险区分方法，汇集了多方面要素，如 NASA 战略计划的紧急程度、国家等级的重要性、可替代研究机会或再次飞行机会的可获得性、成功准则、投资量级和其他要素。风险等级决定了项目的规模、持续时间、可见性、严格程度和需要应对的外部力量。表 3-3 给出的是 NASA 风险分类的概况。

有 A 类风险的任务（哈勃天文望远镜、国际空间站、航天飞机或多数国家安全空间系统）通常具有很高的国家重要性，复杂程度极高，任务生命周期在 5 年以上。为了把风险降到最低，这些任务要采用最高级的保证标准。它们的重要性对项目提供了包括国会详细审查在内的很高的知名度，管理这样的利益相关方需要花费很大的精力。这类任务的成本通常在 10 亿美元以上。

表 3-3　项目风险分类①

特性描述	A类	B类	C类	D类
优先级（对于NASA战略计划的紧急程度）和可接受的风险等级	高优先级、风险很低（最小）	高优先级、低风险	中等优先级、中等风险	低优先级、高风险
国家等级的重要性	非常高	高	中等	中低
复杂性	非常高到高	高到中	中到低	中到低
任务生命周期（基本基线任务）	长，大于 5 年	中，2～5 年	短	短，小于 2 年
成本	高	高到中	中到低	低
发射约束	关键	中	很少	很少到没有
飞行中的维护	通常不可能	困难或没有可行性	可能有可行性	可能有可行性并已计划
可替代或再飞行机会	没有可替代或再飞行机会	很少或没有可替代或再飞行机会	有一些或很少可替代或再飞行机会	有重要的可替代或再飞行机会
任务成功准则	为实现任务成功，采用所有实际措施使风险降至最低，要使用最高级的保证标准	为了保持任务成功的低风险，要采用严格的保证标准并在应用中只有很少的妥协	不能实现任务成功的中等风险是可以接受的。允许使用保证程度有所降低的标准	不能实现任务成功的中等或重大风险是允许的，允许使用保证程度最低的标准
举例	哈勃天文望远镜、卡西尼探测器、木星冰月轨道器	火星探测漫游车、火星勘察轨道器、发现号航天飞机有效载荷、国际空间站设施级有效载荷、国际空间站附属载荷	地球科学系统探路者探测器载荷（中程探测器和小型探测器）、国际空间站复杂子机柜有效载荷	SPARTAN、Gas Can、技术验证器、简单的国际空间站、快车中部甲板和子机柜有效载荷

①NASA 风险分类概况。A 级表示风险暴露最低，D 级表示风险暴露最高。

另一方面，具有 D 类风险的任务具有较低的国家等级的重要性，复杂程度中等或较低，任务周期在两年以内而且成本较低。有效载荷几乎不需要冗余，可能是单线的，例如技术验证有效载荷。

项目价值——项目经理通过口头的或非口头的方式设定项目价值，价值包括时间线、可靠性、成本控制、卓越、持续学习、包容、冒险、敏捷性、安全性、工作与家庭之间的平衡等。第 17 章将对这些价值进行更详细的讨论。

严格等级——除了风险，任务类型还建立了我们所采用的严格等级。应用型任务，如气象卫星要求比较严格，因为卫星失效会带来严重的后果。商业应用任务同样要求严格，因为失效意味着销售收入和利润的损失。高知名度任务，如詹姆斯韦伯天文望远镜采用很高的等级来确保政治性责任。载人航天任务严格等级极高，为的是把航天员的危险降到最低。对于军事应用，元器件必须能在从稍微严酷到极为严酷的各种环境中工作。对于每一种应用，这些任务必须确定最恶劣的环境情况，并对 MIL－STD－810[2]的要求进行裁剪来确保该产品能存活下来。

论证、优先级设定和决策的原则——项目的类型、价值、知名度、规模、成本、复杂性和风险容忍度为论证、如何设定优先级、由谁作出决定以及如何作出决定等建立了正确的方法。例如，科学任务较成本或进度更加关注技术性能——即如果任务的技术性能非常好，成本增加或进度延误通常会得到谅解（见第 22.2 节）。而对于商业任务，成本和投放市场的时间很重要。对于载人航天任务，航天员的安全优先级最高。

我们这里提到了两种项目实施策略来降低成本的方法，一种是 NASA 的，一种是军事航天项目的。在 NASA，航天飞行硬件的测试包括鉴定测试和验收测试。鉴定测试等级明显较高，因为要对设计是否达到要求作出鉴定。验收测试是对飞行硬件在期望的飞行环境中进行的测试。由于鉴定星和飞行星造价高昂，导致原型飞行星的使用，该星要经历与鉴定测试相同的测试持续时间，只是等级有所降低。这使得可以用更低的成本确保卫星已具备飞行条件。对应的军事概念就是“坚固耐用”。军方要根据产品对 MIL－STD－810 的工作环境要求进行裁剪。

3.2 理解项目背景

背景细节与技术和程序性事项同等重要，因此这里我们要讨论的是项目运行所处的政治和经济气候、利益相关方的重要想法和意愿、约束条件，以及机构的治理内涵等。

3.2.1 理解项目环境

任何大型的、复杂的、高知名度的空间项目，特别是在公共领域，都有许多支持者，每个支持者都认为自己在活动中具有合法的利害关系。重要的支持者包括行政监管机构，如科技政策局、管理与预算局（OMB）、国会议员及其同事、科技界、咨询委员会，以及媒体。多数项目策划活动都是在“玻璃鱼缸”中进行的，几乎每个倡议都会受到挑战和反对。

成功的项目经理会博得重要利益相关方的支持，使任务经受住所有挑战稳步推进。我们要把项目的架构做到足够稳健，以保证即使 NASA、项目群或项目领导层发生人事变动（这种情况在周期较长的项目中的确出现过），项目也能继续推进。第 5 章详细介绍了有关管理利益相关方的内容，第 22 章专门探讨了对国会利益相关方的管理。

3.2.2 理解约束条件

一个新项目的另一个重要方面是资金的约束。什么样的资金状况能为项目生命周期提供支持？考虑到严格的政府采办政策和程序，要使项目的需求与可获得的资金支持实现匹配的确是一个挑战。尤其重要的是实现本预算财年和后 5 年的匹配。实现项目的资金要求与本机构的跨年度预算相符合很困难，但对于项目的成功很关键。第 12 章对预算过程进行了更详细的论述。

3.2.3 理解项目的法律和法规环境

法律既可以成为障碍也可以提供帮助。理解项目的法律和法规环境并为之做相应的准备对于成功至关重要。这一节简要描述以下的法律和法规：《外层空间条约》、国际电联（ITU）、国内空间法、许可、义务和保险，以及公司法。

《外层空间条约》——其正式名称为《关于各国探索和利用包括月球和其他天体的外层空间活动所应遵守原则的条约》，它为国际空间法奠定了基础。《外层空间条约》是在苏联发射卫星 1 号（Sputnik I）不久后起草的，于 1967 年 10 月 10 日生效。截至 2006 年 1 月，有 98 个国家和政府成为该条约的成员，另有 27 个已签订该条约但尚未完成批准认可。

《外层空间条约》是国际空间法的基本法律框架。该条约在其原则中禁止成员国在地球轨道放置核武器或其他大规模杀伤性武器，禁止将这些武器安装在月球或其他天体上，或者使之驻扎在外层空间。条约将人类对月球和其他天体的使用限定为出于和平的目的，禁止用来试验任何种类的武器，禁止开展军事演习或建立军事基地、装置及防御工事。但是，条约不禁止出于和平目的在轨道上放置或使用武器。条约明确禁止任何政府对诸如月球或某一行星的天体资源声张主权，因为它们是人类的共同财富。

《外层空间条约》第 5 条阐述的是国际责任，主张“非政府机构在包括月球和其他天体在内的外层空间的活动，应取得条约相关成员国的授权和持续的监督”[16]，成员国应承担本国空间活动的国际责任，无论该空间活动是由政府或非政府机构开展的。我们的项目不能违反《外层空间条约》的任何条款。

国内空间法——空间法也包括国内法。已有 11 个国家（美国、挪威、瑞典、英国、俄罗斯、南非、乌克兰、澳大利亚、巴西、韩国和比利时）和中国香港特别行政区通过了空间活动管理的国内空间法，美国 1958 年通过了《国家航空航天法案》并据此建立了 NASA。

国际电联——国际电联是联合国的一个专门机构，在其之下建立了一套规则，管理轨道位置的申请和授权与卫星之间收发信号的审批过程。通过国际电联获得频谱的授权需要 18 个月——如果未获授权，空间段和地面段就不能合法地进行通信。

本国法规主管部门（NRA）——卫星指令与控制段、地面填缝器（gap fillers）和用户段必须从本国法规主管部门获得频谱使用的授权。与国际电联的强制一致性要求不同，各国在国内的批准流程上有很大差异。美国的法规主管部门是联邦通信委员会（FCC）。所有服务于美国的任务必须获得联邦通信委员会的频谱授权。对于一项为欧洲提供服务的任务来说，必须从每个欧洲国家的法规主管部门获得频谱授权。

许可——空间任务要求各种类型的许可。第一个就是使用频谱的许可。没有频谱，空间段、地面段和用户段就无法通信。项目应尽早获得频谱许可。广播许可是第二种类型，用于卫星电视和无线电等的广播，有了广播许可才能广播内容——在许多业务模式和项目计划中，内容提供商要获得这种许可。第三种许可是发射许可——通常是发射服务提供商获得这种许可。许可证发放机构不公布拿到许可证要交的费用，所以很难确定要为许可留出多少钱。项目经理必须保证团队中有专人与每个许可证发放机构在项目开始时尽早联系，确保拿到每个许可证并确定其费用。

发射和有效载荷保险——保险是维持商业航天发展的基础。空间活动发生灾难会造成数亿美元的损失，而且这种灾难带来的后果往往超出卫星和运载火箭的成本。商业运营的延误会造成卫星运营商不能如期实现重要的营业收入。对于处在风险之中的如此贵重的资产，保险是减轻因失效造成高成本的重要手段。一些确定的空间保险类型，如第三方责任险，可以保护公众免受空间活动的威胁。根据1972年联合国《因空间物体造成损害的国际责任公约》[15]，政府承担因运载工具或根据其权限发射的有效载荷对第三方造成的伤害或损害责任。在策划阶段，项目必须确定购买多少保险，向哪个保险商购买，以及保险的费用如何。

公司法和税收结构——对于商业项目来说，项目策划的许多方面都会影响到纳税义务、利润和亏损账目、现金流和资产负债表。这些财务上的特点会促使决策者做出“造还是买”的决策、投资计划、用工结构，甚至影响到是否决定把项目总部安排在免税区，如马恩岛（Isle of Man）。

3.2.4 理解管理方式的内涵

管理方式指的是在高于实施机构的层次上如何进行决策。它描述的是一个机构或实体如何履行它向全世界、联邦政府、国会及公众做出的承诺。对空间任务最高层次的管理方式就是《外层空间条约》和国内空间法。较低层次的管理方式包括法律和政策，如对采办政策有影响的《政府绩效和成果法案》[4]和OMB公告A-11[14]。组织的战略管理框架必须以清晰而简洁的方式贯彻这些要求。因此，在项目策划过程中，项目经理必须理解治理文件及其含义。

由于空间任务具有复杂性，管理方式还会以最佳实践文件的形式出现，其中列举了对执行项目的检查和平衡。这些要求存在于组织的系统工程手册、任务保证要求以及项目管理手册中。较高层次的一个文件就是该机构或公司的管理手册。它描述了机构或公司的管理模型，提供了该组织的战略覆盖和管理策略，并对该机构如何管理，包括驱动管理战略形成的相关要求等进行概述。在任何组织中，管理方式都是以其核心价值为基础的。图3-2给出了NASA管理手册[9]的结构图，将任务的成功与核心价值联系起来。

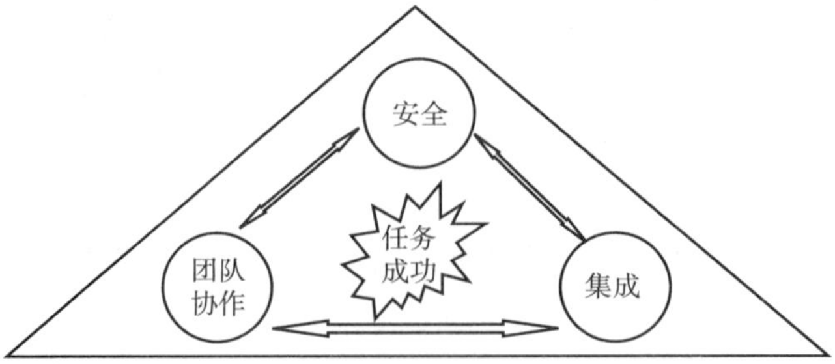

图3-2　NASA的核心价值

团队协作、安全和集成对于每个项目的任务成功都至关重要

3.3　制定实施途径

实施途径是指我们如何集成项目的要素来有效地实现并交付项目成果。它包括组建项目团队，建设项目的基础设施，建立项目的管理架构来确保对每一个项目要素都有专人负责和授权，建立卫星、地面段及用户段的技术架构。

3.3.1　组建一支精干高效的项目团队

人是任何项目中最重要的资产，所以组建一支能力强、效率高的项目团队极为重要。好的项目团队具备以下特征：

1）在项目的所有阶段都有良好的人才配备；

2）团队成员开展工作时相互信任和尊重；

3）整个团队清楚地理解项目的目标、产品和风险；

4）工作环境能做到精神上激励、富有幽默感、兼容并包，能按进度要求完成里程碑工作，在取得成就时进行庆祝等。

随着项目在其生命周期中的推进，项目需要不同的人才。在研究和方案制定阶段，项目通常需要的是系统工程师，因为他们能够在不同学科工作，并能通过对多个系统的权衡来实现一个稳健的架构。在设计阶段，我们更需要学科工程师来进行详细的设计。在生产阶段，项目会安排技师来组装产品——电路板、电子器件、力学结构等。接下来是集成和测试，我们对每个分系统进行测试，将其集成为更高层次的组件，最终将这些更高层次的组件加以集成，形成产品。在这之后，产品（仪表、各种类型的敏感器、通信有效载荷、卫星）要经过系统测试——我们必须安排经验丰富、有才干的集成与测试工程师来开展这一阶段的工作。在发射阶段，项目团队中要有在运载火箭和发射场活动方面有经验的人员。最后，在运行阶段，项目团队几乎全部由飞行控制人员和其他操作人员组成。

为了使项目在整个生命周期内平稳运行，我们必须保证有关的人才在规定的短时间内能够到位并准备好开展工作。这就是说要提前在队伍中增加所需人员，让他们了解项目和自己的特定职责。我们在方案制定阶段就为整个项目制定用工计划。项目管理计划应当包括阶段用工计划的概要。我们根据阶段用工计划得到每年的人工成本（包括工资、津贴和支持性成本），并把这一成本纳入基线资源要求中。

在方案制定阶段，许多任务都由多家公司进行竞争，他们建立了多个架构和初步设计，需要从中选出一种进行详细的设计和研制。每个参与竞争的卖方都会提供自己独特的架构，项目团队对这些架构进行优势和风险方面的评估。团队通过成为项目的产品、技术成熟度和关键过程方面的专家，从而成为了“聪明的买家”。这样他们就可以选择到能提供最优价值的竞标者。

举例：在对詹姆斯·韦伯天文望远镜进行系统要求评审前，NASA 建立了一个名为“码尺”（yardstick）的设计团队。其目的有 4 个方面：

1）为一个由系统工程师和学科工程师组成的团队提供有关这一首创的可展开天文望远镜复杂性的培训；

2）勾勒出方案权衡中科学性能可接受而且成本又最低的“要点”；

3）通过与那些有竞争的承包商的经常交流，保持对行业最新动态的了解；

4）对架构进行充分分析，获得可信的内部生产成本估算。

这一活动的结果把有关要求的反馈用于招标，并帮助对要求进行充分的定义，从而实现平稳较快的采购选择。

（1）项目评审人员

任何一个项目中，一个重要的组成部分是由来自项目以外的人员组成的评审组。评审组会不时地对项目的状态开展独立评审并对项目经理提出建议。发起人或总部也会设立各种外部的、独立的或无主的评审组，对项目进行更多的洞察和监督。对咨询和评审组的使用必须进行策划和成本核算，这一成本是项目基线资源的一部分，见第 14 章。

（2）产品完整性团队

对于专门的设计内容，我们通常需要一个专业的技术评审组。与产品开发团队相呼应的产品完整性团队用于确保针对问题提供最佳的智力支持。这样的一个例子是，组建了一支产品完整性团队来跟踪詹姆斯·韦伯天文望远镜非常精细的镜面研制工作。产品完整性团队是在初步设计评审之前建立的，由项目经理酌情决定该团队是否一直保留在项目群中，直到发射和初期运营为止。

（3）团队的自我评估

精明的项目经理会定期对项目团队“测体温”，确保它正以最佳的性能水平运行。从自我评估中获得的反馈对于保持团队的精干高效十分重要。我们可以从许多方法中加以选择（见第 21 章）。一个比较流行的方法是聘请一个团队建设顾问为组织把脉，进行有针对性的行为调查和改进。第 17 章对建立和保持一个高效的项目团队给出了补充信息。

3.3.2 建立管理信息系统——避免重复工作

项目经理负责建立信息系统来管理和交流技术、成本和数据。今天，我们在信息系统、风险跟踪、要求管理、进度和财务数据走向等方面使用基于网络的工具。这些工具对于当今空间项目的成功至关重要，因为它们可以促进团队成员之间的沟通，对于项目成员不在同一地点的情况尤其如此。远程组建团队在空间产业中很常见，因为许多项目是在不同国家、不同机构或者在有竞争的公司之间进行的。有关项目管理信息系统更详细的内容可参见第 6 章。我们应当把项目的信息系统纳入所有项目计划的沟通交流内容中。

要求跟踪系统——新项目应立即开始对要求进行记录、管理和跟踪，包括要求的来源以及如何确认要求已得到满足。要求来自多个利益相关方，包括最终用户、任务运营者、客户、发起人和组织。尽早启动要求管理、跟踪和向下传递流程，会对其下游带来很大好处，在预算不足、成本增加或管理方向发生更改，需要对项目重新确定范围的情况下更是如此。要求跟踪工具，如 DOORS 或 CORE，可以使我们对某一特定要求为何是那样的，谁征集的这一要求，这个要求派生出了哪些其他要求，如何来确认，以及要求得不到满足会有什么后果等情况保持清晰的可追溯性。第 8 章将对这些主题进行详细的叙述。

3.3.3　建立技术架构

技术架构的概念来自软件领域，起源于系统及产品的复杂性正在上升阶段的认识。技术架构是指系统发挥功能的方式。它是对环境的描述，通常是技术环境，但也包括经济环境和政治环境。该架构包含了一组系统变量和顶层要求，对产品及其制造方式进行描述。技术架构应通过权衡将不同的设计路径或方案包括在内，以及这些路径或方案在顶层是如何被评估的。空间系统的架构包括使能技术，该技术的发展根据技术发展路线图加以确定。最后，该架构说明系统在其有效生命周期内如何运行，以及在生命周期末期如何被安全地加以处理。

NASA 的复杂操作技术架构的一个具体实例是月球架构。NASA 是如何打算重返月球的，到达月球后计划做什么？在这种情况下，我们重新探索，决定怎样在月球表面操作会帮助我们准备下一步行动，如为远征火星做准备。我们采用技术架构可以确保复杂的技术系统（居留环境、压力服、漫游车等）是可以互操作的。我们还可以将其用于愿景的其他内容——到达火星及更远的任务实现前向兼容。架构需要对目的和目标进行科学的描述。它让科学来指导探测计划，帮助我们确定着陆和考察月球地质历史的最佳地点。它包括如何让人类重返月球表面的描述。架构必须至少在一个高层次上描述往返月球的细节。它必须包括运行方案，定义全部的输入和输出，如从生命保障或能源角度看生活舱如何工作。生活舱是否需要一个离得较远的反应器来帮助度过恶劣的月球夜晚（14 天）？或者该架构是否将其定位在一个位于月球南极的、近乎永久的太阳照得到的地区，从而实现标准的太阳能发电？

3.3.4　建立管理架构

管理架构就是一种将所有传统的管理学科整合到一起的系统方法。它建立起项目基线并管理对基线的所有更改，制定项目控制计划并科学使用，以及建立项目度量，给出项目绩效的数据。这些数据每个月获取一次，并且要有足够的粒度进行主动管理。管理架构的关键目标是在风险、难点及担心成为问题之前对其加以识别（见图 3－3）。

我们在其他章节中讨论项目基线和控制计划。这里我们集中讨论项目度量。

项目度量——项目度量对项目的成本、进度和技术性能进行清楚的测度，我们可以借此对项目的绩效进行监督、状态考察和确认。

评估技术度量——技术性能测度包括以下内容。第 7 章提供了一个更完整的清单。

1）质量、功率、数据率、中央处理器 CPU 使用的裕度；

2）技术参数，如指向、稳定性、热控及其与要求的对比；

3）长线项的状态；

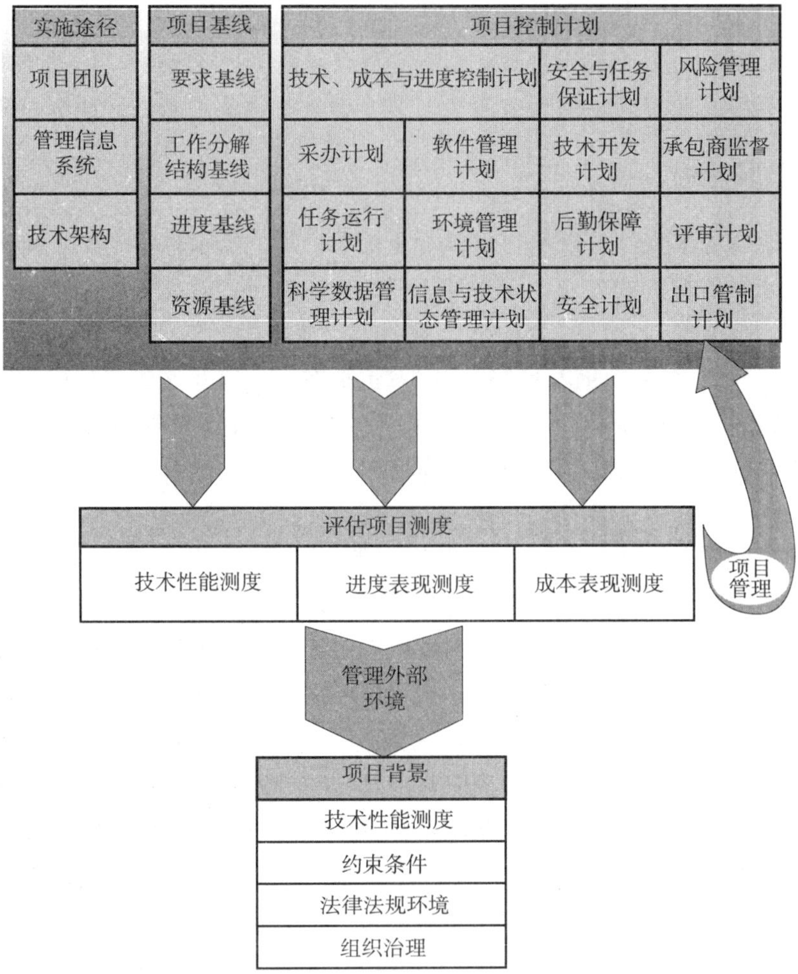

图 3－3　管理架构

把项目的基线、控制计划和度量集成到一起，对项目的状态进行连续的评估，利用外部环境对项目进行内部的管理

4）风险降低活动的状态，如演示板、面包板以及工程开发单元；

5）如何处理其他项目报告的部分失效的分系统？

评估进度度量——在每月进行的进度度量评估中，我们必须保证与关键路径的一致，因为从定义上说这是在产品交付中最长的路径。另一个需要每个月监测一次的进度项是占用时间超过原计划的工作包。我们需要理解为什么这项工作需要较长时间，它对其他的工作包有何影响，如何影响到整个进度，以及如何围绕这一问题来压缩进度。

重要里程碑从分系统集成网络传递到中间进度，最后到顶层主进度。这些里程碑，或称“触发事件”（trigger events），是管理层必须开展减缓、备份或缩减范围的决策点。对进度失去控制会增加项目成本；对于商业项目而言，进度失控会增加进入市场的时间，也就意味着商业机会的丧失。第 3.7 节讨论进度的实施和跟踪。

评估成本度量——对成本的真正评估来自技术性能及进度表现。例如，每个月的支出如果低于计划，通常意味着当月完成的工作也比计划的少，进度就可能有松动。某个月的支出如果高于原计划，通常是与当月工作包的执行低效有关。第 14 章描述了成本度量和详细的挣值管理过程。

成本度量要求项目的技术和业务人员要进行连续的确认和验证。这些人员，包括组织的任务保证经理都是项目的敏感器——他们与协作方或卖方团队互动交流，在项目团队的较低层次上为项目经理提供有关情绪、观点、态度以及挑战性的见解。

有经验的项目经理每个月都会获得每个分系统的度量结果并对结果的意义进行评估，以便尽早对路线做出调整。对所有度量同时进行评审和理解很重要，因为只有部分信息时不能把事情讲清楚。例如，如果卖方预告了一个准时要进行的关键设计评审，我们必须通过已发布并已批准的工程图纸的数量加以验证。项目如果已经完成了详细设计并准备建造硬件，就要开展关键设计评审。经验表明，为保证硬件的制造顺利进行，85%的图纸必须被发布。因此如果项目所发布的图纸没有达到85%，就表明还没有准备好。项目经理要对以多层次发布的图纸比例进行分析——先是作为顶层度量，对“计划的对比实际的”进行简单的比较（见图 3-4）；接下来对各分系统发布的计划的和实际的图纸进行比较，以此说明哪些分系统已经具备研制的条件。

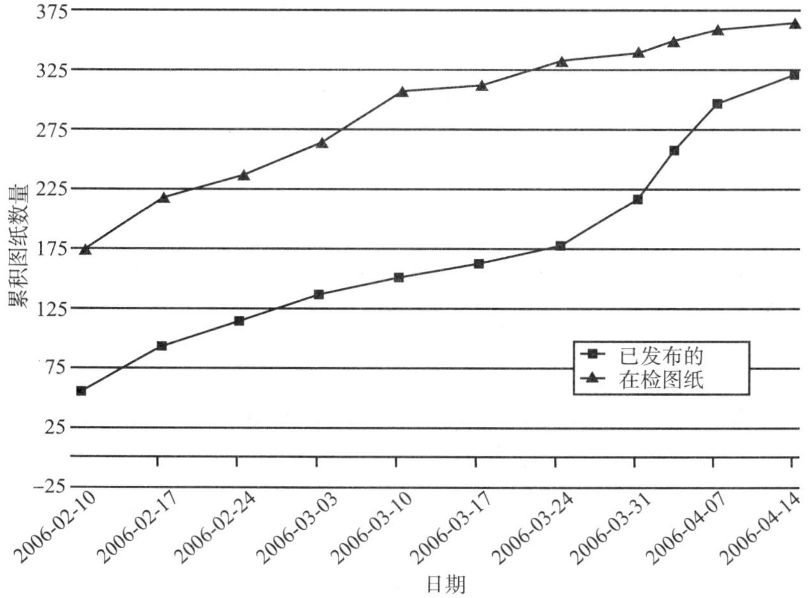

图 3-4　图纸发布

计划的与实际完成情况的对比。项目经理可用来监测项目绩效的顶层度量的一个例子

评估度量小结——多数空间任务都有承包商和供应商。采办过程必须包括管理方法、报告需求和从开始进行的度量的设计。我们通过工作说明书、合同数据需求清单、分包商数据需求清单以及合同的其他部分来开展这项工作。目标就是实现一组翔实的度量，包括整个团队会用到的技术性能度量（见表 3-4）。项目如果有了一套统一的度量体系，就为整个团队确立了一组共同的性能目标。

表 3-4 技术性能度量（TPM）举例①

	计划的	目前最佳估计	余量
质量/kg	250	200	20.0%
峰值功率/W	80	65	18.8%
平均功率/W	55	42	23.6%
进度浮动时间/d	90	45	45
完工时成本/百万美元	300	350	-16.7%

①这些内容应当每月评审一次，为项目经理提供有关项目绩效的认识。

3.4 建立项目基线

基线的建立从任务方案建立开始。任务方案由一系列科学的、技术的或操作性的任务目标组成，之后是有关如何满足这些需求的过程的方案。我们称之为运行方案（concept of operations，CONOPS）。通过运行方案衍生出在第 7 章描述的系统工程过程后的任务要求。

第 3.2 节讨论了建立任务时的外部因素。在本节中，我们讨论项目的基本要素。在这个时候团队的组成人员主要有项目经理、商务经理、系统工程师和科学家。一个具备系统眼光的商务经理是一笔实际的财富。在我们完成顶层要求的向下传递后，专业工程师就出场了。

3.4.1 制定要求基线

我们必须把来自多个利益相关方的要求合并为一组，并分析是否所有较低层次的要求都是从顶层要求派生出来的。在最初的要求集合建立后，我们就把它作为基线要求列入项目的技术状态管理系统。基线可以允许管理对这些要求的更改。要求的渐变通常是成本和进度增加的主要原因，所以管理要求所发生的更改对于成本和进度管理很关键。我们必须记录下每一处技术更改，以及其更改理由、对成本和进度的影响，并将其置于技术状态控制内容中。没有一个结构化的过程，我们就无法解释技术设计、为什么要更改、或者为什么成本或进度增加——整个变得一团糟。这种结构化过程只能在包括成本和进度在内的正式基线要求建立后使用，第 8 章有详细论述。

3.4.2 建立工作分解结构基线

工作分解结构把项目分解为便于管理的一件件工作，便于对成本、进度和技术内容进行计划和控制。这是良好管理的一个关键要素，因为它提供了对如何管理工作的见解。

工作分解结构包括项目所要求的所有工作，包括本单位及供应商的工作。它展示了项目中的产品和服务是如何开发的，包括硬件、软件、服务、数据处理和设施。它使工作中的各要素彼此关联，并与最终产品或服务建立关系。每个要素都提供了评估技术成就和测度成本及进度绩效的一个逻辑结合点。第 3.6 节给出了关于工作分解结构的更详细内容。

3.4.3　建立进度基线

我们利用项目进度，在项目生命周期内通过时间段划分的方式，计划和明确工作的各项活动。项目进度编制的目标是：

1）确保所有项目工作都进行了为满足最后期限要求的计划和安排；

2）定义所有产品团队、设备供应商及其他供应商之间的接口和约束条件；

3）为控制和测量性能，以及提供对工作进展和问题的预警的掌握，建立基线。

我们制定进度是按照自上而下的顺序进行的。这是一个迭代过程，随着项目的逐步成熟，会在覆盖范围和预见性方面越来越准确。3.7 节将对进度进行进一步介绍。

3.4.4　建立资源基线

要求基线定义的是工作的复杂程度，工作分解结构基线定义的是将要开展的工作的各部分，进度基线定义的是项目每个阶段的持续时间，以及每个阶段需要完成的工作。项目经理通过考虑每项任务的复杂性及其时间约束，来确定开展每项任务所需的综合能力（人员数量、背景和经验水平）。每项任务的复杂性和时间约束是确定完成该项工作所需资源的"估算根据"。为了确定一个项目所需要的总人数，项目经理可通过针对每个项目要素（如卫星、仪表、操作、任务保证、系统工程等）及生命周期所有阶段的第 3 或 4 层工作分解结构来开展这项工作。我们利用有关综合能力的信息来确定项目的人力成本。

特定类型的职位，如项目经理、项目副经理、商务经理、系统经理、系统保证经理、风险经理、技术状态控制经理等并不限定在项目的某一特定任务上，他们支持整个项目的全部要素。这些人员的类型和数量取决于项目的复杂性和时间安排，基于"投入水平"（LOE）的估算，其综合能力信息还用于决定项目的人力成本。

在确定了项目生命周期各项任务所需的人数后，我们就把这一信息概括为阶段用工计划。这一计划很重要，应包括在项目计划内。它可以告诉我们何时安排系统工程师、学科工程师、技师、任务操作人员等。例如，在方案开发阶段（A 阶段）不需要技师，但在飞行硬件建造的实施阶段（C 阶段和 D 阶段）一定需要他们。

建立项目资源基线的其他要素是项目"造还是买"的决定（哪些分系统自己研制，哪些需要购买）、风险分类（较高层次的分类要求更多冗余和更高质量的部件），以及设施成本。第 11 章和第 12 章将详细讨论为空间项目建立成本估算和预算的内容。

3.5　制定项目控制计划

项目控制计划表达的是方法和策略。对于大型复杂的空间任务，我们要编写单独的控制计划来细化每个控制内容。然后项目计划对计划的基本要素进行概述。对于规模较小的项目，我们可能不需要单独制定和细化项目控制计划来记录项目，项目计划本身就可以作为这种信息的唯一来源。所以我们必须明确某一要素是否需要自己的计划，或者项目计划本身是否就可以满足这一需求。

一个设计良好的控制计划可以作为管理项目群某一特定内容，如风险、技术状态管理、系统工程等的执行计划。在项目人员中普遍存在的一个误解是，“控制计划是必须执行的计划”。因此，很多控制计划都太长，属于官样文章（句子中名词多、形容词少，没有动词），没有有用信息，而且从来没有被使用过。在今天资源有限的环境中，这种态度不仅浪费金钱和时间，还会使人泄气，因为他们认为自己正在花费时间做无用功。高效率的项目经理会充分利用这些计划，使其言简意赅，并确保它们记录的是针对特定领域管理的项目执行计划。

3.5.1 技术、进度和成本控制计划

衡量一个项目成功与否的依据是对技术、成本和进度绩效的综合考虑——能提供这种综合见解的度量体系是挣值管理。项目的技术、成本和进度控制计划阐述的是如何监测和控制项目需求、技术设计、进度和成本，以确保满足高层次的需求，它提供的是对项目实施挣值管理需求的描述。挣值管理通过把技术绩效（计划工作的完成情况）、进度绩效（落后于还是超前于进度）及成本绩效（预算值以上还是以下）整合到一个集成的方法体系中，对项目进展进行客观的度量。挣值管理在还来得及纠正的情况下对绩效问题进行预警。它改进了项目范围的定义，防止了范围渐变，与利益相关方交流项目的进展情况，并保持项目团队始终关注项目的进展。第 14 章将对挣值管理进行详细论述。

挣值管理还以客观的、可量化的和可测度的术语，包括从项目群需求开始的可追溯性，对项目绩效的测度进行了描述。有时挣值管理计划包括任务成功的最起码准则，如果准则没有达到，则可能启动终止评审。这一方法必须与组织的公司最佳实践要求一致，包括建立挣值管理报告的时间线。我们要根据项目的大小、复杂程度和成本，在适当的层次上实施挣值管理。我们还应具有将供应商挣值管理报告和这些项目程序相结合的程序。

3.5.2 安全和任务保证计划

所有空间项目都具有固有的风险性，从事空间项目的组织都会重视安全和任务保证。NASA 为每个项目都安排了一名系统保证经理，由他来实施要求并向项目经理和公司的安全及任务保证组织报告（见第 10 章）。

每个项目要制定一个保证（质量）手册或计划，用于在设计、制造和可交付物的测试等所有阶段提供控制和可追溯性。这一手册从一个符合国际标准化组织（ISO）最低认证要求的质量管理体系衍生而来，但认证不是强制的。

安全需求和程序受政府或行业需求的驱动。它们包括健康与安全计划、安全与任务成功政策，以及环境健康计划等，其目标是尽可能避免伤害和财产损失。这些要求要向下传递并根据特定的项目进行裁剪。系统保证经理负责监视正在开发或部署的系统（硬件、软件或服务）是否满足安全和任务保证需求和程序。这些内容包括质量保证、设计评审、可靠性、系统安全、数据安全、部件、材料、工艺、污染控制、风险管理和验证试验等。

任务保证中的一个重要因素是对需求分配的监管（检查和平衡）。这涉及记录、跟踪

和处理来自项目组织及供应商报告系统的分歧。在操作过程中发现的这些为满足需求及技术规范方面的分歧或故障由一个故障评审委员会来加以处理。

3.5.3　风险管理计划

有经验的项目经理会说："项目管理就是风险管理。"风险就是项目要经历一个非期望的事件及其相关后果的概率。风险管理是一种结构化的过程，迫使我们考虑如何把非期望的事件及其后果最小化、容忍甚至消除，涉及对风险进行有效的识别、分析、策划、跟踪、控制、记录和交流。风险管理要求有充足的度量体系、工具和方法，对项目的风险要素进行识别、记录、减缓和持续的跟踪。

风险管理和减缓从方案制定之初就伴随着基线风险识别和风险管理计划，它们在项目的生命周期中随着现有及新增风险的处置和跟踪持续进行。项目的风险管理计划包括一项识别所有风险的策略。项目计划提供对它的描述，包括风险管理委员会的界定。第 15 章对这一主题有详细的论述。

3.5.4　采办计划

一个空间项目制定出一个综合的采办策略和计划，从而满足任务目标，并为客户提供最大的价值。对于一个政府合同来说，这一计划必须与联邦采办法规和由主承包商据此衍生出来的具体要求相一致。

采办计划要对所有提出的主要采办进行识别。一个"造还是买"的权衡研究勾勒出了该决定的主要正反面内容，它要把组织的内部能力与各种买方机构进行对比。该计划还讨论了对承包商的激励方法。它列举出重要的设备制造要求和主要软件要求，每个都要与政府机构的规定相一致。这个计划进一步建立起一个连续的、基于风险的采办管理过程，以及我们管理这些风险因素的方法，涉及安全、任务保证、健康和环境因素，以及出口管制、安全和信息技术等。项目经理负责确保所有计划都能反映政府或承包商针对已认识的计划性风险要采取的监督方法。随着项目的不断成熟，我们必须对采办计划加以修改，以反映正在变化的项目环境。第 13 章对采办计划有更详细的论述。

3.5.5　系统工程管理计划

系统工程管理计划（SEMP）在方案制定阶段之初即明确了该工程工作的技术内容，我们在项目生命周期内要不断对其更新。系统工程管理计划明确了技术内容，描述了我们要采用的技术过程，如何使用这些过程，如何组织技术工作，以及与这些活动相关的成本和进度。在任何项目阶段（包括运行阶段），技术活动都要受到关键事件的驱动。

系统工程管理计划是项目管理团队与技术实施团队之间，以及技术团队内部的沟通桥梁。它完善了能满足生命周期内各阶段进入和放行准则要求的产品得以实现的框架，为管理层决策提供了必要的信息。

项目计划概述了系统工程管理计划的主要元素，包括对系统工程、系统设计和产品实现（实施和集成、验证与确认、转运）整体途径的描述，以及技术管理过程。多数空间项目都被要求制定一个单独的系统工程管理计划，供项目计划参照。有关系统工程管理计划的更多内容见本书第 7 章和《实用空间系统工程》[6]一书。

3.5.6 技术开发计划

技术开发计划是确保关键技术达到适当的成熟度，从而进入飞行开发的路线图。在 NASA，所有技术在项目进入实施阶段前都必须达到技术成熟度 6 级。表 3－5 给出了有关技术成熟度的介绍。由于技术成熟度影响到项目的估算开发成本，各机构对于开展一项需要进行重大技术开发的项目往往很谨慎。

表 3－5 技术成熟度（TRL）①

TRL	定义	硬件描述	软件描述	放行准则
1	基本原理发现并得到阐述	生成支撑硬件技术概念和应用的科学知识	生成支撑软件架构和数学表达基本特性的科学知识	涉及的概念或应用之上的经同行评审的研究性出版物
2	技术方案/应用方案得到明确	发明开始，实际应用得到识别但仍属于推理性的，还没有支持猜想的试验性证据或详细分析	实际应用得到识别但仍属于推理性的，还没有支持猜想的试验性证据或详细分析。算法的基本特性、表述和概念已经定义。基本原理已编码。已开展合成数据试验	涉及可行性和意义的应用描述已有记录
3	主要功能得到试验验证/原理性试验验证	分析性研究将技术置于适当的背景之中并进行实验室验证，建模和仿真进行有效性分析预测	利用非集成的软件组件建立有限功能来验证关键特性和预测值	验证关键参数预测值的分析性或试验性结果已有记录
4	部件（单机）/原理样机在实验室环境下得到验证	建立并运行一个低保真度系统或组件单机，来验证基本的功能和关键测试环境，与最终运行环境相关的特性预测得到定义	重要的、功能性关键软件组件得到集成，并进行了功能性验证，以建立互操作能力并开始架构开发。定义了相关环境和所预测环境下的特性	验证与分析性预测是否一致的试验性能得以记录。对相关环境进行了定义
5	部件（单机）/原理样机在相关环境下得到验证	建立并运行一个中等保真度系统或部件试验，来验证在具有现实支持要素、验证关键领域整体性能的模拟运行环境中的整体性能，对后续研制阶段进行性能预测	实施端到端软件要素并与现有系统或符合目标环境的仿真建立接口。端到端软件系统在相关环境中得到测试，满足预期的性能。预测操作环境性能。开展原理样机实施	验证与分析性预测是否一致的试验性能得以记录。标度要求定义得以记录
6	系统/分系统原理样机或工程样机在相关环境（地面或实验室）下得到验证	在一个相关环境中已建立并运行着能充分涉及所有关键定标问题的一个高保真系统或部件原理样机，以验证在关键环境条件下的运行状况	对在全尺度现实问题上所验证的软件进行原理样机实施。要与现有硬件和软件系统进行部分集成。这方面可用的文件很少。工程可行性得到完全验证	能验证与分析预测一致的记录测试性能
7	系统样机在空间环境下得到验证	足以解决关键性标度问题的高保真工程单元已经在相关环境中得以建立和运行，以验证在实际操作环境和平台（地面、机载或空间）中的性能	用于验证或试验的具有所有关键功能的原理样机软件已经具备。与操作软件和验证操作可行性的软件系统已经较好地实现集成。多数软件问题（bug）已经排除。可用的记录较少	验证与分析性预测是否一致的试验性能得以记录

续表

TRL	定义	硬件描述	软件描述	放行准则
8	实际系统通过地面模拟或空间飞行试验得到验证	针对其特定的操作环境和平台（地面、机载和空间），定型的最终产品通过专门的试验和分析成功得到验证	所有软件问题都已去除，并与所有应用硬件和软件系统实现完全集成。所有用户文件、培训文件和维修文件都已完成。所有功能在仿真的操作环境中成功得到验证，验证和确认均已完成	验证与分析性预测是否一致的试验性能得以记录
9	实际系统成功通过空间飞行任务	最终产品在实际任务中成功运行	所有软件问题都已去除，并与所有实用硬件和软件系统完全集成。所有文件均已完成。对软件工程的持续支持已经到位。系统在实际环境中已成功运行	任务的运行结果已记录

①我们利用技术成熟度来定量评估技术的成熟情况。

空间产业采用相关方法来开发技术并降低技术使用的风险。我们这里讨论三种这样的方法：

1）机构技术开发计划；

2）有项目背景进行的技术开发；

3）项目飞行演示验证。

多数机构，无论是商业的还是政府的，都会有一项研发计划，来开发在很远的将来才可能需要的各种技术。这样的一个特殊例子就是喷气推进实验室（JPL）和戈达德空间飞行中心（GSFC）进行的仪表孵化器计划。遥感仪表设备是这两家机构的核心能力，每家都有一个计划，开发在很远的将来交付自己的核心产品所需的仪表技术，仪表孵化器为新技术提供不断成熟的条件，并成为下一代仪表的基础。

围绕主导技术进行的技术开发计划通常是一个定向的研发工作，旨在开发项目技术架构中所需的某一要素。它可能是部件级的或者是系统级的，通常由项目团队的一个成员提供指导。这种项目主导的技术开发工作，其结果一般是一个试验模型、工程模型或热-机械模型，要进行鉴定级试验，在期望的飞行环境中对设计加以确认。

在极少数情况下，一项任务在全部部署完毕之前，可能需要一个飞行试验任务来确认高风险要素。这种飞行试验成本很高，费时较长，包含一个飞行项目的全部管理费用（项目管理、系统工程、系统保证与安全等）。如果该验证项目未达到最低成功标准，该项目将一无所获，同时又增加了大量成本。项目经理现在需要找到飞行试验失败的原因，并使基线项目所需的技术不断成熟。在今天资源受限的环境条件下，再进行一次飞行试验已无可能。在选择适当的技术开发计划时，对风险加以考虑是很重要的。

对于系统开发人员和项目经理，他们在准备技术时有几种经费来源可以利用。小企业创新研究（SBIR）计划就是其中一个深受欢迎的经费来源，可以用来撬动投资。但依靠小企业创新研究提供经费来开发满足飞行计划严酷要求的技术则异常困难。技术开发公司可能没有将技术复制到飞行组件技术规范中去的设备。我们可以通过组件开发商在小企业创新研究第一阶段（共两个阶段）同意执行时的合理的合作协议，使风险有所减缓。其他类似计划也可提供科研经费，值得关注的特别计划有国防高级研究计划局（DARPAR）

和 NASA 相关的工作，以及国防部的 InQTel 项目可以提供的等。我们应在项目技术开发计划中记录这些已计划的方法。

3.5.7 软件管理计划

软件工程是空间任务的一个核心能力和基本的使能技术。多数任务都要制定一个独立的软件管理计划，要符合组织对软件采办、开发、维护、运行和管理的需求。该项目计划概述了项目如何开发和管理实现项目和任务目标所需的软件采办，并参照了单独的软件管理计划，见第 16 章。

3.5.8 监督计划

监督就是监视行为。系统监督是指监视系统中人的行为、目标或过程，以保证与期望的规范一致。我们通常为每一位供应商制定一份监督计划，详细规定项目办公室如何监督供应商的行为和过程。监督计划是采办计划的一部分。对于本单位生产的任务来说，我们为每个产品要素建立一个监督计划。

监督的数量和类型要根据项目的风险、规模、复杂性和透明度而定。NASA 的项目使用多个层次的监督来监视设计、开发和发射前活动——与要素经理每周进行一次远程会议，每月与项目经理进行状态评审，同行评审，重要里程碑评审，以及领域专家对关键测试的见证等。

接口电视电话周会——这类周会在每个仪表设备经理、卫星制造商和 NASA 的产品经理之间进行，讨论每周活动状态、完成情况、问题所在领域和计划。这种周会可以确保通常不在一个地区又有不同文化的三个团队之间的沟通交流。对于任务的成功来说，所有要素集中到一起时的匹配和可执行是关键的。这种电视电话周会可以确保接口问题在出现不久就找到解决方案。

管理状态月度评审会（MSR）——项目经理每个月都要对项目的所有产品线进行评审。管理状态月度评审会包括每个项目要素的技术、成本和进度等方面内容。有时这些评审是面对面进行，由一个承包商或政府部门主持。所有相关方都参加技术内容和进度内容的评审。成本评审在政府和每个承包商之间私下进行。

同行评审——在设计过程中，每个学科（电源、热控、结构、软件等）都要在特定成熟点上接受同行的评审。评审人员都是来自 NASA 及正在开发该产品的公司的学科专家。

里程碑评审——这是标志一个阶段结束、另一阶段开始的正式的项目评审。第 14 章对这类评审有更详细的介绍。

常驻办公室（residence office）——由于项目的风险和复杂性，NASA 的许多项目都在每个承包商的厂区设有常驻办公室。在常驻办公室的团队为承包商和 NASA 项目办之间提供即时的接口。

3.5.9 评审计划

项目评审对于空间飞行项目的开展、管理、评估和批准都很重要。在准备阶段，项目要开展内部评审来建立并管理项目基线。通过这些评审项目可以巩固其计划、技术措施和计划性承诺。这是正式的系统工程过程的一部分。主要的技术和计划要求是与系统设计和实施计划一起评估的。它们的度量体系要对照预测进行报告和评估。对于涉及多个组织的强耦合项目，项目评审是一个综合的过程，其中要考虑到每个组织的最佳评审实践。复杂的工程项目，如空间飞行项目，要制定单独的评审计划，详细规定项目生命周期内所有计划要进行的评审。该项目计划概述了开展包括同行评审在内的连续的评审所采取的方法，还提供了关键里程碑评审（初步设计评审，关键设计评审等）及其时间安排的一个清单。

3.5.10　任务运行计划

每个空间任务都有任务运行计划，对卫星入轨到寿命末期所需的任务活动做出描述。该计划描述的是项目如何实现完成任务所需的相关设施、硬件、软件和程序。它包括任务安全运行所需的计划、规定和约束条件。该项目计划提供了任务运行计划的主要特性，包括下列术语定义的规章制度、约束条件、硬件和软件：

1）任务运行系统和地面数据系统的人力资源和培训要求；

2）确保运行以可靠、一致和可控的方式，利用在本项目群及此前项目群中获得的教训顺利开展的相应程序；

3）设施要求（办公室、会议室、操作运行区域、仿真器和测试台）；

4）硬件（地基通信、计算硬件和相关文档）；

5）软件（地基软件和相关文档）。

3.5.11　环境管理计划

项目计划应提供对项目环境管理计划的概述，突出其主要特征，包括符合美国《国家环境政策法案》[13]规定的相关重要里程碑。《国家环境政策法案》要求所有联邦机构在开展任何可能对人类环境有重大影响的活动时要考虑环境价值。它要求各机构要考虑其拟议活动的替代方案。决策者必须对环境、技术和经济因素通盘考虑。我们应与组织中的环境政策部门一起确保满足《国家环境政策法案》的所有要求，以单独的环境管理计划的方式记录我们为满足这些要求所制定的计划。

3.5.12　后勤计划

后勤计划说明项目如何实施组织的后勤政策，包括供应支持综合后勤基础设施，测试和支持设备，培训，技术文档，包装、搬运和运输，项目生命周期内的后勤信息系统。项目计划对后勤计划进行了概述，强调了其主要特征和重要里程碑（见第 9 章）。

3.5.13　数据管理计划

科学数据包括基础的和应用的科学技术和相关研发的成果（事实、分析和结论）。科学数据管理计划描述的是数据如何产生、处理、分发、分析和存档，以及采样如何采集、在任务期间如何存储和返回地球后如何管理。该计划还包括：对数据权利和服务及根据需要访问采样数据的规定，项目如何开展知识获取、信息管理和处理要求。根据任务实际，科学数据管理计划可以是一个单独的计划。如果是这样，项目计划就参照它并提供对它的概述。数据管理还是其他国防部、民用及商业空间项目的核心要素。

3.5.14 技术状态管理计划

技术状态管理（CM）是对一个系统在其生命周期内所选定的中间状态产品、产品组件及最终产品的唯一识别、受控存储、更改控制和状态报告等。技术状态管理过程主要是：

1）识别产品基线；

2）识别产品在某一时间的技术状态；

3）对产品技术状态的更改进行系统地控制；

4）保持产品技术状态在其生命周期内的整体性和可追溯性；

5）保留对产品技术状态在其生命周期内的记录[11]。

空间任务通常要求有单独的技术状态管理计划，包括供应商技术状态管理过程的集成。

项目计划描述了项目团队将要实施的信息和技术状态管理的措施，技术状态管理的组织和工具的结构，技术状态识别、技术状态控制、接口管理、技术状态可追溯性、技术状态纪实和沟通的方法和程序。项目计划还提供了技术状态如何被审计和供应商技术状态管理过程如何被集成等的简要描述。关于这一点的详细内容可参考单独的信息和技术状态管理计划。

3.5.15 安保计划

一个项目必须确保安全、有技术保护和应急准备。我们通常可以通过坚持执行相应的组织计划来达到这一要求，包括数据恢复过程和程序。如果我们的安全要求更高，应当考虑制定一份单独的安全计划。项目计划描述了如何确保安全、技术保护和应急响应：

安保要求——描述了实施信息、物理、人员、行业、反情报和反恐安保，以及安保意识和安保教育的措施。该计划还包含有关保护人员、设施、任务重要基础设施的条款，以及由威胁和薄弱点过程所识别的潜在威胁和其他薄弱点等关键项目信息。

信息技术安保要求——记录实施信息技术安保要求所采取的方法。

应急响应要求——描述了项目的应急响应计划，包括潜在危机及响应活动的范围，告知和采取行动的时间，以及关键人员的责任。

3.5.16 出口管制计划

许多民用航天项目都是由几个国家联合开展的，而供应商有时属于项目办公室以外的国家。我们必须确保向国外相关方的出口和技术转让符合美国的出口管制法律和《国际军品贸易管制条例》[5]。通常项目所在的公司会有符合这些国内及国际要求的公司流程。在策划阶段，我们必须评估如何实施有关出口管制的国内政策法规和公司流程，并将这一评估包括在项目计划中。

3.5.17　超差放行记录

每个组织都有管理项目的具体要求。有时我们需要对其中一个管理要求申请超差放行。超差放行记录列举了组织对超差放行从申请到批准的全部要求，并提供有关的解释和批准。

3.5.18　更改记录

更改记录对项目计划做出的每个更改进行跟踪和记录。更改记录的重要性体现在两个方面。首先，项目计划是一种要求在每个阶段开始都要更新的动态文件。其次，如果没有这一结构化过程，项目团队之间连贯的信息流就会丧失。

3.6　创建项目工作分解结构

工作分解结构说明如何开展项目的工作。它采用层级的树状结构，定义项目的范围并将其组织成更小的、便于管理的任务。这些任务都要进行编号来体现彼此之间的关系。工作分解结构是项目策划不可或缺的内容，特别是在估计时间和资源需求的时候。有的企业利用已有的工作分解结构体系进行报表编制。空间产业也正在向这一方向迈进，这一点已为最近公布的 NASA NPR 7120.5[10] 所证明。它对 NASA 的所有项目定义了工作分解结构的最初两个层次（根节点和第二层）。这些层次对项目的覆盖范围达到了100%。

一个设计良好的工作分解结构可以轻而易举地实现把任一项目活动分配给唯一一个终端要素。那么什么是设计良好的工作分解结构的要素呢？

1）遵循100%规则——它包括项目范围所定义的全部工作，收获包括项目管理在内的将要完成工作的全部可交付物——内部的、外部的、临时的。该规则应用于层次结构中的所有层次：子层次上的工作总和等于母层次上的工作。工作分解结构不应包含项目范围之外的任何工作，也就是说，它所包含的内容不能超过工作的100%。100%规则还可以应用于活动层次。每个工作包中各项活动所代表的工作累积值为完成工作包所需的100%的工作。

2）它服从于项目的最终产品和服务结构，如卫星、仪表、系统工程、项目管理等。它不服从功能要素，如工程、采购、管理和人力资源。

3）它与树状图和进度密切协调。树状图不断地使产品和较低层次的装置建立关系。进度表说明的是产品不同装置层次的时间顺序关系。一个设计良好的工作分解结构会将这些不断进展的工作层次与工作包建立关系，其中时间顺序关系与项目进度相一致。

4）范围定义不得使工作分解结构两个要素之间有重合部分。这种界限不明会造成重复工作或对责任和权限的错误传达。它还可能导致与项目成本统计有关的混乱。如果工作分解结构要素名称不明确，工作分解结构字典应把它们的区别解释清楚。

5）它有合适的粒度层次——在对最终产品不能再进一步进行识别时，就达到了粒度的有效极限。唯一剩余的细节是功能。如果我们对工作分解结构的终端要素规定过粗，就无法有效地跟踪项目的绩效。如果规定过细，又有可能无法有效地对其进行跟踪，特别是在计划的工作在很远的将来才开展时。

6）工作分解结构的更新是在正式更改控制下进行的。

7）对所有书面文本中的工作分解结构采用编码方式加以识别。为了揭示要素的层次结构，通常对其进行顺序编码。例如，在图 3-5 中，1.5.1 仪表 X 是第三层次要素，因为它的编号是由有小数点分开的三位数组成。

下面是对工作分解结构产生的误解和陷阱：

1）它不是一个详尽无遗的工作清单。相反，它是把整个项目范围分解为更小的、可测度的产品和服务单元。

2）它不能作为项目计划或项目进度。相反，项目进度应从时间顺序上与工作分解结构要素的可交付物建立关系。

3）它不是一个组织层次。有人在实践中会建立一个会涵盖组织结构图工作分解结构的错误。尽管通常的做法是把责任分配到组织的每个要素，但一个涵盖组织结构图的工作分解结构不能恰当地描述项目的范围，同时也不是面向结果的。

4）许多人都喜欢功能性工作分解结构，如机械、热控、电、光学等，但是单个要素（卫星、仪表 X、总装与试验等）很难被描述，因为它们不能反映产品装置逻辑关系。在项目层次上，功能性看不到根据每个最终项目的项目要素，如卫星、仪表 X、总装与试验、发射等，需要（和使用）多少时间和资源。

项目工作分解结构/承包商工作分解结构——如前所述，工作分解结构涵盖了项目的全部工作，包括自行生产和承包商生产。如果政府项目或某个主承包商在工作中雇用了一个分包商，项目工作分解结构的较低层次将包含一项被称作合同工作分解结构的内容。这是出于报告的目的由政府批准的结构，是承包商向较低层次的适当扩展。它必须与政府的指导要求和合同工作说明书一致，包括了承包商负责的产品（硬件、软件、数据或服务）的全部要素。它还可以作为一个协调中介，通过它可以记录资源分配和消耗的相关工作。

合同的组织及控制系统——承包商管理的项目组织及其控制系统（成本管理系统）必须与相同的工作分解结构要素相协调。工作分解结构的管理层次，如集成项目团队（integrated Project teams，IPT）及其控制系统在第 14 章进行讨论。它们根据项目的大小和产品的类型而有所不同。责任级别是公司管理跨度控制的一个功能，是指上级在多大程度上代表下级。事实上，承包商管理控制系统的全部内容，如技术定义、预算、评估、进度、工作分配、统计、进展评估、问题识别、纠正措施等都属于控制说明层。性能掌握与该层及其内容直接相关（见第 14 章）。

好处——工作分解结构反映的是工作即将开展的方式，以及我们如何综合和报告项目的成本和数据。它为我们提供了一个通用的框架，据此我们可以：

1）将项目描述为细分要素的总和——它把材料项分成组件部件，在各部件之间建立起清晰的关系，明确各任务之间及与最终产品的关系；

2）计划——它显著影响管理的策划和任务以及技术责任的分配；

3）建立成本和预算；

4）测度和跟踪时间、成本和绩效——它为跟踪工作的状态、资源分配、成本估算以及成本和技术性能提供辅助；

5）将目标与资源相关联；

6）建立进度和状态报告制度；

7）确立责任。

工作分解结构与合同其他要求的关系——工作分解结构为采办过程中的沟通交流提供了基础。它实现了工程和管理计划的制定、进度安排、成本估算、预算制定、合同签订、技术状态管理以及绩效报告的统一，可以使政府和企业管理者对合同履行的进展情况进行评估。

工作分解结构构成了要求与挣值管理系统、成本性能报告、合同资金状态报告以及成本/进度状态报告一致的合同报告结构的基础。

工作分解结构层级——国防部和 NASA 的标准工作分解结构要素有助于更好地识别需求，提供更有效的成本估算，并保持与项目工作包的一致性。为了便于讨论，我们只分析三个层级。但对于多数项目来说，其通常要深入到更多层。层级越低，工作包的内容更详细且更精炼。

1）第一层——NASA 和国防部项目的名称。以 NASA 项目为例，"卫星"可以作为第一层要素，对于国防部来说，第一层要素可能是飞机系统。

2）第二层——NASA 项目的主要元素，或者国防部装备物资项目的主要元素。

对于卫星项目来说，第二层要素包括：项目管理，系统工程，安全与任务保证，科学技术，有效载荷，航空器与航天器，任务运行，运载火箭和服务，地面系统，系统集成与测试，教育和公共范围。

飞机系统的第二层要素包括：航空器，培训，特殊支持设备，系统测试与评估，系统项目管理，数据，操作现场启动，通用支持设备，工业设施，初始备份，初始维修部件。

3）第三层——对于这一层，我们以国防部为例进行说明。

国防部的第三层构成了包含在第二层中的要素（见图 3－5）。例如，工作分解结构培训要素（第二层）分解为设备、设施和服务，这些构成了第三层的所有要素。

有一个额外的、与合同工作分解结构的开始有关的注意事项：图 3－5 的顶部显示 NASA 的工作分解结构中，有效载荷 05（第二层）被分解到第三层。这些要素包括多个要由承包商开发和建造的仪表。这是承包商工作分解结构的开始；这是他们的第一层，也是政府的第三层。

项目经理应批准对工作分解结构的任何更改，并遵循包括一个严格的评审过程的项目技术状态管理程序，要有适当的理由支持更改。

在制定工作分解结构的同时，我们还要编制工作分解结构词典。它列举并描述了每个要素的结构和内容。这个词典是项目特有的，服务于以下几个目的：

1）要素之间的层级关系；

2）对每个要素以及形成该要素所需的资源和过程进行详细说明；

3）提供对详细的技术定义文件的链接。

词典的内容与工作分解结构的更改应紧密相连。我们应定期根据工作分解结构的更改情况对其进行修改，以便总是能反映项目工作分解结构的现状。

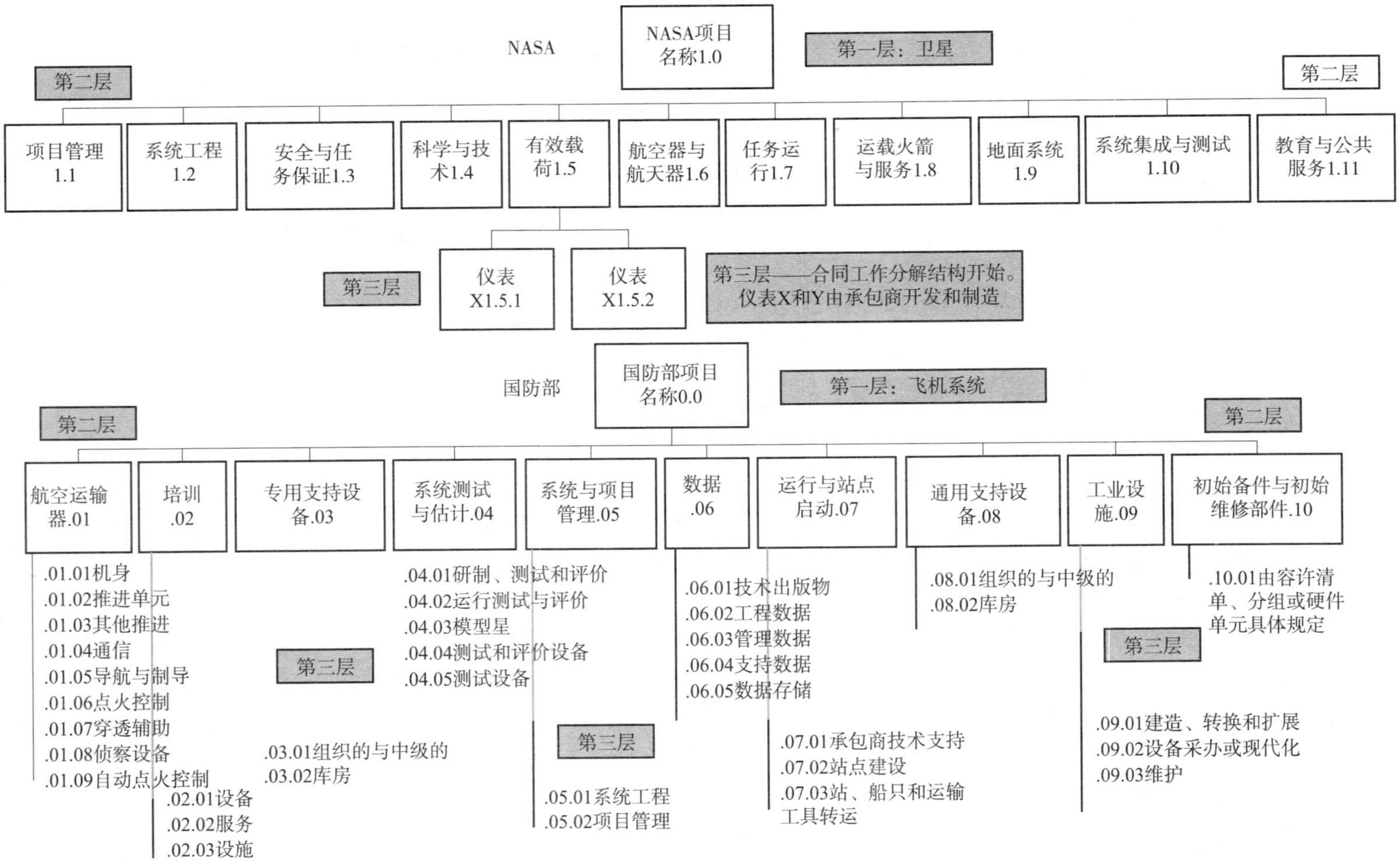

图3-5　NASA和国防部从第一层到第三层的工作分解结构

第三层要素因不同项目而有所不同，但至少要包括出现在第二层要素的工作分解结构词典定义中的工作。NASA的工作分解结构根据NASA NPR 7120.5改编而来，国防部的工作分解结构根据参考文献[1]改编而来

3.7 制定项目进度

最初的策划阶段影响到我们如何管理一个项目。制定进度的组织必须确保进度是可以达到的，且将来产品的进度上能提供完整准确的数据。

在制定高层次进度，包括主要里程碑和重要成就及接口时，我们要对用工要求、工作进度、现金流要求以及总成本作出决策。在对项目计划进行平衡后，我们可以把高层次进度要求作为较低层次项目进度的基础。这种向下传递启动了对项目工期的进度安排。

进度安排包括项目生命周期所有阶段的详细步骤（见表3-6）。这些步骤建立并维护在整个生命周期内合理的进度产品。

表3-6　项目进度安排过程①

进度安排过程	详细的过程步骤
建立进度基线	决定网络进度方法 · 箭线图法 · 前导图法 · 关键路径法
授权进行（ATP）之前	细化计划任务，建立网络逻辑关系 · 计算 整合分包合同进度 进度风险分析 将资源加载到进度中，并建立绩效度量基线
保持综合进度	收集状态更新信息 · 整合分包合同进度更新信息 · 合并已批准的基线更改 · 对现行进度进行基线更改比较 开展影响分析 · 分析关键路径 报告状态和预报 · 提供状态更新信息 · 形成进度健康状况度量体系 采取管理措施 · 制定替代办法和恢复计划策略 · 识别并实施纠正措施 · 评估进度风险 吸取的教训

①项目经理在制定一项综合的项目群进度时需要遵循这些步骤。

3.7.1 建立进度基线

建立进度基线所要作的第一个决定是采用何种方法，其次是增加细节和逻辑关系这样具有挑战性的工作。最后，我们将资源加载到进度中，建立起项目的绩效度量基线(PMB)。

（1）决定网络进度的方法

网络进度可以提供最详细的状态信息，但同时也较为复杂，难以解释，而且需要对进度安排团队进行培训。那么，网络进度的优势是什么呢？网络可以使我们识别最关键的任务，促进趋势分析，并能对影响项目群里程碑的事件进行预警。我们还可以利用它安排资源的位置，并开展“假如”（what if）分析。特别重要的是它们可以让我们识别谁要对进度延误负责以及在哪里发生了进度延误。最著名的三种网络方法是箭线图法（ADM）、前导图法（PDM）和关键路径法（CPM）。下面对这三种方法逐一介绍。

箭线图法进度网络开始于20世纪50年代末计划评审技术（PERT）的开发。美国海军利用计划评审技术安排“北极星”（Polaris）潜艇的研制进度，采用的就是箭线图法，箭头代表任务，节点（圆圈）代表“事件”或里程碑。我们通过为开始和结束的节点各自分配一个序号来对任务进行编号，我们通过两个节点来指代一项任务，例如1，3。

任务通常要消耗时间和资源。箭线图法还利用不消耗时间和资源的“虚”任务在网络中建立逻辑连接。我们要用虚线来显示，便于将其与实际任务区分开。在图3－6中，“虚”任务从定义仿真器设计系统架构结束一直延伸到开始安装硬件。它告诉我们安装硬件只能在“定义仿真器设计系统”和“开展单元测试”结束后才能开始。如果没有“虚”任务，逻辑图就会有所不同，有两条路径会在结束处会聚。

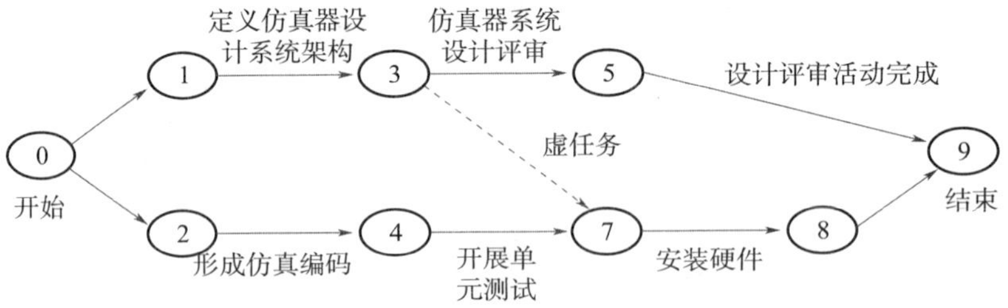

图3－6　箭线图法网络图示例

网络中的任务有开始和结束节点，节点都进行了编号，节点编号指代任务。节点1是“定义模拟器设计系统架构”的开始节点，节点3是结束节点。任务识别代码就是1，3。这个图是一个逻辑图，从逻辑上表明工作如何开展，而不是该工作需要多长时间

由于箭线图法存在缺陷，随着时间的推移已经不再受到青睐。它的局限性，如要求在建立逻辑关系时用到“虚”任务，使得网络越来越大，同时还使得分析和维护更加困难。

前导图法。多数空间企业目前使用的网络图技术是前导图法。这种方法有两个基本组成内容，即任务和任务之间的逻辑连接。

我们用方框代表任务，方框之间的关系用连线表示。每个方框都包含相关的任务信息，如说明、工作分解结构代码、责任人、工期以及其他重要信息。前导图法被称作3X5卡片方法。每张卡片代表一个任务，我们可以想象，根据任务开展的先后顺序简单地把它们钉在墙上，再用连线建立卡片之间的联系。

前导图法在揭示任务之间的关系方面更灵活。箭线图法只限于“开始-结束”这类关

系的使用，但前导图法很轻易地就能适应四种不同的关系，如图 3－7 所示。

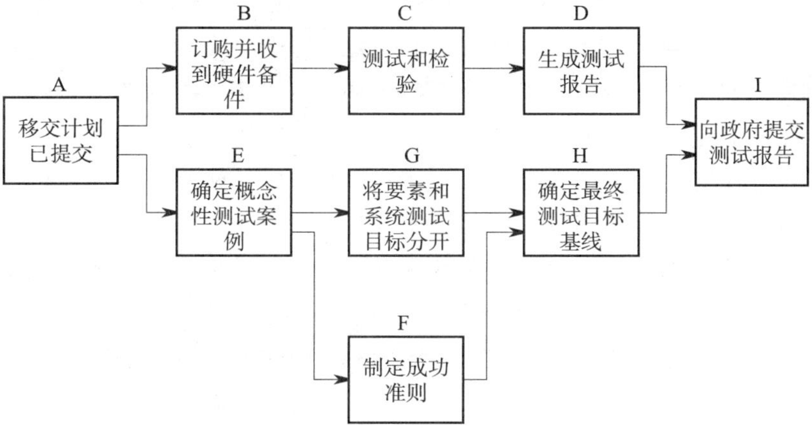

图 3－7　前导图法示例

任务用方框表示，任务之间的关系用连线表示。方框中包含有关任务的相关信息。

关系连线显示一个任务的开始或结束如何与另一个任务的开始和结束相关

让我们审视一下一个前导图法进度可以包含的任务级关系，如图 3－8 所示。

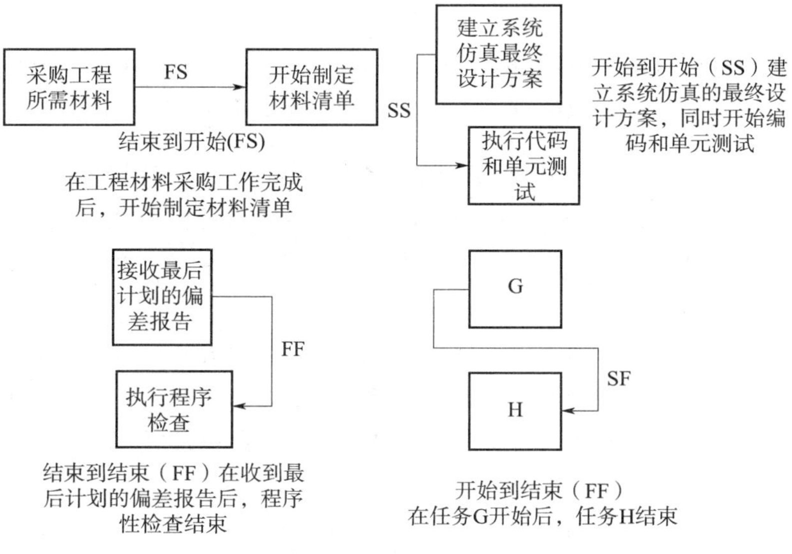

图 3－8　前导图法关系

本图显示的是两个任务之间 4 个可能的开始和结束关系

1）结束—开始（FS）类关系最常见，通常包括网络中 80%～85%的关系。

2）开始—开始（SS）用于工作在一个进度中同时进行的情况。例如，在详细设计开始后，部件采购工作也可以开始。这种关系偶尔使用，大约占 4%～5%的时间。

3）结束－结束（FF），在打算安排工作并行进行时也可以采用 FF 关系。例如，只有等到全部组件完成组装后，检验工作才能结束。我们很少使用到这种关系，一般不超过

2%～3%的时间。

4）开始—结束（SF）关系不能使用！我们之所以在此提及，是因为进度编制软件工具会提供这类关系。它通常会提示一个必须予以去除的错误输入。

进度编制团队在选择这些关系时，应实时记录开始—开始或结束—结束的使用情况，这样在发生问题时，他们可以解释自己当时为什么使用这些关系。

滞后及提前因子是因某一正当理由而使用的附加选择，见图 3-9。滞后因子是通过确认在下一个任务开始之前需要等待多长时间来强行规定的延误。空间项目中一个典型的例子是等待热真空试验舱把气排出去。提前因子与之相反。图 3-9 中左侧滞后因子+5 表示“制定材料清单”需要在“采购工程所需材料”结束 5 天后才能开始。图中右侧提前因子-5 表示“制定材料清单”计划在“采购工程所需材料”结束之前 5 天开始。

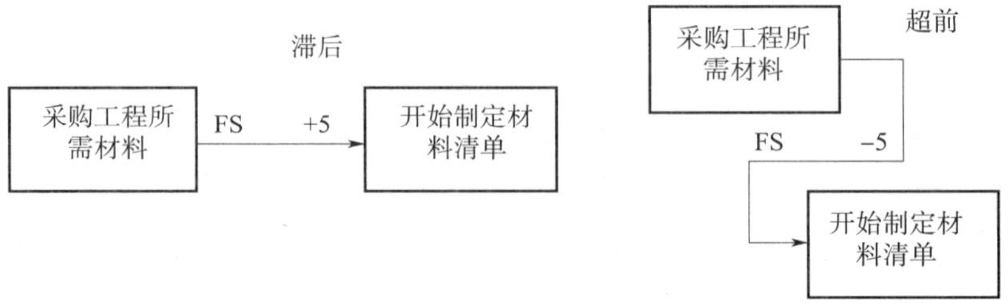

图 3-9　滞后与超前

滞后因子改变的是对材料清单何时开始制定的要求。它将原定的开始时间更改为采购工程所需材料完成后 5 天。如果对同一项任务引入超前因素，制定材料清单的时间就从采购工程所需材料结束前 5 天开始

关键路径法——由杜邦公司在 20 世纪 50 年代开发，几乎与计划评审技术同时。它对网络进度中的关键路径和其他顺序的路径加以识别。关键路径简单地说就是占用最长时间来完成一系列相互关联的任务。它定义了项目的最短工期。但是，我们必须记住，要完成全部工作，我们还要完成在其他路径上的任务。

计算得到的关键路径和项目群最高技术风险源不必完全相同。项目经理如果认为“关键路径”等于技术风险，就可能注意不到非关键路径上的重要风险。我们要在项目范围内对可能发生风险的任何地方都要加以识别，并制定相应的风险减缓计划来跟踪每个风险。有关风险管理的更多内容，请参见第 15 章。

在图 3-10 中，我们很容易找到网络中最长的路径。但是在大型复杂的网络中，就很难通过简单的计算就发现不同路径中的关键路径。为了准确地确定这些要素，我们需要在网络中作两次计算。让我们看看下面是如何实现的。

在关键路径法中，每个方框代表一个任务。方框中有任务名称和工期。对于每个任务可以计算 4 个日期：最早开始日期（ES）、最迟开始日期（LS）、最早结束日期（EF）和最迟结束日期（LF）。通常进度表都在每个方框的上部标注任务的最早日期，在底部标注最迟日期（见图 3-11）。

1）正向计算根据逻辑关系和工期计算一个任务能完成的最早时间。对于网络中的每个任务它都要计算最早开始日期和最早结束日期。

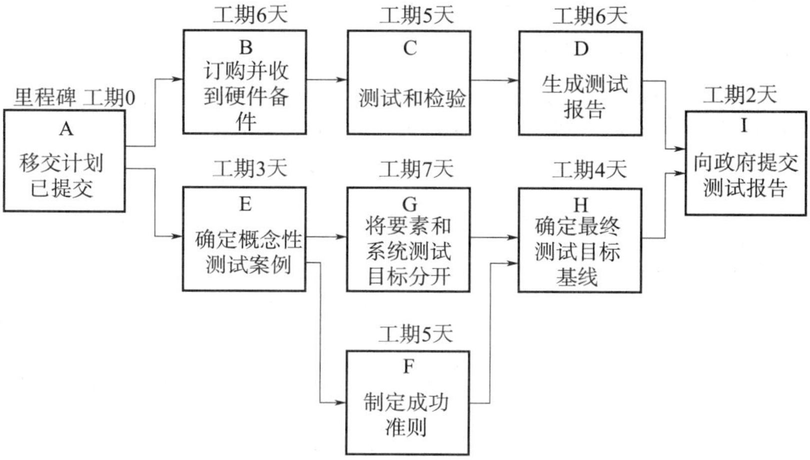

图 3－10　识别关键路径

任务 A 和任务 I 之间有 3 条路径，最长的路径，

或者说最关键的路径是任务 A—B—C—D—I，总工期为 22 天

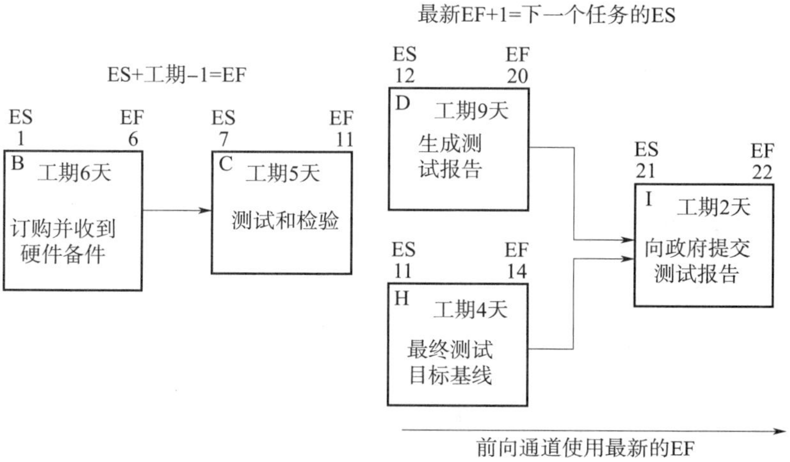

图 3－11　正向计算

任务 B 从第 1 天开始，在第 6 天结束。任务 C 从第 7 天开始

2）反向计算根据逻辑关系和工期计算一个任务能完成的最晚时间，从结束日期开始回溯。对于网络中的每个任务它都要计算最迟开始日期和最迟结束日期。

开始日期和结束日期两者之差就是任务在对目标日期造成影响之前，可以延误或延长的时间量，被称作“总浮动时间”（total float）。关键路径不仅是最长的路径，也是浮动时间最少的路径。

正向计算——在计算最早日期时，对于任务 B 要从第 1 天开始。我们把工期加到第 1 天并减掉 1。减掉 1 表示第 1 天从当天开始，第 6 天在最后一天结束。为了计算任务 C 中的最早开始日期，我们对前面任务（任务 B）的最早结束日期加 1。图 3－11 的左侧对此有说明。

下面我们考虑两个或更多任务在一个任务汇聚的情况，如图 3-11 右侧所示。这个逻辑图表示任务 D 和 H 都必须在任务 I 开始前完成。任务 H 的最早结束日期为 14，任务 D 的最早结束日期为 20，因此从逻辑上讲，我们要用 20 去计算任务 I 的最早结束日期，因为它是这两者中的后者。因此任务 H 的浮动时间为 6 天。

反向计算——在完成正向计算后，我们再来进行反向计算。我们这次的计算与前面相反，如图 3-12 左侧所示。反向计算从网络中最后一个任务开始，使用的是最迟的最早结束日期。我们要从最迟的最迟结束日期减去工期，总数再加 1 来计算最迟开始日期。

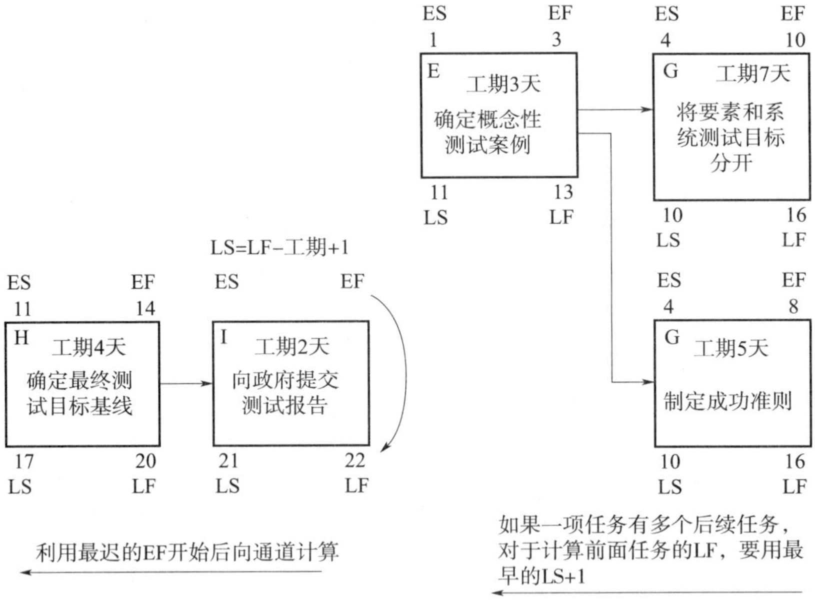

图 3-12　反向计算

反向计算从网络中最后的任务开始，使用最迟的 EF 日期

在图 3-12 的右侧，逻辑图表明在任务 E 完成后，任务 G 和 F 可以同时开始。任务 G 开始时间不迟于第 10 天，任务 F 开始时间不迟于第 12 天。因此 E 必须在不迟于第 9 天完成。这意味着任务 G 需要到第 10 天时从任务 E 获得输入，否则它就会发生进度拖后，可能对结束时间造成影响。注意，在反向计算时，在有多个任务汇聚的情况下，对后续任务最早结束日期计算要用最早的最迟开始日期日期。

计算浮动时间——在完成正向和反向计算后，我们要计算进度的总浮动时间和自由浮动时间。如前所述，总浮动时间简单地说就是最早日期与最迟日期之差，反映的是在不影响目标日期的情况下任务可以拖后的总时间。自由浮动时间是一个任务的最早结束日期与下一个任务的最早开始日期之差；它是指在不影响其他任务的情况下，一个任务可以拖后的总时间。自由浮动时间只能在多个任务汇聚到一个任务的情况下发生。图 3-13 给出的是对自由浮动时间的计算。

图 3-14 展示的是利用一个指定的日期进行正向计算、反向计算和浮动时间时的结果。关键路径是最长的路径，是浮动时间最少的路径，也是与交替路径有关的总浮动时间

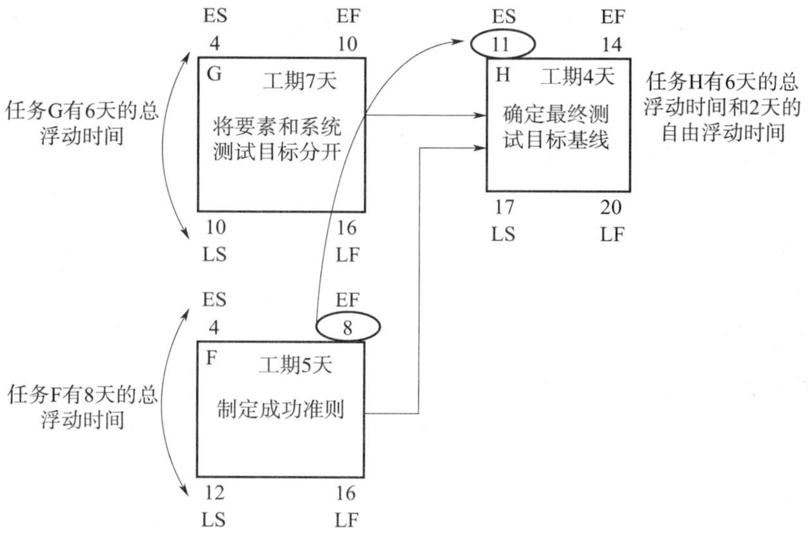

图 3-13　浮动时间计算

总浮动时间是最早日期之差，反映的是在不影响目标日期的情况下任务可以拖后的总时间。自由浮动时间是前一个任务的最早结束日期与后续任务的最早开始日期之差

值。任务 F 和 H 表明自由浮动时间是存在的。

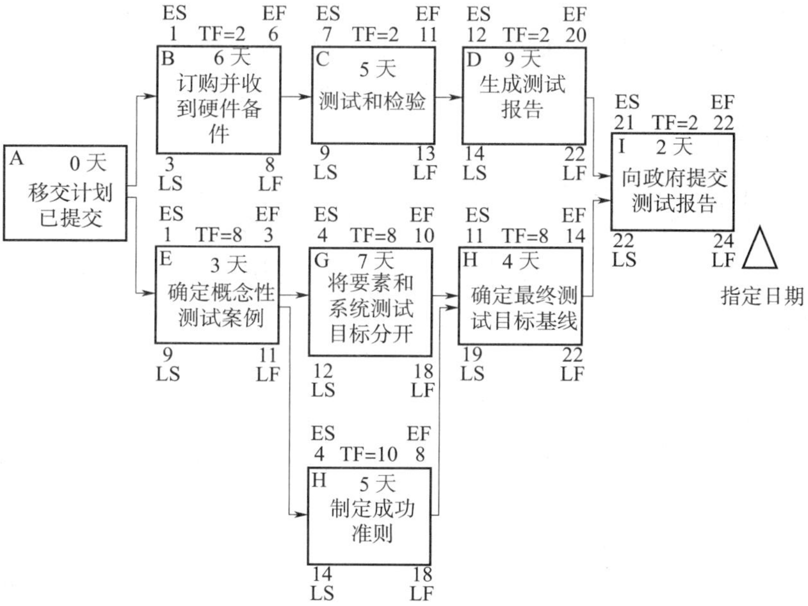

图 3-14　网络计算

反向计算开始于指定日期，为期 24 天。浮动时间计算表明关键路径（即最长路径）有 2 天的正向浮动时间。关键路径的浮动时间最少

如果我们用最迟的最早结束日期开始反向计算，关键路径的总浮动时间总是为 0。最迟的最早结束日期通常是某一关键事件的进度日期、交付日期、被看做“指定日期”的合

同要求，或者是项目的一个重要的里程碑。这些日期会对我们的计算产生很细微但很重要的影响，因为反向计算开始于一个手动输入的指定日期，通常与最后计算得出的最晚结束日期有所不同。

在这个例子中，如果里程碑日期是第 24 天，反向计算则从第 24 天，而不是从第 22 天开始。计算得出的浮动时间表明关键路径（即最长路径）有 2 天的正向浮动时间。在空间项目中，最经常的是这一日期比计算得出的最早结束日期要早（即我们落后于进度），得到的浮动时间值是一个负数（说明晚的程度）。在进度的其他路径上的浮动时间值也更小。如果发生这种情况，项目的策划人员要对网络图进行检查，以确定我们可以在何处缩短工期、调整逻辑关系，或者安排额外的资源。项目经理和项目必须检查可选方案，在整体风险不增加到不可接受水平的前提下，作出采取补救行动的决定。

3.7.2 授权进行之前

项目策划有时在项目正式立项前就开始了。在任何组织承诺为项目提供资金和其他资源之前，我们必须有一个可信而合理的项目详细方案。

（1）细化计划的任务并建立逻辑关系

古语“魔鬼存在于细节之中”也适用于细化进度安排。我们需要建立一个进度网络，要达到能对关键路径进行精确计算并能描述完成技术工作计划的逻辑顺序的程度。建立一个能支持顶层项目群主进度的详细的网络进度很重要，决不可等闲视之。如果有多个涉及多个卖方和地点的进度，就需要一个集成团队来梳理流程，在集成工作出现时，项目进度能准确反映项目状态。

要制定一份详细的进度，我们要描述任务、分配责任、建立逻辑关系、识别和记录任务工期。在我们作任何计算之前，详细进度制定开始时突出强调工作的技术范围和工作的逻辑关系。在这些工作得到确认后，利益相关方要对关键路径进行评审，确保其反映了项目的目标。进度的确认过程通常需要不断更新。如果详细进度不支持自上而下的进度方向，我们要引入替代措施，以使工作按时开展。即使是在日期一致后，我们仍要确认依靠现有的人员和资源就能开展工作。我们需要在建立最终的绩效度量基线之前将资源加载到进度中去。

对于基线进度应包含多少详细内容，可能是有限度的。研发项目会因工作的性质把计划细化到某个具体点上。这个点之后的远期工作在一个更高层次上被策划。随着开始日期的临近，通常是在工作开始前 3 个月，要在较低层次上对工作加以策划。这种方法被称作“滚动式”或增量策划方法。生产项目在以前生产相同或类似产品项目的基础上，可以利用模板或标准策划整个项目。

（2）集成分合同进度

通常一个项目有较大比例要分包给数个供应商或队友。分包商进度反映的是交付具体产品来满足整个项目进度要求的计划。分包商通常有自己的支持性进度，如果被认可，则它们被集成到项目群主进度中去。分包商进度必须在结构上能与相关前后进度正常连接。在将这些子进度合并到项目进度之前要进行评审、分析和确认，在项目进度总分析中也要这样做。

在实施阶段，分包商会对进度制定要求和项目期望有更好的定义，因此可以为进度制定部门提供分析所用的数据。进度要求需要确定、制定，并通过分包商数据要求清单（SDRL）传达给分包商。我们必须确定交付的规范要求、日期和数量。分包商数据要求清单还要说明进度和报告的要求。

（3）进度风险分析

进度风险分析是对进度完成的概率进行评审。在实施阶段之前，进度制定组织要征询管理团队或其他相关部门的意见来建立进度风险模型。我们通过各种文档，包括技术风险评估、工作分解结构、集成方案和相关的历史数据来识别主要风险领域。我们评审和更新相关数据的目的是把不确定性降低到可接受的水平。风险分析可以定量计算项目的合理进度预留量。

风险评估团队对进度风险模型中的每个任务要共同确定最好和最差的情形。任务工期估算表示任务将花费多长时间的不确定性。进度风险分析蒙特卡罗法对网络中的每个任务用从最好到最差情形的工期范围表示。进度风险分析软件通常会提供多条预先定义的分布曲线，来决定如何对工期估算做出解释。例如，在 18 周（最好情形）到 26 周（最差情形）时间范围内完成一项任务最可能需要 20 周。

这一过程的结果，就是形成对主要里程碑日期可实现性的一个评估，表示为概率。输出形式通常为一个曲线图，横轴是一个可能完工的日期范围，纵轴是在这一日期范围内完工的概率。累积概率标示为一条曲线，累积值在右侧轴上，如图 3－15 所示。

日期：2004 年 9 月 17 日上午 8：31：13
采样数量：1000
唯一代码：1
名称：Alpha 项目

完工标准偏差：13.37 天
95%置信区间：0.83 天
每个竖条代表 4 天

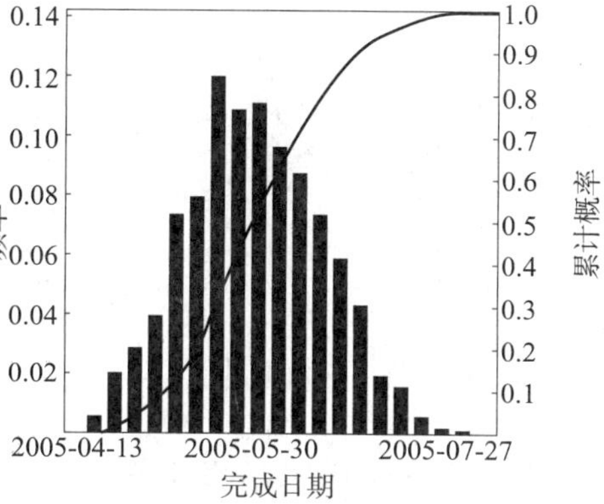

完成概率表

概率	日期	概率	日期
0.05	2005-04-28	0.55	2005-05-31
0.10	2005-05-05	0.60	2005-06-02
0.15	2005-05-10	0.65	2005-06-06
0.20	2005-05-12	0.70	2005-06-08
0.25	2005-05-17	0.75	2005-06-10
0.30	2005-05-18	0.80	2005-06-14
0.35	2005-05-20	0.85	2005-06-17
0.40	2005-05-23	0.90	2005-06-23
0.45	2005-05-25	0.95	2005-06-29
0.50	2005-05-27	1.00	2005-07-27

图 3－15　蒙特卡罗法举例

分析结果表明到 2005 年 5 月 12 日交付概率为 20%

（4）将资源加载到进度中并建立绩效测度基线

在经过了长时间的不眠之夜和多次修改后，每个人最终都在项目技术内容和逻辑性上取得了一致。下一步就是将进度与成本集成。为此，我们对进度时间约束范围内所需资源和时间阶段划分进行了识别。

为了满足资金约束、重要资源的可用性或技术挑战等要求，我们需要做出更改。一个常见的错误是在资源加载时，只是从进度出发考虑完成工作所需加载的资源，而没有考虑资源的可用性。我们在项目管理评审中，经常听到因为找不到完成工作的合适人选而造成项目进度推迟的情况。工业界的项目经理经常会掉进这样的陷阱：在安排进度时认为资源不受限制，唾手可得。

认识到实际资源可用性的重要意义后，我们通过把资源要求应用到任务中，建立起绩效测度基线。如果这些要求超过了现有可用资源的满足能力，就要根据资源的实际可用情况调整进度。如果优先考虑进度，就要根据进度要求来调整资源。考虑到资源随时间波动的方式，对资源的加载情况初看上去显得利用不够充分。图 3－16 中的表格给出的是利用图 3－14 中的网络持续时间中最早日期和最迟日期作出的资源剖面图。

资源剖面图——最早日期																						
1月																						
任务	1	2	3	4	5	6	7	8	9	10	11	12	13	14	15	16	17	18	19	20	21	22
任务 A	2	2	2	2	2	2																
任务 B	3	3	3																			
任务 C							2	2	2	2	2											
任务 D				3	3	3	3	3	3	3												
任务 E				4	4	4	4	4														
任务 F												3	3	3	3	3	3	3	3	3		
任务 G											6	6	6									
任务 H																					2	2
合计	5	5	5	9	9	9	9	9	5	5	8	9	9	3	3	3	3	3	3	3	2	2
累计	2	4	6	8	10	12	14	16	21	29	37	47	57	67	77	87	96	105	114	117	119	121

资源剖面图——最迟日期																						
1月																						
任务	1	2	3	4	5	6	7	8	9	10	11	12	13	14	15	16	17	18	19	20	21	22
任务 A	2	2	2	2	2	2																
任务 B									3	3	3											
任务 C							2	2	2	2	2											
任务 D										3	3	3	3	3	3	3						
任务 E												4	4	4	4	4						
任务 F												3	3	3	3	3	3	3	3	3		
任务 G																	6	6	6			
任务 H																					2	2
合计	2	2	2	2	2	2	2	2	5	8	8	10	10	10	10	10	9	9	9	3	2	2
累计	2	4	6	8	10	12	14	16	21	29	37	47	57	67	77	87	96	105	114	117	119	121

图 3－16　资源剖面图、最早日期和最迟日期

这些剖面图表示的是根据不同的进度估算值如何使用资源

图 3－17 是最早日期和最迟日期资源概况的一个图示。相邻各天之间的明显波动表明，我们需要分析和调整资源要求，以便更有效地对其加以利用。这一点的确有挑战性，因为我们还要保证满足进度要求。因此下一步工作是根据项目经理制定的准则平衡资源，更有效地分配资源。例如，我们可能会决定一个任务可否加以分解，以使资源剖面图中的尖峰更少。是否有支持不能再进行进度划分的工作所需的重要技能？在资源平衡中其他需要考虑的方面包括：

1）审核工期和逻辑调整；

2）用更年轻的人代替年长的人；

3）资源的可用性。

如果按这种方式顺利进行，资源的分配将采取传统的钟形曲线，即逐步上升，有一段

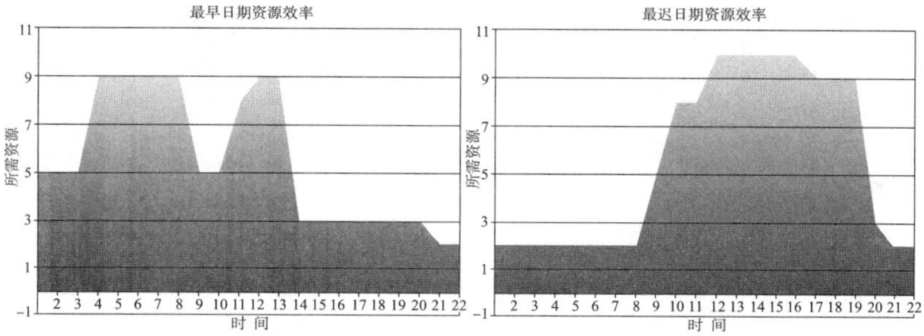

图 3－17　资源效率

本图表明在对资源进行平衡前存在明显的波动

时间较为平坦，然后逐渐下降。但这并不总能准确反映出工作进度是如何制定的。有可能在项目之初要做更多工作，或者大量的工作要在后续编制，即需要一个后加载进度。

资源加载和平衡的目的是利用可用资源来支持进度。我们必须在方案制定阶段考虑所有的条件，这样在实施阶段开始后，编制进度的工作会顺利开始。

在资源完成加载和平衡后，我们可以利用 S 曲线来快速检查资源阶段划分对进度要求的支持情况。如果资源阶段划分是介于最早开始曲线和最迟开始曲线之间，如图3－18所示，则进度与可用资源就能匹配。如果超出这两条曲线，我们或者要调整进度来满足资源分配，或者调整资源曲线来满足进度要求。

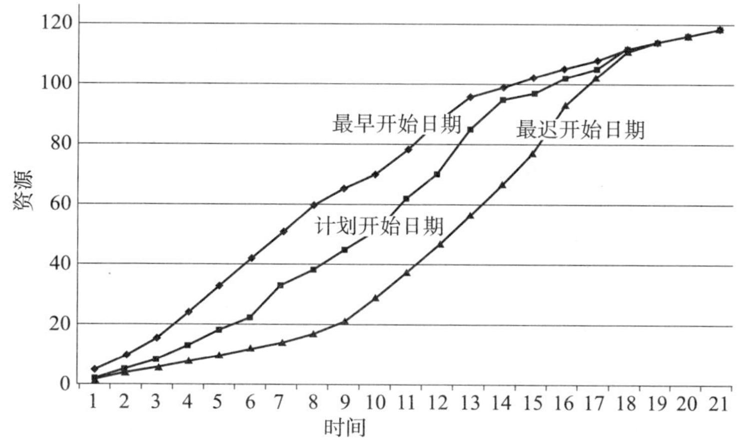

图 3－18　反映最早开始、最迟开始和资源阶段划分的 S 曲线

在资源阶段划分曲线（正方形标记）落在最早开始与最迟开始之间的曲线之间时，进度是可实现的

在所需资源满足已确认的进度要求时，绩效度量基线反映的是项目的一个可以实现的计划。建立绩效度量基线是一个费时费力的重要工作。建立了基线，就算是为进度“锁定”了一个快照。此时基线进度和目前的进度日期是相同的，如图 3－19 所示。

3.7.3　维护集成的进度

（1）收集状态更新信息

在绩效测度基线建立和锁定后，根据绩效对进度进行日常更新就开始了。我们通过状

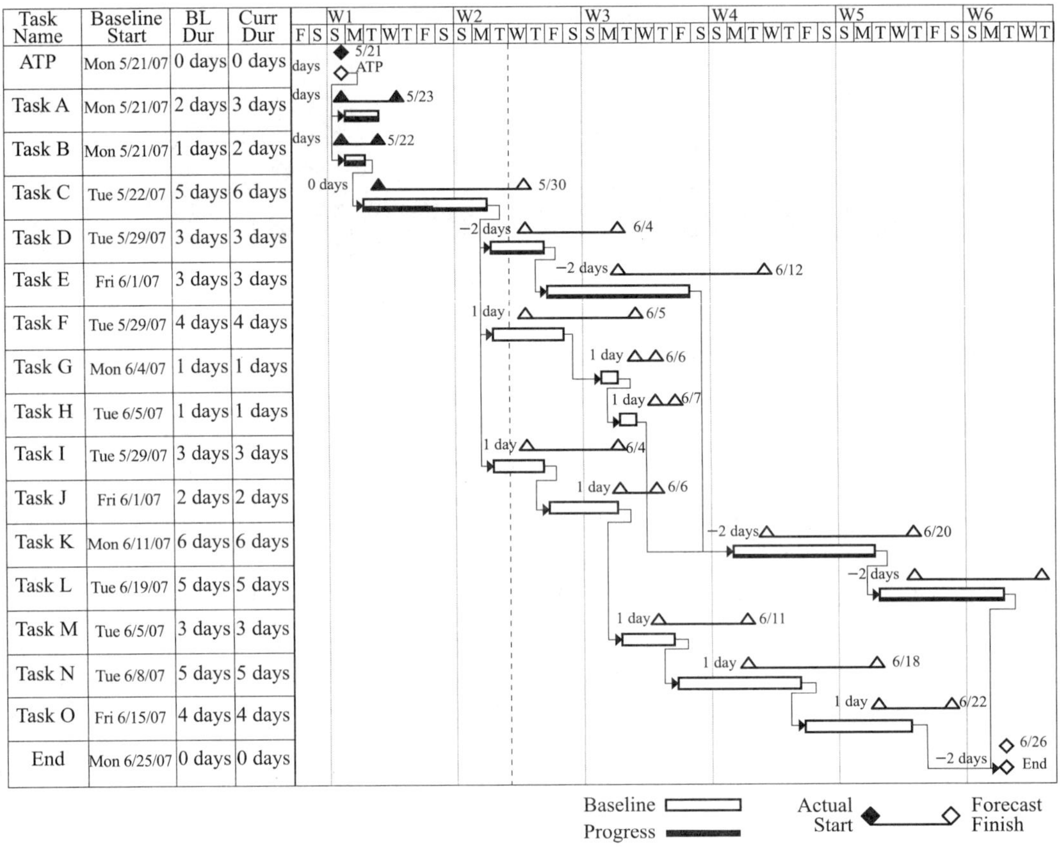

图 3－19　增加了项目状态的绩效测度基线

图中对相对于基线任务的实际开始和结束时间进行了比较。垂直虚线表示现在的日期

态日期或当前时间收集状态更新信息。在把更新信息合并到进度中后，项目经理就对截止状态日期项目的完成情况有了一个大概的了解。

分包商进度的更新与他们的分包商数据要求清单和工作说明一致。我们必须在实施阶段开始前，在处理时间线、统计日历、交付日期、状态日期和项目群评审等方面协调所有协议。已经全部合并到项目主进度的分包商进度，可以在状态更新信息已合并到进度中的情况下进行分析。相反，如果分包商的进度是与项目进度相关联的，我们则需要对这种关联带来的影响进行考察。对独立进度的评审，需要由负责收集状态更新信息并提供给进度集成部门的人员进行。

为进度收集状态信息，要求进度制定人员与实际工作的个人进行交流，由进度制定人员负责把更新信息合并到进度数据库中。信息来源通常包括项目、分包商和其他项目（在用到多个任务的机构设施时）的团队成员。跨项目的关系比较常见，对空间任务来说更是如此。经常举的一个例子就是由戈达德空间飞行中心负责管理的 NASA 空间网（SN），它为多个用户提供无线电频率通信服务。

状态更新包括：1）识别已经开始或已经完成的、有实际开始和结束日期的任务；2）

识别预报的开始或结束；3）报告已经开始但尚未结束的任务截至目前的进展状况。我们要分析对未来任务的影响，用来决定关键项目里程碑（驱动日期）是否处于危险。这会触发一个恢复计划来减缓额外的进度推迟。

图 3－19 对基线进度和当前进度作了对比。基线进度未做更改，但当前进度有所更新。我们看到任务 B 按时开始和结束。任务 A 按时开始但推后一天结束。任务 C 因受任务 A 的约束推后一天开始。它也是推后一天结束，如进度表中基线工期与当前工期栏所示。最迟开始日期的影响及工期的增加导致“最终”里程碑有 2 天的推后。从“最终”里程碑算起的关键路径现在有 2 天的浮动时间负值。

（2）绩效影响分析

为了理解影响情况，我们对影响的原因作了调查，看看该影响是否合理，如果不合理，我们就要根据情况对数据库进行检查。对于因技术困难、资源约束、材料供应滞后或其他原因导致的合理影响，有关各方应共同努力准备一个替代办法或恢复计划。我们可能要增加或重新分配资源，使关键路径避开进一步的影响。我们还可以调整未来任务的逻辑顺序或工期以减缓关键路径的影响。

（3）报告状态和预告

为了准备一份合适的风险减缓策略，项目经理需要对任务日期发生更改的原因进行深入分析。为此，进度中还要说明整体基线工作有多少已经完成。对于图 3－19 中的任务 C 来说，基线上的暗条表明 4 天的工作量已经完成，但 5 天的工作量应完成而未完成。简单地说，我们工作开始得晚，所以需要的时间比原计划要长。在对更新后的进度信息进行计算后，我们发现任务 C 拖后 2 天，它处于关键路径上，我们已经用完了所有浮动时间，这时总浮动时间就是－2 天。我们需要在两个方面加以干预：1）弥补所需时间，仍然遵循结束日期；2）补偿团队低于原计划的生产率。找到“发生了什么”的唯一办法是与这些任务的负责人进行交流，记录下问题的原因，知道减小进一步进度偏差所需的条件。

这种对进度的观察是一种非常有用的工具，可以用来评估进度拖后对关键路径的影响。任何一个项目都无法按期开始和完成每件工作。真正要关心的是理解为什么在策划和实际的工作执行之间有变化，并尽可能地按基线计划去执行。

行动报告关注的是在一段既定时间内需要加以注意的任务。它是责任人在需要更新状态信息时使用的。更新包括实际的开始和结束日期、预告的开始和结束日期，以及基线工作已完成的百分比（见图 3－20）。

图 3－21 的基线比较度量明确了进度中计划要完成的任务和实际已完成的任务的情况。将要进行的基线比较了要完成的基线预测和预告完成的情况。

进度余量缩减——如果把进度余量作为管理工具，项目经理感兴趣的是已经用完多少，还有多少剩余。图 3－22 中的例子说明，自 3 月份以来，进度余量每个月都有所下降，如果这一趋势一直持续，那么到第二年一开始进度余量就会为零。如果我们已经监测到了这一下降变化并理解它的影响，这种结果就不足为怪了。但是如果这种余量减少是因为不可恢复的进度拖后造成的，我们可能需要实施一项替代办法或恢复计划，将进度拉回到可接受的日期。

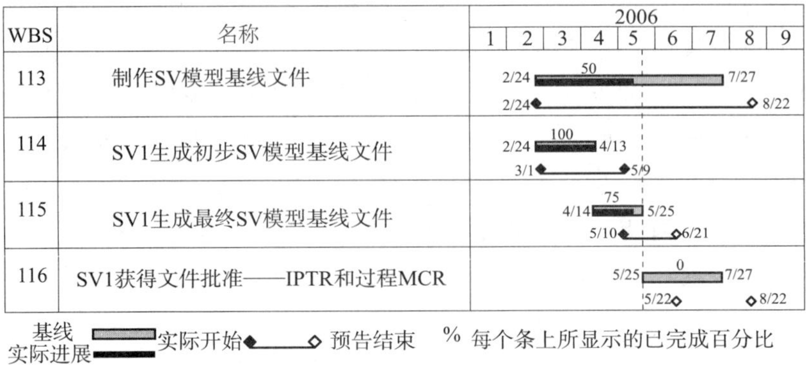

图 3－20　一个 30 天计划预测的示例

这个报告识别了要求进行状态更新的任务，包括进度中规定开始或结束的任务，以及正在进行并需要对进展进行评估的任务。垂直虚线表示当前日期（SV—空间运输工具；IPTR—过程中的技术评审；MCR—任务方案评审）

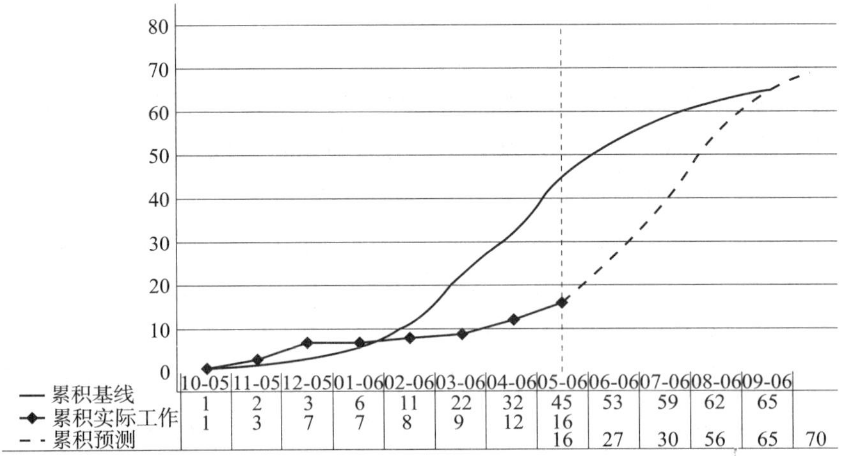

图 3－21　进度规定的基线与预计完成和实际完成的对比

这个图表明如果不安排一个程序性计划，从 9 月到 10 月就会出现一个可预期的滞后

进度诊断是确定进度机制是否到位，从而保证有一个合理进度的一门技术。其目的是确定进度更新是否会影响逻辑关系。进度诊断是在进度网络已开始应用的任何时刻对错误进行检查的一种方法。进度诊断还能快速识别众多统计数据，包括已完成的任务、正在进行的任务、未来的任务、提前完成的任务、拖后完成的任务、将要完成的总任务等。此外，它还包括进度异常情况，如无前导工作、无后续工作、隔离的任务、浮动时间为负值、分立的任务、无状态的任务和将来的实际日期。

进度制定部门应定期开展这类分析。在项目群中增加了一个新的合同变更，或者进行内部详细策划练习时，进度诊断会有所不同。关键在于使用进度诊断来确认有一个保证项目群进度合理所需的手段。进度诊断也是项目群统计和进展趋势的基础（见表 3－7）。

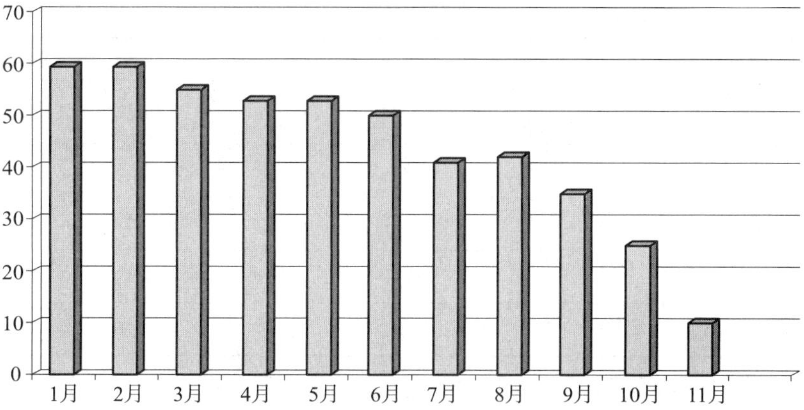

图 3－22　进度余量下降

项目经理应利用进度余量来监测进度中还有多少余量

表 3－7　进度诊断①

诊断趋势	10 月	11 月	状态
已完成的任务	3 807	4 041	
正在进行的任务	941	930	
未来的任务	5 184	5 087	
总任务	9 932	10 058	
已完成的里程碑	280	320	
未来的里程碑	1 035	973	
	1 315	1 293	
硬数据约束（12 合同）	12	12	
诊断趋势	10 月 1 日	11 月 1 日	
无前导任务	0	0	
无后续任务	0	0	
隔离的任务	0	0	
总缺失逻辑关系	0	0	
未完成任务百分比	0.00%	0.00%	
负浮动时间	0	0	
分割后任务	2	0	
无状态任务	2	0	
非现时任务	0	0	
未完成任务百分比	0.00%	0.00%	
未来的实际日期	0	0	
到月底进度计划/完成的任务	3 757	3 998	
到月底进度计划/未完成的任务	409	424	

续表

诊断趋势	10 月	11 月	状态
到月底进度计划要完成的任务累积（B 任务结束）	4 166	4 422	
提前完成的任务	50	47	
到月底进度计划/开始的任务（未完成）	903	883	
到月底进度计划/未完成的任务	286	334	
到月底计划开始的任务总量	1 189	1 217	

①这种分析可以反映项目趋势和进度异常情况。

（4）采取管理行动

项目经理应当把绩效测度基线作为项目的指南，因为它的目标是使已达成一致意见的项目范围按时在预算范围内完成。项目经理需要记住的是绩效测度基线并非正好位于考虑的基线计划中，它的作用是指导项目团队回归基线。一个集成的成本/进度控制体系可以使团队在正负两方面控制基线周围的区域。

对于已经花费的经费我们不能再做什么。对未来成本控制的唯一途径，是确保资源尽可能高效地用在剩余的工作上。进度是一个动态的计划，用来指导项目返回到基线上。偏差要求对进度主动进行适当的调整以保持在基线的控制之内。这就要求对剩余的范围进行考察，在不损害最终产品的情况下予以清除。其他方案可能包括推迟某些工作，把可用的资源用在关键路径任务上。项目管理要深入到较低层次的进度中去，从而确定关键的驱动因素。在有了这些发现后，我们需要确定可以实现的路线，批准进度调整并向前推进。

（5）基线变更控制

对绩效测度基线的更改不能轻易为之！所有对基线计划的更改都要有详细的文件、协调和项目管理团队的正式批准。我们要准备一份项目进度更改请求文件并报管理层批准。我们还要保留所有获准的对基线计划的更改记录（见图 3－23）。

一份项目进度如果能做到可实现、很全面、综合而且资源已加载，就是反映基线变化、已完成工作以及预测的完工估算全部产品的基础。

3.7.4 吸取的教训

每个项目都是独特的，与项目管理、项目控制和系统工程有关的文件都是具体针对每个项目的。但是，我们完成这些文件的过程却很相似。我们不需要创新就能实现这一点。制定新文件纲要或者项目计划的许多章节，或者其他项目文件都不应花费很多时间和创造性能力，但是我们应花费一些时间来建立管理该项目的愿景。然后我们可以找出在风险、复杂性、规模等方面与我们项目类似的任务的项目文件，再根据愿景的要求把内容加以修改。下面就是我们应当针对每个项目进行修改的项目计划要素：

1）项目策略——我们打算如何进行管理；

2）团队组建——把人才阶段划分作为项目生命周期的一个功能；

Schedule Change Request(SCR)
SCR Number:SCE-BA-CLT3

MCR Number: ______　　Date Reordered: 0600106
PCR Number: CS 06-032　　Date Approved: ______
Company: ______　　Date Entered in IMS: ______
MT(s)Attached: ______　　Date Seat for Origination: ______
WBS(s): ______　　Date Cleared: ______

CLIN(s): 0008

Schedule Change Impact 1 Assessment

Purpose:
This SCR adds track for V522 Initial AEP Effort.

Notes:
MCR is still in-work to address needed IMS numbers.

- ☐ No Impact to IMP
- ☐ No Impacts to Program Milestone(s)
- ☐ No Impacts to MMS(Giver/Receiver Milestones)
- ☐ No Cost Impact to(Time Phase Budget Change)
- ☒ Impacts IMP
- ☒ Impacts Program Milestone(s)
- ☒ Impacts MMS(Giver/Receiver Milestones)
- ☒ Cost Impaot(Time Phase Budget Change)

Cost Approved:			Date:??Approved:		Date:
Cost Account:			CAM:		
Cost Account:			CAM:		
Cost Account:			CAM:		
Cost Account:			CAM:		
Cost Account:			CAM:		
Cost Account:			CAM:		
Cost Account:			CAM:		
Cost Analysis:			IPT Manager:		
Cost Manager:			SEIT Program:		
Schedule Lead:			Program Planning:		
Schedule Manager:			Program Office:		
Business Director:			Program Manager:		

Program Baseline Schedule Change Log

SCR#	Schedule Change Impact/ Assessment	IPT Affected	WBS	Date Opened	Date Closed	Scheduler	Status
0001	Rename Tasks/Task Deletions	Sys Eng.	1.1.1	04/12/06	05/02/05	B.Todd	Closed
0002	Change Tech Order task additions and rebaseline validation and 30% IPR	Sys Eng.	1.1.1	04/15/06	05/03/05	B.Todd	Closed
0003	Add test plan tasks	I&T	1.1.2	04/15/06	05/03/06	G.Glenn	Closed
0004	MCS intetration updates	I&T	1.1.2	04/18/06	05/10/06	G.Glenn	Closed
0005	SV Rel 1 Sim Test	SV I&T	1.2.2	05/10/06	05/28/06	T.Smith	Closed
0006	Security Cert Refining	SV I&T	1.2.2	05/12/06	05/28/06	T.Smith	Closed
0007	Rack Design Mod	Sys.Eng.	1.1.1	05/14/06	05/30/06	B.Todd	Closed
0008	Add test plan tasks	I&T	1.1.2	05/15/06	05/30/06	G.Glenn	Closed

图3-23　进度变更请求和进度变更记录示例

项目经理利用这个工具来监测所有的进度变更情况

3）项目工作分解结构——我们打算如何组织和控制项目；

4）技术架构——实现项目目标的途径；

5）技术开发——首选的技术开发范式。

在正在实施项目的组织中可以找到许多关于项目计划的很好例子。例如在NASA，总工程师办公室，或者它在研究中心或实验室的飞行开发组织的代理人可以作为寻求有用模板的第一站。如果他们满足了这种需求，我们就应该将它加以利用。

但是，如果一切都要由我们自己来做，我们就要检查并确认与最佳实践的基本差距。在海上战役来临之际，许多战舰都有一个作为试验新型枪支和军需品的“枪支甲板”。对于新军械，它在“枪支甲板”上不进行点火试验，因此在战场上发生子弹射不出的概率很高。“枪支甲板”是一个有用的比喻。该组织长期以来一直成功地管理空间项目，并建立了有效的体系，尽管这些体系不能与当前技术相提并论。我们需要检验有创新的想法，特别是与组织的最佳实践有根本区别的想法。

项目计划是项目经理与组织以及关心项目如何管理的客户之间的一个协议。在项目计划完成后，我们不能束之高阁。应要求项目的所有成员都要阅读项目计划。这是项目的故事，是一种快速的学习，也是参考指南和路线图，所以应当拷贝以供使用。

项目计划必须在初步设计评审之前得到组织管理层的批准。项目经理当然需要更早得到它的草稿，特别是在安排项目的用人计划时。事实上，在制定运行方案和流程要求期间，一份最初的底稿发展为项目计划的草稿。在方案制定期间我们定期更新它，直到正式宣布结束。

一切都是围绕策划展开的。D·D·艾森豪威尔曾经说过：“计划没有用，策划才是重要的。”但是项目计划本身应当满足某些特定的需求，特别是作为新参加项目的人员的指南。它还为机构领导人进行采办提供了一定的信心，也就是说，要遵循并执行那些正确的计划和程序。最后，它还可以作为承办商及其分包商的有价值的参考文件。为项目开发策划一条具有战略意义的途径，是一项在项目生命周期内真正具有创造性的工作。

参考文献

[1] Defense Acquisition University (DAU) . January 2001. Systems Engineering Fundamentals. Fort Belvoir, VA: DAU Press.

[2] Department of Defense (DoD). January 1, 2000. Environmental Engineering Considerations and Laboratory Tests. MIL-STD-810F. http: //www. dtc. army. mil/publications/milstd. html.

[3] Executive Order 12114 (EO12114) . January 4, 1979. 44 FR 1957, 3 CFR 1979 Compilation, p. 356. URL: ceq. eh. doe. gov/nepa/regs/eos/eol2114. pdf.

[4] Government Performance and Results Act of 1993. August 3, 1993. 103 Public Law 62, 107Statute 285. Washington, DC: National Archives and Records Administration.

[5] International Traffic in Arms Regulations (ITAR) . As amended April 1, 2007. Public Law 90-629, 90 Statute 744. US Code 22, Sections 2752, 2778, 2797. Washington, DC: Government Printing Ofiice. http: //www. pmddtc. state. gov /official _ itar _ and _ amendments. htm.

[6] Kirkpatrick, Douglas, Wiley J. Larson, Jerry Jolt Sellers, and Dinesh Verma. Forthcoming. Applied Space Systems Engineering. New York: McGraw-Hill Companies, Inc.

[7] National Aeronautics and Space Act of 1958 (As Amended) . July 29, 1958. Public Law 85-568, 72 Statute 426. Washington, DC: National Archives and Records Administration.

[8] National Aeronautics and Space Administration (NASA) . June 14, 2004. Risk Classification for NASA Payloads. NPR 8705. 4.

[9] NASA. August 30, 2005. Strategic Management and Governance Handbook. NPD 1000. 0.

[10] NASA. March 6, 2007. NASA Space Flight Program and Project Management Requirements. NPR 7120. 5D.

[11] NASA. March 26, 2007. NASA Systems Engineering Processes and Requirements. NPR 7123. 1.

[12] NASA. February 5, 2008. NASA Research and Technology Program and Project Management Requirement NPR 7120. 8.

[13] National Environmental Policy Act of 1969 (NEPA). January 1, 1970. Public Law 90-190, 42 US Code 4321-4347, as amended. Washington, DC: Government Printing Office. http: //ceq. eh. doe. gov/Nepa/regs/nepa/nepaeqia. htm.

[14] Office of Management and Budget (OMB) . July 12, 1999. Circular No. A-11. Washington, DC: Government Printing Office.

[15] United Nations (UN). September 1, 1972. Convention on International Liability for Damage Caused by Space Objects. www. islandone. org/Treaties/BH595. html.

[16] United States Treaties and Other International Agreements (UST) . January 27, 1967. Treaty on Principles Governing the Activities of States in the Exploration and Use of Outer Space, Including the Moon and Other Celestial Bodies. 18 UST 2410; TIAS 6347; 610 UNTS 205. Washington, DC: Government Printing Office.

第 4 章　组织项目管理

迈克尔·S·温格（Michael S. Wenger）博士
Wenger & Wenger 咨询公司
托尼·阿诺德（Toni Arnold）
国防高级研究计划局

这一章为帮助项目经理更有效地组建其团队提供了相关的概念、技术和工具。我们重点关注的是空间产业的实例，同时也吸收了项目管理和组织管理理论一般性学科的经验、研究成果和吸取的教训。本章的思路起源于这些学科已得到公认的一般知识体系。我们以案例图示讲解的方式来说明这些思路。

本章的定位就是为组织设计提供参考，推荐了具体的思维模式、通用模型、框架和分析工具，旨在培养对组织和组织设计的理解。本章的设计方法新颖别致，甚至为读者提供了一个还不太适应的认知领域。许多新任项目经理一开始低估了组织设计的复杂性，对成功完成组织设计所要求的严格程度很是惊讶。当然，要完全接受和平稳应用这些新的思维习惯需要时间和实践。但是，即便是对这些工具的肤浅理解和机械地运用也是有用的，因此，对有关的图表认真加以考虑就是一个很好的起点。文中扩展、制作和叙述了模型及其应用，并要求进行进一步的实践。

项目就是“为创造特定产品、服务或结果所做的临时努力”[9]。在这里有两点对于项目组织很重要。首先，项目是临时性的。而许多空间项目持续时间较长，有的达数十年。许多永久性组织经常重组，就此而言一个项目组织的持续时间可能比一个永久性组织还长。尽管如此，项目和项目组织在项目完成后肯定要结束。这就是说，对于任何项目成员来说，项目不可能是永久的“家一样的组织”。组织的生命比项目要长。其次，项目组织是有范围限制的。它关注的是具体的（也是独特的）产品、服务或结果，我们通常要努力确保项目的发展不超出这个范围。“成功”对于项目组织来说，就是按时在预算范围内完成任务，而不是发展。

所以我们设计和创建的组织类型就是过渡的、临时的和有目标的。正因如此，有人试图考虑不在项目组织上花费大量时间，而是直接进入项目的“实际工作”。但是在项目组织设计上偷工减料是一个严重的错误，经验和研究会证实这一点。项目的失败率很高（尤其是复杂技术项目），但主要并非是技术方面的原因。到目前为止，项目失败的最经常的原因是组织问题和行为问题[4,7,8]。

既然知道了这一点，为什么尽管在项目管理的其他领域、技术和工具方面都取得巨大进步的情况下，仍会继续发生这样的失败？我们认为原因出在项目经理带到工作中的主导思维模式对项目组织有本质的错误认识。具体来说，满足项目管理中多数任务的技能、技术和专业知识都不适用于项目组织。多数项目管理都试图去掉所有意义不明确的、有清楚分段的任务，把活动安排成线性序列。然而，项目组织要求全面的、迭代的和并行的思维模式。不仅如此，项目组织固有地充满不确定性，目的不是把它去掉，而是识别和应对它。相比于由传统项目管理演化来的思维习惯和认知结构，系统工程与架构的思维习惯和认知结构更能适应项目组织和组织设计。

技术出身的项目经理很少经过组织设计重要课程的培训，更不是经验丰富的组织分析师。我们的目标是帮助他们理解和应用这些专家级组织设计人员所使用的一些概念、工具和思维习惯。

4.1　持续的组织设计过程：理解问题空间

许多项目经理犯的一个错误是把司空见惯的组织结构图混用到组织中来。他们根据工作分解结构对任务进行分解，安排项目步骤的顺序，再根据任务或工作包，把人员的名字填到方框中。如果有人问起他们的组织结构是什么样的，项目经理就会把这样的图表拿出来。阿尔弗雷德·科尔兹布斯基对科学界说过一句很有名的警句："地图不等于领土"[6]。同样，我们也可以说："组织结构图不等于组织"。下面描述的是一个组织设计流程，其中组织结构图只是帮助理解组织的众多重要工具和概念中的一种。项目组织的目的，必须总是建立一个致力于工作和交流模式，从而有效地生产所需结果的人员的集合。我们可能要绘制组织结构图，但组织结构图永远不是项目组织的目的。

组织是由许多具有高度相互依赖、非线性反馈回路和随机输入的无形部分组成的动态系统。系统工程师不能仅仅从架构的角度描述这样的一个系统。他们要用到多种描述方式，包括功能性的、物理的和逻辑的视角，以及书面的运行概念。对一个动态系统的简单静态描述不能准确地描述它，它所反映的只是肤浅的理解，会造成严重的设计错误。类似地，项目经理在理解、设计和管理项目组织时也必须建立系统的理解，其深度要远比绘制出组织结构图大得多。我们需要能帮助建立这种系统理解的思维习惯。

建筑就是组织设计的一个很有用的例子。建筑设计师通常从大楼整体的视角开始工作——即把大楼看做一个系统。设计过程就是一系列围绕该系统的反复脑力劳动，提出更多的细节内容、解决冲突、权衡方案，并使关联的各部分适应整体。在迭代和系统思考过程中还要对设计方案加以细化。

正如克里斯托弗·亚历山大[1]所描述的那样，"在工作顺序地开始后，原先非常松散又乱七八糟的东西逐渐变得越来越复杂，越来越细化，越来越与众不同和越来越完善，形式就逐渐地形成了。实际上，在你把每个模式组装成设计方案时，你会体验到一种对设计逐步变得越来越连贯的欣赏。"多数项目经理会很容易欣赏技术体系中的这种设计模式，但通常他们不认为这种思路同样适用于项目组织。然而，正如一个优秀的设计师不会对任何复杂的技术系统考虑不周一样，我们也不应对一个复杂的社会系统考虑不周。

因此，组织开始于对整个项目组织的思维系统模型，并通过多次分析迭代加以细化——

识别潜在问题并建立组织的解决方案。项目组织是一个对系统思维模型在可预期的要求、项目结果、资源现状，以及根据需要进行组织调整等方面不断试验和细化的连续过程。组织总是一种正在进行中的工作。到项目结束时，我们对组织的理解要远比开始时深刻得多。为了避免吃后悔药，我们必须在工作之初，只要时间允许就做尽可能多的迭代，对设计尽可能地细化。这种开始时的努力，连同贯穿项目始终的、组织设计的持续的脑力劳动，可以使一些项目经理预见到并避免一些问题，而其他人负责对组织问题一个接一个地做出反应。

图 4-1 给出的是组织设计过程的一个简单的迭代模型。在图的右半部，我们可以看到组织体系的各个组成部分。这些组成部分都是概念性的，而非实物。而且，它们彼此没有区别，是高度相关而且经常是递归关系。它们是关于组织设计中重要因素的思维方法。在图的左半部分，我们可以看到项目的结果。最明显的是经典的项目管理对于可交付物、成本和进度的划分，但也有其他不太明显的、监测利益相关方感知的方面。设计是一个对组成部分彼此关系持续细化的过程。这一过程模型不是一个处方，而是一个帮助思考重要的设计因素和考虑全部系统要素的工具。

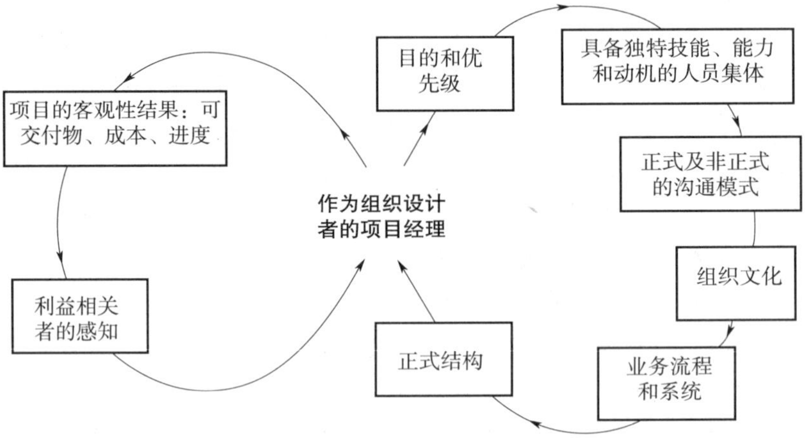

图 4-1 项目组织：一个连续的过程

这个框架反映的是项目组织的系统性。这个过程是一个连续过程，尽管以组成部分来表示，但它不是一组有先后顺序的步骤。在所有的系统设计中，各个组成部分强调的是我们必须共同考虑的系统内容

新上任的项目经理可能对这种模型要考虑的内容太多而心生芥蒂。他们没有时间来考虑这么多关于组织的内容，因为他们还有太多的“实际工作”要做，特别是在项目刚开始的时候。针对这种反对情绪有 3 种反应：

1）系统思考不是一个长系列的独特分析步骤，它是一种在考虑与整体有关的多个系统变量时的思维习惯。这种模型只是一种简单的工具，可以帮助项目经理记住并实践这种习惯，并对自己通常不予考虑的某些变量保持敏感。

2）组成部分中有许多是已经熟悉的，并不需要随着时间大幅更改。在真正理解了这些内容后，系统思考只是要求对其进行考虑，而不是更多的分析。

3）多数项目失败都源于组织问题，所以我们面对的是“现在还是以后交学费”的问题。在组织问题出现之前就采取减缓或避免措施，总比问题发生后再作出反应要更有效和损失更

小。所以在一开始就花费一些时间对组织设计进行清晰思考通常是一种很明智的投入。

4.1.1　理解组织设计过程模型：右侧回路

所有系统都是由部分组成，但这里所说的“部分”不要求是实体的。它是一个系统中多个有形及无形的、彼此相互作用功能的、物理的、逻辑的和概念的等方面中的一种。新的组织设计人员经常希望把他们对组织的认识简化为只有一个或两个组成部分，通常是结构和目的，这样做是错误的。

再接着说有关建筑的那个例子。一座建筑物是什么？它就是一个由墙体、地板、天花板、屋顶和窗户等静态部分组成的系统，各组成部分彼此之间通常有动态关系。它又是一个由动态部分，如保证空气流通的部件、人、物资、电源、灯、数据等组成的系统。它还是具有内在和外在审美特征的系统。它也是一个既有稳态（正常运营）又有突发能力（应急撤离）的系统。简而言之，即使是简单的一座建筑物都包括许多相互作用的部分。建筑师从来不会把“建筑物”这一概念简化为只有其中的一个或两个部分。同样，一个训练有素的组织者必定欣赏我们称之为“组织”的系统的多个部分、多个方面和多个特征。

图 4－1 右边的回路是一个有用的起点。它反映的是一个较为完整且不太复杂的组织系统概念。表 4－1 针对右侧回路更详细地介绍了组织的各个部分，有助于建立和细化一种智力模型和项目组织的设计，促使进行全面的、有迭代的和有适应性的思考。

表 4－1　组织的系统视图[①]

组织是什么	内涵是什么	项目经理需要考虑什么	讨论所在章节
目的和优先级			
愿景、价值、目的和目标的公开说明	所有项目结果都与更高一级的优先级集合有关	该项目是“核心”吗？它对更大的组织是至关重要的吗？我们如何表达它的重要性？我们如何让人们努力工作，即使该项目对他本人来说并不重要	第 4.3.1 节 第 2，3 章和第 8 章
一种正式或非正式激励的方式	人们倾向于做自己受到奖赏的事情（组织倾向于奖赏对组织来说重要的事情）	团队成员面对的真正激励是什么？我们对于他们的重要激励有控制吗	
一个有独特技能、能力和动机的人员集体			
任务分配	多数团队成员都有多个、经常是有竞争的任务安排	项目任务如何适应有竞争的任务模式？是否有一个分配任务的正式制度？谁来批准工作计划	第 4.3.2 节
具有特定技能的人才库	用于项目团队人员聘用的人才库	我们如何能从人才库中找到所需人才？本项目真正需要的最主要的技能和实力是什么？我们对于人员使用如何权衡？我们能把分包商补充到内部员工中吗	
正式及非正式沟通模式			
正式的、经过设计的沟通交流，包括会议、电子分发简讯等	员工一直受到与来自各方的组织沟通交流的“轰击”	信息过载。让合适的人在合适的时间注意到重要项目信息很难吗？让沟通交流与整个流程相适合很难吗？会议是否会挤占“做工作”的时间	第 4.3.3 节 第 6 章和第 18 章

续表

组织是什么	内含的意思是什么	项目经理需要考虑什么	讨论所在章节
交流实践中非正式的、个人交流	员工通过符合或不符合组织设计的交流方式收集信息并与他人分享信息	我们能与团队平衡非正式渠道吗？是否需要监视各种非正式场合的沟通交流	
组织文化			
文化：共同的语言、共同的价值观和共同的设想	团队成员既可能展示母公司的文化，也可能展示角色的或专业的文化。开始时没有项目文化	项目如何适应母公司文化？项目团队成员是来自彼此兼容的文化吗？新生的项目文化是否与客户的文化相一致？项目经理的个人文化是什么，它对该项目意味着什么	第 4.3.4 节 第 17 章和第 20 章
人们的归属感	人们对于自己认为从属于的组织和活动会倾向于投入更多的精力	团队成员对该项目有多少从属关系？归属感重要吗？什么是彼此竞争的从属关系？我们是否有建立项目归属感的非常规工具	
业务流程及系统			
业务管理和报告工具	已有的业务流程和系统通常是既定的。它们或者支持项目管理并使其更加容易，或者难以使用，并增加了复杂性	系统和流程（如项目管理软件、报告、设计软件）支持和简化项目工作吗？它们会增强项目经理施加影响［如正式的执行权威、360°评审（来自同行和下级及上级）、协作系统、控制负载量］的能力吗	第 4.3.5 节 第 6 章
应用预算（以负载量形式表示的正式的政府项目）	如果不做预算，人们通常不能工作。授权使用预算资金的能力是一种正式的法定的权力	我们有预算权吗？我们有预算吗？我们所有的关键性组织需求（如客户培训、高级发起人汇报会、团队联系会）都符合负载量吗？资源限制是一个大问题吗	
正式结构			
已定义的报告关系	人们倾向于对自己的老板响应最积极。他们设想着自己在组织中有更高的职位	谁是项目团队成员的真正老板？项目经理与其他老板的关系是什么	第 4.3.6 节
已定义的（或暗含的）决策权和对结果的责任	如果人们承担的是官方的或公共的责任，他们更倾向于关注结果	谁对该项目负责任或分担责任？责任体系是怎么样的？是否除了项目经理外还有人对项目的成功负责任	

①我们需要从多个视角考察组织，项目经理可从中获得启示和重要问题。

4.1.2 理解组织设计过程模型：左侧回路

现在我们再看图 4-1 中左侧的回路。这个过程很直接：我们监测项目组织的结果并根据需要对设计做出调整。

最明显的关注内容是项目的客观性结果：性能、交付物、成本和进度（有各种中间里程碑），这些就是我们不怕麻烦甚至是以建立项目组织为代价的理由。第 14 章对这一主题有详细的叙述。再强调一次，即使是在最具有技术性的项目中，客观可交付物的许多缺陷都是由组织问题而非技术问题造成的。在项目可交付物出现问题时，我们应随时查看组织设计的整个回路。

可交付物在项目生命周期中的流动反映组织的一些可预测要求、问题和挑战，为组织设计思考提供了重要的背景。另有几章（3，11，12）对这些问题有详细叙述，这里我们只是坚定地建议在组织设计过程中要坚持从生命周期的角度思考。它作为一种工具，可以帮助我们预见相关问题，而不是在可交付物出现问题时简单地作出反应。图 4 - 2 中给出的是这些问题的常见例子。

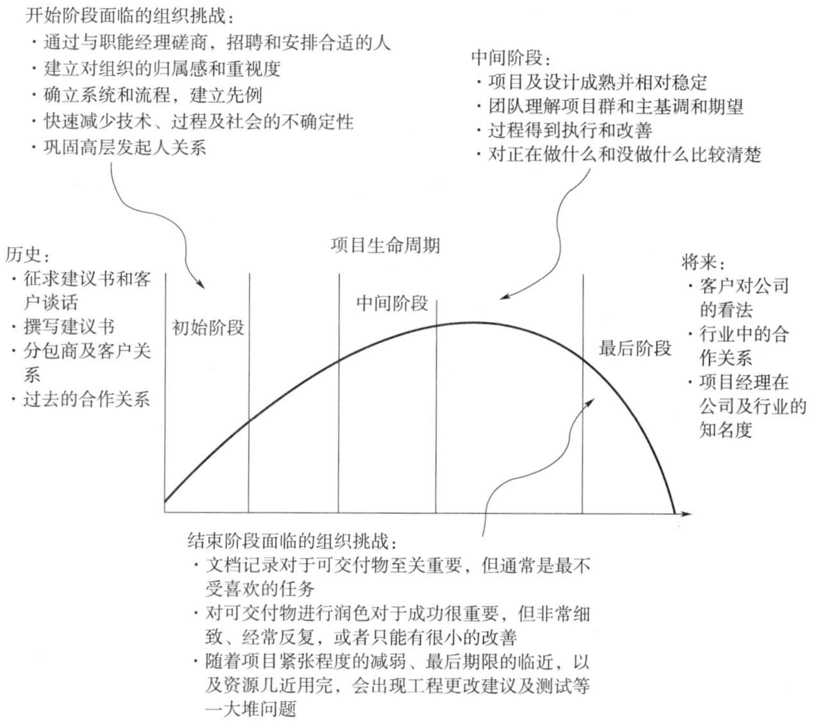

图 4 - 2　扩展的项目生命周期的组织意义

项目计划的各阶段形成任务的可预测生命周期，反过来又形成一系列可预测的项目组织常见问题。在任何一个点上，项目经理都会根据此前已经完成的内容了解相关背景，并为后面将要开展的工作提供背景

尽管有争议，但项目的唯一真正结果就是客观性项目成果。但是，所有有经验的项目经理都懂得成果能被关键利益相关方认同才是关键，而这种认同有时与客观性结果并不匹配。第 22.2 节阐述了这一内容。理解并影响利益相关方的认同是组织设计的一个重要方面（见第 5 章所述的完整处理方法）。组织必须能够监测、管理和提供客观性可交付物并得到利益相关方的认同。

有的项目经理可能认为关注利益相关方的认同是玩政治手腕，不应当是项目管理的内容，这是一个致命的错误认识。我们当然不提倡厚颜无耻地玩政治手腕或弄虚作假，但项目的成功与否的确取决于利益相关方的认同。理解了这一点会有助于揭示隐藏的资源机会、组织的重点来源、政治差别、态度基础和长期的问题背后的逻辑。关注利益相关方的认同对于预见和解决组织的设计问题至关重要。

不仅如此，每个项目与利益相关方的优先级安排、资源、能力和要求等构成的组合图画相适应。因此，利益相关方认同的整体背景与每个利益相关方的具体认同同等重要。背景会渲染甚至可能决定关系、要求、资源、限制条件和机会。理解项目的背景是组织设计至关重要的开始工作。表 4－2 概述了对项目组织过程很重要的利益相关方团体。

尽管挑选出最重要的利益相关方是很诱人的事情，但此处的目标是系统分析和理解。我们必须密切关注和理解所有重要利益相关方。传统上说，客户总是最主要的利益相关方。但有经验的项目经理会意识到有数个重要利益相关方对项目的成功至关重要，它们中的任何一个都可能导致项目失败。

表现为各种利益相关方的组织设计的背景从来很难在逻辑上保持一致。总是会有基于各自利益的各种力量和利益相关方团体。有经验的项目经理不是期望自己的项目有一个逻辑上一致的背景，而是尽量注意到其中的矛盾和紧张情况以便于采取应对措施。这里举几个例子。有一个人特别希望做项目工作，但此时从经历上讲他需要履行功能性责任；某个分包商可能是该团队的最佳人选，但不愿意参与，原因是他们不喜欢与公司一起工作；因为有一个很重要的执行发起人正经历一场与该项目无关的政治冲突，项目可能处于危险境地；技术用户可能对该项目很满意，但合同办公室的客户可能有不同的准则；公司领导层会说"要冒险"，但随后就对犯错误进行处罚……这种彼此交织的状况是组织正常生活的组成部分，我们应该努力对其加以识别、理解并逐步减少。

表 4－2　利益相关方认同的背景及其对项目组织过程的影响①

利益相关方	需要考虑的事项
母体组织	· 公开说明的战略 · 核心活动清单 · 职业通道和补偿系统 · 政治 · 当前业务状况（发展还是经营艰难） · 结构和文化（功能性的、弱矩阵、强矩阵）
个体贡献者及项目团队成员	· 专门技能 · 一般可用性 · 当前工作量 · 在该项目中的学习潜力 · 幽默潜力
分包商及供应商	· 有多少分包商及供应商，这种关系有多久了 · 他们对于项目有多重要，项目对他们有多重要 · 他们所做的工作占多少百分比 · 我们与他们做生意容易吗 · 合同的清晰程度如何
客户	· 该项目对于客户有多重要，客户对于风险是如何认识的 · 客户的技术复杂性怎么样 · 有多少客户 · 项目成员和客户对于要求有清楚的理解吗 · 项目需要客户积极的持续的参与吗

①在组建过程中，我们要对每个利益相关方团体进行考察。这个表给出了对于选定的利益相关方团体需要考虑的建议项。

4.2　作为组织设计者的项目经理：开始启动

我们现在再回到项目组织的实践上去。我们在表 4－1 基础上来扩展讨论该模型的一些常见问题和项目组织的含意。对每个因素只作简单的考虑有一定好处，但这里我们要更详细地加以挖掘。尽管不是很全面，这样做会在更深入地考虑该模型时讨论某些可能性。此外，我们在本章中提供了一个空间案例研究，强调了项目经理要面对的项目组织的综合挑战。

案例研究：航空航天行星探索者（APEX）的组织和会见航空航天行星探索者参与者。

萨拉的工作干得不错。她即将赴任一个分系统的政府项目经理，这个分系统所在的航空航天行星探索者是一个真正很酷的计划。这对于她来说是顺理成章的下一步。在她在国防部的最后经历中，她已是一位成功的项目群要素监理人（PEM），她通过作出一个里程碑的决策接手了项目。她拥有多个技术领域的经验，包括指挥与控制航天器敏感器，并刚刚进入国防系统管理学院学习。作为一个拥有两个系统项目群办公室的三级项目经理，又有在国防部工作的经历，精通采办流程，能正确处理国防部错综复杂的事情，她已经万事俱备。

这次任务安排的是有关用于识别美洲火灾和灭火的、最新最主要卫星的一个竞争激烈的分系统。她是在项目群开始后第三年到达新岗位的，此时项目群已经成功地完成了初步设计评审（PDR）。

萨拉立刻与自己的老板，以及老板的老板、系统项目群主任（SPD）瑞泽维奇上校见了面。他们友善、专业而且业务全面。他们对萨拉负责的内容规定明确，向办公室全体人员介绍萨拉，阐述了项目群的主要目标、问题和工作路线。

汤姆是她在公司里的合作项目经理。他在公司已经工作 18 年，从工程到系统工程技术人员，再后来升迁为分包商管理人员，后来又担任分系统项目经理。他在技术上胜任自己的工作，而且因为有分包商管理的经验，所以对于与分包商的相互依赖关系，以及成本与进度一致的重要性有深刻的理解。他已经创建了一个没有明显弱点的好团队。

萨拉是通过瑞泽维奇的名声和官方简历了解这位陆军上校的。这是一位具有 23 年空军工作经验的老兵，他工作的大部分时间都是从事空间运营。他曾是一个副系统项目群主任，系统项目群主任让他帮助补救一个非常棘手的项目群。瑞泽维奇刚来时，项目群的成本已经超出采办计划基线的 23%。等他走的时候，项目群已经重新回到正轨，并正解决其他的主要问题。他比萨拉早两个星期进入航空航天行星探索者项目。

4.2.1　空间产业项目组织设计的一般背景

在着手进行组织设计实际工作前，有三条基本意见可以帮助建立过程应用的框架。第一，我们不能随心所欲地设计项目的组织结构。项目经理会遭遇各种来自母体组织、行业、合同及客户的限制、做法和格式要求。还有，潜在的项目人才队伍、业务体系、目的和优先级通常都是预先给定的。最常见的工具即组织结构图通常也是工作分解结构基础上的标准模板。另外，项目经理通常是在中间阶段接的项目，已经有一个现成的项目组织结构。因为上述原因，许多项目经理认为自己对组织设计能施加的影响极小——组织结构图已经给定。他们认为自己要做的工作就是把名字填进去。事实上，项目经理还有很多工作要做，下面我们来探讨这个问题。

其次，另一个组织实践几乎是通用的：集成项目团队（IPT）。集成项目团队就是来自多个功能的、围绕一项具体任务，或纳入一个工作包的多项任务一起工作的人员集体。一个小型项目可能只包括一个集成项目团队，但在较大型的项目中，工作分解结构图（通常以工作包为基础）中每个主要的分组都被分配给一个集成项目团队。因此多数空间项目的工作分解结构图都描述了以基于工作分解结构的格式排列的集成项目团队集合。

第 4.3.6 节和第 3 章详细讨论了工作分解结构图和项目集成团队。这里我们要讨论这些概念对我们思考的一个细微影响。具体来说，工作分解结构和项目集成团队——结构和集成项目团队——代表的是两种不同的意义。“结构”意味着层次、控制和区别。这是强加给人们的内容。“集成项目团队”意味着灵活性、个人承诺和集成。人们可以被分到不同的组，但一个小组如果其成员决定“一起工作”，就可以成为一个团队。这两种意义看上去有些矛盾。但是它们共同反映出所有组织设计的关键动态特性：组织总是处于区别与集成之间的张力中；强加的结构和自组织；控制和交流；设计和实现。有效的组织设计是平衡这些张力，而不是克服它们。

最后，组织的规模是设计思考的一个关键因素。与其他任何系统中的情况一样，更多的“节点”（或更多的人）会以指数速度增加组织的复杂性[3]。一个由 10 人组成的项目与 70（或 700 或 7 000）人的项目在组织设计上有很大的区别。我们有的时候强调规模，但一般来说，这里所介绍的模型或结构的大小是可变的，我们可以用它们来分析任何规模的组织设计问题。

案例研究：在向着关键设计评审的路上。

由于需求及启动的数项采办改革措施，航空航天行星探索者项目进展极快。该计划大约 2 年前开始，已经成功地通过了任务和系统要求评审。上个月又成功通过初步设计评审，几乎没有发现什么问题。萨拉和汤姆负责的分系统 3 个月前就完成了初步设计评审，再加上系统级初步设计评审也已成功完成，可以马上开始下一个设计阶段。距离关键设计评审时间还有不到 1 年，分系统和部件级的关键设计评审还要早 3 个月。萨拉的底线就是还有不到 9 个月时间要完成分系统的最终生产设计、测试和批准。

办公室里洋溢着欢乐的气氛——团队成员很激动，在两个方面受到振奋——成功完成了主要的项目群里程碑易于产生这种气氛。萨拉知道随着关键设计评审艰巨工作的开始，这种欢乐气氛会立刻烟消云散。

4.2.2 项目组织设计常见的最初举措

在项目之初，总是有无数的活动和任务需要项目经理来关注。这一事实，加之缺乏对组织设计的系统思考实践，通常会出现项目经理在一开始会省略掉一些基本的项目组织步骤。我们必须认识到项目组织的目标是建立一个组织，而不只是一张组织结构图。我们应建立、磨合、协调和控制能够有效实现项目目标的人的系统。所以我们首先要理解系统性要求和人的要求。

花上几分钟时间系统地考虑一下项目组织设计，通常比花几小时分析某个部分更有意义。所以项目组织首先要做的是，通过设计过程模型尽可能多次地进行迭代，考虑、分析和理解每件事情最终如何彼此适合，潜在的摩擦点会在哪里，什么问题从一开始就比较明显，什么问题会随着时间显现出来，以及我们从哪里开始关注项目组织。我们对组织设计及潜在问题的理解一开始都是尝试性的。事实上，工作分解结构、系统架构以及对项目任务和可交付物的详细分析也是尝试性的。所有这些将随着时间更加细化，但对于项目经理来说，这是一段高度焦虑的时间。

在所有活动刚开始时很容易不知所措。研究分析合同内容、对进度进行排序、与负责资源的职能经理进行协商、会见并评估团队人员、与高级发起人联系，以及建立对客户及其要求的深刻理解是当务之急，也比较容易使个人思想达到饱和。我们这里开发的项目组织框架就是一种应对方法。我们可以从中看到组织设计的宏图，并在所有的紊乱活动中形成设计策略。每一项这样的活动都有助于项目组织的设计和实施。

4.3　组织设计过程

现在我们对图 4-1 中右侧的内容作详细介绍。我们此时面临的是编写系统分析的挑战。从某种意义上说，为了进行系统思考，必须对各组成部分同时考虑。有经验的系统分析师对这种思维习惯会养成一种直觉。但是行文的语言要求从概念讲起，就好像过程有先有后，想法有所不同，但是，有一点例外是我们讨论这些内容的顺序无关紧要。只有一步必须遵循正确的顺序：组织结构图应该最后才出现，即在分析和系统理解，并为良好的组织设计提供一个框架之后。

我们把有关这些内容的详细处理办法安排到其他部分去讨论，这里只提供所要求的最低细节。我们关注项目组织的具体应用，特别强调重要程度不明显的活动。

案例研究：挖掘细节。

萨拉因为要阅读自己一直在从事的工作的文件，眼睛都熬红了，但这是每一位项目经理生活的一部分。她现在对合同的理解几乎烂熟于心。在熬过了几个长夜之后，她已经看完了其他的内容——承包商文件和主要介绍、要求文件、功能性及设计规范和流程文件、所有初步设计评审文件、接口文件、体系架构、综合基线评审（IBR）和采办计划基线(APB)。她对大概情况和详细内容都有所了解。她把综合主计划和主进度进行分解，理解其与其他分系统和进度事项的相互依存关系。对上述内容的考察还告诉她，哪位其他分系统及系统级项目经理最需要她立即与之见面。她开始考虑项目组织。组织结构图当然无法告诉她组织实际上是如何工作的。但通过阅读文件、与人交谈，以及思考组织的所有内容是如何结合到一起的，她对自己需要做什么正在形成一幅更清晰的认识图景。

令萨拉最寝食难安的是挣值。任务是通过投入水平而不是里程碑或完成的百分比来衡量的，她也不确定所有的资源是否到位。所以她不敢确信自己对进度或管理储备是否有一个清晰的评估。萨拉此前曾见过这种情况。她是一个挣值分析法的狂热爱好者。但她知道如果挣值分析使用不当，就会造成误导，自己就可能陷入对安全的错误认识中。她曾经见过投入水平测度方法在项目刚开始的时候作为“临时”使用，但到后来就成了永久性的了。她一直记着与挣值分析人员、集成经理和主任工程师（lead engineer）讨论，了解他们的评价。

案例研究：政府团队周会。

政府团队决定每周五 8 点到 8 点 45 分开会。规定已经定好——要遵守纪律、按时到会、尊重彼此的规定时间以保证会议不超时。萨拉很清楚这个周会是项目沟通交流的重要组成部分，她对参会人数很期待，即使是对正在出差的人（通过视频会议）。刚开始时，有几个人迟到了，还有两人的谈话内容离主题太远。但萨拉与他们单独谈话，三个星期后，周会就正常进行了。

这种周会无论是对萨拉坚定对项目的整体决心，还是对团队讨论优先发展内容都是一个重要的方式。对于团队成员来说，尤其重要的是他们对项目优先级的考虑，是在整个项目群的背景下、而不是仅仅从自己的狭隘的观点出发。这种会议给每个人都提供了对他人所做工作内容的深入了解，并有机会提问，当时就能理解他们彼此的影响。以往通过多轮的电子邮件或语音邮件往来才能处理的问题，通过周会这种方式可以更有效地加以识别和解决，而且减少了误解。

当有一位团队成员直到星期五周会时才提出某一问题，使时间损失了 3 天时，很明显需要制定一个基本规定来约束这种情况。萨拉制定了一个基本规定：对时间要求紧的问题，应在问题一出现即通过邮件尽快向整个组织传达，并由责任方予以解决。起初，有几个不太重要的问题进行了几轮邮件往来，有的团队成员坚持在解决问题时“都回复”。但萨拉坚持推行新规定。不久，向整个团队发送邮件成为周会重要而有效的补充。

4.3.1 理解意图和优先级

组织设计的第一步是理解意图和优先级。尽管看上去显而易见，但的确需要有很强的洞察力，需要认识到两个细节。首先，“意图和优先级”与“项目绩效和可交付物”并不相同。项目可交付物是外在的、合同要求的项目产品。但是这个概念回避了很重要的问题：项目可交付物要实现的意图是什么？它们在何处适合利益相关方整体优先级的要求？其次，正式公开的意图和优先级声明（以及任务、愿景和价值）通常不会说明其中的来龙去脉。我们要尽可能全面地理解意图和优先级，挖掘公开说明表明的价值背后的信息，从而揭示所有隐藏的内容。

意图和优先级（任务、愿景、价值、目的和目标）的公开说明对于项目组织至关重要。它们可以帮助团队确定好自己的方向。但是，对公开说明的组织背景进行分析非常具有启迪意义。在有的组织中，任务说明是一个得到全体成员强烈认可的重要产出物。而在其他组织中，任务说明仅仅是汇报所要求的一张幻灯片。项目的重要性可能看起来不明显，但的确是其母体组织新业务方向的核心。项目可能受到某一客户的吹捧，但真正原因是该项目是某一位即将退休的领导的心爱之物。当一个项目的实际意图是恢复母体组织昔日的风采时，在对项目的公开说明的意图中就可能对系统进行升级。

在我们对组织有了更深入的了解后，我们通常会发现意图和优先级的公开说明中有模糊不清或前后不一致的情况。但对于项目组织来说，尽可能地制作表述清楚、含义明确、用词准确的意图和优先级公开说明很重要。我们必须加强制作公开说明的能力，它们是项目团队工作一致协调的基础，而且经常会用到。

多数项目经理都知道项目意图清楚是项目组织的重要工具，在项目之初就对其勾勒出了轮廓。但项目的组织是一个持续的过程，因此我们必须经常回顾相关概念来细化我们的理解，监测任何的变化（特别是用户方或母体组织），并在项目的始终都提醒团队成员注意项目的意图和优先级。

然而词语仅仅是词语。激励和惩罚是最终影响行为的因素。因此，实现激励与已公开说明的项目意图和优先级保持一致对于组织设计至关重要。在有些情况下，我们有权采取重要的激励手段，如现金或绩效评估的输入值。有的时候，项目经理可以采取的唯一激励措施就是名义上的或象征性的奖励，如咖啡杯或 T 恤衫。通常最主要的激励是对作出较大贡献的人表示一致的、衷心的公开认可。有时候，我们必须与对项目造成不利的激励行为作斗争（如在晋职或加薪问题上，职务性工作比项目工作得到的多）。在所有情况下，我们必须认识到人们都愿意从事自己得到褒奖的工作，临时性的项目组织只是对团队成员激励方式中的一部分。激励的重要性显而易见。但真正理解搭配不当的潜在危害却非易事。在管理文献中最经常引用的一篇文章的标题是这样的：“在荒唐地奖励 B 的同时，还在寄希望于 A”[5]。

在理解意图和优先级时，项目经理应当做的一些事情如下：

1）最低要求——理解合同及要求文件中所表述的项目意图和优先级；

2）对意图和优先级进行更深入挖掘——质问并验证项目如何适应更大的项目群背景和关键利益相关方的优先级；

3）根据需要，使用一定资源来协调有冲突的重要优先级；

4）制作清晰的项目意图和优先级说明，对照项目活动持续一致地利用这一说明；

5）根据项目优先级考察并理解团队成员的动机。

案例研究：项目团队。

萨拉已经与团队成员见了面。根据她的经验，对团队成员的个人状况加以关注，而不是只把他们看做“技能桶”，这样做比礼貌相待更好，对组织也有好处。萨拉决定了解他们的专业领域，他们从哪儿来，以及他们的好恶。她还试图知道是什么激励他们，并了解他们在工作中的或个人的事情。大部分团队都采用矩阵式管理，并负有项目群之外的有关

职责。他们并非都是“A”团队，但都能胜任工作，有的还比较优秀。他们表现得都比较忠实。总之，萨拉对这些成员感到满意。

在第一周，萨拉与所有团队成员的职能经理礼貌会面，倾听他们对项目群、项目和项目优先级的评价。她与大家分享自己的想法来提供绩效评估，听取他们对团队成员职业以及该项目如何促进他们进步的意见。她特别问到附加的或不同的专业知识（长期的和短期的）以及职能经理如何处理这些问题。

4.3.2　人员：组织的用工

从最基本的层次来说，组织就是一群人。每个人都有自己独特的能力、技能、态度和人格，都会把自己的整个状态带到所有活动中。这包括项目、他们工作的其他部分（可能包括其他项目中的工作）和所有非工作活动。在一个小型项目组织中，项目经理可能从一开始就认识所有的项目成员。但多数情况下，我们对每个人所具有的技术的、专业的和个人的知识了解并不详细。除了简历中的内容外，我们可能对他们一无所知。我们也没有相应的技术知识来判断各种人员在其专业领域中的专业能力（项目经理要做到在统计和金融、合同订立、进度安排、软件和硬件工程等各个领域都是专家实属罕见）。事实上，项目组织的整体概念就是把各种技能和能力汇集到一起来共同承担项目。为了实现项目的成功，我们必须明确地招聘拥有我们所缺乏的技能、而其专业能力我们又无法亲自评估的人员。

当然，我们总是希望所招聘的人员具备最佳的技术、沟通和人际交往能力。但是在现实中，项目团队要展示一系列的能力。项目的人员状况取决于历史实践、项目的技术需求、人员的可获得性、项目的优先级，以及与职能经理的会谈是否成功。有时如果有专业的人力资源支持，在完成清晰客观的分析并建立了一个整齐的能力矩阵后，即可安排人员进入项目。有的时候重要人物会碰巧进入了项目。或者普通人员进入了项目，因为他们需要工作量或工作范围。通常项目经理会任用朋友或熟人，然而在用人上信任未经检验的流程不可能产生前后一致的好结果。

正因为如此，我们必须有一个科学的、经过深思熟虑的人员评价和招聘手段。从技术上说，这叫做人员安排，是人力资源管理的一个专业，需要对每项工作的任务、义务和责任，以及完成这项工作所需的知识、技能和能力有清楚的理解。很少有项目能达到所有职位都实现专业级别的人员安排，但是在简单说明需要完成的技术工作之余对工作进行全面考虑是一个很好的做法。如果合同中提到项目的人员要求，通常只是涉及技术方面是否称职。如果这个岗位对实际的能力水平，特别是在非技术方面的技能要求很高，项目经理就需要看一看这个岗位上的人员是否胜任。

另一方面，我们承受不了对多数项目，特别是大型项目的每个岗位都进行深度分析。我们要了解哪项工作特别需要额外的技能，然后再专门为这些岗位招聘合适的人。这项工作没有捷径，但组织系统分析可以使其容易被人理解。它可以帮助我们识别潜在的摩擦点、项目中特有的或额外的挑战或复杂性、可能出现的问题、额外的协调要求，或利益相关方管理层要求。这些知识，再加上对人员安排过程的基本理解，都有助于识别项目的各种岗位对非技术的或人际的要求。

人员安排上，项目经理应当做的一些事情如下：

1）最低要求——分析工作分解结构，了解关键路径所需的时间和能力要求（技术的和非技术的）；

2）与职能经理见面商谈和协调用工问题；

3）了解并预期我们最需要的关键能力和技能，能够与职能经理进行权衡；

4）分析支持和管理能力，如沟通、挣值分析、进度安排和利益相关方范围，识别成功的关键领域；

5）识别员工中的整体要求和沟通协调技能。

4.3.3　设计并培养沟通交流

项目经理经常不能完全理解沟通交流对于项目成功的重要性。简单地说，对外沟通交流并不是一件容易的事。时间紧张、有的人不需要或不想知道我们要跟他说什么、太多的电子邮件等，都会阻碍与团队成员的交流。但在项目组织中，沟通交流不仅仅是把话说出口来。组织实际上是沟通交流的模式，理解、关注和培养这种模式非常重要。

如上所述，组织总是一种处于区别（各人关注自己的任务，做自己的事情）和集成（每个人都通过对自己工作的调整做到彼此适应）之间的平衡。组织的结构倾向于区别；而团队则倾向于集成。在组织设计中，沟通交流可以弥补二者之间的距离。它可以实现在有区别的任务之间进行协调，为团队提供紧密的集成。在多数的日常活动中，我们不需要在深层次上理解沟通交流。我们只是简单地交流。但对于项目组织和组织设计，深度理解人与人之间的沟通交流是一项重要技能。

案例研究：上校的工作视察。

从一开始，系统计划主任就养成了一个习惯，直接向团队中的个人提出详细问题。刚开始的时候，萨拉感到很郁闷，因为她觉得这样做是绕过了自己，但也知道他是不会改变这一做法的。后来，由于有周会，再加上萨拉的其他努力，团队中的每个成员都熟知项目的整体情况，以及自己的专业领域如何做好与其他人的衔接。这样一来团队成员对瑞泽维奇上校提出的多数问题都能回答上来，讨论问题也很有见解，并能把特定的提问转给合适的人员。有一个特别的事例能真正说明这一点。瑞泽维奇上校总是喜欢与工程师交谈。有一天，一位专家级的工程师详细地解释了成本和进度的权衡对技术决策的影响，并对成本或进度影响给出了全部的技术回答。

萨拉认识到上校这种令人郁闷的习惯实际上是一种“三赢”的策略：他是一位快乐而内行的利益相关方；团队成员乐意向老板的老板表现自己的能力；还有就是项目（以及萨拉）表现良好。

沟通交流的渠道有很多种，每一个从事过空间产业工作的人都非常熟悉这些渠道。会议、视频会和邮件是现代组织的中枢，多数业务和项目管理过程都是正式沟通交流的重要内容。进度告诉人们的是项目的时间安排。工作分解结构告诉人们的是项目的工作内容和工作原因。预算、评审、报告、词汇、规范、运行概念文件和要求文件以及项目网站等都是组织沟通交流的组成部分。非正式交流（直接或借助某项技术进行的谈话）也具有主要作用。项目经理在沟通交流中扮演的角色不仅仅是定期地简要汇报项目的进展情况。我们要做到合适的人在合适的时间与合适的对象进行沟通交流。简而言之，我们必须关注组织设计中的沟通交流模式。

第 18 章建立了极为重要的面向接收者的沟通交流模型。发送了什么内容远不如接收到了什么内容要紧。如果团队的一个成员不能理解数据、无法阅读评审报告、无法进入网站、对任务没有信心、注意不到幻灯片背后的重要数据，或者无法参加会议，那么沟通交流就不会发生。不仅如此，为了协调进行的沟通交流还涉及双方都要作调整。如果在被要求进行协调的那一端的人不作调整来适合彼此，那么沟通交流也不会发生。

这就引出了一个经常被忽视但总是有用的项目组织工具：评估组织中的沟通交流。也就是说要定期询问团队成员、关键利益相关方以及客户，了解他们对重要的项目知识的知晓情况。对于项目经理来说，从告诉别人怎么做转变为倾听和观察是一种重要的项目组织手段。

但这不是说项目团队的成员就没有责任来积极地参与沟通交流，以及坚持通过所有适当的渠道和必要的论坛等谈话方式来完善自己。专业的行为要求各方都要积极参与。但我们不能只是关注信息的传递。为了理解和培养组织，项目经理必须监督沟通交流。

设计和培养沟通交流上项目经理应当做的一些事情如下：

1）最低要求——建立、展示并应用一致的意图和优先级；

2）使用面向接收者的沟通交流模型；

3）亲自使用重要的沟通交流设备（如视频会、电子邮件和专题团队会）；

4）在孤立的工作和共享的沟通交流之间保持平衡，要记得花费宝贵的时间召开具有专门的组织沟通交流目的的会议；

5）观察和评估非正式沟通交流模式并从组织影响的角度平衡和培养这种模式；

6）对沟通交流系统进行测试，向团队成员和关键利益相关方提问题，看他们是否了解我们认为他们知道的问题。

4.3.4 文化：建立规范和管理内涵

文化就是规范、价值、习惯、语言、期望，以及人们作为一个团体成员学习的行为准则。文化是通过与团体其他成员之间不计其数的互相学习、加强和再次展现而来的。我们都要在多种文化，包括我们的国家、社区、学校、家庭、专业、社会组织以及工作所在组织中进行学习和变得充实。我们通常对文化的重视不够，几乎是熟视无睹。

在我们与一个来自陌生文化的人接触时，平日里对文化的那种无意识的、想当然的轻松会突然土崩瓦解。我们所制定的正确的行为准则和假设在我们的互动中都失去了作用，这时会感到各种各样的焦虑、不安、迷惑或者误解。这些对于任何项目来说都不是好事情，所以理解文化和这些感受的来源是一种重要的组织能力（见第 20 章）。

对于组织系统分析，我们必须牢记项目组织很明显是跨职能的。它们把不同的专业，而且经常是不同的组织、种族或不同国家的文化集中到一起。文化冲突的后果通常较小，但文化的相互影响会造成重大问题、损耗时间、造成浪费或返工，甚至酿成灾难。例如，我们能想象就像火星气象轨道器（MCO）那样，每个人都使用公制测量，或者有人使用英制测量会是什么后果吗？

案例研究：加强对挣值分析（EVA）的控制。

萨拉已经计划与挣值分析人员和主任工程师将挣值（EV）从投入水平转变为一种可度量的方法（完成百分比）。令她惊奇的是在实施这一变革的过程中竟出现了些许停顿现象。主任工程师约翰脾气有些古怪，他喜欢并善于做新员工的指导老师。挣值分析师莉莎相当年轻，但十分热情，是数字方面的奇才，熟稔所有最新的挣值工具和技术。两个人在自己的工作岗位上都很称职，萨拉知道他们能理解尽快转变挣值的必要性。但他们俩看上去针锋相对，无意义地争论，所以工作几乎没有进展。

萨拉密切地观察着他们的相互影响情况。约翰提出了很好的建议，但实施起来既生硬又是命令式的。莉莎有很多惊人的想法，但几乎总是以这样的方式开始自己的建议："这个新方法需要……"约翰使用挣值分析已经有几年了，在项目开展之初对何时决定使用投入水平徘徊不定，因为当时要对投入水平进行评价没有可以对照的可信测度值。他完全赞成是时候对这一方法进行重新评估。

萨拉经常就各种话题分别与他们俩进行谈话，所以她知道让他们一起工作所面临的挑战。她也知道他们尊重彼此的专业学识，但他们与对方的交谈方式会造成其工作的脱轨。

一旦萨拉能够阐述自己的想法并指出实例，这两位建立关系就会变得相对容易。对挣值的修改不会马上完成，但在经过增加几轮工作后，他们完成了几项挣值的出色工作。

文化给项目经理带来的挑战是在项目人员安排上将文化冲突或误解降到最小，并形成独特而富有成果的、共享的项目文化。在最低限度上，所有成员都把他们的组织和专业文化带到项目中来。不同的专业文化包括各种工程师、科学家、调度员、律师、媒体专家、合同签订专业人员，以及财会人员。年龄差别在文化差别（婴儿潮文化、"Y"代文化）上变得越来越明显。利益相关方也有各种文化，如高层管理者、用户、公共利益机构等。在空间产业，常见的是政府与承包商之间的文化接口。在组织设计过程中，我们必须保持对各种文化的敏感，关注文化接口，必要时提供一定资源来调和跨文化的冲突。

还有一种文化需要提及：项目组织文化。尽管这一组织是临时的，但利用各种技术培养和加强项目文化规范标准既有可能又有必要。文化标准规范既不神秘，也不是空洞模糊的理念。我们需要通过明确的阐述和加强规则，同时含蓄地通过验证行为，来设定行为标准并予以加强。这样的规范标准包括发邮件的规定、个人行为、会议礼节、道德责任、响应、工作时间以及通信协议等。

最后，我们要对因项目生命周期造成的文化接口保持特别的敏感。例如，开发工程师必须了解设计对维护的影响。设计（工程）与维护（逻辑）之间的接口很重要（见第 9

章)。空间项目中的转换阶段几乎总是带来类似于这样的文化转换，项目团队成员必须能谈论、尊重和理解彼此的语言、目标和可交付物。

建立规范和管理内涵上，项目经理应当做的一些事情如下。

1) 最低要求——对所期望的行为建立规则和规范；

2) 时时亲自加强所期望的项目规范；

3) 识别团队中的关键亚文化和潜在的文化冲突，根据需要调用资源来调和关系；

4) 持续加强项目成功所需的所有专业亚文化，从不剥夺项目专家的权利；

5) 建立并加强团队成员在项目团队中的有助益的从属关系。

案例研究：好消息/坏消息。

随着系统关键设计评审日益临近，负责集成的团队越来越多地提出问题，以确保萨拉的项目已准备好。在分系统的关键设计评审上，项目落后于进度计划。事后萨拉才发现，技术人员在前一个阶段曾冒险极力反对，并坚持要求承包商提供多个分析。这些没有直接超出范围，但已非常接近建设性的更改。这需要花费时间，但当时表现不明显，因为挣值是加载了投入水平的测度值的。

为了开展有限的临时基线评审和设定新的挣值基线，主任工程师与挣值分析师坐在了一起，他们与承包商一起想出了测度方法和途径。挣值评估最终很有意义，可以让萨拉和汤姆共同跟踪项目的进展。她现在有信心认为这一工具提供了一幅准确的图景。但是，挣值评估结果使她确信了自己心底里一直在念叨的事情——它们已经落后于最初的进度安排。

对汤姆来说，好消息就是现在有了有用而且准确的挣值数据，她和她的团队可以决定项目所处的位置，以及如何找回失去的时间。如果没有主任工程师、挣值分析师和承包商工作包经理的通力协作，项目很可能就错过了关键设计评审里程碑。

4.3.5 设计和实施流程

业务流程和系统是一个组织的连接纽带。它们提供信息的流动，经常规定工作的实践，控制生产流程并建立常规程序。通过这种方式，组织中的人们可以知道正在进行的工作，他们应当在干什么，他们还可以依靠其同事来获得可交付物、报告、联系并彻底地完成工作。有了业务流程和系统，不需要有人监管就可建立起稳定的工作模式和活动模式。没有业务流程和系统，我们就要一直监督每个人的工作，这会严重地降低效率，而且项目经理还要对监督者进行监督（见第 6 章、第 12 章和第 14 章)。

我们几乎总是要继承母体组织的业务流程和系统，以及建立和应用这些制度所需的资源。它们通常不能准确适应项目的需求，因此需要对其进行个性化处理。不能按照项目需求准确发挥作用的业务流程和系统会增加监管成本。我们应期望调拨一定资源为其提供支持，并使其尽快运转起来，以良好的工作秩序来保持它，并克服具体的项目缺点。

有必要对通用的业务流程——预算和预算主管进行评述。实际的预算几乎总是项目中某一段时间所发生的组织问题的根源。当然，通常情况下预算相比于项目的需求是非常紧缩的，这也是一个长期的压力源。但对于预算应用还有其他导致问题发生的方式。支出报告会滞后，使得预算管理很困难并需要额外的组织资源。任务可能超出范围，但又不得不完成。时间估算会出现错误，目前已经部署到组织中的资源会突然面临风险等。组织的成员可能会读到大量预算分配中的象征性含义。这里的重点是预算及预算分配总是会影响到人员及其所从事的任务。预算总会影响到现有的资源应用和项目经理影响行为的能力。因此，预算及预算分配是项目经理对项目组织要考虑的核心内容（见第 12 章）。

设计和实施流程上，项目经理应当做的一些事情如下：

1）最低要求——根据合同、合同规定及公司政策实施业务流程；

2）评估项目管理及对所需额外流程工作的组织意义，以及在较差流程实施中暴露出来的问题；

3）尽可能地在需要时增加资源，特别是人力资源和时间来加速或加强流程的开发；

4）理解预算授权——包括客观影响和象征性影响。

4.3.6　构建项目团队

案例研究：压力与紧张。

几个月后，由于为准备关键设计评审要开展很多工作，工作人员开始对萨拉与承包商团队的周会感到厌倦。有的人是因为需要处理家庭与工作要求之间的冲突，但每个人都感到过度疲劳。萨拉认为周会是一种重要的沟通交流方式（特别是对于即将进行的关键设计评审），但她也认识到为了准备关键设计评审，承包商要做大量工作。

她怀疑表面上因周会造成的过度疲劳，实际上更多的是一个人员安排问题。她首先想到的是向职能经理寻求更多的人力支持。但不幸的是，所有项目都感到了相同的压力，已经没有更多的人员时间可以安排了。

她就这个问题与汤姆进行了讨论。他也认为周会的准备时间耗费了富有成效的实际工作。萨拉在听汤姆这样说后有两种认识：一方面，人们总是抱怨开会，即使是对重要的会议也是如此；另一方面，工作负荷对组织造成了压力，没有人会轻松。

为此他们建立了在不出差或开会的情况下分享见解的渠道。在经过深入思考和讨论后，萨拉和汤姆同意每两周见一次面，每次都有一个围绕“向关键设计评审迈进”的切实的、预先协调好的议程。会议的前半部分主要基于项目到期要实现的里程碑；后半部分专门针对关于未来可能出现的问题如何解决的单个工作小组讨论会。在不开会的某一周，如果有人需要召开工作小组讨论会，他们可以通过电话会议或视频会议的方式，但不需要到达承包商所在地，也没有正式的会议。这样做似乎可以减轻一些压力。与此同时，萨拉打算通过建立项目文化来鼓励好的做法和好的业务流程的努力也有了起色。她有更多的手段来确保对项目的详细洞察，所以项目不再仅仅通过会议来获取信息。

在深入探讨空间项目应用的具体内容前，我们先来对组织结构的一般性概念进行简要的介绍，因为社会系统中的“结构”是一个很诱人，同时又容易让人误解的概念。

首先，我们所说的组织结构指的是什么呢？这里的“结构”指的是可以观察到的、可以复现的人的行为模式。我们知道有一个组织存在，是因为我们能看到这个组织的成员在一定时间内从事可以预测的事情。因此，与其他所有系统架构一样，组织结构既有静态特征（各组成部分之间的关系），又有动态特征（物质流、能量流和信息流）。

组织结构图描述的是组织结构较为合理的静态特征，而不是动态特征。组织结构图揭示的是个体之间已经正式确立的关系、某人的权力（安排资源及作出或确认技术决策的能力）、某人的责任和义务，以及某人在组织中的地位等。组织结构图还描述一般性隶属关系分组（履行类似职能、生产类似产品或为相同客户服务的人员）。组织结构图以较低的可信度暗含了诸如沟通交流联系、工作流程，以及个人对于组织的重要性等特征。

其他的工具和概念对于理解和描述非正式的、动态的和自适应的特性更有效。我们可以把这些看做是组织的运行方案，它包括人们用来表示他们对组织的理解状况的规则、假设、模式和过程。在有的组织中，正式的特性比非正式特性多（如在典型的官僚机构中）。在这种情况下，人们要严格遵循组织结构图暗含的沟通交流模式。在其他更多的“无边界”组织中，非正式特性占主体，组织结构图仅表示行为模式[2]。仍然是在其他组织中，过程占主体（例如医院和航空母舰上的甲板操作）。具有类似组织结构图的、相似类型的组织在实际中可能差别很大，就像政府机构之间的差异或者空间产业中的承包商组织所描述的那样。纸面上所描述的结构与组织的实际结构并非一回事。CONOPS（优先级、人员、沟通交流、文化、过程）就是指组织如何运行，以及什么使得组织与众不同。我们要完整地理解一个组织，需要同时用到组织结构图和 CONOPS。

我们现在再来看空间产业项目组织的正式结构。几乎没有例外的是，母体组织采用的是某种形式的矩阵结构，项目采用的是有集成项目团队的、某种基于 WBS 形式的组织结构。

在空间项目中，母体组织通常将员工分配到相应的职能层次上，职能经理与项目经理讨论决定为具体项目安排具体的人员。我们可以根据职能经理与项目经理的关系，把矩阵组织分为弱矩阵、平衡矩阵或强矩阵。如果矩阵的大部分影响都取决于职能经理，则该矩阵就是弱矩阵。如果项目经理的影响更大，那么它就是强矩阵。如果两者影响相等，则它就是平衡矩阵。

根据项目经理与职能经理的商谈结果，人们被分派到项目中。这种商谈类型不仅适用于技术的和直接生产的岗位，也同样适用于支持岗位（如合同签订、法律、公共关系、安全等）。这种商谈如何开展、各种支持性岗位或一般管理性岗位如何分配，以及该过程的难度如何都不尽相同。但项目总是有一些供应有限的重要功能岗位。保护好这些稀缺的项目资源是一个很困难但很重要的项目组织任务。第 4.3.2 节所讨论的人员安排磋商在母体组织的正式结构中有其根源。

项目的组织结构图几乎总是基于正在建设的内容。也就是说，它依赖于绩效规范或 WBS（MIL-STD-881)，并严格遵循合同。这种结构形式有几个重要的优势。这是一种广泛认可并在空间产业普遍理解的形式，有较长的使用历史，在潜在的项目成员中间有广泛的共享经历。这种结构图还清楚地揭示了责任、权利和义务。它公开表明合同所要求的具体可交付物，并揭示全部可交付物各组成部分之间的接口关系。由于政府和合同机构都参照同一个合同，他们可以互相映照，从而简化两者之间的联系和协调。这个基于 WBS 的组织结构图最强的特质可能就在于它促进了项目和可交付物的控制。由谁负责可交付物的各组成部分一目了然，见图 4－3。

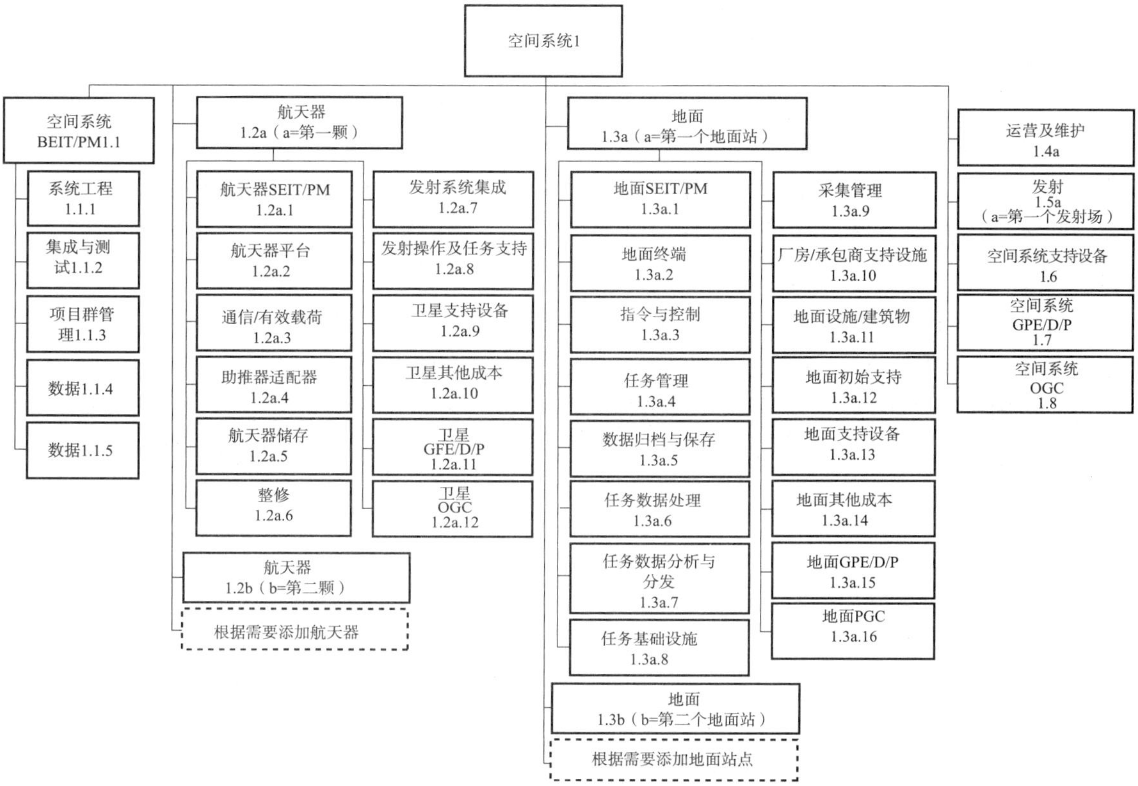

图 4－3　基于工作分解结构的组织结构图示例

该结构图识别了项目的合同工作包

案例研究：集成对话。

萨拉从一开始就采用的一种组织技巧，就是与负责接口工作的项目经理和其他分系统项目经理之间建立了非正式的接触关系。综合主进度加上功能的和设计流程文件帮助她从集成的角度，来识别哪些是对项目最重要的。所以在她最初的几个星期中，就像与她的同行见面、问问题、分担问题以及在新工作中找到自己的落脚点一样，她与这些项目经理也建立了非正式关系。这种聊天逐渐变成了小圈子里的几个项目经理一周数次在咖啡馆聚会的日常行为。这种方式会在后来对组织有益。

他们的这种非正式谈话很快就超出了技术的范围——人员共用成为每个人都关心的事情，他们同意一起努力，事先保持彼此都了解相关严格的要求，以避免在人员安排上出现问题。还有一个表现明显的是合同对集成要求估计不足，尽管不是很严重，但足以看得出来。这个问题不是技术性集成的事，因为这一点已完整涵盖，而是要求在项目的“更软的”过程方面进行相互调整，以实现问题的转移。在小组认识到这一点后，会确保对所有具体的需求进行讨论，并且在项目中间进行协调，确保不出现严重的、无经费资助的集成问题。

与所有的组织形式一样，基于工作分解结构的组织结构也有自身的弱点。首先，由于正在建造的各组成部分在组织上是彼此分立的，协调和集成经常出现问题。过程、人的物理位置和信息流都倾向于对照组织结构图发展，每个方框会相互隔离。其次，由于合同是可交付物和正式组织的源文件，合同中的任何高层次错误都会在组织中反映出来。基于工作分解结构的模式形成了围绕合同可交付物的控制，如果合同有盲点、缺少接口或有缺口，组织可能限制我们注意到这些问题。我们要逐个讨论每个弱点。

通常情况下，工作分解结构的每个工作包都分配给一个集成项目团队。在小型项目中，项目组织可能是一个单个的工作包或集成项目团队。大型项目有多个工作包和多个集成项目团队。这就意味着有两个层次的必要集成和协调：集成项目团队内部和多个集成项目团队之间。

“团队”一词意味着担负一定义务的团队成员进行的相互配合的、快乐的参与，但为了建立这样一个团队，通常需要做大量工作，尤其是在刚开始时。集成项目团队方式以及用来巩固一个团队的若干技巧已众所周知（见第 17 章），这里我们只强调其中的两个较重要的问题和关注事项。第一，根据定义，集成项目团队具有跨角色的特点，也就是说它们也是跨文化的。它们代表的是多种专业的文化，每种文化对于项目成功都很必要。可能集成项目团队协调遭遇挑战的最常见原因就是没有重视这一事实。集成项目团队成员通常对自己的技术贡献高度热心，而对其他人的工作重视不够。我们要确保这种常见情况不会导致一些成员被排斥在积极的贡献之外。

集成项目团队之间的协调还表现出特别的组织性挑战。由于一个工作包或集成项目团队是一个连贯的、相对独立的、能创造特定产品或服务的“组”，它很容易与相邻的集成项目团队彼此隔离。我们可以利用项目组织来应对这一挑战。各种的业务流程（如接口控制文件）、沟通交流流程（如会议），以及更正式的结构（如专门的集成团队）是常用的解决方案。与其他项目经理业已建立的非正式沟通交流也是一种重要的安全机制。这种协调和集成工具和活动不是“经常性的”，但对项目组织却至关重要。

这种基于工作分解结构的组织的另一个重要弱点，是有可能发现不了最初的合同或要求文件中的盲点或错误。简单来说，如果项目的某个关键任务缺失，那么就不会给它安排人员。不在工作分解结构中的工作是分配不到集成项目团队的；对于不存在的要求，项目经理是不会关心的。合同及要求文件可能没有充分说明，甚至缺失了系统的重要部分。备件、下游系统的维护、用户培训，以及利益相关方范围的扩大等经常属于这一类。尽管有必要，但如果没有作为要求记录下来，就会引发组织问题。首先，由于它们不是某个人的责任，我们甚至可能注意不到。其次，即使我们认识到了这些内容，如何应对也是一个困难。问题不仅仅是如何避免马虎的要求管理或建设性更改，而是这种基于工作分解结构的组织结构有可能在客户和供应商中产生盲点。

对这一工作分解结构潜在后果的解决方案在于真正理解要求和最终的应用场合；让沟通交流过程和跨文化联系要足够开放、灵活和非正式，便于识别和讨论相关问题；以及能将此前尚未识别的系统需求转换为正式要求的业务流程（见第 8 章）。

构建项目组织上，项目经理应当做的一些事情如下：

1）最低要求——将工作分解结构和工作包转换为具体的分配，根据合同或公司政策的要求完成并维护组织结构图；

2）确保集成项目团队富有技术的和柔性的两方面的必要技能；

3）识别要求集成的关键点，并根据需要为其分配资源；

4）深入考察客户要求，理解他们对可交付物的应用空间；

5）理解公司矩阵——项目经理与职能经理是什么关系？

4.4　小结

案例研究：分类的奖赏。

航空航天行星探索者项目已经进入第四个年头，到了制造、装配与总装阶段。

随着时间的推移，主承包商表现得越来越不可能按时并在预算范围内交付空间段和地面段。项目群成本增加，进度面临极大风险。萨拉的分系统项目正常进行，但整个项目群马上需要经费。有时候出现的情况是，萨拉和她的组织的成功所得到的“奖赏”是，他们负责的分系统是被要求帮助项目群摆脱困境的最早的几个之一。

系统计划主任召集了一次特别会议来讨论当前的形势（超支 20%以上）。他列举了项目延期和成本超支的根源，阐述了他的约束条件，并要求所有项目经理再次开会时要提出方案。他还要求项目经理们识别那些会破坏当前项目群健康部分的可能。不幸的是，他并没有说对一个健康的项目造成破坏不在讨论范围内。萨拉回到自己的办公室后，盘算着如何管理后面的工作。

本章中提供的思路、技巧和概念性工具将有助于项目经理成为效率更高的组织设计者和创建者。有效的组织设计——系统思考必须成为习惯——最基本的思路既是背景，也是基础。这个基本框架提供了一个背景，提醒项目经理在组织设计中要同时考虑意图、人员、沟通交流、文化、过程和结构。

一个更细微但同等重要的观念是人力资源组织是无形的。也就是说，人力资源组织并不是一个类似于持续展开的过程那样。所以我们必须记住我们创建的组织是由决策、关系、活动和人们的反应等持续再创造形成的。我们描述了在这一持续进行的组织创建中，项目经理的关键性的和积极的作用。

项目组织可能效率更高或更低，设计更好或更差，开展任务的能力更强或更弱。作为组织设计者的项目经理是任何项目组织运行的重要因素。有效的项目组织是一种基本的项目管理技能。工具、思路和技术有助于形成组织设计所需的有效的思维习惯。关键存在于实践之中。

参考文献

[1] Alexander, Christopher. 1977. A Pattern Language: Towns, Buildings, Construction. New York NY: Oxford University Press.

[2] Ashkenas, Ronald, David Ulrich, C. K. Prahalad, and Todd Jick. 2002. The Boundaryless I Organization: Breaking the Chains of Organizational Structure. San Francisco, CA: Jossey - Bass.

[3] Brooks, Frederick Phillips, Jr. 1995. The Mythical Man—Month: Essays On Software Engineering. Reading, MA: Addison Wesley.

[4] Frame, J. D. 1995. Managing Projects in Organizations: How to Make the Best Use of Time, Techniques, and People, Revised Edition. San Francisco, CA: Jossey - Bass.

[5] Kerr, Steven. 1975. "On the Folly of Rewarding B, While Hoping for A." Academy of Management Journal, 18 (4): 769 - 783.

[6] Korzybski, Alfred. January 1994. Science and Sanity: An Introduction to Non Aristotelian Systems and General Semantics, 5th Edition. Englewood, NJ: Institute of General Semantics.

[7] Morris, P. W. G. 1988. "Managing Project Interfaces—Key Points for Project Success," in David I. Cleland and William R. King, eds. Project Management Handbook. New York, NY: Van Nostrand Reinhold.

[8] Pinto, Jeffrey K. and Pekka Rouhiainen. 2001. Building Customer - based Project Organizations. New York, NY: John Wiley and Sons, Inc.

[9] Project Management Institute (PMI) . 2004. A Guide to the Project Management Body of Knowledge, 3rd Edition. Newtown Square, PA: PMI.

第5章 利益相关方管理

朱莉·C·切斯利（Julie C. Chesley）博士
科罗拉多大学
加里·L·曼吉奥菲科（Gary L. Mangiofico）博士
佩珀代因大学
莉萨·戴波瓦（Lisa Dybvad）
DC Edge咨询公司

有效地管理一个项目的利益相关方对于项目成功至关重要。项目经理需要满足并支持利益相关方的诉求，并代表他们在项目愿景、项目开发和项目实施中的利益来确保项目成功[21]。尽管管理利益相关方的关系费时费力，但如果忽视了它，就会造成实际的麻烦。一个公司的生存在很大程度上取决于项目经理满足利益相关方团体的能力[4]，对于政府项目经理来说这一点可能更重要。例如，一个空间系统的经理面对的是一个复杂的利益相关方团体，包括承包商、最终用户、国会、总统以及国防部长等。这些利益相关方在项目中有各自的利益，而且这些利益可能还是冲突的。

鉴于管理各种有潜在利益冲突的利益相关方的重要性，可能称“领导利益相关方”更贴切。项目经理必须知道如何领导利益相关方，使他们参与项目和为项目出钱、作贡献甚至必要时共同开发建立渠道。这一章讨论的是成功地领导任意规模项目的利益相关方的策略——为他们建立能看到自己的利益和期望得到反映的有效的渠道。为此，我们需要一个能使利益相关方参与的协调一致的过程，如表5-1所建议的那样。

利益相关方领导过程开始于根据他们的参与程度和利益，对所有的利益相关方加以识别和分组——这一领域十分重要，本章将用较多的篇幅加以介绍。

显见的利益相关方，如客户和供应商等容易被识别。我们所面对的挑战是发现那些不明显的利益相关方——在他们对项目产生影响之前就识别它们。哪些不直接参与的人可能对项目施加他们的意愿并造成破坏？哪些不明显的利益相关方会是有影响的支持者？我们如何鼓励他们支持本项目？在对利益相关方加以识别并分组后，下一步工作是通过下面的内容对其认真评估：

1）理解他们的需求和利益；

2）发现这些需求和利益的复杂性；

3）确定他们对项目的重要性；

4）认可他们的利益和施加其意愿影响的能力。

此时，我们已准备建立一项管理这些利益相关方的策略。对于管理那些显见的利益相关方来说，评估和制定一项策略比较容易；但理解相关背景、从而足以了解不太明显的利益相关方、他们的利益以及针对他们的问题——如果有的话——我们该如何解决则比较困难。

表 5-1　领导项目利益相关方的过程①

步骤	过程	讨论所在章节
1	识别项目利益相关方	第 5.1 节
	a. 识别内部利益相关方	第 5.1.1 节
	b. 确定外部利益相关方：微观层次	第 5.1.2 节
	c. 确定外部利益相关方：中观层次	第 5.1.3 节
	d. 确定外部利益相关方：宏观层次	第 5.1.4 节
	e. 绘制项目利益相关方关系图	第 5.1.5 节
2	评估利益相关方	第 5.2 节
	a. 利益相关方的需求和利益	第 5.2.1 节
	b. 利益相关方的需求和利益的复杂性	第 5.2.2 节
	c. 利益相关方对项目的关键程度	第 5.2.3 节
	d. 利益相关方的情绪本质	第 5.2.4 节
	e. 利益相关方施加其意愿的能力	第 5.2.5 节
3	管理利益相关方关系	第 5.3 节，第 17 章
	a. 准备管理利益相关方	第 5.3.1 节
	b. 考虑可能采取的策略	第 5.3.2 节
	c. 领导利益相关方	第 5.3.3 节

①这个过程开始于识别所有的项目利益相关方，但这个过程是迭代的，所以必须定期重访这些步骤。

5.1　识别项目利益相关方

利益相关方代表的是一个项目中各层次的参与者，有着重要而多样的利益。这意味着他们对于项目经理很重要，无论项目经理是否这样看待他们[22]。尽管把每个有既定利益诉求的人都包括进去开始时看上去太宽泛，我们要注意那些未知的和被忽视的往往会带来不利的结果，特别是在我们没有准备的情况下。一个特别有趣的利益相关方产生影响的案例发生在改进型一次性运载火箭（EELV）项目群中。我们要在本章利用这个事例来说明利益相关方对一个空间项目的重要性。

改进型一次性运载火箭是政府与企业（波音和洛克希德·马丁）的一个合作计划，要研制两个发射系统（宇宙神-V 和德尔他-IV），火箭研制的指导原则是到 2020 年提供有保证的进入空间的能力。起初，该计划设想了多种商业发射，国防部因此成为一个次要的用户。但商业发射市场的崩溃使得国防部成为了主要用户。《操作要求文件》要求改进型一次性运载火箭能够安全有效地发射《国家发射预告》[13]中的所有载荷，并满足四项关键性能参数：入轨质量、运载火箭的可靠性、标准发射台和标准有效载荷接口。它还要求改进型一次性运载火箭项目群的成本比继承系统成本降低 25%（下限）～50%（目标）[1]。

该项目群遭遇了许多利益相关方的影响，我们在本章中将要着重谈及。利益相关方的这种影响和利益诉求的一个例子就是，波音决定采取何种方式将火箭运送到发射场。20世纪 90 年代，波音决定利用水手号（Mariner）货船，将火箭从亚拉巴马州迪克特的厂房运抵加利福尼亚中部海岸的范登堡空军基地。这一决定最后表明远比它最初呈现出来的要复杂得多。许多利益相关方在这一决策中有各种利益诉求，包括加利福尼亚海岸委员会、圣巴巴拉大气质量管理区、塞拉俱乐部、国家海洋渔业部门和圣弗雷德基金会等。加利福尼亚海岸委员会、圣巴巴拉区、国家海洋渔业部门和塞拉俱乐部紧盯着承包商每个月都要提供的拟入港数量，监测包括棕色鹈鹕和南方海獭等各种动物，以及海岸线的物理构造等。所面临的挑战是他们所看到的是入港的不同方面。例如，塞拉俱乐部关注的是港口的海豹。他们对水手号货船在进港时所打扰的海豹数量进行计数。他们的目的是确保对海豹的影响最低，特别是在产仔季节。海岸委员会则有着不同的利益。在波音公司改变海岸现状，如挖掘和处理泥土等时，海岸委员会就会提出限制条件并要求征得许可。他们所关心的是波音公司对野生环境的破坏情况。圣巴巴拉大气质量管理区通过要求企业获得空气质量许可来跟踪对环境的污染影响——就波音公司来说，就是对水手号货船的每次进港都要取得许可。他们向波音只出售一定数量的许可，对于波音每一次的计划进港，无论是否成功都要用去一次许可。许多因素都会导致计划进港中断，如大风或大浪，此时波音每次还是要用一次许可。尽管这些利益相关方不会阻止项目的成功，但他们如果未被重视的话，的确会阻止项目的进展。

因此，为了更好地理解利益相关方影响的数量和范围，我们首先要对这一团体进行识别和分组。第一步是通过将项目与其所处环境进行关联，识别利益相关方的关系背景。在图 5－1 中，我们区分了内部利益相关方和三个层次的、具有不同利益和影响的外部利益相关方。这三个层次的外部利益相关方对于评估这些团体如何直接发挥自己对项目的影响很重要。直接的影响发生在微观层次，中间的影响（如环境组织通过在水手号货船入港问题上的联合来施加压力）发生在中观层次，项目所受到的间接影响发生在宏观层次。

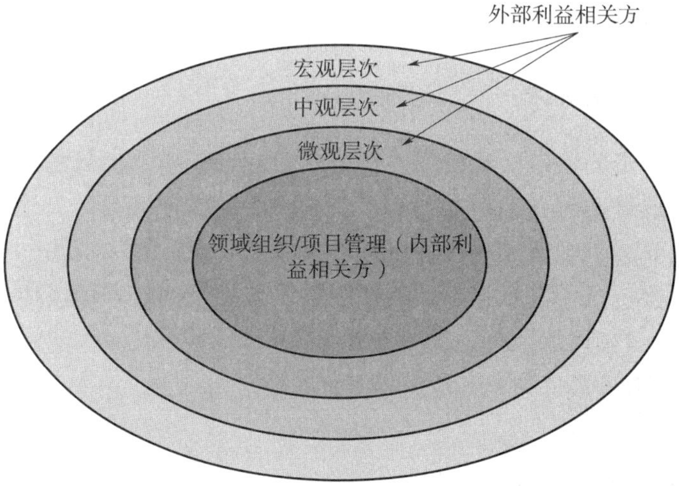

图 5－1　利益相关方的生态分组

我们根据利益相关方与项目的相互影响情况分成三组

5.1.1　识别内部利益相关方

内部利益相关方是一些个体或团体，是本项目及其母体组织的一部分。很明显，项目团队中的所有人都与项目的成功有息息相关，易于识别，对项目直接负责。母体组织中的其他利益相关方也受到本项目结果的影响。他们包括项目支持者和项目发起人，以及那些作用、过程、目标或成果取决于本项目结果的执行管理层。内部利益相关方还可以进行细分，如职能经理，其权力是为项目分配资源，而无论他们与工作成果是否有利害关系。

我们可以把内部利益相关方理解成具有密切联系的互惠关系，通过这种关系，利益相关方的要求同时被考虑。例如，团队成员为某一项目提供专业知识和时间，作为回报，他们受到了聘用，而且有希望得到个人价值的实现。在多数空间项目中，团队的每个成员与其他成员密切结盟，彼此有高度的影响。再回到改进型一次性运载火箭的那个事例上，我们从表5-2中可以看到改进型一次性运载火箭计划的内部利益相关方。因为这是一个政府计划，所以所有内部利益相关方都是政府。对于承包商的项目经理来说，这个清单可以加以扩展。

表5-2　改进型一次性运载火箭的内部利益相关方①

内部利益相关方	描述
项目群团队	所有直接的团队成员
项目群经理	负责主要承包商的政府项目经理——一个负责波音，另一个负责洛克希德-马丁
系统项目群主任	改进型一次性运载火箭工作的政府负责人
空军空间项目群执行官	管理空军整个空间项目组合的政府官员
功能矩阵	负责控制计划人员安排，如有关工程的、金融的、人力资源的、后勤保障的、测试的、培训的或采办工作人员安排的办公室
卫星系统项目群办公室	可能使用改进型一次性运载火箭发射卫星的其他卫星项目群

①每个项目的利益相关方都不同，但所有空间项目通常都有来自项目团队和母体组织的利益相关方。

5.1.2　确定外部利益相关方：微观层次

利益相关方下一个分组包括项目之外的，其活动直接涉及项目的个人和团体。他们通常交换资源、信息或可交付物。例如，为了获得资助，该项目为政府建立了一个系统；为了获得回报，供应商交付了所需的硬件、软件和专业知识。可以看出，项目直接依靠这些利益相关方才能生存。这种有直接影响的微观层次包括下面这样的团体：

1）客户和用户（直接消费货物或服务）；

2）供应商（为项目提供物资和服务）；

3）分发商；

4）智力资本供应商；

5）在供应资源或交付成果时的其他合伙人；

6）经费来源者。

这一层次的联系为参加者发挥重要影响提供了背景。无论如何，微观层次的利益相关方必须与项目的逻辑、需求和过程相匹配才能实现互惠。例如，供应商必须能够把自己的运行与项目联系起来，根据需要进行调整，并恰当地供应该项目。为了促进这种关系，项目团队可以与供应商进行合作来帮助他们满足项目的需求。因此，我们应把这一层次的利益相关方看做是“扩展的项目团队”的一部分，他们拥有成果的一部分，而且自己参与该过程。

对于改进型一次性运载火箭来说，微观层次的利益相关方为数众多。政府客户包括国防部、情报机构和 NASA 的组织或项目群。商业卫星市场，如西利乌斯（Sirius）卫星广播公司也是潜在用户，还有为空间项目工作的大学等。项目监管包括来自军事服务的多个利益相关方、国防部长办公室审查机构，以及美国国会等。这些利益相关方监管项目的各个方面，包括资金、采办策略、进度和要求等。表 5-3 给出了改进型一次性运载火箭微观层次利益相关方的示例。

表 5-3 外部利益相关方在微观层次上对改进型一次性运载火箭的影响

利益相关方类型	改进型一次性运载火箭事例
用户	· 国防部 · 美国航空航天局 · 国家侦察局（NRO） · 空间测试计划（STP） · 美国和国际商业卫星企业 · 科技社团，如大学
供应商	· RD AMROSS 公司——助推器发动机 · Contraves 空间公司——复合有效载荷整流罩 · CASA——圆锥级间适配器 · GenCorp 喷气公司——固体火箭助推器 · 霍尼韦尔公司——惯性导航单元 · BF 古德里奇——数字采办系统 · SAAB——有效载荷适配器分离系统 · BAE 系统公司——航空电子箱体
监管和出资方	· 军事服务（部长、副部长、审计人员、采办执行人员、运行指挥） · 国防机构（合同审计局、合同管理局、财务与统计服务、信息系统局、情报局） · 国防部长办公室（OSD）官员（部长；副部长；负责采办、技术和后勤保障的副部长；负责情报的副部长；负责网络和信息集成的助理部长；运行测试和评估主任；检察长） · 白宫（管理和预算办公室） · 国会（众议院装备服务委员会，拨款委员会，情报常任选择委员会；参议院装备服务委员会，拨款委员会，情报选择委员会） · 总审计局 · 波音公司和洛克希德·马丁公司（与国防部分担研发成本）

①我们必须对所接触的所有利益相关方——如负责改进型一次性运载火箭计划的利益相关方——加以识别。

5.1.3 确定外部利益相关方：中观层次

第三组的利益相关方较少参与项目的日常活动，通常不具备正式的交流关系。它们通常是两个或更多在这一中间或中观影响层次上的利益相关方团体的联合（正式的或非正式的）。它们可以根据在项目中的共同利益跨越生态边界，还可以施加相当大的力量来确保自己的利益得到关注。这一层次包括倡导者团体、特殊利益团体，以及通过相互合作来使他们的利益受到重视的外部合作关系。这些合作关系可能有足够的力量来影响那些在直接领域或母体组织中的人。

有关这一层次的利益相关方的重要内容是，项目团队不再与利益相关方逐个打交道，他们必须通过更强有力的议程来管理多个利益相关方的联合力量。例如，政府负责改进型一次性运载火箭的项目经理直接与两大主承包商——波音和洛克希德·马丁公司发生关系。两家公司有各自的利益和需求，项目经理必须理解并为此制定相应策略。但这两家竞争对手在某个具体问题上合作时会发生什么事情？曾经发生的这样一个例子是联合发射联盟（ULA）——波音和洛克希德·马丁公司的合伙企业。这种新型关系对于监管来说变得更为复杂。

在改进型一次性运载火箭项目群中，还有大量的个体利益相关方根据共同利益开展合作的事例。一个例子是有关范登堡空军基地周围居民的，它包括一个非常富裕的、具有强烈生态意识的加利福尼亚海岸社团。这里的居民担心新的发射系统的安全问题，以及对他们周围地区可能的生态和经济影响。就每个个体来说，这些居民对改进型一次性运载火箭计划有很少或几乎没有直接影响，但是他们的声音加到一起就加强了，影响就增加了。但我们要认识到，他们走到一起也很难，因为他们通常没有正式的联系。事实上，利益相关方之间的联系可能在项目以外的利益基础上进行协同加强。

许多联合都是围绕环境、社会经济及政治问题形成的。下面是改进型一次性运载火箭正式评估改进型一次性运载火箭环境影响决策记录中的一段摘录内容，展示了个体利益相关方如何围绕环境问题组成一个联盟[3]：

“在环境影响说明中分析了实施建议措施的15个独立的环境资源区所受到的影响。这些资源区包括本社区、陆地使用和审美学（包括海岸区管理）、交通运输、公用设施、危险材料和危险废弃物管理、健康和安全、地质和土壤、水资源、空气质量（低层大气）、空气质量（高层大气）、噪声、轨道碎片、生物资源、文化资源和环境司法。”

这15个问题中，每个都涉及多个利益相关方的关切的对象。因此，改进型一次性运载火箭计划办公室在获得环境保护局批准项目继续推进方面面临很大挑战。他们先是通过本地公共听证会受到详细审查，接着又通过本地、州级和国家级的有关政府机构的审查。这一过程费时费力——最终的环境影响说明厚达670页。项目团队会忽视这些关切，直到它们变得重要到非解决不可的地步。但是，政府团队没有把在范登堡空军基地的这40年历史作为未来获得批准的保证。他们认真对待项目成功所面临的威胁，积极应对利益相关方的关切。

5.1.4　确定外部利益相关方：宏观层次

利益相关方的最后一部分是那些与项目有着更宽泛和更间接关系者。这个宏观层次的利益相关方包括在相关产业、经济利益团体、政治团体等体现社会趋势的团体。他们在项目中的利益尽管可能有影响，但对于项目生存并不重要[19]。因为宏观层次的利益相关方与项目不经常直接接触，他们对项目的日常活动影响最小。但他们的影响可以在项目的政策、约束条件和整体愿景中感受到。

项目团队在对待这一层次利益相关方时最主要的作用可能是，探究并理解支持或阻碍项目目标实现的任何文化信仰或趋势。我们至少要问以下两个有关这些信仰的关键问题：

1）支持该项目的意愿是什么，我们如何维持它？

2）有矛盾的或反对的意愿是什么，我们如何来应对它？

在空间产业，项目经理需要理解可能影响项目的趋势，因为政治立场会随着选举或社会趋势的变化发生转移。任何重大变革都可能影响对项目的态度。

宏观层次利益相关方对改进型一次性运载火箭影响的一个事例是布什政府 2004 年的《国家空间运输政策》（NSTP）。它声称可靠的、可担负得起的发射是"美国空间计划的一个基本目标"。在国家领导人为美国是否能负担得起两家改进型一次性运载火箭发射服务提供商进行争论之际，《国家空间运输政策》指示"国防部长……应当为两家发射服务提供商提供固定的年度经费，直到向总统保证如果没有这两家改进型一次性运载火箭服务提供商，美国也能够保持可靠地进入空间的能力"[19]。这一指示会在布什政府任期内存在，但任何选举或优先发展项目的变更都会带来新的立场。同样，国防部对武器装备技术国际贸易的政策和法规使得通过国际运载火箭发射国防部或情报的卫星实际上不可能实现。一届政府或政策的变更会影响到这种限制条件，使得国际发射服务成为一种可以使用的、更廉价的进入空间的手段。这些趋势需要加以监测，因为它们会最终对改进型一次性运载火箭或后续的空间发射系统产生重要影响。

5.1.5　绘制利益相关方关系图

在完成对项目利益相关方的识别后，绘制他们的关系图可以帮助我们理解其数量和范围。这个图可以向我们提示许多对项目感兴趣的个人和组织。刚开始时看起来眼花缭乱，但进一步理解他们的利益、优先级和主张就会使该图逐步清晰，有助于确定如何最大限度地管理这种关系。图 5-2 描绘了改进型一次性运载火箭计划的多个利益相关方。

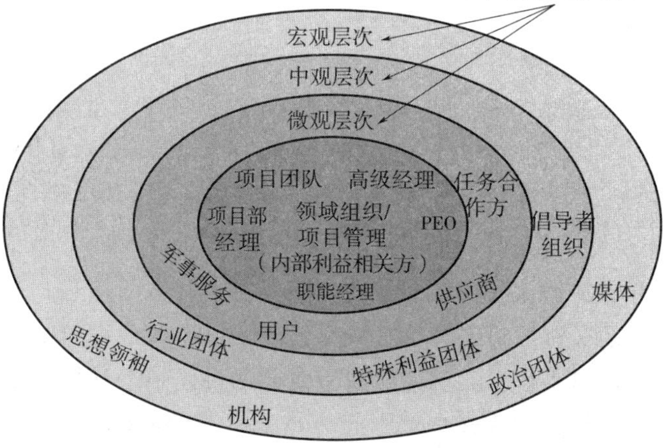

图 5-2　绘制改进型一次性运载火箭利益相关方的关系

这个图显示的只是改进型一次性运载火箭计划中少数的利益相关方的数量和范围

5.2　评估利益相关方

管理利益相关方的下一步工作就是评估。仅仅完成对利益相关方的识别无助于我们制定策略或安排所需资源的优先级。我们只有在理解了他们及其对项目的重要性后才能做这一步工作。有的利益相关方会对项目作出积极反应，有的则不然。

利益相关方的反应体现的是项目及其过程对他们需求的满足或威胁程度。如果我们满足了利益相关方的需求，我们就能较合理地期望得到支持。如果没有满足，利益相关方就会拒绝提供支持。项目经理和项目团队必须在制定应对策略之前理解所有利益相关方。

首先，我们要做的是与支持该项目的利益相关方寻找速赢之道，以便使我们能够快速增加或巩固他们的支持。对于可能拒绝项目或过程的利益相关方来说，我们必须理解其中的原因并适时做出响应。为了开始评估，我们可以考虑五个要素：

1）利益相关方的需求和利益；

2）利益相关方需求和利益的复杂性；

3）利益相关方对项目的重要性；

4）利益相关方情绪；

5）利益相关方施加其意愿的能力。

第 5.2.1～5.2.5 节详细描述了这五个要素。

5.2.1　利益相关方的需求和利益

评估工作的第一步是要理解每个利益相关方团体的优先级、期望、需求和利益。为了做到这一点，项目团队必须已经有一个表达利益的过程，监测并识别利益相关方及其利益的变化情况，决定项目如何正常而系统地反映利益相关方的需求[6]。

开始这项工作的一个很好的切入点是理解每个利益相关方的要求。第 8 章直接阐述了项目的要求，但我们要强调的不仅仅是技术规范。利益相关方会因为项目对任务成功很重要而对项目感兴趣吗？利益相关方是否投入了大量资金？利益相关方有法律或政治利益吗？健康和安全问题会影响利益相关方吗？表 5 - 4 强调了我们需要对每个利益相关方团体收集的典型信息——不仅仅是为了更好地理解他们期望从项目中得到什么，还要确定他们在项目中的整体利益。

（1）从利益相关方收集数据

我们可以通过多种方式收集有关利益相关方团体及其利益的信息。开始这项工作的一个快速方法是与项目团队的关键成员召开头脑风暴会议，以获取他们所知道的有关利益相关方团体的数据。对于空间项目来说，我们还应邀请曾参加过同一个任务领域内有关项目的参与者。例如，在改进型一次性运载火箭计划，大力神 IV 团队的成员能够为头脑风暴会议提供重要信息。我们还可以通过结构化访谈、问卷调查或分析用户对现有系统的意见等方式开展这一工作。

表 5－4　从利益相关方那里收集信息，来了解他们在项目中的利益和需求①

利益相关方信息	问题
利益相关方要求	· 利益相关方希望空间系统具备何种特性或技术规范，如 成本比此前系统降低 25%（低限）～50%（目标） 运载器设计可靠性至少达到 98% 在改进型一次性运载火箭上使用标准接口，如对改进型一次性运载火箭系列的每个运载器类别都使用标准有效载荷接口 · 什么样的系统能使其从事全新的或与此前不同的工作
利益相关方的机会与挑战	· 该系统对利益相关方有什么好处 · 它在财务上对他们有何影响 · 该项目完成后还有哪些受益 · 该项目可能对利益相关方造成哪些威胁 · 他们会丢掉市场份额吗 · 这会使得他们无法获得其他机会吗 · 项目的运行如何影响周围环境
互动与接口	· 我们多长时间与每个利益相关方团体接触一次 · 谁会对互动作出决定 · 还有谁会参会 · 我们期望从利益相关方团体那里得到什么样的报告或更新信息，间隔多长时间 · 还可以采用哪种对话方式
资源	· 他们要控制我们多少的资源 · 他们会作出何种决策 · 他们如何影响我们的资源（与之对应的是“管理”我们的资源）。有时这些影响者——比如说客或特殊利益团体——特别难管理 · 项目如何分配资源，利益相关方团体从何处进入 · 还有谁会竞争这些资源
权益	· 利益相关方在项目中的风险是什么 · 如果我们成功了或者不成功会怎么样
针对利益相关方所作的假设	· 项目团队重视利益相关方吗 · 我们如何看待利益相关方的意图
影响利益相关方的环境变量	· 利益相关方环境的稳定或不稳定程度如何 · 他们的合作关系可靠程度怎么样

①这些都是对项目团队而言一些具有代表性的问题，会因利益相关方以及我们收集数据的能力不同而有所不同。我们必须不间断地了解利益相关方尽可能多的信息。

除了内部头脑风暴会外，弗玛（Verma）[26]还倡议借助“客户的意见”更好地理解利益相关方的要求，它把高层次的需求转换为更详细的系统要求。弗玛对要求语言和想象语言进行了区别。要求语言是指定义当前客户所缺失的、能产生创新性解决方案的能力的说明。这种意见可以帮助我们理解客户所要求的解决方案中的“为什么”：特征、功能、好处或品质。另一方面，想象语言是描述使用背景或条件的客户说明或观察报告。这些都是要求的支持性信息或背景。想象语言通常情绪化和较生动，能刻画出客户的喜怒哀乐。表 5－5 给出的是一些示例。

表 5-5 用来更好地理解客户期望的要求语言和想象语言①

要求语言	想象语言
我需要一份进入该岗位的详细的工作描述	我有一个人要填 20 个工作项——不清楚的内容不填
我希望在 72 小时内通过发射检查	最近的一个典型的发射顺序费时太长，耗资太多
我需要把发射成本至少降低 25%	发射太昂贵
月度状态报告要包括 X、Y、Z，要在月末结束后 48 小时内送达	有时我听到分析人员对作出的项目报告发笑
我需要成本数据是电子版格式的，这样我可以直接把数据输入我的数据库	如果我不用等到最后一分钟就能从项目办拿到成本数据，那可太好了

①这个表格说明了从传统的要求语言转换为更清楚地理解利益相关方的期望对于项目的重要性。

受访者通常在回答一个试探性问题时同时使用想象语言和要求语言。想象只是暗示产品要求，而不作具体规定。想象语言为我们提供了如何判读要求，或者在空间项目中我们可能需要什么的思路。要求是已知的、外在的需求。想象则是未知的、潜在的需求。

客户的意见对在项目之初我们进行结构化访谈时很有用。在项目中间我们可以使用数据源，如能说明特殊利益团体思维方式的网站，或者明确规定一个联盟的期望的政策说明等。报告、几分钟的会议、文章或其他文件也都是很好的数据源。

5.2.2 利益相关方需求和利益的复杂性

人际互动具有不确定性，所以利益相关方之间的需求和利益相互作用越复杂，越有可能产生新的影响[24]。换句话说，对于多数利益相关方来说，什么事都会随时发生，使得预测具有挑战性。对这些情况加以管理看起来可能不太现实，但为了成功我们必须这样做。

对于国防部的空间项目来说，国会有关委员会及分委会的利益和需求非常复杂。按最低程度来说，我们必须对下列委员会的需求做出响应：

1）众议院装备服务委员会；

2）参议院装备服务委员会；

3）众议院拨款委员会；

4）参议院拨款委员会。

情报项目另外还涉及两个委员会：参议院情报选择委员会和众议院情报选择委员会。每个委员会都要求一份合乎逻辑的、可申辩的项目计划，能平衡技术、进度和成本要素，形成一个可执行的空间采办项目。这些委员会还要对照其他许多项目的需求平衡该项目的需求。国会如果认为或发现有更大的国家需求，会在几乎不告知的情况下削减某一项目的经费。

具有复杂需求的利益相关方，如国会，会要求进行连续的监测和评估。我们可以从数量、复杂状况，以所表达的需求和利益的困难程度等对复杂性进行识别。但是由于复杂性难以测度和具有主观性，最好的办法是问一句：利益相关方的需求和利益表现得复杂吗？回答为是或否。

一个利益相关方的需求越复杂，我们越要系统地对其进行监测，一部分的原因是不断增加的复杂性更可能形成突然出现的、意想不到的问题。海量的人际互动加剧了这一可能性。如果不能认识到这些问题，并将其与我们的计划和应用通盘考虑，我们就会毁坏一个项目。项目团队应尽可能地保持灵活，以更好地适应这种变化。例如，提高对质量的要求会增加成本，增加项目群风险。为了减小这一风险，项目团队必须持续监测对质量的要求，把这些要求与开支的门限进行对比，预期来自利益相关方在成本和质量上的挑战。

5.2.3　利益相关方对项目的关键程度

从定义上说，每个利益相关方都与项目有关，所以项目团队必须知道这种关系对于项目生存的重要性——通常通过把利益相关方与项目成果的某些风险联系起来[4]。关键利益相关方是指那些能够行使权力，对资源的影响足以改善或干扰项目成功者。项目团队应当了解他们的需求和期望，项目管理必须对其予以重视。如果不这样做，他们可能会竭力利用自己的权力来满足需求，而不考虑项目团队的计划。

关键程度会因利益相关方利益的数量和直接相关程度的增加而有所增加。如果项目在资源上取决于某一利益相关方，他们的关键程度就比那些影响较小的利益相关方大，而不论他们与项目的日常活动是否紧密。即使是宏观层次上的利益相关方，如果其关键程度较高，也会对项目的资金形成影响。项目团队必须识别那些最能够提供或者阻止对项目提供支持、投资以及其他重要资源的利益相关方。利益相关方的关键程度越大，项目经理越要采取积极的对策来应对他们[15]。图 5－3 给出的是利益相关方的关键程度。

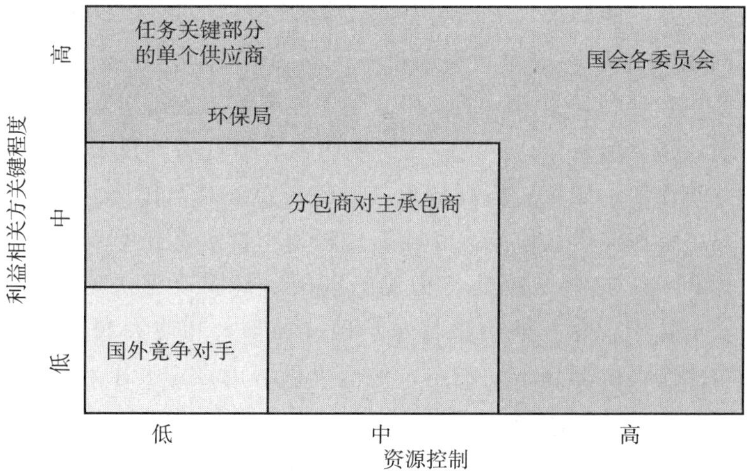

图 5－3　利益相关方的关键程度

从对资源及项目成功的角度强调了利益相关方的重要性

通过评估利益相关方对项目的干扰能力，以及他们能提供多少（或何种）资源，项目团队能够对重要利益相关方的关系加以区分。我们把利益相关方对项目的干扰能力分为三个层次：

1）低，是指利益相关方对项目感兴趣，但不能或不会帮助或阻止项目进展。例如，国外发射服务提供商是改进型一次性运载火箭项目经理需要知悉的利益相关方，但他们的活动不大可能中断项目的进展。

2）中，是指利益相关方对项目较重要并能影响项目的进展。例如，一个分包商提供与其他分包商类似的部件。如果某一分包商不能提供，我们就需要寻找其他来源，这可能会造成项目延期，但不会完全停止。

3）高，是指利益相关方能停止项目的进展。例如洛克希德·马丁公司制造改进型一次性运载火箭所需的RD-180发动机的唯一供应商是俄罗斯的一家公司。供应链出现中断会毁掉该项目。另一个例子是负责预算分配的利益相关方，如国会的相关委员会。

如前所述，我们还可根据能够提供的资源多少及类型来确定利益相关方的级别：

1）高，是指他们能够控制或影响项目的大部分资源；

2）中，是指他们负责项目团队的人力安排或控制项目的某些资金；

3）低，是指他们对项目的影响很小或没有影响。

结合对改进型一次性运载火箭项目群的这些评估，我们可以认为环保局在这些问题上分别表现为高-低等级。他们具有高的中断项目的能力，因为他们是改进型一次性运载火箭环境影响说明的批准主管方。不经他们批准，改进型一次性运载火箭项目群就不能发射火箭。但他们对资源的控制能力为低，因为他们不控制资源。尽管不控制资源，但他们仍对项目的成功很关键。另一个例子是国会的委员会。我们对他们的评估等级是高-高，因为国会手握财权。他们每年要批准经费和应用政策。

另一个利益相关方，例如来自欧洲阿里安（Ariane）空间公司的国外竞争，其评估等级为低-低。他们不控制或影响资源，美国也不会通过外国的火箭来发射与国家安全有关的卫星。但这一点并非对所有的国际组织都适用。传统上，通过国际联合开发的外国军售和计划不是美国国防部空间采办计划的主要影响因素。但这一不重要的角色可能要发生改变。有少数几个空间计划，如先进极高频（AEHF）系统是与国际合作伙伴共同开发的。该系统中的通信卫星将在提供通信能力和数据传输速率都远优于军事星（Milstar）-II卫星的同时支持战术网络。这些卫星还将构成美国国防部军事卫星通信（MILSATCOM）中期体系架构的安全骨干。这一通信项目与英国、加拿大和澳大利亚形成了国际合作关系。因为这些合作伙伴提供部分开发资金，他们可以帮助设定要求和形成计划运营概念。在此情况下，他们的等级就不能是低-低。

需要记住的重要一点是，随着其利益和影响能力的改变，利益相关方在关键程度图中的位置也会发生改变，所以我们要定期对其进行重新评估。

5.2.4 利益相关方的情绪本质

理解利益相关方对项目的态度将有助于团队针对他们制定合适的交往策略，所以理解他们的情绪很重要。我们正在从根本上探究利益相关方是否与项目的目标兼容[8]。对内部利益相关方来说，该项目是一个令人激动的工作场所吗？也就是说，职能经理在招聘人员到项目中工作是不是没有问题，或者他们是否不得不只把不知情的新人分配到该岗位？对于经费来源，我们是在按时和在成本范围内交付吗？或者该项目有没有反复要求增加经费、延长工期或降低技术要求？对于客户或最终用户来说，他们对于我们的空间系统即将提供的新能力是否感到激动，还是这种能力只是一种没人在意的增量改善？在我们思考这些问题的时候，我们可以将这些情绪分为四种：支持型、中立型、冲突型和反对或不支持型。

支持型利益相关方是指其需求和利益与项目清晰一致，或者项目和团队至少承认与他们的相互依赖会带来某种好处。他们很关键，但我们通常能够期望得到他们的支持。项目团队应采取积极的、能打动人的策略，还要与这些利益相关方进行大量的沟通交流。对于改进型一次性运载火箭，有一个例子就是联合发射联盟（ULA），其组建的目的，就是通过共用生产设施，确保进入空间和降低整体成本。第5.3.2节对联合发射联盟有更详细的讨论。

中立型利益相关方是指我们看不出其有积极的情绪，但这种情绪可能存在。我们应注意情绪随时间变化而变化的可能性，特别是利益相关方发生变化的情况，这种情况经常发生在政府的执行部门。国防部长办公室是这一部门的一部分，由职业文职人员、军方和总统委任人组成。总统委任人对颁布政府的政策、优先级和目标作出重要决定。国防部长办公室的许多成员与项目没有直接关系，但他们却能发挥显著的影响。有一个例子发生在预算评估和策划阶段，当时他们可能决定另一个项目的优先级要高于我们的这个项目。在这种情况下，项目的资金可能会转向他用（参见第12章了解联邦预算过程的更多内容）。利益相关方此时的意见与项目不冲突，也不反对该项目，他们只是对该项目没有特别的感受。

冲突型利益相关方是指其需求或利益与项目有冲突。最好是向这些利益相关方表明他们怎样才能分别从拟议的项目中实现自己的利益，因为我们希望不要让他们反对该项目。在改进型一次性运载火箭计划中，美国空军空间司令部向改进型一次性运载火箭支付的经费超出了其整体的预算额。他们必须在维持两家发射服务提供商所需成本和确保可靠地、可获得地进入空间的重要性之间进行平衡。空军曾有过只依赖一家发射服务提供商的经历——在此期间被要求使用航天飞机作为其发射工具。

随着挑战者号航天飞机的失事，单靠一家发射服务提供商的风险成为现实。这一事故导致航天飞机机组停飞32个月，许多重要卫星的发射因此推迟。因此，空间司令部需要在其项目组合中管理不同的任务需求，我们可以把他们的利益看作是有冲突的。

反对或不支持型利益相关方是指企图停止或推迟该项目者。我们千万不能低估他们的影响，即使他们处于项目的外围。由执行官级别的项目支持者处理这些利益相关方的关切通常是一个有效的策略。可能反对或不支持改进型一次性运载火箭计划的一个组织是加利福尼亚的丘马什印第安人部落。改进型一次性运载火箭的运行方案要求在范登堡空军基地第六空间发射综合设施建造建筑物。这个综合设施位于一个考古学上敏感的地区，所以破土动工的相关活动要求进行考古的和丘马什监测和批准。在改进型一次性运载火箭之前，因环境及考古方面的反对，这一地区已经有 6 年没有开展过这种活动了。

5.2.5 利益相关方施加其意愿的能力

这一节最后一个主题是每个利益相关方在多大程度上能对项目施加他们的意愿。例如，他们能：

1）直接拒绝提供资金、人力或物资供应吗？

2）间接影响资金或人力安排吗？

3）影响或直接更改已经确立的需求基线吗？

项目团队要明确利益相关方的权力、他们行使权力的可能性（积极的或消极的），以及他们可能使用的方法。我们知道如何促使他们参与项目的激励措施吗？我们有能够影响他们参与的行动计划吗？

利益相关方越关键，项目就越是依赖他们，他们的利益或议程就越迫切。正如第 5.1.4 节提到的，国家政策可能对空间项目群至关重要。什么样的利益相关方团体可能对改变政府对空间发射的立场感兴趣？例如，国际竞争对手可能与美国的公司合作，或者游说决策者改变国防部和《国际军品贸易管制条例》（ITAR）的相关政策，以便于他们能使用美国以外的运载火箭。

理解了利益相关方施加其意愿的能力可以使我们能够制定更有效的应对策略。项目团队总是需要衡量这样做的好处和风险，但是要记住“防胜于治”。通过与利益相关方的协同或合作，我们就更有可能获得他们的支持。

5.3 管理利益相关方关系

在我们掌握了利益相关方及其重要性的信息后，下一步就是要确定我们应如何管理这些关系。这里的“策略”一词指的是我们打算如何接近并应对某一利益相关方或一组利益相关方的利益。项目经理应当一直领导这一过程，以便于利益相关方看到自己的利益和期望得到了反映。对改进型一次性运载火箭项目来说，国会的有关委员会对于项目很关键，有着复杂的利益，而且肯定能够施加他们的意愿。不管委员会成员现在对项目的情绪如何，我们必须具备应对他们问题和任何报告，或与他们沟通交流的策略。我们还应考虑与他们交流何种信息，以及多长时间与他们交流一次（第 17 章详细讨论了战略沟通的内容）。

5.3.1 准备管理利益相关方

开始讨论关于管理利益相关方的一种方法是把通过评估获得的数据组织成一个矩阵。表 5-6 就是一个例子。这个矩阵是一个重要的沟通交流工具，团队成员可以借此讨论他们如何看待利益相关方，知道时间和精力应投在什么地方。在看这个矩阵的同时，项目经理和项目团队就可以讨论：利益相关方 X 愿意为项目增加资源的可能性有多大？利益相关方 Y 是否愿意与其他利益相关方组团来影响项目的发展方向？利益相关方 Z 是否会在国会听证会上提供强有力的支持，以及反对削减该项目的预算？然后项目经理就能够决定一个实施途径，考虑一个联系人，一个工作组或永久性分委会来管理特定的关系。这个矩阵还可以帮助团队成员懂得，如果抱怨是来自一位关系复杂的、关键的、能对项目施加意愿的利益相关方，就需要立即采取行动。还有，因为利益相关方的重要性和利益是不断变化的，我们必须随着项目的进展对该矩阵进行检查和更新。

表 5-6　重点利益相关方矩阵①

利益相关方	项目关注点	是否复杂	重要性	态度	是否有能力施加意愿
项目团队成员（内部）	任务完成	否	高	支持	是
国会各委员会，如战略空军指挥部（SAC）或常设情报委员会（HPSCI）（微观）	· 国家安全 · 技术开发 · 确保进入空间 · 财年责任 · 项目群方案的有效应用	是	高	中立	是
国会议员，如来自生产火箭的亚拉巴马州的代表（中观）	在他所在区的本地（亚拉巴马州的德卡特）就业；工业税收基础；扩大高技术产业	是	高	支持	有一些
政府监管（微观）	财年责任	是	高	中立	是
公众（宏观）	· 国家安全和科学 · 公共科学	是	混合	混合	有一些
航天发射场	· 为成功发射提供关键资源	否	高	中立	是
最终用户（微观）	· 接口标准 · 集成培训	否	低	支持	有一些

①该矩阵是一个帮助项目团队和利益相关方彼此理解的沟通工具。

5.3.2　考虑可能采取的策略

管理利益相关方常用的一个策略是合作，在空间预算紧缩的时代这个策略变得日益重要。政府和企业都在用它，所以项目经理开始从任务合作方甚至竞争对手那里寻求合作。可采取的合作方式包括合资公司、合作产品开发，以及集体游说活动等。一个重要的例子是 2005 年改进型一次性运载火箭项目的两家主承包商提出的成立联合发射联盟合资公司，目的是通过共用生产设施降低整体成本。从 2006 年初联合发射联盟获得政府批准开始，波音和洛克希德·马丁公司把他们的运营安排在亚拉巴马州迪凯特的一个工厂，来生产两家的改进型一次性运载火箭项目。在此之前，每家承包商都有自己的工厂和熟练的劳动力——洛克希德·马丁公司的工厂在康涅狄格州的丹佛，波音公司的在阿拉巴马州迪凯特。两个设施都有存在生产能力过剩。实际上，迪凯特的设施之大，足可以每年生产 40 枚火箭，但空军每年只订购 3 到 5 枚，有的年份只有 1 枚，甚至没有。只保留一个设施可以提供更有保证的火箭生产线。它还有助于控制成本，保留一支有活力的、经验丰富的劳动力队伍。

对于内部利益相关方，我们可能需要制定相关政策和实践来增强对项目的承诺。这一措施包括团队组建、改变基本的工作政策来适应团队成员的利益。许多有经验的项目经理还会指定联系人来关注职能组织的互动情况。保持内部利益相关方在正轨上很关键。尽管他们可能支持该项目，但他们也能够通过不提供在我们所需资源的方式，造成难以想象的消极影响。

一个特别具有挑战性的工作是与消极的或不支持的利益相关方打交道。尽管可以试着忽略或不相信他们，但这样做不太可能带来积极的结果。在这种情形下有两种策略很重要。第一种策略是对利益相关方进行重新评估。如果他们对项目的态度是消极的，我们可能没有考虑到他们的某些需求，所以我们必须再问一些关键问题。有什么情况已经发生了改变，或者我们漏掉了什么内容？在确定了有关假设后，我们可以通过相关的利益相关方来加以检验。这种方式具有挑战性，但我们可以把它看做是获得更多关于项目的看法和如何来加强项目的一个机会。结果可能不是积极的，但团队会学到以后会被证明是有用的相关问题。有的时候，没有相应的解决方案对于所有利益相关方来说，也是可以接受的。如果是这样，我们不应当因为他们的挑战而简单地不重视或忽略了重要的利益相关方。如果我们陷入了僵局，冲突解决策略、再次接触或变换一种谈话方式都可能有帮助。

针对消极利益相关方的第二种策略是吸收利益相关方作为解决方案的参与者。我们应当努力理解他们的批评，看看能不能把他们吸收到项目中来。对于改进型一次性运载火箭项目，与圣巴巴拉的居民团体打成一片，参加小镇的礼堂会议，重视他们的所有利益是获得他们支持的关键。

5.3.3 领导利益相关方

在执行利益相关方策略过程中，我们必须理解项目经理和团队，甚至是领域专家都努力使利益相关方致力于项目的成功。有的项目因其团队的技术专业知识，或对项目的强烈需求而比较容易对利益相关方加以劝说，几乎不需要精力来维持利益相关方的支持。其他的项目可能更多地承受变化的议程、偏见、多元需求、矛盾等，而这些需要另一个影响源。

对利益相关方施加影响的过程，就是使项目对他们有意义，从而获得他们的同意、合作和协作来实现项目的目的[14]。所以我们必须对我们需要与利益相关方建立关系的程度加以评估，以便于我们培养这种影响。尽管我们不太可能与每个利益相关方建立私人关系，但这种关系却有助于建立实现项目成功所需的对话机制。

与利益相关方的对话应能够表达项目的愿景和方向，澄清相对于既定战略的目的。与利益相关方交流项目的意图会使其对项目有更清楚的了解，也让项目团队有机会检验相关的假设。我们还应引导人们朝着目标、承诺和联盟前进。这种领导能力需要倾听利益相关方的诉说，弄清楚出现的新情况，检验相关的假设，并针对应当产生的结果达成一致意见。

最后，这种对话还应鼓舞和增强对项目的支持[16]。策划、人员安排、资源分配和建立必要的结构和体系等管理问题会进入交流阶段。我们希望所培养的利益相关方关系能够鼓励对话和有影响的支持。能够促进项目和利益相关方目的实现的协作会进一步增强这种支持[17]。

领导利益相关方的第三部分内容，是制定一个能够领导项目团队和利益相关方都经历成功所需变更的过程。这里我们使用的是“变更过程”的本义——劝说人们接受项目带来的变更，并根据是否有助于项目成功调整相应的看法。这一过程通常开始于对未来的愿景。它必须具有强制性和紧迫性，并且需要采取行动。我们还应建立一个能提供支持的联盟或团队，在不同的环境中来支持这种变革。项目团队和支持者必须利用各种可能的方式来交流沟通项目获得成功后带来的积极属性和好处[16]。

与合适的利益相关方就项目进行交流沟通很关键。交流沟通不仅仅是告知利益相关方，还要减少猜测和谣传。我们必须时刻记住，利益相关方的期望可能有很多变化，这一点严重依赖于项目的结果。对已实现的里程碑和类似信息的报告，不仅仅是表达项目的进展情况，还有助于验证利益相关方的持续支持。事实上，这些沟通交流能够通过使利益相关方看到项目的进展进一步推进了他们的利益，来增强其对项目的支持。简言之，管理相关关系和变更的战略使利益相关方认识到项目对他们的需求是有帮助的，从而更有可能对项目提供支持。

5.4　小结

对于每个利益相关方来说，我们不可能做到面面俱到，因此必须确定与他们打交道的优先事项。一种方法是看这个利益相关方主张的紧急程度和关键程度。如果正处于预算决定季，而且项目有大量的跨年度资金风险，我们就需要对能够影响经费分配的所有利益相关方加以管理。

与所有的项目领导能力一样，我们必须判断有多少资源可以用来管理利益相关方。我们还必须定期对利益相关方管理过程进行再评估，看一看利益相关方或他们在项目中的利益是否发生了改变。我们不能只做一次这样的工作，然后就束之高阁。特定利益相关方的整体重要性（关键程度及施加意愿的能力）可能要求在项目的生命周期中定期与他们进行沟通交流。对整体环境至少每年进行一次全新的审视是必要的。此外，在项目的生命周期中，可能有新的利益相关方出现，也有老的利益相关方消失，我们必须随着利益相关方环境的不断变化调整相应的策略。我们的目的，就是使利益相关方心甘情愿且有足够的能力参与、贡献和支持项目的过程和结果。动态的、全面的领导能力将决定利益相关方对项目的支持和最终的成功。

参考文献

[1] Air Force Space Command (AFSC) . September 15, 1998. Operational Requirements Document (ORD) II for the Evolved Expendable Launch Vehicle (EELV) System. AFSPC 002 - 93 - II. http: //www. globalsecurity. org/space/library/report/1998/eelv - ord. htm.

[2] Alkhafaji, Abbass F. 1989. A Stakeholder Approach to Corporate Governance: Managing in a Dynamic Environment. New York, NY: Quorum Books.

[3] Assistant Secretary of the Air Force for Acquisition (Science, Technology and Engineering) (SAFI-AQR). June 8, 1998. Record of Decision - Evolved Expendable Launch Vehicle (EELV) . http: // www. faa. gov/about/office _ org/headquarters _ offices/ast/licenses _ permits/media SEISROD2000 - 2000. pdf.

[4] Clarkson, Max B. E. January 1995. "A Stakeholder Framework for Analyzing and Evaluating Corporate Social Performance. " Academy of Management Review 20 (1): 92 - 117.

[5] Donaldson, Thomas, and Lee E. Preston. January 1995. "The Stakeholder Theory of the Corporation: Concepts, Evidence, and Implications Academy of Management Review 20 (1): 65 - 91" .

[6] Elias, Arun A. , Robert Y. Cavana, and Laurie S. Jackson. September 2002. "Stakeholder Analysis for R&D Project Management. " R&D Management 32 (4): 301 - 310.

[7] Freeman, R. Edward. 1984. Strategic Management: A Stakeholder Approach. Boston, MA: Pitman.

[8] Friedman, Andrew L. , and Samantha Miles. January 2002. "Developing Stakeholder Theory. " Journal of Management Studies 39 (1): 1 - 21.

[9] Friedman, Andrew L. and Samantha Miles. 2006. Stakeholders: Theory and Practice. Oxford: Oxford University Press.

[10] Galbreath, Jeremy. 2006. "Does Primary Stakeholder Management Positively Affect the Bottom Line? Some Evidence from Australia. " Management Decision 44 (8): 1106 - 1121.

[11] Harrison, J. F. , and Caron H. St. John. May 1996. "Managing and Partnering with External Stakeholders. " Academy of Management Executive 10 (2): 46 - 60.

[12] Headquarters United States Air Force, Deputy Chief of Staff for Installations and Logistics. April 1998. Final Environment Impact Statement (FEE), Evolved Expendable Launch Vehicle Program. Washington DC: Government Printing Office, pp S2 - 9 and 197 - 207.

[13] Headquarters US Space Command/XORS (USSPACECOM) . September 12, 2005. " National Launch Forecast (DRAFT) . "

[14] Jacobs, T. O. , and E. Jaques. 1990. Military executive leadership. In K. E. Clark and M. B. Clark, (Eds.), Measures of Leadership. West Orange, NJ: Leadership Library of America Inc.

[15] Jawahar, I. M. and Gary L. McLaughlin. 2001. "Toward a Descriptive Stakeholder theory: An Organizational Life Cycle Approach" Academy of Management Review. Vol. 26, No. 3, pp. 397 -414.

[16] Kotter, John P. 1996. Leading Change Boston, MA: Harvard Business School Press.

[17] Kouzes，James M. ，and Barry Z. Posner. 2002. The Leadership Challenge，3rd Edition. Francisco，CA：Jossey - Bass.

[18] Mitchell，Ronald K. ，Bradley R. Agle，and Donna J. Wood. October 1997. "Toward a Theory of Stakeholder Identification and Salience：Defining the Principle of Who and What Really Counts." Academy of Management Review 22 (4)：853 - 896.

[19] Office of Science and Technology Policy (OST) . 6 January 2005. U. S. Space Transportation Policy：Fact Sheet. Washington DC：Executive Office of the President.

[20] Pajunen，Kalle Tapani. September 2006. "Stakeholder Influences in Organizational Survival." Journal of Management Studies 43 (6)：1261 - 1288.

[21] Post，James E. ，Lee E. Preston，and Sybille Sachs. 2002. "Managing the Extended Enterprise：The New Stakeholder View." California Management Review 45 (1)：6 - 28.

[22] Preble，John F. December 2005. "Toward a Comprehensive Model of Stakeholder Management." Business and Society Review 110 (4)：407 - 431.

[23] Rasche，Andreas，and Daniel Esser. 2006. "From Stakeholder Management to Stakeholder Accountability." Journal of Business Ethics 65 (3)：251 - 267.

[24] Stacey，Ralph D. ，Douglas Griffin，and Patricia Shaw. September 28，2000. Complexity and Management. London：Routledge.

[25] The Congressionally Mandated National Security Space Launch Requirements Panel. 2006. National Security Space Launch Report. Santa Monica，CA：RAND，National Defense Research Institute.

[26] Verma，Dinesh. 1 November 1999. "Identification of Inconsistencies and Strategic Opportunities Within a Quality Function Deployment (QFD) Matrix：An Expert System Based Approach." Communications in Dependability and Quality Management 2 (1) .

[27] Vos，Janita F. J. ，and Majolein C. Achterkamp. 2006. "Stakeholder Identification in Innovation Projects：Going Beyond Classification." European Journal of Innovation Management 9 (2)：161 - 178.

[28] Walsh，James P. April 2005. Book Review Essay："Taking Stock of Stakeholder Management." Academy of Management Review 30 (2)：426 - 438.

[29] Windsor，Duane. June 1992. "Stakeholder Management in Multinational Enterprises." In Proceedings of the Third Annual Meeting of the International Association for Business and Society. S. N. Brenner and Sandra A. Waddock，eds. Leuven，Belgium：121 - 127.

[30] Yuki，Gary. 2002. Leadership Organizations. 5th Edition. Upper Saddle River，NJ：Prentice Hall.

第6章 项目管理信息系统

克里斯托弗·M·霍尔特里（Christopher M. Holtery）
星座软件工程公司
瓦勒西阿·D·马克林（Valecia D. Maclin）
雷神公司

项目经理的成功取决于对空间项目的绩效和资源制定有效的决策。开发、集成并维护一个空间系统是一项复杂的工作，它从获得到收尾都会不断出现各种行动方案和决策点。选择正确的行动方案要求在正确的时间拥有正确的信息。

项目管理信息系统提供定义、交换并管理项目范围、成本、进度和资源信息的机制。它使项目经理可以评估该项目的健康和状态，并允许所有系统、分系统和接口之间有效地进行配合。它还提供了一个很集中但非常方便的知识库，用于策划、授权、控制和报告项目信息。

本章讨论了信息管理所扮演的角色，协作通信环境的重要性以及作为项目执行组成部分的项目管理信息系统。为了适应组织的文化规范并提高适应具体项目的能力，我们还提供了选择合适工具的指导。表6-1总结了将项目管理信息系统集成到项目环境的过程。

表6-1 项目管理信息系统概要①

步骤	过程	讨论章节
1	定义项目信息 a. 定义信息管理范围 b. 理解利益相关方要求 c. 定义报告要求 d. 建立信息所有者和框架	第6.1节 第6.1.1节 第6.1.2节 第6.1.3节 第6.1.4节
2	建立协作环境 a. 管理信息所有者并促进沟通 b. 定义信息安全和访问控制 c. 纳入信息所有者	第6.2节 第6.2.1节 第6.2.2节 第6.2.3节
3	选择项目管理信息系统工具 a. 定义工具需求并选择标准 b. 评估并选择工具	第6.3节 第6.3.1节 第6.3.2节
4	文档和发展项目管理信息系统	第6.4节

①这里依次给出了这些步骤，但是我们必须在整个项目生命周期中重复其中的一部分步骤。

在本章的最后提出项目经理应该能做到：

1）了解信息管理的重要性，以便于有效地作出决策；

2）在第5章利益相关方管理办法基础上建立项目管理信息系统框架；

3）知道项目管理信息系统如何提供项目执行功能的基础信息；

4）定义工具的选择准则。

项目管理信息系统设计——项目管理信息系统设计很大程度上取决于组织结构的动态性和项目任务的复杂度。组织内部的相互依赖关系和绩效报告尤为重要。随着商业现货（COTS）产品在近几年使用的增加，现在大型关键任务系统运用了强大的项目管理信息系统。我们采用了全生命周期的参与建议，因为自 2000 年以来该方法已经成为政府和行业的首选方法。我们也强调经验教训，包括：

1）在利益相关方管理中的应用；

2）分布式软件和应用开发；

3）在策划未来阶段中的使用，包括操作和任务部署。

作为关键项目管理成功因素的项目管理信息系统——管理空间系统从策划、执行到收尾需要海量信息交换。建立项目早期的项目管理信息系统，将会优化解决利益相关方要求的能力。同时，它定义了一个项目信息准时交付和推广的框架，这对决策的制定和执行很有必要。今天，项目管理信息系统工具使得信息的交流和技术状态控制在健全和协作的平台上进行。使用项目管理信息系统工具并建立协作环境降低了项目风险。

6.1　定义项目信息

本书提出了广泛的项目策划、合同管理、成本估算与预算，以及项目监测方面的指导。每一项工作在整个项目生命周期中都生成了不断强化的信息。我们需要建立一个框架，该框架管理这些信息，并定义任务成功所需信息的类型、频率和水平。要做到这一点，我们必须明白：

1）用于决策制定的重要信息；

2）利益相关方需要什么样的信息以及何时交付；

3）评估项目执行情况的必要信息。

空间任务并不缺项目数据！项目本身就是位于团队成员和利益相关方之间的信息交流中心，如图 6－1 所示。如果没有牢牢把握项目需求，将会产生大量的数据和不同的、压倒性的自主活动。数据类型包括图纸、要求、接口规范、试验文件、试验数据和运行程序。项目经理必须在所有项目阶段管理关键信息类型的识别和基线，以及指导信息管理。本节提出了确定项目信息范围，理解利益相关方并报告要求，以及定义信息所有者框架的指导。

6.1.1　定义信息管理范围

信息管理开始于项目计划。第 3 章中已详细介绍过，该计划提供了项目绩效管理的路线图，概括了项目的进度，并解决了项目测度和沟通工具。这些要素帮助我们定义了必须在整个生命周期中管理的项目信息。信息的类别包括：

1）项目绩效信息——描述并跟踪项目绩效，包括成本、进度、风险和机遇，以及技术范围，如系统工程管理计划、里程碑评审文件和项目测度；

2）系统控制信息——提供项目信息的监测、控制和归档机制，包括任务保证数据、技术状态管理数据和数据与文档管理信息；

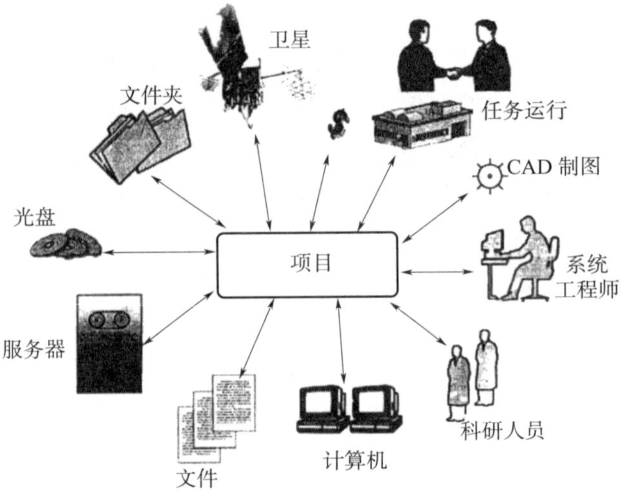

图 6－1　我们周围的所有信息

各种类型和全部数据的数量是巨大的

3）沟通信息——用于和利益相关方、团队成员沟通项目数据；

4）资源信息——描述了项目资源的定义和追踪，包括材料、人员和工具。

6.1.2　理解利益相关方要求

在定义信息管理框架时，我们必须考虑内部与外部利益相关方之间的沟通要求，并确定主要内容和信息交换的目的。第 18 章讨论了战略沟通，这里的重点是针对日常的沟通。表 6－2 列出了与利益相关方信息交换的代表性分类。

表 6－2　信息交流的分类①

分类	例子或导引
团队名单	该名单至少包含团队成员的姓名、电话号码、电子邮件地址和从属关系。对与团队有联系的个人或组织（承包商、分包商、设施管理等）来讲，有一个中心的联系信息位置是很有帮助的
行动项目和议题管理	列出了会议、系统评审或文件评审期间的行动项目和议题。定义行动和议题的唯一标识、标题、描述、负责解决的人员、解决议题的截止日期
要求过程管理	识别，捕获并解决项目变更需求的机制。包括要求变更、设计变更和过程变更
文件评审管理	把文件置于技术状态控制下和变更请求与接受的流程
活动管理	包括进度评审、个人日历、会议管理等
讨论管理	讨论板和论坛提供了获得想法和信息的机制。主要优点是全部参考信息的获取，并调动分布在全球各地的团队参加讨论，而不需要协调会议或电话会议
实时会议	通过项目团队能够从事并讨论相关项目活动的方式，面对面、电话或其他技术手段的任何交互式会话
项目管理评审	项目状态的正式评审，尤其关于成本、进度和技术性能
用户群体与利益组展示	共享项目状态或结果的协作报告或座谈会。协作现场讨论的一个极好来源
任务系统评审	主要项目里程碑评审，评估项目开发如何更好地满足空间任务的界定范围

①以各种不同方式与利益相关方的项目沟通。

对每个分类我们都要制定计划确定参与的利益相关方、信息交流或分布的频率，以及我们要使用的媒介。机制和结构随着不同类型的信息而改变。大型项目必须经常与多个机构的要求和项目群领导及分布在美国各地的开发人员进行争论。这种项目结构，曾一度被认为是不寻常的，目前正在变得越来越普遍。

表 6-3 概括了利用基于经验教训的项目信息产出物来整合利益相关方要求的方法，经验教训由诸如卫星接口处理项目群（SIPP）等得来，它是一个计划部署多平台的几十亿美元的空间系统开发项目。对于卫星接口处理项目群，卫星开发在美国西海岸，其地面系统开发位于全美 6 个不同的地点。东海岸地区负责科学算法，而天线的研发和部署则由国际合作来完成。基本的项目需求，如协调不同时区的实时会议，同时及时评审项目可用数据，呈现了空间系统项目群在复杂环境中的全新动态。表 6-3 介绍了有代表性的项目产出物。它也可以与那些提供了关于具体信息作用更多细节的其他章节相呼应。本节将进一步讨论这些作为修改文件要求的工具。

表 6-3　集成要求与沟通产出物[①]

项目信息类型	常用产出物	项目管理信息系统分类	项目管理信息系统工具选项	利益相关方注意事项	推荐频率	讨论所在章节
项目绩效						
项目成本	工作分解结构 项目预算 项目实际成本、成本账目计划、成本账目报告	控制系统	文件、财务报告工具	展示了所有方的总成本，按联邦拨款周期排列（拨款、财政年度许可、持续决议的影响），项目进程和完工估计	按照合同定义的集成基线评审（IBR）建立。每月的挣值指标，依赖项目策划时间线的其他产出物的频率（财政年度或季度）	第 3 章，第 11 章和第 12 章
项目进度	里程碑或甘特图 任务列表 关键路径分析	控制系统	文件、进度工具	展示了项目进程，分系统相互关系，风险与机会分析，并按项目成本排列	建立集成基线评审。每周与项目经理（包括分系统更新）沟通，每月与利益相关方沟通	第 3 章
风险和机会	带有发生和缓解计划可能性的项目风险列表和项目机会列表	决策支持系统	文件、风险管理工具	辨识风险与机遇机制，涉及技术性能、项目成本和项目进度。应包括风险和机遇的来源、发生的可能性、风险发生成本和风险缓解战略成本	建立集成基线评审。最小评审频率为每月。有时某一级别的组织将处理风险和机会，其他人与利益相关方交涉。工具应支持层级报告方法	第 15 章
系统工程管理计划	文件详细说明系统工程方法	控制系统	文件	合同交付物，带有指定结构要求的合同数据要求列表（CDRL）	带有必要更新的基于合同条款的基线	第 7 章
项目管理计划（PMP）	文件详细说明项目管理方法	控制系统	文件	带有指定结构要求合同交付物	带有必要更新的基于合同条款的基线	第 3 章

续表

项目信息类型	常用产出物	项目管理信息系统分类	项目管理信息系统工具选项	利益相关方注意事项	推荐频率	讨论所在章节
项目测度	例子：缺陷报告	决策支持系统	文件、业务智能工具（显示板）	额外的项目状态指标（包括前面提到的），提供了对健康度和项目进程的观察，也支持执行简报	不定，最少每个月	第 14 章
系统控制信息						
技术状态管理	项目技术状态项	控制系统；沟通系统	文件、数据库	按指定结构要求排列合同数据要求列表，可供所有其他信息交换需要充分利用	不定	第 8 章
数据管理	合同交付物文件档案	控制系统	文件、数据库、物理实验室	按合同数据要求列表排列，项目评审和公共信息交换	不定	第 14 章
沟通信息						
项目状态评审	项目简报	决策支持系统；沟通系统	文件、显示板	利益相关方需求说明	不定	第 14 章
人员会议	会议纪要	沟通系统	文件	项目状态，问题解决方案	不定，通常每周	第 14 章
问题解决方案	行动项列表	沟通系统	文件	项目状态，行动项更新，缓解计划，决策授权	不定，通常每周	第 17 章，第 18 章和第 19 章
资源信息						
人员	人员概览；组织结构图	决策支持系统；控制系统	文件、财务支持工具	授权范围，组织密度，填补关键项目位置	每个月	第 3 章，第 4 章
设备和材料	综合后勤数据库	控制系统	文件、数据库	网站规范，项目信息控制，人员和 IT 安全	不定	第 9 章

①我们按照项目调整该表格，并填充了项目指定数据和注意事项。

6.1.3　定义报告要求

报告项目信息可以服务于很多目的。对于任何信息交流，我们必须了解详细的需求，以便为撰写书面报告提出适当的说明。大量的报告定位于利益相关方和团队成员之间的信息交换，该交换推动项目的日常活动。当关注的给定项目要素不同时，这些报告也是不同的，可以涵盖项目状态全面情况也可以是一组关于项目健康状态的数据。有些报告是合同或项目交付物。对于大多数空间任务，其合同详细说明了项目报告要求。

报告要求推动项目信息管理系统工具集的选择，包括数据格式和信息控制。项目管理信息系统框架包括以各种形式提供项目数据的许多工具。该框架允许我们在一个可访问的位置组织、强化并摘录报告和报告数据。

信息所有者和工具专家可以帮助项目经理理解可用信息的深度。这些知识可以让我们充分定义报告要求。按项目管理信息系统定义排列信息需求可以满足这些报告的要求，吸引利益相关方并有效地管理项目之间的信息交换。

6.1.4　建立信息所有者和框架

项目启动时我们必须建立一个框架，为已经定义的信息指定合适的"所有者"。给定信息类型的所有者必须保证信息的及时、准确和可控传播。我们应该记录这些角色要求，并对每个信息所有者负责。所有者不应自行定义如何使用或公布数据。这是需要项目经理批准的项目级活动。所有者应当是：

1）对于数据的精确性和相关性在任何时间都有权限；

2）对储存数据类型的工具（例如数据库）熟悉；

3）能够定义有效的数据实施战略来支持数据维护（日常归档）、恢复（备份和恢复）和提取（当前记录访问或过去的访问）；

4）组织中的领导者，有直接报告责任来确保清晰的所有权并避免混淆，考虑谁负责生成记录或其内容；

5）项目团队中足够高级别的人员，了解信息过滤的重要性（在正确的信息设置中提供适当的详细程度）。

卫星接口处理项目群总工程师和集成项目团队（IPT）领导对于确定信息所有者和授权访问信息框架来说是有影响的。这在大多数空间任务项目中很常见，其中包括批准个人获得适当访问项目信息的设置指导。在项目早期建立该流程确保人们可以访问的、做好本职工作需要的信息；它还保留了任务数据"需知"的保护。

例如，在卫星接口处理项目群（SIPP）合同授予后在项目角色和责任分配期间，确定了信息所有者。它反过来取决于组织结构，如表 6－4 所示。

表 6－4　定义卫星接口处理项目群信息所有者①

经理	责任
总工程师	定义信息所有者和信息管理的整体框架
系统工程与集成（SEIT）经理	确定每层要求定义的信息所有者（系统、软件、硬件等）
试验经理	定义试验程序、情节和说明的信息所有者，以及系统工程与集成团队接口
技术状态经理	定义项目信息技术状态控制框架，包括技术状态控制会议的流程、模板和时间线
软件工程经理	定义在整个开发流程中软件开发代码的所有者，特别注意管理建造和集成过程
风险经理	定义获得项目风险和机遇的信息结构、流程和框架，包括如何制定缓解计划
组件集成项目团队	定义组件级别的信息所有者

①项目经理领导下的几位经理共享定义信息所有者的责任。

图 6－2 展示了如何建立所有者框架，令我们确定了每个信息源的范围，以及依赖项

目的成熟度，每个项目中负责信息的所有者。该图介绍了风险范围，技术状态管理和系统工程。

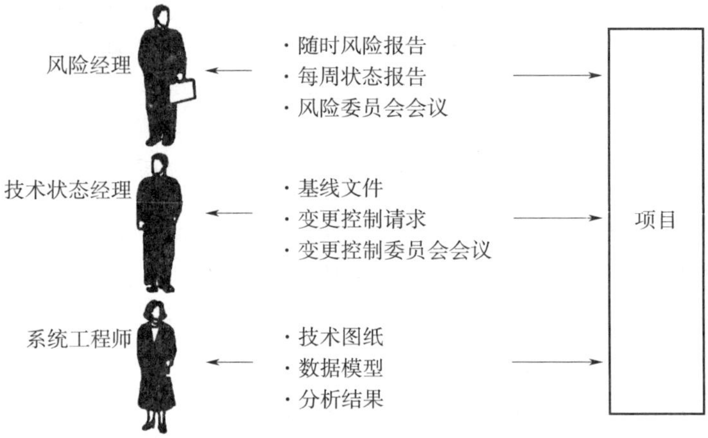

图 6 - 2　项目信息范围

界定信息所有者框架可以以逻辑、有序的方式帮助项目信息分类

该框架演绎了整个生命周期的项目变更需求。因此，我们应该经常重新审视它。相关项目成员应该在每个重大项目评审后复核该内容，因为它们是传统的生命周期阶段分隔符。但是项目群应该有一个单一的联络点来裁决项目管理信息系统框架的决定。对于大型项目，这个责任交给总工程师或系统工程经理。表 6 - 3 介绍了一个初步框架，我们可以根据项目需求对它进行修改。在修改过程中需要考虑的一些要点包括：

1）该项目数据目前怎样？是静态还是动态变化的？例如，组织模式可能不会像项目进度那样经常改变。

2）利益相关方感兴趣的项目信息是什么？他们多久请求一次？项目计划中一些交付物是强制性的。

3）我们会使用什么样质量的记录来采集项目信息？

4）我们将使用什么样的数据存储或项目信息管理系统工具来采集并存档项目信息？

5）我们将定义什么样的机制或过程来监测信息和数据档案的准确性？

6）将有多少用户提供必要的数据用以导出该项目的信息？这一点尤其与要求管理、进度和成本管理有关。

7）我们将采用什么样的报告格式？

8）多长时间作一次项目信息报告？

图 6 - 3 描述了项目经理作为信息发布唯一来源角色的困境。所有的信息所有者和利益相关方都出于自身的目的来发送和获取数据，而项目经理必须保持信息集中并防止分配不一致。

在这种情况下的一个问题是团队成员和信息所有者之间缺乏沟通。如果没有深入理解项目的状态和方向，每个团队成员和利益相关方都可能会沿着不同的路径发展。更令人关

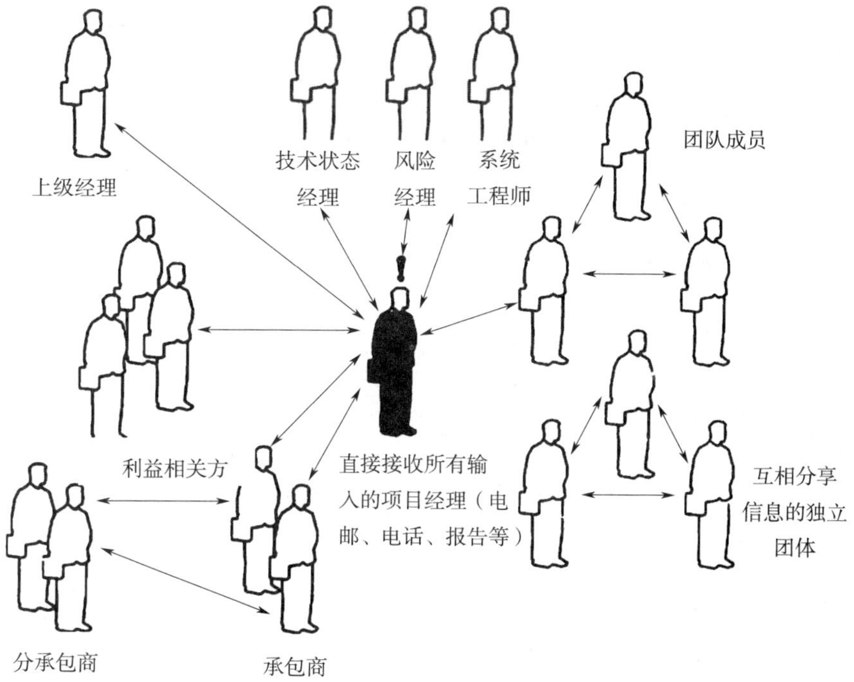

图 6-3　没有项目管理信息系统时项目经理个人混乱无序

这里，项目经理就是一个单一的信息焦点。这导致了在重要的项目参与者中缺少有效的沟通

注的问题是数据饱和，它会导致关键团队或信息所有者的脱离。它也可以通过信息阻塞和"烟囱"方式（团队、组织或群体之间没有集成或共享数据或资源）造成单点故障。这导致了决策制定的延迟，即对空间任务动态环境的迟钝反应。图 6-3 甚至还包括与项目经理无沟通关系的群组。

卫星接口处理项目群项目经理的困境与图 6-3 描述的模型一致。利益相关方都分布在全世界各地，包括定义任务算法的科学家。这些算法必须集成到地面站软件开发架构和制造的仪器中。算法变更在任务的整个生命周期中是动态的。没有使用项目信息管理系统而采取"烟囱"方式时，由于大量的数据和潜在的变化，有效管理这方面的信息交换几乎是不可能的。这类任务将冒着设备精度有限，甚至可能完全不能与设备沟通的风险发射。

6.2　建立协作环境

不论项目大小，利益相关方和团队成员代表了一个关心项目进展和成功的个人利益群体。项目经理是建立整个项目合作的中心纽带，包括确定项目信息所有者。信息共享发生的框架是"协作环境"。

第 4 章和第 5 章讨论了与利益相关方建立项目组织和接口的重要性。这是早期了解团队服务、参与对象和协助环境的基础。反过来，也是建立并实施项目管理信息系统运行方针并确定信息安全控制的关键。

我们必须考虑下面的内容：

1）我们应该定义多少团队成员？

2）是否每个项目参与者都需要使用项目管理信息系统工具箱？

3）依据合作关系，我们是否必须分割数据贡献者和捐助者？我们需要拒绝其中的无约束访问吗？

4）我们必须按项目功能隔离数据吗［例如合同、预算、国际军备交易管理条例(ITAR)、竞争敏感性等］？

5）项目组织是地理上分散的吗？

6）技术环境基础设施（工作站平台、执照状况和软件版本）是复杂的还是相似的？当几家公司参与任务开发和交付时，我们需要知道该情况，这通常是空间任务系统的惯例。

例如，卫星接口处理项目群需要跨公司、跨政府机构，开发国际接口并部署地面系统。因此，有必要考虑如何隔离项目信息，保护如竞争敏感性等利益，遵守如国际军备交易管理条例这样的出口/进口管制等。为此，随着确定信息所有者和框架，项目使用了如eRoom和Citrix这样的协作工具来交换项目信息并建立协作开发环境。团队的每个成员都依靠这些环境机制来交换数据并确保信息流通。

我们可能会试图简单地把协作环境认为是团队信息共享的一套工具。这是部分正确的，但协作的本质不同于工具包或产品。它存在于项目理念体系中。它的意思是，项目团队如何完成工作，即表示项目做了什么。一旦团队成员遇到合作项目管理的权力，他们往往会确定其他项目需求，而这些需求对项目管理信息系统来说是优秀的候选要求。因此，在从工具角度评审合作关系之前，我们讨论了合作环境，因为它们涉及用户群体和文化信息的交流。

6.2.1 管理信息所有者并促进沟通

为了成功地管理项目的信息所有者，我们必须应用第4章和第5章中描述的组织与利益相关方管理。确定表6-3所示的信息来源和资源，将为团队成员之间的数据采集与沟通提供明确方向。

第6.1.4节描述了建立信息所有者和项目信息存留框架的注意事项。项目经理的重要任务是传递每个人的专业知识并促进信息所有者之间的信任。主要项目里程碑可以让信息所有者有很多机会走到一起。这些合作机会是加强协作的沃土，它们增强了团队成员相互之间提高项目效益的能力。

一个大项目在任务方向和资金上可能涉及多个机构。针对特定利益相关方举办的论坛对不断强化任务要求及决策点的及时交流和合并来说是至关重要的。当项目群团队和利益相关方在地理上处于分散状态时候，协作策划就必须包括面对面的会议和电子论坛。

在所有会谈、会议和演讲中，我们应该评估项目的信息状态。团队成员必须积极鼓励彼此间对数据的探求并促进现有数据的交流。每个人都应该以最有效、最有利的方式识别不被共享、交流、获取或访问的知识。我们可能需要强制遵守并争取其他项目群领导者来帮助确定论坛和机制。论坛样例包括：

1）每周员工会议；

2）客户论坛；

3）终端用户论坛；

4）科学顾问小组会议；

5）原型机与增加能力的展示；

6）项目全体人员会议；

7）集成项目团队——单机和分系统会议；

8）技术交流。

通过这些合作产生的信息有助于项目管理信息系统定义的基础。它也构成了知识收集的核心。在卫星接口处理项目群案例中，在协作工具上发布这些会议上得到的产出物，这样易于开发如简报图表和行动项清单这样的事项。参加者可以远程就发布到中心站点的会议材料进行合作。利益相关方团体的领导可以在会议之前审查材料。这在实际评审中增加了更多的增值讨论。而那些无法参加实时会议的人可以回放会议材料，而且仍然能及时发表评论。协作环境可以使经批准的信息用户进行远程访问。这减少了旅行和返工的项目成本，旅行和返工通常是由不及时的信息分配和需要利益相关方决策导致的。

图 6－4 描述了利益相关方和团队成员之间的改进沟通方式。项目经理仍然是正式信息的焦点，它说明风险仍持续存在。现在大家都在相互讨论，但团队动态本质上所依赖演变的社会网络严重限制了项目采集知识的使用。如果不将项目经理和项目包括在内的话，产生有价值信息并作出关键决策是有风险的。我们可以通过建立一个及时、公开的沟通文化来最大限度地减少风险。同样，项目管理信息系统有助于增强这样的环境，因为数据对项目经理评审和评估来说是随时可用的。

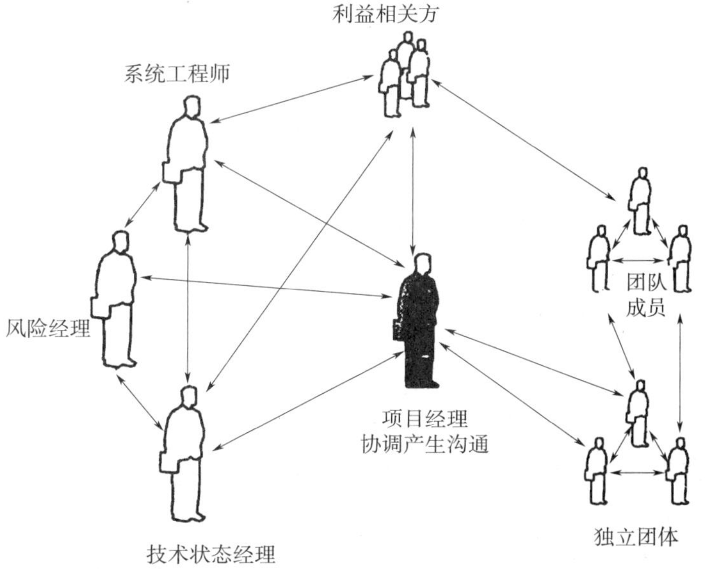

图 6－4　利益相关方和团队成员之间的改进沟通方式

在团队成员和利益相关方之间有更多的沟通纽带。但是当项目面临风险时，项目经理仍然是沟通的焦点利用项目管理信息系统，项目可以从每个人随时共享数据转换到获得和制定信息，从而供项目团队和利益相关方一致应用。项目经理已不再是唯一的项目信息流把关者。项目管理信息系统可以让我们充分利用项目信息的单一来源并集中精力管理项目。

图 6－5 描述了一个信息焦点是项目管理信息系统的项目。我们必须找出适合项目特定需求的信息管理系统。一个假想的人物代表可以成为一个有用的起点。但每个项目都定义了基于其生命周期和信息要求的项目管理信息系统的必要组成部分。图 6－5 代表了集信息收集、软件应用、计算机硬件和网络基础设施为一体的项目管理信息系统。第 6.3 节分解了该不定型的集合并介绍了其组件。

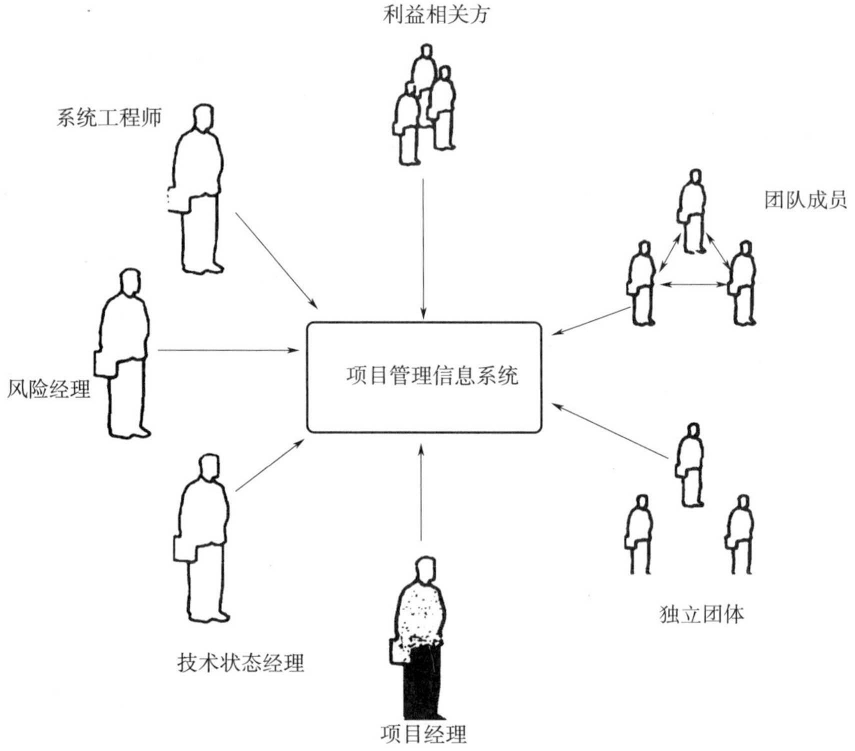

图 6－5　下一代协作沟通

项目管理信息系统为信息采集和参考提供了一个中枢

6.2.2　定义信息安全和访问控制

到目前为止，我们已经提到了协作环境中项目团队参与改善团队成员之间的沟通，并在一个中央项目管理信息系统定位项目信息的重要性。当然，并非所有信息都适用于自由传播。我们不应严密管理项目管理信息系统以外的受控数据类型。相反，我们应该在项目管理信息系统内对其进行访问控制。

每个项目都有不同的安全要求。从公开的可用知识到公司专有材料再到安全分类，在空间科学范围内关注数据安全，包括国际军备交易管理条例分类数据。大多数企业和所有美国政府机构都有识别和管理敏感数据的程序。

我们必须仔细评估管理的数据类型性质和有权访问这些数据的个人所归属的组织。表 6－5 给出了注意事项的例子。这对准备并实施数据安全约束规则是至关重要的。

定义安全性和访问程序的时间是在项目开始之时……而不是以后！启动并维持团队成员的人数是这项工作的一部分。每个项目的要求决定所需团队成员的数量和多样性。事实上，相当大比例的空间项目需要国际合作。尽管这些关系带来了好处，但是他们也增加了项目经理的额外责任，他必须增加数据访问和安全的严密性。这包括建立持续监测与控制的指导（见表 6－5）。

表 6－5　项目管理信息系统数据的访问限制①

因素	例子
组织	对于包含不同承包商制造的多种设备的卫星来说，如果没有明确的合同协议，一定不能在承包商之间共享设备设计的访问
合同义务	作为加入该项目的新成员，访问项目信息可能需要确认所有合同义务已签署（保密协议、组织的利益冲突文件，安保计划等）
公民权利	在许多情况下，团队成员的国籍决定其对涉及敏感但非保密文件和国际军备交易管理条例保密文件的访问
从属关系	对于部分项目数据，其他空间机构或政府分支或军事部门的项目团队成员可能需要特殊的访问权限
主题问题专家	如果导热专家参与异常问题调查工作，不会要求访问该项目的所有数据
业务职能	除技术状态管理团队，禁止所有人修改基线文件

①不是每个参与项目的人都可以无限访问数据。多种因素可能会限制一个人查看或使用某些数据的权利。

因此，我们应该尽早建立团队成员的评价与验证程序，定期评审其准确性和完整性。涉及定义流程和开发模板，为用户授权访问隔离的项目信息，包括文件服务器、网络服务器和开发环境（见图 6－6）。项目管理信息系统管理员与资源团队和项目领导合作，应至少每季度对团队成员进行评估。项目工期、灵敏度和团队成员的调动可能会要求更加频繁的评估。我们必须确保授权官员的参与，为他们准备好这些流程和程序。了解在项目初期的安全性和访问需求，使我们能够利用项目管理信息系统加强必要的控制。

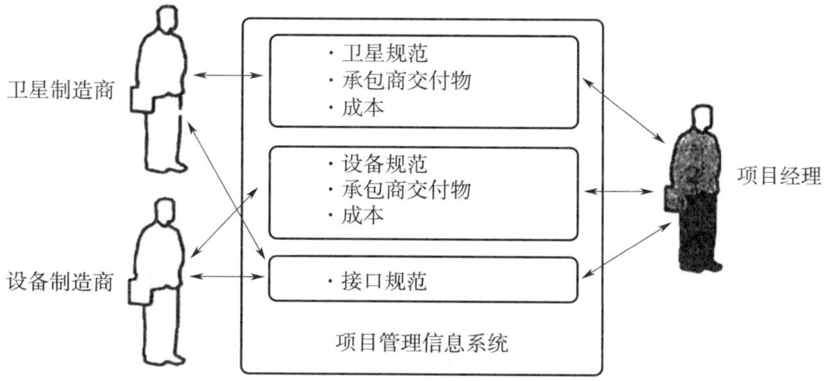

图 6－6　项目信息能见度

了解在项目初期的安全性和访问需求，使我们能够充分利用项目管理信息系统加强必要的控制

除了确定授权团队成员，我们可能需要对项目数据的发布作进一步的控制。当我们应用数据访问控制时，项目管理信息系统工具帮助定义并确定每个人应该有的访问权限。

6.2.3 纳入信息所有者

激励团体利用协作环境的最有效方式是直接推荐项目管理信息系统作为及时和相关信息的来源。我们可以考虑普通的项目询问，如："明天会议的会议房间号是多少?" 它可以在该项目的事件日历中说明。"你能够通过电子邮件发送演示材料吗?" 它通常比直接从互联网访问数据速度更快。

项目的具体任务进一步揭示了协作环境的价值，并提高了社团的参与度。其中，有许多程序可以获得项目风险、发起并响应行动项目、检索文件和提交书面评审结果。

第 6.1.4 节讨论了在分配信息所有者时如何建立框架。项目管理信息系统为这些个人提供了一个工具来组织、格式化并传播来自各个专业领域的信息，如图 6－7 所示。当项目调度通过项目管理信息系统发布一个 10 Mbyte 的文件，而不是通过电子邮件发送到项目每一位成员时，团队和网管都会轻松许多。项目调度通过集中、可控的进度一览以及消除许多使用电子邮件发布导致不受控版本的方式获取了收益。

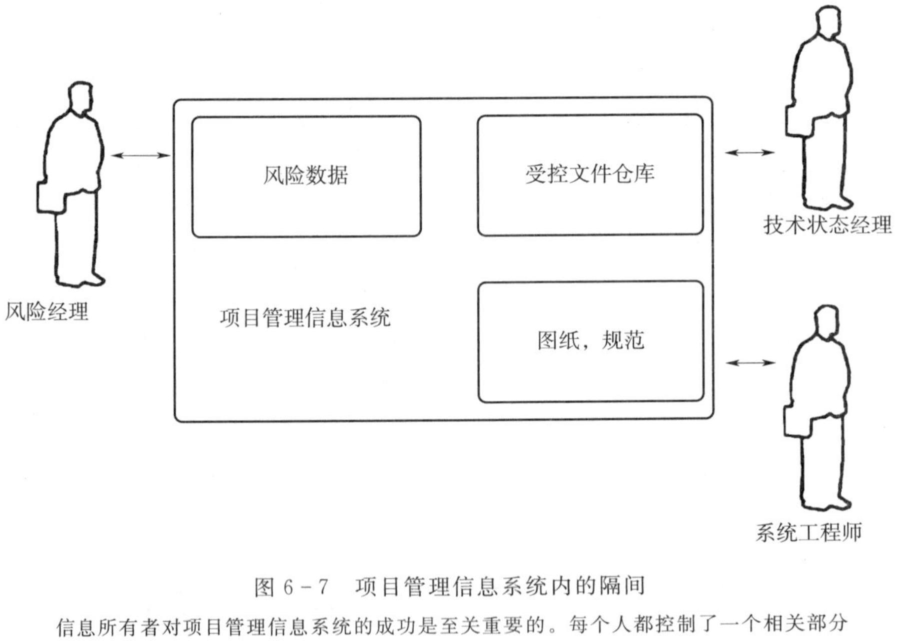

图 6－7　项目管理信息系统内的隔间

信息所有者对项目管理信息系统的成功是至关重要的。每个人都控制了一个相关部分

如果信息高效地参与到用户的日常活动中，那么获取信息就更加容易了。事实上，这是使用项目管理信息系统最重要的原因之一——这个系统令工作变得更加容易。访问受控文件的当前版本，用关闭行动项目的有时标的文档进行实时问题管理、不稳定事件的调度，以及识别主题的专家，所有这些有一个唯一的来源，这些同时也是团队可以轻松获得信息和知识的几个例子。

每个主题和工具都有其常设专家或管理员。他们的目标是：

1）识别并消除重复工作；

2）识别并纠正低效的数据传播和分配方法；

3）当发布或展示数据时，防止个人原因的错误输入或剔除。

项目管理信息系统促进的协作环境规范地解决了创造中期产品（粗品）的管理。在大型项目中，以可控的方式执行重复的、扩大的评审周期可以使评审流程顺畅。在 20 世纪 90 年代，我们不得不打印并分发文件，然后等待结果。现在，我们可以在中枢里使用相同的版本，实现受控访问，实时获取评价，最后实施战略部署。这是这些系统的一个强大属性，但它也有缺点。如果利益相关方和团队成员访问半成品，我们就可能不得不以尚未确认的立场回应正式的询问。这是一个问题，但努力避免这种情况与潜在的有效收益相比是比较轻微的。在线会议资源和粗产品环境的有效管理指日可待。

开发数据的“发送与获取”策略不是一朝一夕的。我们必须建立一种氛围，在这样的氛围里群体信息流的价值要是显而易见的。当团队中的任何成员都放心并心甘情愿地说：“我知道组织和利益相关方需要知道的东西。我也知道使信息可用的确切的工具、流程或方法。”那么，我们的目标就达到了。信息的可用性是指一旦确定、实践并通过，就将知识的涓涓细流变成了知识的瀑布。卫星接口处理项目群就达到了这种状态。客户、承包商、项目群主任、工程师和科学家们都走到了一起，共同将项目管理信息系统用于信息交换和系统开发。最值得注意的是，承包商和政府机构的项目经理加强了定义和控制机制。这就促进了整个项目信息的自由流动，同时保护了具体项目和企业的利益。

6.3　选择项目管理信息系统工具

本书在执行项目、项目调度、成本估算与预算、项目监测和风险管理方面介绍了丰富的细节。项目管理信息系统工具协助管理并控制这些活动的所有数据。今天，一些工具是如此复杂，他们还能提取档案、使用这些数据，并将其转化为强大的信息（例如指标）来帮助项目经理指导任务。

到目前为止，我们已经讨论并介绍了作为单一对象的、包括许多元素的项目管理信息系统。正如我们讨论了工具的选择问题，我们需要了解构成工具套件的元素。我们将项目管理信息系统工具作如下分类（见图 6－8）：

1）沟通系统——项目多个利益相关方之间信息交换的机制。我们还使用它们来优化在地理上分散分布地区的会议管理和地址系统的开发。第 6.2 节和第 6.3.2 节讨论了利用项目管理信息系统进行沟通的方法。

2）控制系统——监测并分析项目绩效的机制。包括要求管理、任务保证、进度、预算和风险管理。这对所有项目的监测、评估和控制活动来说是很关键的。

3）决策支持系统——用于决策制定时，将数据转换成了有用信息的一个系统，这种信息可以帮助我们执行管理决策。目前可用工具来提供动态图形用户界面来传达大量信息，而不需要领导团队吸收大量的数据。通常，我们可以配置这些工具来满足项目和利益相关方团体的需求。决策支持系统的定义依赖于利益相关方的要求和项目组织。

已建立在组织层级的环境中的启动项目，最有可能配置工具套件，并成为更大社区的组成部分。即使这样，一些项目也有特殊的需求，要求增加或改变该工具套件。在其他情况下，我们可能不得不从头开始建立一个环境。在这种情况下，项目经理和组织必须掌握并使用项目管理信息系统工具，同时也要采用并推广先前讨论过的协作行为，因为他们尚未建立。

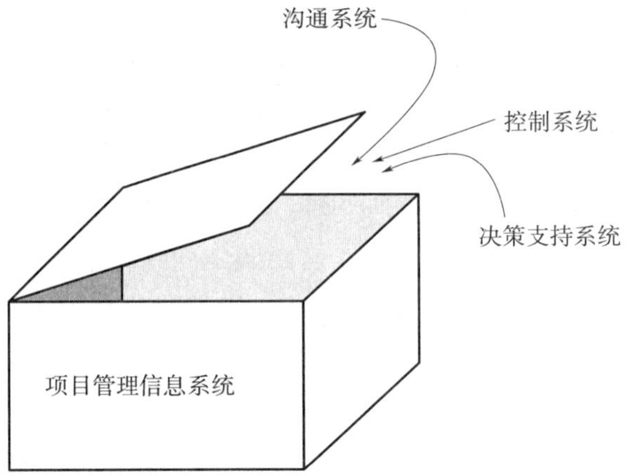

图 6-8　组成项目管理信息系统的系统

一大堆组件用于促进项目管理信息系统的建立，来满足任何项目需要

6.3.1　定义工具需求并选择标准

对于许多项目管理信息系统需求，选择比比皆是，如购买商业现货（COTS）解决方案，租用私人主办的访问或空间，甚至在内部开发定制解决方案。根据项目需求的复杂性和信息技术环境的现有状态，可能会采取大量的工作来选择并实施项目管理信息系统工具解决方案。这种努力自身可以成为项目，而我们也必须管理它们。

在我们开始调查工具之前，利益相关方必须了解并同意工具必须满足的确切要求。在某些情况下，要求是强制性的，这使得它能更容易地评估潜在工具。我们可能并不需要每一个都是新型的可用工具。

当选择信息管理工具时，我们必须考虑到：

1）成本——它直接影响“制造还是购买”的决策。采购商业现货产品，我们必须考虑购买价格和其后运行的许可费用，它们通常基于设备数量或经常使用工具的团队成员数量计算。定制开发工具可以消除正在进行的采购费用。但未来的定制会产生维护成本，尤其是当考虑可扩展性、性能和环境集成时。

2）定制要求——该工具是地地道道现成的解决方案，还是我们需要通过定制来满足项目需求？如果需要定制，是因为项目的特殊性质或一刀切推销的结果吗？

3）影响——工具是否需要一个全职管理员？在工具使用方面，团队需要进行专门的训练吗？

4）数据的复杂性和数量——工具必须满足项目的需求以便于管理相互关系和产生的数据量。

5）工具相互作用——工具是服务哪个团队成员的？它有数据提供者的数量限制吗？或信息会被单独过滤吗？我们可以远程访问工具吗？或者它需要直接的台式机或服务器访问吗？环境中使用的工具如何集成其他产品？

6）报告和仪表板能力——我们从工具中提取信息的方便程度怎样？工具是否允许远程用户访问实时的数据和报告？我们能否通过自动化手段为数据接收人提供信息（仪表板的例子参见图 14－6）？

7）预测能力——工具有提供预测“假设”情况的能力吗？

6.3.2　评估并选择工具

在信息技术时代，人们很容易淹没在大量数据之中。随着越来越多的信息和访问机制，我们必须积极监督并控制整个项目的信息交流。这里我们讨论了各类项目管理信息系统工具。它们包括用于以下目的的工具：

1）业务智能；

2）业务管理；

3）要求管理；

4）合作。

业务智能工具——它们构成了决策支持系统的骨干。提供访问控制来管理数据可视性，可以很容易地分类项目信息的相关性，并允许我们管理信息详情的级别。电子表格是最常用的形式。其他例子如报告工具、仪表板、进度与财务数据工具、行动项和问题报告工具。我们依据项目度量和分析作出选择。

业务管理工具——许多工具都可以解决项目业务管理职能。我们的选择可能取决于已经在较大项目环境中使用的产品。以下是工具选择和实施的一些注意事项。

1）调度工具——它们允许我们跟踪项目进展而不是特殊的节点。在选择调度工具时，我们必须考虑许可证或用户的数量，项目任务数据量，工具是否可以链接到挣值管理系统工具和用于采集、输入、并管理项目进度数据的必要资源。

2）挣值管理工具——挣值管理系统是大多数组织的项目管理信息系统的重要组成部分。第 14 章中针对计划的工作产品详细讨论了评估成本和进度绩效的能力。当选择挣值管理系统工具时，我们首先要问：挣值管理系统会被集成在项目进度工具里吗？它将与计时系统集成吗？项目的大小和复杂度如何（例如，我们将如何确定工作分解结构）？我们需要什么样的仪表板和报告来沟通挣值管理绩效呢？我们需要何种级别的支持来管理工具和挣值管理数据？监管机构（如国防合同审计局，国防合同管理机构等）有什么要求，工具如何适应不断变化的要求呢？

3）风险和机遇管理——正如第 15 章指出的，我们可以通过电子表格、挣值管理工具、数据库或专门设计的风险管理工具来记录并管理项目风险。使用特定风险的商业现货产品或其他可用的工具决定在很大程度上取决于该项目的风险环境、报告深度和我们要求的情景分析的复杂性。

要求管理工具——正如第 8 章讨论的一样，要求的定义和可追溯性是任何空间系统开发工作的一个重要组成部分。与风险管理一样，使用文件管理器、数据库或要求管理特定工具的决定取决于系统和分系统要求的复杂性和相关性。一般情况下，空间系统的分解越复杂，要求管理工具就越能提供更多的价值，特别是在技术状态管理、要求跟踪、试验验证和系统要求的最终签署方面（这些主题的详细讨论参见第 7 章）。空间系统和空间用户要求复杂的相互依存关系的确需要一个要求管理工具。

协作工具——到目前为止，我们已经讨论了使团队参与建立一个协作团体的方法，并给出了可能的项目管理信息系统工具集要素的概述。上面介绍的工具适用于产生大量数据的集中活动。在这里，我们讨论众多用于数据交流和处理日常项目的沟通工具中的一部分。

1）电子邮件——在 20 世纪 80 年代末和 90 年代初，电子邮件作为即时通信的一种有效方法，使项目在整个团队中可以共享文件并快速发布新闻和信息。它的易用性令其成为有价值的项目管理工具。而它一直是项目团队内部沟通的主要工具，今天面临的挑战是要在“收件箱”中过滤海量电子邮件以寻找到有价值的内容。项目经理必须确定多少信息是通过电子邮件沟通的以及多久产生一次。许多项目管理信息系统工具通过电子邮件提供自动信息发布。我们应该审查并监测这一功能来避免信息超载。如果太多电子邮件是同一来源，那么团队就要开始人为地过滤，这样就会变得没有效果。电子邮件客户端提供多种方式确定和组织收到的邮件。然而，最重要的是，这些需要用户发起并管理一系列业务规则或定义。这些工具也善于抵抗垃圾邮件（带有潜在危害内容的来路不明的电子邮件广告），但是，其大多数要求的工作量可能会阻止用户充分地利用该功能。

2）中央文件服务器——中央文件服务器是项目组成员可以访问组织的网络。它是文件共享源，但这种类型的服务器通常是由企业防火墙进行严格的访问控制。对于小型项目或其团队成员主要在同一间办公室或地区工作的项目，服务器上的共享位置是一个简单的管理文件的方法。随着项目的发展或团队成员在地域上变得更加分散，我们需要额外的工具和流程来维持集中文件服务器的优势。

3）电话会议——电话会议允许地理上分散的任何大小群组之间的实时通信。有效地使用电话会议可以提供高效的信息传播。这样可以节省时间并消除不必要的旅行。我们应该将电话会议开成就像在一间会议室的会议，它应该有一个明确的目的和议程。另一方面，电话会议的滥用会浪费大量时间在无成果的会议上。参加太多，或太长的电话会议，最终导致与会者在会议期间要处理多项任务，最终降低了会议的效果。为了缓解这个问题，我们应建立对会议的议事规则来改进参与。

4）基于网络环境——电子邮件是使用互联网来传输数据的一种工具。在这种情况下，数据可以从一个用户到另一个用户或一组用户。下一代协作工具将在更大程度上使用互联网。

·开发环境——基于 Web 的开发环境使项目团队可以访问并使用保留在远程服务器上的应用程序。一些应用程序需要的集中数据使得每个团队成员不可能获得最新的数据表现形式。能够访问这些所需的数据降低了数据配置问题的风险。开发环境意味着最大的节省，也意味着我们不需要为每一个项目成员购买软件和许可证。

·文档——现在对于项目来说，使用互联网连接全部可访问服务器上存储的文件和信息有很多选择。我们可以找到相关文件并在任何时间从几乎任何地点上传报告和演示。项目团队不再需要处在同一间办公室，甚至同一个城市。地理和时间区域并不妨碍在一个在线文档库的合作。这些在线库既可以是商业主机，也可以由其本身 IT 基础设施内的组织购买并实施。

类似企业文件服务器，在线文档库使我们能够定义存储数据的访问和安全级别。避免包含数据的 Web 服务器的维护和管理费用是商业托管解决方案的显著优势。然而，安全问题可能会限制我们使用这种服务。考虑到这一点，我们或许应该使用由上级组织或已符合必要安全要求的其他值得信赖的组织主办的在线资料库。

5）虚拟会议——虚拟会议是一种在线交流方法，包含了前面讨论过的几个协作工具。它是使项目团队实时沟通和合作的理想选择。在一个虚拟会议上，每个与会者通过访问网站来参加会议。根据可用技术水平，与会者听取在互联网上广播的会议音频或在视频电话线上参加会议。服务提供商的能力不同，但虚拟会议空间包括口头沟通能力，同时显示演示材料、视频或在与会者屏幕上的应用。

一些服务提供商让主持人（主持会议的人）确定沟通方式：演示的单向交流或参与者与主持人、开放论坛沟通的双向交流，这种方式使得所有成员能够进行交流。视觉表现的内容也取决于服务提供商。标准选项是让与会者参阅文件、简报和其他项目的数据内容。其他功能还包括获得文档处理后的文件标记（编辑和修改）。记事本和白板工具也很普遍。更复杂的环境可以让参与者共享应用程序和文件传输。

同大部分技术资源一样，上级组织可能已经定义了使用虚拟会议服务的基本规则。如果是这样，我们应该遵从这些规则。这种服务很受欢迎，但我们在使用它们之前应该明白其中的技术。例如，如果我们用的是服务提供商，此时演示和与会者之间的连接安全性如何？我们必须在提交之前上传材料吗？如果这样，这份材料会被分配到潜在的不受管制的收件人那里吗？

6.4　文档和发展项目管理信息系统

管理构成项目管理信息系统的人员和工具，不是一个固定的行为，而是随着项目的进展，团队成员的变化，以及项目进程的成熟动态地发展。在整个生命周期中，我们必须：

1）检查每个工具或组件的效率。第 6.3.1 节讨论了项目管理信息系统的选择考虑。随着该项目的进展，重新审视这些因素可以帮助我们确定需要重新评估的工具。我们可能决定不会改变任何工具或组件，或者认为该工具不再能够支持复杂的项目数据。

2）评估信息访问控制。第 6.2.2 节主要关注信息安全和访问控制。值得重申的是评估并确定项目开始时的安全性和访问控制是至关重要的。这一步为未来的信息接入修改分析提供了基础。该项目可能不得不重新多次在其生命周期内定义访问控制。该项目的阶段划分与利益相关方和团队成员的数量发展都需要反复评估。

3）促进信息交流机制的正常使用并从事新的或更高效的流程。轻松地提供、访问、或在项目管理信息系统内信息交流的能力是至关重要的。随着科技的进步，团队成员面临着越来越多的方法和共享信息资源。确定的流程对支持平稳的协作也许是必要的。然而同样重要的是，需要保持技术前进冲动，这可以提高项目更有效地获取和共享信息的能力。

6.5　小结

本章概述了项目经理在管理空间任务信息中的重要作用。它包括指导信息管理、工具考虑、建立合作项目环境框架的重要性。项目管理信息系统由于其在所针对数据的流通性、灵活性和可访问性方面的价值，使得我们能够进行有效的项目管理。项目管理信息系统的成功实施和日常管理是管理并提供空间任务的宝贵资源。

第7章 空间系统工程管理

布鲁斯·切斯利（Bruce Chesley）博士
波音公司

项目经理建立并管理流程，期望合适的人选可以利用这些良好的流程生成令人难以置信的空间系统。由于空间系统的复杂性和动态性，坚实的系统工程实践是项目成功的关键。这些实践包括用来保证系统达到预期效果和服务的各种活动和专业集合。

我们可以把系统看做是为了提供某项服务或改变某一状态而组织起来的一组资源。构成系统的资源可以是硬件、软件、数据和人员。这种服务可以是诸如提供火灾探测数据或控制卫星的服务。一个系统也可以改变航天器的状态，如将卫星送入预定轨道的发射系统。

系统工程是一门应用科学、技术和管理来创建系统的学科。它是横跨多个学科和各种愿景与关切的一系列活动。系统工程师必须管理设计误差预算和物理特性，考虑随时间推移的系统功能和行为特征，还要关心数据和软件如何满足系统需求。

项目团队中系统工程的角色是发现并应用那些跨学科、跨工作分解结构要素和组织边界的解决方案，来建立系统技术基线。

由于其对项目成功的重要性，系统工程通常会是项目经理的一种支持。系统工程决策直接影响成本、进度、风险和技术性能——这些正是项目经理要管理的内容。因此，我们需要详细了解系统工程的进展和决策。与系统工程团队建立紧密的合作伙伴关系可以确保合理的决策与成功。

系统工程的核心可以认为是能将项目“粘”在一起的技术“胶水”。它确保所有要素——硬件、软件、流程和人员协同工作。它还保证我们所有的互动和应急。我们必须了解这种“胶水”并将其贯穿到整个项目生命周期中。我们也要在设定项目方向的时候了解系统工程团队的观点。系统工程师通常重点关注什么是最好的技术性能，但对其他重要考虑因素不太敏感。例如，他们可能建议从技术角度进行变更，但考虑到合同限制、人员问题或预算影响等因素，这又是不切实际的。所以，虽然我们必须与系统工程师紧密合作，但是我们也必须带领他们适应项目的整体设想和目标。

本章提供了结构化的方式来管理系统工程，包括列表、示例和实际案例，这些都可以确定在每个流程或输出中要关注的问题。本章还介绍了项目管理方面的考虑，包括系统角度的技术项目策划、控制并记录系统技术基线，以及在整个项目生命周期内应用系统工程流程。本章尽可能地总结经验，将火灾卫星任务作为共同设计案例来展示系统工程流程和产出物。

7.1　制定系统工程的项目管理目标

空间系统工程师必须掌握两个主要领域：系统工程管理和技术领域的知识。系统工程管理保持系统从方案制定到运行，最后直至退役的完整性。由于空间系统的成本、风险和复杂性，本章中描述的所有系统工程活动和流程在其所在领域都是特征明显、体系健全的学科。本章的目标是对系统工程对于一个项目的重要性建立顶层认识，并对其关键工具和方法进行深入探讨。

本章重点关注三个主要系统工程功能和流程：系统设计、系统技术管理和系统开发。它从项目管理的角度描述每个领域并对其进行诠释。这些流程贯穿第一章介绍的整个生命周期的研制和系统采办各阶段。它们是迭代且相互关联的，在设计和开发阶段侧重有所不同。图 7-1 描述了顶层系统工程研制阶段，以及系统工程生命周期的一般进展。美国国防部和 NASA 的采办生命周期模型反映了系统工程产品从方案到发射和运行是如何发展的。包括国家侦察办公室（NRO）空间系统在内的国防部空间系统，都是根据国家安全空间采办阶段[11,20,21]来研制的。

图 7-1　空间系统采办阶段

图中介绍了空间系统的采办阶段并与 NASA 和国家安全空间系统（NSS）作了对比。国家侦察办公室的流程阶段与国家安全空间系统类似。系统工程的大阶段和阶段（上图）出自参考文献［17］（KDP—关键决策点；AoA—替代分析；IOC—初始运行能力；FOC—最终运行能力；SRR—系统要求评审；SDR—系统定义评审；PDR—初步设计评审；CDR—关键设计评审；MDR—任务设计评审；SAR—系统验收评审；FRR—飞行准备评审；ORR—运行准备评审；DR—处置评审）

图 7－1 中的空间系统研制阶段介绍了那些为走向成熟运行系统而测度进展的里程碑和评审。尤其是，主要生命周期评审确保了完整性、适当的风险降低和系统集成。我们在项目研制生命周期的背景里，包括所有必需的设计、管理和实现空间系统的学科，来应用系统工程流程。

一个复杂空间系统的研制需要在项目工程定义中稳步增加细节的设计流程。这些流程反映了详细的硬件与软件组件的集成，而技术管理流程帮助保持整个项目研制的设计完整性。图 7－2 描述了系统工程流程。系统设计流程反映了如何从高一级的产品层级分配要求，说明了详细设计定义中的“向下深入”。产品实现流程反映了产品集成、验收和转移到运行的“建立”。图片中心的管理流程反映了实现和设计之间的反馈。

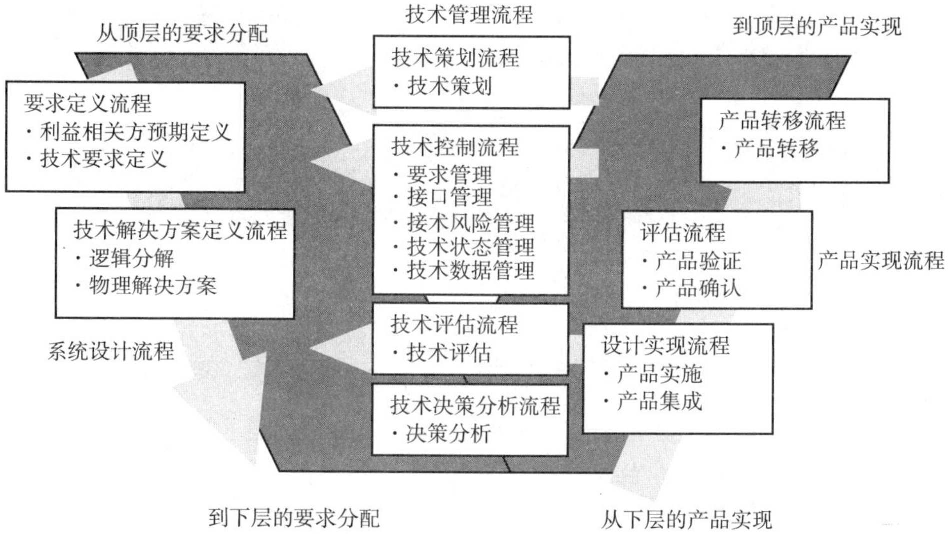

图 7－2　系统工程流程

我们在系统的每一级应用这些流程。系统要求从设计、分配（递归）出发到系统层级的低级部分，并通过实现流程生产产品。技术管理完成遍及设计和研制的综合、控制和迭代。图中的数字①对应描述流程的各节[6,20]

这些流程都是高度迭代和重叠的。例如，如果一个组件在集成或验证试验中失败，它可能有必要重访要求与设计。此外，流程会重叠和并行发生。一些长线组件将在其他容易理解且可以快速开发的组件完成要求和设计之前准备好集成（通用系统工程流程的附加信息见行业参考，如 ANSI/EIA－632－1999 和 IEEE 标准 1220－2005）。

这些流程的输出是产品和有助于系统成功的设计产出物。表 7－1 列出了一些主要产品。

当项目启动时，其特别关注的是系统工程管理计划。该计划描述了项目执行系统工程将遵照的政策和程序。特别地，它勾画出了：

1）策划与控制流程——工作、组织责任和进度；

2）系统工程流程——要求管理、分析与权衡研究、测试与评估战略；

① 原图没有数字。——译者注

表 7-1　系统工程产品①

步骤	流程	流程输出样例	讨论章节
1	开发项目管理	系统工程目标	第 7.1 节
2	设计系统 a. 定义要求 b. 定义技术解决方案	 · 要求分配与追踪 · 接口控制文件 · 验证方法 · 系统体系 · 结构化分析 · 权衡研究 · 设计产出物	第 7.2 节 第 7.2.1 节 第 7.2.2 节
3	管理技术流程 a. 策划技术工作 b. 控制技术流程 c. 评估技术流程 d. 分析技术决策	 · 系统工程管理计划 · 软件开发计划 · 进度分析 · 进度风险评估 · 知识获取 · 技术状态管理 · 数据管理 · 功能技术状态审计 · 物理技术状态审计 · 建模与模拟体系 · 使用案例模型 · 时间线分析 · 系统优化	第 7.3 节 第 7.3.1 节 第 7.3.2 节 第 7.3.3 节 第 7.3.4 节
4	实现产品 a. 设计实现 b. 产品评估 c. 产品到实施的转移	 · 制造 · 软件开发 · 系统集成 · 验证与确认 · 验收 · 运行产品 · 培训与准备	第 7.4 节 第 7.4.1 节 第 7.4.2 节 第 7.4.3 节

①系统工程流程产生的技术数据和实现设计所需的产出物。

3）专业工程计划——可靠性、可维修性、可用性、安全性、人的因素等。

系统工程管理计划建立了管理框架，确定了所需资源并分配了项目团队的责任。正如科斯亚科夫和斯威特所指出的，“系统工程管理计划（SEMP）最重要的功能是确保所有积极参与者（分系统经理、组件设计工程师、试验工程师、系统分析师、专业工程师、分包商等）了解他们的责任”[17]。

我们必须与系统工程师紧密合作来确保系统工程管理计划准确地反映项目中所有系统工程组成部分（见参考文献［2］，［17］，以及本书第 3 章关于系统工程管理计划的大纲和其他详情）。最终目标是为项目的变更和成熟产生和管理技术基线，并与第 3 章和第 14 章描述的成本与进度基线保持协调一致。

7.2 设计系统

系统设计流程建立了项目的计划和技术框架。系统体系代表了顶级的系统要素，包括其组成、相互联系和组织的方式。它综合了系统的使用和功能，反映利益相关方的需求。它也代表了系统中主要的交互和接口。设计流程的结果是一个在成本、进度和风险约束内技术可行、成熟、完整的设计。

系统体系为设计提供背景，包括如何定义要求和技术解决方案。我们需要了解项目的体系描述，因为它重点关注“系统的基本组织，体现在其组件的，它们相互之间的关系和它们与环境的相互关系，以及支配其设计与解决方案的原理”[16]。

国防部体系框架（DODAF）适用于许多空间系统。它支持系统的互操作性，通常包括运行、系统和技术观点。一种第四维描述，被称为总体视图，在执行企业范围内给出了系统的整体观点。它指出首要关注点，如运行方案（CONOPS），关键任务目标和策略，以及战略与体系术语的综合词典。图 7－3 给出了这三种主要视图是如何相互关联的：

1）运行视图描述了每段之间的任务职能；

2）系统视图定义了系统或分系统支持的互通性要求；

3）技术视图解释了如何进行采购、设定标准和建立成功标准。

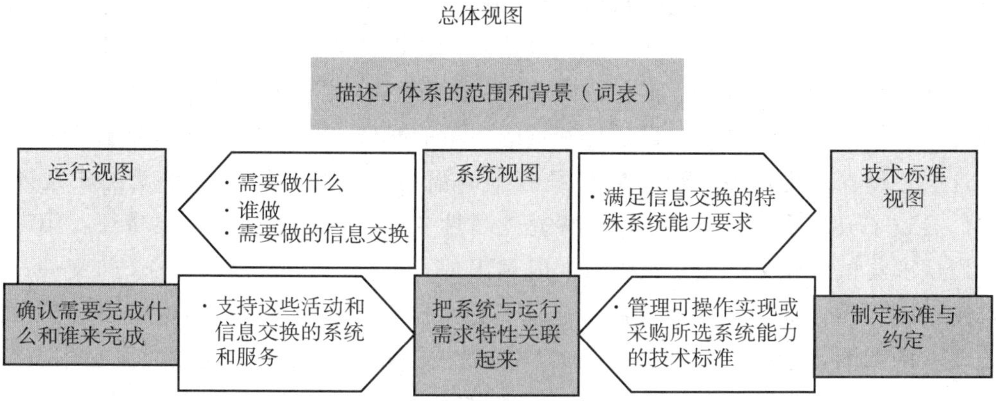

图 7－3 体系框架视图

三个体系视图和它们之间的相互关系，如国防部体系框架所述[8]

作为定义火灾卫星体系框架的一部分，项目经理和系统架构师迭代地增加了相关系统视图的细节和定义[19]。定义运行方案侧重于满足最终用户。基于运行的系统定义保证系统将如客户预期的那样运行。基于运行的系统分析通过用例分析将运行与设计相连。用例分析以客户需求为起点，强调客户想要从系统得到的活动和功能。它考虑最高级别的抽象，而不关心实施细节。以方案为基础的系统分解对客户显示运行方式。它是项目开发后期集成与试验方案的基础。系统体系产品的例子是美国空军太空与导弹系统中心使用的初级系统工程[23]。

图 7－4 展示了火灾卫星任务利用用例分析所做的功能分解早期步骤[4,14]。在第一级，它描绘了最终用户和系统之间在探测并定位森林火险的顶层交互行为。火灾卫星用户浏览火灾卫星系统，该系统可能与外部目标接口。在第二级，它将火灾卫星分为两个体系要素：地面段和空间段，二者有着不同的功能。它们一起合作提供所需服务——探测并定位森林火险。在第三级，系统分解阐述了不同的细节层次，在保持第二级地面段的同时关注卫星分系统。我们可以同样地分解地面段。利用用例分析，我们可以定位体系不同部分的功能，并定义满足用户需求的互动机制和协作要求。

7.2.1 定义要求

要求定义将系统需求翻译成背景和细节。通常，我们在项目早期建立顶级要求，但是要在整个项目生命周期进展中完整地理解它们。

本节的其余部分概述从利益相关方期望到技术要求定义的系统工程观点。第 8 章更完整地描述了我们如何分析和推导这些要求。

虽然听起来满足顶层系统要求的责任很简单，但是要求定义和管理在整个项目中是主要关注的对象。早期阶段，我们重点要关注的是理解要求——我们如何解释可能不清楚、不确切或有冲突的顶层要求？我们需要为系统工程师提供澄清这些问题的方向。另一个关键关注点是建立稳定的要求基线。不断变化的要求在研制周期后期会变得更加复杂，所以早期确定要求规范中的性能量值和澄清模糊点是按期在预算内交付和后续成功的重要保证。

除了在背景上解决和澄清要求，我们也遇到了建设性的变更问题。建设性的变更发生在项目赞助商和设计者同意执行不在合同范围内工作的时候。该变更通常发生在善意的人们共同合作，作出他们认为是项目最佳利益的决策的时候，所以当时可能并不重要。不幸的是，这些建设性变更意想不到的后果是范围的潜变——额外的工作和无正式文件的要求，它们导致了成本超支和工期延误。面对建设性变更的挑战有两个主要特征：第一，它们在人们认真尝试做什么最适合该项目的时候出现；第二，它们并没有正式的文件，这使其很难被精确描述。记录这些挑战并为合同变更实施项目流程，而仍然保持系统工程师满足系统要求的意图，这是项目经理必须经历的危机。处理不好，建设性变更会削弱性能，或令客户与项目经理出现不合作的现象。处理得好，当其全部记录在案并满足双方需求的时候，它们将帮助系统满足客户需求。

建立利益相关方期望——项目成功最终依赖于实现主要利益相关方的期望（见第 5 章）。对于系统工程来说，我们必须在一条单一要求基线中表达这些群体的各种需求。作为主要的媒介和翻译，项目经理建立满足利益相关方愿景的技术要求。

例如，火灾卫星机构级别的利益相关方期望系统在 30 分钟内探测并报告火灾的位置。我们必须理解该需求并研制一个满足该需求的系统。假设系统可以快速探测火险，但是却需要更多的措施和数据处理来找准位置。项目经理与系统工程团队合作，可能会提出确立 30 分钟在 1 000 米范围内火险位置的要求，来满足资助该项目机构的愿景。项目也可能要求在 45 分钟内发送精确的数据产品，它包括额外的敏感器测量和数据处理，在 100 米范围

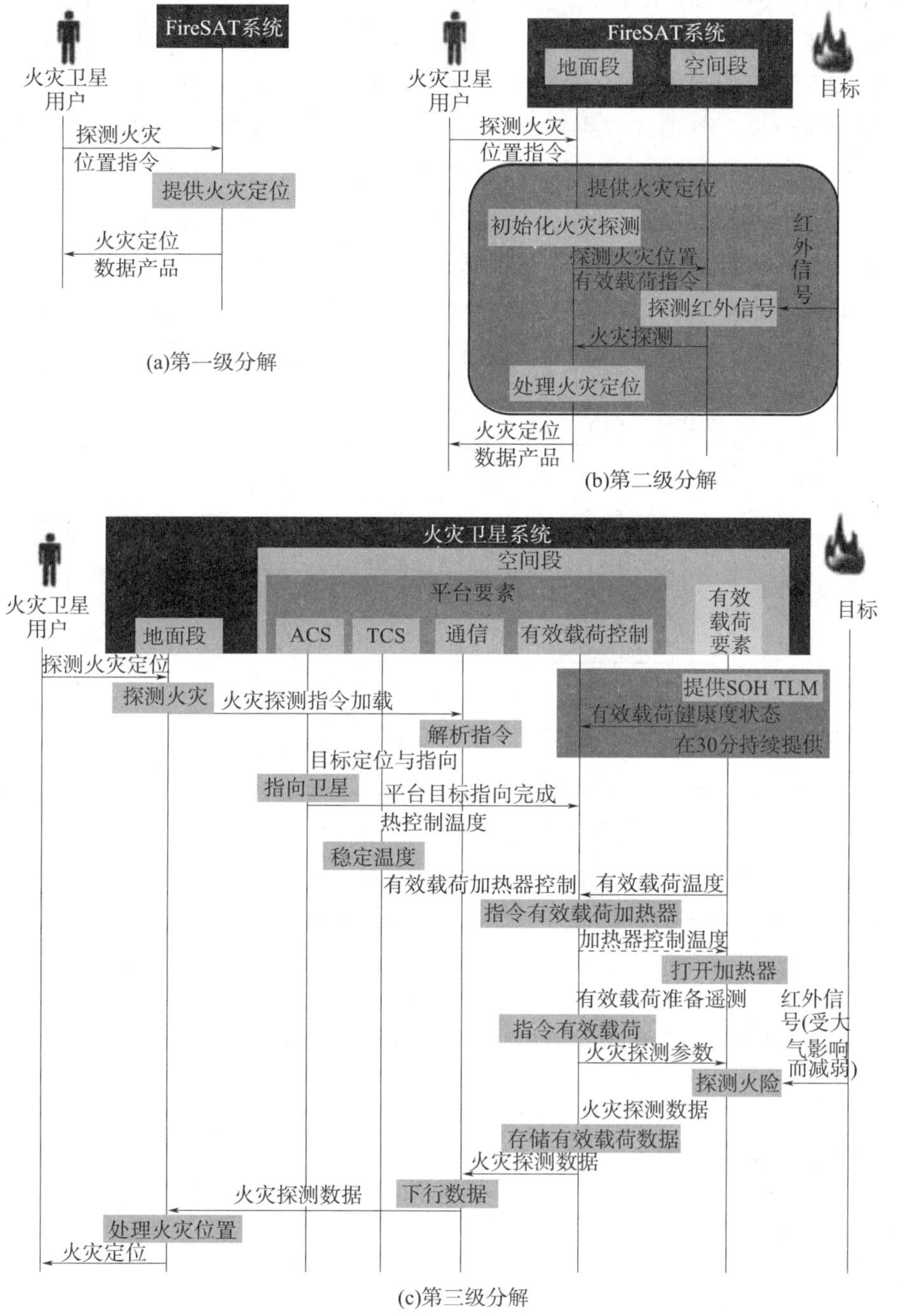

图 7-4　火灾卫星系统的功能分解

第一级显示了从外部用户角度看到的火灾卫星行为。第二级显示了系统各段职能的顶层配置。第三级显示了空间段更多细节的功能分解，包括有效载荷、平台和分系统之间的交互作用。改编自参考文献［5］（ACS—姿态控制系统；COMM—通信；TCS—热控系统；TLM—遥测；SOH TLM—健康遥测状态）

内定位火险并满足消防社区终端用户的需求。

定义技术要求——我们为每个符合体系框架和运行方案的系统组件分配了技术性能指标。继续以火灾卫星为例，图 7-5 给出了我们可能如何将这 30 分钟的报告时间分配给系统的空间段和地面段。由项目经理所把握的性能余量保护了开发后期中未预料的设计挑战。我们需要小心翼翼地保护性能余量，并跟踪随着设计进展对它们的占用。

如图 7-5 所示定义并分配要求，就建立了空间系统定量和功能的规范。这些规范设置了系统运行与性能要求，包括从供应商或子承包商获得的任何组件。使用第 8 章描述的方法，我们对系统体系（包括软件体系）要素分配要求，并将它们与运行方案中的功能与运行思路联系到一起。作为一项规则，我们必须在发射前确认所有要求。

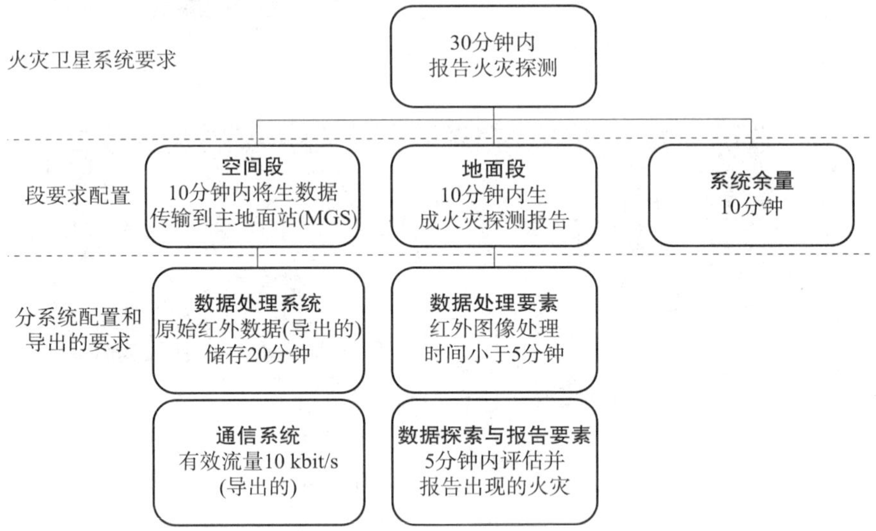

图 7-5 定义火灾卫星要求

我们对各段和分系统分配系统级的要求（在探测到火灾 30 分钟内报告其位置），

包括保护不可预见性设计问题的 10 分钟性能余量

7.2.2 识别技术解决方案

技术解决方案形成了系统的最终物理与功能形式。它建立了系统组件的层次结构，定义了协调系统的接口，并介绍了满足性能要求的软硬件的物理解决方案。

从逻辑上分解系统——系统工程方法遵循系统、段、分系统、装置和组件的层次结构。逻辑分解按层次结构的对应级别分配功能、要求和接口。一个好的起点是通过对系统组件分配功能和性能规范。从那里，我们可以指定接口和互动，包括信息与物理互动。我们还必须确定长线项目——该部件要求为了系统集成要尽早开始准备。

逻辑系统分解的一个重要好处是定义内部接口（在系统组件之间）和外部接口。外部系统接口帮助定义外部组织（如政府机构或承包商）提供的设备、信息、模型或服务。我们必须认真评审政府提供的设备和信息列表，以及“给予者-接受者”在研制进度中的依赖关系。这可以帮助我们确保系统工程团队的所有外部供应产品及时完成其设计。这些政府提供的项目是非常重要的，因为它们会影响我们的合同如何满足客户需求。

随着技术解决方法的成熟，详细程度也有所增加。它包括在所有设计层面的、详细的功能流、行为反应（如状态和模式转换）、时间表、控制流、数据流、信息模型、软件服务和属性、背景图、操作线程、数据结构和功能故障模式与影响分析。系统工程团队分析这些因素，并将其汇编到一套完整的派生技术要求中。如果我们要在已建立的项目基线中产生一套经过确认的技术要求，解决所有竞争设计要素之间的技术冲突要求更多的努力。

建立设计解决方案——我们通过要求的上行与下行可追溯性和系统层次结构中每一级的系统性能产出，建立设计解决方案。设计解决方案包括所有系统的必要组件：硬件、软件、固件、材料、数据（如指南或手册）、设施、人、服务、技术、流程和手工处理程序。

图 7－6 介绍了火灾卫星设计解决方案的顶层功能描述。原始的有效载荷数据（右）从空间载荷通过平台-通信系统流向地面站。在那里，数据管理和报告单元评估了火灾存在与位置之后，它成为了数据处理要素中的一个数据成品。然后，火灾探测警报将发送到用户群体。

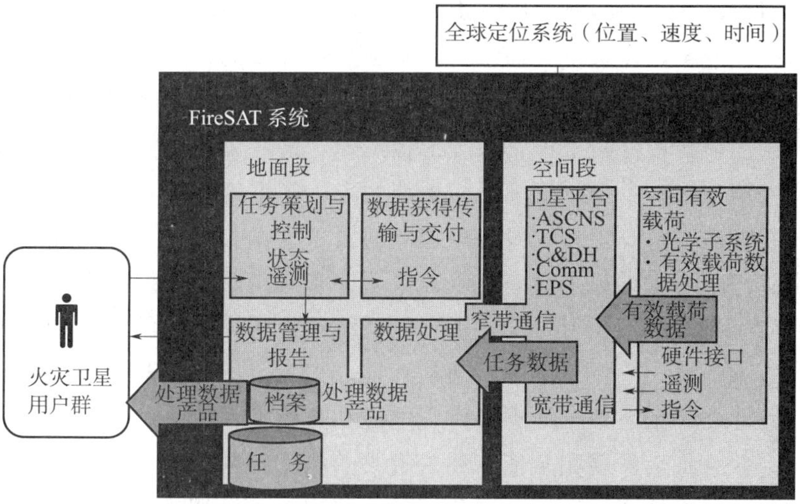

图 7－6　火灾卫星系统的功能框图

物理与逻辑分解通过系统物理组件展示了信息流（ADCNS—姿态确定、控制和导航分系统；TCS—热控分系统；Comm—通信；C&DH—命令与数据处理分系统；EPS—电源分系统）

完整的设计规范由系统评估选择和运行方面的考虑产生。我们通常通过系统的每日工作分析和运行线程获得详细的运行方案和时间线。当我们详细处理像初始化在轨卫星、巡航模式、有效载荷操作和安全模式这些要考虑的问题时，这给了我们信心。我们必须描述这些操作线程，这样，设计就详述了所有任务阶段、状态、模式和功能（包括状态转换）。该分析还推荐操作顺序和程序，这些是我们在验证与确认过程中使用的，也是在人员培训和系统操作过程中使用的。

7.3 管理技术流程

需要有专业的策划和管理来指导系统开发，并平衡产品实现的要求与优先级。技术管理由策划、控制和评估活动组成，它们形成项目进程图表，严格执行规定和测度进展。在这里，项目管理和系统工程几乎是不可分开的。这两个团队必须紧密合作来开发需求计划、流程和评估。

7.3.1 策划技术工作

技术策划建立了系统工程各个方面的流程和指南。系统工程功能发生在项目层次结构的多个层级。我们针对空间系统来执行整个计划，但是空间段、地面段、分系统和组件要求特殊的考虑和流程。例如，污染控制对于光学组件是至关重要的，如星跟踪单元，而推进系统则更重视处理有害物质。在这方面的一个大的挑战是确保必要的计划和流程是合适的，没有重复工作或引起整个系统的沟通障碍。

系统工程师应该有处理涉及系统技术完整性和维护整个项目沟通问题的权力。在一个大系统中，如火灾卫星，在系统工程活动之间和系统各段或各分系统的经理之间会发生冲突。例如，假设一个分包商正在一个独立于开发火灾卫星飞行器团队的地方开发地面段。分包商的系统工程领导者参与了项目系统工程工作，这些工作可能包括影响地面系统成本和进度的技术决策和方向。如果管理地面系统的人不知道这些技术决策的话，就会引起冲突。沟通、精心管理、系统工程和段经理之间的紧密合作会帮助保持性能、成本和进度按要求发展。第 17 和 18 章讨论了动态技术环境下分布式团队的管理与沟通。

系统工程代表项目经理执行设计评审，使系统要素达到合适的成熟度水平。设计评审最好从整体，而不是单一事件来考虑。换句话说，火灾卫星有效载荷的初步设计将包括光学系统、红外敏感器、数字数据处理组件、电源和热管理系统等的设计评审。每次评审可能会持续数天，并且将会发现相互依存和未解决的技术问题。随着设计评审进入集成的更高级别，我们需要跟踪并解决这些问题和行动。完成初步设计或其他设计阶段的评审可能需要几个月的时间。对于一个给定的设计评审区间，项目经理指导系统工程在开发计划中进行必要的评审。

此外，每个空间项目都有包括安全性、可靠性、在轨可用性、制造和人为因素的，涉及专门职能的、重要的工程流程。专业工程是一个应用于这些流程的概括词组，而系统工程为其开发了计划和要求。表 7-2 列出了一些空间系统中的普通专业工程计划。根据项目需求，我们可能将其他专业包括在内。例如，我们可能需要增加生存工程来克服军事卫星通信系统的无线电频率干扰。

技术项目策划还包括建立支持项目设计和开发的工具和设施。如第 6 章中所讨论的，它还提供了项目信息管理软件，包括：

1）管理要求分配和技术与功能要求的可追溯性的工具和方法；

2）软件工程环境；

3）风险管理工具；

4）系统工程数据库；

5）行动项目数据库；

6）分析设计支持工具；

7）图纸发布工具。

表 7－2　专业工程的策划流程①

专业	流程输出样例	火灾卫星示例
安全	发射场安全计划 火工品安全计划	火箭分离系统的安全计划
人员因素	载人工程设计	用户接口设计
可靠性、可用性、可维护性	可靠性分析报告	火灾卫星在轨运行任务持续期的估计[13]
运输	运输计划	包装箱和专门的处理设备（见第 9 章）
元器件、材料与工艺	经批准的元器件清单大纲[13]	用于火灾卫星电单机电容器的质量一致性检查
故障模式影响与危险程度分析	单点故障分析与缓解计划[10]	火灾卫星分离系统故障的意外事故计划

①专业工程为系统的重要方面产生计划和要求。我们需要各种跨职能部门的专家来满足这些人为关键要素。这往往需要协调外部的项目组织（例如发射场安全规划可能要求来自于发射场代表的输入）。

除了系统工程环境之外，我们必须部署软件开发计划和整个系统工程范围内的开发环境。软件开发计划概述了体系中的软件技术状态项，并描述了如何管理软件风险与配置运行编码。

空间系统要求超过正在开发的系统范围外的支持和资源。例如，火灾卫星就要求现有的空间发射场（而不是开发其自身的发射系统）。而在轨道上，它要求有地面的卫星跟踪资源和全球定位系统（GPS）导航信号。技术计划考虑了这些外部资源，它们通常是政府提供的设备和信息。

空间系统项目管理的主要策划问题是长线采购。许多空间硬件在集成到卫星分系统之前都需要经过长期的开发、鉴定和测试。例如，火灾卫星红外敏感器的主镜可能需要大量研磨、轻量化、抛光和光学镀层，这些需要的时间要比初步设计评审和关键设计评审之间的时间要长。我们必须找出这些问题，并开始长线采购以及时满足交付进度。对于火灾卫星光学分系统，我们需要在完成有效载荷关键设计评审之前启动主镜制作，前提是我们已有把握为光学镜建立全部有关要求。

除了策划外部有关事项和长线采购项外，项目管理必须与系统工程协作制定支持产品验证、测试和运输的专业设施和测试设备计划。这些外部有关事项影响项目计划和进度。我们必须在对应的项目进度中纳入所有计划的活动和事件。第 3 章描述了整个计划和进度流程，而第 9 章讨论了特殊设施和试验设备的物流问题。

7.3.2　控制技术流程

项目经理的工作就是要用各种方式系统地消除项目变更。例如，当要求停止变更时，要专注于设计；当设计停止变更时，要专注于生产；如此等等，一直到发射和运行。技术控制流程应用工具来管理、控制和最终消除对项目基线的变更。它们帮助管理要求、接口、风险、系统技术状态和技术数据。

系统工程是一个迭代流程的集合。除非控制到位，太多设计和技术基线的并发变更会令组件不兼容。技术控制确保系统所有的“可动部分”保持了与项目基线的理解是一致的。对于单个的设计师或非常小的设计团队，可以通过一次简单的对话来传递变更。但是，如果对于非常复杂的空间系统，项目团队往往是大型的、不同地理分布的、持久的且混合的。持久意味着我们在很长时间内都必须准确地理解项目细节；混合意味着我们必须将政府机构和社会实体整合到一个团队中。因此，一个项目需要强有力的技术控制，通过它，我们管理要求和接口、技术分析、技术状态和技术数据。

管理要求和接口——将一个大系统划分成可实现的要素，我们必须为系统组件分配技术性能规范，并在接口控制规范中确定组件之间的相互作用。经验丰富的项目经理重点关注于记录与稳定项目从初期到详细设计的要求。他们也集中记录系统要素之间的接口、信息和依赖关系。图 7－7 给出了火灾卫星系统要素之间顶层接口的例子。一些工具和技术可用于控制要求和接口（见第 8 章）。

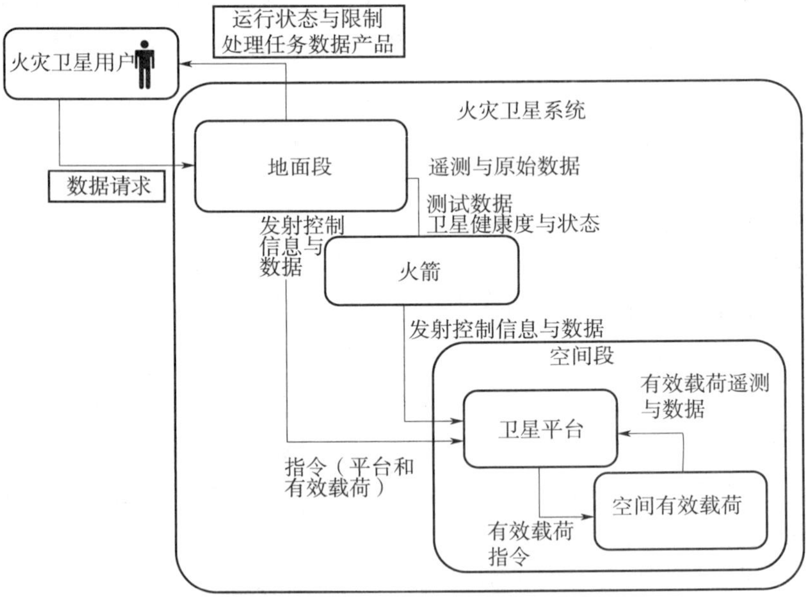

图 7－7　火灾卫星系统接口描述

该图是关于火灾卫星系统信息和接口的顶层描述。接口控制文件通过指定系统沟通与通信的细节来管理每个接口，物理接口也是同样道理

管理技术风险——尽管有精细的策划和专业的管理，项目也会遇到困难。我们通常能预

见这些困难并采取措施减轻后续影响。我们通过管理技术风险来减少潜在问题的可能性和影响。我们通常根据其如何影响项目技术性能、成本和进度来描述风险的特性。我们通过进度风险分析评估延迟交付对系统其他部分的连锁反应。风险缓解包括寻找软硬件的替代来源、开发并行系统和尽早试验不太成熟的技术。第 15 章讨论了我们如何管理项目风险。

控制系统技术状态——在空间项目中，多个工程团队并行工作来完成软硬件的操作。试着去了解所有系统要求的技术基线和实施细节是一个很大的挑战。我们使用流程和工程工具来获得并控制技术基线。通过管理技术状态变更，我们保持了准确的技术状态。定期评审并修改整个项目的技术变更是日常运行的重要组成部分。技术状态管理的两个主要因素是：

1）通过工程评审和变更控制委员会来管理要求变更；

2）应用技术状态和数据管理的工具和流程。

第 6 章讨论了信息管理工具，包括技术状态管理。

维护技术数据——工程是由多种方式创建技术数据和文档组成的，这些数据和文档体现了空间项目的大部分价值。项目经理和系统工程团队在项目启动时就开始了数据管理，当时，他们创建了一个文档树。文档树对如何创建产品的管理标准和规范设置了结构和优先关系。随着我们继续实现设计，数据管理系统编辑并综合了所有数据产品。

7.3.3　评估技术流程

我们工作的很大一部分是评估并报告团队的计划和技术的发展。幸运的是，我们有方法和流程来帮助我们。它们设定了完成整个项目生命周期设计成熟性和完整性的标准。通过主进度和挣值管理系统（见第 3 章和第 14 章）进行项目控制是极其宝贵的评估工具。技术进展的评估记录了我们如何满足性能目标。

从参考点开始——为了建立参考点，我们需要问："对比预期，我们是在朝着我们的技术目标前进吗?"生命周期评审理念与记录重要评审的进入和放行准则建立了评估技术性能的框架。

例如，空间系统硬件要素瀑布式的开发奠定了系统组件的设计、建造和试验顺序[3,12,22]。软件密集型系统要素越来越多地遵循迭代或螺旋式发展[4]，其团队经过几次建造把技术内容逐渐展开。该方法与以瀑布式方法为特性的单一大规模建设或集成形成了对比。第 16 章研究任务软件的开发。

应用定性与定量评估——伴随适当的项目要求，我们可以定性并定量地评估朝向这些里程碑的发展情况。定量，我们可以通过计量技术设计产出物来测量设计成熟度。我们已经发布了项目总量中的多少生产图纸？已经有多少百分比的软件配置项完成了测试？定性，我们提出这样的问题：我们已经发布了最难且最重要的图纸了吗？最危险的软件配置项是否及时进入了测试来满足项目进度？第 21 章包含了项目成熟度的更多信息。

随着项目的发展，我们还需要确定项目团队中的差距，它可以由几个方面来体现。例如，当项目的重点从设计转移到生产时，团队可能会缺少所需的关键技术。我们必须识别并纠正这一不足，或者已经表现很好的项目可以迅速下线。事实上，我们可能需要调整团队和分包商之间的分工来弥合差距。

使用技术性能测度——技术性能测度（TPM）提供系统性能正规、可重复的基准，我们通常每个月对其进行评审和报告。图 7-8 给出了火灾卫星顶层系统技术性能测度的例子。它们展示了技术性能问题，如地理定位精度；系统约束，如发射重量；以及开发措施，如软件度量。该图包括一些系统级技术性能测度的月度快报和随时间的趋势变化。

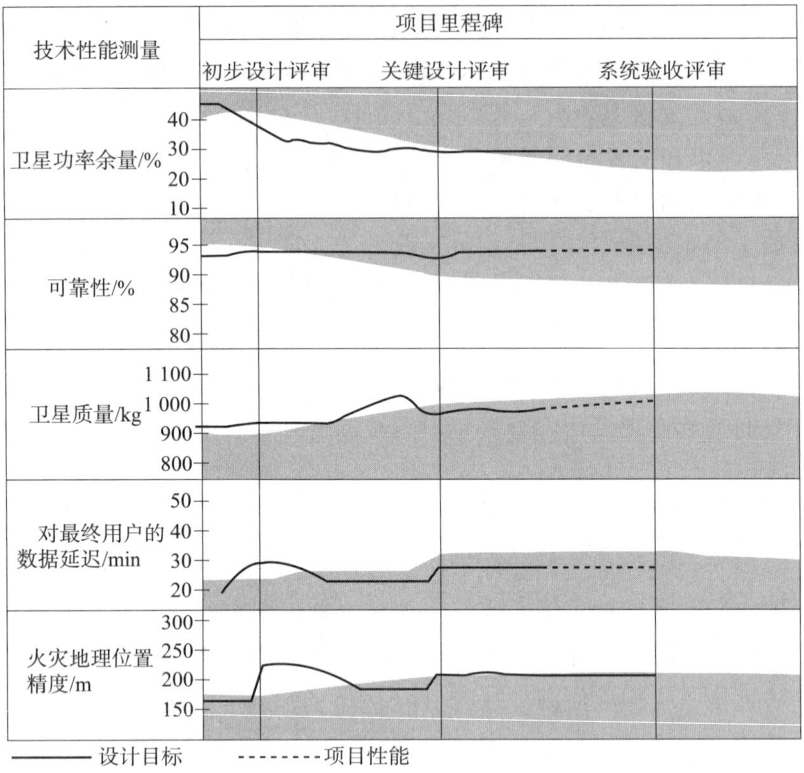

图 7-8 火灾卫星的技术性能测度

我们必须跟踪并评估整个开发过程的性能参数（如火灾地理位置性能）和技术性能指标（卫星发射质量）。技术性能测度的设计目标在项目的生命周期中是可以变化的

7.3.4 分析技术决策

决策分析获得在竞争优先级和约束中综合和优化设计的逻辑依据。支持决策与多元评估的工具是该流程的一部分。我们利用它们开发设计产品，如不同方案的分析和技术权衡研究。基于结构性分析、流程建模和统计分析的建模与模拟研究支持系统性能权衡。第 19 章介绍了详细的决策分析。

7.4 产品实现

产品实现是将产品带入到实际中，确保其满足任务需求，并投产运行。对于这些步骤的发生，我们必须了解系统组件的详细内容——从功能设计到系统中的接口和相互作用，再到试验策划、产品集成和验收。这些活动可能会迭代发生，并且不同的组件将有不同等级的验收成熟度。

为了指导掌握系统开发的动态阶段所用的流程和工具，本节涉及了如下内容：

1）讨论了如何实现系统组件的设计和集成；

2）总结了验证与确认的评估方法；

3）描述了我们是如何接受系统运行并通过退役与处置来管理剩余生命周期的。

7.4.1　设计实现

设计实现产生系统要素，并通过实施与集成产品将其组合到一个运行结构中。

产品实施——实施过程将工程和设计数据转化为运行硬件和软件。空间系统要求持续管理的重点在于空间环境和挑战地面处理要求的高性能组件。关键关注点包括组件可用性、可靠性、特殊材料处理程序、耐辐射、热管理、冗余和在轨寿命。采购项目和供应商管理也是产品建设的关键。项目经理必须在交付与集成前实现产品验证，而且供应商也根据要求开发了零件和组件。

产品集成——要集成产品，我们必须将软硬件要素组装并组合到一个运行组件或系统中（如图 7－9 所示）。由于空间系统的复杂性，这个流程中的每一步都可能会出现意想不到的行为或莫名其妙的结果。出现的任何项都要求进一步的分析、试验或设计变更。这些不可预见的挑战迫使项目经理和系统工程团队解决集成问题并重新策划活动，从而可以交付集成系统进行评估。我们可能需要开发新策划和工作来保持进度并成功完成项目。

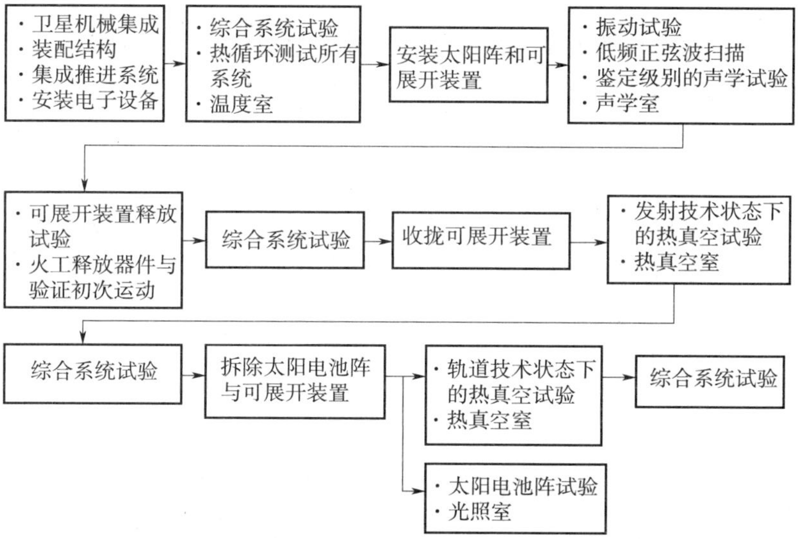

图 7－9　火灾卫星集成与试验流程主要的集成与试验活动要求整个组织的策划和协调

此图给出了系统验收的试验事件序列[24]

7.4.2 产品评估

评估包括一组测试和验收评审，我们可以将其总结为确保我们的工作方式和产品都是正确的。项目经理设定系统工程、设计和试验活动的角色和职责。图 7－10 概述了这些职能的关键角色和共享的职责。在试验和评估期间，我们必须验证并确认产品。整个开发过程都发生系统评估，但是只有当产品的利益相关方正式接收该系统时，试验和评估阶段才结束。

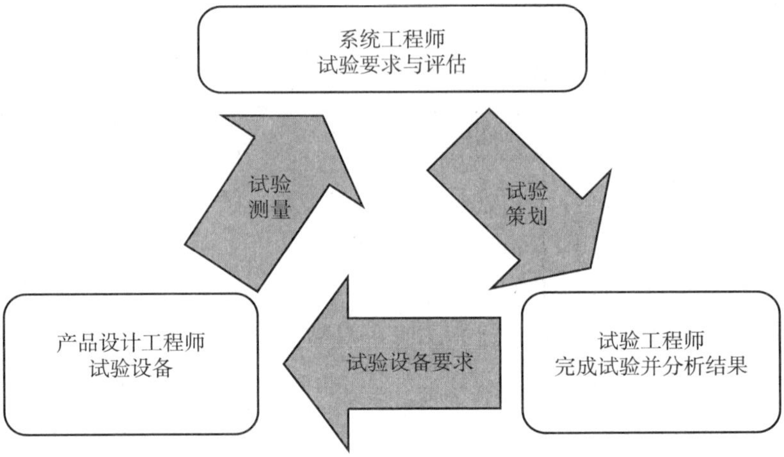

图 7－10　火灾卫星的试验职责

试验和评估功能在系统工程、产品设计和试验团队之间是共享的[17]

虽然每个组织和机构着手处理的独立评审和无主评审稍有不同，但其目标是一致的：引入专家以外的新鲜观点帮助确保任务成功。我们从他们的观点获益颇丰，但是，除非项目经理落实建议事项，否则就像看病而没有开药一样。

验证产品——产品验证回答了“我们建造的系统或产品正确吗”的问题。验证行为包括试验、分析、检查或演示。表 7－3 总结了这些方法。这个过程涉及记录详细的验证事件，包括目标、程序和支持设备与设施。我们必须跟踪这些事件的进展，而且能够跟踪组件、装置、分系统、段和系统各级对它们的要求。表 7－4 列出了火灾卫星验证事件的例子。

表 7－3　验证方法①

方法	描述	使用时间
试验	指定环境条件下评估性能的运行设备	无论何时都是实用的首选方法。用于接近运行条件下设备的鉴定和验收
分析	通过计算机建模、模拟和分析来评估系统性能	评估最坏情况，它可能在测试或评估复杂技术状态或环境条件期间破坏了敏感设备，该条件在测试中很难复制或很贵
检验	物理上评估设备和工程数据来验证设计特点	用于技艺项，如电缆网连接和物理技术状态
演示	展示性能	用于确认可维护性和人员因素性能；也用于实际尺寸或质量特性合格检验

①必须根据这些方法记录并验证每一个要求，或独立或组合[9,13]。

表 7－4　火灾卫星的验证行为①

验证要求	验证方法	火灾卫星实例
有效载荷光学性能	试验	光学图像链性能试验
火灾位置的地理定位	分析	火灾地理定位分析报告
卫星系统性能	试验	集成系统的热真空试验

①此表给出了火灾卫星验证行为和方法的例子。

确认产品——产品确认回答了“我们是否建立了正确的系统或产品”的问题。换句话说，我们是否正确地将项目要求分配到系统组件中？这个问题要求系统工程师评估设计方案、要求和整个系统目标的设计环境。在设计和开发产品时，项目经理与主任系统工程师共同工作，确保系统按照利益相关方的预期工作（见第 5 章）。

确认比验证和试验更为抽象和主观。结果导致了产品确认需要特别关注在设计阶段早期对利益相关方澄清性能设想和要求。它也要求确认集成系统的系统性能、软件功能和系统模型。

7.4.3　产品到运行的转移

完成了系统试验和评估，我们必须准备、演练、认证并验收产品和运行支持系统。尤其必须完成运行就绪评估。他们评估具体运行的产品质量，包括培训教材、操作手册、演练与情景练习，以及人员培训与认证。

空间系统因为发射和空间运行的挑战，要经过一次特殊的转移进入服务。产品转移包括执行所有飞行、发射和在轨运行的就绪评审。在飞行运行期间，我们也管理运行和维护活动，它们引入了与未来系统和能力的改进、升级或整合。

空间系统通常在轨工作时间较设计寿命更长。由于组件和分系统恶化，系统工程师创造创新方式，以便从严重退化的空间飞行器中获得有用的任务服务。接近寿命终点的系统需要特殊考虑。例如，我们可能需要分析系统来应用应急计划和非设计计划中的备用运行模式，这就要求处理退化系统性能的新程序。我们也需要计划详细的卫星处置方案，如在生命周期终点向下变轨或转移到静止轨道。项目经理确定最终计划并结束这个长期、成功的卫星项目的最后一页。

（1）经验教训

空间项目提出了许多特殊的挑战。系统工程包括几乎所有的技术学科和发展问题，而系统复杂性和不可预期事件令像烹调书那样的流程不可能实现。尽管如此，卫星发展史上也留下了重要的经验教训和共同的主题。本节总结了这些内容并列出了需要牢记的问题清单。

一般来说，空间系统都是专业化和小批量生产的。即使是大的卫星星座，如全球定位系统，也是低生产率的，所以我们不能应用汽车或半导体产业通用的大型制造业优化方法。政府空间系统的开发还必须在约束的、有时是不可预知的预算内。

当一个项目起步时，我们应该评估系统工程流程、产出物和产品的质量、成熟度和完整性。我们必须确保他们足够详细和严谨来满足整个项目生命周期的系统设计评审标准。

指导这些评审来讨论策划、预测并解决困难的技术问题，是需要考虑的重要经验教训。

由于空间系统通常要花费数年时间来开发并且之后要运行多年，所以我们必须针对配套软硬件的过时作出策划。特别是计算机和操作系统可能在系统生命周期终点得不到支持。我们承担不起忽略或忽视项目后期维护并升级这些系统的需要。

为了满足空间系统从方案开发到运行的发展，系统工程一直在根据前期项目的经验教训来改进方法和技术。许多组织编制了系统工程经验教训数据库。例如 NASA，空间与导弹系统中心和许多企业或联邦政府资助生产或支持空间系统的研究与开发中心。这些数据库为系统工程师和项目经理避免发生过去的错误提供了详细的资源。

表 7-5 包含主要系统工程流程的一些经验教训，以及一些常见的缺陷。项目工程师应该参考组织内资源来评审可以直接应用于特定项目的经验教训。NASA 公布了一个可用的经验信息系统——这对想要从这些观点中受益的项目经理来说是一个非常好的起点。

表 7-5　系统工程：经验教训①

系统工程流程	常见缺陷	经验教训（纠正的或预防的行动）
系统设计流程（第 7.2 节）	· 详细要求的不合理导出 · 很差的要求分解 · 放松对分承包商和供应商的要求和验证（包括不严密的工作描述）	· 谨慎地详细说明要求 · 使用验证验收表格 · 加强产品理解，更少地依赖规范和接口控制文件 · 增加系统工程师对供应商的监督
	· 没有重要的领域培训或辅导来指导新的多学科系统工程师	· 使用系统体系方法 · 作结构分析 · 完成权衡研究 · 应用计算机辅助设计和计算机辅助软件工程 · 创造综合设计产品
技术管理流程（第 7.3 节）	· 系统工程缺少对白色空间和设计集成的所有权	· 辨识从属物和政府供应项目 · 建立软件开发计划 · 分析进度
	· 风险的无效鉴定和管理	· 评估风险缓解 · 管理风险评估进度 · 获取知识
	· 技术状态管理和数据管理	· 防止结构性更改 · 审计功能和物理技术状态
	· 不适当的同级评审	· 使用模拟、体系和案例使用模型 · 分析时间线 · 优化系统
产品实现流程（第 7.4 节）	· 制造 · 软件开发 · 集成	· 建立集成工艺流程 · 消除不必要的复杂性和软件功能 · 在重新使用和集成前测试并分析软件
	· 对“试验在后”（tests comes later）的理解	· 评审分析鉴定假设 · 开发验证和试验计划
	· 运行产品 · 培训和准备	· 推荐的试验运行序列 · 在卫星进度延迟期间，利用任务运行活动（如生命周期中的日常和长周期试验）补充

①表中给出了各主要系统工程流程中的常见缺陷。

主要的经验教训之一是详细、完整、可行的要求的重要性。很多时候，误解或缺乏深度与清晰度破坏了设计。项目早期，系统工程必须特别评审系统鉴定的分析假设。直到完成系统设计，我们都需要克服推迟考虑试验的趋势。事实上，验证和鉴定试验的早期策划可导致更成功的系统验收。关键问题是设计与开发责任重叠或接口处的相互作用。例如，空间-地面接口的通信链路需要来自于系统工程，以及空间和地面段的参与和贡献。我们应该鼓励系统工程团队拥有对这些接口和其他设计集成问题的发言权。

空间系统对于新的、多学科系统工程师的培训和指导来说是一个很好的资源领域。我们可以通过确保让他们在现有项目期间学习新技能来改善未来项目。项目经理可以帮助识别并指导具有较高潜力的系统工程师——总有一天他们可以成为组织中新的项目经理。

空间系统风险的辨识与管理通常需要改进，第 15 章详细介绍了这方面的内容。从系统工程角度对供应商和分包商的监督对项目非常有利。项目开发的所有问题，如工程零件的成熟度或认证活动的早期规划，都适用于每一个关键部件供应商和分包商。

由于其复杂性、成本和国际上的重要性，空间开发仍然处于系统工程实践的前列。一些空间项目显现出来的发展趋势正在扩展严格的系统工程实践状态。新的软件密集型系统工具和流程超越传统瀑布式发展，正在扩大系统工程工具包。如系统建模、迭代开发和使用案例分析。硬件的开发与认证，例如卫星飞行计算机，通常遵循可以延续多年的一系列流程。另一方面，迭代开发可以更成功地开发飞行软件。这些设计流程之间的平衡将继续发展并改善空间系统开发。由于空间系统软件作用的增强，我们可能会遇到新的风险和故障机制。我们必须管理、缓解并避免它们——并获得防止重复错误的发生的经验教训[18]。

空间系统正在越来越多地被看做是更大、可互操作的系统体系或系统的一部分。第 7.2 节简要介绍了体系设计的概念。这些技术的重要性将继续增加，并将预告未来系统工程发展。

项目经理和系统工程师在开发空间系统时形成了关键的、优势互补的合作伙伴关系。本章着重介绍对系统工程必须掌握的知识，并认识到了系统工程是强有力的伙伴。项目经理了解并最佳地应用了系统工程的项目经理，将更容易建立特别成功的空间系统。

参考文献

[1] Electronics Industries Alliance (EIA) . 1999. ANSI/EIA 632 - 1999 - Processes for Engineering a System. Electronics Industries Alliance.

[2] Blanchard, Benjamin S. and Wolter J. Fabrycky. 1998. Systems Engineering and Analysis. 3rd ed. Upper Saddle River, NJ: Prentice Hall.

[3] Buede, Dennis M. 2000. The Engineering Design of Systems: Models and Methods. New York, NY: John Wiley and Sons.

[4] Cantor, Murray. August - October 2003. Rational Unified Process for Systems Engineering. The Rational Edge. Available at http://www.therationaledge.com/content/aug 03/f _ rupse _ mc.jsp (Part I), http://www.therationaledge.com/content/sep _ 03/m _ systemarch _ mc.jsp (Part II), http://www.therationaledge.com/content/oct _ 03/ m _ rupse _ mc.jsp (Part III); Internet.

[5] Chesley, Bruce C, Erik S. Daehler, Michael R. Mott, and L. Dale Thomas. 24 - 28 September 2007. Model Driven Systems Development for Space Systems. 58th International Astronautical Congress. Hyderabad, India.

[6] Defense Acquisition University (DAU) . January 2001. Systems Engineering Fundamentals. Fort Belvoir, VA: DAU Press.

[7] Department of the Air Force (USAF) . 25 October 1988. MIL - STD - 1543—Reliability Program Requirements for Space and Launch Vehicles. Washington, DC: Government Printing Office.

[8] Department of Defense (DoD) . 23 April 2007. DOD Architecture Framework, Ver 1.5. DOD Architecture Registry System (https://darsl.army.mil/IER/index.jsp) .

[9] Department of Defense. June 2004. MIL - STD - 1540E—Test Requirements for Launch, Upper - Stage, and Space Vehicles. Washington, DC: Government Printing Office.

[10] Department of Defense. 24 November 1980. MIL - STD - 1629—Procedures for Performing a Failure Mode, Effects and Criticality Analysis. Washington, DC: Government Printing Office.

[11] Department of Defense. 6 October 2003. National Security Space Acquisition Policy, Number 03 - 01 (NSS - 03 - 01) . Washington, DC: Government Printing Office.

[12] Eisner, Howard. 2002. Essentials of Project and Systems Engineering Management. 2nd ed. New York, NY: John Wiley and Sons.

[13] Englehart, William C, ed. 31 January 2006. Space Vehicle Systems Engineering Handbook, The Aerospace Corporation Technical Operating Report TOR - 2006 (8506) - 4494.

[14] Holt, Jon. 2004. UML for Systems Engineering: Watching the Wlteels. 2nd ed. The London: Institution of Electrical Engineers.

[15] Institute of Electrical and Electronics Engineers (IEEE) . 9 September 2005. IEEE Std 1220 - 2005—IEEE Standard for Application and Management of the Systems Engineering Process. Piscataway, NJ: IEEE, Inc.

[16] Institute of Electrical and Electronics Engineers (IEEE) . 9 October 2000. Std 1471 - 2000—IEEE

Recommended Practice for Architectural Description of Software - Intensive Systems. Piscataway, NJ: IEEE, Inc.

[17] Kossiakoff, Alexander, and William N. Sweet. 2003. Systems Engineering Principles and Practice. New York, NY: John Wiley and Sons.

[18] Leveson, Nancy G. July - August 2004. Role of Software in Spacecraft Accidents. Journal of Spacecraft and Rockets 41 (4): 564 - 575. American Institute of Aeronautics and Astronautics.

[19] Maier, Mark W. and Eberhardt Rechtin. 2000. The Art of Systems Architecting. 2nd ed. Boca Raton, FL: CRC Press.

[20] NASA. 26 March 2007. NPR - 7123. 1A—NASA Systems Engineering Processes and Requirements. Washington, DC: Government Printing Office.

[21] National Reconnaissance Office (NRO) . 14 December 2004. NRO Acquisition Management Directive 7, NROD 82 - 2b. Chantilly, VA: NRO.

[22] Sage, Andrew P. , and James E. Armstrong, Jr. 2000. Introduction to Systems Engineering. New York, NY: John Wiley and Sons. ,

[23] Space and Missile Systems Center. 29 April 2005. SMC Systems Engineering Primer and Handbook: Concepts, Processes, and Techniques, 3rd ed. El Segundo, CA: U. S. Air Force.

[24] Wertz, James R. and Wiley J. Larson eds. 1999. Space Mission Analysis and Design, 3rd edition. Torrance, CA: Microcosm Press and Dordrecht, The Netherlands: Kluwer Academic Publishers.

第8章　开发和管理要求

罗伯特·E·李（Robert E. Lee）
艾维·胡克斯（Ivy Hooks）
自动化有限公司

有效产品开发的关键是，通过在开发早期阶段建立零缺陷（有时也被称为零漏洞）要求，来减少要求变更所带来的影响。最近由欧洲系统和软件倡议委托开展的一项研究称："我们发现，绝大多数错误（85%）的产生是因遗漏或变更要求产生的，以及开发人员和测试人员对要求的误解……我们发现，与要求相关的错误占所有错误的51%[5]。"

要求是客户、开发人员和测试人员之间为确保交付合适的产品而沟通的纽带。如果我们获得正确的要求，同时客户、开发人员和测试人员都能够以同样的方式理解这些要求，我们就会有一个很好的机会交付合适的产品。但假如我们得到的要求有误或者我们没有正确理解它，则注定是要失败的。

本章我们讨论要求定义的结构，这将有助于开发零缺陷的要求。表8-1列出了开发和管理要求的最佳实践。我们需要在系统的整个生命周期运用此做法，无论开发、定义或改善（更改）这些要求。

表8-1　开发和管理要求的最佳实践①

步骤	流程	描述	讨论所在章节
1	准备工作		第8.1节
	辨识基本范围	定义需求、目的和目标；辨识利益相关方；捕获利益相关方期望；分配授权与责任	第8.1.1节，第3章，第5章，第7章
	开发运行方案	开发用通俗语言描述的情景，说明产品可能如何运行和使用，并将其扩展覆盖到所有生命周期阶段	第8.1.2节，ASSE第3章～第7章
	辨识驱动力	确定约束我们做什么的事项、规定、标准和资源（进度、预算和技术）等	第8.1.3节
	辨识外部接口	确定产品和外部的边界，明确产品的输入和输出	第8.1.4节 ASSE第5章和第14章
2	撰写要求	按照只能以一种方式理解的用户需求指导产品设计。曝光假设和不正确事实；获得关于企业的知识。确保在合适层级撰写了所有要求，并可以追根溯源。避免实施。辨识每个要求验证技术和相关设施与设备	第8.2节 ASSE第6章和第12章
3	组织要求	确保包含的要求类型合适，开发团队成员可以在一个文档或一个数据库中找到这些要求	第8.3节 第6章

续表

步骤	流程	描述	讨论章节
4	制定要求基线	确认要求的正确性、完整性和一致性；满足项目范围和利益相关方期望；不要镀金	第 8.4 节 第 5 章，第 6 章和第 8 章 ASSE 第 4 章～第 6 章，第 12 章
5	管理要求	控制上述的活动；开发无缺陷要求来减少由于要求缺陷引起的不必要的更改；获得管理信息；控制必要的要求变更	第 8.5 节 第 7 章，第 8 章，第 14 章和第 15 章 ASSE 第 2 章，第 3 章，第 6 章，第 15 章和第 16 章

①本表列出整个项目的生命周期中发生的不同的要求管理活动（ASSE—《实用空间系统工程》）。

虽然表 8－1 显示出活动的组织是一个线性逐步流程，但是，并行和反馈也发生在范围和要求开发活动之间。图 8－1 用循环箭头显示了主要活动之间的流程，这些主要活动导致了范围评审和系统要求评审。

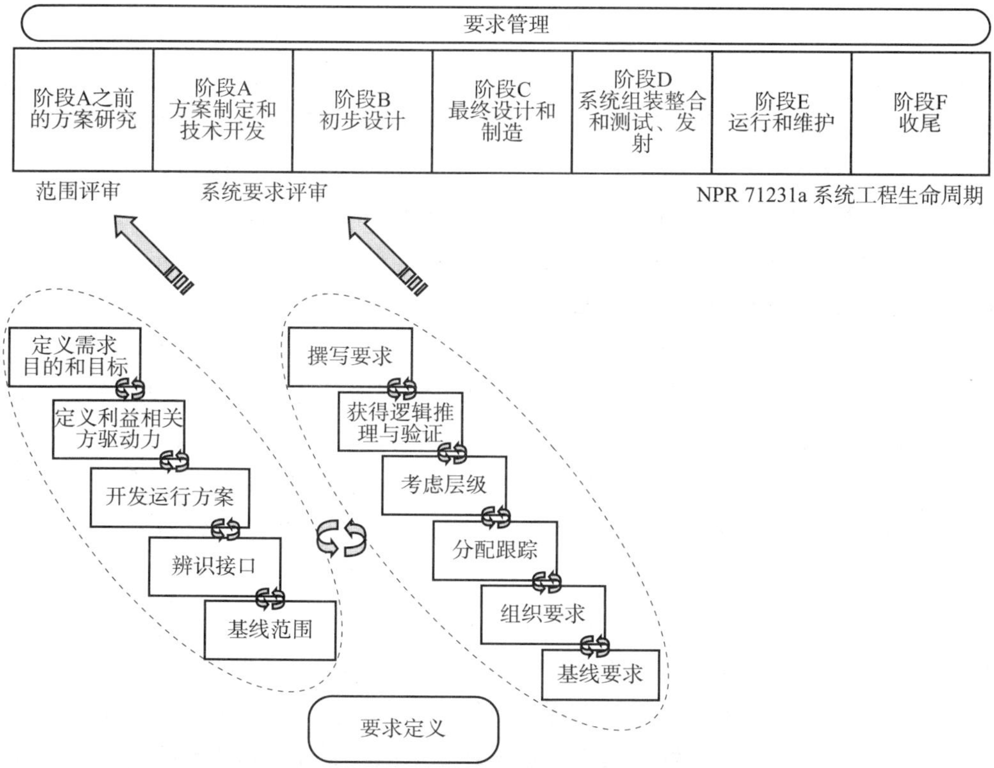

图 8－1　与产品生命周期相关的要求定义

我们可能必须要在一系列步骤之间迭代若干次以期达到令人满意的要求

我们将在下文中更充分地讨论每一种最佳实践，但首先让我们看看众多组织是如何导出并撰写那些导致灾难性后果的要求的。人们通过许多方式导出要求，通常会简单地聚集一群人开始撰写“应当做什么”的说明，收集文件中的说明，并将文件发送用于评审。这群人在开始撰写这些说明之前并不具备相关知识。这种散漫的要求定义方法出现了许多问题，包括成本和进度超限、客户不满意、失败或不当的产品，以及沮丧的项目团队。一般情况下，要求产生于4种经典途径，即：

1）我们从别人那儿获得要求；

2）我们索要要求；

3）我们开发无书面要求的产品；

4）我们凭空创造要求。

（1）我们从别人那儿获得要求

客户给我们一份投标书，或组织中的另一个团队响应了投标书并赢得了该项目，我们就要为它工作了。投标书或者建议书涵盖众多要求，其中很多要求是有缺陷的，甚至将关键要求漏掉了（我们将在总装试验中才能发现这些问题，而不是现在）。大多数要求文件不包含任何要求的逻辑依据，所以我们可能会对客户的真正想要什么要求有很多疑问。没有范围存在，或者它不足以帮助我们了解客户对产品的愿景。我们从充满缺陷的要求和无进度计划的活动入手，来澄清并修复它们。

（2）我们索要要求

我们开始主动和客户交流：“您对新产品有什么要求吗？”可能会发生几种情况：

1）客户没有回应；

2）客户响应为时太晚，不能够在开发流程中对产品产生影响；

3）客户可能提出了太多要求，包括了实施或设计的解决方案。

以上任意一种情况都有可能导致无法令任何人满意的产品。

（3）我们开发无书面要求的产品

这种情况发生在我们迫于进度计划，或者开发组织者认为基于与利益相关方的口头交流就可以了解其要求的时候。产品开发人员开始工作，我们就要试图紧追其后并基于事实撰写要求。我们最终撰写“实际建造”要求是因为有人说我们必须记录它们，或因为我们需要它们作为验证。即便可以验证该产品符合实际建造要求，也可能不是顾客想要的。

（4）我们凭空创造要求

我们邀请很多人撰写要求。因为我们没有确定的边界或范围，所以每个人对于产品应该是什么样或有什么功能都有自己的见解，他们的要求经常跟其他有不同见解的人提出的要求存在分歧。从根本上来说，任何人都是言论自由的。我们最终撰写的文档包含了太多要求，它们之间就有许多不一致的地方。要求评审人员不得不与无数的争论作斗争，因为本就没有普适的见解。

撰写好的要求很难，它需要时间和资源。撰写有缺陷的要求也很难，但我们必须一遍又一遍地去做。整理这些要求所耗费的时间和资源，以及落实在产品上时必要的返工，会导致成本超支和进度滞后，也可能导致项目失败。相比于在一系列经验证的良好要求下所产生的产品，有缺陷的要求产生的产品非但不能满足客户要求，还会花费更多费用并耗费更长的时间。

8.1　准备工作

撰写好的要求的第一步并不是直接动笔。我们必须开始下列活动中的部分或全部，以确保我们有必要的信息：

1）分析；

2）研究；

3）建造样机或建模；

4）权衡研究。

从这些活动中收集的信息形成了良好要求的基础——产品范围。大部分项目范围中的内容着重阐述了组织者和人们需要做什么来开发产品，直接地转换为产品范围。但是，该产品范围强调产品必须起到什么作用来实现组织目的和项目目标。我们必须记录该范围并将它与整个团队分享，这样每个人才会在生成与评审要求时都有相同的视角和观点。

8.1.1　理解范围

产品范围包括识别和定义项目的几个关键因素[2]：

1）需要——为什么我们需要开发这种产品；

2）目的和目标——我们要完成什么；

3）利益相关方——谁使用该产品，客户是谁，谁会影响产品，谁拥有权力和责任负责其范围以及后续要求；

4）运行方案——怎样开发、测试、部署、使用和处置产品；

5）驱动力——外界对产品的影响，如法规、现存系统、成本和进度；

6）接口——并非我们自己的产品，而是我们需要它们来完成我们的工作，以及需要我们的产品才能工作的产品，这样他们才能做好自己的工作。

只要对项目来说是有意义的，我们就可以任意调整这些项目的顺序，但我们必须确保对每一个都进行定义。范围的拓展是迭代的，如果我们冒险进入范围项目内，可能会发现我们需要返回并重新评估过程中前面的步骤。

（1）为什么要定义范围

如果团队成员对于产品将会成为什么样子有自己的想法，我们就有麻烦了。我们必须在撰写第一个“应当”声明之前建立一个共同的愿景。没有首先确定范围而写下的要求会导致对产品的意见分歧，并在要求评审期间造成在要求上的动摇和不必要的争端。这时，我们必须重访范围要素以解决出现冲突的要求，并开始使要求评审者（和作者）重新理解产品是什么和不是什么。所以我们可以现在付出并预先定义范围，或者以后进行付出，在产品的整个生命周期内不断定义范围并纠正有缺陷的要求[2]。

范围定义了在给定的进度和预算内产品会被开发成什么样子。同时设定了产品的限制——边界和接口。范围为产品要求提供基础。在本节中，我们讨论范围开发最初的两个方面：定义利益相关方和建立要求、目的和目标。

(2) 谁定义范围

通常情况下，由范围定义团队来定义范围，他们包括有不同经验的一小部分人。他们可以是只有两个人的小项目或多达十二人的大项目。这个团队应该：

1) 能够代表多个利益相关方的观点；

2) 不害怕提出问题；

3) 避免跟利益相关方对立，因为他们汇集范围要素；

4) 有强大的口头和书面沟通能力；

5) 能够相对长期地不间断地共同工作。

一旦团队收集了来自所有利益相关方的范围要素，他们就开始准备范围文件（或多个文件），并与利益相关方共同评审该范围，以获得他们的采购。各利益相关方组织确定一个代表来签署文件，接下来就像其他项目文件一样进入技术状态管理。

(3) 范围有什么好处

没有范围，任何人都会基于他们自己对于产品的理解来撰写要求。在要求开发和评审期间将会产生争论，整理的问题应当是在范围中确定的。在撰写要求之前先确定范围会避免争论并解决纠纷，防止撰写者间产生分歧，减少矛盾，并保持大局观[2]。

适当的范围确保我们有正确的要求，而且不会因不完全了解产品而错过要求。如果所有的撰写者都完全明白，他们会更快地撰写要求。他们不会浪费时间争论矛盾的观点或研究范围阶段记载的资料。随着范围的记录和获得认同，要求评论变得更容易，因为它们都在同一层级。

(4) 利益相关方为什么很重要

利益相关方是一个团体或个人，他们受到任务结果的影响或以某种方式对其负责。相关的利益相关方是利益相关方的一个子集。它描述了所涉及的利益相关方计划中指定的人或角色[4]。范围团队必须确定利益相关方，并让他们帮助开发范围。大多数系统开发的典型利益相关方是：

设计师	开发者
最终用户	培训师
试验人员	维修人员
可靠性人员	安全人员
业务人员	客户

如果可能的话，我们必须通过办公室的代码确定相关的利益相关方，并计划如何管理他们的期望和从他们那里获得我们需要的信息（第 5 章有关于管理利益相关方期望的更多细节）。每个利益相关方都对产品有一个独特的视角和眼光，而且每个都是要求的

来源。通过收集范围开发过程中利益相关方的需求和期望，我们可以确保在产品开发后期不会出现意外。产品纳入新的期望（要求），这将需要大量的返工和资源——人员、成本和进度。

并非所有的利益相关方都是平等的。例如，掌握资金的客户可能会产生最大程度的影响。最终用户提供了最详细的有关他们如何工作，以及他们期望产品做什么的内容。我们应该用利益相关方的列表来作为出发点，并根据产品进行适当裁剪。尽管我们必须咨询很多人，但是在范围开发过程中哪怕错过一个客户都可能对产品生命周期埋下了相当大的隐患。找出开发或测试期间、甚至是操作阶段遗漏的要求保证了成本和进度不超出计划。

（5）我们如何管理利益相关方

范围定义团队必须与利益相关方合作，以此来鼓励他们分享信息。我们不建议将所有利益相关方聚集在一个房间里询问他们的要求。相反，我们以小团体或个人方式与他们合作以获得他们的信息。这会产生问题、议题和分歧，但范围定义团队必须与利益相关方合作解决这些问题，并建立一个共同的愿景。

（6）项目的需求、目的和目标是什么

一个产品的需求、目的和目标（NGO）为指导开发建立了清晰的愿景。与产品有关的一切活动都应支持需求、目的和目标，在产品的整个生命周期中，我们也用它来保持利益相关方的关注。

需求是推动一切的唯一陈述[2]。它应该涉及产品开发正在设法解决的问题，而不是解决办法。举个例子，对于火灾卫星项目，政府本可以将其需求规定为："提供一颗卫星来探测并监视野火"。相反，实际的需求是："提供一个更有效的空基系统进行探测，并监控位于美国大陆、阿拉斯加和夏威夷的野火"。前者将一颗卫星作为解决方案。按这种方式，我们可以建造一颗卫星覆盖美国大陆，却不覆盖阿拉斯加和夏威夷。在项目后期试图满足额外的覆盖面，将会大大增加时间和成本。

需求声明是唯一的。如果试图满足超过一个需求，我们将必须在二者之间进行权衡，这很容易导致不能满足一些利益相关方的期望。建立需求并通过审议后，我们必须以书面形式提出，并提供给所有利益相关方。这时，需求不应该再改变了。如果它改变了，我们必须重新检验我们已经定义的其他一切，并可能不得不重新开始。

目的详细说明了需求并为产品构建了一套具体的期望。通过研究问题评估期间的重大问题，它进一步明确了我们希望实现什么。目的不需要用定量或衡量形式，但是它们必须允许我们评估产品是否达到了目的[3]。

目标是输出产品必须达到的特定的指标量级。每个目标应该涉及一个特定的目的。一般来说，目标应满足四个标准[3]：

1）具体性——目标应着眼于结果并反映产品必须完成的目标，但他们并不概述如何实施解决方案。他们必须是具体的，足以提供明确的方向，因此开发人员、客户和测试人员都会明白。

2）可测量性——目标必须是可量化和可验证的。项目必须能够监测产品成功实现每个目标。

3）积极进取却具有可行性——目标必须是具有挑战性和可行性的，目标必须是现实的。起初，我们可能会将目标划为“待定”，直到权衡研究完成、操作概念巩固或技术成熟以后。但是我们必须在开始撰写要求和设计产品之前确保目标是可行的。

4）面向结果的——目标必须着眼于期望的产出和成果，而不是用来实现目标的方法（是什么而不是如何做）。

表 8-2 介绍了火灾卫星空基系统的需求，以及一些目的和目标例子。

表 8-2　火灾卫星系统的需求、目的和目标的例子①

需求：提供更有效的空基系统探测并监控美国大陆、阿拉斯加和夏威夷的森林火灾	
目的	目标
提供空基探测和监控	卫星生命周期 10 年
	在轨卫星可用性至少 98%（TBD），排除气候影响
	最大持续运行中断不多于 72 小时
探测森林火灾	在着火 30（TBD）分钟内探测森林火灾
	探测森林火灾覆盖区域最小 150（TBD）平方米
在美国大陆、阿拉斯加和夏威夷定位森林火灾	在 5 000（TBD）米内定位森林火灾
要求消防资源管理者立即响应新火灾和现有火灾变化情况	每 15 分钟从火灾卫星下行传输数据

①需求提出一些更具体的目的，每个目的分别又需要一个或多个可衡量的目标（TBD—待定）。

虽然是笼统的目的，但我们可以验证是否已满足它们。同样地，目标是可测量的，产品团队可以在评估建造产品时进行确认。另一种看待目的和目标的方式是，目的说明必须解决需求的方案的特征，目标说明可接受或期望的性能。

8.1.2　建立运行方案

运行方案用通俗易懂的语言介绍了产品生命中的一天[2]。它涵盖了该产品在其全部生命周期阶段内将做什么，或做过什么：开发、制造、试验和验证、集成、存储、运输、安装、部署、转运、培训、维修、升级和处置（见第 3 章和第 7 章运行方案的更多细节）。

（1）运行方案是什么样子的

运行方案是一个故事或情景，它描述了产品的运行或互动。利益相关方的运行方案从他们的观点定义了产品生命周期内的一天。我们必须从所有利益相关方的角度来处理所有观点。每个运行方案都应包括正常和异常情况，包括危害、滥用、极端、错误的条件和失败。

表 8-3 从美国林业局任务控制中心消防资源经理的角度给出了火灾卫星空基系统的部分运行方案。它包括火灾卫星、控制中心、国家海洋大气管理局的指令数据体系内的空对地通信网络之间的互动。

表 8－3　空基火灾卫星系统的运行方案①

方案	假设
· 火灾卫星敏感器收集红外和可见光数据并使用现有的 NOAA 空-地通信网络将其下行传输到 MCC · MCC 接收火灾卫星敏感器数据，进行处理以确定 CONUS、阿拉斯加和夏威夷范围内潜在的森林火灾 · MCC 结合空、地、卫星数据并为每位 RM 提供要求的地图格式位置 · 对于火灾卫星探测到的新火灾，RM 选择新的火灾定位（显示在他/她的控制台）并获取火灾数据［方位、报告火灾的敏感器（地表、空中、或卫星）、火势大小和移动方向］ · RM 分配地面或空中设备（也显示在控制台上的名单中）来确定火灾的位置 · 如果地面或者空中设备确定了火灾位置，RM 就分配设备去救火 · 如果没有火灾位于卫星报道范围内或临近范围内，RM 生成一个未发现火情或重新确认火情位置的请求到 MCC · MCC 给卫星分派一个周期外的敏感器数据下载任务，用于所怀疑的特定区域 · RM 在开始无火情警报或再次确认火灾地点请求的 10（TBD）分钟内接受基于下载的更新	· 所有卫星在轨运行 · MCC 提供卫星敏感器经数据压缩的所有数据 · MCC 可以访问独立的地面与空中设备数据 · 火灾卫星能应对周期外的请求

①这里从美国森林服务消防资源经理的角度提出了运行方案和假设（MCC—任务控制中心；NOAA—国家海洋大气管理局；CONUS—美国大陆；RM—资源经理）。

这个故事几乎没有任何技术细节，但它显示出很多资源经理期望从系统中得到的接口。这个信息让我们能够定义术语，如用户友好。资源经理假设一定的数据集将出现在控制台上，只需一次点击即可获知细节。我们需要澄清假设以避免不正确的期望，并重新调整利益相关方，这一切要在他们开始使用系统并发现它不能按照其想象正常工作之前进行。

（2）我们怎样才能从利益相关方获得运行方案

如果某个产品取代了另一个，我们就要询问利益相关方是如何使用现有产品的，他们喜欢或不喜欢它的什么，以及他们会如何改变它。如果我们正致力于让新的产品能做一些现在需要手动操作的工作或在并非集成环境下，我们就必须咨询利益相关方他们是怎么做这项工作，以及他们设想其是如何实现自动化或整合的。对于新产品，我们可能必须给利益相关方提供样机或模型，使他们能够提供更好的运行方案。人是伟大故事的讲述者，所以我们必须让利益相关方讲述他们自己的故事，然后提取信息来定义其要求。

（3）运行方案的好处是什么

记录的运行方案有很高的投资回报。每个利益相关方的故事为范围定义团队提供了丰富的信息。随着该团队记录并集成这些信息，他们会确定他们可以解决的矛盾，从而确保在撰写要求之前有共同的愿景。如果没有这个共同的愿景，我们会发现自己深入到产品的生命周期内，随之而来的是对于功能或容量的多种要求，这都是不正确甚至是不必要的。

由于利益相关方将他们会如何使用产品或他们期望的产品能做什么的情况告诉给我们，所以我们学到了很多需要被写进要求的信息：

1）接口——我们看到产品在哪里接口或在哪里与其他产品互动，所以我们可以在要求开发初期识别接口。

2）假设——我们看到利益相关方对产品或其加工过程的假设，这使我们能够找出假设是否是真实的，或与其他利益相关方的冲突。

3）“如果”的情况——我们要求利益相关方在正常和异常等多种情况下描述他们对产品的期望。然后我们可以记录如果出现状况他们期望产品如何表现。这些“假设”情景暴露了许多在范围阶段需要解决的问题。他们是要求的来源，从中我们可以产生一个满足利益相关方期望的系统。

4）问题和风险——我们辨识利益相关方之间的争论和产品风险问题，从而允许我们在要求开发早期解决这些问题。

通过制定了一套包括产品生命周期并考虑正常和异常情况的运行方案，我们能够实现6个重要的目标：

1）促进共同的愿景——把利益相关方对产品不同的愿景，在运行方案中统一为关于如何开发、测试、部署、操作、维护和处置产品的唯一愿景。

2）避免遗漏要求——由于利益相关方通过了产品生命周期的每个阶段的所有情景，我们对产品需要做什么有了全面的了解，从而避免要求遗漏。

3）增进利益相关方之间的了解——利益相关方的故事增长了所有人的知识和理解。

4）辅助交流——运行方案对主要产品条款进行了定义，从而为更好地了解形成了共同的语言。这是在整个要求活动中使用的术语表的起点。

5）尽早解决冲突——我们可以找出问题并在要求开发早期解决这些问题，而不是等到要求评审，或主要设计评审时才发现问题。

6）设定利益相关方期望——运行方案确立了利益相关方的期望并在我们提供产品时排除了障碍。

8.1.3 识别驱动力

产品限制是由外部强制规章制度产生的。这些驱动力可以来自多个利益相关方，往往超出了项目的控制范围。因为我们无法控制他们，所以我们必须在要求开发早期找出他们以避免以后发生不愉快的意外。要求驱动力的例子包括：

1）更高级别的要求——由更高级别的组织或系统强加的要求。

2）标准和法规——行业内的标准和法规，如环境保护局、联邦通信委员会、职业健康和安全生产监督管理局、食品和药物管理局或其上级组织。

3）成本——项目预算限制了我们无法实现开发要求，如当预算要求低于进入太空的成本时，无法生产昂贵的运载火箭。

4）进度——进度的限制让我们无法开发要求，因为我们没有时间来实施。

5）现有产品——现有产品和我们控制之外的流程可能会影响产品的特性或功能。火灾卫星将不得不使用现有的基础设施，如国家海洋大气管理局指令数据采集系统的通信架构。如果它是从肯尼迪航天中心发射的，我们就需要遵循发射场安全要求的流程。

6）技术——开发产品所需的技术。它可能现在还不能用，但必须根据进度要求使其足够成熟而集成到产品上。我们不会选择不符合进度计划或给进度带来太大风险的技术。

7）用户期望——例如：火灾卫星敏感器的用户可能会认为将敏感器集成到火灾卫星上只需要一周的时间。我们需要确定他们的期望如何推动了产品的特征或功能。如果他们不适合范围，我们需要重新设置它们。

通过与利益相关方探讨产品和评审运行方案，我们确定了产品的驱动力。同样，我们必须发现行业标准和法规如何推动产品开发。表 8-4 显示了这些驱动力是如何影响空基火灾卫星的。

表 8-4　空基火灾卫星的产品驱动力①

产品驱动力	参考
空-地通信使用国家海洋大气管理局的 CDA 网络	
满足任务终止时的安全处置指导	NSS 1740.14，限制轨道碎片的指南与评估程序，6-1 到 6-4 段
所有日期和时间数据使用标准格式	ISO 8601，数据要素与互换格式——信息互换——数据与时间的表征
基于 GPS 的火灾卫星导航和定位	ICD-GPS-200，GPS 导航星空间段/导航用户接口
2012 年 1 月启动在轨运行，2013 年 8 月全面运行	美国林业局要求

①产品驱动力通常超出项目的控制（CDA—指令数据获取；NSS—NASA 安全标准；ICD—接口控制文件）。

除全面运行能力进度外，所有驱动力取决于如何使用火灾卫星的假设。这些假设也可能是项目群或项目规定的要求，但他们直到被核实都仍然是假设。我们参考国家海洋大气管理局和 ISO-8601 文件，因为我们假设通信将通过国家海洋大气管理局的指令数据获取网络。限制轨道碎片的要求源于在地球轨道上存在的航天器。ICD-GPS-200 为使用全球定位系统信号导航的所有系统描述了功能接口。

8.1.4　确定外部接口

很难想象一个产品不包含与一些外部系统连接的接口，所以我们产品最大的要求驱动之一就是它的外部接口。我们必须在范围阶段确定这些接口，尽早启动获得和控制接口要求的各项工作。

我们的运行方案通过识别产品工作需要的外部系统来定义外部接口。例如，火灾卫星需要运载火箭使其进入轨道。我们还要确定产品工作需要的系统，如护林员需要火灾卫星的数据来确定他们的位置。我们收集产品所有生命周期阶段的这些信息，并找出哪些存在外部系统，哪些不存在。如果有任何开发要求，我们与开发系统密切合作以确保接口的兼容性。

不包括用户接口，外部接口包括结构支撑、物理连接、通信总线、电源供应、指令线、数据线、操作系统和数据库等内容。背景图是一种很好的代表产品和其外部接口的方式。随着我们接触到要求开发的细节，我们将每个接口的细节包括在内——产品给其他系统提供什么，并从它们那里获得什么。图 8-2 是火灾卫星的背景图，它显示了发射前的地面支持、发射和在轨操作的接口。

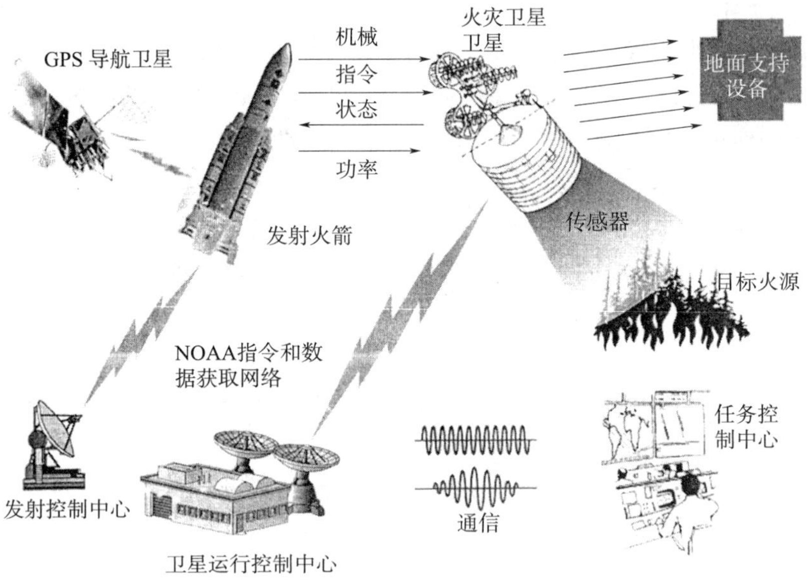

图 8-2　火灾卫星的外部接口背景图

背景图识别了火灾卫星上的所有接口

与火灾卫星连接的主要系统是运载火箭、GPS 导航卫星、发射控制中心、任务控制中心、卫星运行控制中心和地面支持设备（GSE）。鉴于大部分接口与任务运行有关，运载火箭、发射控制中心和地面支持设备接口适用于导致全部任务运行的各个阶段。尽管如此，如果我们忽略或错过了其中的一个重要组成部分，我们都不会达到火灾卫星的整体目的和目标。

8.1.5　使用范围

在开发范围阶段所获得的知识导致了有效的要求。需求、目的、目标和运行方案包含了产品的许多功能和性能要求。驱动和接口也定义了能推动其要求的约束条件。我们使用这些范围要素来保持要求的重点，并避免镀金和范围蔓延。如果有人提交了已批准的范围内不覆盖的要求，我们可以拒绝。该范围允许我们：

1）测试要求是否是必要的或已超出范围；

2）通过使用一套完整的运行方案来避免遗漏要求；

3）确保与项目驱动力一致；

4）通过寻找接口来确保完整性[3]。

通过定义范围，我们建立了产品的共同的愿景，并获得了我们需要撰写要求的全部知识。我们也有路线图来保证我们走上正轨，从而避免由于规模扩张或要求遗漏导致的代价高昂的返工。我们现在准备撰写要求。

8.2　撰写要求

要求分为两大类：产品要求和工作说明要求。产品要求规定产品必须做什么或它必须有什么样的特征和质量。工作说明要求说明人们必须完成的任务。本章涵盖了产品要求，但下述“好”的要求的规则和特点同样适用于工作说明要求。表 8－5 给出了产品要求和工作说明要求的例子。

表 8－5　火灾卫星的产品要求和工作说明要求实例①

产品要求	工作说明要求
火灾卫星敏感器应在 28 V 直流电压下运行	承包商应根据……报告每月的成本和进度状态
火灾卫星生命周期应至少 7 年	承包商应实施权衡研究来确定……
火灾卫星直径应不多于 3 英尺	承包商应根据……提供技术状态

①产品要求指定产品的功能或性能。工作说明要求指定人们必须做什么。

项目需要两种类型的要求，但我们将其分开在不同的文件或同一文件的不同部分。我们也希望能够避免在产品要求中说明什么是项目需求。例如，产品无法策划任务，但它可以提供能力，如在火灾卫星运行中断期间所需要的各种可用的敏感器平台清单，这样运营商可以策划任务。

8.2.1　什么是好的要求

好的要求明确规定了可验证和可实现的需求[2]。掌握了范围内的技术和企业知识以及对于“好”要求的工作定义，那么我们如何撰写好的要求呢？

（1）强制性特征

仅仅因为句子中包含单词“应该”也并不意味着它是一个适当的要求。每一个要求必须有 3 个特点：

1）被需要性——我们想要在产品技术规格上有必要和足够的一系列要求。我们应该问：“如果我删掉这个要求，最糟糕的结果是什么呢？”如果我们想不出什么坏事，那么我们可能就应该删除它。这种预防措施防止对产品的过分说明。

2）可验证性——我们必须能够确认产品达到要求规定的内容，或者该说明不是一项要求。

3）可达到性——如果要求在技术上是无法实现的，或在目前的预算和进度内不能完成的话，我们不应该将其包括在内。

我们必须在承诺进行重要设计前，分析所有要求来确定它们是否是需要的、可验证的和可达到的。我们必须消除没有强制性特征的要求，或者重写它们来满足上述标准。

（2）其他特征

要求传达了项目或客户希望从供应商或开发商那里得到什么。良好要求的关键是良好的沟通，这取决于以下五项标准：

1）一个想法——每个要求限定单一思想。

2）简明——保持“简洁明了”，避免长而复杂的说明。

3）简单——同样的话应该意味着同样的事。大门就是大门，而不是房门、入口或通道。良好的要求可以阅读起来枯燥乏味，但我们不应该潜心研究词库来使它们更“有趣”。

4）正面说明——采用正面的说明。证实产品不做几乎不可能的事情。也有一些例外，但总体上避免负面要求。

5）语法正确——要求在没有引入可怜的语法之前是很难理解的。

（3）要求的有效句法

良好的要求规定谁必须做什么。在产品要求的情况下，“谁”就是产品。例如：

1）发射机应该在……功率水平工作；

2）遥测接收机应该从……获得数据；

3）运载火箭应该承受……的负载。

在“应该”后是主动动词，说明产品要做什么，如承包商必须验证什么。当要求包括条件从句时（如果，当……的时候，或在何种情况下），这些从句应跟随要求说明——在确定“谁”之后。往往所有开放式条件从句的要求都会省略“谁”，然后让读者来决定谁必须完成说明的行动。

（4）需要避免的事项

要改善要求，我们应该避免含糊其辞，不包括涉及执行和运行的话（如何做某事）。含糊其辞的条款在“是否可验证性”的测试中失败。一些含糊其辞条款的例子[3]如下

适当的	容易的	等
高速	包括，但不限于	最大化
最小化	快速地	强壮的
有效的	过低功率	用户友好的

还有许多其他例子。我们应该创建一个要求规范列表，搜索所有包含以上条款的要求，并将其替换为可验证性条款。

在要求中包含实施的意思是叙述如何提供某事，而不是说明我们需要什么。告诉开发人员如何做的要求将迫使开发人员使用特殊设计或解决方案，而它们可能不是最好的。虽然我们相信解决方案说明涵盖了所有真正的要求或需求，但是我们仍然可能会错过真正的需求。开发人员可以交付利益相关方要求的结果，但那可能不是他们真心想要的东西。

例如，DC-3飞机的原始技术条件要求之一是：“这架飞机应具有三个引擎。”该规定强加了三个引擎的解决方案。开发商道格拉斯飞机公司，认为它毫无意义，并询问航空公司：“为什么你指定三个引擎？”得到的答案是，如果飞机失去一个引擎，它仍然需要能够安全降落。所以真正的要求是：“飞机应该在一个引擎失灵的情况下仍能安全降落。”最初的要求可能生产一架有三个引擎的飞机，如果其中一个引擎失灵，它可能坠毁或变得不稳定——完全偏离了客户的意图。

有时候，我们可能必须要说明如何实现某事，如当更高层次的要求指示了特定的解决方案或强加了明确的法规或标准的时候。不过，最佳方法是要求规定客户想要什么，而不

是如何提供，这样开发人员可以提供最佳的解决方案。

当运行方案和要求之间的界限变得模糊时，要在要求中出现操作。运行方案是理解要求是什么的重要组成部分，或对某种特定要求的需要，但它们不是要求。换句话说，我们不能改写有应该字样的运行方案，并将其变成要求。表 8－6 显示了如何将包括运行规定在内的要求改写为一个正确的要求。

表 8－6　运行说明与真正要求的对比①

不正确的（包含操作）	正确的（真正的要求）
火灾卫星敏感器操作人员应该在发出“周期外下载”指令后，在 45（TBD）秒内收到火灾卫星敏感器下载数据	火灾卫星应该在收到地面“周期外下载”指令后，在 30（TBD）秒内下行传输敏感器数据
	火灾卫星系统应该在“周期外下载”指令发出后，在 45（TBD）秒内显示更新的传感数据

①要求应该描述产品要做什么，而不是它怎样适应运行情景。

我们必须牢记需要遵循谁应做什么的格式，而且我们是为产品撰写要求，而不是为了人。短语“应该是”或“应该能”表明了要求中的操作。要求应捕捉产品工作需要的功能，或它为了满足运行方案必须具备的特性。

运行说明中正确地表达的信息可能包含不止一个要求。上文中每个新要求的“谁”就是指两个系统：火灾卫星和作为一个整体的火灾卫星系统。出于这个原因，操作规定可能会导致整个系统层次的要求遗漏，所以我们需要从所有产品要求中将其移除。

8.2.2　如何才能提高要求

除了撰写能有效沟通的无缺陷要求外，也有其他因素来提升对要求的理解和改善管理。一种方法是记录和连接每个要求特定的“要求质量”属性：逻辑依据、验证方法、分配和可追溯性。我们可以手动录入到电子表格里，或用一种自动工具来自动保存信息。这些记录的和为审核者所用的属性，将在通过要求评审和批准时发挥作用。它也为开发、验证和维护产品的人员减少了疑问或假设。

（1）包含的逻辑依据

通常撰写要求时，我们需要涵盖帮助开发者和验证者明白它们意思的解释。逻辑依据解释了需求、假设、设计工作或驱动要求的权衡研究、其包含的一切数值的来源，以及其他能帮助理解的信息。所有变更控制过程都需要说明对于基线要求进行更改的原因，所以当我们撰写要求时，不能有任何一点草率。

使用逻辑依据有很多好处。它通过增进了解与减少可能在其他方面出现的需要解释的问题，帮助缩短要求评审时间。在产品开发并已投入使用一段时间后，由于我们知道要求的原有基础，所以逻辑依据将有助于维护和升级。此外，随着人员的调动或离开，他们记录的知识仍和要求在一起，从而维护企业的知识库。

尽管如此，将信息放入要求本身只会使人们混淆要求和解释。所以如果我们要让每个要求保持一个简洁的思想，那么信息应该放到哪里呢？通常情况下，我们将逻辑依据置于其本身段落要求的下面并采用不同的字体，或者放在表格旁的要求里。在任何情况下，要求都是需要验证的；逻辑依据说明了我们为什么需要它。包含逻辑依据的第一种方式类似于下面内容（注意与逻辑依据截然不同的字体）：

要求：火灾卫星应符合东西部发射场安全要求 EWR 127－1 第 3 章的有效载荷安全要求。

逻辑依据：任何产品都不可以从肯尼迪发射，除非它符合 EWR 127－1 第 3 章的地面安全标准。

表 8－7 介绍了一个我们如何以表格的形式列出要求的例子，左栏是要求表述，右栏是对应的逻辑依据。

表 8－7　带有逻辑依据的火灾卫星要求示例①

要求	逻辑依据
火灾卫星应满足东西部发射场安全要求 EWR 127－1 第 3 章的有效载荷安全要求	除非遵循 EWR 127－1 第 3 章中的地面安全标准，否则不能从肯尼迪发射

①我们必须要让要求的逻辑依据区别于要求本身。

（2）确保逻辑依据简明独特

要保持逻辑依据简明独特，我们在撰写要求时要做好开发与记录。如果作者无法提供的话，添加一个“事后”逻辑依据是非常困难的，最坏的情况是不可能完成。与要求同时撰写逻辑依据，是改善要求的最简单途径。这种方法还使我们避免制定逻辑依据，包括：

1）重写要求；

2）在逻辑依据中掩盖了其他要求；

3）变成另一项要求逻辑依据的拷贝（每个要求是独一无二的，所以它的逻辑依据应该是唯一的）；

4）我们知道的有关要求的一切（简洁很重要）。

（3）定义验证方法

验证表明完工产品达到了要求所描述的状态。要求必须是可验证的。这并不意味着我们必须为每一个要求撰写整个试验计划，但当我们撰写要求时，我们应该思考以下四种能被普遍接受的验证方法中哪一种应该采用：试验、演示、分析或检查。

通过这个过程，剔除实施语言和歧义，从而改善了要求质量。例如 DC－3 飞机的要求三个发动机的例子。我们可以通过检查验证飞机有三个引擎——只计算引擎——但我们真正想要验证的是飞机在一个引擎失灵状态下仍可飞行。

撰写要求期间定义验证方法的额外好处是我们开始思考到底需要什么设施和设备来验证它们。我们用什么来验证，或我们是否需要新的或改进的能力？对设施和设备需求的早期处理对于整体的项目策划很有帮助。如果我们也考虑要求精度的话，可以减少验证时间和成本。例如，验证一项严格容差要求的费用可能非常昂贵，但评估可能表明，放宽一些容差是可以接受的。如果我们将要求改变为较宽松的容差，我们就可能改进验证过程中的成本和进度。

（4）将要求分配到系统级

在讨论分配和多层级之前，我们需要定义相关系统（SOI）的概念，因为它涉及整个系统描述要求的层次。它是指定的工程团队的相关范围，包括团队必须设计、开发、集成和测试的所有实体（参见第 7 章）。因此每个产品或能力都是一个相关系统[3]。

从定义中我们可以看到，相关系统与产品方案和产品范围密切相连。图 8－3 演示了相关系统的层级方案。对于火灾卫星系统层次的每个级别来说，我们都可以定义为一个相关系统。例如，火灾卫星是一个相关系统，包括构成卫星的各分系统。空间段相关系统包括火灾卫星和任务控制中心（MCC）。这些相关系统有着不同的范围，但每一个的书面要求必须这样开始："（相关系统名称）应该……"

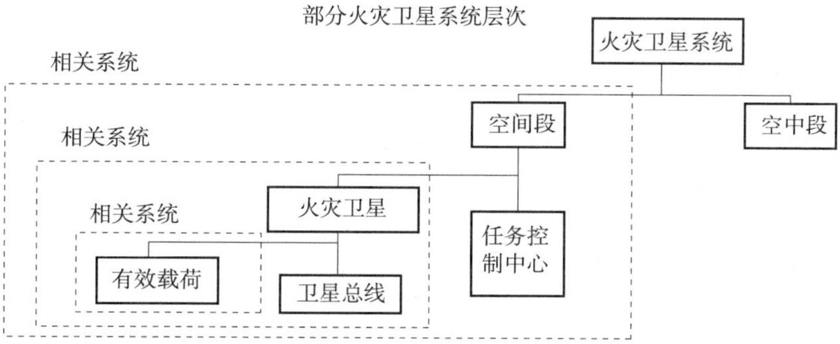

图 8－3　火灾卫星理论相关系统的层次

为了妥善分配要求，我们必须在每个系统级别定义相关系统

分配要求是指将架构某一级别的要求分派到架构下一个级别的一部分。因此，我们将空间段要求分配到火灾卫星或者任务控制中心，亦或同时到它们二者中。但分配不会跳级，所以我们只将架构某一级别的要求分配到下一个相关系统级别。在我们定义大部分要求并已开发出下一个级别架构之前，分配不会发生。分配在要求定义过程中从架构级别由高至低进行。必要时，在较低级别相关系统之间，我们也使用分配这一术语用于指代分派资源（质量、可靠性、时间）。

除了确保所有产品要求适用于架构的某些部分并指导较低级别相关系统的要求撰写者以外，分配可以帮助我们：

1）找出可能的内部接口；

2）对可追溯性进行交叉检查；

3）查找重复或不一致的要求；

4）确保要求的完整性

（5）要求的可追踪性

可追溯性是指在现有任何要求级别中识别出要求来源。和逻辑依据一样，我们应在撰写要求时确定可追溯性。要求的来源（或母体）可能是一个运行方案，同一文档内的更高层次相关系统的要求文件——如与项目群或项目计划中的功能或法规与标准相关联的性能。

快速检查可追溯性可以发现孤立要求和它与分配之间的不匹配。这给了我们一个及早纠正遗漏或误解并防止扩大的机会。一旦我们已经制定了基线要求并把它们置于技术状态控制下，它还可以帮助我们分析影响。

适当的可追溯性要求我们为每个母要求和子要求分配唯一且不变的标识（ID）号。我们还需要分配标识号给本身并非要求的要求母体，如运行方案的说明或任何其他构成批准范围的文件。我们使用这些标识来毫不含糊地确定在要求和来源之间的子-母关系。使用文件节号作为标识号是不恰当的，因为节号有可能随着文件的变化而改变。

小项目通过保持独特标识号的预防措施可能分配并跟踪电子表格中的要求，但较大的项目需要使用要求管理工具来合理地跟踪一切。

8.3 组织要求

在产品要求内有很多种要求类型，其定义如下。我们可以将其作为清单来确保开发了一套完整的充分描述产品的要求。

8.3.1 功能和性能要求

功能和性能要求定义产品必须做什么和要做到多好。它们是最有可能来自产品运营商或产品数据用户的要求，但往往只包括任务运行。它们通常被定义为产品的第一个也是最容易的要求。对于火灾卫星，功能与性能要求包括监测某一地区、定位火灾和发送数据。它们还定义性能——这些活动中的任意一个必须做多久和做到多好。

8.3.2 运行要求

运行要求并不指定产品做什么，但指定它在整个生命周期应该如何容忍或应对运行环境——从设计和开发到运行和处置。我们考虑五个关键领域和各领域的代表性问题：运输、设施、培训与人员、维护和环境。

1）交通运输——我们将如何运输产品？有关大小或重量的限制是什么？我们是否需要关心交通环境？产品是否需要集装箱？例如：火灾卫星应符合 2 型航天飞行设备集装箱，来实现从制造总装厂到肯尼迪航天中心（KSC）的运输。

2）设施——团队在哪里开发、试验、组装、集成和部署产品？有没有任何设施限制的影响，如大小、重量或洁净度？例如：火灾卫星在通过肯尼迪航天中心 166 号航天器总装大楼有效载荷出入口时应完全装配好。

3）培训与人员——谁来维护、运行或以其他方式使用产品？他们有什么技能？依据语言、复杂性、颜色或其他属性，产品必须有什么功能来适应他们的技术或需要？例如：火灾卫星应该如肯尼迪航天中心 WP-3556 技师资格手册所定义的，由二类工程技术员维修。

4）维护——维护方案是什么？产品必须满足哪些特性或功能？例如：火灾卫星应接受在轨升级其导航和姿态控制软件。

5）环境——什么是产品的环境（诱发的和自然的）？它需要有什么样的特征或功能才

能在环境中生存和运行呢？例如：火灾卫星应符合暴露在发射环境后的要求，该环境的定义见改进型一次性的运载火箭标准接口规范第 3.6～3.11 段。

8.3.3　“可……性”要求

“可……性”（有时也被称为非功能性）的要求往往是最大的成本驱动因素，不能对其掉以轻心，或在不彻底检讨它们是如何影响产品的情况下只是从其他规范中复制它们。它们的名字来源于它们普遍以“可……性（ility）”描述。

1）可靠性涉及使产品执行和在特定条件下一定时期内维持其功能的属性，如平均故障间隔时间。这些属性的例子是指它会按照说明、故障率和生命周期运行的概率。例如：火灾卫星应具有至少 7 年的在轨生命周期。

2）可维护性与平均修复（或更换）时间相关，所以这项要求涵盖使产品易于维护的属性。例如：火灾卫星应要求在发射前的地面运行期间，拆除（或开启）不超过 10 个紧固件（板），以取代在表 3－2（主要线上的可更换单元）中列出的任何线上可更换单元（LRU）。

3）可操作性关注改善产品日常运行方便的属性。例如：在任何连续 72 小时内，火灾卫星属性进行一次地面更新，火灾卫星应保持有效载荷指向精度不超过限制。

4）可用性意味着产品需要运行的时间百分比，或必要时可供使用的概率。有时其中会出现诸如每天 24 小时、每周 7 天概率，繁忙运行期间的能力，或运行的有效性等条款。例如：火灾卫星将有 98％的运行有效性，不含天气原因导致的电力中断，最长持续待机不超过 72 小时。

5）可支持性涉及为了解决故障，技术支持人员调试或分析根源的属性。例如：火灾卫星应至少每 45 分钟向下传输过去 60 分钟内航天器和有效载荷的健康与状态数据。

6）可生产性涵盖支持制造目标的属性，包括相关的材料、焊接与螺栓和零件限制。例如：火灾卫星应包含非 1 类消耗臭氧物质。

7）安全性和保险与使产品符合这两个领域内的法规和标准的属性相关。例如：火灾卫星应符合运载火箭、有效载荷和地面支持设备上的记录、设计和试验等要求，如东西部范围安全要求 EWR127－1 的第 3 章所述。

8）可互操作性涉及的属性是使产品与一个或多个系统进行信息交换并使用交换信息。例如：火灾卫星应该使用定义在空间数据系统标准中的空间链路子网的数据传输服务协议——先进的轨道系统、网络和数据链接——地面到空间的通信，CCSDS－701.0－B－2 体系规范，第 2 版。

8.4　制定基线要求

基线要求的方法在组织机构内各有不同，取决于他们的文化和提供的产品类型。但作为成功的方法，它必须：

1）确认范围——记录范围，与所有利益相关方进行确认，并在任务方案评审时签署它[4]。

2）确认要求——将基线范围作为基础，编写并记录要求。确认每个要求声明（包括要求属性），因为它是书面的。

3）基线要求——当完成要求时，将其作为一套完整的要求与所有利益相关方进行确认，并在系统要求评审时将其确定为基线。

确认范围并生成要求是开发保证质量的、无缺陷的要求和对变更控制不带来过度压力的关键。我们要在确定基线之前删除要求缺陷，而不是在其之后。

8.4.1 确认范围

开发无缺陷要求基线的第一步是成功确认评审范围，但首先我们需要解决 9 个重要领域的问题：

1）产品边界——我们是否确定了所有外部接口？他们是已开发完成且成熟的吗？

2）利益相关方——我们是否与所有利益相关方谈过话？

3）产品生命周期——我们是否列出了所有的产品生命周期阶段？

4）分歧或冲突——我们是否解决了利益相关方之间的分歧或冲突？

5）技术问题——我们是否已经解决了技术问题或技术可用性的问题？

6）进度——我们开发产品的进度是否过分乐观？

7）预算——我们开发产品的预算是否太过紧张？

8）不确定性——我们是否解决了涉及范围的问题？

9）假设——我们是否记录了所有假设？每个人都评议假设了吗？他们是否了解？

这些问题的答案量化了范围的完整性。我们可以用上面的列表来决定是否我们已准备就绪进行范围评审。如果我们对其中任何一个问题的回答是不，那么我们必须评估现有评审的风险。范围评审应验证，我们已经对这些问题给出了令利益相关方满意的答案，并一致认为我们已经准备好撰写这些要求。范围评审的最后一步是记录利益相关方之间的协议，并理解所有范围文件将接着进入正式的技术状态控制之下。

8.4.2 确认要求达到基线

要求确认让我们有信心，我们撰写的要求是被需要的、可验证的和可达到的；清晰简洁；以及正确、一致、完整的。它可以是连续或离散的：

1）连续确认——控制要求质量的日常活动在撰写过程中进行。它开始于我们撰写的第一个要求，并持续存在于整个项目周期。连续验证令每个人（书写者、审核者、开发人员、测试人员和经理）都对要求质量负有责任，而且这是产生无缺陷要求的最好途径。

2）离散确认——准备进行正式要求评审的活动。第一次正式评审是系统要求评审（SRR）。更新要求所需要的其他主要评审，如初步设计、关键设计和试验就绪。系统要求评审的准备过程也同样适用于其他评审。

8.4.3　使确认连续

连续确认是确保持续过程改进的关键。我们不想等到需要准备重要的里程碑评审，特别是系统要求评审时，才发现存在一组重大劣质要求。当然，如果我们的进度很紧，甚至当系统要求评审暴露了许多问题时，要求可以建立基线。但给有缺陷的要求确定基线通常是资源的浪费，因为我们必须修复要求并重做发现缺陷之前已经完成的所有工作[3]。

步进式的工作产品检查是连续确认的关键。他们通常被称为费根检查法——以迈克·费根博士命名，他于 1976 年在 IBM 公司发起了该流程。他们在不合格要求变成不合格产品前进行识别和纠正，例如，“其中，一个要求不令人满意”[1]。

要求检查是高度结构化的，由包括仲裁人的评审小组（不超过五六个）来选择整体要求的一部分进行正式同行审查。仲裁人与要求撰写者合作设立并管理评审，同时跟进观察缺陷的处理。评审标准是预先设定的，评审员只针对这些标准来衡量要求。例如标准可能是：“要求不包含任何模糊条款，有适当的‘谁应做什么’的格式，包括逻辑依据，并确定验证方法。”因此我们检查要求工作时可以简化，并专注于我们希望剔除的特定缺陷。

我们运用检查结果不仅为了剔除有缺陷的要求，也有助于确定其根源，这样我们就可以改善如何定义要求。例如，如果我们发现一些撰写者重复使用某些含糊其辞的条款时，我们就要更新模棱两可的条款清单。检查是一个已知的方法，并完整地实践了集成软件能力成熟度模型（CMMI®）（关于项目管理成熟度的更多内容，参见第 21 章）。

工作产品检查可以帮助我们更多地完成要求的质量检查。我们也可以专注于要求的内容。例如，要求是否正确和一致？如果我们涉及基于模型的系统工程（MBSE），他们会反映系统工程模型吗，模型会反映要求规定的内容吗？确认要求对于确认不断发展基于模型的系统工程设计是必不可少的。即使我们使用基于模型的系统工程，我们仍要建立达到要求的系统。模型不足以建立系统；他们只是帮助我们从一方面了解要求（促进沟通和理解）。

换句话说，我们利用要求生成模型，通过一致性检查、生成 N2 接口图、并完成其他自动活动，这样反过来又可以帮助我们更有效地确定要求的完整性。但是模型是存在的而且只在一定范围内有效，因为它正确地反映了要求。

8.4.4　遵循离散确认过程

准备里程碑评审，特别是系统要求评审，是一项重要任务。通常这是许多利益相关方第一次将要求作为一套完整的整体来看待。不同于步进式检查，该评审的重点在所有要求的内容上，而不是要求是否满足“要求标准”。

系统要求评审不只是项目里程碑图表上的一个时间点。它的大部分工作不会在会议本身中出现。要求必须在分派给评审者前进行几个星期的准备，包括我们希望他们评审的内容，和我们将如何处理并解决他们的变更。我们可以解决并达到所有利益相关方满意度范围内的要求变更被接受，并被记录在文件中或要求数据库内。在评审前无法解决的要求问题成为评审议程项目。在系统要求评审之后，要求的最终处置得到解决时，我们将其确定为基线并置于技术状态控制之下。换句话说，所有经批准的要求成为了第 1 版——共同认定为“要求基线版本 1.0”或使用我们已经制定的任何编号系统。

作为里程碑评审，要求评审耗费了大量的时间和金钱，所以我们想让要求尽可能在最好的条件下制定。表 8－8 描述了一个流程，它缩减了审查和纠正文件的时间，限制了个别审评者的工作，并产生了最好的结果[2]。

表 8－8　要求评审流程的 $4\frac{1}{2}$ 步①

步骤	评审用途	谁来完成	数量
1	编辑	有编辑技能的人	1～2
2	良好性	知道要求规则并有技术知识的人	2～3
3	内容	所有有关的利益相关方	需要的数量
4	风险	有技术和管理知识的人	2～3
$4\frac{1}{2}$	编辑	有编辑技能的人	1～2

①该流程优化了评审，并提高了有效性。

开发这个 $4\frac{1}{2}$ 步骤流程是为了建立初始要求基线，这是系统要求评审需要的。这和准备范围评审或任何其他一系列评审的正式文件同样有效。在分发规范或要求数据库内的要求之前，必须有人编辑检查并清理要求。在那之后，我们只需要几个人来检查良好性。如果我们一直都在检查，这两个步骤就不应耗费太多的时间或资源。然后，利益相关方会有一套良好的评审要求，而且不会浪费时间纠正拼写或格式错误。

随着所有变更的解决和批准，我们需要回溯并评估风险，这就要使用要求风险因子来确定我们是否已经准备好为要求制定基线。如果我们在适当的管理控制下这样做，我们永远不必对文件使用这种严格的流程。我们会作步进式的变更并更新版本，但不需要一个完整的评审[3]。

在制定要求基线前，我们可以只用需要的资源，如检查，来改变他们。但事后，技术状态变更控制委员会将负责管理变更，这就需要更多的资源和更强大的力量去影响进度。

8.5　管理要求

管理要求包括适当构建管理架构以确保每一个要求满足以下 6 项标准：

1）结构是否正确并撰写在正确的级别上（按“谁应做什么”的格式，与“谁”来匹配产品）?

2）是否具备良好要求的所有特征（一个想法、精确、简单、正面说明、语法正确、明确)?

3) 是否记录并验证其“要求质量”属性(逻辑依据、验证方法、可追溯性和分配)?

4) 是否记录和验证其“要求管理”属性(所有者、作者、风险、优先级、验证状态、变更状态)?

5) 它的所有属性是否都面向所有利益相关方开放以便于评审和说明，无论是通过管理要求的自动化工具直接访问，还是通过定期的状态报告?

6) 它是否被正确评估以确定变更如何对它产生影响?

第 8.2 节讨论了前三个项目和我们如何使用它们来提高要求质量。但这些要求的管理属性是什么，我们如何利用它们来管理要求呢?

8.5.1　管理并测量要求属性

第 8.1.1 节中定义并描述了如何通过提供确认方法来帮助改善要求质量的属性。但是，它们也可以作为测度，与要求管理的属性一起，向我们展示要求开发活动的状态。

例如，如果我们试图评估我们是否已经准备好了系统要求评审，我们可以看下述内容的数量:

1) 要求(计算要求标志号的数量);

2) 分配的要求(按填充的分配域来计算要求的数量);

3) 确认的要求。

假设分配是有效的，我们可以安全地假设，如果已经分配并确认了几乎所有要求，我们就算差不多准备好系统要求评审了。

下面是一个要求属性清单，其测度提供给我们管理信息。这份清单并非详尽，而是建议我们应该保持每个要求有这些信息，所以我们将得到在管理产品开发上非常宝贵的统计:

1) 所有者——要求的所有者是利益相关方(如第 8.1.1 节中定义的)，他们拥有变更要求的权力和责任。

2) 作者——要求撰写者。可能是所有者或其他人。该属性在评估“持续的过程改进”上是无价的。它对资源管理也很重要。每个要求应该有一个指定的撰写者，所以当有人离开时，我们可以找人代替并由其承担要求属性信息维护的责任。

3) 风险——这是与要求相关的风险，并非项目风险。它可能是简单的如 H(高)，M(中)，L(低)或 1，2，3。要求风险是一种主观措施，它基于 3 个风险因素。

· 可以有多个理解方式：含糊不清，无法核实，贫乏的语法，格式错误，不准确或遗漏逻辑依据;

· 不完全：遗漏相关要求或要求属性;

· 变更：利益相关方未达成一致，这取决于未定义的接口和尚未准备好的技术。

4) 优先级——所有要求都不是平等的，所以优先级分配对他们而言相对重要。我们应该保持简单，否则分配并管理优先次序会变得太费时。优先级使我们能够处理突发事件，如削减预算或强制进度变更，而不会进入危机模式。与风险相结合，优先级可以关注研制工作或对产品成功至关重要的要求进行权衡研究。

5）验证状态——表明要求是否已得到证实。

6）版本号——即使在我们确定基准之前，我们也可以开始保存要求的版本号，来观察要求流失量（不稳定性）。许多版本的多种要求表示更多的流失量管理要求。

7）变更状态——表明要求是否变更，带有变更号或版本号。

使用带有质量属性的管理属性可以让我们在产品的开发阶段（系统要求评审之前）和产品的整个生命周期内管理要求。下面是使用要求属性来管理要求的几种方法：

1）一致性——按可追溯性交叉检查分配，确保子要求与主分配相匹配；检查确保子要求内容与母要求内容一致；纠正任何缺陷。

2）遗漏要求——确定无子要求的要求分配数量，评估下面级别定义的要求的完整性。生成没有后续管理子要求的已分配要求清单。

3）要求完整性——确定有完整批准状态要求的数量，它表明我们准备开始系统要求评审。使用可追溯性来生成报告，该报告显示了同一主要求的所有子要求。包括主要求和子要求两者的文本和逻辑依据。评估子要求是否足以实现主要求。使用基于模型的系统工程项目对项目的系统模型进行交叉检查。

4）要求的变动度——确定进入变更状态领域的有变更号的要求数量，并随时间的推移评估确定他们是否需要管理关注度（在制定要求基线后最有效）。

5）风险评估——根据高、中、低风险来确定要求的数量，并随着时间的推移评估确定减少风险计划执行情况。

注：在上述所有例子中团队需要访问其相关系统要求外的要求。为了有效地管理其相关系统的要求，他们也必须访问高于和低于其架构级别的相邻级别的要求（和有关要求属性）。

8.5.2 管理变更

通过制定有效的范围，可以开发出一套良好的要求。以这个范围为指导，我们可以持续管理要求变更。同时，我们也需在该范围内管理利益相关方的期望。最好的减少变更的方式是预先做好充分的准备工作——在制定要求之前定义并划出范围，并且避免制定出劣质的要求文件。

然而，无论如何有效地开发无缺陷要求，在这些要求制定基线后都会存在令其发生变更的因素。如预算的削减，影响长期项目的新技术所导致的系统升级，接口的意外变化，规范或标准的变化等，这些只是少数的几个例子。

下列属性对于帮助我们管理这些必要的变更来说极为宝贵：

1）要求文本——阐述谁应该做什么——现有要求（如果存在）和所提出变更的内容；

2）逻辑依据——要求的存在理由（如果存在），更改或将其删除的原因以及提出新要求的理由；

3）可追溯性——与变更或添加的要求相关的其他要求；

4）优先顺序——该要求对于满足利益相关方期望的重要性；

5）风险——要求变更期望的主观度量。

这些属性当中，可追溯性（子对主和主对子）是评估要求变更将如何影响系统的关键。我们一定要追溯到母要求，确保我们仍然与它符合并追溯到子要求以获得变更影响要求的完整清单。结合每个要求的逻辑依据，可追溯性使我们能够评估作出变更或不作出变更产生的影响。

但评估影响不仅限于受影响要求的数量。我们还需要知道这些要求的重要性。用于分配优先级和任何产品开发要求风险的约定包含在项目的系统工程管理计划内。但在随后的讨论中，我们假设优先级有 3 个价值标准：

优先级 1——不符合它会导致错过满足某个利益相关方的期望；

优先级 2——辨识权衡空间；

优先级 3——存在替代品，例如，比起自动化或等待产品的下一个版本，使用手动操作更能满足其要求。

当我们跟踪变更影响的所有要求并发现许多是优先级 1 时，我们可能遇到了一个严重的问题。如果变更是由项目控制范围之外的决定所驱动，可能会特别难解决。例如，变更了另一个组织所拥有的接口，我们就必须纠正安全隐患，或违反某些法规或标准。

另外，如果我们应对预算削减或进度压缩，我们可以按优先级 3 搜索要求。我们可以观察要求追溯来确定有多少会受到影响（有些可能是优先级 1），然后评估哪一套优先级 3 的要求将对优先级 1 的要求影响最小。

在划定要求基线之前，我们通过重点开发有效范围和检查要求来管理要求风险，以减少危险因素：可用不止一种方法理解，不完整，以及需要变更。如在 $4\frac{1}{2}$ 步过程（第 8.4.4 节）中讨论的，我们制定要求基线时会分配要求的风险值。在此之前，要求变动过大和管理措施开销太大使得无法采取措施。要求对在范围开发阶段识别的关键性能参数（KPP）的可追溯性，始终评定为高度或中度风险，因为变更会影响产品。但是我们也必须在基线要求制定以后对包含优秀的待定（TBD）要求进行管理。

一些组织有很好的理由自动将待定要求评价为高风险。事实上，我们可以快速由确定待定要求的数量来检查要求是否已做好基线准备。不超过 1%～2%的要求应该是举红旗。尽管如此，我们可以像管理要求本身那样管理它们。首先，我们生成任何相关系统中所有待定要求的清单（或矩阵）。该清单必须包含要求标志、要求文本、逻辑依据和另一个称为解决日期的要求属性。逻辑依据应该包含要求的任何版本来源并涉及定义其价值的文件。然后我们提出列表的待定要求，并将其放置在表格或电子表格中进行跟踪。

如果没有要求管理工具，我们可以只在文件中搜索待定要求，并手动建立一个包含待定要求管理矩阵的表格。为了跟踪，我们可以输入待定要求序号来跟踪操作日志，但要求标志的数量应该足够跟踪并识别我们谈及的要求。一旦关闭，我们将不再需要这些序号。表 8－9 是一个待定要求跟踪表格的例子。

表 8-9　待定要求管理矩阵示例①

ID 号	包含待定要求的 ID	解决待定的计划时间	待定解决的实际日期	关闭待定的逻辑依据
TBD001	FSSRD065	2007 年 2 月	2007 年 4 月	完成权衡研究
TBD002	FSSRD235	2008 年 5 月		技术评估的等待结果

①因为其不确定性对项目造成威胁，我们需要跟踪待定要求，直到他们都能得到解决。

基于表 8-9，火灾卫星系统要求文件（SRD）中的要求会是这样的：

（FSSRD235）在“周期外下载”指令发出后，火灾卫星系统应该在不多于(45 TBD002)秒内显示更新的敏感器数据。

结合要求说明、与其相关的待定和待定管理矩阵，我们就有了所有需要评估待定状态的信息。

任何悬而未决的待定要求都应该存在高风险或中等风险，这取决于要求的优先级，需要如何尽快地获得信息以避免影响进度，以及待定值可能会如何影响到满足利益相关方的期望。一旦待定值是已知的，我们就可以从要求中移除待定，为其输入实际值，并更新其逻辑依据来反映选择最终值的依据。我们是否将风险属性的价值改为中等或低等，将取决于评估其他变更的风险因素。

为了管理变更，我们需要不断评估风险，而不是等到问题出现。提供洞察风险的方法之一是风险优先级矩阵，如图 8-4 所示的火灾卫星系统要求文件。风险管理计划说明了各栏中填写什么，但通常我们通过要求编号来标出只具有高优先级和高至中的风险要求。为了跟踪，矩阵描述的只是满足其他低风险准则的要求数量。第 15 章详细讨论了风险管理。

火灾卫星系统要求

风险（可能性）——优先级（影响）矩阵

优先级 \ 风险	低	中	高
1	(70)	FSSRD011	FSSRD045　FSSRD134　FSSRD056
2	(45)	(19)	FSSRD155　FSSRD003
3	(20)	(11)	(0)

图 8-4　火灾卫星要求的概念风险（可能性）——优先级（影响）矩阵

该矩阵给出了项目现有风险状态的快速浏览

8.6　小结

我们必须在定义、写作、组织、制定基线、管理要求时遵守规律。我们知道撰写要求是辛苦的工作，但是如果我们撰写了劣质的要求就不得不返工直到得到正确的要求。在撰写前，我们必须制定范围，并提供给每个人。如果不这样做，我们可以边撰写边制定范围，但首先收集知识比较容易。

预留出足够的时间，并在定义产品要求期间保持一致，这会增加提供高质量产品的机会。否则，我们就会得到“劣质”的要求和失败或非常令人不满意的产品。

参考文献

[1] Fagan, M. E. July 1986. "Advances in Software Inspections." IEEE Transactions on Software Engineering, 12 (7): 744-751.

[2] Hooks, Ivy F. and Kristin A. Farry. 2001. Customer Centered Products: Creating Successful Products Through Smart Requirements Management. New York, NY: AMACOM.

[3] Hooks, Ivy F. 2007. "Systems Requirements Seminar." Boerne, TX: Compliance Automation Inc.

[4] National Aeronautics and Space Administration (NASA). March 26, 2007. NPR 7123. 1A—NASA Systems Engineering Processes and Requirements. Washington, DC: NASA.

[5] Vinter, Otto, Soren Lauesen, and Jan Pries—Heje. May 1999. "A Methodology for Preventing Requirements Issues from Becoming Defects." ESSI Project 21167, Final Report., DK-2850 Naerum, Denmark: Briiel and Kjaer Sound & Vibration Measurement A/S.

第 9 章　后勤管理

凯瑟琳·厄利克（Katherine Erlick）博士
波音公司

后勤管理是开发用于确保最终产品可支持且可持续的产品和服务的综合方法。综合后勤保障——该领域的另一常见术语——指的是在后勤范围内将其作为一整套相互关联的活动来管理该职能领域（或要素）。

9.1　后勤流程与要素

9.1.1　了解后勤流程

无论多大或多小的空间项目，我们都必须评估各种后勤要素对项目的影响。大型和小型空间开发项目之间的差异是后勤团队必须付出的工作量的多少，而不是我们是否可以省略某个要素。由于其涉及产品生命周期阶段，图 9－1 介绍了一个典型的后勤流程。

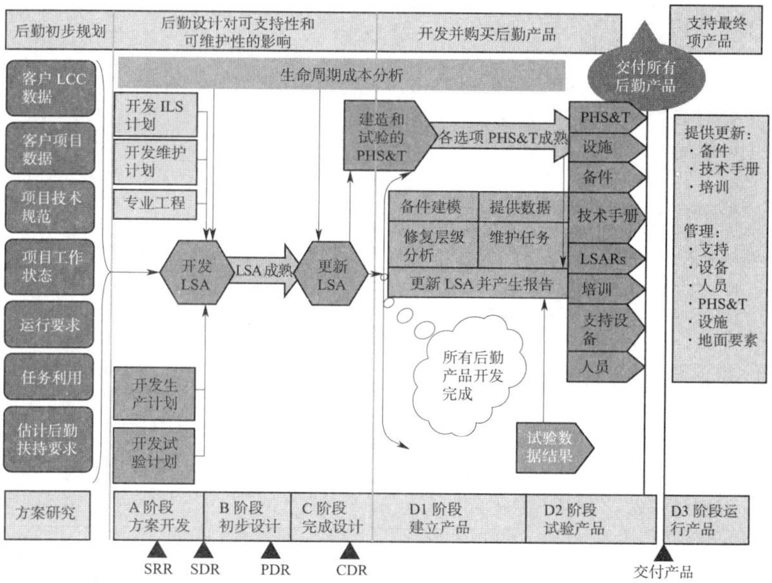

图 9－1　整个系统生命周期的后勤流程

我们通过了解后勤是如何进入项目生命周期中的来开始后勤策划。该过程是迭代的；随着设计的成熟，后勤要素成熟（LCC—生命周期成本；ILS—综合后勤保障；PHS&T—包装、装卸、存储和运输；LSA—后勤保障分析；LSAR—后勤保障分析记录；SRR—系统要求评审；SDR—系统设计评审；PDR—初步设计评审；CDR—关键设计评审）

由于关键设计评审要确定项目生命期的主要成本，项目经理必须在早期设计流程中引入后勤。在最初策划过程中，当包括后勤的所有职能以与客户的沟通和清晰要求开始时，项目成功的机会更大。后勤策划可以节省大量金钱和时间。关键是要揭示设计方案是如何影响项目生命周期的，因为设计决定了后勤最终有多大影响。系统保障成本在很大程度上取决于我们在项目早期作出的决策。更重要的是，在产品设计完成后，要想获得项目生命周期中任何重大的成本节省都已为时过晚。

后勤流程涉及支持系统的设计，还有支持系统运行维护。迭代的后勤要求开发起始于方案研究，并在 A～C 阶段内继续策划和分析（见图 9－1）。当我们开始开发后勤交付物时，我们还在关键设计评审之后的 D1 阶段开发后勤产品和支持。所有后勤产品和服务都应该在发射前 60 天就位。

使用国防部 5000.1 和 MIL－HDBK－502 作为后勤产品的开发指导，本章的其余内容讨论了采办周期的关键后勤活动，如表 9－1 所示。

表 9－1　后勤流程①

步骤	流程	讨论章节
1	了解后勤流程 a. 确定后勤要求的初步估计	第 9.1 节
2	进行后勤初步策划	第 9.2 节
3	影响项目的可持续性设计 a. 制定综合后勤保障计划 b. 进行后勤保障分析 c. 制定维护计划 d. 评审专业工程分析 e. 制定生产计划 f. 制定试验计划 g. 估算生命周期成本 h. 确定生命周期备件	第 9.3 节 第 9.3.1 节 第 9.3.2 节 第 9.3.3 节 第 9.3.4 节 第 9.3.5 节 第 9.3.6 节 第 9.3.7 节，第 11 章 第 9.3.8 节
4	开发或购买后勤产品 a. 记录后勤保障分析 b. 管理供应保障（备品和备品管理） c. 进行供应分析 d. 设计、建造或购买支持设备 e. 提供维护、操作、保障和人员的培训 f. 从技术数据创建技术手册 g. 策划并应用包装、装卸、储存和运输 h. 设施策划	第 9.4 节 第 9.4.1 节，第 6 章 第 9.4.2 节 第 9.4.3 节 第 9.4.4 节 第 9.4.5 节 第 9.4.6 节 第 9.4.7 节 第 9.4.8 节
5	支持最终项 a. 组织考虑 b. 故障分析 c. 缺陷（异常）报告 d. 备件报废品管理	第 9.5 节 第 9.5.1 节 第 9.5.2 节 第 9.5.3 节 第 9.5.4 节

①我们通过辨识所有后勤要素和了解成熟度阶段来开始开发后勤管理。

在进入生命周期每个阶段内的流程之前，项目经理应该了解空间项目的所有后勤要素。

9.1.2　考虑后勤要素

后勤要素是产生交付物分析、服务和产品多种相互依存的流程，它们在交付后支持并维护最终产品（如卫星）。表 9－2 列出了国防部通常使用的要素。每个要素都有其自身的一套流程、标准、技术、程序和（有时候）软件工具。通常，后勤保障分析师是焦点，他生成后勤保障分析——所有后勤的基础。

标准的基于计算机的工具可以帮助分析师开发后勤要求，并作为后勤保障分析记录发布。此时有一整套任务：辨识备品；维持任务；培训任务；包装、装卸、存储和运输；设施；以及支持设备、工具与人员的要求。训练有素的分析师可以确定后勤是怎样影响项目的——在生命周期初期和整个生命周期内。他们可以看到项目设计了全部的支持、执行、维护系统，从而节省了经费并满足了客户要求。

在开发设计时，关键设计评审之前，项目经理有机会在后勤方面节省最多经费。这是因为后勤成本与设计直接挂钩。一旦设计最终确定，后勤的影响就确定了。通常情况下，后勤保障分析师召集专业技术专家来评估后勤将怎样影响项目的生命周期。在某种意义上，他们是支持项目经理的后勤项目经理——那些我们应该在后勤影响、结果、报告和状态方面依靠的人。

一些项目经理选择在独立的综合项目团队、部门或要素中管理后勤要素，但已证明该方法在使用数据和资源方面更昂贵且效率更低。所有后勤要素对其产品和服务要求同样的源数据。所以，共同管理它们节省了很多的时间和资源，同时产生了最优产品。

表 9－2　后勤要素、描述和示例[①]

综合后勤保障要素	描述	示例与评论
非经常性的		
维修级别分析（RLA）	确定在哪里维护最经济。有三个层级的维修：组织层级（O 层级）或仓库层级（D 层级）；另一个选择是报废零配件 商业现货工具可用于协助确定优化层级	组织层级：对卫星上传维修软件补丁 仓库层级：移除或替换主要装备或对航天飞机起落架进行定期维护
支持设备	所有用来维护并运行航天地面设备的产品、系统或设施的软硬件。专为某一产品特殊维护需要设计的设备。也包括计算机系统（地面站以外）的故障诊断工具	将卫星集成到火箭上的装卸装置，某产品专用的运输设备，需要修复某产品的特殊设备
资源和人员	辨识并获得可以在整个生命周期操控和支持系统技能的人员	培训维护人员有关分系统知识，如电缆修护
技术数据	记录的科学或技术信息，包括工程数据、后勤保障分析输入数据和技术订单源数据。将所有分析、计算、运行方案和工程源数据包括在一个完整的计算机后勤软件包中	产品验证与确认期间的试验数据是运行程序和返回服务任务的源数据
培训、培训设备和培训支持	需要经过培训、资格认证且合格的人来维护产品。源数据是后勤保障分析记录。由训练有素的专家领导来确定培训要求和技术人员。他们也为维护人员和运营商制定课程、模拟和培训课程	制定包括实际操作模拟和维护任务的培训课程。课程与技术手册（程序）联系紧密。有时要求开发培训模拟器来保证人员得到对所需任务的足够训练

续表

综合后勤保障（ILS）要素	描述	示例与评论
设计接口： · 可支持性 · 可靠性、可维护性和可用性（RM&A） · 人员因素 · 系统安全性 · 生存能力和脆弱性 · 有害物质管理 · 可测性	需要通过整个生命周期的分析来支持项目需求。后勤保障分析记录的源数据也要交付给客户	由于后勤主要是确保产品保持可支持性，这些分析必须体现后勤最终是如何影响系统为项目和客户节约成本的
非经常性和经常性		
维护策划和实施	整个后勤保障战略的基础。基于后勤保障分析的原始数据。包括组织和库房层级的定期与非定期的维护计划，包括 · 硬件 · 软件 · 支持设备 · 试验设备 · 备件 · 培训模拟器	地面站：通过地面站更新软件的逐步改善计划 其他产品：有关维护、频率、定位和客户接口等的计划。这里不包括产品改进（独立合同） 维护支持定期或不定期的维护任务（开发和文档），包括验证试验
后勤保障分析（有时被称为系统保障分析）	所有后勤的基础。该基于计算机的模型以以下要素为基础：备件包络标准结果；维护任务；培训任务；包装、装卸、储存和运输；设施；支持设备与人员要求。后勤保障分析导致了众多的后勤保障分析记录和后勤的B-规范	· 后勤保障分析记录导致的结果：备件建模和使用情景 · 维护任务（用于开发技术手册） · 培训任务 · 包装、装卸、存储和运输要求 · 设备布局和存储要求 · 用于开发的支持设备要求 · 人员要求——技能水平和种类
供应保障（备件）	获得备件的供应系统；用来确保合适的项目、正确的数量在正确的地方、正确的时间和最佳的成本的策划流程。来自后勤保障分析的源数据是备件建模的基础，备件建模给出了用于运行和维护的备件包络。包括管理备件库存	对于地面站，运行所要求的备件。对于空间站、航天飞机或载人探索飞行器，为维护其后的任务所要求的备件
技术订单或技术手册或技术文档或程序	指导维护人员和运营商如何操作、安装、维护和服务，包括支持设备产品的一系列文件。用于指导书写这些文件的一系列MIL标准。MIL-STD-38784（一般样式和格式）	维护程序和系统或产品或支持设备的运行。包括详细说明。所有程序都按技术状态来控制
计算机资源保障	计算机设备及配件，包括需要维持系统运行的硬件、软件、诊断设备、方案和数据库，包括设备和人员	移除或代替商业现货，项如硬盘驱动和监控
设备	包括设施类型或改善、位置、空间需求、环境要求和设备的研究	支持设备、试验设备、政府配备设备、备件和人员与培训的储存设施
包装、装卸、存储和运输	考虑安全性和危害物质的条件下，确保运输模式可有效地处理并转移所有项目。还包括长期和短期的储存要求，也有储存中的维护	如果运输到发射地点的卫星含有危险物质，包装、装卸、存储和运输要确保其包装安全和条件符合州及当地官方要求

①该表总结了后勤要素并介绍了空间项目的典型例子（改编自网页 www.ax.losangeles.af.mil）。

9.2　进行后勤初步策划

在方案研究阶段，我们可以估算后勤保障，但是在关键设计评审后可能会发现它相当不准确。客户和承包商团队可以定义产品运行与支持要求和产品运行方案。它包括考虑维护的两个层级：

1）组织层级（O 层级）——最不复杂的维修。

2）仓库层级（D 层级）——复杂维修；要求更高的技能或先进的设施和设备。

项目经理在获得授权后应该得到一些后勤工具。最重要的工具是后勤保障分析工具。通常三种现成的工具有 EAGLE™，欧米茄 J PS™ 和 SLIC 2B[7,9-11]。这些软件包还可以自动执行许多其他功能，如报告故障和纠正措施、分析故障模式和影响、管理关键性分析、开发技术手册、分析可靠性和管理仓库维修。

9.3　影响项目的可持续性设计

方案设计期间的主要后勤任务是影响保障性设计和创立后勤持续性计划。制定计划是一个了解产品的过程，与通过设计令其成长一样。影响设计具有更大的挑战性，要求后勤师熟悉所有后勤要素以及如何将它们与产品相关联。在这个阶段主要的后勤工作有：

1）初步后勤保障要求和方案；

2）可用性预测或在需要时可以使用的系统；

3）可靠性分析与分配。

当这些工作已完成时，我们可以制定初步后勤计划和后勤保障分析。

从初步设计评审到关键设计评审，后勤师要：

1）继续影响保障性设计。

2）确定所需的初始备件和长线项目。

3）确定满足保障系统要求所需的数据，包括潜在的维持备件。

4）启动初步后勤保障分析（在关键设计评审后充分参与）。

5）启动特种工程研究以及产品工具和包装、装卸、存储和运输的分析。

6）随着产品设计成熟，继续细化分析，如可靠性。

所有这些活动随着系统设计的成熟而成熟。因此，任何方案变更或更精细的设计都会影响系统后勤配置文件。运行和系统维护方案很大程度上影响了项目的生命周期成本，所以后勤师必须从项目开始就协助分析这些成本（见第 11 章）。

9.3.1　制定综合后勤保障计划

在方案开发期间，主要后勤活动是为后勤保障分析记录收集数据并开发相关计划。综合后勤保障计划（ILSP）是最重要的一项。该计划是项目后勤要求的顶层计划和管理工具

——在项目或要求计划之下并且是其他后勤计划来源。通常，该计划分为两个子计划：后勤管理计划和维护计划。它们共同解决所有后勤要素。综合后勤保障计划通常包含表 9-3 所列出的部分。

表 9-3　综合后勤保障计划的要素①

	综合后勤保障计划要素	描述
1	介绍	介绍一套综合后勤保障的活动
2	设备描述	描述交付产品
3	综合后勤保障项目管理	描述如何按一整套相互关联的活动来管理综合后勤保障，综合后勤保障将所有活动聚集到一起
4	计划	简要列出并描述了不同的综合后勤保障子契约计划，如维护
5	目的和战略	说明后勤目的，如产品时序
6	系统就绪目标	描述了后勤就绪评审
7	源选择	讨论了各种后勤产品供应商
8	专业工程	列出并描述了各种专业工程行为，如可靠性
9	后勤保障分析	描述了实施后勤保障分析的流程和工具
10	设计影响	讨论了产品生命周期中影响保障性设计的各个点
11	约束和目标	描述了开发后勤产品期间任何类型的约束或目标
12	维护计划	描述了产品的维护计划、地面站和支持设备，如果需要的话
13	保障计划	描述了支持产品的计划、地面站和支持设备，如果需要的话
14	报告要求	在运行阶段，讲述如何报告产品的故障和异常，例如故障报告和纠正措施和记录趋势与跟踪的数据基础
15	后勤数据库	提到了后勤要求的各种数据库，如后勤保障分析数据库，使用 MIL-PRF-49506 作为指导
16	解决后勤要素的协调技术和计划工作	讨论了管理后勤各个要素的综合解决方案，如安全性、备件和技术手册
17	安全性	描述了完成安全性和危害分析所需的努力
18	供应	描述了完成供应分析所需的努力
19	供给保障（备件）	描述了完成备件分析和跟踪所需的努力
20	支持设备	简要描述了支持产品所需的支持设备
21	人员（资源）	描述了员工在产品运行阶段所需的努力
22	试验设备	简要描述了试验所需的试验设备和后续支持产品，如果需要的话
23	培训	描述了为产品运行阶段培训和配置人员所需的努力
24	包装、装卸、存储和运输	描述了设计阶段的包装、装卸、储存和运输分析，以及运行阶段的支持
25	技术手册（操作和维修程序）	简要描述了运行和维护所需的程序（或技术手册）列表，并且理解该列表会随后勤保障分析而改变
26	设施	描述了设计、试验和运行与维护阶段的设施要求

①该表列出了综合后勤保障计划的典型内容。我们可能会根据需要作出调整。第 21～30 项是具体的后勤要素。

通常，客户和公司的后勤师共同开发该保障计划。其项目经理监督综合后勤保障计划，关注确保与所选维护要求的一致性。该文档中不断变化的数据随着项目的成熟成为了后勤保障分析数据库的源数据。该计划中每栏的数据都应该足够详细，从而可以达到对后勤保障分析覆盖问题以及运行环境的共识。例如，表 9－3 中被称为“计划”的部分应该列出并简要描述所有后勤计划。

综合后勤保障计划应该配置后勤要素用以向客户展示我们准备对产品提供保障。该计划有助于对制定成本和初始计划阶段提供指导。在关键设计评审后，计划的内容被转换成后勤保障分析工具，且计划完成了阶段任务。从这一点来说，我们要确保项目的基础设施——人员、数据和数据库——来产生可交付的后勤保障分析记录。

9.3.2　进行后勤保障分析

后勤保障分析不是一个独立的活动；事实上，关系数据库和强大的项目工具已经获得了这些结果。该工具要求综合多种分析；权衡研究；工程输入；可靠性，可维护性和可用性分析；供应商输入；客户要求；产品设计等诸多要素。后勤保障分析记录的这些分析结果通常交付给客户。

进行后勤保障分析的最佳实践是由后勤保障分析师来协调所有工程技术数据、分析、试验数据、运输要求和设计变更。他试图在关键设计评审之前降低产品保障的项目成本。应该将为后勤保障分析师提供信息作为设计要求的一部分。这实现了更好地维护和操作支持并减少了运行阶段的成本。在关键设计评审之前，后勤保障分析师应该是项目经理的关键团队成员之一。

9.3.3　制定维护计划

维护计划为整个设计生命周期的产品提供维护结构。它涉及所有后勤要素以及如何使用它们来保障产品。首先侧重于维护理念，我们有了更好的关于需要何种成本结构的想法，才可以设计出更易于维护的产品，从而压低成本。后勤保障分析师通常制定维护计划，并随着项目的成熟，将其数据送入后勤保障分析模型。

维护可以是定期的，也可以是不定期的。定期维护是对最终项目、保障设备、元器件、组件或计算机系统事先计划好的维护。例如，每年将软件上传到卫星进行更新。使用后勤保障分析的结果，我们可以确定定期维护的时间、周期和活动。不定期维护在系统、分系统或组件出现故障或异常时是很必要的。快速上传软件用于稳定卫星上出现的异常情况就是一项这样的维护任务。

9.3.4　评审专业工程分析

专业工程分析对于确保适当的支持、运营和有效的产品设计来说是至关重要的。它们收集我们需要考虑的设计关注点和观点，包括可靠性，可维护性和可用性，系统安全性，保障性，人的因素，生存和脆弱性，危险材料管理，有时还有可测性。所有专业工程分析和数据都是后勤保障分析的来源，所以其分析师必须与后勤保障分析师紧密合作，以此确保我们可以获得并适当地描述它们。

9.3.5 制定生产计划

生产计划包括材料明细表，负责外围制造的供应商清单，生产设施和生产地点。它还详细介绍了工具要求，要使用的机器，生产产品的工艺流程和生产成本。该计划规定了生产要素，让顾客知道我们准备生产合适的产品。它通常包括 8 个部分：

1）制造战略——谁在做什么，关键路径和万一出差错时的应急预案；

2）设施——容量，适合度，制造流程；

3）质量——检查点和质量保证过程；

4）组织的责任、权力和问责制——谁执行计划；

5）资源——库存控制，备件，人员；

6）装配步骤——工序流程的专门顺序；

7）备件（零配件）——零配件数量的控制，成本和何时在流程中引进零配件；

8）数据采集——纠正行动步骤和文档，流程遵守情况，客户要求。

我们可能要设计并开发专用工具来制造产品。例如，我们可能需要支架来支撑卫星并安装其他零配件，或定制的轮式车将卫星从一个位置移动到另一个位置。另一个例子是特殊试验程序的定制支架。对于这样的工作，我们必须在项目的综合主进度中为它们的工艺流程分配时间。

图 9－2 描述了一个通用的流程，它允许我们在项目生命周期内开发专用工具。工具开发生命周期出现在浅灰色的里程碑上，项目里程碑是黑色的。

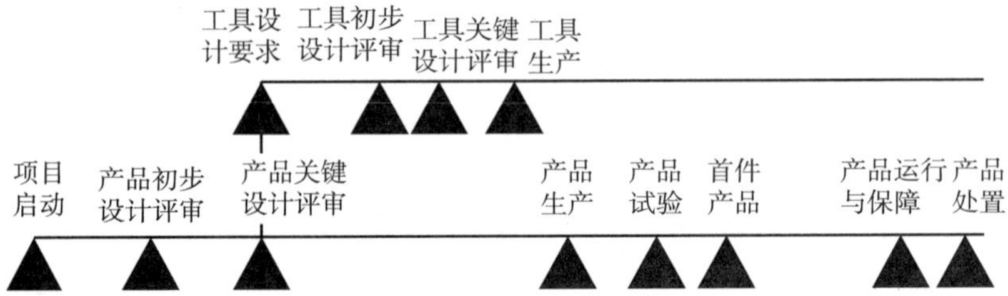

图 9－2 生命周期中的工具要求

该流程图展示了以最少的成本建造要求产品所必需的设计工具的最佳时间安排

随着项目的进展，我们需要保证产品设计师和制造人员的有效沟通。有时，设计工程师认为他们有最好的设计解决方案，但这可能在检查可生产性时不能实现。

9.3.6 制定试验计划

试验计划提供并记录产品试验的重要信息。它应该能够保证以有组织的方式，并按照进度安排快速、完整地通过试验来验证系统或组件的性能。一个好的计划有助于降低成本并避免差错。它包括要求跟踪矩阵、试验评价准则、用户的系统验收准则、整体试验进度、安全性、设备和工具、人员、备件试验、试验设施、条件、试验数据记录和评价要求等要素。

预算或进度限制可能会令项目经理减少在最终产品一级上的试验，但这个缺项往往更昂贵也更费时。我们必须明白试验要在各级上进行，包括组件、分系统和系统。否则，将危及任务的成功。

9.3.7　估算生命周期成本

项目或系统的生命周期成本包括有关采购、开发、生产、检验、经营、支持和处置产品的每一个直接和间接成本。有时人们认为生命周期成本是那些设计或开发的时间和购买备件和设备的成本。这些项目确实构成生命周期成本，但其他不明显的因素，包括消耗品——燃料、油料和其他类似的项目也是成本的一部分。

在分析生命周期成本时往往忽视的成本是备件报废（详情请参阅第 12 章和第 9.5.4 节）。其他输入来自于可靠性分析结果，如故障率、备件成本、维修时间、更换成本和组件成本。国防采办指南[2]对于生命周期成本应考虑什么提供了十分详细的信息。

我们分析生命周期成本来评估方案阶段的设计方案选择，并预测整体产品或项目的成本。项目成本大多在设计阶段末期就确定了。如果此前我们设计了可保障的产品，项目的总成本会比我们在试验或生产后考虑维护和保障性要低得多。由于可重复使用的产品，如载人探索飞行器，大部分项目成本——72%——用在了运行和技术支持上。因此，在关键设计评审之前，我们通过前期的维护和保障性设计节省了大部分资金。

图 9-3 说明了可重复使用产品项目总成本的近似百分比。如果该产品不可重复使用——如卫星、导弹或火箭——运行和支持就不那么重要，而设计、开发、试验和生产则更为重要。

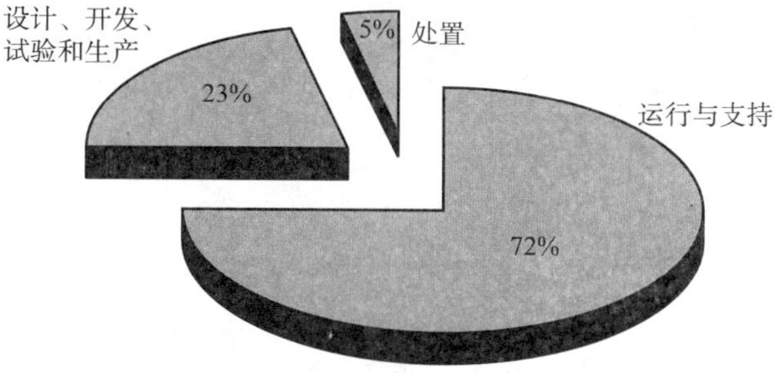

图 9-3　项目生命周期成本的一般分解

本图展示了可重复使用或长周期产品生命周期的典型成本分解，如载人探索飞行器[1]

项目早期可能出现的对预算挑战的最坏反应之一是削减或完全不考虑后勤。一旦它发生在项目的早期阶段，这在后期几乎是不可收回的，从而导致更高的项目生命周期成本。后勤成本的最大节约只能发生在关键设计评审之前。事后，后勤产品和服务开始发展并壮大，直至产品交付。另一个常见的错误是，试图在关键设计评审之后立即通过精简后勤人员以节省成本。这正是后勤将要开始开发其产品和服务的时间。

9.3.8 确定生命周期备件

最关键的后勤项目之一是备件。我们在制造、试验、支持设备、运行和保障以及其他许多方面使用备件。第一步是确定我们需要什么备件和什么时候需要。备件的类型非常多，术语可能会比较混乱。我们必须尽早了解它们并准备适当的备份材料，后期的材料采购将会不必要地增加项目成本。

我们必须分析备件要求，使其匹配项目的各个阶段。表 9－4 列出了我们每阶段需要的备件。我们从后勤保障分析开始，它是分析备件要求的工具。制造、试验、工具、支持设备和系统工程试验备件包络通常取决于企业知识或有设计和建造航天产品经验的人。初始运行备件、运行和支持、系统工程的初始运行、系统工程的运行和保障、修改和系统工程修改备件包络是用后勤保障分析工具处理的，它利用多年的经验和其他空间产品的发展趋势来确定每个阶段的最佳数量。

表 9－4 确定整个项目生命周期备件①

术语	备件的应用（项目阶段）	使用时机	重复使用产品	一次性产品
生产备件（最终产品）	产品生产与试验（阶段 D1 和 D2）	由于零配件损坏或安装不合适，或初次产品装配不符合要求，所需要的备件	×	×
试验备件（最终产品）	产品生产与试验（阶段 D1 和 D2）	为保证在所有试验阶段中能按时和按计划完成所需的备件	×	×
工具备件	产品生产与试验（阶段 D1 和 D2）	为保证在所有生产阶段中能按时和按计划完成所需的备件	×	×
生产备件的支持设备	产品支持设备的生产与试验（阶段 D1 和 D2）	为保证在所有生产阶段中能按时和按计划完成所需的备件	×	不适用
试验备件的支持设备	产品支持设备的生产与试验（阶段 D1 和 D2）	为保证在所有试验阶段中能按时和按计划完成所需的备件	×	不适用
后勤保障分析如下				
初始运行备件（最终产品）	产品运行（阶段 D3）	产品初次使用之前所要求的备件。它为的是保障产品初次运行顺利	×	不适用
运营商和支持备件（最终产品）	产品运行（阶段 D3）	产品交付后所要求的备件，为的是保证产品按工作顺序完成任务；地面段备件	×	×
支持设备的初始化运行备件	产品运行（阶段 D3）	支持设备初次使用之前所要求的备件。它为的是保障支持设备初次运行顺利	×	不适用
支持设备运行和支持备件	产品运行（阶段 D3）	支持设备交付后所要求的备件，为的是保证产品按工作顺序完成任务（维护产品）	×	不适用
更改用的成套备件（最终产品）	改进与更新（阶段 D3）	执行最终产品修改所要求的备件，用于改善能力或更新技术状态	×	不适用
支持设备更改用的成套备件	改进与更新（阶段 D3）	执行保障设备修改所要求的备件，用于改善能力或更新技术状态	×	不适用

①该表格帮助确定备件和什么时候需要它们。我们可以按项目修改（图 9－1 定义了第二列确定的阶段）。

必要时手头上有合适种类和数量的备件很关键。制造、试验和运行备件的策划是至关重要的，理想情况下应在适当的项目阶段进行策划。错误地一次性购买所有备件或在阶段中等待时间过长，都会损害项目成本与进度。第 9.4.2 节简要介绍了这一想法。我们不能简单地假设在设计流程早期就进行备件批量购买，因为设计将随着项目的成熟会进行更改。图 9-4 描述了一个使我们能够在整个项目生命周期内最适宜地获得备件的通用流程。

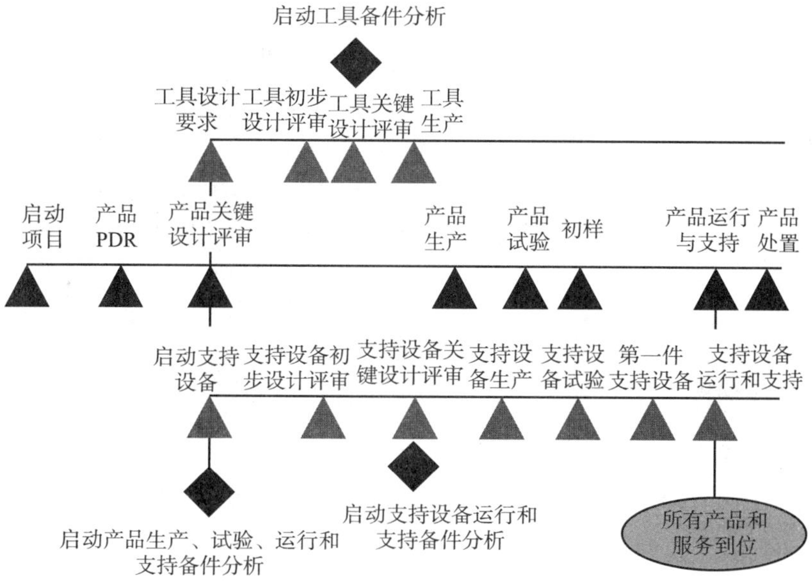

图 9-4　生命周期的备件要求

该流程图展示了设计工具和支持设备的最佳时机，以及备件采购和成本最小化

9.4　开发或购买后勤产品

在关键设计评审之后，后勤负责人开始最终确定保障最终产品的产品和服务包。在这以前，他们的职责都是建立基础设施、选择后勤保障分析数据库并为关键设计评审时后勤准备开工收集工程技术数据。以下的后勤要素应该在最终产品交付前 60 天就位，从而确保该产品是可保障的，并给我们预留时间纠正问题：

1） 备件；

2） 供应保障管理（备份）；

3） 支持设备（购买或自行设计）；

4） 训练有素的人员（用于维护和运营）；

5） 技术手册（程序）；

6） 包装、装卸、存储和运输材料和计划，加上运输审批；

7） 设施管理（存储备件，支持设备，以及运营和维护的其他支持要求）。

如果在最后一分钟对产品设计进行了变更，在其后的关键设计评审上，我们需要重新分析全部影响产品的后勤活动。如果对任何后勤要素有影响，我们都需要开发一个风险计划来缓解对发射日期的影响。

以下部分更详细地对后勤要素进行了逐一探讨。

9.4.1　记录后勤保障分析

这些记录存储整个项目的技术数据，不只是后勤数据。其中央位置确保每个负责设计和支持的人可以访问相同的源数据。这些记录是复杂的，一旦完成，就需要在整个项目生命周期里进行维护（更多细节见第6章项目管理信息系统）。如以前的标准一样，国防标准（DEF－STN）－060和MIL－STD－1388/2B提供了后勤保障分析记录的指南。此外，大多数商业现货后勤保障分析数据库支持该标准。

通常情况下，后勤保障分析师是系统或产品某专业的系统专家。有人可能会研究液压系统，有人研究电气系统等。我们应该进行正确域分析和建设技术数据库，从而可以使其他的技术数据库退役，来保证后勤保障分析相关数据库存贮所有的技术数据且避免重复系统。

9.4.2　管理供应保障

供应保障包括备件供应和采购、库存管理、维护、服务和管理主要变更。其目的是在合适的时间和地点有正确数量的正确备件。这是管理产品和支持设备备件的最经济方式。没有这种一体化的基础设施，备件短缺可能导致整个系统无法使用。

为了制造和试验备件，我们根据过去的实际情况作出了初步的临时分析，确定所需备件的类型和数量。如果在产品组装或试验过程中发生故障和变更需求，分析就会有用。对于运行和支持备件，后勤师从设计工程师那里收集技术数据和零配件图纸。然后他们在后勤保障分析以后开发模型。

我们必须有一名有能力的备件后勤师查看数据库跟踪是否正确就位，而正确的分析可用于确保准确的备件建模。该项目还需要空间来存储备件，负责备件的技术状态控制，特别是针对任何安全或知识产权保护的备件。

9.4.3　进行供应分析

供给意味着采购备份零配件。它包括确定所需备件的范围和满足项目要求且最经济有效的数量。它还建立并维护了备件数据库来管理订单和交付物。此功能与供应商管理紧密联系。例如，一旦完成供应补给品分析，供应者和供应商就合作管理，确保备件订单和在项目阶段的适当时机有存货。这一步可以避免项目过量采购，并有足够库存来确保备份配件在需要时及时供应。我们也应该获得废弃的零配件信息、维护订单并按照供应商的报价合并信息。供应是备件建模的准备，这些功能相互依赖，但二者都源自后勤保障分析。

9.4.4　设计、建造或购买支持设备

支持设备的设计生命周期与工具的周期类似，但通常更稳定。在图9－4中，浅灰色

的里程碑表明了支持设备设计的生命周期。项目里程碑是黑色的。

对于可重复使用的产品，常见的错误是假设工具与支持设备互换，或项目可以共享它们。另一个错误是相信用于生产的工具还可以成为支持设备。例如，用于制造、装配和试验载人航天器的工具，通常与用于保障载人航天器从制造到发射的设备是不相同的。这种工具和设备的“共享”并不是设计用于构建和试验工具的最佳实践。支持设备需要设计得更强大来承受维护和运行。

首先，我们必须认识到我们需要设计、开发、生产工具和支持设备，并了解它们在什么阶段最便宜。在设计终端产品前一直等待将导致该设备昂贵的再设计和进度延误。相反，在产品关键设计评审之前设计支持设备也可能非常昂贵，因为产品设计还不够成熟，不能确保它不会更改。

9.4.5　提供维护、操作、保障和人员的培训

发射前 60 天，我们需要有训练有素的维护、操作和支持人员来弥补备件、技术手册或人员的能力差距。与修理或更换产品和冒着不能令客户满意的风险相比，培训人员来执行要求的任务成本是相对低廉的。它同时还促进了团队合作、高效率和高标准，从而更好地令客户满意。

为了节省成本，有些项目由工程师来开发并提供维护和支持的培训。这种方法通常是不明智的，因为工程师并不总是具有培训后勤产品和最终产品服务所需的技能。维护和运行人员的培训后勤师提供课堂培训和开发，解决方案和交付，培训系统（硬件和软件）的开发，对维护与运行产品人员（训练有素的维护者）的管理和基于计算机的培训。

9.4.6　从技术数据创建技术手册

在关键设计评审和产品交付之间，项目开发并维护技术手册（有时也称为程序或技术顺序）和技术维修标准。它收集工程源数据，如图纸和分析数据，其中包括运行、维护、供应、试验和维修的要求。还包括产品和支持设备（如产品系统、分系统、组件和详细零配件）的契约。例如，任何需要维护的分系统都应该有正确的记录、受控技术状态和更新手册。如果零配件需要特殊的储存或维护，那么应该有适当的记录、受控技术状态和管理程序。

我们可以从后勤保障分析数据库生成手册的大部分内容。大多数后勤保障分析数据库有这种自动生成功能，从而节省了可观的时间。政府客户通常对最终交付物——技术手册感兴趣。这种技术手册记录了可以被译成运行、支持和维护程序的技术数据。

通常在产品初次建立并试验之后，项目创建技术手册，政府客户通常将它们作为最初发布的数据。在初步试验期间，客户可能会同意许多内容。但是在产品交付之前，他们应该接受所有手册的全部章节。技术手册的后勤师对这项活动负责。一旦客户批准数据，我们必须管理这套手册的技术状态；它们是其后产品周期内我们将更新和维护的唯一文件。

9.4.7 策划并应用包装、装卸、储存和运输

项目需要一个熟练的包装、装卸、储存和运输后勤师来负责项目系统、分系统、组件和备件的管理和运输。后勤师与地方和政府交通部门密切配合，获得权限，并协调适当的安全防范措施。例如，如果产品需要从点 A 搭载 C-17 到 B 点，包装、装卸、储存和运输后勤师联系空军的空中机动司令部，以确保飞行顺利。此人还记录了所有产品的运动，并保持可审计记录。后勤保障分析是这些运输计划、程序和方法的来源。

9.4.8 设施策划

我们还必须有训练有素的设施后勤师，此人负责管理项目系统、分系统、组件、零配件、支持设备，以及政府提供设备的要求、设计和准则。他或她处理与政府联系并获得许可和安全保护。设备后勤师记录所有产品的存货并保持可审计记录。再次重申，后勤保障分析是开发这些设施依据、程序和方法的来源。

9.5 支持最终项

在交付最终产品后，运行和支持人员要维护向客户交付的后勤要素，并开展其他可以加强项目剩余生命周期的活动。

9.5.1 组织考虑

项目启动时，后勤功能通常位于系统工程组织内。这在关键设计评审之前是一个好位置。然后，后勤功能发挥更大的作用，而组织应加以调整来适应对运行和支持渐增的重视。有时该组织调整不成功或未被承认，后勤功能仍然被“埋”在系统工程内。后勤本身是功能，同时专业工程是综合后勤保障段的子专业。在关键设计评审后，后勤组织应当直接向项目经理汇报。

图 9-5 显示了一个典型的后勤组织。对于可重复使用的产品，我们通常会在项目开始时建立这种结构，它在关键设计评审后需要更多人员。事实上，第一次构建后，它成为项目最大的组织。一次性产品需要的人员要少得多，尤其在关键设计评审之后。第一次构建后，后勤成为较小的维持组织。

有些项目经理误将后勤看做只是项目阶段的一种手段。但我们需要与系统工程一样重视处理综合后勤保障要素，因为它与所有其他组织要素相交叉。后勤组织较弱，或在每一个组织要素中出现后勤师重复使用，这些都不是资源的最好利用。

和其他项目领域一样，在开发、建设或购买、试验和运行阶段共享后勤保障要素。在运行和维护期间，它比其他要素更加重要。然而，假设后勤保障要素只在运行和维护阶段使用，也会是非常昂贵的。

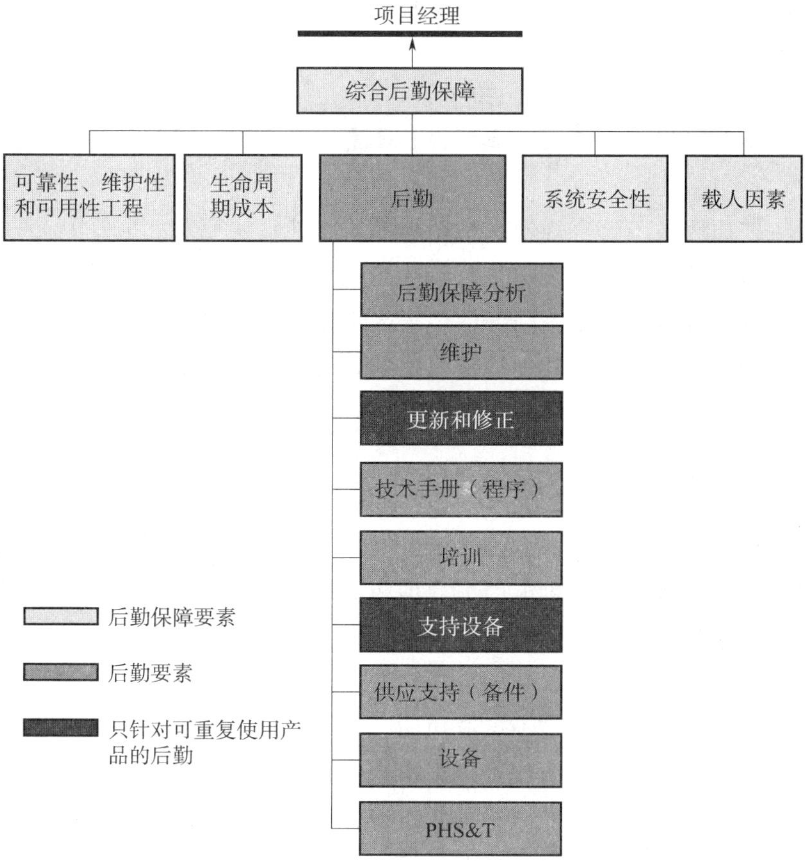

图 9-5　后勤组织

项目可以根据需要修改该组织结构，但是该图给出了组织后勤要素应考虑的大部分基础设施

9.5.2　故障分析

故障是指任何需要不定期保养或维修的事件。项目应该有一个分析故障报告和纠正措施（FRACA）的数据库，用于跟踪系统某些部分的故障。故障报告和纠正措施设法确保零配件的可靠性、维护性和可用性。故障数据输入到后勤保障分析数据库中，然后我们更新相应的后勤要素。在整个项目生命周期中跟踪并更新数据。可靠性、可维护性和可用性分析师通常每月给项目经理和客户提交故障报告和纠正措施报告。该流程与缺陷（异常）报告密切配合，将在第 9.5.3 节中讨论。有效的故障报告要求工程、专业工程和后勤之间有清晰的沟通交流。

9.5.3　缺陷（异常）报告

缺陷或异常报告系统的有代表性的例子是美国空军材料缺陷报告（DR）和调查系统，由 TO-00-35D-54[12] 管辖。缺陷报告记录已知或怀疑的问题，记录最可能的根源，并对设计、质量、软件或维护性提出解决方案和改进建议。我们通常需要与政府客户合作构建缺陷报告和跟踪数据系统。这些数据用于趋势分析，与后勤保障分析和故障报告和纠正措施报告中获得的数据紧密联系。

缺陷报告有两类。

第一类：如不及时纠正，将会造成死亡、伤害、重大损失或损坏设备或系统，或限制运行；

第二类：工艺原因或不符合规范、绘图标准或其他技术要求。

第一类缺陷报告的例子是航天飞机的隔热瓦脱落事件。第二类缺陷报告可能是一个零配件在维修时需要但没有。对于空间产品，因为需要大量的试验，大多数第二类缺陷报告事件在试验过程中会出现。存在其他进行跟踪和处理异常问题的有效方法，美国空军缺陷报告只是其中的一个例子。

9.5.4 备件报废品管理

我们将多种原因导致的材料（备件，零配件，甚至子部件）损耗定义为报废，如供应商不再生产某零配件。零配件也可能因为其他相关联部分已改变而没有用处。或组件的零配件不可用而阻碍了项目的生产。报废是一个值得关注的问题，因为它可以终止产品的完成或维护。

由于报废对所有项目来说都是不可避免的，所以我们必须在项目整个生命周期内管理并正确储存备件，来避免付出高昂代价。草率地对待报废可能会导致作出匆忙的决定，错误地进行全寿命采购及昂贵的替换。一种战略性的方法是，花时间在多种选择方案中采用正确成本效益解决方案并进行规模适度的采购。我们要在项目建议阶段做好报废预算，并对解决这个问题的所有风险进行分析（对风险的详细介绍见第 15 章）。

9.6 小结

本章中的后勤过程适用于空间项目，如航天飞机、空间站或载人探索飞行器。但是我们也可以将其进行裁剪用于较小项目，因为生产数量不是后勤的主要影响。更大的贡献是产品的复杂性，尤其是可重复使用的情况。我们需要分析所有产品的后勤要素；没有初始分析就去掉或忽视其中任一要素，将很有可能导致未来成本的增加。

当考虑如何处理项目后勤时，管理人员可以从本章中吸取几个经验教训：

1）在整个产品周期内采用训练有素的后勤保障分析师来确定后勤如何影响项目。否则，我们会产生巨大的额外费用。这个人可以决定初期如何行动，从而在后期节约成本。我们有一次机会（在关键设计评审前的设计开发过程中）为整个项目尤其是后勤节约大量经费。

2）不要折中解决或减少试验。这只是推迟了不可避免的成本，有时会导致更高的成本。我们必须在所有层级开展组件试验，包括分系统和系统试验。对其的省略或减少会危及任务的成功。

3）在供应商报价前计算报废。我们应该得到备件和维修订单的报废信息，并关注供应商将其纳入报价。在该项目的建议书阶段，我们应该在报废活动上有一定付出。生命周期成本模型应反映这些费用，而所有风险管理计划应重点强调该课题。

4）与系统工程方式类似地强调综合后勤保障，因为它同样与所有其他组织元素交叉。接受较弱的后勤或重复使用每一个组织要素中的后勤，并非最好的资源利用。

5）确保与分包商（供应商）的合同从一开始就需要后勤保障分析记录。以后补记是得不偿失的。

6）最后，应对项目早期的预算挑战时，不要砍去或削减后勤。这个错误可能会造成不可挽回的成本损失。

参 考 文 献

[1] Andrews, Richard. 2003. An Overview of Acquisition Logistics. Available in the document titled Pre-Milestone A and Early Phase Systems Engineering: A Retrospective Review and Benefits for Future Air Force Acquisition http://www.nap.edu/catalog.php? record _ id = 12065. Ft. Belvoir, VA: Defense Acquisition University.

[2] Defense Acquisition University (DAU). 20 December 2004. Defense Acquisition Guidebook. Fort Belvoir, VA: DAU.

[3] Department of Defense (DoD). 12 May 2003. DoD 5000.1—The Defense Acquisition System. Washington, DC: DoD. Available at http://akss.dau.mil/dagTOC _ GuideBook.asp? sNode=R3-1-3&Exp=Y); Internet.

[4] Department of Defense. 10 June 2003. MIL-HDBK-502—Acquisition Logistics. Washington, DC: DoD.

[5] Department of Defense. November 1996. MIL-PRF-49506—Logistics Management Information. Washington, DC: DoD.

[6] Department of Defense. 6 June 1995. MIL STD-1388-2B—DoD Requirements for a Logistics Support Analysis Record. Washington, DC: DoD.

[7] Integrated Support Systems. 2005. "SLICwave Product Overview." Available at http://www.isscorp.com/html/slicwave _ overview.html; Internet.

[8] Logistics Elements, www.ax.losangeles.af.mil. Source no longer available.

[9] Naval Air Systems Command (NAVAIR). 2 November 1998. "Systems and Logistics Integration Capability (SLIC) 2B." Available at http://logistics.navair.navy.mil/slic2b/index.cfm); Internet.

[10] Pennant. 2007. "OmegaPS Product Description." Available at http://www.pennantplc.com/pages/omega _ desc; Internet.

[11] Reliass. 2003. "Enhanced Automated Graphical Logistics Environment (EAGLE™)." Available at http://www.reliability-safety-software.com/products/product _ eagle.htm # PF); Internet".

[12] US Air Force. 1 July 2004. TO-00-35D-54—USAF Deficiency Reporting, Investigation, and Resolution. Tinker AFB, OK: 448 MSUG/GBMUH.

第 10 章　任务保证

迈克尔·D·琼斯（Michael D. Jones）
海湾工程创新公司

任务保证是一种有计划的、增值的系统方法，通过监督和其他手段给项目经理提供关于项目的独立信息。它使项目经理对空间任务能实现组织和客户的预期具有信心，它的目标是确保我们可以回答这个问题："空间任务能在规定的期限内无故障地进行，并在这个期限内满足预定的性能要求吗？"简单地说，它有助于减少全生命期的任务风险。本章包含以下信息：

1）领悟任务保证的重要性；

2）评审基本的任务保证功能和每项功能的重要性；

3）了解任务保证队伍的一般职责；

4）充分理解运转良好的任务保证队伍的价值；

5）认识提前考虑处理这些问题的好处；

6）避免不必要的教训；

7）消除任务保证相关的担忧和错误见解。

任务保证是一个现在处理还是以后处理的问题，以后处理几乎必然会损害项目的预算和进度，甚至还会危及整个任务。本章研究了任务保证在建立天基系统中的重要性、项目经理将任务保证整合到项目中应当考虑的问题，以及界定明确的任务保证队伍的价值。

表 10－1 表示将任务保证整合到项目中的过程，遵照这些步骤我们能够确定任务保证需要的时机和程度、任务保证的适当范围、进度和预算问题、在任务保证队伍中的位置、确保有效任务保证计划所需的特殊考虑，以及如何度量工作情况。我们还考虑收尾活动，包括经验教训，这些对任何项目来说都是完整的项目计划的一部分。

表 10－1　如何应用任务保证①

步骤	过程	讨论所在章节
1	决定需要任务保证的时机	第 10.1 节
2	确定任务保证投入的级别	第 10.2 节
3	界定任务保证活动的范围	第 10.3 节
4	编制适当的进度和预算	第 10.4 节
5	组建任务保证队伍	第 10.5 节
6	使任务保证计划奏效	第 10.6 节
7	评价执行情况和预期	第 10.7 节
8	确定结果是否满足或超过预期	第 10.8 节
9	获得经验教训	第 10.9 节

①成功的项目经理从尽可能多的独立信息源获得关于项目实现（执行情况）的信息。项目经理团队是主要的信息源，因此这样一个过程使我们能够计划并应用完美的任务保证。

10.1 决定需要任务保证的时机

在建造复杂的航天器、分系统、仪器或敏感器时，成本和进度是所有事情的驱动力。我们通常没有制造工程试验样机或冗余飞行硬件的奢侈机会，或者没有质量预算不受限制的情况，这些限制使得任务成功更加困难，因为它们迫使项目经理和项目少花钱多办事，同时用更少的时间从问题中恢复。

任务保证减少风险——项目经理应当把任务保证考虑成是一个融入项目组织方法的持续的、整体的风险减少战略（有关风险管理的更多信息参见第 15 章），它有助于识别整个项目生命周期的潜在的问题和风险。虽然任务保证队伍是项目队伍的一部分，但是对整个项目来说，他们是独立的评估人。他们独立评估过程运行的好坏，然后向项目经理和制造商报告他们的调查结果。

项目成员可能“推避”——项目或其合同方的其他成员可能尝试避开——甚至怨恨——任务保证过程或队伍。他们可能决定不参加，因为他们相信“我的产品不会出问题”。虽然这种观点是从“能做”（can do）的心态自然延伸而来的，但我们从一开始就必须清楚任务保证对项目是至关重要的。忽视任务保证严重削弱队伍的效率，因为它忽略了检验和平衡。在一个空间项目中，反对是对赞成的补充，谨慎是对热情的补充，关键分系统的错误可能使在轨能力失效。项目经理必须平衡这些力以获得成功。如果我们不能公平处理，技术当局（如 NASA）或独立的技术当局（如 DoD）将为我们做这一切。

10.2 确定任务保证投入的级别

空间任务的分类影响一个项目有多少资源应当投入给任务保证，任务的分类涉及许多因素，如对国家的重要性、复杂性、任务期和成本。它常常由客户或组织决定，而不是由项目经理决定，但我们可能能够影响他们的决定。例如，NASA 把任务分为四大类：A，B，C，D。表 10-2 表示每一类可接收的风险，括号中是任务保证的通常级别。

表 10-2 NASA 任务的分类①

A类	B类	C类	D类
高优先级，接受很低风险（严格监督）	高优先级，接受低风险（适度监督）	中优先级，接受中等风险（特制的监督）	低优先级，接受高风险（有限的监督）

①NASA 总部基于任务的优先级和可接受的风险把任务分为四类之一，用户通过在这些类别间扩展计划好的任务来平衡风险级别和任务保证资源。

因为对每一个任务分类不需要任务保证的级别始终如一，因此项目经理可以进行删减，并且我们应当做好准备剪裁我们的战略以对其加以利用。问题是“我们剪裁哪些任务保证过程才安全？哪些不能剪裁，以什么程度剪裁？”我们在这个过程的这个点上必须非常仔细，选择错误的地方剪裁将削弱这个过程……及其结果。表 10-3 给出基于图 10-1

分类方案的对NASA空间任务任务保证活动进行调整时的灵活性方面的信息。

表10-3　任务保证适合剪裁的元素①

灵活度	任务保证活动	备注
无	关于事故的程序要求	所有故障都要启动，不管如何分类
	风险管理	所有项目都应当进行连续的风险管理过程，不管如何分类
	关键事件中的遥测覆盖	故障隔离和事故调查活动需要遥测
	安全性	这个领域通常由单独的要求控制，在相关规范给出的灵活度之外不能剪裁
可剪裁	工程样机、原型机、飞行和空间硬件	灵活性大，D类任务可以限制工程样机和飞行备份的使用
	故障树分析	A，B，C类具有同样级别的分析，D类任务可以限制对安全性的分析
	鉴定、验收和原型飞行试验计划	具有一些灵活度，D类任务试验计划可以：1）允许只进行接口和安全性符合性的演示验证；2）允许将验收测试限制在只对关键性能参数进行
	可维修性	灵活性大，D类约束只由安全性要求限制
	材料	灵活性大，D类约束只由安全性要求限制
	零部件选择	灵活度终止在C类（即3级零部件目录），避免对零部件，对单点故障同时过度剪裁
	概率风险评估（PRA）	在D类灵活度大，概率风险评估的重点只在于安全性考虑
	质量保证	灵活度受限，使这部分难于剪裁，区别在于质量保证计划的形式。报告和修正措施要求在所有层次都相同
	可靠性	灵活性大，D类约束只由安全性要求限制
	评审	灵活度大，D类灵活度扩展到软件要求和代码的“仅同行评审”
	单点失败	全部采用冗余设计（A类）；对于单线（single string）和有选择的冗余设计，C类可以使用。D类任务不允许超出C类可接受的程度进行剪裁
	软件保证	灵活度受限，需要正式的验证计划，区别主要在于对独立验证和确认的需求

①任务保证由几个方面组成。随着任务关键程度的下降，任务保证剪裁的机会就会出现，但不是所有方面都能进行剪裁。

任务分类不是决定任务保证介入程度唯一的事情，我们还需要考虑文化的因素，在有些情况下，本地组织要求任务保证的级别高于客户的预期。项目经理的经验不同也会造成差异。我们不应当低估坚实（健全）的任务保证的重要性和带来的好处。我们这里的评估是我们能做的设置项目风险阈值的最重要的事情之一。其他因素包括供应商评估，独立评估，以及文件评审。

供应商评估——这种评估在整个项目生命周期都是必要的。通常供应商评估包括审计、过程评审、检验和文件评审。完成得好就会成为尽早识别问题、确保最终产品满足项目规范的至关重要的手段。做这些事的人必须具有足够的知识和经验保证（评估）全面有效，因为这是一个关键的责任。我们必须认真考虑项目的技术和计划的复杂性，以便在组织任务保证队伍时要求足够的技能，否则绩效、成本和进度会受到影响。

很重要的一点是：不管我们制造的硬件多么好，我们通常在某些方面会依赖其他厂家的产品，因此供应商评估是项目“保证政策”的一部分。

独立评估——任务保证队伍在没有进度影响或成本压力的情况下所做的这些裁定有助于技术决策。这支队伍必须总是把质量放在首位，成本和进度是项目经理的责任。当确信硬件具有风险时，任务保证（队伍）应当有权中止工作。

文件评审——管理工作应当检查贯穿项目研制、制造、试验和交付阶段的文件，任务保证（队伍）应当和负责系统和分系统的工程师一起，把每次文件评审作为评估其是否符合规定要求和是否存在潜在问题的机会。

我们需要在有限项目预算的范围内决定在何处减少一些活动以节省资金。在减少文档前考虑以下几点很关键：

1）发射后，调查在轨异常时准确和完整的文档（包括图样）是至关重要的。

2）贯穿所有飞行（硬件）制造阶段的照片文档很关键，有时它意味着是再生产还是不用再生产飞行硬件之间的差别。以今天的技术，我们没有理由忽略好的照片文档。

3）文档让我们看到“实际建造”对比“实际设计”的技术状态。常常我们在发射前和发射后还用它查找使用政府-企业数据交换计划（GIDEP）。例如：如果我们发现现场可编程门阵列（FPGA）制造批次不好，我们可以确定项目处于异常状态。然后如果需要的话，我们可以修改航天器的正常工作技术状态或者改变飞行队伍的工作流程。

4）我们必须将整个试验周期关键参数的走向数据归档，以监测硬件的健康状况和性能，并且比较期望的和实际的工作性能。

10.3 界定任务保证活动的范围

任务保证需要从开始就作为项目策划的一部分，以确保我们与任务保证要求完全融为一体。任务保证过程和程序适用于项目活动的每个部分。

10.3.1 任务保证的典型领域和任务

图 10－1 说明了任务保证适用的许多领域。任务保证队伍是我们研制、应用和评估内外部过程的主要资源，他们在决定项目如何运行方面扮演关键的角色。例如：

1）任务保证队伍帮助建立和应用与任务保证要求（MAR）文件相一致的技术状态管理计划，同时关于这类问题，如：“我们如何处理受控文件的更改”、“我们如何授权活动——过程是什么”和“谁必须批准文件”；

2）他们处理这类问题，如：“我们能生产出设计要求的产品吗”、“我们需要制定专门的流程吗”、“建造中我们面临的风险是什么”和“为支持建造，我们需要什么类型的鉴定”；

3）他们根据技术状态（CM）计划、任务保证要求或产品保证执行计划（如果适用的话）帮助处理和记录任何问题和异常。

表 10－4 给出了任务保证队伍希望得到的支持范围。

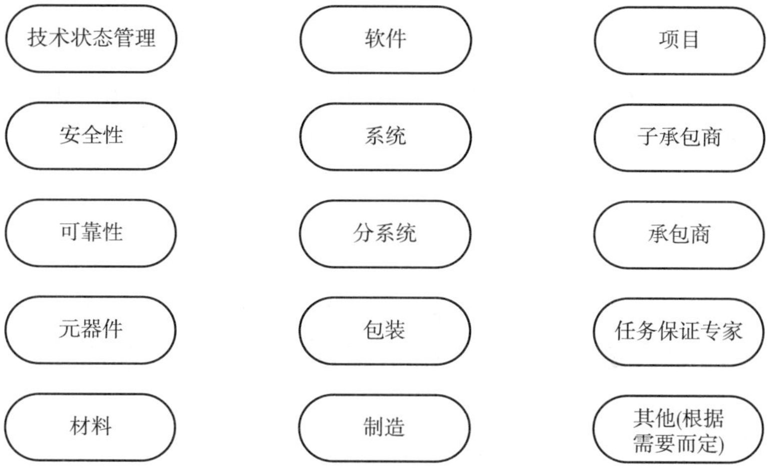

图 10－1　任务保证适用的项目领域

任何空间任务项目都涉及多个需要共同高效工作的领域，以保任务成功。对所有领域来说，任务保证是项目经理的“公共分母”，它随时为预警提供“眼睛和耳朵”

表 10－4　任务保证队伍开展的工作①

项目的任务保证工作	一般描述
拟定任务保证要求文件	项目专用文件，规定项目所有方面的任务保证要求
拟定或评审	
·任务保证执行计划（MAIP）	规定如何应用任务保证要求，典型地，它是承包商对任务保证要求的响应
·质量手册	日常任务保证活动的工作文件，它支持任务保证要求和任务保证执行计划
·验收包	按时间顺序的历程和可追溯性记录，包括列有各个最终产品制造和试验操作的综合文档
·检验报告	特殊检验的细节和文档，由检验员完成
·不符合和异常的报告	记录所有违背要求项。报告完成时，还要记录调查结果、根源分析和最终修正措施
·基于任务保证的风险输入	正式系统中我们需要跟踪的问题（有时称“监督清单”）。通常由风险委员会在正式跟踪前评审（见第 15 章）
·供应商评估报告	记录供应商设施或专门评审领域结果的报告，包括结果、结论和建议
·偏差和超差放行申请	对不满足特殊性能或设计要求的产品的书面授权。偏差是在事实之前，超差是在事实之后
为建议书申请（RFP）提供任务保证信息，并提供供方评价委员会使用的评价准则	加入任务保证要求，使具有飞行品质的产品和支持也加入适当的决策点。简单地说，就是制定合同任务保证要求和评价标准
与源评价委员会共同参加	一旦合同生效，帮助识别对建议书申请的成功响应，并对更改单发表意见
帮助准备工作说明（SOW）	这是承包商或供应商根据合同要完成的工作。工作说明通常参照任务保证要求或根据它剪裁要求
制定一个监督计划	计划要概述任务保证责任并确定对特定硬件和软件的监督程度

①本表列出任务保证队伍希望的服务。他们的工作应当根据综合主进度进行并被酌情跟踪。

10.3.2　任务保证和采购

任务保证影响承包商绩效的所有方面。如果我们没有在工作说明（见第 13 章）中正确界定任务保证的要求，我们就不能肯定承包商已经将任务保证纳入建议书中。在授予合同之后再增加，意味着至少一个迫在眉睫的、通常是大量的更改需要谈判。这样的更改通常影响整个合同，并且代价非常高。

可能在采购后指定项目的项目经理，如果是这样，我们必须快速评估任务保证在计划中的适合性。如果认为不适合，我们必须尽快开始更改。在合同谈判过程中，这类更改将我们置于防守位置——非常麻烦，尤其针对一个进攻性的承包商。我们调整合同越快，过程将会越“干净”。

10.4　编制适当的进度和预算

项目通常拥有一支专门的队伍来制定、集成和保证进度，但任务保证队伍必须确保所有的任务保证功能都结合到过程当中。同样，像在项目工作分解结构中的其他所有元素一样，我们需要说明任务保证的原因，才能预测生命周期的成本（见第 11 章）。任务保证预算包括人员、差旅、产品、工具、元器件测试、失效分析和材料分析与测试。

10.4.1　项目进度

实现有效的任务保证的基本要求是计划编制和早期沟通。团队必须理解和认同这些要求，开展设计，作出决策并给出预算基线，否则这个项目将一直处于追赶任务其他部分的状态。从按时完成工作的角度，任务保证团队并不比其他团队有优势，但是一旦我们批准了他们的任务，我们必须给他们时间来完成。

进度冲突时，分系统工程经理或他们团队的成员可能迫于压力减少某些工作的时间，他们可能会抱怨任务保证减慢了工作进度。为了防止这种抱怨，我们需要最大程度地支持任务保证，并规定在执行计划中，这些工作是进度的一部分。我们不能屈服于进度压力并开始删减任务保证活动，例如放低检验和试验的层次，或者指望更高层次的试验可以找到问题。晚发现问题会付出更多的时间和资金上的代价。

10.4.2　任务保证预算和项目策划

制定预算和策划任务保证活动时，我们必须考虑几个因素。一是参与质量活动的工程师和检验员的数量和项目生命周期初期的元器件数量。在这一点上，我们通常需要人来拟定要求文件、评审建议书、制定流程和程序。随着硬件制造的开始，需要增加人员进行检验以及参加项目委员会和数据评审。检验监管工作持续于全生命周期内，一般到发射后 30 天结束。

我们需要估计元器件采购、测试和筛选的成本。元器件工程师根据对元器件的要求来估计这些成本。以往的项目数据会有帮助，但独立的成本估算工具可以进一步完善或支持这些估算。在这些早期的估算中我们应当考虑最少购买和备份的宗旨，避免以后的高成本。第 9 章更详细地讨论了这些考虑。

我们必须预计轮班的人员安排。组件、分系统、航天器、仪表和观测台的环境试验，例如热真空试验，可能需要几周夜以继日的工作。预防进度超期可能会要求轮班工作和周末加班。因为任务保证涉及项目的每一项活动，我们必须策划任务保证的人员安排和预算以适应短时和长期的人员激增。

政府供方检验是国防合同管理司令部或海军研究办公室的一项服务，它通常是免费的。但是试图过于依赖这种服务来减少费用是错误的，我们应当明智地使用它，并注意权衡（见第 10.8.3 节）。

项目经理和资源团队必须决定如何在工作分解结构中分配任务保证功能。一般来说，质量保证、质量工程、软件保证、安全工程、元器件工程和独立评估与评审都被归入任务保证。但是任务保证可能还包括可靠性工程、材料工程和试验、失效分析、元器件测试和培训。如果任务保证经理可以协调这些活动并有权利指挥工作，在任务保证下给它们安排预算才有意义。

10.5　组建任务保证队伍

一个项目中出现的任务保证最少包括一个任务保证领导者。随着项目复杂度的提高，队伍规模也会增大，这个领导者成为任务保证经理。

在一些组织中，任务保证经理通常直接向项目经理汇报；在另一些组织中，这个人则是独立的，直接向组织汇报。任何一种组织模式中，项目经理和任务保证经理之间牢固和坦诚的关系对任务保证过程的良好整合很关键。

10.5.1　组织关系

任务保证经理应当是向项目经理汇报的高级员工，有权直接停止工作，安排硬件，并且参与所有项目决策。如果任务保证队伍要起到需要完成他们工作的杠杆作用，则这种关系很关键。我们应当视任务保证为独立的评估者，它的唯一目标就是任务成功。图 10－2

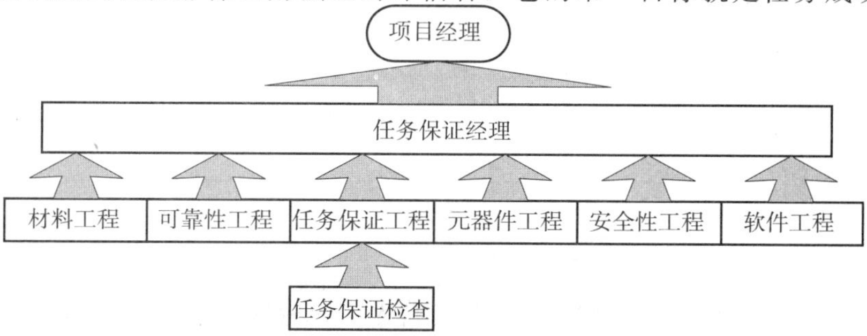

图 10－2　任务保证队伍与项目经理的关系

一个健全的任务保证队伍应该由项目中各技术学科的代表组成，

任务保证经理应当是有着同等权威的项目人员中的高级成员

表明了这支队伍与项目经理的关系。

10.5.2 人员

我们必须了解我们想要任务保证队伍做的事情，并在这些位置上安排我们能找到的最好的人。一些位置需要具有制造和生产技艺的人，另一些位置需要了解故障是如何发生的人。我们需要在那些具有工程知识和经验的人和那些在总装和试验方面具有多年实践检验和工作经验的人之间作出权衡。任务分类影响任务保证人员的配备和队伍的其他方面，但我们绝不应冒产品可靠性的风险。表 10-5 给出一个典型的任务保证队伍的组成。

表 10-5 全规模任务保证队伍的组成①

头衔	功能和评注
任务保证经理	项目管理队伍中的一员，管理项目的任务保证，组建任务保障队伍（现场和非现场的），并对成本负有责任
任务保证工程师	处理与任务保证相关的技术问题，对检验员给予技术支持。任务保证经理通常授予其签字的权力，确保任务保证活动的进行
元器件工程师	具有元器件采购和下发的技术授权，是整个设计、采购和制造过程中最关键队伍成员之一。确保这些元器件满足任务要求（辐射、单粒子翻转、生命周期等）。我们应当尽可能找最好的元器件工程师
任务保证检验员	支持许多任务保证工作，典型检验包括焊接、聚合物、航天器电缆网、纤维、试验和各级装配。检验员需要资格确认，并具有实际操作知识。他们是最好的技艺早期信息源。在装运点和由挣值管理系统报告的合同执行情况检查中，他们可以成为“先导指示器”（leading indicator）。不理想的技艺导致频繁返工，挣值系统会把这样的技艺挑出来，认为实际完成工作低于计划完成工作（见第 14 章）
安全性工程师	监督整个任务的安全性，评审诸如危险的操作程序这样的项目——包括寿命、材料、试验、辐射源和加注。与安全性要求［美国职业安全与卫生管理局（OSHA）、州、地方、NASA、发射场］的符合性当与运载火箭队伍一起工作时，作为项目的代表确保与项目要求的符合性
可靠性工程师	与项目队伍成员一起评审任务可靠性设计。可靠性从元器件开始，一直贯穿整个航天器。可靠性工程师为确定系统结构的最终权衡提供信息。在整个建造和试验期间，如需要，他还支持异常调查工作
材料工程师	评审拟使用的材料和工艺，发现可能损害任务的问题。包括放气、应力腐蚀断裂、污染敏感性、镀覆、胶粘剂和原材料等项
软件工程师	与所有组件、分系统、仪器和系统工程师一起评审软件应用（包括代码评审）。在独立验证和确认评审中作为项目的代表

①任务保证队伍是一组工程专家——在项目队伍内部，而不是外部——他们所有人都会带来他们领域的专业知识，这支队伍构成执行任务保证过程的基础。

任务保证队伍应当有权召集整个组织的学科专家来解决问题，分析故障，评审技术和分析报告，并为同行评审组贡献力量。任务保证经理应当具有足够广博的知识和经验，知道专家如何起作用什么时间召集他们。

10.6　使任务保证计划奏效

相对于项目的其他方面，任务保证会遇到意料不到的挑战。本节将讨论改善我们识别和降低这些风险可能性的方法。

10.6.1　小公司和大学

虽然合同有要求，但小公司和大学有时几乎没有或根本没有任务保证的基础结构。他们可能有一些流程和程序，但不能满足项目任务保证的要求或工作说明。可能的解决办法包括：

1）需要研制方拟定流程和程序，以从项目管理获得预先批准。在购买、建造或测试飞行硬件之前必须获得批准。

2）允许研制方将任务保证活动（采购、建造、检验和试验）转包给外部供方。

3）允许有合伙人，他们可以共享任务保证资源和设施，如破坏性元器件分析的资源和设施。

4）根据研制方的职责，考虑放行一些不符合项。超差放行应当遵守项目办公室技术状态管理计划。

许多小公司和大学按政府（民用和军用-空间）飞行标准建造硬件的经验有限，他们可能甚至没有意识到他们所签的合同要求。我们常常听到类似“我们一直是这样做的”这样的话。他们会迎面地挑战我们。有时任务保证工作必须培训或补充研制方队伍。

大多数小公司和大学的设施和设备也很有限。我们必须提前了解他们是否具有完成工作需要的条件。大多数小公司和大学以其现有的条件是可以完成工作的，但我们应当考虑必要时帮助他们。

10.6.2　大公司和机构

大型组织可能都有任务保证流程，但它们对于更改或外部建议缺少弹性。我们需要注意任务保证要求和合同流程的差异，并在合同谈判时解决这些问题。否则项目期间的合同更改单或申请的代价很大，并且损害承包商的关系。承包商可能推诿，但我们必须力求谨慎以保证任务成功。

许多大公司有他们自己的研制标准和要求，可能与建议书申请中的要求相差较远。我们必须在签订合同之前评审和评估接受公司文件的风险。承包商几乎一定会试图转嫁更改他们内部流程和标准的成本。任务保证队伍需要提前处理这些问题，避免日后出现意外。顶层文件通常只略微涉及要求和标准。我们必须查看各层的文档，确信产品满足项目要求。

10.6.3　国外合作伙伴

对国外合作伙伴，我们必须提前了解可能受到的限制，以避免日后影响进度（见第 20

章)。毕竟我们依赖于他们交付产品，我们几乎或根本无法控制这个过程。我们一开始必须建立良好的关系和联系，这包括五个关键原则：

1）记录接口控制很关键——我们很早就需要它。

2）我们应当在关键点计划出差，促使合作伙伴对进展负责，所以预算必须考虑到出国的费用，队伍成员必须有旅行证件（护照、签证等）。

3）不同国家的要求不同，所以我们必须协商并妥协，酌情将结果纳入风险过程。

4）涉及国际武器贸易的条例限制我们可以共享的技术信息。我们需要提前计划，并与我们组织的代表一起限制对这些条例评审的停工时间。我们可能需要通过几轮评审得到可以与国外合作伙伴交换的信息。前期工作很关键：许多地面系统组件的装运推迟就是因为队伍之前只关注飞行硬件，而没有关注总装和试验需要的设备。

5）文化差异可能影响进展，所以我们必须了解并根据它们作出计划。例如，许多欧洲公司在夏天休假整整一个月（见第 20 章）。

10.6.4　现货硬件

把任务保证要求强加于现货产品很困难，这是在经过验证的硬件、价格和要求间的权衡。任务保证队伍——与项目团队一起——需要详细评审赞成和反对使用这样的硬件的理由。我们应当考虑五个关键问题：

1）元器件大纲（最低等级、批次试验等）是否满足项目的最低要求？

2）所用材料是否为任务所接受？

3）技艺是否满足飞行要求？

4）如果这个硬件失效，是否会过早终结或极大程度地影响任务？这是否是我们总体设计中的单点故障？

5）产品的可靠性是否满足任务要求？

在成本有限的情况下，组织通常将以前所选的（继承的）设计用于新的项目。这种战略是明智的：利用已经应用于设计的成本来降低下一个任务的成本。这个问题的影响很大，新的项目经理在他们的职业中应当很早就注意到这个问题。经验证明这些问题就在眼前。

术语“继承性”常常被误用，在发射或任务环境、温度极限、辐射、元器件批次、人员、和任务期限方面的差异对继承的硬件是否能用于新的项目都有影响。处理器时序约束、系统范围的时序问题、总线竞争和中断优先级也影响我们是否使用这个硬件的决定。

我们很少仅仅因为组件具有飞行继承性就取消分系统或系统的鉴定，然而那才是成本可能节省的地方。尝试减少任务保证也可以作为一种保证预算的方法，因为大部分以前已经做过。很不幸的是，在空间项目中使用继承性设计的这条路偶尔以超出预算为牺牲。

“继承性”这个词对任何试图使用有效的任务保证的项目经理应当是一个警告信号。当它出现时，我们必须让任务保证队伍像平常一样工作，并加倍检验设计是否满足任务预定的应用和要求。继承性很少意味着我们认为它应当是什么样的。它不能保证飞行的价值。

10.7　评价执行情况和预期

我们必须拥有让我们评估项目实现的流程和程序。我们可以以多种形式完成这件事，但所有成功的项目经理通常都拥有一点：确定项目范围的方法。这里任务保证队伍是主要的参与者——作为独立的队伍，充当我们的“眼睛和耳朵”。为计划详细的工作分工，收集工作成果，评审项目参与者的初步结果，每个任务保证学科常常以小组形式碰面。这些小组的形成根据任务分类、风险和组织的行为模式而变化，可能是小的非正式工作组，也可能是正式的控制委员会。

10.7.1　流程和变更控制

责任授权涉及监管、成本和风险的权衡。我们要在任务保证流程需要的时间和我们拥有的时间之间找一个平衡。我们必须基于预算、人员、承包商经验和风险的级别，针对项目剪裁这些决策。

为了适当地分担连续操作流程中的工作，同时还承担潜在的后果，项目经理通常要委托一些委员会来做一些工作。委员会是正式公认的、代表项目在委托书给出的范围内做事的一组人。我们应当通过确定必须出席的人员，给出业务会议的法定人数。表 10－6 给出一个空间项目的典型委员会。我们应当在项目管理计划中记录我们对这些委员会的决策和它们的规章（见第 3 章）。

表 10－6　项目经理可以委托的委员会①

委员会	一般描述
技术状态管理	评审和批准受控文件（初始发布、更改、超差放行、偏差）
元器件控制	评审所有元器件与已建立准则（接收或拒收）的一致性
异常或故障评审	评估（实时）并处置异常
材料评审	评估并处置材料不符合项
污染控制	制定洁净度要求，评估产品污染的不符合项（接收或拒收）

①我们利用委员会来分担一些工作，这些工作可能占用太多时间，使我们不能进行其他的工作。对每个委员会都应当有一个宪章，给出法定人数，说明委员会将如何按项目管理计划运行（见第 3 章）。

10.7.2　技艺

好的技艺和适当的检验对任务成功非常关键。任务保证队伍应走访潜在的供应商，评审他们的制造和过程控制能力，包括过程文档的控制。在合同授予之前处理问题比之后要容易得多。队伍还应当走访他们自己的设施。我们可能惊异于我们自己后院中发现的问题，所以我们不应当免除对任何场地的评审和确认。

一般来说，制造工艺和技艺程序是基于标准的。我们需要尽早了解供应商引用的标准，以便我们能够正确评估他们的工艺和程序。例如一个基于错误标准的焊接工艺不能支持相关的可靠性设计假设，可能在总装、试验，甚至更糟的是在飞行过程中不能作为操作故障被发现。

公司、行业和政府标准总在变化，任务保证队伍必须对它们进行评估，并对如何应对提出建议。表 10－7 列出了使用公司（一般指主承包商的）技艺标准的一些优点和缺点。

表 10－7 使用公司技艺标准的优点和缺点①

使用公司标准的优点	使用公司标准的缺点
公司员工对在技艺要求、标准和文档需要方面受过培训	标准可能不满足任务对技艺的工程设想，因此影响可靠性
公司已经通过使用自己的标准建立了声望	以往用于空间飞行硬件的技艺水平可能是子标准
公司标准由政府标准（国防部或民用航天）发展而来	过程控制对于保护飞行硬件可能不到位
公司的建议书基于自己的标准（除非工作说明中另有规定）	

①每个建造空间飞行系统的承包商都有技艺标准，但它们是否满足任务要求？任务保证队伍评估和建议如何（或是否）应用这些标准。

（1）印刷线路板的试样（样本）

空间飞行任务用印刷线路板应当遵守其制造标准中的适当要求。承包商开始组装电路插板装置之前，我们应当要求他们向任务保证人员提供这些印刷线路板的试样（样本），这样批准的实验室就可以对涂覆和工艺问题进行评估。

这一步骤会为许多项目降低成本和风险。我们在编制计划时应当把试样分析纳入项目进度中，它们大概要花费 1～2 周。我们想要降低时间和费用的风险，那就有可能因为低质量的线路板而不得不报废制造的电路插板装置，从而损失飞行元器件。

（2）从技艺检验中获取知识

建造复杂的、天基任务系统时，“知识就是力量”这句话很适用。制造过程中任务保证队伍获得的信息是知识的关键来源，因为它是建造系统的基础。任务保证通过检查电路插板装置、电缆网及内连、单元级装置、分系统和系统以及与图样和建造记录的一致性，帮助项目经理来评估执行情况并设置预期。

电路插板装置——对这些装置的强制技艺检验重点通常在于焊接和聚合物，它们有助于在建造和试验的早期解决异常，发现潜在的缺陷。元器件的构造可能会限制目视检查，因此可能需要 X 射线检查（NASA 的技艺标准要求 100％检查）。许多元器件还依赖于固接聚合材料以减小元器件封装、引脚和焊点的应力。固接指用胶接材料粘接组件或元器件使其牢固。没有固接或固接不恰当的元器件可能在飞行期间疲劳，并出现缺陷。

电缆网及内连——航天器电缆网必须满足最高的标准，一些项目经理错误地决定不用降低电缆网及内连方面的风险。他们认为这个活动很简单、有把握、风险低，但在系统总装时，它造成了许多项目的故障。电缆网常常在所有航天器硬件中经历的试验时间最少，而且它经历的热试验极限环境也最少，热试验极限环境一般会使技艺问题暴露出来。

检验必须彻底以减少这些风险，确保系统的整体性能。一些关键检验点包括压接、焊接、触点保持、导通性、绝缘电阻、高压绝缘试验仪（使用高电压验证电绝缘的仪器）、路由、内外保护带和封装。为了提高可靠性，电缆网应尽可能少拼接，另外还应通过并行拼接、使用双层热缩套管等措施减少潜在的故障机理。检验者应当了解这些材料和技艺的限制。任务保证队伍要确认技术人员在这个关键的领域使用了正确的方法。

单元级装置——一些单元级装置包括电缆网和电路板组装。电缆网在电子安装前需要进行如前所述的试验。如果监督要求严格，检验者应当见证所有装配工作。除了确保追溯性文件的完整性外，装配期间他们要验证匹配接触，并见证所施加的力矩。

分系统和系统——检验者在总装和试验期间需要保持独立，不过多帮助操作人员和试验工程师。他们不是人员配备库。在这一级的工作中，他们必须只作为项目经理的独立耳目。应用于零件、组件和电缆网的同样的规则实际上也适用于这一级。

独立预演（walkthrough）——队伍进行分系统和系统总装和试验时，工程师和用户的检验增加了价值。这些检验找出关注点，为需要的更改和修正措施创造尽早沟通的通道。所有协助分系统的经理与检验者和外部专家一道对他们责任领域的符合性进行评审。这类检验非常有效，每个人都感觉自己是主人。

与图样和建造记录的一致性——检验者审查实际建造对比于实际设计文件，以验证其一致性，确保对电气和机械零部件的可追溯性。所有的建造和试验偏离应当有包含逻辑依据、结束处理和批准的报告。装置检验必须验证元器件的可追溯性、依据图样的安装和实际建造记录。在对照政府-企业数据交换计划中的记录来验证各项时，可追溯性记录是一个重要的链接。

10.7.3　元器件

一个完整的元器件计划对评价执行情况和预期是非常有价值的。元器件工程师对任务成功至关重要。任务保证队伍必须深入硬件供应商（内部、承包商和外国合作伙伴），确保整个项目的产品可靠性。

确定元器件大纲——任务保证队伍支持项目这个方面的工作是确定元器件的筛选鉴定要求[1]，并应当：

1）对最高质量 1 级元器件和稍低等级之间的权衡进行评估。成本和任务设计问题包括预期的寿命和辐射、在电路中的重要性和冗余。

2）认识到选择最可靠的元器件也会有风险。首先，高可靠性不意味着元器件的表现最佳。第二，可能无法获得 1 级的元器件，目前许多任务授权的元器件都不是 1 级的。

3）为因为提前交货和附加筛选而可能影响成本和进度的非标或定制器件作计划。基于定制器件的项目需要有进度和预算储备。在器件通过筛选和鉴定前，我们要冒风险。开发非标或定制器件还可能包括元器件工程，所以我们必须相应地进行人员配备。

4）通过元器件控制委员会处理元器件大纲的所有例外情况。

利用元器件控制委员会——元器件控制委员会一般包括元器件工程师、系统工程师、可靠性工程师和元器件辐射专家。这个队伍向项目经理或设计师（如系统工程师）建议元器件的评审、批准或剔除。他们评审元器件与已制定准则的一致性：规范、筛选和鉴定计划、支持数据和应用要求。如果需要，他们还可以建议更多的试验和元器件筛选，例如在总装期间的异常发生之后。在确定预算储备时，我们应当说明这一可能性。

利用政府-企业数据交换计划（GIDEP）和其他元器件顾问——政府-企业数据交换计划是一个包含政府和工业界参与者的合作活动。它通过分享研究、设计、开发、生产和运行期间共同活动的技术信息，来减少或消除风险。这些活动是共同的，因此对任何人都不代表唯一的竞争优势，它们对整个工业界都有好处。元器件编号、制造商和批号日期代码的可追溯性是十分重要的，可以决定元器件警示是否应用于航天器元器件。我们必须把这个信息纳入要求文件之中，所有的硬件开发商必须按照政府-企业数据交换计划和其他元器件顾问的要求做。

建立元器件清单——在整个航天器硬件的建造周期内，我们必须保证所有元器件（包括独立器件）的可追溯性。即使项目不要求，我们也应当这样做。这个信息对隔离异常故障至关重要，且必须符合政府-企业数据交换计划的要求。项目一般应当给出：

1）元器件名称（包括元器件值）；

2）元器件编号；

3）序列号；

4）日期代码（制造日期）；

5）批次号；

6）完成的附加筛选；

7）制造商（包括商业和政府实体号——分别公司及其所在地或部门的唯一编号）。

备份理念——备份理念更多地是项目经理的决策而不是任务保证的过程，但我们通常把它纳入采购文件的元器件部分。适当的备份对尽快摆脱将来的问题是很重要的（详细讨论见第9章）。它们有助于项目在总装和试验期间出现操作和元器件或电路板故障后仍能继续进行。它们给了我们必要的灵活性，这意味着节省进度裕度。作这个决策时，我们必须牢记没有长线项会如何影响项目，继而影响计划。

管理最小元器件购买量——有时设计中需要的元器件非常特殊，制造商需要最小的采购量。但最小元器件购买量与我们的需求可能相差很大。如果我们决定使用非标或定制器件，我们应当作预算，避免不期望的成本出现。

筛选和元器件降额——元器件控制委员会可能要求更多的筛选以满足项目需求，所以我们应当策划时间和预算以支持这个要求。有些情况下，我们可能不得不弥补这个筛选结果，所以我们应当为其作准备。根据项目的元器件要求计划，设计者要对元器件降额使用，为整个系统性能的可靠性增加余量。

满足辐射要求——航天飞行元器件需要满足基于轨道特性、任务寿命、屏蔽等的辐射要求。我们需要对总剂量、单粒子事件、闩锁、瞬变和低剂量进行评审。元器件控制委员会必须看到元器件满足辐射要求。辐射评审对任务成功至关重要，没有经过辐射评审的关键元器件可能意味着成功和失败的差距。

使用商业级元器件——如果我们使用商业级元器件，我们应当为这些元器件的筛选、试验和试验后的分析（如破坏性的元器件分析）计划大量的资金，以达到飞行所要求的置信度。我们还需要一个备用计划，因为我们不知道元器件在空间的工作会怎样。简言之，我们应当为每个存在风险的产品计划适当的进度和预算储备。

10.7.4　材料

材料工程是项目设计和制造活动的关键元素，所以我们需要让材料工程师尽早适当地参与。这包括当我们一开始制定采购需求、评估提出的设计、评审制造计划时……甚至转场过程中考虑贮存环境时。这个话题已经延伸到项目计划的制造活动之外。项目还必须满足运载火箭供应商的材料要求，包括有危险的材料。这些附加的安全性要求可以从发射提供商方面得到，并尽早纳入项目计划。

为减少硬件研发过程中的材料问题，我们应当考虑许多潜在的问题领域：辐射效应、热循环、应力腐蚀断裂、电化腐蚀、氢脆、润滑、冷表面污染、复合材料、原子氧、有用寿命、真空放气、易燃性、光学涂层和断裂韧度。项目应保留一个材料、流程和润滑剂的汇总清单，并提供获批理由。这个信息对成功的设计评审（见第 14 章）和总装或任务运行过程中的故障隔离至关重要。

一些材料需要较多的测试或处理以满足任务要求。任务保证还需要与材料工程一起，在允许制造之前协调印刷电路板的试样分析。材料工程的支持对调查和分析异常是必要的。项目经理应当和任务保证及材料工程师一起确定潜在的成本和进度需要。

10.7.5　安全性

项目经理对项目人员和硬件的安全性负主要责任。任务保证队伍通过一项计划来评估安全性情况，设置安全性预期，这个计划在项目的所有阶段识别和控制对人、设施、支持设备和飞行系统的危险。我们应当将安全性的责任分配到个人或小组，这个人要确认项目支持和满足发射提供商的安全性要求。这包括拟定发射前安全包、所有装卸操作、运输、环境试验、地面操作程序、非一致性安全申请、发射场安全大纲和轨道碎片评估。

10.7.6　可靠性

可靠性工程是整体性能的一个关键方面，它涉及评估不同的设计方案、冗余、跨接和元器件替代，识别可能引起不可靠性能的设计因素。可靠性工程的十个主要成果有助于项目经理管理系统可靠性预期：

1）故障模式和影响分析；

2）风险概率评估；

3）可靠性框图；

4）最坏情况分析；

5）元器件和器件应力分析；

6）趋势分析；

7）受限寿命项；

8）故障树；

9）鱼骨图；

10）权衡评估。

10.7.7 软件保证

软件保证对任务成功很关键，所以我们必须在整个生命周期实施软件保证。它适用于软件和固件，包括用于空间飞行或地面支持系统中的现货软件。表 10－8 列出软件保证需求计划中的一些重要项目（软件工程方面的更多信息见第 16 章）。

表 10－8　包含在软件保证需求计划中的题目①

题目	简单描述
软件质量计划	保证软件产品和过程
软件安全性	识别、分析、跟踪、减缓和控制软件危险和功能
软件可靠性	测量所生产的产品的可靠性
验证和确认	验证功能、性能和需求
独立验证和确认	独立验证整个软件程序，包括计划、程序、代码和异常报告
软件评审	评审软件需求、初步设计、关键设计、试验准备和验收
软件技术状态管理	控制需求、设计、源代码、数据和文档
软件异常报告	报告异常，识别原因和提供修正文件

①软件保证对任何空间飞行任务都很关键，它适用于新的源代码、商用现货软件和政府现货软件。

10.8 确定结果是否满足或超过预期

从根本上说，项目经理对整个项目的任务级表现负责。获得发射批准需要表明：组织已有充分理由预计任务能够完成。通常我们使用层次试验记录的结果，或者当不可验证时通过分析结果的独立评审完成这个工作。任务保证队伍参加这个非常重要的过程。

10.8.1 报告不符合项

任务保证队伍通常要确定项目如何记录功能或性能的不符，也称为“不符合项”。我们必须提前评审这个过程，确信它满足或超过客户和组织的预期，特别是组织中批准项目发射的那些人。

发射的道路上有许多就绪评审，它们具有相同的着眼点：试验期间出过的问题是什么，以及项目组将如何表明它不会影响任务。这里收集的数据对表明我们已经把这些问题归零了，或将会彻底测试遗留问题至关重要。

项目和其承包商必须有一个闭环系统以控制不符合项，必须追溯到出现异常的元器件、材料或产品。必须将不符合硬件隔离或标记为待处置或待解决。不符合报告从项目接收元器件时就开始，一直保留到发射，项目结束时将信息移交给运营机构。

不符合报告是影响整个项目风险的一个基本的任务保证过程，一般地，任务保证经理直接控制它，并具有处置的最终签字权，与表 10－8 中讨论的组织方法一致。承包商的任务保证人员和工程师一般评审要适当处置的不符合项。

我们将不符合报告分为主要或次要两类，承包商通常处理最低级的次要不符合项，不需要项目管理层的批准。另一方面，主要不符合项需要在项目级进行处理，且需要客户的批准。主要不符合项是指任何有损于形状、配合、功能、成本或进度的事项。项目应当使用统一的、一致的处置标识，例如：

1）返工；

2）报废；

3）提交项目处置；

4）修复（需要项目批准）；

5）照常使用（需要项目批准）。

10.8.2　报告和调查异常

异常调查期间我们常常发现，许多在轨故障在地面上有征兆，故障报告系统可能已经标明了。所以我们必须将任何偏离设计、性能、试验或操作要求的情况写一份异常报告，这些异常可能会影响飞行硬件、与飞行硬件接口的地面因素或任务目标。图 10－3 说明了重大异常报告流程（与 NASA 所使用的相同的特征）。

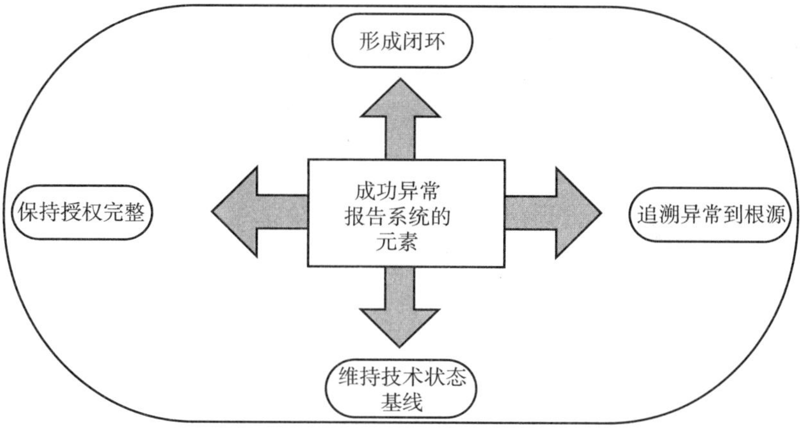

图 10－3　重大异常报告的特征

一个项目应当在第一次加电或机械操作时开始异常报告。我们必须为队伍完成这个报告留有足够的进度和资金

报告有管理费，所以我们可能认为拖延一下风险不大。但是我们这样做会冒着很大的任务风险。正式的异常报告应在器件（不论是不是装置级）首次加电或机械产品开始运行时开始，在正式验收和发射运行期间一直持续。对于软件，异常报告在开始测试软件组件或单元以验证需求的确认阶段开始。

关于异常调查的 3 条忠告如下：

1）绝不要弄乱异常的“案发现场”，除非硬件或人员存在风险。

2）异常出现时，如果我们花足够的时间，可以从中学到很多东西。即使总装可以并行进行，我们都不应当允许调查停止。

3）故障在轨出现时，没有经过验证很难再飞行。分析记录事件可能花费很多的时间和金钱，但这是值得的，因为根本原因可能更糟且管理层想要得到这些信息。

下列信息用于 NASA 戈达德空间飞行中心的空间任务，在这里给出主要是为了了解完整的任务保证活动应记录的详细程度。

故障影响评级——为将故障如何影响系统归类，队伍对它进行评级。评级应当有效地表达尽可能多的信息。评级的首要因素应确定异常在任务期间发生时，如何影响飞行硬件或软件的性能——不考虑设计冗余度。表 10－9 给出建议的故障影响评级。

表 10－9　故障影响评级①

影响评级	描述
1	对性能、可靠性或任务、系统或仪器的安全性的影响小或无影响
2	对性能、可靠性或任务、系统或仪器的安全性的影响中等或使其明显降级，符合下列一项或多项 ·使功能能力明显降低 ·使工程或科学遥测明显降级 ·造成明显的运行困难或限制 ·减少任务寿命
3	任务、系统或仪器的性能、可靠性或安全性遭遇灾难性的或严重降级

①故障影响评级取决于故障在轨发生时如何影响任务。评级不考虑设计冗余度。

故障修正措施评级——故障修正措施的评级将确定队伍在理解异常原因和故障修正措施如何有效防止故障再发生方面的信心。表 10－10 说明这种评级的 4 种可能的价值。

表 10－10　故障修正措施评级①

修正措施评级	描述
1	队伍通过分析或试验有把握确定异常的根源，选择并实施一项修正措施，并验证其有效。异常没有再发生的可能性
2	队伍没有把握确定异常的根源，但选择、实施并验证了某种修正措施，所以异常没有再发生的可能性
3	队伍有把握了解和理解异常的根源，但没有确定无疑地选择、实施或验证某种修正措施，异常可能再发生
4	队伍没有把握确定异常的根源，且没有确定无疑地选择、实施或验证某种修正措施，异常可能再发生

①评级将确定在理解异常原因和修正措施有效性方面的信心。

红色异常信号——如果故障影响评级达到“2”或“3”，故障修正措施评级达到“3”或“4”，就得出示红色异常信号了。这种标记表明异常会带来明显的风险。红色异常信号应当在外部项目级评审中加以强调。

10.8.3　监督

政府合同下的所有工作活动、操作和采购随时要经受政府或指定代表的评估、评审、审计和检验。我们还可以在代理委托书中授权责任和权利以支持政府机构。这通常写在政府合同的工作陈述中，为任务保证活动建立了一个门户开放政策。

深入检验对比监督检验——深入指项目在承包商的工作场所有一个驻厂或不驻厂的专门代表。这个人参与按照合同规定的飞行硬件或软件建造的所有方面的工作。他或她完成诸如检验、审核、见证试验和参加会议这类的实际工作。这种监督可以最大程度地了解承包商的流程、程序和日常运行。与之相比，监督指项目有一个代表在被称为强制检验点的预定点进行检验。这个代表来自政府对供方检验、供应商质量保证或项目任务保证队伍，不驻厂。

两种检验在空间任务项目中都有其地位，任务保证经理应当建议与所进行的工作、关键度和复杂度相匹配的监督支持。一般来说，零件接受监督检验，因为制造工艺和生产线鉴定就地进行。深入检验在系统级总装和试验活动进行的主要制造场所较常见。一旦监督计划确定并获得批准，我们应当将其纳入到项目计划和预算中。

政府供方检验——政府供方检验对政府合同一般是免费的，使用这种服务时我们应当让任务保证经理与每位代表见面，并对我们请他们充当的角色进行评审。不幸的是，对涉及的每个人来说，同一个人不总是提供支持，有时会引起问题和冲突。我们应当尝试委任这些检验的联系人。项目经理和任务保证经理应当计划为项目强制检验点保留一些资金，这些强制检验点考虑到了建立置信度的制约与平衡。NASA 为检验支持提供供应商质量保证。

典型的检验、评审和监督——表 10－11 列出了典型的检验。一旦我们确定了一种方法，我们就要适当地配备任务保证队伍，并将这些活动列入项目进度和预算。

表 10－11　用于项目管理的监督检验①

检验	描述
设施审计	确保符合规定的要求和能力
流程评审	确信流程正确，可以支持工作
制造评审	验证实际设计硬件可以制造
试验前就绪评审	证实产品通过预先设置的门槛，做好正式试验准备
验收和装运前数据评审	验证数据和最终产品符合要求
保形涂料焊接前检验	检查与适当技艺所要求标准的一致性
聚合体检验	检查与适当技艺所要求标准的一致性
电缆、压接和电缆网检验	检查与适当技艺所要求标准的一致性
光纤检验	检查与适当技艺所要求标准的一致性
组件装配操作见证	为检查和平衡提供另一双眼睛，在这个装配阶段完成许多并行检查
试验活动见证	独立验证设置和试验活动
装运前检验	试验后检查并验证装运包装
异常和故障评审会议和故障诊断	支持非标准的或非计划的活动
材料评审委员会的活动	负责不符合项的活动

①我们必须确定项目使用“深入”检验还是“监督”检验。一旦我们在许多可用的方法中确定了我们的方法，我们就应将它们列入项目的进度和预算。

10.9 获得经验教训

在项目的整个生命周期我们必须获得经验教训，以帮助他人避免同样的错误。组织通常规定一个报告经验教训的政策。我们还应当让任务保证队伍定期回访组织的经验教训数据库，以识别项目中潜在的挑战。

10.10 小结

任务保证对任何空间任务项目都是必要的。我们应当让任务保证经理成为项目高级管理队伍中的成员，并使任务保证队伍成为我们在项目中的“眼睛和耳朵”。一个糟糕的任务保证过程只是简单地强制坚持项目任务要求，好的任务保证将检查和平衡整合进项目过程，并全程对其进行记录。

所有项目都有元器件问题、组件故障和试验问题。明确规定并熟练应用任务保证来管理这些事件的数量和严峻程度，给我们提供了快速、有效和连续处理这些问题的工具。

参考文献

[1] National Aeronautics and Space Administration (NASA). May 2003. EEE - INST - 002: Instructions for EEE Parts Selection, Screening, Qualification, and Derating. NASA/TP - 2003 - 212242.

[2] National Aeronautics and Space Administration (NASA). 14 June 2004. NPR 8705.4. Risk Classification for NASA Payloads. Washington, DC: NASA

第 11 章　生命周期成本估算

梅尔文·A·布拉德（Melvin A. Brader），戴维·A·比尔登（David A. Bearden）
航空航天公司

估算未建的空间系统的成本非常困难，而且估算的成本一向很低。在系统设计后、部署实施前的时间里，由于可能造成的威胁及项目要求引起的变化导致系统更改，造成费用远高于预估。成本估算人员低估采办成本是因为他们的确无法预测到未来的情况。

采办项目经理在高竞争环境下工作。为了不使项目取消，项目经理必须表现得好像不存在任何问题。具有潜质的承包商必须给出面向成功的乐观价格，因为通常低价竞标容易中标。客户通常不赞成管理储备金，所以项目经理申请的预算可能不足以覆盖未来的不确定情况。因此，项目经理可以保持较低的项目成本估算，但必须承担成本增长的巨大风险。当成本增长迫使他们申请更多的资金时，重要的国会利益可能根据纳恩-麦克柯迪（Nunn－McCurdy）修正案（1982 年通过，以缩减国防项目成本为目的）将其变为违约质疑，整个事件刊登在几家全国性的报纸上。国会甚至还可能要求对项目经理免职——这对职业发展来说并非好的形势。

有多种原因使成本超出我们的控制，就像天气不受飞行员的控制一样，但是负责指挥的人要对结果的成功负责。本章通过生命周期成本分析提出克服（逃过）与坏天气对应的财政问题所必需的手段。

令其项目超出预算的项目经理安慰的是，他们的情况并不是个案。例如，图 11－1 包含了挑选的采办报告[10]中，42 个项目群里成本超支和未超支所占的比例。

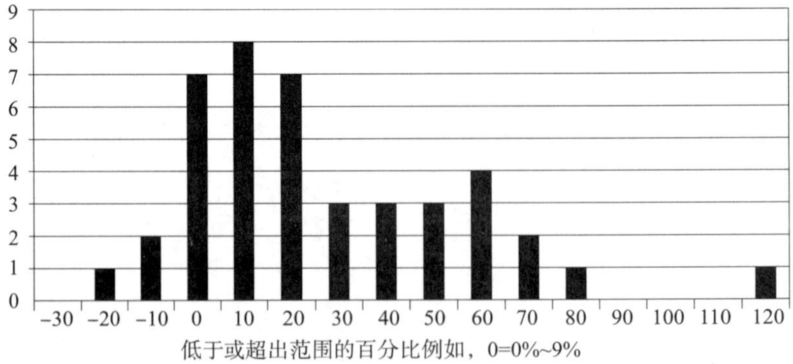

图 11－1　项目成本超支分布（按百分比）

本图示出在 DoD 挑选的采购报告中，42 个 DoD 项目群成本超支和未超支的情况大多数项目超出预算值。尽管小的超支可能不会引起国会调查，但是近些年大的成本超限的普遍性已经促成许多研究委员会的成立。其中一个重要的委员会是“汤姆-杨小组”(Tom Young Panel)，该小组特许对 DoD 某些任务的预算超支进行调查。该小组描述了超支的几个关键原因，见表 11 - 1[7]。我们可用生命周期成本计算解决该清单中的几项。

表 11 - 1　近期成本超支的原因①

序号	成本超支原因	增长百分比/%
1	不在提案中的范围	23
2	估算误差	15
3	政府和承包商的进度拖延	11
4	项目群重组	11
5	低估风险	10
6	估算误差	8
7	新要求	8

①本表显示出 86 个 DoD 项目群成本超支的普遍原因，1999 年由“汤姆-杨小组”报告。

11.1　过程流

项目经理不对成本进行分析，但他们与过程紧密相关，并且对结果极其感兴趣。成本分析在项目生命周期中的许多节点进行，同时涉及来自政府和行业的许多人员。图 11 - 2 中的生命周期成本（LCC）过程表示政府对一个项目在关键决策点——B 里程碑的观点，这通常在项目即将进入初步设计时形成。项目经理主要参与第 1，4，5 个步骤。

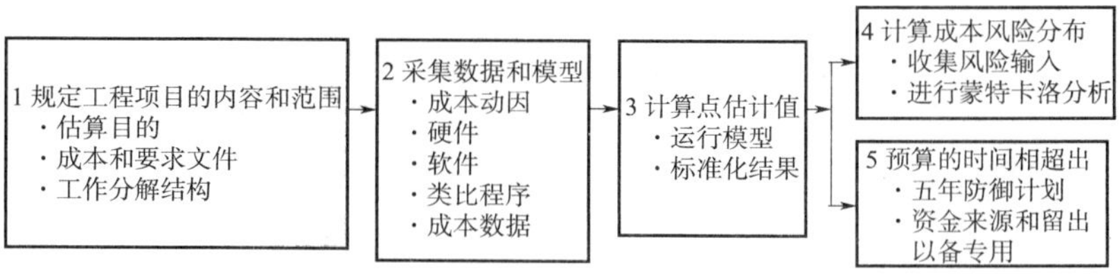

图 11 - 2　生命周期成本确定程序

政府对项目在关键决策点——B 里程碑进入初步设计的观点。项目经理主要参与第 1，4，5 个步骤

第 11.2 节通过说明在项目生命周期中何时进行成本估算并且由谁进行分析，来深入透视第一个方框中的过程流。本节还讨论如何得到预警、采取什么措施，以及建立第二个方框所示的生命周期成本分析的过程和详细内容。第 11.3 节的内容包含了成本估算的实质。最后，第 11.4 节和第 11.5 节讨论将最可能的风险点估算转换为风险分布，然后将成本估算转化为预算级数字。

生命周期成本计算不会消除成本超限的原因，但有助于在它们登上华盛顿邮报之前，解决成本问题。

11.2　确定成本估算大纲

为了估算生命周期成本，我们需要明确空间项目中各事项的成本，在工作分解结构中检查成本要素，并了解工作范围——通常在成本分析要求文件中说明。

11.2.1　各事项的成本

我们需要了解构成成本的要素。航天器每千克成本通常高于 20 万美元，算上运送到太空的费用，每千克可能达到 100 万美元。图 11-3 给出了用于 3 类 DoD 卫星每千克美元费用比较的实际成本：

1）大卫星（50 万美元/千克）；

2）1990 年以后的小卫星（10 万美元/千克）；

3）1990 年以前的小卫星（15 万美元/千克）。

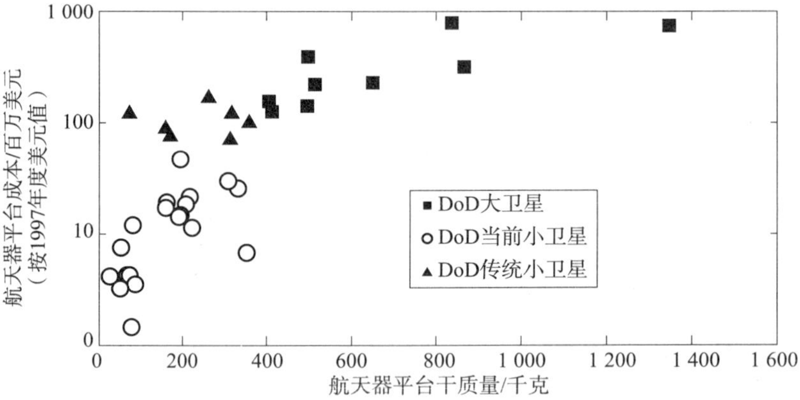

图 11-3　3 类 DoD 卫星每千克费用

每类数据点聚集情况不同，不同的成本估算关系适用于各组数据点

这 3 类卫星的数据点聚集情况不同，而且回归分析显示了每一组数据点决定了不同的成本估算关系[2]。

图 11-4 比较了 NASA 传统任务（90 万美元/千克）和 90 年代 NASA 著名的“更快、更好、更省”任务（12 万美元/千克）的每千克美元费用比率。不同组数据点需要明显不同的成本估算制度。

图 11-5 表示将有效载荷发射到低地球轨道（LEO）的典型成本，其范围覆盖从千万美元的最简单、最小的卫星到 5 亿美元的大卫星或载人飞行项目。目标轨道为超过低地球轨道到地球同步轨道、月球或更远的星球会增加成本。

11.2.2　工作分解结构

我们必须了解成本估算的基础，包括两个关键项目：一个是本节所讨论的工作分解结构；还有一个是为成本估算而剪裁的技术描述，称为成本分析要求文件，下一节对此进行讨论。

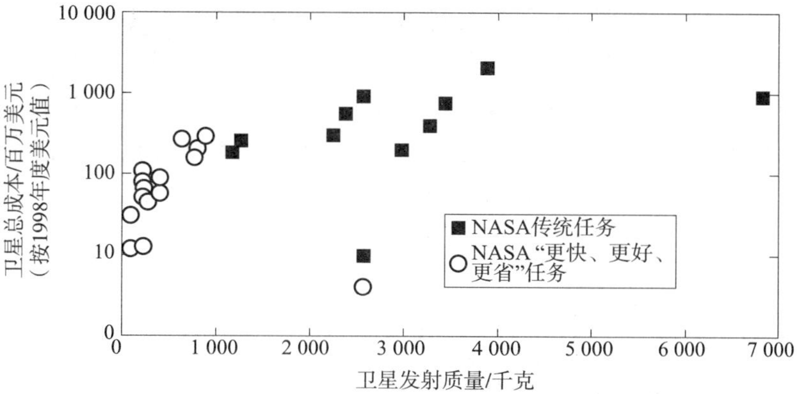

图 11-4　NASA 两类航天器每千克美元费用

与 DoD 任务一样，不同组数据点需要明显不同的成本估算制度

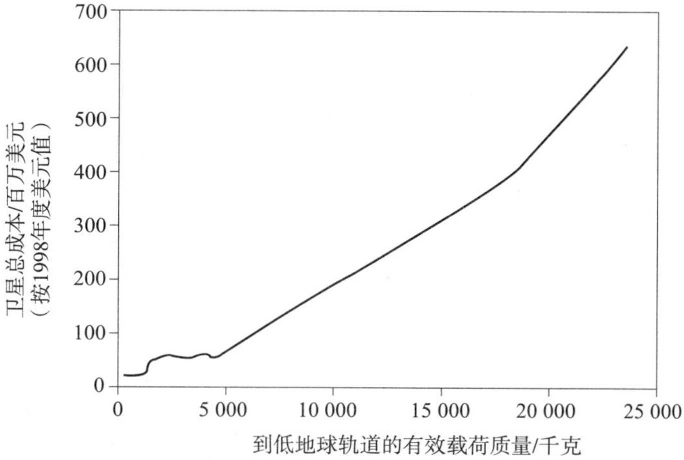

图 11-5　有效载荷发射到低地球轨道的成本

成本从千万美元的最简单最小的卫星到成本超过 5 亿美元的大卫星或载人飞行项目

工作分解结构有多种形式并被冠以多种名称。工作分解结构可以是合同工作分解结构、成本分解结构、签约元器件和工艺清单等。它们的使用方法和应用领域不同，但如果在识别和汇总独立的成本要素成为总项目群成本上起作用，它们就都起到了工作分解结构的作用。从项目经理的角度来看，它们必须清晰地标记出项目成本估算中包含了哪些内容，从而明确忽略掉了哪些项目。成本超支通常是由于忽略掉的项目引起的，并非是决策失误，我们需要对此吸取教训。

尽管行业和政府常常试图将工作分解结构标准化，但是尚未完全取得成功。以下是被广泛使用并认可的结构中的两个结构。它们的差异表明为什么可能需要不同的工作分解结构。

在美军标 881 中介绍了一种典型的 DoD 的工作分解结构，该标准包含了包括航天器在内的几乎全部的采购项目。图 11-6 摘录了航天器项目以给出空间系统下属第 2 层所有项目和空间飞行器下属第 3 层的项目。除有效载荷及平台（航天器）之外，一个空间系统还包含了大量的成本要素。空间系统成本的真正账目可能是基本卫星账目的 3～4 倍。

NASA 的工作分解结构与 DoD 的形式相似，见图 11 - 7，不同之处在于它可以适应 NASA 的实际情况，例如工作分解结构基本上是分层次的。但与 DoD 标准相比，更多的实质性差异在于科学有效载荷、教育及公共推广的顶层分类。另外 NASA 倾向于要求项目储备金，即用于解决研发过程中出现问题的额外保证金。虽然这些分类增加了成本评估的复杂性，但通常不会增加成本超支的不确定性，这是因为我们可以严格控制附加在这些要素上的耗费。

空间系统：

- 运载火箭
- 轨道转换器
- 空间飞行器
    - 航天器
    - 有效载荷 1…n（按要求）
    - 再入飞行器
    - 轨道注入器/分配器
    - 总装，部装，试验和检测
- 地面指令，控制，通信和任务设备
- 系统工程/项目管理
- 系统试验和评价
- 培训
- 数据
- 专用支持设备
- 通用支持设备
- 运行/场地启用
- 飞行支持操作及服务
- 贮存
- 企业生产设备
- 初始备件和维修零件

图 11 - 6　美军标 881——空间系统工作分解结构

美军标 881 包含几乎所有采购项目，然而本图只摘录了典型的空间系统要素

空间任务：

- 项目系统工程
- 管理工程
- 科学有效载荷
    - 仪器 1…n（按要求）
    - 特殊有效载荷
    - 着陆器
    - 上升或再入飞行器
- 航天器飞行系统
    - 轨道器
    - 行星下降系统
    - 系统工程，总装和废物管理
    - 集成系统健康
- 任务运行和地面系统研发
- 运载火箭
- 系统总装、部装和试验
- 教育和公共推广
- 安全性和任务保证
- 项目储备金

图 11 - 7　NASA 的工作分解结构

虽然形式上与 DoD 的工作分解结构相似，但是 NASA 的结构分层更多，并包括项目储备金，

它还具有科学有效载荷以及教育和公共推广的顶层分类

11.2.3　成本分析要求文件

生命周期成本计算良好基础的第二部分是项目工作范围的描述，通常出现在成本分析要求文件（CARD）中。该文件由管理、技术和成本领域专家共同编制，因此用于准确成本估算的信息直接来自于知识源。对于不同的研究机构，该文件使用的名称不同，但文件的目的相同，例如，NASA 称之为成本和数据要求（CADRe）文件。

图 11－8 列出了成本分析要求文件应包含的内容，摘自 DoD 成本分析和指导程序的说明书。其中列出了主标题，下一层次标题仅对 1.0 条款列出。该条包括了描述卫星项目基本性质的输入条件。对于硬件，我们概括了平台分系统的重点强调因素，例如电源要求和定位精度。

- 1.0　系统概述
  - 1.1　系统特性
    - 1.1.1　系统描述
    - 1.1.2　系统功能关系
    - 1.1.3　系统配置
    - 1.1.4　政府提供的设备和资源
  - 1.2　系统参数
    - 1.2.1　技术和物理描述
    - 1.2.2　软件描述
    - 1.2.3　人类行为工程
    - 1.2.4　系统安全性
    - 1.2.5　系统生存性
  - 1.3　系统质量因素
  - 1.4　嵌入的安保措施
  - 1.5　以前的系统或参考系统
- 2.0　风险
- 3.0　系统运行定义
  - 3.1　组织结构
  - 3.2　基线和部署说明
  - 3.3　安保措施
  - 3.4　后勤
- 4.0　数量要求
- 5.0　系统人力要求
- 6.0　系统动作率
- 7.0　系统里程碑进度
- 8.0　采办计划和策略
- 9.0　系统研发计划
- 10.0　基本设施要求
- 11.0　对先前成本分析要求文件的追溯
- 12.0　承包方成本数据报告计划

图 11－8　DoDD5000.4[9] 中一个成本分析要求文件描述

成本分析要求文件描述了项目工作范围。这些信息资料来自管理、技术和成本领域的专家

对于有效载荷，我们归纳了关键性能参数。例如对光学敏感器，关键性能参数可包含镜面和光学玻璃的尺寸和表面粗糙度，或者焦平面阵列描述。对射频有效载荷，关键性能参数可包含辐射功率、天线尺寸和接收机增益。

对于软件，成本分析要求文件中的参数应包括等价源代码和再次使用的商业或现有软件代码。成本分析要求文件中非常重要、并越来越被联邦政府一级所重视的部分是关于技术、进度和成本风险的说明。稍后在本章中我们将介绍项目经理如何能将成本分析要求文件中的信息转换成对评估项目可能成本结果有用的数据。

11.3　估算方法

有几种方法可用于形成成本估算[1]。虽然我们应当允许分析人员决定采用哪种方法，但是我们需要了解每种方法的优缺点，以便于评价估算的质量。基本上，我们可以把所有的成本方法考虑为对历史成本经验的类比。也就是说，估算人员将历史的成本信息作为近似项，并确定与新的待估算项之间的关系。

我们有几种方式确定合适的估算方法，但关键因素是可用的数据。图 11－9 列出一系列估算方法，按输入要求从细节到顶层的顺序排列，这些估算方法是数据的函数。一般来说，可获得的细节越多，估算效果越好，但是对所有的输入级别我们都有估算方法。

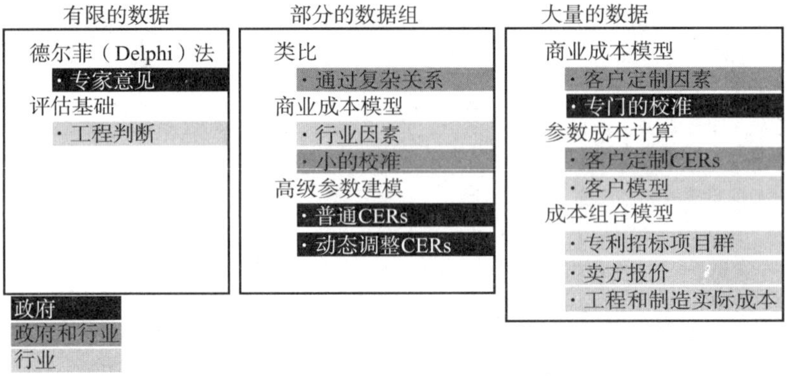

图 11－9　生命周期成本估算方法

尽管更详细的输入信息通常会使成本估算的结果更加准确，但是我们有针对各种详细级别的成本估算方法（CER—成本估算关系）

在估算时，项目所处的阶段也有助于项目经理和成本分析人员决定采用哪种方法，所以如图 11－10 的图表可以用来指导选取方法。项目所处的阶段与可用的数据关系紧密。例如，在项目早期、形成基线之前，政府可能需要对不同的备选方案进行分析，以确定成本最有效的方法——但是这时的分析只是基于很少的关于系统设计或性能的信息。然而在生命周期的稍后，项目合同在签订中且设计已确定后，主要依据承包商提供的详细信息进行的工程组合评估可能是恰当的。

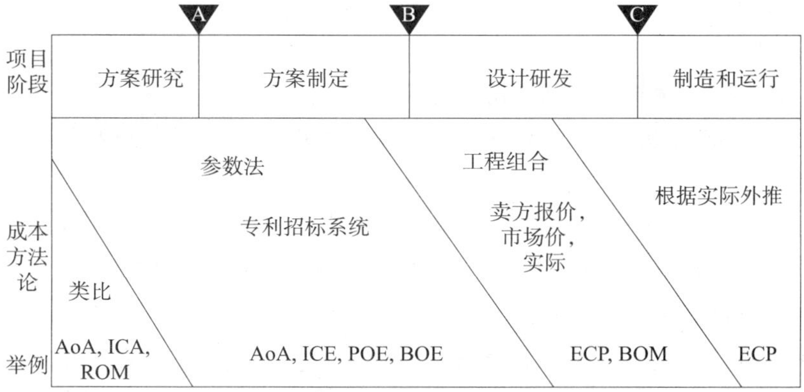

图 11－10　生命周期成本估算方法选择指南

估算时项目所处的阶段有助于我们选择采用哪种估算方法

（AoA—各种方案的分析；ICA—独立成本分析；ROM—粗略的数量级；ICE—独立成本估算；POE—项目群办公室成本估算；BOE—估算基础；ECP—工程更改建案；BOM—材料清单）

11.3.1　类比法

类比法是成本分析的基本方法。它需要其他项目的历史经验，使我们可以与正在分析的项目进行比较。在工作分解结构的任何层次我们都可使用该方法。在机箱级和部件级，该方法是自下而上估算的一部分。通过几个类比点，它可逐渐发展成参数分析。

最常用的技术是选取一个已知的成本和设计点，外推到我们想要估算的新分系统或系统的尺寸、重量、功率和性能的细节。然后我们将这些相关的变化转换成可应用于成本的因素。这种方法只有当我们有合适的类比数据的一个或多个点，同时具有专家的知识时，其结果才可能非常准确。有时组织将“继承性”宣布为新任务具有某个估算成本的原因。表面上这似乎非常棒——直到新任项目经理开始体会继承性断言的负面影响。除非两个系统几乎是相同的，否则继承性很难被理解成工程成果，并且如果原来的继承系统已经陈旧，那么新项目将失去继承的好处，因为要用新的零部件替换技术过时的元器件和单板级部件。第 10 章讨论了继承性的一些细节。在两者中的任一种情况下，类比的影响都有所减弱。毋庸置疑，成本估算的准确性也随之下降。

11.3.2　参数成本法

参数估算是估算的一大类型，是项目开始时使用的最普遍的方法。由于不可能进行准确的预测，所以成本估算机构在很大程度上是基于历史成本数据来建立参数关系的，对未建系统的成本进行以统计为基础的有根据的推测。有用的方法是收集尽可能多的具有成本和相关性能参数的类比数据点。然后我们利用几种回归技术中的一种创建一个称为成本估算关系的公式，这种回归技术将成本与一个或多个性能参数相关联。

成本估算关系的典型形式为

$$\text{成本}=a+bM^{c}P^{d}$$

式中 M——系统质量；

P——系统功率；

a，b，c，d——由统计分析推导出的常数。

图 11－11 中是基于历史成本数据的典型成本估算关系。图中与数据最匹配的曲线呈现随成本驱动因素增长而增长的引人注意的特点。例如，假设成本驱动因素表示一个关键的物理或性能参数，如重量或功率，那么，随着重量或功率的增长，成本估算也随之增长。这样，我们可利用该成本估算关系评估任何成本驱动因素数值的函数值，该公式还可估算具有同样特性的相似系统的成本。

然而成本估算关系也有一些不足之处。首先，虽然其函数形式是对数据进行跟踪，但它不能对任意点进行正确估算。每个数据点都与曲线偏离一些。第二，有些数据点低于曲线，有些则高出许多。因此，如果成本估算人员使用这个成本估算关系估算其中一个数据点的成本，那么他将得出错误的结果。

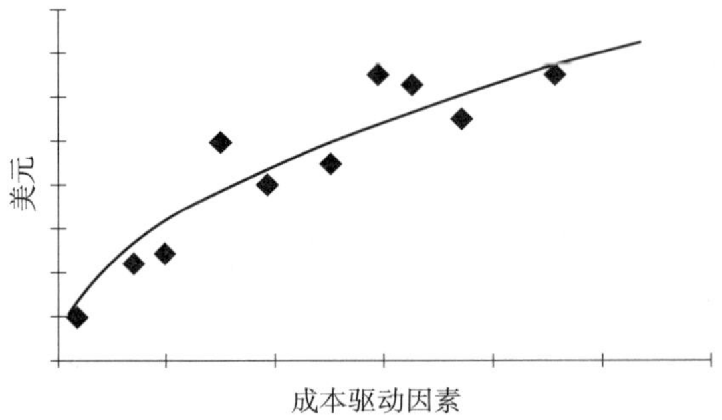

图 11－11 参数成本估算关系举例

对本成本估算关系，与数据最匹配的曲线随成本驱动因素的增加而增加，

所以，如果驱动因素是重量或功率，对任何相似系统的成本估算随重量和功率的增长而增长

我们还必须了解成本驱动因素的范围。我们有用于经常成本或生产成本，以及用于非经常成本或开发成本的成本估算关系。由于影响设计成本的情况非常宽泛，因此利用参数方程估算开发成本非常不确定。大多数政府成本估算代理机构和项目资源办公室投入大量预算，来扩展他们进行给定项目参数估算的能力。参数法涵盖了项目研究过程的各个阶段。参数模型的主要优点在于它是一种自上而下的方法：进行成本估算仅仅需要系统要求和顶层设计详细要求，我们不需要详细的硬件设计和研究计划来估算所选系统构型的成本。

参数化成本模型非常适用于权衡研究或用于权衡成本和性能的模型，以估算成本如何随系统要求和体系而变化。我们把这些模型用在从独立成本估算到工程权衡研究，再到不同的备选方案分析的所有地方。参数化成本模型支持研制计划编制、体系权衡研究、成本有效性研究，以及技术影响评估。参数化成本模型还用于评估成本与能力、衡量单独参数敏感度、反复验证承包方成本提案的项目研究。

但是参数化模型需要一些假设。因为这些模型设计用于以数学关系来描述历史的成本趋势，所以我们假设未来的成本将从某种程度上将反映这些历史趋势。每当我们预期发生重大的技术进步，或当系统体系的基础范式更改时，基于旧系统的参数化成本模型可能不再适用[13]。另外，成本估算关系常常需要未来系统设计的精确信息——即使尚未完成系统设计。成本估算关系很好地为成本估算代理机构所用，但是它们是使用历史成本数据子集的回归曲线。如果我们不能正确地使用成本估算关系，或者如果作出了错误的假设，那么它们可能会产生使人误解的结果。

项目成本是随机变量，我们不能以 100％的准确度预测。比起我们能够整合进一组成本估算关系的参数，更多的参数会影响成本，如承包商工程师和工艺师的技术水平、未预见的技术问题、所有相关承包商的业务基础、需求的变化情况、试验故障等。参数化成本模型尽可能多地结合说明历史成本趋势的参数，同时保持了统计的完整性。其他变量可能会引起一个估算误差，这个误差通常由分析人员利用基础数据计算“估算的标准差”（1σ 标准分布模型）来量化。这个概念对成本风险分析非常重要。

图 11－11 表明参数评估的质量取决于成本估算关系对数据点的吻合度。对吻合度的典型测量是决定系数 R^2。R^2 越接近 1，数据与成本就越相关。一些成本模型和成本分析人员倾向于使用自定义的数据点集，建立为被评估的系统、分系统或单机而优化的成本估算关系。我们把这种方法看做动态参数法，因为成本估算关系根据我们的选择为每次估计作出改变。它的值与类比法有些相似，因为我们根据对正在评估硬件的适应程度来选择一些数值点。

在接近这个方法的方式中，有一种只采取成本驱动因素值中接近被评估硬件的数据点。第二种需要删除除成本驱动因素参数之外的我们认为性质差异过大的数据点。第三种涉及去除数据组中的离群值。这些数据点选取的方法具有风险，因此我们必须知道什么时候分析人员采用了哪种方法。

11.3.3　工程建立法

具体的或自下而上的评估方法几乎专属于承包商，因为它依靠的信息来自在工作分解结构较低层工作的人员。在实施机构中的估算人员具有任务的经验、数据和对任务理解，进行成本评估。我们通常不了解引起估算的信息，但是当承包商使用这种方法编制成本提案时，我们的确得到了估算的基础。除了工程判断，估算基础可能还包含供应商报价和其他外部数据。

工程建立法可扩展到通过方案设计评审，在这一点上，我们可累积关于项目大部分的物资和人力成本的资料。我们运用第 14.2 节中讨论的挣值管理的实际成本、数据，以及项目完成时间的实际估算，应该能够准确地预测项目完工时的成本。

11.3.4　其他方法

德尔菲法（Delphi）依靠咨询领域专家获得他们对成本和成本分析人员能够将其转变成成本的其他参数的意见。例如，请专家估算软件项目预期的源代码行，有助于分析人员估算软件成本。在收集专家关于代码量的意见和专家关于难度、人员等的假设后，另一轮的意见征询使专家在审查了领域内其他专家的想法后达成一致意见。

根据实际信息进行推断，有时被称作趋势分析，通常适用于评估相同系统的后续建造。当项目经理预计各飞行器间没有大的设计更改时，它适用于系列航天器的制造。随着完成的航天器数量的增加，估算变得更加准确。我们可采用这种方法的例子包括由 DoD 管理的全球定位系统，或由哥达德航天飞行中心管理的空间网络跟踪与数据中继卫星星座。在这种估计方法的纯状态，我们可根据学习曲线（成本作为数量的函数而变化）进行估算，但将其扩展到包括产品购买之间的所有的成本可变性。

11.4 成本风险分析

关于成本估算最重要的事情是什么？不管估算质量如何，任何单点估计都具有不确定性。成本风险分析并不能改变这一事实，但是它确实为项目经理和管理提供了对不确定性概率的概念，使其对决策执行的好坏程度心中有数。有趣的是，成本风险分析还常常显示实现最可能值的概率低于 50%——这也是项目成本超支的原因。

我们必须理解这种概率较低的情况。因为经验显示，典型的项目经理会对它反应强烈，然后“调整”成本风险分析的设想。这样，分析就产生了一个更加舒服的数值，给他们以久违的“这才差不多”的感觉。

如果我们回到前面提到的飞行员的类比示例，这种举动就像飞行员直接飞入暴风雨中，因为他们相信他们比国家气象服务部门还了解天气情况。我们所有人——即使是项目经理——都不会乘坐做这样的飞行员驾驶的飞机，但不知什么原因，当我们面对关于项目的不舒服的信息时，我们的生存本能会减弱。了解技术风险和进度风险（以及某些情况下的机会）对成本的影响，使我们避免将轻微的成本超限变成主要问题。

11.4.1 概率分布描述

成本风险分析产生概率分布，成本作为自变量在图中用 x 轴表示，概率这时作为因变量在图中用 y 轴表示。分析人员通常以两种方法表示这种分布：概率密度函数（PDF）或累计密度函数（CDF），如图 11－12（a）和 11－12（b）所示。

对于累计密度函数，也被称为“S”曲线，y 轴的范围总是为 0～100%，即它覆盖了成本结果的整个范围，从不可能低于到不可能高于一个给定成本。换句话说，成本范围从 x_A 到 x_B ［见图 11－12（a）］——如 x 轴所示——是由累计密度函数分析预计的所有可能的项目成本。在大多数情况下，例如正态分布，“S”曲线具有无穷大的数值（该曲线是渐进的）。尽管这种曲线在数学上是正确的，但在实际中是不可能的。相反，我们将这种情况按照有限成本值（边界）进行处理，成本范围通常从较低端 1%或 10%的概率到较高端 90%或 99%的概率。

11.4.2 S 曲线计算：捷径法

我们有多种方法计算“S”曲线。最常用而且最耗时的是为工作分解结构中的每个要

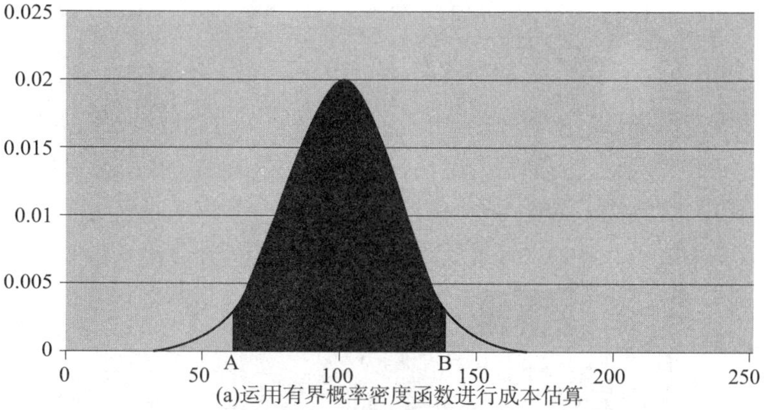

(a)运用有界概率密度函数进行成本估算

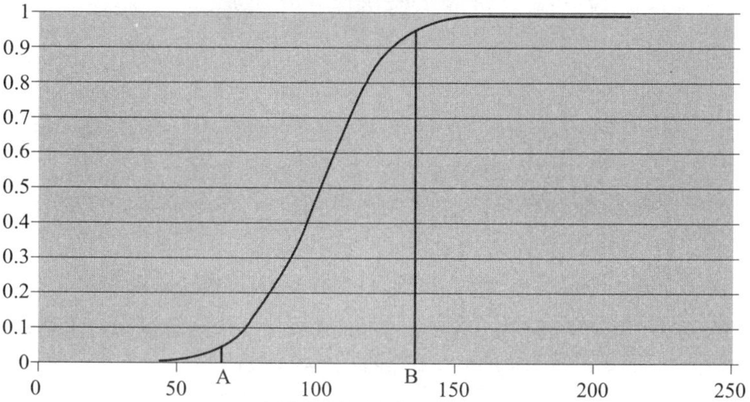

(b)运用有界累计密度函数进行成本估算

图 11－12　成本概率分布

图（a）中，x 轴表示成本，是自变量；y 轴表示概率，是因变量，两个参数帮助进行成本风险分析，这里最高（最密集）的概率是 1 亿美元。图（b）中，该函数在 y 轴表示的概率总是从 0～100％，所以它覆盖了成本估算结果的全部范围，从不可能低于一个值到不可能高于另一个值

素建立个体分布，然后从它们的分布中抽样形成总项目的“S”曲线。在讨论这种通常称为蒙特卡罗技术的方法以前，我们介绍几种捷径法中的一种。从项目经理的角度，对分析所做的假设比如何绘制曲线更重要。

时间和计算大大减少的一种备选方法只需要分析人员提供少量的输入[6]。首先是关于分布类型的假设。例如，假设我们认为项目遭受成本增加风险的可能性大于成本降低的机会。在这种情况下，我们假设分布偏向右侧，即成本偏高的一侧（见图 11－13），表示我们预期完成时将有更高的成本估算，如第 14.2 节所述。当然我们可以将曲线向左倾斜，表示我们预期成本降低的机会多于成本增加的风险。尽管这在数学上是可能的，但对大型空间任务项目很少出现。

我们通常会选择对数正态分布，历史数据可以证明这种方法的合理性。对于这种分布，我们仅需要曲线的两个统计参数与项目极其相符。第一个是平均值（整个范围的平均预期成本），第二个是方差。我们所选择的平均值应大于最可能的成本估算值，因为我们假设基本分布偏向于右侧。方差说明分布中不确定性（幅度）的大小，这取决于估算人员

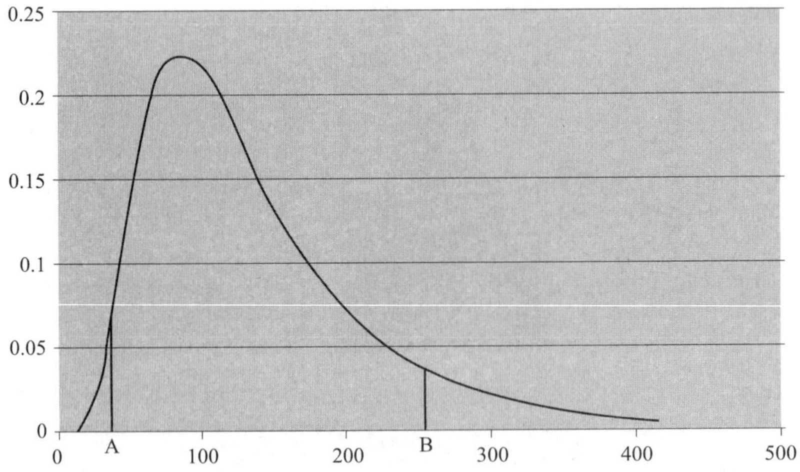

图 11－13　偏斜概率密度函数成本估算（高置信度/低风险）

该图表示一个项目的概率分布函数，该项目可能遇到的成本增长的风险高于成本减少的机会。对于这种情况，我们假设分布偏向右侧

对项目的了解程度。

对于可能决定最终结果的技术、进度和成本的事项，我们知道的越少，则需要假设的方差越大。多数人对方差的平方根，即 σ，比较熟悉。对于正态分布的情况，曲线平均值的 $\pm 1\sigma$ 表示 68%边界的所有可能结果。通过扩展边界到 $\pm 2\sigma$ 或 $\pm 3\sigma$ 来增强我们捕获项目固有预算风险的置信度：对于后者，平均值的范围是 99%的所有可能结果。

一方面，我们不想胡乱修改成本估算结果。另一方面，我们必须确信掌握产生结果的最准确的数据。那么我们如何知道划定合理置信度界限的地方呢？当平均值的 σ 比率（称为方差系数或 COV）为 10%到 15%时，我们可以预期成本风险分析给出了合理的不确定性。

例如，对一个期望值（平均值）为 1 亿美元的项目，1σ（图 11－12 中标为 x_A 和 x_B）应为±1 500 万美元。换另一种方法，该项目有 68%的机会估计最终成本为 8 500 万美元到 1.15 亿美元之间。对于具有重大技术和项目挑战，或有其他重要不确定性因素的项目，方差系数可能会高得多。40%的方差系数并非是不常见的。

11.4.3　S 曲线计算：蒙特卡罗法

当成本估算团队需要较高的置信度时，他们主要采用蒙特卡罗法。该方法运用一些在第 11.4.2 节中讨论过的思想，但对工作分解结构的每一项，它都需要独有的分布。对任何项目来说，该方法应该比选择一条曲线来符合整个项目要简单。

例如，工作分解结构中的一项可能是有很多历史定价的零件采购。在这种情况下，成本价值的整个范围分布呈矩形，成本价值与价牌偏离较小。分析项目级成本的数据来源于利用我们所知道的一切获得每个工作分解结构单元的成本估算数据。

蒙特卡罗分析的另外一个要求是确定工作分解结构单元之间的关联性。与第 11.4.2 节简单方法中选择总体分布方差类似，相关性需要分析人员描述工作分解结构中的各个单元在统计上如何与所有其他单元相联系。其结果是一个大的 $N \times N$ 矩阵，其中 N 是工作分解结构单元的数量。矩阵中的各个单元都包含一个从 −1 到 +1 的数，表示各个工作分解结构单元对。这个范围包含了所有关系，从逆相关（−1）到不相关（0），再到完全相关（+1）。最后一种情况被认为是"发生在这个工作分解结构单元上的任何情况也会发生在那个工作分解结构单元上"。尽管这个矩阵的建立似乎很难且很费时，但是它对获取整个项目"S"曲线的方差很重要。

一旦我们已经建立了相关性矩阵，我们用计算机程序，利用一个随机数据产生器在工作分解结构分布上进行抽样。其产生的结果是一个柱状图，由至少 1 000 个样本组成。从该柱状图中选取成本值和概率，然后我们可绘制出一个累积的"S"曲线，或由数据拟合的回归创建一个"S"曲线。

11.5　预算及可承担性分析

研发项目时，其主要目标是以可持续的、合理的方式来满足关键目的。项目可承担性——借用 DoD 的定义——"采办项目群的生命周期成本与长期投资和军力结构计划的一致性程度"[6]。实际上，项目可承担性相当于制定一个长期战略来满足关键目标，同时维持在分配的预留资金范围内。除了评定项目成本和进度，项目经理必须在年度成本约束预算内应用它们（见第 12 章）。

如果对评定可承担性是否有用有任何怀疑，我们仅需观察空间项目中成本与进度的增长是多么普遍。总审计局报告显示从 1977 年到 1991 年，与计划相比，成本增长了 77%，进度增长了 79%[11]。国会预算办公室关于 NASA 项目成本增长的分析显示成本与原预算总额相比增长了 52%[4]。图 11 - 14 展示了 NASA 近期科学项目的成本与进度增长情况[3]。

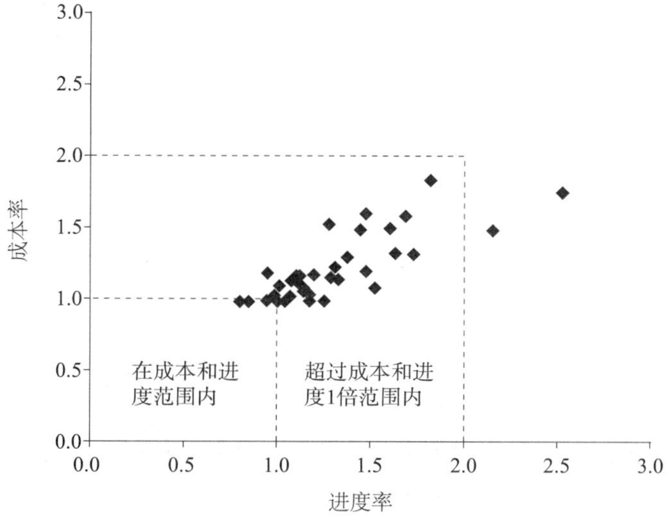

图 11 - 14　NASA 近期科学项目成本和进度增长

NASA 几乎所有的项目超过估计的成本和进度，这说明可承担性分析对项目经理多么重要为了评估可承担性，我们通过将项目成本分摊至项目整个研制计划，制定了一个逐年的项目预算，其中一个重要的考虑因素是以通货膨胀为代表的资金的时间价值。为了保持一致性，我们通常以年度美元币值计算（有时称为财政年度美元币值）估算生命周期成本。如果管理者需要按年度提供项目资金，分析人员应当首先以定值美元按年分摊成本，然后通过对每年的提供资金乘以一个适当的通货膨胀系数，将其转化成真实的或当时的美元价格。通货膨胀系数由国防部长办公室、NASA，以及其他政府代理机构发布。

除非另有限制，最初的提供资金轮廓以尽早完成项目目标为目的，但是如果不符合提供资金的限制，可能不切实际。我们可以收到资金包络或需要由成本估算和研制时间导出。为了分摊成本，分析人员经常使用贝塔函数，该函数依靠系数来确定预期随时间的投入成本。在项目开始的几年——设计、研制和试验期间，成本通常很高。一般来说，到进度计划中期会产生60％的成本。

然后我们能够根据与预期提供资金包络的重合情况来确定该项目的可承担性。如果项目最初成本情况超出了提供的资金水平，那么我们可以推迟中期里程碑来缓解预算压力。图11－15表示我们可以如何进行顶层可承担性评估。当需要的年度预算超出了可用资金时，研制或生产过程的效率可能变低。反馈在可承担性评定和第11.4节讨论的成本风险分析之间反复进行。

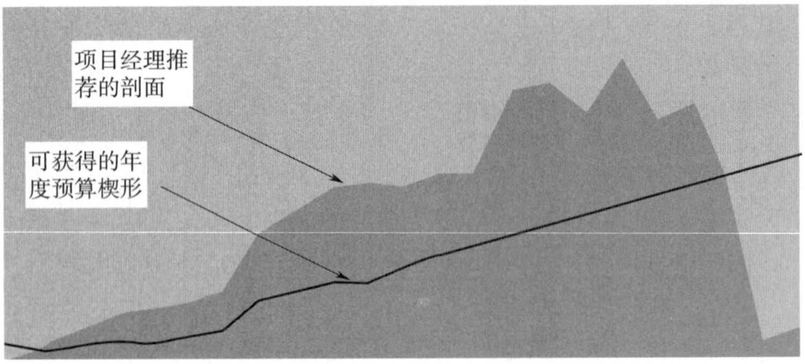

图11－15　可获得的年度预算楔形

如果项目最初的成本轮廓超出提供资金水平，我们可推迟中期里程碑以缓解预算压力

11.6　示例及成本数据范围

为演示本章所介绍的一些观点，我们以沃茨和拉森[13]的火灾卫星的一部分为例进行说明。他们的示例建立了几个基本规则和假设：

1）最初有效载荷：由飞马座火箭发射至150 km轨道的两颗卫星；

2）工作分解结构：空间、发射和地面段；

3）空间要素：两个带有红外敏感器有效载荷的卫星；

4）发射段：两枚运载火箭；

5）地面段：一个地面控制站。

为简洁起见，该示例主要关注空间飞行器的成本：仅包括平台和有效载荷、表 11－2 收集了所有需要的数据[2]。重量、寿命初期功率、敏感器光圈直径，以及其他技术特性是用于估算的关键参数。

表 11－2　参数成本估算关系及标准误差①

成本组件	参数，X（单位）	输入数据范围	理论首件（TFU）成本估算关系②（FY00＄K）	标准差（SE）/％
1　有效载荷				
1.1　红外敏感器	光圈直径（m）	0.2～1.2	$142\ 742X^{0.562}$	21 424③
1.2　可见光敏感器	光圈直径（m）	0.2～1.2	$514\ 692X^{0.562}$	7 734③
1.3　通信	通信分系统质量（kg）	65～395	140X	43
2　航天器	航天器干质量（kg）	154～1389	43X	36
2.1　结构	结构质量（kg）	54～560	13.1X	39
2.2　热	热质量（kg）	3～87	$50.6X^{0.707}$	61
2.3　电源系统（EPS）	电源系统质量（kg）	31～573	$112X^{0.763}$	44
2.4　遥测、跟踪和控制/数据管理（TT&C）/DH④	遥测、跟踪和控制/数据管理质量（kg）	13～79	$635X^{0.568}$	41
2.5　姿态确定和控制系统（ADCS）	姿态确定和控制系统质量（kg）	20～192	$293X^{0.777}$	34
2.6　远地点火箭发动机（AKM）	远地点火箭发动机质量（kg）	81～966	$4.97X^{0.823}$	20
3　总装、部装和试验（IA&T）	航天器平台质量有效载荷质量（kg）	155～1 390	10.4X	44
4　项目级	航天器和有效载荷续生总成本（FY00＄K）	15 929～1 148 084	0.341X	39
5　地面支持设备	不适用			
6　发射和轨道运行与支持（LOOS）	航天器平台和有效载荷质量（kg）	348～1 537	4.9X	42

①该表包括估算火灾卫星平台和有效载荷成本所需要的所有数据；

②摘自［12］，使用最小无偏百分误差的成本估算关系；

③绝对误差（FY005K），非百分误差；

④包含航天器计算机，如果遥测、跟踪和控制和数据管理要求分开的成本估算关系，则用 0.45/0.55 拆分。

图 11－16 显示出这个简略的工作分解结构的成本结果。总生产成本包括两个卫星的总量，以 2000 财政年度美元值表示大约为 1.95 亿美元。我们可根据以下因素判断这个总量：

1）用于成本估算关系的参数质量；

2）所用成本模型 USCM7 的优势；

3）生产型卫星制造的进度和技术风险；

4）成本风险分析可获取以上三方面的信息。

		第 1 个组件成本	第 2 个组件成本
1.0　有效载荷			
1.1　红外敏感器 168	光圈直径＝0.263 m	$　67 386	$　60 647
2.0 卫星平台			
2.1 结构	质量＝32.0 kg	$　419	$　377
2.2 热	质量＝6.8 kg	$　197	$　177
2.3 电源系统	质量＝45.7 kg	$　2 067	$　1 860
2.4 遥测跟踪控制和数据管理	质量＝6.8 kg	$　1 894	$　1 705
2.5 姿态确定和控制系统	质量＝18.3 kg	$　2 799	$　2 519
2.6 推进	不适用		
卫星平台总成本		$　7 376	$　6 638
3. 总装和试验		$　1 456	$　1 310
4. 项目群级（包括 LOOS）		$　26 180	$　23 561
		$　102 398	$　92 156
生产总成本		$　194 554	

图 11－16　火灾卫星的生产成本，以 2000 财政年度千美元值表示

该图示出两个火灾卫星基于表 11－2 的成本估算关系的估算生产总成本

我们通过选择两组方差来评定火灾卫星的风险。第一组选自表 11　2 的标准差。第二组需要选用概率分布来获得进度计划和技术参数的不确定性。概率分布并未给出，但是通常成本最高的项目（红外敏感器）具有最大的风险[13]。将这些数值插入蒙特卡罗程序，利用相互关系形成一个含有 5 000 个样本的柱状图，如图 11－17 所示。

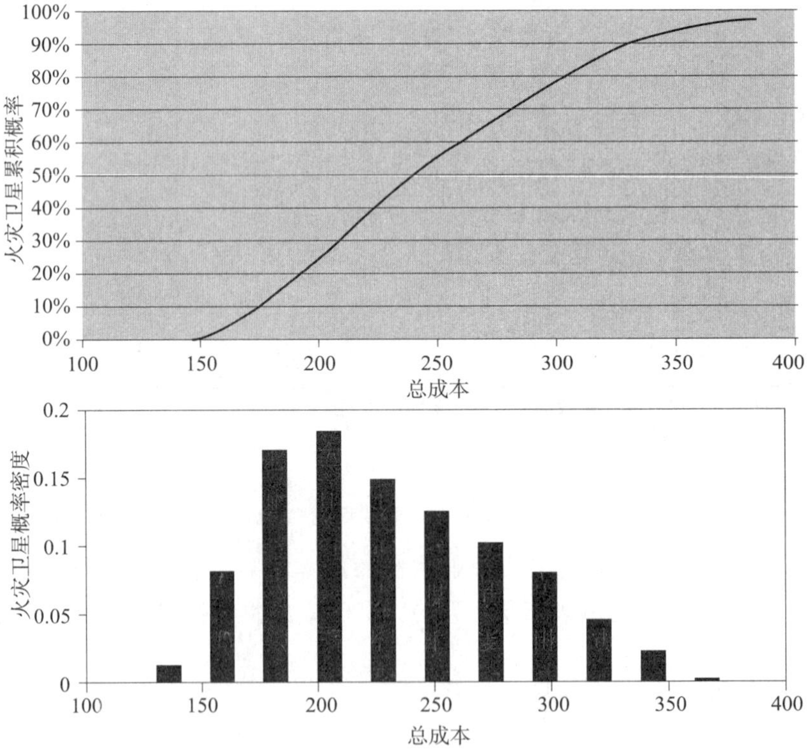

图 11－17　火灾卫星总成本的概率函数

这些概率密度函数说明火灾卫星超出最初成本估算值的可能性很大，在预算内的概率只有 20％

图 11－17 中的风险偏向右侧——也就是说，超出生产成本估算限度的概率较高。实际上，实现估算值的概率稍高于 20％。这种情况很普遍，所以我们应准备好处理这种情况。右侧的概率密度函数显示成本为 2.15 亿美元的概率最大，所以火灾卫星项目经理应计划 3 000 万美元的储备金，从而具有 50/50 的机会满足最终的预算。

11.7　小结

本章为项目经理介绍了进行生命周期成本估算的基本原理。我们给出了如何运用多种方法进行贯穿生命周期的成本估算，以及成本估算需要注意和容易出错的地方。一旦我们有了成本估算，就必须用成本风险的内容加以解释，从而了解不确定因素。最后，我们将成本估算转化成预算估算，并与年度预算相比较，从而确定是否能够承担该项目。

参考文献

[1] Apgar, Henry, David A. Bearden, and Robert Wong. 1999. "Cost Modeling." Chapter 20 in Space Mission Analysis and Design, 3d edition, ed. James R. Wertz and Wiley J. Larson. El Segundo, CA: Microcosm Press and Dordrecht, Holland; Kluwer Academic Publishers.

[2] Bearden, David A. Winter 2000/2001. "Small - Satellite Costs," Crosslink Magazine 2 (1): 33 - 44. The Aerospace Corporation.

[3] Bitten, Report E. et al. 30 Jan - 1 Feb 2005. "An Integrated Architecture Design/Cost/Scheduling Approach for Future Space Program Affordability." 1st Space Exploration Conference, Orlando, FL.

[4] Bitten, Report E. et al. 24 - 26 September 2003. "The Effect of Schedule Constraints on the Success of Planetary Missions." ESA SP 542, Fifth IAA International Conference on Low - Cost Planetary Missions, Noordwijk, The Netherlands.

[5] Bitten, Report E. et al. July 2007. "Using Historical NASA Cost and Schedule Growth to Set Future Program and Project Reserve Guidelines." 2007 NASA Cost Analysis Symposium, Denver, CO.

[6] Department of Defense (DoD) . 5 April 2002. "Regulation Guidance 5000. 2 - R: Mandatory Procedures for Major Defense Acquisition Programs (MDAPs) and Major Automated Information System (MAIS) Acquisition Programs." Washington, DC: Office of the Secretary of Defense.

[7] DoD. May 2003. Report of the Defense Science Board/ Air Force Scientific Advisory Board Joint Task Force on Acquisition of National Security Space Programs. Fort Belvoir, VA: Defense Technical Information Center. Available at URL. http: //www. acq. osd. mil/dsb/reports/space. pdf.

[8] DoD. May 2004. "GAO - 04 - 062: Lack of Disciplined Cost - Estimating Processes Hinders Program Management Processes." Washington, DC: GAO. Available at URL http: //www. gao. gov/newsitems/d04642. pdf.

[9] DoD. 16 August 2006. DoDD 5000. 4 — Cost Analysis Improvement Group. URL: http: //www. js. pentagon. mil/whs/directives/corres/pdf/500004p. pdf.

[10] DoD. 14 November 2006. Selected Acquisition Reports (SAR) . DoD (OUSD (AT&L) ARA/AM. Available at URL http: //www. acq. osd. mil/ara/am/sar/.

[11] General Accounting Office (GAO) . December 1992. "GAO/NSAID - 93 - 97: Space Missions Require Substantially More Funding Than Initially Estimated." Washington, DC: GAO. Available at URL. http: //www. aiaa. org/contet. cfm? pageid=406&Table=Paper&gID=29133.

[12] Nguyen, P. , N. Lozzi et al. August 1994. Unmanned Space Vehicle Cost Model. 7th edition. Los Angeles, CA: Space and Missile Systems Center.

[13] Wertz, James R. and Wiley Larson. 1996. Reducing Space Mission Cost. El Segundo, CA: Microcosm Press and Dordrecht, Holland: Kluwer Academic Publishers.

第 12 章　预算及预算策略

安德鲁·J·亨特（Andrew J. Hunter）
NASA
亚历克·M·鲁滨逊（Alec M. Robinson）
美国空军
迈克尔·盖特莱因（Michael Guetlein）
美国空军

货币支配我们大部分的日常生活，对项目也是如此。项目经理需要资金来运行项目，并向最终用户交付合格产品。即使是最好的计划，如果没有资金的支持也是没有用的。本章介绍了如何指导编制预算过程，并提出了项目所需要的资源。

“底线”是什么？即按进度和预算要求交付满足需要的产品，并具有足够的把握和余量经受住不可避免的意外。合适数目的资金对成功是关键的。随着预算在整个管理链条中的进行，预算可能显现与我们所预想的不同的活力，并被重新理解为适应其他需求。预算可能会遭遇上层的政策和政界交易——在计划、总部、总统办事机构以及国会一级。对预算过程不警觉、不熟悉的项目经理有成为其牺牲品的风险。当预算审批回来时，它与项目最初提出的要求可能完全不同。然而我们已进入执行的阶段，并且还要利用最初的预算！

当预算编制结束时，我们发现这已经不是“我的预算”了，而是属于效率非常低的所谓“民主”。事实上，我们的民主制度故意设计成低效率。它的目的不是使项目经理成功，而是保护自由和自主，拒绝任何研究机构或个人过度控制。因此制定和遵守可信的预算比火箭科学要难。基于火箭科学和物理学的结果是高度可预见的，而联邦预算编制领域的可预见性要低得多。

这不意味着我们应当认输。我们必须了解这个过程，并识别允许项目经理提出必需资源的决策点。

本章开头介绍了一般预算编制过程的一些背景信息。这对我们开始制定并执行预算必不可少。后面的章节介绍计划编制、策划、预算编制和执行过程的具体内容，我们把这些内容合在一起，称之为预算策略，然后编制和执行预算（见表 12－1）。

本章的末尾介绍如何协调我们所需要的资源，以及时间如何影响预算过程。贯穿于本章出现的例子虽然来自 NASA 和 DoD 空间项目，但其基本原理和一般程序适用于任何政府的空间项目。

本章对 DoD 和 NASA 之间的预算术语和动态性进行了一般的描述。两个机构的预算过程相似，但是由于组织形式不同，因此 DoD 使用的一些步骤在 NASA 并不适用。本文尽可能使用通用术语，在术语不同的地方加以标记。以术语赞助者（sponsor）为例，在DoD，它表示用户或重要领导者，在NASA是指任务董事会，在美国空军是指空军太空司令部（AFSPC）。

表12－1　预算编制过程①

步骤	过程	讨论所在章节
1	了解预算全过程的内容	第12.1节
2	了解策划、计划、预算编制和执行（PPBE）过程	第12.2节
3	制定预算策略 a. 策划阶段 b. 编制计划阶段	第12.3节
4	项目预算编制	第12.4节和第11章
5	关于项目预算的主张 a. 主张赞助方成为利益相关方 b. 支持总部计划、预算审议和向管理和预算办公室提交 c. 总统预算的最终审查和提交 d. 对国会的建议：国会审查，修订和通过	第12.5节和第5章
6	执行项目预算	第12.6节
7	时滞对策划的影响——运行计划重新编制和持续性决议	第12.7节

①该程序可能看似线性，但它实际是迭代的，因为预算在项目生命周期不断变化。

12.1　了解关于预算寿命期的一些实际情况

资金拨付的稳定性对计划的成功实现非常重要，但是这很难实现。项目经理花费大量时间试图实现它，但是计划管理和预算编制过程不断地对资金的稳定性提出挑战。联邦预算过程更加关注近期。国会每年进行一次拨款，对他们标记的（有变动的）预算的更改非常仔细和谨慎。另一方面，管理和预算办公室（OMB）关注预算年及未来五年的预算情况，被称作“偏差”。它的主要工作是协助总统制定联邦预算和监督行政部门机构的管理。在这点上，管理和预算办公室对机构计划、政策和规程的有效性进行评估，对有竞争力的资金拨付要求进行评定，并确定资金拨付优先级。

同时，行政管理机构具有优先的支配权。基于空间研发项目的项目经理在保证一般项目5～10年生命周期的资金流稳定方面，面临着极大的挑战。对于一个其5年预算被机构或管理和预算办公室调整过的项目来说，通过国会拨款每年一次将其要回，并不少见。下面是我们必须接受的充分利用预算过程的一些现实，而不是让它搅乱我们的项目。

1）所有主要问题围绕资金考虑——在联邦政府中，预算会引发争论。它是将策略和政策付诸实践的过程。预算过程每年都变得更加具有挑战性。政府用了近两年的时间确定了一组一年期估算。尽管如此，国会很少在涉及的年度到来前批准预算。我们总是争取打平手，努力避免削弱预算稳定性的调整。预算过程，如何以及何时干预是很重要的。

2）掌握时机是一切——任何时候，预算编制四个阶段中各个阶段的某些情况同时发生。项目群办公室正致力于：编制未来预算；证明预算提案的合理性；执行合理经费；评估项目群的实施。来自项目、专业研究机构、总部机构、总统办事机构和国会委员会的各级利益相关方也参与。我们必须总是注意哪个利益相关方掌握各阶段的哪些信息。这样，我们就知道什么时候提出某些资料，哪些信息我们可以交流。

3）变化不断发生——一方面处理每天的突发变化，另一方面解决超出我们控制并对资源造成影响的压力。承包商的人工工资率可能会因为削减商业基础而增加，另一个项目的问题可能会要求重新分配本项目的资金，机构或议会的重点改变可能彻底更改项目计划。例如，2004 年 1 月，总统委托 NASA 建立一个项目群，使人类在月球上可以持续生存，以此作为火星探测的跳板。这对 NASA 如何调整其重点具有深远的影响。在国家层面，反恐战争已经对不可任意支配的费用造成压力，NASA 是其中之一。NASA 不得不在可用资金范围内重新调整重点。反恐战争还改变了防御重点，对一些防御计划造成了影响。我们必须注意这种情况。它甚至影响到了最高的计划。

4）这不是“我们”的预算——当我们看到资源似乎毫无理由地被重新调整或项目被取消时，可能感觉很失望。人们如何对待预算，取决于他们所处的位置和关注的阶段。一个层级的要求仅仅是下一层级的请求。随着一项预算请求的提出，其他力量和参与者开始影响资源的分配。当总统向议会提交一份预算时，议会将其视为一份请求，绝不是一定要付的款项。

5）预算过程最终都与政治有关——需求总是比资源能够满足的需求多。预算就是我们如何对缺乏的资源进行分配。这将产生赢家和输家。项目经理的每一个行动都将被大量关注他或她的人所预测。我们所骄傲的领域可能会被新闻界选中，继而大肆贬损。如果项目处于大的政治斗争中，那么事实可能几乎没有关联性。

矛盾的一个原因是，如果没有按希望进行，人们趋于不接受下一层级的决定。一旦总统预算提交议会，管理和预算办公室发布 A－11 声明，代理组织将以执行部门同样的立场进行争取。在 DoD 和 NASA 内部，针对取消某一特定项目的决定进行激烈而有益的争论。然而一旦预算提交给管理和预算办公室，则成为代理组织的立场，所有各方都被认为应该围绕在其周围。如果管理和预算办公室对代理组织认为非常重要的项目重新调整，减少资金，或者进行其他更改，组织必须像提交时一样，继续争取保住预算请求。

在现实中，人们和政府机构不总按规则办事，有些个人试图将事情揽入自己手中而跨过组织渠道。对于项目被取消，或者更糟的，将预算减小到取得成功几乎不可能的程度的项目经理表示同情是很自然的，但以更大目标为代价的狭隘观点可能是毁坏性的。我们必须了解项目如何满足组织的目标。资源是有限的，所以对一个项目增加投入，基本上就等于减少另一个项目的投入。善意的几方干预通过重新安排拨款的优先级来自行调整。这可能会造成贯穿代理组织的预算的波动，导致进一步的效率低下，并将更多的项目置于危险当中。

1）预算永远不会结束——预算过程年复一年地持续进行，从来没有真正的结束。当一个阶段或周期结束时，我们出仓，同时明确如何影响对下一周期。预算编制机构里的一个笑话是，决策永远不是最终的。从宏观来说，这是事实，周期循环是永久性的。

图 12－1 以图表的形式说明了四个同时进行的预算程序，以及最多四个不同的预算周期总是同时进行的情况。依据这些信息，项目经理就具有了有助于编制预算过程计划的预算日程表。

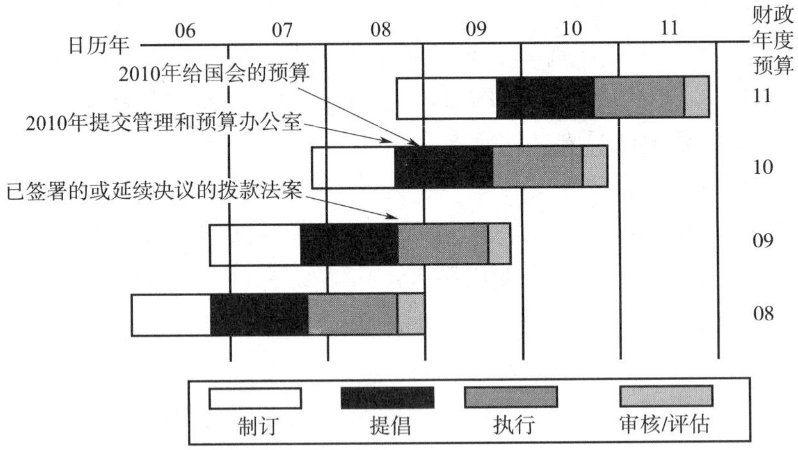

图 12－1　预算过程的 4 个阶段

每财年以 12 个月为一周期，起始于 10 月 1 日

项目经理是这个过程的关键，不应只是站在那里，看着一切发生。那些懂得何时出手，和传递他们来之不易信任的人可能会更有效。

12.2　了解策划、计划、预算编制和执行过程

图 12－1 中的四个阶段描述了大多数联邦政府预算的管理过程。DoD 和 NASA 按照策划、计划、预算编制和执行（PPBE）过程来管理他们的预算。这个动态的循环过程将策略和政策融入实施方针。它综合考量优先级、战略结果和资源限制，使高层管理层可以在制定详细预算之前作出权衡。

策划包括确定和评价各种策略，分析变化的条件和趋势，以及进行风险、技术与经济评估。这与分析理解当前选择的远期影响相一致。简而言之，该阶段决定要求。计划包括确定和分析各种方案、支持系统及其多年的资源涵盖，并评估多种权衡方案。该阶段根据组织优先级意向，在项目群间平衡和整合资源。预算编制包括制定和证明机构预算的正确性，执行包括预算的执行和管控。对于 DoD 而言，计划和预算编制阶段同时进行，并相互促进。目标在于：1）说服机构、部门领导层和国会提供必要的资源；2）依法使用资源。策划、计划、预算编制和执行主要是 DoD 的内部管理系统，但它已成为国会和其他执行部门进行专业管理的主要组成部分。

策划、计划、预算编制和执行过程在 NASA 制定一年期预算，在 DoD 建立两年期预算。后者可以让 DoD 利用非预算年集中精力执行和评估项目的表现。这个过程还建立一

个五年至七年的计划。国会实际上不会向 DoD 提供两年的拨款。DoD 必须提交修改后的第二年预算调整，国会才会为第二年拨款。在非预算年，他们使用一个剪裁后的过程，只需给出适当的预算修正。在 DoD 和 NASA，一个项目的资金拨付周期大约开始于项目需要资金的财年（当年 10 月至次年九月）的前两年。在 DoD，我们在十月至十二月间准备预算申请并向项目资助者提交。如果资助者同意，他们会将预算申请涵盖在他们的提交材料中，在大约来年四月向总部提交。总部工作人员仔细考虑他们收到的多个资助者的预算提交材料，在该年八月向国防部长办公室（OSD）提交所选出的项目。

国防部长办公室每年进行计划和预算审议，制定其预算，并在一月份的第一周提交管理和预算办公室。管理和预算办公室整理所有机构的预算申请，建立总统预算申请，法律规定由白宫将此申请在二月份的第一个星期二向国会提交。国会经过充分评析后批准预算，项目将在十月份收到项目资金，此时距离我们最初的项目级别的预算申请整整两个财政年。

策划、计划、预算编制和执行系统让决策制定者检查和分析决策时考虑这些因素，如威胁、政治与经济气候、技术发展和资源的可获得性。策划、计划、预算编制和执行中的这些过程是基于由国家战略目标得出的目标、政策、优先级和策略。表 12－2 总结了一个空间项目在这个过程中的主要阶段，其中大多数超出我们的办公室范围，我们分析结果，预测它们的机遇和挑战。我们对预算过程中的几项活动负有责任。成功的项目经理们会参与并准备应对可能的结果。下面的部分将介绍策划、计划、预算编制和执行系统如何运行和如何参与。这将使我们能够阐明预算提交，支持总部和管理和预算办公室的计划和预算审议，并为后续阶段做好准备。

读者可能不熟悉表 12－2 中的一些术语，现在对其定义如下：

1）标记——针对一个预算的一个变更；

2）撤销——预算或建立预算的法律的撤销；

3）留置——未说明资金分配的接受者，或有些情况下未说明资金使用目的的，用于特定活动、账户或计划的拨款的一部分；

4）界定——将资金与部门预算内部的其他账户分开，以避免资金遭受未授权重组或全面削减；

5）自上而下的账单——从一个批准的预算中移走的资金，用于更通用的用途，通常称作“税额。”

表 12－2　项目经理在策划、计划、预算编制和执行过程中的角色[①]

策划、计划、预算编制和执行过程阶段	项目经理的视野	项目经理的行动
1. 策划：预采办研究和风险减低运作	· 任务分析用于识别需要物质解决方案的缺口 · 系统研究和风险减低运作 · 国防部长办公室/NASA 战略计划编制指南，联合程序制定指南和国防财政指南	· 向采办系统阐明项目群的需求 · 建立并向项目赞助者提交初始项目群计划和预算 · 探究物质替代方案
2. 计划：向项目赞助者提交项目预算	· 参谋长联席会议主席（CJCS）项目群建议 · 战斗指挥官综合优先级列表 · 服务策划、计划和预算指南	· 为项目赞助者准备项目成本估计和预算提交物 · 向项目赞助者阐明并推荐预算

续表

策划、计划、预算编制和执行过程阶段	项目经理的视野	项目经理的行动
3. 计划和预算编制：向国防部长办公室提交政府部门计划和预算	· 项目赞助者向政府部门总部提交预算 · 政府部门计划决策 · 政府部门预算决策 · 政府部门总部向国防部长办公室提交预算	· 向项目赞助者提供所需项目的各种方案 · 向项目赞助者和采办系统提供政府部门决策的影响评估 · 制定以与政府部门预算一致的幅度（可能的修改） · 争取保住提交物的席位
4. 计划和预算编制：国防部长办公室计划与预算评审，向总统预算提交	· 参谋长联席会议主席计划评定 · 计划分析与评估（PA&E）审议 · 国防部长办公室项目审议 · 国防部长办公室预算评审 · 国防部长办公室/NASA 向管理和预算办公室提交 · 管理和预算办公室的反馈（即：结果）	· 向项目赞助者和采购系统提供草案或最终的国防部长办公室计划和预算决策的影响评估 · 评估草案或国防部长办公室计划和预算决策的影响 · 改善项目计划，与 DoD 预算一致 · 争取保住提交物的席位
5. 预算编制：总统预算的最终审议和提交	· 总统向国会提交预算	· 向项目赞助者提供预算辩解材料［研究、开发、测试和评价预算条款辩解单（研究文件），采购预算条款及辩解单（采购文件）］、NASA 综合预算和业绩文件，以求纳入到总统预算中 · 改善项目群计划，与总统预算一致 · 协助质询
6. 预算编制：国会审议、修改及通过	· 预算人员简报 · 委员会标记 · 大会标记 · 国会界定、留置和撤销	· 支持预算人员简报，协助质询 · 协助政府部门制定对国会标记的新要求 · 向项目赞助者和采购系统提供标记、报告、界定与撤销的评定 · 改善项目计划，与通过的预算一致
7. 执行：预算分配	· 国防部长办公室扣款 · 政府部门“自上而下的账单”	· 向项目赞助者和采购系统提供扣款或账单的影响评定 · 改善项目计划，与预算当局一致

①项目经理在这个过程中任务繁多。下面这些例子是 DoD 的项目，但类似的视野和行动适用于所有的空间项目。

12.3　形成预算策略：策划阶段

在策划阶段，NASA 和 DoD 分析相关情况、趋势、挑战和技术，对其他策略进行考核，以适应这些变化和情况。对于 NASA，这一阶段以形成战略计划指南（SPG）而告终；对于政府部门和国防机构，以形成战略计划指南以及最初的审计员财政指南而告终。这一战略计划指南对 DoD 的计划目标备忘录以及 NASA 的计划分析和合作文件给予计划编制设想和指导。它成为后续预算审议中众多讨论的基础。

项目经理对策划阶段的作用有限，策划阶段在预采购阶段之前。此时，用户确定能力方面的差距，寻求填补差距的正式的需求提案，并探索如何填补这些差距。我们既可以利用非物质的解决方案（如改变观念和训练），也可以通过物质的解决方案（修改现有系统或开发新的系统）来填补差距。我们的任务是努力进入采购过程。

策划的重点是：

1）确定国家军用或民用空间战略，以支持今后 2～7 年的国家目标；

2）策划项目群来实现那些战略；

3）确保我们有必要的框架实现资源的有效管理；

4）策划和协商目的，适时修正。

12.3.1 项目经理的取胜策略

所有策划和资金拨付的决策经过几层过滤：战略相关性、机构可信性、研发状态、成本影响，以及应对资源短缺的内部调整能力。我们需要知道如果出现问题，项目将如何进展。对于在建项目，不投入新的资金帮助它脱离困境并做出选择比只去申请更多的费用被认为更加审慎。我们必须准备回答更高层决策者提出的如下类型的问题：

1）项目的战略相关性大吗？有其他方案吗？对于 NASA 而言，开发新的航天运输系统将人类送至月球、登上火星是最优先的项目。DoD 认为导弹预警对于国家防御至关重要，决定因其战略相关性建立下一代的天基红外系统卫星。对高层需求或相关战略目标至关重要的项目往往获得优势。我们需要知道我们的项目对这些目标是至关重要、有所偏离还是毫不相关。

2）项目对于组织的信誉是否关键？NASA 的信誉与在某个日期将人类送上月球、坚持其战略规划、遵从对国际空间站的国际合作伙伴的承诺相联系。类似的信誉问题适用于所有的空间项目。

3）项目处于哪个阶段？是处于实施阶段、策划阶段、论证阶段，还是前期技术阶段？在两个项目间做出选择时，“更加贴近实际”并且拥有更高战略重要性的项目往往能够获得青睐。那些正处在生命周期中的项目比处在前期策划或技术开发阶段的项目更有优势。这就是技术项目显得非常脆弱的原因，尽管它们能为未来的创新和成本降低播下种子。进一步的优先排序可能包含目前的技术性能以及产品、成本和到目前为止的进度实现。成功的可能性以及效率也是一个因素。项目是否有效地使用资金、致力于优先级活动？或者项目是否仅仅建立了一个大的、几乎没有价值增加的项目组织？

4）延期的成本是什么？项目资源流失如何影响项目？我们能否使用储备金轻松恢复？

5）在什么程度我们能够解决资金短缺？通常，项目应当通过技术与进度变通的结合、储备金的使用、过程的改进、减少内容，以及重新安排优先级来解决资金短缺困难。如果这一切都不奏效，解决问题的领导层顺序是：项目群经理，总部，行政主管和（最终采用的策略）总统办事机构。

在领导层顺序中，我们走得越高，获得更多资金的可能性就越小，因此最好在尽可能低的层面将问题解决。如果走到较高层，我们必须解释机构应当放弃的其他优先级是什么。从长远来看，管理和预算办公室可能有自由度分配更多的资金，但在财政年度内，资金都是来自其他项目计划。一个机构从管理和预算办公室获得更多资金的情况极其少见，应当自己解决问题。

12.3.2　制定预算策略：计划阶段

计划阶段将策划决策、计划指南以及总统和国会的指南转化为覆盖每个机构内部的详细资源分配，其结果是预算编制阶段的基础，也是总统在二月份提交给国会预算的基础。原则上计划阶段包括4个主要步骤：

1）发布指南（参见表12-2）。

2）计划遵照指南研究预算提交的细节。

3）在NASA，计划为计划分析和合作（PAA）文件提交输入信息。DoD在偶数年形成并提交计划目标备忘录（POM），在奇数年形成并提交计划变更提案（PCP）。

4）NASA的计划分析和评估人员评审计划分析和合作文件；参谋联席会议和国防部长办公室审议团队并行评审计划目标备忘录和计划变更提案。

计划决策备忘录记录评审结果。这一阶段确定并分析项目群和项目及其多年的资源需求。计划阶段还会评估可能的其他方案，包括各自的风险评定。计划阶段根据优先级在多个计划之间平衡和整合资源。

项目经理的取胜策略——赞助者在计划阶段对审议项目提出的资源策略和所有其他预算提交申请。他们完全接受这些预算或者作出调整，以使计划目标备忘录或计划分析和合作文件中他们的部分符合分配的预算。他们可能要求项目经理给出关于项目或者申请资金潜在变化的输入信息。然后总部将仔细考虑所有提交物，建立它的预算立场。此时我们的角色是帮助项目进入最终预算并在随后的多次审议中争取保住位置。

现在我们的角色转换为对赞助者和政府部门总部有所反应。赞助者可能会要求另外的预算报告，在效力、数量或交货进度方面不同于最初的项目。在这种情况下，我们必须制定一份修订的项目策划和预算报告。我们可能要说明预算申请的修改，并回答进度或预算的改变任何对项目产生影响方面的问题（我们应当始终了解进度的变化或者削减10%，20%或50%预算的影响）。

通常项目经理只有很短的时间准备这份另外的预算报告，因此新的预算报告并不会像原始报告一样详细。但是我们必须确保如果另外的报告得以通过，我们可以按计划的进度执行项目。我们还必须在新的报告中清楚地说明陷入需求短缺时的不确定性和风险，并说明这种短缺如何影响利益相关方。我们必须使赞助者胜任争取保住新项目的工作，并确保他们了解最初的报告是满足要求最好途径的原因。这包括评定另外的预算报告如何影响效力、数量或进度，以及可能导致的风险。我们需要对新报告表达的内容保持清晰、准确、信任和始终如一的态度。即使对于不寻常的提供资金增加的项目也是如此。然后我们必须向利益相关方解释新报告能带来的利益。最后，我们要记录在任何新的条件下，对开展项目必要的资金进行评估时的关键设想和决策。

12.4　编制项目预算

预算编制阶段汇总机构的详细资源计划。该阶段将随着在二月份向国会提交总统预算以及到秋天国会批准联邦预算而结束。该阶段能够对计划阶段，以及我们按时、在预算内执行项目的能力进行详细审议。预算编制过程处理总统预算中要调整的年份，以及协助建立 NASA 或部长预算立场。它还为要形成拨款的计划作准备，包括：

1）分析预算申请，调整所需的资源，建立其他方案；

2）在主要组织之间仔细考虑资源优先权；

3）记录决策；

4）与总统和管理和预算办公室协商 DoD 或 NASA 的优先项；

5）向国会提交预算。

这是项目经理第一次将整个项目整合到一起，形成通向成功的唯一路标。我们在这个阶段的努力建立了今后几年的项目基础。为了建立详细的预算，我们首先将成本估计（参见第 11 章）和进度（参见第 3 章）转化为分阶段预算。成本估计汇总工作分解结构的预测成本，几乎不会被拨款和财政年度所干扰。

预算编制一部分是分析过程，一部分是技巧。如果项目经理对进度和工作分解结构有详细的洞悉，那么将成本估计分配到分阶段预算将十分简单。未参与项目的人，如果有这种情况，可以根据工作分解结构来建立一个支持项目里程碑的顶层的分阶段预算。理想情况是，我们由一个联网的进度开始，这个进度已经进行详细策划并且任务所需资源已经到位。但这一般很难实现。通常我们有顶层进度，该进度按月和按年给出主要的计划事件。形成预算时的主要挑战之一是缩小这个差距。

般到这一步，分析过程一结束，技巧开始。在预算阶段，我们需要加入其他成本，平衡预算阶段的政治敏感。大多数项目都在跟在册的每一个其他项目竞争，而预算申请的时机和预算的规模对资金的提供或取消产生不同的影响。我们可能必须进行跨越项目生命周期的多重进度和预算权衡。20 世纪 90 年代末，当空军计划开发下一代预警卫星时，他们的预算遭到了极其严厉的审查，因为他们已经提交了另外一个昂贵的计划——F－22 猛禽战斗机。两个计划都对国家防御意义重大，但 F－22 具备优先权，其他项目都必须为自己的预算而奔走。

预算权衡需要对成本估计、预算周期安排、计划要求，以及权衡空间有一个详细的认识。团队必须了解项目的技术细节，从而得知什么东西可以进行交易，如何分阶段安排工作，以及核心路径上有什么。例如，如果最近几年资金紧张，也许项目可以避开这几年，推迟研发地面系统和训练用具。

预算必须包括成本估计可能未涵盖的开销，如计划办公室、研发中心和机构的运营成本，以及计划需缴纳的税额。我们还需要考虑到进行试验的成本、协助减小未知因素和项目风险的管理储备金，以及其他成本。

要考虑的两个预算项是项目储备金和由上而下的账单。管理储备金（MR）有两点含义。第一，它是承包商保留的用于执行项目的预算，与挣值管理系统密切相关。此处的管理储备金不是分配给特定的财年的，也不是一种资金提供，它是非计划的工作。第二，管理储备金是项目经理对预算管控的灵活性。在政府计划中，资金拨付储备金通常由政府部门一级把持。但我们仍然必须能够使用预算以应对意外事件。这让项目经理不得不设定一个权衡方案。一方面，我们严禁制定储备预算；另一方面，我们对项目成功负有责任，同时需要适应变化的环境。

一种增加项目灵活性的方法是评估与工作分解结构中的每一项相关的风险，并建立一个风险因子。如果未来预算充足，使得合同中不涉及有问题的任务，它会起作用。在DoD，有合同时建立风险因子会给自己带来一些风险。任何高于合同价值的预算都被视为管理储备，尽管未这样说明。一个例子是热真空室中系统测试的预算。如果我们增加扩展试验或完成多重试验的灵活性，这意味着我们增加了项目规模，也就是增加了资金。这一手法在没有管理储备金的情况下增加了计划的灵活性。

另外一个不受项目经理控制的领域就是自上而下的账单，也常常叫做税额。这是一个不准确的术语，用来解释到达项目经理前从预算内抽取的资金。政府部门收回这些资金类似交税。这些资金中的很多是拨款说明中的国会扣款。小企业创新研究（SBIR）就是这样一个扣款。政府部门必须按照投资预算比例为小企业创新研究项目提供资金。有时一些高优先权的项目可免除这些账单，但项目经理很少能成功收回它们。即使这些账单已经免除，政府部门仍需支付它们。因此，其他计划必须支付更高的份额。政府部门还可能抽取部分项目资金以应对国防部长办公室自上而下的账单。如果我们有令人必须接受的论点说明其合理性是有缺陷的或者对项目的影响不利于政府部门的利益，我们应当申请复议这些决策。这些另外的费用是一个无法更改的事实。如果我们在建立预算时不考虑它们，我们可能不得不减少关键的计划内容来支付它们。

项目经理的取胜策略——跨越整个项目周期来分配资金时，挑战在于平衡预算不足和计划的可行性和稳定性。需考虑的问题包括：

1）承包商在一个财年内能够做多少工作？人力是稳定的，还是会起伏变动，造成人员聘用和留住困难？承包商投标新的工作来增加现金流，同时也希望确保当一个项目结束后，他们能够有稳定的业务基础，稳定现金流并保持偿付能力。但他们常常吃不消，因此不得不聘用新的工人。项目经理需要了解承包商能够承受多少新的工作，以及如何策划填补空缺。他们想要一个稳定的劳动力，聘用和临时解雇的成本是昂贵的，因此我们需要确保一个稳定的工作量。

2）我们是否已经对材料交付日期进行了说明？大多数空间系统都依赖于独特而稀缺的材料，在公开的市场上没有现货。这意味着订货和交货之间的有很长的交付日期。我们需要在承包商的研发进度中加入这些说明。例如，一颗卫星需要一个运载火箭将其送入轨道。运载火箭要订购，需要至少两年的交付日期。我们必须在订购时支付运载火箭费用，必须在预算中对此说明。

这些问题将影响整个项目生命周期中的预算分配。一个典型的资金拨付曲线在逐渐上升后，到达一个稳定状态，接着逐步下降。人力曲线也是如此。如果它不符合这个趋势（参见图 12－2），我们需要能够解释其中的原因。否则项目的资金拨付易受影响。非标准的预算和人力曲线中的陡增和陡降表明不稳定性或者定义和信息的缺乏。

建立分阶段预算时，政府采购多了一个步骤。国会拨付专用资金，通常称为“金钱颜色”。这包括研究和开发、运营、人力、采购和建设等。我们在提交预算申请前，必须将预算申请分成适当的拨款款项。

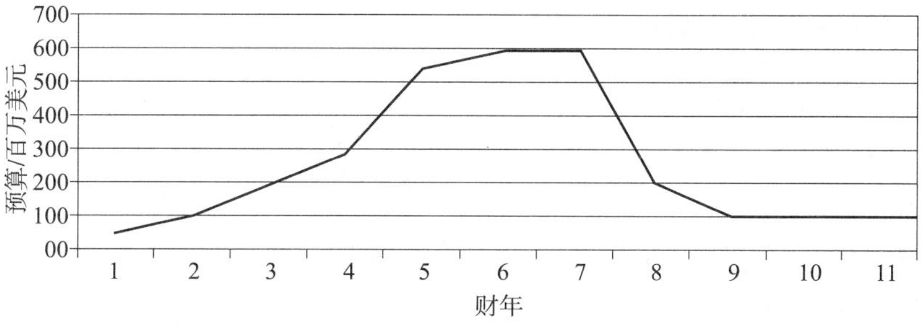

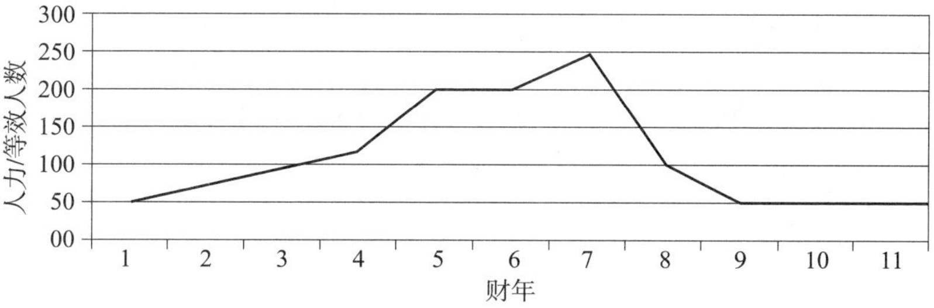

财年	01	02	03	04	05	06	07	08	09	10	11
里程碑		PDR	CDR	建造	建造	测试	发射	Ops	Ops	Ops	Ops
预算/百万美元	50	100	200	300	550	600	600	200	100	100	100
人力	50	75	100	120	200	200	250	100	50	50	50

图 12-2　典型预算与人力曲线

这些曲线强调早期上升，然后趋于平稳，最后随着项目结束下降（PDR—初步设计评审；COR—关键设计评审；Ops—运行）

一旦我们在整个项目周期对预算进行分配，我们就将预算提交给批准机构。在 DoD 内，各政府部门将他们的预算提交给国防部长办公室，国防部长办公室将这些预算提交给管理和预算办公室以列入总统预算。像 NASA 这样的机构直接将预算提交给管理和预算办公室。在二月份，总统将联邦预算提交国会，国会将在当年秋天以拨款或进一步决议的形式批复。一旦提交的预算离开计划办公室，它将经历严格的审查，很难完好无缺地获得通过。项目办之外的庞大官僚机构必须平衡企业整体、机构或国家的预算。他们有责任慎重地分配资金。为预先考虑这些预算争论，我们必须具备足够的信息。我们必须了解变动可能如何影响项目，并能够将这些影响向上传达给上级决策者。

12.5　力荐项目预算

随着预算经历了策划、计划、预算编制和执行过程，项目经理必须作好准备在这个过程的各个层面力荐它。这一点是美国所有政府组织决策制定过程中的主要动力之一。在任何时候我们必须推动项目或协助其他人这样做。我们必须使利益相关方相信：1）项目满足一系列核心要求；2）我们必须在某一时间内实现那些要求；3）这个项目是实现那些要求的唯一或最好的方式。对项目性能和进度的极力推荐是十分重要的。

12.5.1 向作为利益相关方的赞助者游说

游说从基于机构要求的合理的逻辑申辩开始。每个机构有一个组织负责确认要求。在DoD，这个组织是联合要求监管委员会；在NASA，这个组织是高级管理委员会。一个经确认的要求是游说的第一步，但这仅仅是开始，不会在此结束。项目经理需要展示项目、机构内的其他项目、机构的使命和高层指导相互之间的联系。项目经理应当至少将表12-3中的一些资源结合到这个过程里。

表12-3 项目游说参考源举例①

DoD	NASA
九个联合司令部战斗指挥官发布的综合优先级清单	NASA战略规划和机构目的和目标
参谋长联席会议主席（CJCS）公布的项目群建议	
国防部长办公室战略规划指南	NASA战略规划指南
	项目群指南
国防部长办公室联合计划指南	计划分析和综合指南
国防财政指南	
政府部门策划和计划指南	
以往年份授权与拨款法案的国会指导意见	以往年份授权与拨款法案的国会与管理和预算办公室指导意见和管理和预算办公室的回复

①我们可以利用下列对象作为指导来支持空间项目。

项目游说必须要覆盖所有层面。我们不仅仅要说服赞助者和政府部门出资，而且要说服国防部长办公室（对于DoD的项目）、管理和预算办公室以及国会。如果赞助者不同意我们必须现在为项目出资，那么一切游说都将结束。我们必须在确定项目预算时考虑到所有这些问题，因为在这个过程中后面的信息我们不是总能掌握。

游说的基础在于信誉。没有信誉，没人会听你的论点。信誉包括项目经理的信誉、计划的信誉和机构的信誉。项目经理必须确保所有的论点都和要求相联系，并且基于合理的事实而非情感。项目经理如果一开始就夸张或者夸大事实将很快失去信誉。

一旦我们建立了项目的需求，并且说服了赞助者在更高的层面推荐，我们必须让赞助者确信我们申请资金额的合理性。这时我们得回答“我们是否能够用申请的资金按进度提供所需的能力?”“我们为什么不能用更少的钱来做到这些?”

项目赞助者会取消任何不合理的资金，或者任何政府部门总部、国防部长办公室、管理和预算办公室或国会可能认为不合理的资金。这是赞助者能够跨项目群来重新分配资金，而不是让更高层留用的原因。这一策略反复使用于整个预算编制阶段。策划、计划、预算编制和执行过程产生多于一个财年预算的资金，这也为未来几年产生了计划。我们必须跨越未来几年调整预算提交，而不仅仅只为一年的资金拨付。和许多企业及外国项目不同，所有空间项目每年都经历这个过程。熟悉NASA的读者一定知道下面描述的概念和动态性，但可能不太熟悉使用的术语（资金抵消，资金脱节，动议）。

资金抵消，资金脱节，动议——在DoD，第一年我们提交项目预算，我们希望将其加入未来的防御计划（FYDP）。在后续的几年，我们的预算提交和推荐将关注我们提出的未来防御计划的变化。DoD预算的变化以资金抵消、资金脱节、动议的方式呈现。对于机构要资助一个新的项目（动议）或者支付预算的资金脱节，我们必须在某个地方找到资金抵消。

动议是指一些之前没有资金支持的新项目。我们推荐一个动议基于发生了什么样的变化才驱使这个动议、我们需要它的原因，以及我们现在就需要它的原因。当一个项目首次进入预算编制阶段时，它是一个动议。动议需要极大的推荐力度。

资金脱节指计划预算的短缺。资金脱节强调使预算扩大规模或加速进度的需求。资金脱节通常让项目引起不希望的关注。我们通过解释造成脱节的原因、对项目的影响、我们为什么必须现在处理脱节、我们为解决这一问题做了哪些努力，以及申请的资金将如何解决这一问题，来力荐资金脱节。

通常通过机构预算其他部分的资金抵消来解决动议和资金脱节。资金抵消可以来自一个计划内的过多的资金。过多的资金可以通过减少计划内容，或者通过推迟或取消工作的方式获得。资金抵消是削减资金拨付，可能导致交付的产品减少或推迟。例如，如果试验故障导致项目推迟，那么工作的重新安排意味着工作或采购将被推迟到随后的财年，减少近期的资金拨付。一个项目成为资金抵消的原因很多，其中许多不在项目经理的掌控之内。项目经理可以因政治或者环境改变、计划不再需要而失败。另外，部分或者全部计划可能成为更高优先级的资金抵消。例如，美国空军需要附加资金来资助F-22的资金脱节时，它重新安排了天基红外计划等其他的现有工作。

12.5.2　向总部项目群和预算审议游说以及向管理和预算办公室提交

一旦政府部门向国防部长办公室提交了项目群目标备忘录（POM），项目经理将支持DoD的立场。国防部长办公室进行两次审议，即项目群审议和预算审议。NASA和国家侦察局（NRO）的审议程序与此类似，同时我们必须能够对这个过程中出现的问题作出反应。本节重点讨论DoD的审议。

除了政府部门的项目群目标备忘录外，国防部长办公室还接收参谋长联席会议主席的计划评定。这是对国防部长的关于政府部门的预算提交是否符合战略规划和战斗指挥官需要的个人建议。当国防预算制定基本完成后，国防部长办公室将预算草案送至管理和预算办公室，并以“回件”（passback）的形式收到反馈。

项目群审议由项目群分析评估办公室（PA&E）的分析师负责。这个办公室将向NASA局长、DoD副部长（审计署长）和DoD内部的首席财务官［USD（C）］报告。DoD内的项目群分析评估办公室注意各政府部门间的冗余、缺乏效率、必要程度等。他们努力确保所有任务领域间的风险平衡。他们可以建议某个项目群被取消、推迟、修改或者合并。但最终，他们给审计署长提供建议。他们能够编写项目群预算决策，但必须经过DoD副部长的签字。

项目群分析评估办公室的项目群分析师可能通过下列三种方式之一来反对政府部门的提交物。首先，他们可能指出项目不应当包括在项目群目标备忘录里。我们之前向项目赞助者和政府部门总部所作的解释将成为政府部门为项目辩解的基础。项目群分析评估办公室可能需要了解关于项目性能如何支持政府部门任务和联合战斗任务的更多信息。

其次，项目群分析评估办公室可能提出规模上的削减和进度的推迟。我们之前的工作将再次帮助我们反驳这一论点。我们可能需要给出更多的理由来支持规模和进度，同时指出所建议的改变将不能满足要求。前两种反对方式的目的在于减少项目资金拨付，同时使项目群分析评估办公室指导政府部门使用解套资金，以用于其他要求。

最后，项目群分析评估办公室可能会要求增加规模或者缩短进度。这样政府部门就不得不增加项目资金拨付而减少对其他项目的资金拨付。我们之前的推荐工作使政府部门清楚为什么提议的项目足以满足要求。我们还必须说明国防部长办公室所建议的改变是不必要的原因。项目赞助者和政府部门总部将解释削减其他项目资金将会降低这些项目完成必不可少任务要求的能力的原因。

首席财务官的预算分析师可能通过提出项目的某些部分估计过高或者过低来反对项目。如果这不是项目在项目群目标备忘录中的第一年，他们可能会说项目的某些部分在资金拨付层面没有实质性的改变。我们之前的工作是政府部门为项目辩护的基础。首席财务官将项目推迟视为将项目资金转移到下一年的契机，所以要求减少资金拨付。我们需要对推迟进行明确说明，并表明项目将如何赶上和不应当改变进度的原因。或者我们可能必须解释今年需要该资金的原因。

我们最初确定预算时预先考虑如何应对这些问题，有助于我们从开始就向项目赞助者提供恰当的信息，否则政府部门很难保全项目预算。但是我们不应当试图维护一个站不住脚的立场。隐藏着问题的预算提交有使部分申请资金被降到其他优先级的风险。因此我们必须确信预算提交是有各方都认同的可信的论点支持的。

12.5.3 最终审议和总统预算提交

预算进入国会前的最后一步是管理和预算办公室审议。所有的空间项目都要经历这一步。项目经理、政府部门、机构、国防部长办公室都集中精力支持这次审议，准备力荐预算进入国会。管理和预算办公室审议侧重于审议项目与总统的政策和预算优先级的一致性，并着重考察项目的效力。

在国防部长办公室和NASA提议的预算提交管理和预算办公室后，总部预算工作人员的精力放到与审议人员一起游说或阐明预算的恰当位置。管理和预算办公室审议所有执行部门的预算草案，并提出必须修改的任何问题。总部工作人员和项目经理协调管理和预算办公室随后提出的问题，寻找他们的关注点和任何可能的政策重定向方面的线索。

管理和预算办公室审议在九月至十一月间进行。他们通常在十月一月或十二月间通过回件给予相关指导。这是总统办事机构给机构预算提交的正式回复；它将声明支持或不支持的方面。然后机构将有短暂的机会对此进行申诉——首先向管理和预算办公室主任，然后向预算审议委员会，如果有必要，最后向总统申诉。

总统与管理和预算办公室沟通后的最终决策是最终呈送国会预算的基础。我们应当在预算经历这个周期时运用任何掌握的信息。而管理和预算办公室的回件将表明政策优先级。

管理和预算办公室的主要任务是确定预算与总统政策和预算优先级的一致性。这包括回答两个问题："项目的目标对于实现总统政策必要吗？""用这个成本去实现项目目标值得吗？"项目可能直接实现政策目标，也可能支持或与其他项目结合来贯彻政策。如果是后者，问题则变成"整合的一组项目对于政策的贯彻是必要的吗？""是否存在冗余或冲突的工作？"任何令人不满意的回答都导致项目被管理和预算办公室从预算中取消，或者申请变更，导致计划用于我们项目的资金用到别处。

管理和预算办公室关心的第二个问题是每个项目能否有效地实现它的目标。这包括这样的疑问："DoD 是否朝着正确的要求前进？""项目计划是否尽最大努力实现那些要求？"如果项目还解决其他执行部门的要求，管理和预算办公室会问，"项目是否满足那个部门的需求？""项目是否最有效地满足这些需求？"最后，当项目和其他部门的项目整合到一起时，问题变成，"这些项目能否相互依存？""它们的目标、资金拨付和进度是否一致？"如果管理和预算办公室发现不满意的回答，他们就可能从预算中去除这些项目，把资金拨付给其他结合得更好的项目，或者改变这些项目的规模。

我们应当在我们最初的预算中考虑政策和预算优先级。预先考虑管理和预算办公室将怎样看待项目，使我们的预算更可能获得批准。管理和预算办公室的工作人员关注 4 点：

1）基于国家优先级的驱动（例如战争）来安排预算顺序；

2）促进强大的经济，包括其他主要的国内动议；

3）抑制政府其他部分的开销；

4）关注结果而非金钱。

总统在二月份向国会提交预算时，推进新动议或政策优先级的决策将清晰明朗。

12.5.4　向国会游说：国会审议、修改和通过

管理和预算办公室审议的同时，项目经理帮助总部人员草拟辩解声明，将其随预算申请一起提交国会。这份文档包括研发文件，用于支持研究、开发、试验和评估的说明，还包括采购文件，用于支持采购资金的说明。这些将确定项目经理在拨付预算中允许的操作空间。对于 NASA，这份文档是综合预算和绩效文件（IBPD）。政府部门总部通过国防部长办公室将文件提交给国会工作人员。国会工作人员查阅这些文件，了解项目的计划、预算和进度。这些文件必须尽可能的清晰和准确，并且反映政府部门、国防部长办公室以及管理和预算办公室的决策。在美国国会快节奏的运作下，工作人员可能想当然地认定想要

的是什么，而不是请求解释。如果工作没有包括在这些文件的范围中，那就意味着一个新的开始，我们需要在得到国会通知后才能使用资金。

经过管理和预算办公室审议后，总统预算申请（PBR）被呈送国会。项目经理必须建立一个偏离说明，反映总统预算中描述的项目。这一偏离说明必须符合研发文件、采购文件、综合预算和绩效文件，并且当他们开始审议总统预算、为国会提建议时作为提交国会工作人员的情况简介。

大量时间被用在告知国会人员拨款标记中可能的调整造成的影响。国会负责拨款的工作人员们集中精力为众议院和参议院议员共同参加的委员会议作准备。对研发预算不习惯的国会工作人员可能对一年中经过三至四次的运营计划后预算改变了多少感到沮丧。他们有时想知道为什么预算这么不稳定。

国会在二月份收到的预算申请，到最长一年通过并拨款时，可能已经过时。航天研发预算编制年年都是不可预测的。发射推迟，国际合作未能达成，出现计划重组和技术瓶颈。国会人员经常感到时间方面的压力，并且他们不完全理解申请计划重组的非预算年的含义。拨款人希望从审计总署了解机构去年的未支配余额，大的未支配余额对今年的预算起反面的作用。高层和游说人员经常询问拨付专款的要求，以及项目对当地就业产生的影响。国会人员与预测资金削减可能造成不利后果的机构人员会面、谈论最新的计划信息时很谨慎，因为在总统向国会提交下一个预算之前，这类信息是不准透露的。

项目获得资金的倒数第二步是国会预算的制定。项目经理现在转到对国会和委员会工作人员的回应。每年国会采用一个向各个委员会分配预算权力的预算决议。除非项目预算在任何阶段都一帆风顺、没有被调整，否则我们具有重要的辅助作用。项目经理必须准备好并在通常称作“国会人员日”期间向国会委员会成员提交项目简报。此处我们清晰简明地说明项目的目的、计划、进度和所需资金拨付。我们必须是可信的、极具说服力的。如果国会人员已经反对项目的目标或计划，那么这是一个巨大的挑战。我们可以通过理解他们的担忧并用积极实际的方式面对他们，最好地应对挑战。

第二个支持工作是向委员会和大会标记提供答复草案，通常被称作申请复议。当一个大会标记显示对我们的项目不利（一个委员会削减我们的预算）时，我们的国家政府部门就会提供一个回复，说明削减的影响，以及在下一个标记中为保留那些资金所作的调整。我们需要保证它是准确的、极具说服力的，并且既不低估也不高估其带来的影响或风险。我们不能要求超过总统预算申请的资金。

我们必须作好准备，以应对最终通过的预算中的任何资金削减和标记中的任何条款。我们应当及时应对国会指导报告或证明要求以，保持信誉。最后，我们必须建立与当年对我们申请预算的撤销和削减相适应的偏离报告。这样，我们将能够尽快在下一财年的开始执行预算。

12.6　执行项目预算

执行阶段是发挥实际作用的时候。当年的预算执行从十月一日开始，大约正处于下一财年计划编制开始的时间。这一阶段期间，资金被分配、约定和花费掉，以实施项目。这一阶段还需要严格的监管和报告实际结果，与预算的、预期结果相比较，并将不一致的原因和计划好的修正措施与预期的结果相比较（对项目监管的详细讨论参见第 14 章）。

当使用资金时，我们必须了解相关的术语和指导方针。每个组织都有这样的指导方针。一个政府的计划由国会通过的法律以及联邦采购条例（FAR）和金融管理条例（FMR）。合同签订人员应当深谙联邦采购条例，审计官应当深谙金融管理条例。我们应当尽早获得他们的支持，随着项目进展及时向他们汇报。

最重要的法律是授权与拨款法案。每年，国会试图通过两项准许联邦机构资金使用的法律。授权法案为资金使用设立了指导方针。拨款法案分配资金，并且授权政府将它们用于特定用途。

资金拨付后，国防部长办公室将资金分配给机构。然后，政府机构把那些资金分配给项目群办公室。我们就可以按照机构指导方针使用资金。我们决定将资金用于一个特定用途时，资金就被用于那个用途。

已承诺的资金仍处在项目经理的控制之下。当我们支付账单时，资金被发送给收款人。此时，该资金是有义务的。债务资金就像写支票。一旦我们写支票约定资金，收款人需要去兑现。当合同方为债务付款时，资金就被用掉。支出标记着资金拨付过程的完成。

我们可以利用下面的例子说明这些术语间的关系：

1）比方说，现在是下午四点半，我们口袋里有钱。我们决定去喝杯饮料。我们已做了一个承诺（金融管理办公室的资金拨付凭证。承诺仅仅储备资金；承诺不合法约束政府为商品或服务支付资金）。

2）我们点了一杯饮料。我们建立了一个约定（给出订单时就产生了约定）。政府现在有了法律责任为商品或服务支付资金。这通过设立新合同或者修改现有合同完成。现在政府开始产生成本。只有有担保的合同签订人员能够按合同抵押支付资金。

3）我们喝饮料。我们正在产生成本（用来完成工作的资源的使用、运用或消耗用美元表示。这不是支付）。

4）我们付饮料钱。现在我们作出支付或支出（政府支付账单）。

除了基本术语，项目经理需要了解“行路规则”。下面的清单列出需要注意的法律、条例和政策。

5）反赤字法案——禁止项目经理抵押支付超过国会拨付的资金，并且禁止先于拨款法案抵押支付政府资金。

6）善意需要规则（美国法律，第 1502 章，第 31 条）——将债务资金限制在拨付的几年内使用。我们必须在工作开展的同年使用拨付资金。我们不能用当年的资金支付过去的开销，或者用以前年代的拨付资金支付未来的开销。

7）充分提供资金法——要求 DoD 为整个计划的研发制定预算和拨付资金。

8）目的认定（美国法律，第 1301 章，第 31 条）——也叫做挪用法案——要求拨付资金只用于国会拨付的用途。我们不能以不被拨款法案批准的方式抵押支付资金。

9）兰·麦克蒂法案（USC 10 §2433）——用法律的形式规定要求的成本报告要求。

国会同时制定了拨款到期日期。例如，研究、开发、试验与评估资金必须在拨款的两年内抵押支付，在七年内用完。到期的资金要归还国库。表 12－4 简要说明了每项拨款的寿命。

表 12－4　拨款寿命①

拨款	约定授权/年	执行授权/年
研究、开发、试验和评估	2	7
采购（船除外）	3	8
采购——船	5	10
军事建设	5	6
军事人员	1	6
运行和维护	1	10
NASA：研究和开发	2	5
NASA：设施建设	3	无限制

①本表显示了项目能够支出或使用其资金的时间期限。

项目经理在项目按照约定和支出标准执行的方面时刻受到监督。未能符合或者超出标准通常导致预算削减。我们必须确定项目是否按照计划运行。每个项目都有一个底线，说明项目用其资金将实现的内容。对于 DoD，总统预算中的关键文件是：计划的研发文件和采购文件。对于 NASA，总统预算申请是综合预算和业绩文件。如果这些文件没有包含工作范围，我们必须在资金使用前正式告知国会新的开始或者最新的运营计划。

合同分类将细化合同方获得报酬的时间、方式及原因。我们需要对此十分熟悉（参见第 13 章）。政府合同要求承包商提交项目情况的周期报告。合同资金状况报告（CFSR）说明承包商支付其成果的情况、是否能够用掉分配的预算，以及项目是否超范围运营。承包商业绩报告（CPR）说明承包商是否按照计划履行合同（参见第 14 章）。

此处值得注意的一项内容则是持续决议（CR）。一个持续决议是在国会辩论预算时保持政府活动不被中断的议案。在持续决议下，机构获得资金，但有附带条件。这些限制可能对项目有重大影响。第 12.7 节将阐述持续决议的细节及其对项目预算的影响。

（1）项目经理的取胜策略

项目在全年都面临计划性的和财政的挑战。项目微小的短暂偏差可能使自身难以预测。我们必须时刻注意政治和财政环境。一个方法是与项目赞助者建立一个良好的工作关系。赞助者所在的组织应当有一个分析师或者行动官员，负责追踪项目进程和跨组织沟通。空军把这个人叫做计划要素监管人（PEM），海军叫做要求官员（RO），陆军叫做陆军部的系统协调者（DASC）。在 NASA，这个人可能是任务理事会的计划分析师和计划执行人。这些人员是政府部门员工中负责项目的核心人物。他们协调预算和国会审议流程。他们通常只有几个小时的时间应对国会或者更高层总部的质询，因此不得不依靠可获得的最现成数据。所以保持这些核心人物了解情况显得尤为重要。

面对预算质询时，我们必须了解我们的受众。我们必须及时、准确地应对。我们的回答应当尽可能清晰、精确，且没有太多的技术术语和缩写词。我们必须回答这个问题！我们应当解释项目的规模和日程将如何受到影响，绝不要声称项目不可执行或需要重构，除非真的如此。在这个过程中决策制定者可能决定砍掉预算并且取消项目。

应对提议的削减的时间可能极其短暂，因此最好有一份现成的“假如……怎么办”的清单。例如，全年里都可能从其他地方得到额外预算。我们应当保留一份未资助要求的清单，准备接受资金拨付。最好准备好高层的要点文件，以防机会出现。我们还应当保留一份清单，列出如果计划面对削减 10%，20%，50%的预算，将会出现的情况。我们不应当对项目外散布“假如……怎么办”，否则它可能变得难以预测。

不管我们计划得多么好或成本估计得多么准确，都会遭受不可预测事件搅乱计划。我们可能需要申请更多的资金，或者至少告诉利益相关方，如果不能得到，项目的成效和进度将受到什么样的影响。争取更多资金的一个方法是让赞助者辨别可能被削减的其他项目，将资金计划重组到我们的项目。这样的计划重组常常超出国会建立的门槛，需要国会知悉计划重组。这可能适得其反，因为辨别出的计划削减可能被接受，但对我们的或其他计划的附加资金可能减少，导致预算的净损失。另外一种可能就是我们计划的需求可能改变，我们不得不取消一个合同的支付资金义务，用到我们计划的其他地方。资金的取消支付义务可能让项目赞助者觉得最初的用途不再需要那些资金，我们可能失去那些资金。

12.7　时间滞后对计划的影响——运行计划重组和持续决议

预算过程四个步骤中，每一个步骤的某些方面是同时进行的。从提交预算申请到款项拨付之间可能相差 20 个月，甚至更久。这一滞后可能造成很多困扰和混乱（见图 12-3）。

机构或政府部门收到拨款以后，准备一份初始的运行计划提交国会。这是对国会给执行部门的拨款的更新。拨款根据的是二月份他们收到总统预算时获得的信息。具有技术和进度挑战的机动性很强的空间飞行项目可能需要一种与总统预算中不同的资金拨付状况。机构具备某种在计划之间转移资金的自由。但当改变超过一定门槛或者对高关注度计划作出改变时，可能需要国会批准，或者至少需要提前通知。

多大程度的计划重组需要通知国会？这种门槛根据拨款和机构而有所差异；例如，NASA 对任何分项在 50 万美元之内的改变无需通知国会。但 NASA 必须将任何重大的与之前计划的差别通知国会。预算官员和拨款员对突然提出紧急资金拨付的项目没有耐心。在给委员会主席的正式书信中，计划重组必须经过 NASA 局长的正式批准，可能会花费几个月的时间。必须向国会预算官员简要说明要求。如果重组影响其他项目，必须清晰地说明影响。在 DoD 金融管理条例中，DoD 有类似的限制。例如，只要在表 12－5 规定的限制内，他们可以调整资金。

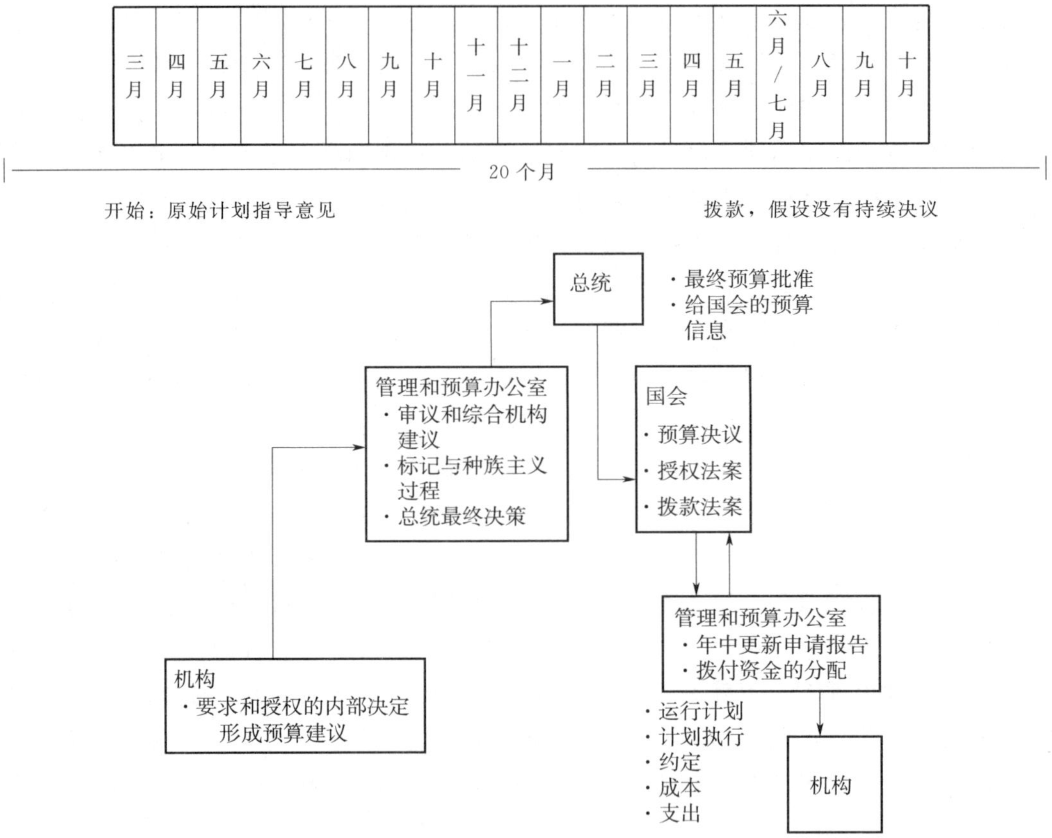

图 12－3　从计划到执行的时间滞后

这是联邦预算过程的宏观图，从机构预算输入的建立，到拨款后资金流到给定项目历时 20 个月的时间

表 12－5　DoD 计划调整门槛①

拨款	需通报国会或获得国会批准的门槛
国会关注项	无
军事人员	1 000 美元
运行与维护	累计增长 1 500 万美元或更多
采购	少于 2 000 美元或拨款额的 20%
研究与开发	少于 1 000 万美元或拨款额的 20%

①在这些门槛之内的资金调整叫做低门槛调整，只需提前告知国会，超过门槛的调整、改变国会特别关注的计划或新工作动议需要提前获得两个委员会的批准[1]。

如果国会在本财年结束时（9 月 30 日）没有批准总统预算，持续决议授权机构在有限的预算权限内运营，直到国会通过拨款。不幸的是，这已经成为惯例，而不是特例。在财年开始时，持续决议将向还未收到拨款的机构提供资金。这与常规的拨款具备同样的法律效力，但在持续时间、规模和融资上有所限制。国会明确资金拨付期限，直到拨款通过或者期限到期。机构必须在持续决议期限结束之前抵押支付资金，或者错过资金直到另一个持续决议或拨款议案通过。持续决议期间只允许现有工作进行，禁止动议或计划加速。持续决议的资金提供按惯例执行——参议院或众议院的账单或现行金额中较少的。

例如，设想我们今年假定有了在总统预算中的 2 亿美元。众议院要削减 5 000 万美元，而参议院增加了 2 000 万美元。现在是十一月，持续决议为项目提供了这个财年前 6 个星期的资金支持。为了保证进度，我们现在必须按较少的数量——1.5 亿美元作计划。

延长持续决议的另一个复杂性还在于不知道最终拨款中哪些资金用于指定用途。专用拨款是国会关注的指导项目，而非总统最初申请的一部分。它们有时会有附加资金，但多数情况依赖于机构内部的重定向资金。例如，2006 年 NASA 的常规拨款是 164.568 亿美元。这为包括 198 个国会关注的独立项目拨付的 5.686 亿美元以及对正在进行的或规划的 NASA 计划的 5.4 亿美元的资金削减。在持续决议期间，专用资金推迟。因为项目这时资金用尽，我们对指定活动资金的重新安排几乎没有灵活度，导致对当年后期很大的伤害。

项目经理需要稳定的资金来保证预算和进度的有效实施。由进入财年后仍处于持续决议而引起的不确定因素导致资源利用的不充分。项目经理在建立储备金或不结转的年终预算结余，来保证项目前 3～6 个月的正常运作时倍感压力。但这必然造成这些资金被重组到其他项目的风险。为了避免资金积累的出现，项目经理可能为合同预支资金（最初为下一年度计划工作的合同约定资金，使资金不易被重组）。我们同样需要预知持续决议给计划造成的限制，不在财年的第一季度计划大的预算支出。这样的支出可能由于持续决议不授予足够的预算权限被推迟。

12.8　小结

这一章节对整个预算过程进行考核。项目经理通过策划、计划、预算编制和执行过程和国会预算过程，直到最终的预算授权分配和项目执行，现在更充分准备好为最初的预算估计引航。

以下 4 点思想可以指导我们参与这一过程：

1）我们需要了解过程中所有参与方的角色和他们的关注点，以便建立排在最前面的预算申请。

2）信誉绝对关键。在每一步中，我们需要以务实和积极的方式来处理每一个问题，既不低估也不高估预算要求和改变我们项目预算和计划的多种可能的影响。

3）保持跟踪每一步的结果，准备偏离报告，为后续的步骤打好基础。这使我们最终提交的预算主管当局能够及时执行。

4）底线：深谙计划和它的需求，为成功做准备。

专注于这些思想能使我们有效地引领预算过程。民主从未被认为是高效的，但对一个具备工程或科学背景的项目经理来说，这样的现实可能让人失望。在纳粹德国统治时期开始职业生涯的美国火箭学之父沃纳·冯·布劳恩在 1962 年的一次演讲中对于效率与民主之间的权衡给出如下展望：

“……我一直从事着公共资金的工作……从独裁到民主……从战争与国防部门到民用空间机构……今天上层的科研经理不能忽略经济、政治，甚至大型的国家计划的社会接合点。他不能让自己脱离政治，并且说不关心政治。政治很重要。在自由社会尤其如此。在民主国家，政治的价值与预算的数量成正比——而且空间项目的资金充足。民主及其检验与平衡系统不是政府最快的反应形式……但……一旦公众被告知或唤醒，必将会作出正确的决定。团队成员了解政府运行机制很重要。

负责任的项目经理将认识到我们的开国者所设置的运行体制之美，同时找到自己的适当位置，向权力传达真理的可信声音。了解联邦预算过程的动态性让这个声音能够在合适的时间和合适的地点最有效地表达，以得到可能的最好结果。

参考文献

[1] USD (C). 10 February 2006. Memo — FY 2006 Below Threshold Reprogramming Authority Policy. Washington, DC: USD (C).

第 13 章　合同与采办管理

布雷恩·马隆（Brian Malone）
美国国家侦察局
约翰·D·坎宁安（John D. Cunningham）
Scitor 公司

采办空间系统或分系统的程序包括明确合同并进行采办。该程序可以确保政府获得所需要的产品与服务，同时符合公平的采购法规要求。采办过程包括策划、选择供方、管理合同 3 个步骤。3 个步骤都包括若干子过程，如表 13-1 所示。

表 13-1　合同与采办过程的主要步骤①

步骤	过程	讨论所在章节
1	制定采办计划 a. 决定合同类型 b. 制定询价包	第 13.1 节 第 13.1.1 节 第 13.1.2 节
2	完成供方选择 a. 编制供方选择计划 b. 主持投标人会议 c. 评估征求建议书 d. 合同谈判 e. 合同授予	第 13.2 节 第 13.2.1 节 第 13.2.2 节 第 13.2.3 节 第 13.2.4 节 第 13.2.5 节
3	合同管理 a. 合同行政管理 b. 监测合同绩效 c. 激励合同绩效——激励与奖金 d. 完成合同（验收）与收尾	第 13.3 节 第 13.3.1 节 第 13.3.2 节，第 14 章 第 13.3.3 节 第 13.3.4 节

①我们对 3 个步骤进行裁减以用于特定的产品和服务。

采办空间系统所需要的远不止技术诀窍。采办管理是一项团队活动。根据采办的规模与复杂程度，需要以下人员来监督政府权益是否得到满足：签约官、签约官的技术代表、项目经理、预算与财务官、合同律师。表 13-2 给出了采办与签约团队的职责。

表 13-2　采办团队的职责①

职务	主要责任
签约官（CO）	负责制定采办计划，准备征求建议书，谈判与合同管理，合同结算与收尾。是团队中唯一有权签订和变更合同的人
签约官的技术代表（COTR）	指导与协调合同中的技术和计划要求。是合同授予后与承包商的主要联系人
项目经理（PM）	管理整个项目，负责项目的所有决策。可以执行签约官技术代表的职责或将该职责授权予其他人
预算与财务官	处理合同的资金文件，跟踪承包商的财务绩效。支付官员适当且及时地向承包商付款
合同律师	在合同的形成与管理过程中向所有采办人员提供指导。就特殊合同条款与条件、软件许可协议内容、合同解释问题和特殊资金问题给出建议

①采办空间产品需要协作的团队力量。

该团队中的工作关系对项目的成功至关重要。即使最好的项目经理也不可能独立承担采办任务，如果团队不能正常运转，那么产生的问题将远不止技术上的障碍。

13.1　制定采办计划

制定采办策略需要时间、技巧与耐心。从长远来看，适当的预先规划是值得的。规划若不完善，采办从一开始就注定会失败。项目经理必须给出明确的采办策略，并通过自身的领导力、供方选择团队和未来的承包商的协作来完成采办。采办团队对所有有关采办策略的问题都应认真地进行讨论。为避免对真正需要做什么、什么时候做不清楚，必须将采办策略形成文件，并明确以下关键问题：

1）本次采购的主要目标是什么？

2）怎样设计征求建议书，使其能够体现政府需求，并允许供应商之间有所差异？

3）已做过哪些市场调查？

4）选择竞标方或指定供方的依据是什么？

5）何时需要采办能力，需要多长时间？

6）如何识别并管理该项目的风险？

7）该项目的资金是否到位，是否充足以完成任务？

8）该项目是否与其他项目有相互关联？

我们应经常重新审视该策略。采办计划应为动态文件，随时间有所变更，随项目进展更加细化。表 13－3 给出了一个典型空间系统采办计划的目录。

表 13－3　典型空间系统采办计划目录①

采办计划组成	说明
采办背景	· 讨论需求基础和所有技术或合同历史 · 说明影响采办的所有关键因素，例如，与现有或未来系统的兼容性
行动计划	· 确定拟议的采办策略（竞标对比指定供方）和决策的依据（市场调查或其他分析） · 确定采办周期中的里程碑
资金和成本	· 阐述资金需求、拟议的预算、成本目标、可用的成本方案［如生命周期成本、按成本设计、应该成本（should－cost）分析］，并采用挣值管理
合同	· 确定要采用的合同类型，以及与承包商和政府绩效相关的所有问题（如制造或外购问题） · 讨论所有优先级或分配问题 · 确定所有特殊测试或评估、政府提供的资产，或政府提供的信息等问题 · 讨论政府要求的技术数据与计算机软件的权利类型 · 确定所有组团问题（例如，允许或禁止独家团队，若允许组团，如何组团） · 讨论如何收回成本（若需要） · 考虑工业基础问题 · 对联邦政府资助的研发承包商和系统工程与技术顾问，制定计划用途，尤其是供方选择期间的用途
需求稳定性	· 确定尚未解决的需求问题 · 明确所有的交易及有权进行交易的人
环境	· 确定所有可能影响环境的有害材料或危险活动 · 对于要在政府设施中实施的工作，确定其特定场所需求
安全	· 确定预期的安全环境及其对采办的影响
特殊情况与弃权声明	· 确定所有特殊签约或特殊采办方法或手续、所有不必要条款，以及所有要求偏离《联邦采购条例》（《联邦采办条例》）的情况

①采办计划各不相同，本表重点列出了其共同点。

采办耗时取决于采办的规模（钱的多少）与所采办物品的复杂程度。一项由系统工程技术协助（SETA）支持的采办，从全面策划、询价、申请书评估到合同授予，需要6～12个月的时间，采办卫星系统则需要18～24个月的时间。这段时间主要由两部分组成：完成工作的时间与政府的繁文缛节。这听起来让人沮丧，但这就是现实，要想得到某个结果，需要走完全程，很难跳过某个阶段。

我们需要制定一个包含所有步骤的时间表，经管理机构认可后，才能实际进行工作。例如，一般情况下，承包商有60天的时间准备征求建议书（从发布征求建议书开始——事实上，在征求建议书发布前承包商可能已经写了6个月了），我们自己有60天的时间进行评估，除非出现复杂情况而需要增加额外的步骤。

以美国国家侦察局近期的一次采办为例，项目的启动伴随着历时18个月的研究合同，为承包商寻找资金支持。在这段时间内，政府准备文件，建立投标者的资料库，确定供方选择范围，并通过专业机构协调采办。10月份（恰恰在财政年度开始后）发布征求建议书，12月底提交申请书。次年1月政府公布申请书，经过一系列询问和交换意见，6月授予合同，前后耗时共计26个月。美国国家极轨业务环境卫星系统的采购也计划花费同样多的时间，但是美国国防部没能达到规定的最终要求，不得不延长6个月，其供方选择耗时32个月。

13.1.1　决定合同类型

合同规定了商品或服务的买卖双方之间的业务关系。它以书面文件的形式构成政府与承包商之间的协议。签订合同的方法有多种，采购的产品与服务不同，合同也不尽相同。

合同分为两大类：固定价格合同和成本补偿合同。具体类型有严格固定价格合同（承包商承担全部成本风险）和成本加固定费用合同［政府承担绩效成本风险，承包商的协商费（利润）固定］。介于这两种合同之间的是各种激励类合同。这些合同根据合同中的不确定因素调整承包商对于成本的责任及其利润或奖励费用。图13－1给出了不同合同类型及其风险。

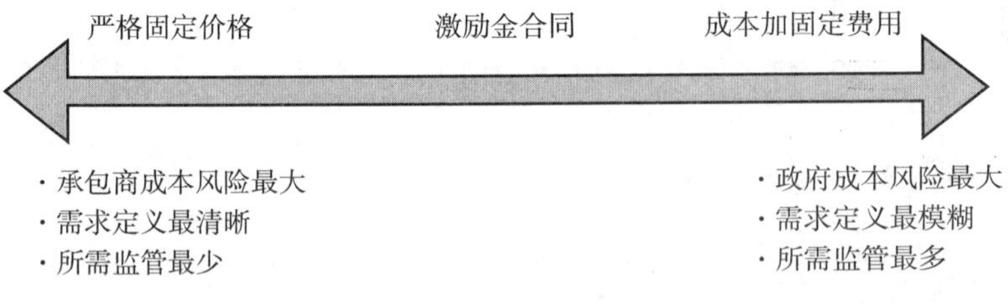

图13－1　合同类型、风险与需求定义和所需监管程度之间的关系

当需求定义很明确时，可能采用固定价格合同，这对承包商来说成本风险更大，但是政府对承包商的内部绩效可以采取较少监管

《联邦采购条例》第113条建议，政府团队在决定合同类型时，应仔细考虑以下问题：

1）价格竞争；

2）价格分析；

3）成本分析；

4）需求类型与复杂程度；

5）需求迫切性；

6）履约期或生产运行周期；

7）承包商的技术能力和经济责任；

8）承包商会计制度的完善程度；

9）并行合同；

10）拟议的分合同的范围与性质；

11）采办历史。

项目经理最应关心的是需求的定义情况，需求的稳定性，以及政府的监管力度。如图 13－1 所示，刚性的固定需求要求采用严格固定价格合同。如果需求不固定或是变化的，则成本加成合同较为合适。绝大多数空间项目含有新技术，且需求不断变化，因此通常采用成本加成合同。合同的金额也影响了合同类型的选择。

业界还需要决定主承包商和分包商之间成本补偿采用的合同类型。这时，考虑的事项类似，但所受限制较少。表 13－4 和表 13－5 列出了固定价格合同和成本加成合同的要素、应用和限制条件。

其他类型的合同适用于特殊情况。例如，已知需交付的明细项目，但数量不定时，可以采用不确定交付日期和不确定数量（IDIQ）合同。如果要求承包商立即启动项目，还可以采用书面合同。表 13－6 详细列出了这些特殊应用。

表 13－4　固定价格合同[①]

	严格固定价格合同	固定价格激励合同	固定价格奖金合同	按投入水平严格固定价格合同
要素	履行合同过程中成本会发生变化，但价格维持不变 只有合同完成后，才向承包商付款 承包商承担最大风险，并对成本及产生的利润和损失负责	采用基于实际成本和目标成本关系的公式，调整利润和合同的最终价格 包括目标价格、目标费用、价格上限、价格调整公式 可能包括进度及质量激励 包括对承包商绩效的客观评估	采用固定价格，该价格在合同圆满完成后支付 承包商获得的奖金被加入固定价格中 包括对承包商绩效的主观评价	对那些只给出大致要求的工作，要求承包商在规定时间内提供规定的投入水平 政府支付承包商固定金额的美元 根据投入水平而非取得的结果进行付款
应用	要求明确 产品或服务都为商业现货，不需要从头研制 对绩效成本作出实际的估计 承包商在交付时接受合同价格	不适宜采用严格固定价格合同 适用情形：根据承包商对成本的负责程度进行利润激励，以有效控制成本和绩效 对绩效提出要求是为了有机会激励促进承包商的管理工作	适用于政府希望激发承包商的积极性，但因无法客观测量承包商的绩效而不能实施其他激励的情况	适用于只能说明工作大致要求的情况 适用于特定研发领域的研究 合同产品通常是一份通过实施要求的投入水平而产生的结果报告 若投入水平没有达到要求，对价格进行调整

续表

	严格固定价格合同	固定价格激励合同	固定价格奖金合同	按投入水平严格固定价格合同
政府监管力度	最低	中等	明显	中等
限制因素	绩效风险应明确合理，这样承包商才不会以牺牲质量来换取更大的利益	要求承包商的会计制度完善，从而可以提供数据，来支持最终的成本激励价格谈判 为制定合理、明确的目标，需要足够的成本或价格信息	预期效益必须大于额外的行政管理费用 要求制定奖金评估程序 要求设立奖金评定委员会 要求签约官的上级批准固定价格和奖金	仅适用于以下情形： 合同投入用别的方法无法明确确定时 能够提前确定要求的投入水平并达成一致意见 要合理保证：若努力程度低于合同规定，则不能达到预期结果
变化	固定价格随经济价格的变化调整 逐段定价合同（不鼓励采用） 结算定价合同（不鼓励采用）	固定目标 连续目标 可能包括多种激励——成本、进度、绩效	各合同的奖金计划与准则不尽相同	无

①对于承包商而言这种合同风险最高，但政府的监管力度最低。当需求定义很明确时，可以采用该合同。

表 13-5　成本补偿合同①

	成本分摊合同	成本（无附加费）合同	成本加激励费用合同	成本加奖金合同	成本加固定费用合同	时间与材料合同
要素	政府只向承包商补偿经同意的部分允许成本 承包商没有得到其他费用	政府付给承包商实际的可允许成本 承包商没得到其他费用	提供已商定的协议费，可以根据总允许成本与目标成本之间的关系（客观评估）进行后期调整 规定目标成本、目标费用、最小及最大费用，以及费用调整公式	政府根据奖金计划评估承包商的绩效，主观决定应付给承包商的奖金	支付在合同开始时就固定的协议费 固定费用不随发生的实际成本而变化，但可能因合同更改而调整	直接工时以具体的固定小时费率与经常费用、总费用、行政管理费用和利润一起统计 材料，计入成本
应用	当承包商同意承担一部分成本，同时期望获得大量补偿收益时，采用本合同	适用于研发工作，特别是非盈利机构及教育机构的研发工作	在目标成本及费用调整公式可以协商，从而可能激发承包商的积极性的情况下，采用本合同 常用于服务、研发及试验项目	在不能制定出预定的客观奖励金时采用 承包商的积极性和政府评估绩效的灵活性将增强项目的目标	在合同用于研究、初步探索，或者研究与要求的投入水平未知的情况下采用 适用于研制与测试合同（当成本加奖励费用合同适实用时） 适用于项目的成本、进度或绩效的风险很大的情况	仅在不能准确估计工作范围和时间或不能适当地预测成本时采用 通常适用于维修服务，以及承包商没有会计制度支持成本补偿合同的情况

续表

<table>
<tr><th></th><th>成本分摊合同</th><th>成本（无附加费）合同</th><th>成本加激励费用合同</th><th>成本加奖金合同</th><th>成本加固定费用合同</th><th>时间与材料合同</th></tr>
<tr><td>政府监管力度</td><td>重要</td><td>重要</td><td>重要</td><td>重要</td><td>重要</td><td>最高</td></tr>
<tr><td>变化</td><td>无</td><td>无</td><td>可能包括多种激励费用——成本、进度、绩效，且可能与奖金合并</td><td>与激励费用合并
基本费用或无基本费用
根据完成情况或投入水平</td><td>完成情况（推荐）
按工作量或投入水平</td><td>不包括材料的工时合同</td></tr>
<tr><td>限制因素</td><td colspan="3">禁止采用成本加百分比合同！因为承包商的费用往往随实际成本变化，而不随估计成本变化，结果使成本难以控制
不能用于取得商业项目
要求政府监管以保证承包商采用成本控制机制，并达到合理效能
费用限制：
· 可以通过组织政策来加以限制
· 对成本加固定费用合同的唯一法律，即《联邦采办条例》的限制为《联邦采办条例》15.404－4（c）（4）（i）、实施 10USC 2306（d）与 USC 254（b）（分别对应军、民政府采购）中所规定的限制
对于成本加固定费用合同中的实验、开发或研究工作，固定费用不应超过合同估计成本（不包括固定费用）的 15%
履行成本加固定费用合同时，对于服务于公共建设工程或公共设施的建筑工程师，设计、方案、图样及说明书等的完成与交付的合同价格或估计成本与费用，不应超过建造公共建设工程或公共设施估计成本（不包括酬金）的 6%
对于其他成本加固定费用合同，固定费用不应超过合同估计成本（不包括酬金）的 10%</td><td colspan="3">要求签约官决定：出其他合同类型都不适用
合同必须包括价格上限
对价格上限所作的任何后续变更都必须经签约官确认，并作出文字记载
合同类型并不能激励承包商控制成本，因此要求严格监管</td></tr>
</table>

①该合同对承包商来说风险最小，政府则需要付出最大程度的监管。当要求定义不明确时，采用该合同。

表 13－6　其他合同方式①

	书面合同	不确定交付
要素	初步的书面文书，用于授权承包商立即开始生产或履行服务	适用于授予合同时，具体的时间、数量或交付细节尚未知晓的情况 要求：在合同期限内只用一个承包商来满足所有需求。合同包括估计的数量
应用	当政府利益要求承包商作出立即开工的承诺时采用 当不可能及时谈判出明确的合同来满足要求时采用	不定交货时间和不定交货数量（IDIQ）：在合同期限内要完成的在规定限制条件内不定数量是有规定范围的，包括最小和最大数量 确定数量：合同期限内要交付的数量

续表

	书面合同	不确定交付
政府监管力度	一定程度的监管	政府机构必须采用订购的方式来获得产品和服务
限制因素	必须尽最大努力完成 对于定义明确的合同，必须包括目标日期（典型地，180 天内或 40% 完成前） 必须包括责任限制条款 政府不能承诺支付高出制定书面合同时的价格 必须满足所有合理的竞争要求	对用于购买“顾问和援助”服务的需求合同有特殊限制条件采用不定交货时间和不定交货数量合同时，政府必须遵循购买最小数量的要求
变化		发布采办服务的任务次序 发布采办产品的交付次序

①用于特殊合同需求。

13.1.2　制定询价包

询价包是政府向承包商发出参加项目竞标的邀请。几乎任何空间项目询价至少包括：1）征求建议书；2）工作说明；3）合同数据要求清单。很多时候政府在征求建议书之前也采用征求信息书（RFI）的方式。

征求信息书见《联邦采办条例》15.201 条——“在收到建议书前与企业进行交流，”以鼓励政府与企业交换信息，“增强对政府需求与产业能力的了解，从而使潜在的供应商判断它能否满足及如何满足政府需求，同时提高政府获得高质量供应与服务的能力……”它们的使用不限于当政府想要授予一项合同时。“当政府……为了提高规划能力而想要获得价格、交付、其他市场信息或能力时，也可以采用征求信息的手段。”采办人员普遍认为征求信息书是面向承包商的，但是非承包商组织，如技术协会也可以提供政府请求的专业，并在起草征求信息书时予以考虑。

卫星采办征求信息书的一个例子是，确定技术状态以便制定产品规范。例如，政府希望卫星处理大量数据，还希望在后期能有机会插入新的敏感器。政府也可能正在寻找数据总线结构（如计算机局域网所具备的），而非点对点链接。但是，政府对现有的技术状态所知甚少，又不想指定采取某项技术，增加卫星和竞争的复杂性。为了解技术状态，政府可以发布征求信息书，向相关行业询问现有标准及其硬件实例，或其未来发展趋势等情况。为了解技术或服务的成本，政府也可以要求企业提供成本信息。

在发布征求信息书时，政府要负责，一定不能泄露竞标者专有的或秘密的信息，也不能对这些信息采取特别处理，使采办更有利于某一供应商。

征求建议书（RFP）——征求建议书将要求、限制、策划战略转化为对承包商的指导。写得不好的征求建议书，尤其是其中存在要求和进度方面的矛盾时，会产生很大的问题（见第 8 章中对于要求的详细介绍）。若征求建议书由多个团体合作完成，团体之间很少沟通，且没有专人负责，就会产生这种情况。补救办法是先提出一个征求建议书草案交承包商评论。这样，政府就可以较早地了解是否存在有矛盾的地方或含糊不清的说明。承包商可能会担心政府私下会反感他们的评论。为减轻这种顾虑，可以指定一位中立的、资深的（通常已经退休）、受人尊敬的政府代表与高级承包商们会面。由该代表提出问题，这样，就不会直接针对某个承包商，同时该代表可以对承包商提出的偏见和争议也起到一个过滤的作用。

工作说明书（SOW）——工作说明书是最重要的采办文件。必须在供方选择过程的早期就制定，并确保清楚准确地描述采办要求。它是供应商征求建议书的基础，可以成为最终合同的一部分，并且它在整个合同履行期间对政府和承包商都设定了期望。工作说明书写得不好将导致征求建议书的质量差，从而使得合同不符合里程碑或成本约束。在整个预询价阶段，通过征求建议书来保持与潜在供应商之间的交流是很好的想法。不同公司对工作说明书的意见通常可以强化最终产品。表 13－7 给出了一个典型的工作说明书。

表 13－7　工作说明书的主要章节

引言	给出基本信息，包括目的、要解决问题的背景，以及范围（包括要做的工作的工作量及限制条件）
适用文件	包括承包商在合同履行中必须遵照执行的文件
要求	包括项目要求的具体工作任务。通常与总工作分解结构相对应。例如，项目管理、系统工程、空间段支持、地面段支持、发射段支持、安全、航行、培训、政府提供的设备，以及数据与信息
交付物	给出交付物、数量和进度

①可根据具体采办要求裁剪工作说明书。

本应由政府编写的工作说明书可以用目标说明书来代替，而把承包商起草的工作说明书作为评估供方选择的一部分。这种方法可以消除对期望的不同理解。

（1）合同数据要求清单

合同数据要求清单（CDRL）是合同数据要求的列表，是合同的一部分。它提供具体的批准与验收合同数据准则。表 13－8 给出了某空间项目的一个典型的合同数据要求清单。制订合同数据要求清单是项目经理的重要职责。它很昂贵——通常 1 000 美元/页。我们需要规定交付物的准确数量。数量过多，成本增加，而过少则会削弱进展和绩效，降低未来生产、运行、维护和后勤保障的质量。还应通过法规对交付物提出要求，或者由项目的某个成员对其负责。若达不到该要求，应予以放弃。如果可以采用承包商而非政府的清单格式，不仅可以节约时间和经费，而且仍旧能够获得我们需要的信息。

另一个挑战是批准合同数据要求清单，即在接受数据条款和支付前，要求政府予以批准。这就要求政府承担如下责任：

1）文件的实际评审；

2）按时进行评审。

对要通过政府才能满足其承诺这种情况，大多数承包商很担忧，因此会在合同数据要求清单中加入类似“凡是未明确否决，则视为在 45 天后接受”的条款。这就意味着，政府不作为会导致不完善的申请文件获得批准并予以支付。

有的项目要求合同数据要求清单单独定价。这样，在授予后，我们就可以根据需要重新发布合同来增加或删除条款。以质量说明书为例，初期，质量估计在很大程度上基于模型且经常更改，质量说明书也会经常发生变化。但是当硬件稳定、已交付，且不再有变化时，就很少需要质量说明书了。那么，我们何必还要为不需要、不再使用的文件付费？

表 13－8　某空间项目的简单的合同数据要求清单①

<table>
<tr><td>格式</td><td colspan="2">最好是电子格式的，原因是其交付速度快，制作成本最低，而且访问承包商数据库方便
比按规定（计划）交付还要好的方式是将数据插入数据库，这样所有相关方都可以访问
承包商格式更为可取，原因是其更改格式的成本最低，并且可以确保承包商与政府所看到的信息是相同的——这是确凿的证据</td></tr>
<tr><td rowspan="4">典型的合同数据要求清单条款</td><td colspan="2">集成主进度
技术状态管理计划
系统工程管理计划
软件开发计划
（美国）国家电信与信息主管部门无线电频谱注册</td></tr>
<tr><td rowspan="2">财务</td><td>合同资金现状报告</td></tr>
<tr><td>承包商绩效报告（DD2734）</td></tr>
<tr><td colspan="2">培训与后勤数据
安全计划
数据增加清单（政府要求承包商对内发布的数据清单）</td></tr>
<tr><td>专用条款（只针对航天器，地面系统、数据系统等与此类似）</td><td colspan="2">质量特性报告（包含卫星质量、运载火箭能力的质量裕度、质心、惯性矩等）。通常，在研制早期要求频繁报告，质量确定后，通过设计评审和生产，可以减少报告的次数
航天器电源报告（包含电源生产能力、电池充电与放电深度能力、航天器耗电量估计）。通常，在研制早期要求频繁报告，电源发电与耗电确定后，通过设计评审和生产，可以减少报告的次数
计算机内存使用情况［内存利用、计算机（输入输出信息的）吞吐量、输入/输出速度等］，要确保卫星上计算机裕度足够大。通常在研制早期要求存储极限大，飞行程序确定后，通过设计评审和生产，可以降低存储极限
系统规范。政府常要求承包商撰写系统规范来响应 SOW。这需要政府批准
环境与安全报告</td></tr>
</table>

①只包括必要项目是关键。

13.2　完成供方选择

制定采办计划后，下一步是供方选择。我们需要编制供方选择计划，主持投标人会议、评价标书、谈判和授予合同。下面各节对这些工作进行详细讨论。

13.2.1　编制供方选择计划

对于竞标型采办，必须决定如何选择最佳承包商。完善的供方选择计划（SSP）采用了征求建议书评估中的大多数评价条款（尤其是在达成共识的过程中）。为了使供方选择过程的指示清晰，供方选择团队成员的任务和职责明确，为了准备详尽的供方选择计划而耗费的时间是值得的。一旦制定供方选择计划，除非有正式更改，并告知承包商这些更改对征求建议书的相关条款或状态所产生的影响，否则计划保持不变。比起其他原因，更改供方选择计划所导致的供方选择延误更为严重。

其他建议如下：

1）访问在近期完成过供方选择的负责人，吸取他们的经验教训。

2）经常与供方选择团队会面，及时作出决策。评估中在某些方面出现意见分歧是常见的，只要这些问题一出现，我们就加以讨论，供方选择过程就能顺利进行。

3）与供方选择主管部门（SSA）会晤，以确定期望目标和规则。例如，供方选择主管部门是否需要供方选择团队提出意见？

4）若设有供方选择咨询委员会，他们必须了解自己的任务。假如他们有权提出异议或意见，则供方选择计划中必须记录成文。

编写供方选择计划有多种方法。表 13－9 给出了空间系统供方选择计划应包含的要点。

表 13－9　供方选择计划的典型组成①

介绍	阐述计划目标及选择承包商的方法
供方选择机构	描述供方选择机构与汇报关系。空间项目通常有成本小组、合同确定小组、以往绩效小组、技术与管理小组和安全小组，他们都向供方选择综合团队报告，然后再报告给供方选择主管部门
通用评估方法	宏观地描述供方选择评估过程；在小节中介绍各小组如何评估征求建议书
选择准则与评估计划	提出征求建议书的选择准则，包括每项准则的权重
进度	提供供方选择的里程碑和完成日期（从征求建议书草案的发布到合同授予和执行）
文件要求	列出每个小组要求的所有文件

①必须将该计划形成文件并认真执行。

供方选择计划对优点和缺点都给出了定义，明确了准则的相对重要性。这样就便于用打分的方法来确定征求建议书之间的差异。评估团队应该在征求建议书发布召开会议，以大致确定评估准则相对于提出的数据的含义。例如，某一职位要求至少具有学士学位，但是被提议的人拥有该领域的博士学位，我们会将其评估为优点么？如果为优点，该优点达到了什么程度？评估过程并非完全客观的，但是我们在阅读和评估征求建议书前应达成一致意见。

最后，在供方选择过程开始时，整个评估团队（成本、技术、以往业绩、安全和管理）应接受有关供方选择方法和进度的培训。每一个供方选择都是独特的，有其自身的细微差别。全体团队成员都需要知道应该做什么，以及如何使其所作的贡献更适合于决策过程。当评估阶段开始时，预先培训就节约了时间。我们应为采办团队提供准时的、可以获得最大效益的培训。一些基于计算机的供方选择程序可以用来提高评估过程的效率。大多数优秀采办中心（如第 13.4 节所述）都有这些软件包。

13.2.2　主持投标人会议

对潜在的供应商进行采办培训可以使征求建议书更加完善。这些公司往往耗费大量的时间与金钱来决定是否参加某一项目的竞标。政府提供的帮助越多，双方都会变得越好（有关项目争取的内容见第 2 章）。培训的一个途径是主持投标人会议。该会议为公开讨论会，潜在供应商可从会上获取更多的有关项目的信息，政府则可以在会上阐述期望。召开多次会议是个好主意，一次会议是在项目开始时召开，针对所有潜在竞标者；之后召开一次或两次以上只针对正式投标人的会议，会上讨论的内容应比一般会议详尽而集中。

在公开讨论会上，潜在供应商可能不想问细节问题，因此我们应提供书面问题供其选择。可以在会议过程中即时回答问题，也可以在会议结束时回答，这样政府团队就有时间对如何应答进行讨论。举例来说，美国国家侦察办公室在其采办网站上公布官方答复。这也有助于向所有参会者提供文件，并进行公告，以方便大家查阅。这有助于项目组团合作，对小公司来说尤其合适。大的主承包商一般不太了解小公司的能力。在投标人会议后公布各公司联系人表是促进合作的一种方式。

13.2.3 评估征求建议书

一旦签约官收到征求建议书并编制征求建议书清单，就进入征求建议书评估阶段。尽管每个机构都有自己的评估承包商的征求建议书的方法，评估方法必须具有一致性和可度量性，每一步骤都要有文件记录。这是供方选择过程中压力最大、最困难的部分，它受进度驱动（大多数团队留给这一关键评审的时间不足），还经常受到上级的审查。在该阶段，技术小组、管理小组、以往绩效小组、合同确定小组和成本小组，都要对每一份征求建议书进行评估。对技术和管理的评估可以应用一些软件。所采用的软件必须加强其一致性和专业性。

首先要为供方选择提供合适的人和环境。该团队要在很长一段时间内一起工作。如果成员死板、固执，团队工作就会非常困难。供方选择是一个非常复杂的过程，存在多种观点，每种观点都想占上风，要想达成一致意见就需要妥协。另一方面，领导必须作出决定，而尤其令人头疼的是，领导者或签约官不能或不愿作决定。

团队成员需要全身心地投入工作。该工作不是临时性合作。实际上，很多军事机构的确向团队成员发出临时工作要求，以确保他们完全致力于供方选择任务。既然项目群办公室的高级领导经常过问供方选择，且必须承担日常职责，那么较好的方案是任命一个类似首席主管的官员，专职负责供方选择，并在需要时向项目群主任报告。

工作设施很重要。我们需要长时间工作，因此要求设施舒适、干净整洁。为了让所有团队成员同时工作，必须配备相应的计算机与软件工具。在没有配置这些设施的场所工作时，团队负责人不得不安排换班，这导致了竞争的延伸，同时增加了因为时间延长与复杂程度增大所导致的妥协。

项目经理第一次负责供方选择时，应安排好培训时间并熟悉供方选择软件。我们应将评估过程中发现的所有问题都记录下来，并在总顾问的支持下对其进行改正。在开始供方选择前，要警告承包商防止发生此类问题。这样做，可以避免以后产生抗议。对这些任务，供方选择评估团队主席需要进行大量策划、协调和领导工作。要成功完成供方选择，良好的沟通与按里程碑进度进行安排是必不可少的。尽管供方选择过程中会有变更发生，但如果所有人都了解情况，则可以将影响降到最小，从而可以继续推进。

下面特别讨论 4 个主题：如何使用评分法才能达到最好效果，了解以往绩效，完成技术与管理评估，对附加信息的要求。

（1）评分法

不同机构采用不同的评分法来评估承包商的征求建议书。必须对等级明确定义，以确保包括供方选择主管部门在内的整个供方选择团队。我们必须取得共识，否则评估方法各异，对同一因子，不同评估师会给出不同的评分。

采用数值评分法时要特别小心。因为数值评分会包含评估中本不存在的精确性。无论两家供应商之间的评分是否接近，在叙述它们的优缺点时应给出真正的差异。在评分时还应采用整数。若团队不能解释为何一个征求建议书的分数比另一个高几分的理由，仅依靠数值分数可能导致持久的抗议。在进行评估与达成共识的会议室中，用大幅海报公布因子评分标准、风险标准和以往绩效标准。这个想法很好，可以让评估师不全依赖记忆。

另一个经验是，只要高分和低分之间存在 2 个点的差异，就必须进行讨论。类似 Ventanna™的软件可以进行匿名评分。这可以促进评估师之间进行坦诚交流，防止过度重视小组中某个人的意见（见第 19 章的决策偏见）。

（2）以往绩效评估

从 20 世纪 90 年代晚期开始，公司以往绩效的重要性日益增大。绩效数据必须准确可信，必须与公司要为当前项目所要做的工作相似。由于公司的业务是处于动态变化的，所以其以往绩效的参考数据应是 5 年内的。提供这些信息的机构应给出评价意见和支持案例，同时，项目经理应向其他项目经理征求他们对某承包商的看法。最后，我们应关注以往绩效的趋势，不要仅仅关注某个合同。

承包商可以请以前所做项目的签约官技术代表给出一份评估意见作为正式的输入。若该输入不适用，项目经理与签约官应要求承包商提供更多信息。凡事有利有弊。这就意味着项目经理、签约官与以往绩效评估团队必须认真考虑所有的输入意见，以保证评估不会因某个客户心情不好而形成偏见。事实上，《联邦采办条例》要求，当有负面信息出现时，签约官必须发布一份澄清请求书，让承包商有机会作出回应。

尽管《联邦采办条例》没有明确规定，以上对负面评论的处理同样适用于对充满溢美之词的评论的处理。为什么某个签约官技术代表对绩效如此满意？在采用这种评估作为根据前，我们必须确认该评估是可信的。

要注意的另一件事是，主承包商规模很大，每个分公司的绩效可能各不相同。审查以往绩效时，我们必须确认，我们得到的分公司信息来源于同一个分公司，或者与其关系密切的分公司。很多时候，分公司只共享总公司的名字，在其他业务上则毫无关系。实际上，分公司可能与当前的竞争者关系非常密切，甚至曾经是它的一部分。

（3）技术与管理评估

对于每一个评估因子，评估师严格地按照询价要求、评估准则和标准，对供应商的征求建议书进行比较。这时，平均主义不再适用。对每一个因子，这些标准都设定了合格的征求建议书的期望值。我们将对优点（高于标准）和缺点（低于标准）作出明智的判断，并且必须明确记录在案。

按优缺点进行判断只适用于项目，而且在很大程度上取决于评估师的判断。若根据阈值（最低要求）和目标值（期望能力）来规定要求，则达到阈值即可获得“符合标准”的评分，达到目标则要“明显高于标准”。表 13－10 给出了评估征求建议书优点和缺点的程度。

表 13－10　优缺点的程度①

＋	略高于标准或期望值	－	略低于标准或期望值
＋＋	明显高于标准或期望值	－－	明显低于标准或期望值
＋＋＋	非常明显地高于标准或期望值	－－－	非常明显低于标准或期望值

①对每一决策准则，给出了获得优点和缺点程度的方法。

评估过程中，每个评估师对每一个因子都设定等级或者分数，然后对每个因子作单独的风险评估。这基于评估师对供应商征求建议书描述的技术和管理方法的置信度。如何消除评估师之间存在的评估差异可以说是一项挑战。某个评估师可能总是将级别定得较高，而另一个评估师则定得较低。面对这种情况，项目经理必须决定如何继续进行下去。一个成功的方法是让所有评估师对某个样本进行评估，然后讨论它们的差异，从而达到统一的评估标准。这么做，持续高分者或持续低分者都将明白自己的绩效。先生成平均分，之后讨论分数高于平均分（例如 2 个点）的具体原因，这种方式可以完成校准。这个过程可以一直持续到所有得分都在统一的标准范围内。这也为团队成员提供了一个机会，当他们发现了其他团队忽略的问题时，就可以用其观察到的数据来改变小组的评价意见。

基于计算机的工具对实施技术评估尤其有用。自动化技术增强了团队的能力，促进他们能熟练地、有条不紊地分析征求建议书，并高效地组织、收集评估意见，将其形成文字记载。

（4）更多信息请求

若评估师认为征求建议书某些地方存在缺点和不足，或需要补充信息，则需要准备澄清申请书（CR）、征求信息书（IR）、重要弱点报告（SWR）和缺点报告（DR）。申请书或报告的类型根据供方选择阶段而定。当无需讨论就可授予时，采用澄清申请书。澄清申请书中要阐明以往绩效信息，供应商没有机会回答的、不利的以往绩效信息，以及小错误或书写错误。在决定竞争范围后，应发布重要弱点报告和缺点报告。所谓的竞争范围是指符合政府要求且有机会胜出的一组征求建议书。重要弱点报告针对的是征求建议书中存在重要弱点的情况。缺点报告针对的是不符合询价要求，或存在重大缺点，可能导致绩效风险高到不可接受的情况。征求信息书针对的是评估时征求建议书中不齐全，不能用于评估，或其中存在矛盾的情况。以下两个阶段采用征求信息书：1）在确定竞争范围前，为了帮助我们更好地理解征求建议书、给予合理解释或使评估更容易；2）在讨论过程中，用于询问征求建议书中有关供应商能够修改或解释的部分内容，以增加授予的可能性。

合同谈判持续时间可能很长，很复杂。对于大的授予合同，常会碰到请求修改最终征求建议书的要求。这种情况是由于原征求建议书有问题，再加上澄清申请书、重点弱点报告、缺点报告，以及承包商所产生的更改。这些更改促进了重新评估和对最可能的成本估计。

进行供方选择时，要记住以下要点：

1）供方选择评估团队（SSET）需要一个不兼其他任务的专职负责人。这个人不能是项目群主管，应有高级职务，是项目群主管的直接领导。

2）供方选择咨询委员会（SSAC）的作用在于以不同的视角进行评审和系统级评估。而供方选择评估团队成员由于在其专业领域中的工作更为细致，他们更专注于评审及其过程，听取了太多的简报，以致他们可能察觉不到脱节的地方。

3）以往绩效：

· 绩效风险评估小组（PRAG）可以提供增值服务，但是我们建议分两个阶段进行——第一阶段为一般性评估，第二阶段重点关注已发现的问题。为了使绩效风险评估小组进行综合评估，我们需要制定规则。

· 绩效风险评估小组的评分需要有足够的动态范围，只有这样，评估才能够起到鉴别的作用。一个反应迟钝或不负责任的供应商是绝不可能对征求建议书作出响应的，评估时应考虑这种情况。每次竞标时，都要根据情况调整动态范围。

4）L 节（对格式化、组织、提交征求建议书的指导）与 M 节（评估征求建议书的准则）：

· 不要形成过多标准。标准数量过多不但没有价值，反而会对评估造成妨碍。在最终进入 M 节前，所有评估师必须对标准进行审查。这就意味着在征求建议书发布前必须指定和聘任评估师。还必须采用模拟供方选择的方式来对标准进行测试。

· 在询问供应商存在的问题或风险及具体的减缓策略时，我们其实是在考察他们的思考过程和理解程度。为做好这一点，采用让步法：若我们需要希望找到前 x 个问题，则应提出先找到 y（大于 x）个，然后问其如何从中选择这前 x 个问题。

5）为保持评估师与管理之间的沟通渠道，为使评估容易并能经常进行，为能够对每日进度作出调整，全体评估师在每天同一时间进行每日例会至关重要。这对保持进度是必不可少的。

6）制定和保持供方选择事件的每日进度表。应在每日例会中对其进行审查，并在明显的地方将其公布。

7）供方选择的管理工作需要与所有项目办的其他职责相分离。核心团队（包括签约官）应在征求建议书发布前由项目办负责组建。他们的唯一任务就是完成合同授予。

8）项目办的上级管理机构应采取积极措施使项目办与供方选择隔离，这样，供方选择过程才能在没有损失必要参与者的情况下继续进行。

9）评估过程产生的效果。在技术、管理、成本等领域评估与主题的吻合非常重要。

10）关于评估人员：

· 供方选择是一项艰难的工作。它并非每周 5 天，每天 8 小时的工作那么简单。在承担该工作前，评估师与顾问必须清楚认识这一点。

• 慎重挑选评估师，确保他们具备合适的背景与经验，并能承受一定的工作压力。

• 一旦确定评估进度，在这个基础上增加50％的进度裕度，并告知供方选择人员按照进度执行。

• 编制供方选择评估师和顾问的早期离职或在职休假标准的检查单。

11）由技术顾问为每类征求建议书准备一系列具体技术（如质量特性、电源系统能力和结构设计）的专业技术备忘录，以备评估师使用。这有助于信息查询，并确保评估公平公正。

12）为了及时将顾问的意见提供给评估师，可以让顾问先进行征求建议书评估。

13）为评估师和顾问提供一条用于对评估过程进行沟通的渠道。例如，业务团队发现征求建议书中缺少某一项测试，他们应确保技术团队了解并及时获知该信息。

14）为了在会议上达成共识，为负责人提供针对项目或评估因子的培训。专业支持的确有助于团队协同工作。

15）以在线征求建议书的形式使用电子供方选择系统时，仍需提供征求建议书的纸质文本。

16）将分配给评估师的因子数量减至4个或者更少，并均衡评估师之间的工作量。分配多因子交叉项目要求举行一系列会议以达成共识，这将耗费大量时间。这会让那些评估师因为等待开会而产生厌烦情绪。分配过多因子也会导致一些评估师要不停地参加会商，致使他们若不推迟会议，就不能进行充分准备，或者使他们极度疲劳。这将对评估质量造成影响。

17）采用数值评分时（一种颜色对应的评分不止一个数，如5，6，7＝黄色），只要对于某一颜色的意见一致，即可认为达成了共识。

18）仅一些特殊情况下才会邀请顾问参加共识会议。顾问大都精明能干，但因过于关注细节，而可能延误达成共识。

19）评估产生重大失误时，要承认失误，召集承包商重新开始。忽略失误所节约的时间很可能因受到抗议而得不偿失。

13.2.4 合同谈判

尽管与常规不符，合同谈判在竞标结束后进行。政府机构要根据谈判解决存在问题是否成功解决来选择承包商。谈判时间是限定的，若届时未能达成一致意见，则谈判成功的排在第二位的供应商成为赢家。

多数成功的谈判者在谈判过程中会采用各种各样的策略。但任何情况下，谈判团队都必须做好准备工作。对承包商征求建议书的实况调查需要时间与耐心。我们必须确定政府从中可以得到的收获，并制定公平合理的价格。

13.2.5 合同授予

供方选择评估团队必须进行全面、公正的评估。他们可能会聘用法律顾问、审计师、采办顾问和情报组织的安全官员。评估团队在会上要与供应商进行当面讨论，以便了解所有疑难问题。这也证明政府是公正的，同时降低了失败的供应商提出抗议的可能性。如果确实有人提出抗议，那些会议就成为合同授予确实是经过了认真讨论的证据。

供方选择主管（SSA）是唯一有权作出授予决定的人。该主管通常为富有多年采办经验的高级项目群经理，负责对数据、评估结果和整个授予建议进行审查，为作出决策可能要求提供额外分析。在简介图中引入超链接（与数据库中的详细内容相连接）是很有用的。这样，不需要长篇累牍的介绍，就能帮助供方选择主管了解并进行深入研究。

供方选择决议文件（SSDD）——该文件支持授予决定；其中的每一结论或决议都与公布的评估准则相关联。也就是说，整个采办过程中我们必须对遵循的程序都加以记载。规章制度和书面文件对于过程的完整性非常关键。供方选择决议文件应简明扼要，其论述应逻辑通顺。它必须能够独立成文并支持供方选择主管的决议。我们必须指出优缺点，它们对项目的重要性，以及它们与决定之间的关系。该文件也应包含相关的供方选择信息。例如，在投标反馈中通常会列出供应商的相对排序。供方选择决议文件应包含并支持这些排序。决议通常归结为在两个或三个供应商之间进行优点比较，供方选择决议文件中也应体现该决议。

供方选择决议文件是供方选择中最重要的文件。其关键在于，首先根据评估准则选择最好的征求建议书，然后书面解释供方选择主管选择该征求建议书的理由。

中标通知书——供方选择主管签署供方选择决议文件后，通知中标的供应商。然后，供方选择主管按规定文本用电话通知所有未中标的供应商（此时不回答任何问题）。对于大项目，总顾问应先对文本进行审查。文本不能有任何别出心裁、委婉或讽刺的话语。一些供方选择会因短暂的、友好的话语而引起误解，例如，“很抱歉你失去了……你的征求建议书很好……”或者随口说出：“投标反馈时来多少个律师？”这就给承包商造成我们的供方选择存在问题的印象。电话告知后，签约官应在 3 个工作日内给出书面通知书。通知书应包含以下内容：

1）参加投标的供应商数量；

2）收到的征求建议书的数量；

3）胜出的供应商的价格；

4）概要说明该供应商的征求建议书没有被接受的理由；

5）投标反馈进度。

面向未中标供应商的投标反馈——投标反馈通常为政府与未中标供应商之间的正式会议。但是中标供应商也可以要求参与。通常有两种类型：1）向不在竞标范围内的，或者在授予决定前被淘汰的供应商，进行投标反馈；2）向参与竞标但未中标的供应商进行投标反馈。

投标反馈也许是供方选择中最重要的部分。如果反馈得当，未中标的供应商了解了决定的依据，回去后还可以再接再厉。若反馈不当，供应商可能认为没有什么大不了的，还可以通过对授予提出异议来获得合同。未中标的供应商也可能认为我们没有讲清他们没有中标的真正原因，或者我们在隐瞒事实。这样做的结果只能是浪费了寄交抗议的邮费。所以，投标反馈不能临场发挥。

这些公司花费了大量经费准备征求建议书，若没有中标，会很失望，因此很容易臆断自己受到了不公正的对待。投标反馈时应重申供方选择的规则（完全按询价中所述），并证明我们是如何遵守这一规则的，还必须具体地给出评估结果。例如，“根据表 2 中的要求，贵公司对重量裕度的论证不充分”要比“我们认为贵公司给出的重量裕度不足”更有说服力。

投标反馈团队应包括签约官、法人代表，以及熟悉过程和结果的供方选择团队成员。要求供应商书面提交针对投标反馈的问题是一个好办法。这能使我们知道他们关注的重点，以便为大多数问题准备详尽周到的答复。投标反馈结束后，签约官与法律顾问将决定对其他问题是当场进行回答，还是以后给出书面回答。所有口头问题及其答复都要有详细记录。供应商团队和政府团队都应该有机会召开核心会议。

我们需要准备好可供发放的相关文件，以证实所作的决定公平有据。所有问题处理完后，签约官就宣告投标反馈结束。

这里总结了一些相关的法律知识：

1）在合同授予前的投标反馈会上不应公开供应商数量、其他供应商的身份、其他供应商征求建议书中的内容，或者其他供应商的排名情况等信息；

2）合同授予后的投标反馈中，我们不应该提供某供应商与别的供应商征求建议书的逐一比较情况，不应该泄露专有信息，如商业秘密、秘密或机密的制造工艺技术、秘密或机密的商业和财务信息，如成本分解、利润、间接成本或间接成本率，或者为我们提供供应商以往绩效信息的人的名字。

投标反馈是阐明以下事实的好机会：我们按计划进行了供方选择，评估全面、彻底、公正；评估出的优缺点基于承包商提供的征求建议书（而非意见）；评估决议有评估过程与事实的充分支持。

抗议——未中标的承包商有提出抗议的合法权利。他们轻易不会作此决定，因为他们知道这会触怒政府团队，会有听到负面意见的风险。但是若他们相信自己有根据，他们就理所当然地考虑提出抗议。如果我们的供方选择是按规则进行的，并且具备所有的支持文件，那么我们就不必担心。抗议会推迟项目和增加成本，但并非大难临头。

存在两种程度的抗议。第一种是对机构提出抗议，针对这种情况，合同授予机构应对过程的公正性和标准的适用性进行复审，作出决议。第二种要严重一些。承包商向美国审计总署提出抗议，启动正式程序。承包商只是想通过议会来施加影响，以得到不同结果的决定。这种情况下我们需要机构律师的帮助。

当不幸出现抗议事件时，我们必须确保评估过程是无懈可击的。我们所做的一切必须有据可查。有一点很重要：在最终作出维持不变或撤销授予的决定之前，政府与中标者可以合作，甚至继续执行合同。

13.3　合同管理

合同完成后，就要对其进行管理。合同管理包括合同行政管理、绩效监督和完成合同。

13.3.1　合同行政管理

合同行政管理是政府工作人员与承包商之间从合同授予到合同终止期间的全部业务处理。其具体活动与工作性质、合同类型、合同条款与条件、机构政策和文化有关。有些合同要求加强政府监管和日常互动。一般合同则只需要确认产品已经交付，已按规定向承包商支付费用。

合同的启动活动（例如合同实施评审）是一项很好的实践，有助于对合同要求的相互了解。所有政府工作人员都必须了解他们在合同行政管理中的责任与约束，所有参与方都必须清楚了解：

1）对合同进行行政管理的政府人员的职权；

2）合同的交付要求；

3）合同特殊条款；

4）绩效监测程序（见第 14 章）；

5）承包商开具的凭证；

6）凭证批准过账；

7）支付程序。

签约官、合同行政管理办公室和承包商是该项管理的主要参与者。政府和承包商的其他人员进行配合。表 13－11 举例了这三者的责任。

项目经理在合同行政管理中发挥着巨大作用。最主要的是，项目经理制定项目办与承包商二者的政策、优先级与行为期望值。项目经理必须要有作出艰难决定的准备，例如由于团队还没有就绪而不得不推迟关键设计评审。签约官对于合同管理来说是至关重要的，但是面对众多规章制度时，他也会晕头转向，忽略了任务。有经验的项目经理则明白告诉签约官他该做什么，而不是怎么做，这样通常可以得到最好的结果。我们应该经常交流，这样就能相互了解对方的目的、目标和限制条件。

表 13－11　合同行政管理职责①

签约官	合同行政管理官	承包商
接受项目管理客户的检验、试验等规范 确定在询价和合同中对承包商的质量控制提出了适当要求 向合同行政管理办公室颁发必要指示 核实承包商是否按照合同完成质量要求 监管对不合格品的识别	制定并应用质量保证程序 核实产品或服务是否符合合同要求 记录质量保证措施 执行签约官的所有书面指示 报告在设计或技术要求中观察到的所有难点 对必要的更改提出建议，以使运行有效	控制产品或服务质量 提供符合合同要求的产品或服务 确保供货商和供应商具备合格的质量控制体系 完成合同要求的所有检验与试验

①注意表中对签约官、合同行政管理官、承包商三者的职责区分。

合同变更控制过程——许多意外事件（例如灾害性天气事件、战争等）会影响合同绩效。此外，要求可能会发生变化，或者政府可能需要增加或减少产品或服务。因此，必须在合同中以受控的、有文字记载的方式明确更改机制，这样各参与方都清楚究竟更改了什么。

合同修改指合同中的任何书面更改。修改可能会改变合同的条款（例如工作说明、履约期、数量、价格或者其他条件），或者只是对行政管理进行更改。就联邦合同而言，只有签约官在其职权范围内可以代表政府依法实施合同修改。

合同变更有两种常见类型：单方变更和双方变更。只有签约官才能签署单方变更，进行行政管理更改，发布更改命令，根据条款授权而非“更改”条款进行更改，或者发布终止通知。双方变更由承包商和签约官共同签署。根据变更通知单进行协商好的公平调整，形成书面协议，或者反映双方的其他一致意见。

对更改的授权必须要控制在合理的范围内。更改应作为一项新协议形成文件，与所有相关方作好沟通。更改包括 4 个步骤：1）变更确认；2）变更控制；3）变更状态统计；4）变更审计。由非授权人进行合同变更，且变更文件记录不全时，经常会引起合同纠纷。对合同变更控制不力也会导致合同各方对彼此的义务产生分歧。

13.3.2　监测合同绩效

合同授予后，项目经理的主要职责是监测绩效，主要包括审核发票、批准付款、检验交付物，以及监测合同进展等任务。我们必须与承包商建立良好关系，处理好项目中出现的诸多问题。这部分工作要求项目经理具备领导力和技术敏锐性，并且要非常耐心。

如何对承包商的绩效进行监测取决于产品或服务的类型，见表 13 - 4 和表 13 - 5。小型的严格固定价格合同一般不需要太多管理，大型的成本补偿合同的管理则需要项目经理全面介入。我们应该密切监测利润激励型合同（激励合同或奖金合同），这样针对额外的费用作出的决定才能有据可查。

监测绩效的方式有多种，包括现场访问、检查、进展报告、进展评审，以及技术交流会。

对承包商进行现场访问——这很有用，项目经理不仅可以监测合同的执行情况，还能直接观察工作环境。若项目经理的关注重点为质量控制，现场参观尤其会有帮助。但是，需要指出一点，我们一定不能改变合同范围。采用按月进行项目管理评审可降低项目办对承包商的影响，这是一个好主意。例如，星期一和星期二可以举行工作小组和综合产品组的例会，星期三和星期四可以利用星期一和星期二例会上得到的状态信息举行项目管理评审和必要的高层会议。

对于大型或非常复杂的合同，项目办可以将一个人或一个团队安排在承包商的工作场所中。项目经理、签约官与承包商必须制定这种派遣人员的参与规则，例如承包商应提供的办公支持，进入工作楼层的通行证，参加会议的权利等。这种在现场有派遣人员的优点是项目代表可以实时参加会议，并向双方传递信息。

演示、测试、试验性检查或者产品检查——当承包商要提供产品（例如硬件和软件）时，这一监测程序就显得非常重要。这使我们有机会在要求的环境中测试系统或产品，从而确保该系统或产品符合要求。

进度报告——进度报告应包含以下相关信息：

1）迄今为止已完成的工作和技术要求，并标明下一报告周期内预期的工作；

2）迄今为止已发生的成本，下一报告周期内预期的成本；

3）项目状态的标志；

4）确认存在的问题或预计会产生的问题，承包商解决或防止这些问题的措施。

项目评审——根据合同规定的范围评估承包商绩效。把实际进度、里程碑、绩效等与技术计划进行比较。实际上，所有空间项目都要进行设计评审、硬件评审和准备就绪评审。表 13－12 对此作了重点介绍。详细的监测和评估方法见第 14 章。

表 13－12　管理空间项目时采用的常规评审①

评审类型	项目经理和团队应关注的问题
设计评审	· 从要求到设计，到绩效估算的文件流是否有序 · 产品是否符合承包商和政府的政策 · 是否考虑了所有的"ilities"②（见第 8 章） · 是否有针对质量保证，任务保证，零部件、材料和加工等的政策 · 零部件、制造、试验等的进度是否能够实现
硬件评审	· 是否遵循制造文件 · 所有试验是否完成？试验结果是否正确 · 是否已填写故障报告？纠正措施是否到位 · 是否有超差放行
准备就绪评审	· 要试验的项目是否完成并准备好 · 现有设计是否与承包商设想的完全一致［实际建造＝实际设计＝实际试验（单元级面）］ · 程序是否准备好，是否经过确认 · 所有设计问题是否都已完成 · 专用试验设备和空间地面设备是否已准备好

①每一类评审的目的和重点各不相同；

②指可靠性、可用性、可维护性等。——译者注

技术交流会——在技术交流会上可以对技术问题、结果、要求进行讨论，并提供说明，从而监测合同绩效。在技术讨论会上，若我们向承包商发出了指示，则项目签约官和承包商必须一致认为作出的决定是在合同范围内的。

13.3.3　激励合同绩效——激励与奖金

在交付或技术绩效可以与利润或奖金挂钩的情况下，宜采用激励合同。激励合同必须制定明确、合理的承包商可以实现的目标。激励合同应激励所期待的行为，抑制效率低下和浪费。基本上可以分为固定价格激励合同和成本补偿激励合同。

奖金合同可以让我们主观评价承包商在规定评估周期内的绩效。奖金合同提供的奖金由固定基数和奖励数（承包商可能拿到全部或部分）组成。

（1）激励

公司存在的目的就是让其经营者获得利润。如果获利的可能性较大，则经营者愿意少赚一点利润，如果奖金较高，他们也愿意冒风险。有时，这些盈利的目的与政府对合同绩效的期望背道而驰。

激励是改变承包商的行为和绩效的一种方法。所有东西都可以成为激励——我们需要相关方之间达成协议和适当的合同条款。一些人对激励感到不理解——他们认为不应对承包商奖励，因为他不过是做了本职工作。但《联邦采办条例》15.404－4（a）（2）中述及：

“为承包商提供获得充足奖金的机会，以激励高效的合同绩效，从而吸引有资格的大小企业为政府合同效力，并保持有活力的工业基础，这对政府是有利的。”

同时，在《联邦采办条例》15.403－4（a）（3）中指出：

“若对利润的作用认识不足，谈判时只把目标放在通过减少利润来降低价格，这对政府是不利的。谈判中尽量压低利润，采用历史平均数据或自动应用利润占总估计成本的预定百分比，这些并不能为优化合同绩效提供恰当的激励。”

激励可以是正面的，也可以是负面的。负激励是指通过减少费用来惩罚没有兑现合同某一条款的承包商。当然，承包商不喜欢负激励，因为他们必须预测预期收益，这样就会使预测变得非常复杂。正激励与负激励相反。合同中基本费较低，因此承包商能够将其预测出来，只要符合预期绩效就能获得正激励。这样承包商作业务决策时就有了基线，就有机会利用良好的合同绩效来提高财务绩效。

（2）激励的类型

最简单的激励就是激发单个要素，例如成本、进度或某种绩效测量。下面给出几个例子。

①成本激励

最简单的成本激励是，承包商以协议的成本，或更低的成本完成项目后，承包商所获得的奖励。用一个简单的比例来解释，如 90∶10。承包商每超过合同成本 1 美元，政府支付超过费用的 90％，承包商自付 10％。这称为分担线，如图 13－2 所示。若成本严重超支，承包商可能会失去所有利润。此后，承包商只能从公司基金中获取费用。

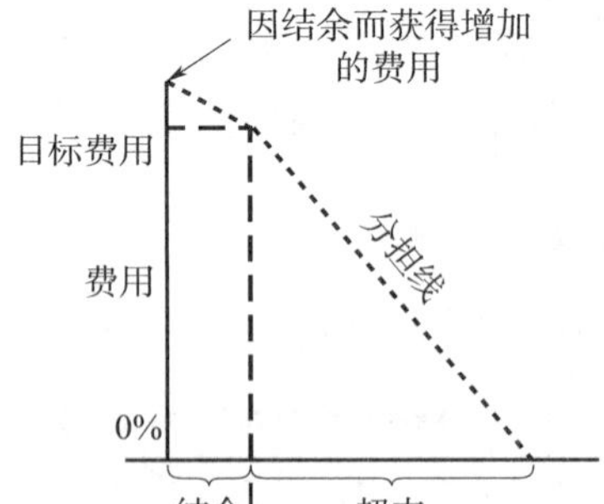

图 13－2　政府合同中的成本激励

该图给出了分担线，此处承包商和政府共同负担合同可能的超支

图 13 - 2 同时也给出了结余的分成协定。在这种情况下，政府收到一定比例的结余，而承包商收到一定比例的增加费用。这种协定要求政府确保其收到的产品或服务的质量合格，结余并不是没有完成工作的结果，而是通过降低成本而获得的。

但是，对于大合同而言，即使一个小的费用百分比，也是一大笔钱，政府就会因成本增量过大而受到重要部门，甚至国会的干预。为避免承包商出现这种行为，政府通常选择陡峭的分担线，如 80∶20，70∶30，甚至 50∶50。因其具有不确定性，承包商并不喜欢这种方式。长期以来，空间系统的成本估计都是很困难的，如第 11 章所述，承包商不想因为小小的估计失误而受到大的惩罚。避免这种情况发生的一个方法是采用具有多重斜率的分担线——起初平缓，越到后来越为陡峭。采用这种方法后，承包商只有在产生较大失误时才会遭受较大损失，小问题则不会。这对政府也是有好处的。当要求与设计锁定时，在计划早期若有变更或风险，承包商所受的限制要小一点。图 13 - 3 给出了具有多重斜率的分担线。

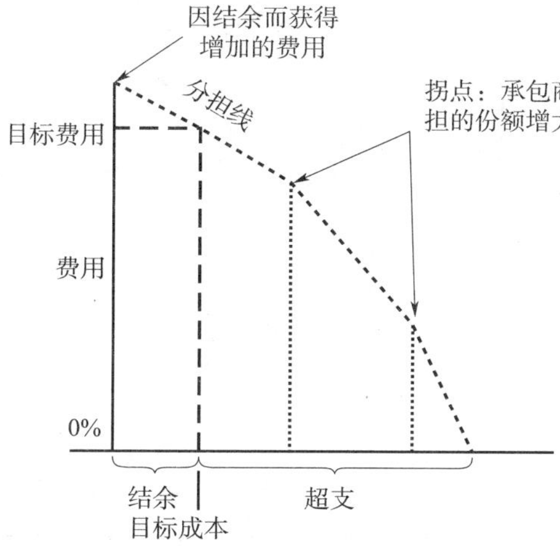

图 13 - 3　多重斜率的成本激励

这种方法降低了承包商因为少许超支产生的风险，增大了较大超支的风险

承包商仍然可能会失去全部费用。如果失去全部费用，承包商还有什么动力继续做好工作呢？这就产生了基本费用的概念，即不管实际成本绩效是多少，承包商所能得到的最小费用。这一点对谈判很有价值，它可以保护承包商，使其免于亏本，如图 13 - 4 所示。

②进度激励

这是一种基于进度的激励。政府对空间系统有一个需要的日期。对项目经理来讲，有需要日期、实际需要日期、必须需要日期，以及绝对需要日期。我们可以将激励与这些日期捆绑起来。早交付有诸多显著的实惠，如早培训、早测试，或降低成本。这种实惠是有价值的，可以变成正激励。

“要么全部，要么没有”，这样的进度激励实际上会引起不当行为——承包商将不惜任何成本满足进度要求，甚至可能走技术捷径。我们可以用拐点或阶梯式激励来处理这个问题，如图 13 - 5 所示，可以看到每个交付里程碑都有一个窗口。估算交付时，严格来说，应考虑承包商出于自我保护目的而作的过高估计，因此，第一个负激励可能较小，此后的惩罚会逐渐加重。

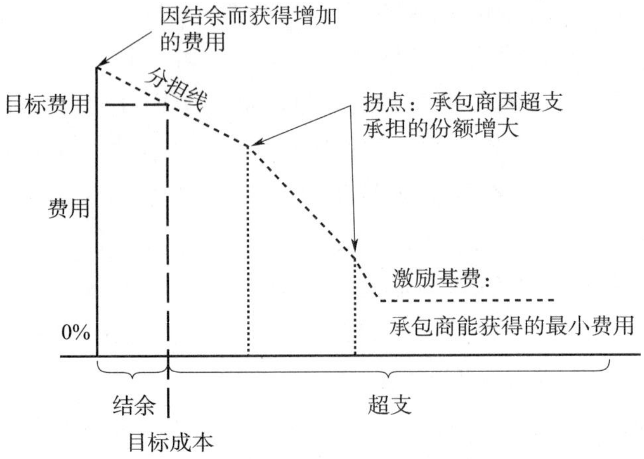

图 13－4　有基本费用的成本激励

该方法可以让承包商获得最小费用

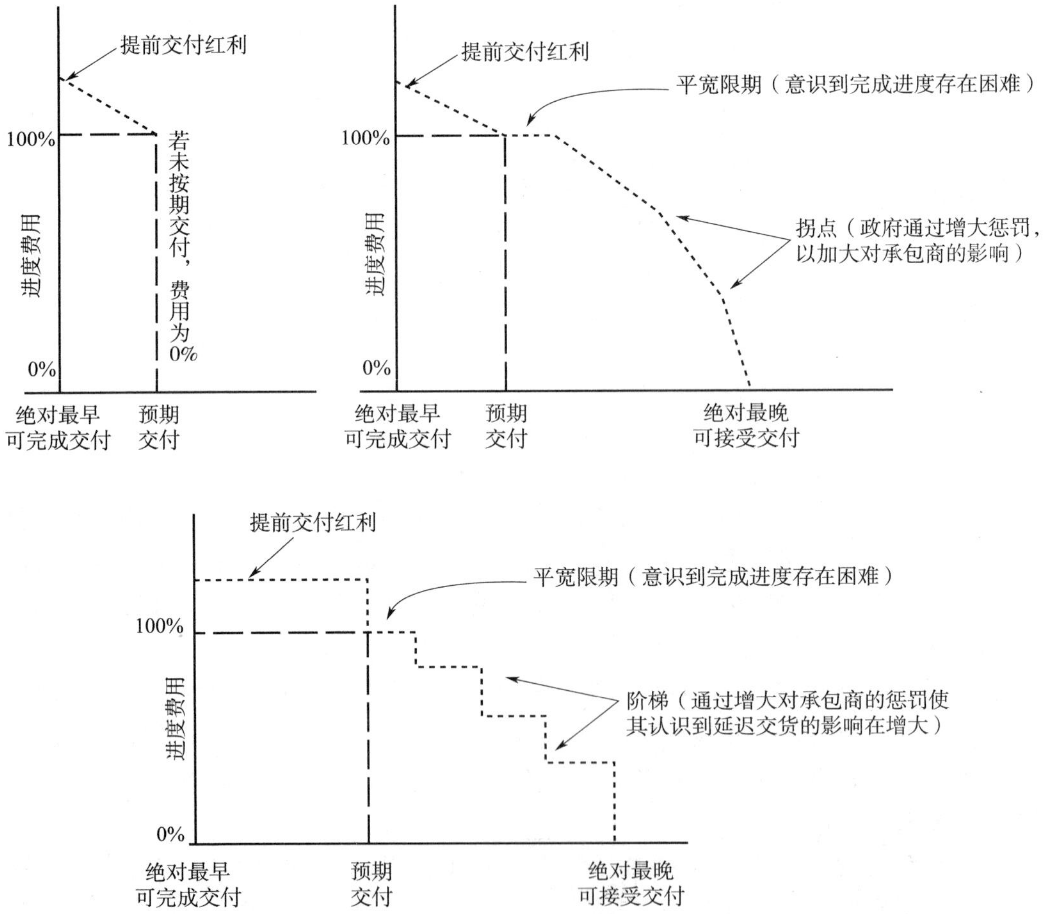

图 13－5　进度激励的几种选择方式

依次为“准时或延迟”激励，按日期系列激励，按交付窗口系列激励

③绩效激励

绩效激励激发承包商满足技术性能参数。在美国国防采购活动中，这类合同有着悠久的历史，最初莱特兄弟的“飞行器模型 B”合同就是这种合同，它根据最高速度和持续飞行时间进行激励。

绩效激励按单一的、易于测量的参数进行时，非常简单。但是对于多参数的情况，绩效激励就比较复杂，因为一个参数经常会影响另一个参数。例如，对于战斗机/攻击机，最高速度和载弹量都容易测量，但是对这两个参数进行权衡则比较复杂。若政府能都对绩效激励进行排序就会很有帮助。

④里程碑激励（任务成功激励）

许多空间项目采用里程碑激励或任务成功激励来说明合同风险已消除。根据这一概念，事件分段里程碑（不是进度分段）与关键任务事件（如初始基线评审、初步设计评审、关键设计评审、首批交付等）密不可分。这表明承包商的绩效履行良好，风险已消除。对于每一里程碑，双方应预先就严格的进入/放行准则达成一致意见。

每一里程碑都表明承包商已解决项目中的主要风险，从而获得与所解除的风险成一定比例的费用。图 13－6 表示在空间项目中，我们应如何应用里程碑，其过程如下。

1）初步设计评审证明了承包商对项目的理解，但有大量工作要做；

2）关键设计评审表明设计结束，没有悬而未决的主要问题；

3）载荷交付永远是最具挑战性的，因此这是主要的风险点；

4）地面处理、指挥和控制存在历史遗留问题；

5）首次集成完成：表明一切组装完毕，且大部分可以运行；

6）投入运行：系统在规定环境中运行。

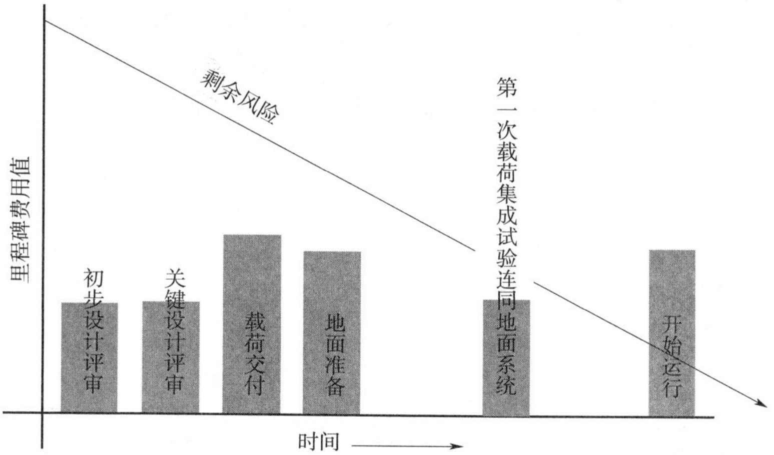

图 13－6　里程碑评审与费用值

该图表明风险降低得越多，承包商因降低风险而获得的费用越多

人们常常不明白事件里程碑与进度里程碑的差异。例如，若关键设计评审顺利进行，但是进度推迟了；或者关键设计评审质量很差，却很准时，这两种情况将导致什么

样的结果？答案是：里程碑激励费用不是进度费用，它的依据是里程碑内容和质量的要求。因此，非常成功的关键设计评审尽管推迟了，仍可以获得最高的里程碑激励费用。因为设计不周或分析不足引起问题的可能性很小，里程碑激励就可以降低风险成本和下游成本。另一方面，由于关键设计评审延期对进度造成了影响，奖金或者成本及进度费用也应该降低。

⑤多重激励合同

政府不仅仅关注成本、进度或绩效，更关注这三者之间的平衡。因此产生了多重绩效的概念，也就是在一个合同中对这三者都规定目标。从理论上讲，这种激励合同很有意义，但实践中却存在困难。除非计划考虑周到，否则不同激励彼此会互相掣肘，实际上产生了负面结果。《联邦采办条例》16.402－1（a）要求："若不能同时提供成本激励（或约束），则激励合同中不能规定其他激励。"

例如，假设一个合同中既包含成本激励，也包含进度激励。成本激励鼓励承包商除非必要情况，应尽量节省费用；而进度激励却鼓励承包商全力以赴，以符合日期要求。若能两全其美，当然再好不过。政府可以及时得到所需要的产品。但是，若承包商花费了大量经费来追赶进度，却依然不能满足进度要求；或者承包商为满足进度成本所花的费用超过了进度激励，最后结果如何？结果是，所有为追赶进度而进行的加班都停止了。实际上，为了弥补已经产生的损失，承包商甚至可能减少投入。

同样，当成本或进度激励与绩效激励进行竞争时，也会发生类似的事情。在多重激励合同中，承包商对激励的注意力会随时间发生改变，可能从最初对成本和进度激励的关注转为对绩效与寿命的关注。其原因在于承包商丧失了一些激励，从而更加关注剩下的激励。

图 13－7 给出了承包商对每一激励的认知价值随时间的变化。在合同授予阶段，承包商确定自己能按合同规定的成本和进度完成合同，并获得高额奖金。经关键设计评审后，会累积出一堆问题，这时成本和进度激励就可能拿不到了，于是承包商的注意力就转向绩效激励。

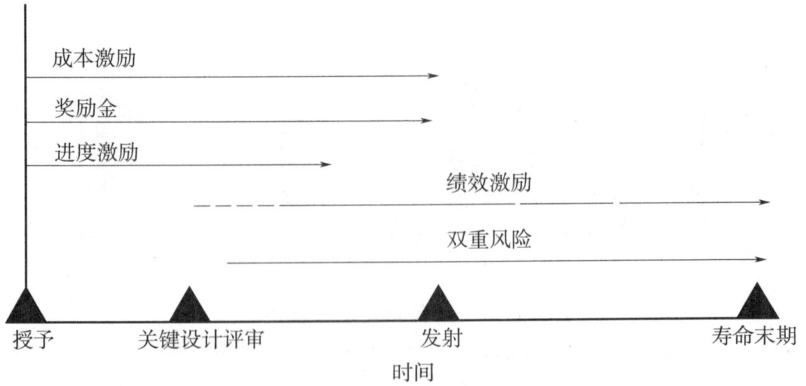

图 13－7　激励的认知价值随时间的变化情况

空间项目中，随着时间的变化，激励的类型及其价值也发生改变

⑥长期绩效激励

有时，只有通过长期服务才能够验证产品的某种性能。以卫星的在轨运行为例，政府购买一颗卫星，要求能够运行 5 年，并满足所有规定的性能指标。对承包商来说，这意味着需要等待 5 年才能够收到费用——这对于企业来说，等待时间太长了。对政府来说，要为当前项目进行未来 5 年的预算。这经常会导致筹资与预算上的问题。

卫星发生故障的概率可以用“浴盆”曲线来表示，开始时因为薄弱环节失效，故障概率较大；在近寿命末期，部件磨损或耗材用完，故障概率也较大。这些现象向承包商提出了不同的挑战。好的设计和部件可以消除早期故障。这就需要进行足够多的试验来保证设计和部件能够工作在严酷的空间环境中，并迫使薄弱环节提前失效。这么做的花费巨大，但是与其在轨发生故障不如在地面发生故障，因为前者只能围绕故障展开工作，而后者有机会排除故障。然而昂贵的试验成本就给承包商提供了财务激励——若故障数据不明确，承包商通常会走捷径或宣布“照用”。把因早期故障对承包商实施惩罚的行为作为一种负激励，常有助于促使他们关注因设计或试验绩效差所导致的风险。

当然，卫星最终不可避免会失效。这是设计寿命的问题。但是，承包商和运营团队的谨慎运作常常能延长卫星寿命或排除故障。正在运行的卫星，即使接近寿命末期也都是有价值的，因此，我们可能想对卫星寿命超过平均任务持续时间的情况给予额外的正激励。这种激励可以鼓励承包商采取更多措施来确保其设计周密，如图 13－8 所示。

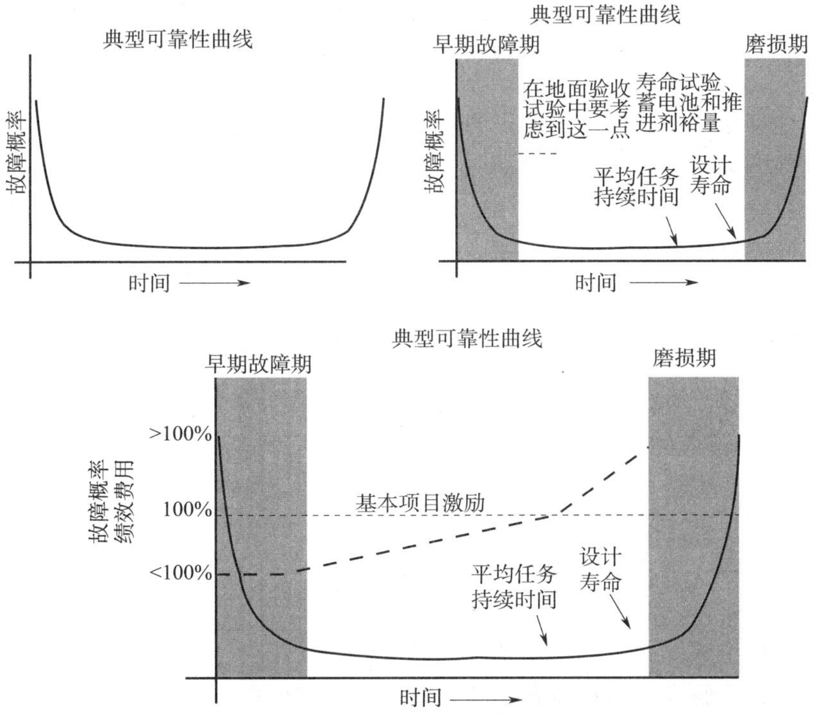

图 13－8　卫星的典型可靠性曲线

该图给出了正常卫星的故障概率曲线，包括早期风险期，后期风险期，寿命终止期。

两种不同的激励方式可以促使承包商关注影响这些阶段的技术决策

下面给出例子来说明这些激励的好处（见图 13－9）。假设卫星的成本为 5 亿美元，预期在轨服务 5 年，每年可以获得 1 亿美元的收益。若合同中包含了 15%的激励，而承包商因为成本或技术问题没有赢得该激励，则承包商就损失了 7 500 万美元。若政府将这 7 500 万美元作为延长 1 年寿命的激励返回给承包商，这样，政府付出 7 500 万，却获得了 1 亿美元的收益。由于没有采购成本，卫星寿命每延长一年，就可以再获得 1 亿美元收益，而承包商之所以有动力延长卫星寿命，是因为这样就有机会再次赚回早期损失的费用。

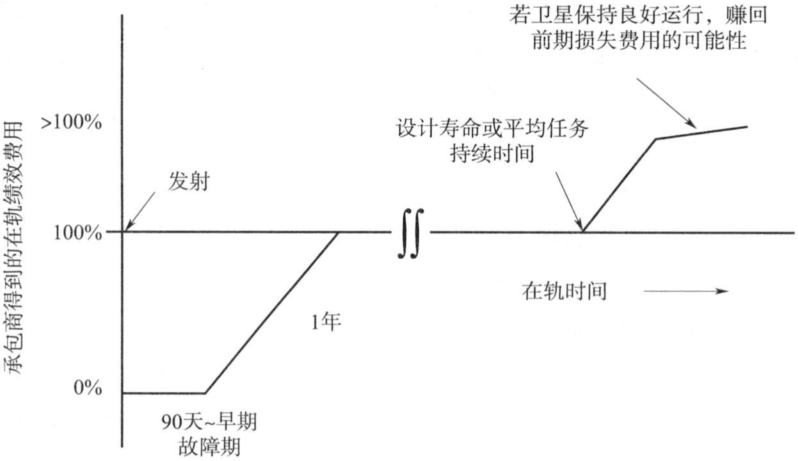

图 13－9　激励计划：承包商收回损失费用的可能性和得到的益处

该绩效激励对本应通过试验纠正的失效进行惩罚，对卫星磨损期延长绩效则给予奖励

长期运行对管理提出了挑战。如果系统因异常发生停止运行将会怎么样？一方面，政府激励根据运行停止的时间作出严厉惩罚。承包商匆忙恢复卫星运行，却漏掉了对重要问题的解决……最后卫星报废。另一方面，我们不能 100%保证所有问题和应急方案都已得到妥善处理。这项挑战是一个平衡过程。

（3）“双重危险”

20 世纪 70 年代中期，美国空军特别项目处制订了“特别激励计划”来解决激励与预算规则之间的矛盾。

该计划以多重激励为特征：

1）成本激励——鼓励承包商控制支出；

2）奖金——激发承包商工作的积极性；

3）进度激励；

4）长期绩效。

前 3 种激励被单独处理。无论以往绩效是好或是坏，所有失去的经费都由政府保管，以备后面再使用，从而确保承包商将注意力继续集中在任务的成功上。承包商赚到的所有费用都应奖励给他，但是在卫星在轨运行成功前，承包商不能预定这部分费用。在卫星能够工作前，全部赚到的费用都处于风险中。定期将赚到的部分激励从风险库中转移出来，承包商就可以预定了。

如果卫星停止工作，风险消退——承包商没有损失，但在卫星恢复全面工作之前，也不能赚得费用。要求的工作寿命因时间损失而延长，承包商要想赚取全部费用就要耗费更长的时间。若发生异常，系统没有完全恢复，则承包商不仅需要运营更长时间，而且收回费用的速度更加缓慢。

图13－10对此进行了描述，用斜线表示风险逐渐消退的过程，用阶梯表明如何将其按一系列周期进行处理。在宣布异常前设定了最短时间，此时，不再产生盈利。合同中特别规定了，每一评估周期内该类事件发生多少次后，政府才可以决定有能力损失。

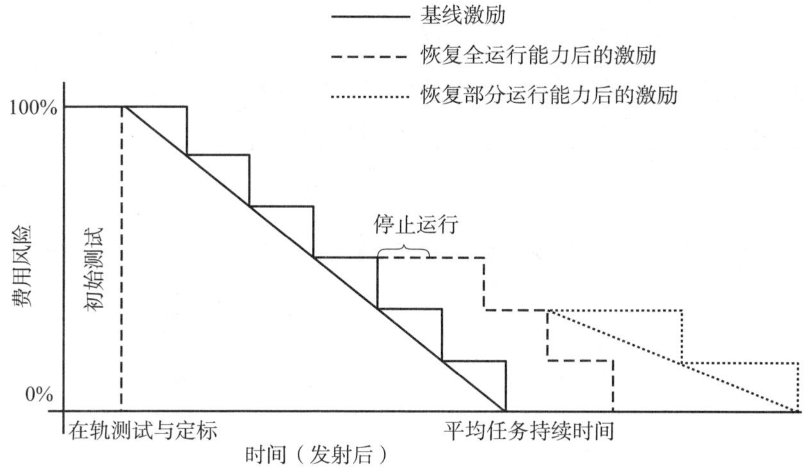

图13－10　在轨绩效激励和损失的绩效的影响的例子

卫星在轨测试后，在轨激励显示了费用风险消退。给出了两种故障情况——一种是恢复了全部运行能力，另一种没有恢复全部运行能力，但卫星恢复了部分运行功能

若卫星运行得比预期的好，或者比要求的时间长，则政府可以利用承包商以前损失的那部分费用作为新的激励来鼓励承包商维持卫星运行。

项目经理提出这种计划，可能会遭到反对。有人认为，给第二次机会与对没有履行承诺的承包商进行处罚的想法背道而驰。我们必须从政府和承包商双方的角度研究合同中的风险/奖励/效益结构，从而决定是否及如何应用激励。

（4）奖金

奖金是用于评估管理、技术、进度和成本绩效的机制。它适用于我们不能对绩效进行明确而又客观的考核的情况，还适用于既想给予承包商鼓励，但又不能进行绩效评估的情况。奖金激励具有主观性，允许奖金评定官（FDO）对承包商的绩效给出综合的评估。

根据《联邦采办条例》，奖金的决定是单方面的，不接受承包商质疑。然而最近有几个案例，承包商成功地对奖金提出了质疑，结果奖金计划没有执行。由于政府必须向承包商反馈奖金的来龙去脉，所以奖金计划迫使政府和承包商之间进行沟通。

实践表明，6个月长的费用周期比较合适。对于评估绩效和考察进步，这个周期足够长，对于采取措施又太短。完善的奖金计划具有以下特征：

1）政府留有整个奖金评定周期内详尽的支持文件；

2）政府对承包商绩效进行了中期评估；

3）承包商对要采取的措施进行了反馈；

4）在评定周期结束前30天内进行了末期评估；

5）承包商有机会向政府提供绩效证明；

6）为确保承包商理解评定依据，承包商参与评定过程，但不参与决定实际金额；

7）评定结果绝对公正，承包商有机会向政府提出疑问，以证实自己对评定结果的理解；

8）承包商为纠正重要弱点或取得显著绩效，对要采取的措施进行了反馈。

表13－13给出了典型的奖金合同的评估准则与按不同等级可获奖金的百分比。

表13－13　定级准则和奖金额[①]

等级定义
优秀 承包商实现了奖金准则中列出的绝大多数目标，评估期内没有发现明显不足。所有措施计划都很恰当。 评分：90％～100％
良好 承包商实现了奖金准则中列出的大多数目标，评估期内发现少量明显不足。纠正措施计划都很恰当。 评分：80％～89％
好 承包商只实现了奖金准则中列出的多数目标，评估期内发现一些明显不足。纠正措施计划都很适当。 评分：65％～79％
勉强合格 承包商没有实现奖金准则中列出的大多数目标，评估期内发现重要明显不足。需要补充措施以使纠正措施计划完全可行 评分：50％～64％
不合格 承包商没有实现奖金准则中列出的绝大多数目标，评估期中发现多次重要明显不足。需要补充大量措施以使纠正措施计划完全可行 评分：50％～64％

①本表列出的是典型的、按承包商绩效的奖金百分比。

许多政府机构认为给予奖金的做法不好，宁愿奖励那些能找到方法降低奖金的公司。这样做反而达不到预期目标。奖金是对绩效、合作和交流给予正式认可的方式，是解决、缓解及避免问题的前瞻性方法。它对承包商非常重要。承包商先估算出大致费用，然后基于该预测费用作出利润预测。费用估计不足会严重影响承包商的业务活动能力，反过来，也影响到项目从承包商那里获得的支持。

奖金与政府对承包商的微观管理之间成反比关系——好的绩效促进了双方的管理，从而奖金丰厚。积极解决问题可以获得更多奖金。我们都知道会有问题产生——我们对承包商的评分根据的是他在问题发生时解决问题的能力。但是，假如这个问题通过良好的管理本不应该发生，我们就有理由削减奖金了。表13－14列出了会影响奖金的一些行为。

表 13-14　影响奖金的典型行为[①]

好	差
承包商作为参与者，在早期与政府团队之间建立联系，这可以增强政府的信心，认为事情处于可控状态	介绍情况时隐瞒信息
有证据证明承包商对问题深思熟虑，表明承包商已控制风险	缺少明确、可以解释的计划，这表明风险不受控制或正在增大
准确且强有力支持的技术与管理计划，征求建议书内容简洁、完整、准确、实际且可执行	计划和征求建议书不正确或者有明显的逻辑错误
有明显的证据证明集成产品团队与项目团队之间的沟通与合作	缺少内部集成产品团队的参与和支持，尤其当问题与多个集成产品团队有关时
适当的风险管理	对风险不进行管理，这表明承包商任由问题产生，然后再去解决问题
积极响应政府要求	忽视或轻视政府要求
陈述准确、完整、及时	陈述明显不准确，粗略或不完整
有事实支持的建议	表达意见时无事实支持
拥有合同绩效及产品	将责任推卸给分包商

①对政府而言，奖金的好处在于纠正承包商的不良行为，促进预期的积极行为及产生良好的绩效。

奖金可以成为重要的激励因素，特别是当我们要将承包商没有得到的奖金续期至下一绩效阶段时。但是，为建立和实行有效的绩效评估程序，我们应对行政努力和成本作出慎重考虑。这必须通过改善的承包商绩效所产生的预期效益来证明。

通常，奖金评定是保密的，会突然向承包商宣布结果。这也会产生相反效果。早一点指出问题有助于承包商对接受评分作好心理准备。实际上，一些中期评审的奖金计划规定，最终简报中不能包含任何中期简报中没有的项目，除非中期评审后确实有发生。

在最近的一个合同中，承包商受邀观看决定包的准备过程。通过这种方式，使承包商消除误解，以及对重要问题提出预警。这样，在收到奖金评定官的正式简报后，承包商就能立即上报用于纠正不足的行动计划。奖金评定官批准该计划后，不需要做很多工作就可以明确解释续期的结果，这是非常有益的。奖金评定官应该看到这些简报对正式简报起支持作用。

13.3.4　完成合同（验收）与收尾

验收由签约官受理，政府通过验收可以：1）接受投标产品的所有权；或者 2）批准所提供的服务成为合同的部分或全部绩效。验收用于确认产品或服务符合合同条款。验收可以发生在交付前、交付时或交付后，这取决于合同要求。通常，验收证明文件为检验报告、接受报告、商业货运单据，或者装箱单。除非存在潜在缺陷、欺骗、相当于欺骗的重大过失，以及所有特约条款的情况，验收就是合同的最后环节。

所有负责检验、测试及验收的人员必须将影响验收的所有事项告知签约官。如果是承包商直接接受交付物，就必须向签约官提交一份交付物的书面清单。这就能够确保向承包商付款，采购工作得以收尾。在收到验收文件和合同结算所要求的其他文件后，最终付款才可以进行。

合同收尾——合同的结算和收尾工作都有逻辑次序。只有当最终验收、付款、结算完成后，签约官和项目经理的职责才能终止。

只有完成以下工作后，合同才能完工：

1）承包商已交付所有要求的产品和设备，政府已验收了这些产品和设备；

2）承包商履行了所有要求的服务，政府验收了这些服务；

3）政府向承包商发出了终止通知；

4）承包商已归还或处理完政府提供的资产（GFP）；

5）所有的最终报告已经处理完毕；

6）若有必要，承包商提交一份最终专利报告或发明的专利申请说明书；

7）签约官已收到最终发票，且已批准付款；

8）合同的所有其他条款和条件均已满足。

13.4 案例分析——美国国家侦察局优秀采办中心是如何建立的

1994 年美国国家侦察局策划新一代高地球轨道（HEO）卫星系统。项目群主任决定从项目开始到结束都实行竞标，不受法律或合同的干扰。美国国家侦察局刚从一场的漫长而又艰难的投标抗议（针对另一个重要卫星系统的采办）中脱身。该投标抗议滥用法律、合同和项目资源，使得计划的启动延期了大约 18 个月。为保证新一代高地球轨道卫星的竞标按常规进行，NRO 面临着巨大的压力。项目群主任和签约官认识到，国家侦察局极度欠缺为数十亿美元竞标所需的设施、基础建设和支持资源。为了给大约 70 人的新一代高地球轨道卫星供方选择团队建立专用设施，他们立即启动规划并拨出款项。两家承包商——Scitor 和 TICOM 公司牵头建成一整套最先进的供方选择设施，包括工作室、计算机网络，供方选择软件工具、投标人资料库，还有将在整个竞标过程中为政府评估团队提供支持的现场顾问。最后，成功完成供方选择，作出了严谨的授予决策并及时批准，继续进行合同。尽管某个竞标失败的供应商提出了抗议，但很快他们又撤销了抗议。因为该供应商的法律团队看到供方选择文件严谨、详尽，政府在作出最有价值的决策时，所作的分析范围广、程度深。

主要的供方选择一旦完成，支持评估团队的资源和基础设施通常要解散，未来的采办团队留下来重起炉灶。新一代高地球轨道卫星项目在该设施中投入巨大，其他项目可以从中明显获益。国家侦察局合同办公室将新的供方选择设施与基础建设转变为美国国家侦察局的资产，成立国家侦察局优秀采购中心（ACE）。大量的项目要求优秀采购中心提供支持，很快超过了它的现有能力。因此，1 年内，它扩展成 3 个专用的供方选择设施——健全的、新的软件工具，全面的采办培训能力和一支专家采购顾问队伍，从而在整个采办生命周期中为美国国家侦察局团队提供支持。

尽管起步艰难，美国国家侦察局优秀采办中心在所有国家侦察系统和服务的采办任务中起着重要作用，并将继续起重要作用。优秀采购中心成立 11 年来，在采办的支持、培训、技术和最佳实践方面，已经成为国防部和情报机构中名副其实的优秀中心。现在，建立优秀采购中心的做法已被美国空军采用，空军优秀采购中心办公室已在在全国建立多个主要采购中心。毫无疑问，未来会有更多政府机构遵循这一理念。

13.5　小结

签订合同是一项团队业务，其关键在于承包商与政府之间要经常开诚布公地进行沟通，还在于要充分地了解什么样的因素可以促使承包商卓越地完成工作。我们必须了解承包商的处境，从而提供激励来帮助双方达成各自的目标。《联邦采办条例》提供了应用有效激励的各种机会，因此我们应了解和充分利用这个条例。

第 14 章　项目监测、评估和控制

贾尼斯·L·杜查梅（Janice L. Ducharme）
雷神公司
杰拉尔德·G·克尔比（Jerald G. Kerby）
NASA 马歇尔空间飞行中心
埃里克·K·霍尔（Eric K. Hall）
隶属于航空航天工业总公司
弗纳·J·韦耶斯（Vernon J. Weyers）
航空航天咨询公司
唐纳德·E·希克（Donald E. Shick）
NASA 兰利研究中心

项目经理使用何种工具来监测项目的执行呢？我们如何知道项目执行过程中需要进行何种最基本的调整呢？通过什么警示来判定我们需要立刻作出应急响应的情况呢？本章从如下三个互补的方面对这类问题进行阐述：利用项目内部团队成员，利用项目外部不受约束的独立专家，利用项目经理可得到的多种信息源。

项目团队可以使用的工具虽然有很多，但很少有像挣值管理那样功能强大的工具。挣值管理的功能不仅源自其将过去的绩效和已完成工作、预算相结合的能力，还源自其将过去的绩效和项目引向未来的能力。它是项目管理的首要标志。在第 14.1 节中，我们回顾了什么是挣值管理，以及如何灵活地运用它。民用和军用航天领域的每一个主要机构都要用到它，所以项目经理必须掌握何时以及如何使用这一工具。

尽管挣值管理功能强大，但它毕竟只是一个工具，迄今还没有哪一个工具能够有能力独立地引导项目管理工作。我们还需要别的手段。其中一个就是同样功能强大的外部评审流程，虽然它经常受到抵制。在第 14.2 节中，我们要探讨为什么这一工具的功能如此强大，它为项目带来了一套全新的经验丰富的见解，屏蔽了影响我们决策的平时积累的感情因素。如果操作正确的话，外部评审流程可以使我们从别人的经验中获益，因为他们在我们之前已经走过同样的路，可以获得与项目计划有关的难点的独到见解，可以与利益相关方就项目团队如何运作进行有效沟通。同挣值管理一样，航天机构要将外部评审流程作为惯例，所以对他的全面了解是十分重要的。

最后，对项目执行情况进行监测不是我们追求的目标。正如第 14.3 节中所指出的，通过使信息源多样化，项目经理在一定程度上可以获得最有价值的信息。每一个数据源都从对其有利的独特视角，对项目执行情况进行了清晰的描述，但是根据单一信息源采取管理行动的理由还不够充分，具体采取什么行动也不清楚。通过分析这些不同的数据信息，我们能找到它们的共性和不同点，然后这会变成行动的诱因，有些情况下会成为取消行动的理由。由于存在非主观连带作用的可能性，每一个项目经理都必须谨慎行事。

14.1　挣值管理

挣值管理是一个相对简单的概念，是对项目成本、进度和技术性能的综合介绍。它用几种不同而互补的方法对项目的执行情况进行考核。表 14－1 对政府规划的 NASA 航天系统价值 2 000 万美元或更高的项目挣值管理流程进行了分类概述。任何为这些项目提供服务的私营签约公司都必须使用标准的挣值管理系统准则（ANSI/EIA，2007），否则会被取消资格。

表 14－1　挣值管理流程①

步骤	流程	讨论所在章节
1	组织运作和建立挣值管理系统	第 14.1.1 节
2	通过挣值管理测量绩效	第 14.1.2 节
3	报告绩效	第 14.1.3 节
4	控制挣值管理系统和基线变化	第 14.1.4 节
5	决定储备金和未分配预算的合理使用	第 14.1.5 节
6	挣值管理案例分析	第 14.1.6 节

①对项目绩效的理解是很关键的，研究和开发工作的主要采购都使用挣值管理。遵循这一流程，项目团队就能获得这样的见解，完成合同规定的义务。

14.1.1　组织运作和建立挣值管理系统

挣值管理的目的是允许我们根据已经制定的基线，确定项目的成本、进度和技术性能。挣值管理系统由 3 个基本的步骤组成。在项目的生命周期中，我们要重复大多数的步骤。这些步骤是：

1）组织运作，建立绩效测量基线；

2）使用挣值管理数据测量并报告工作进展；

3）控制运作的变化，保持测量流程的完整和准确。

一个有效的挣值管理基线需要针对不同阶段制定一个涉及资源（预算、人力、时间）和未来工作（技术范畴）的计划。这一计划分解成有限的几项工作，并为其制定进度，分配预算，创建绩效测量基线。正确制定工作计划对挣值管理是很关键的，否则，正在进行的工作的状况就没有太大意义。一旦我们有了现实可行的计划，也称为绩效基线计划（见第 3 章），并且工作已经启动，我们就能收集绩效指标，对照计划测量项目的实际绩效。在挣值管理的术语中，基线计划被称为计划工作的预算成本（BCWS）。挣值管理为项目经理提供了一把根据已确立的项目基线或计划来评定工作进展的尺子。

既然挣值管理是计划和实际的有条理的比对，我们就需要随着工作进展，在规定的时间间隔内（通常每月 1 次）做多次测量。工作完成时，便挣得了与工作相关的预先计划的预算。接下来我们将完成该工作的实际费用和时间与最初的计划进行比较，以此确定成本和进度的差异。

我们可以用两种方法对已完成的工作进行考核，即计划完成该工作的预算和为达到计划要求而实际使用的费用。已划拨预算计划中的数值称为已完成工作的预算成本（BCWP）。计算已完成工作的预算成本的方法应该达成共识并对客户公开。完成同一工作的实际费用称为已完成工作的实际费用（ACWP）。已完成工作的预算成本和实际费用的差额称为成本偏差（CV），它反映了工作的计划成本和实际费用的差异。通过对比，进度偏差（SV）反映了计划工作进度和实际完成工作的进度之间的差异。这些偏差可以用货币或者占原始计划的百分比来表示。

挣值管理的主要益处是对已完成的工作用成本和进度进行量化，可以使我们了解项目绩效状况，以便更快、更准确地决定纠错行动。航天任务越复杂，挣值管理越重要。

特别关注——挣值管理不是技术管理疏漏的替代品（见第 3 章），经过检验的项目管理工具和技术方案，比如进度关键路径分析（第 3 章）、技术计量标准分析（第 7 章）、风险评估和减缓（第 15 章），都为复杂的航天任务管理提供了必要的信息。挣值管理可为这些行动提供支持，但不能取代他们的位置。

计划阶段开始前应考虑的问题——建立挣值管理基线之前，我们应该考虑影响其细节的如下问题：

1）需求——项目对挣值管理的需要由其规模、复杂程度和合同需求决定。我们必须决定采取什么控制措施以满足成本和进度。很多行业合作伙伴在项目挣值管理上的硬性投入都在 100 万美元以上。任何等级的挣值管理都要求我们制定计划，并根据计划测量绩效。对计划执行的担忧不应该影响本决定的作出，因为我们能使用简单的工具来跟踪成本和基本的进度活动。即使我们选择不建立挣值管理系统和分析工具，我们也应该秉承这一原则，在必要的水平上进行跟踪。

2）合同需求——如果挣值管理有合同需求，我们必须相应地建立这一系统。如果合同没有需求，我们也可以建立这一系统，以便最好地满足项目的内部管理和报告需要。对于民用项目，如果政府对挣值管理没有需求，但是很支持它的应用，那么项目团队应该同政府的联络部门协同工作，并在报告的参数选择上进行沟通。

合同载体（见第 13 章）的类型也影响挣值管理的设计。一个稳定的固定价格合同通常不需要挣值管理；但是成本加成合同却经常需要挣值管理，因为政府需要调查项目的成本和进度情况。这种类型的合同可能需要一个管理信息系统（见第 6 章），允许行业和政府访问这些数据。这些报告可能是行业标准合同绩效报告（CPR），也可能需要复印的数据文件。我们的目的是在设计能够为决策提供相应等级信息的系统时，满足所有与挣值管理有关的合同需求和客户选择。如果忽视了这些需求，我们的系统可能失去作用，需要花费金钱和时间做无谓的重复工作。因此我们必须在早期阶段投入时间，确保系统满足所有需要。

3）挣值管理的一致性——客户可以要求项目使用挣值管理系统，并在形式上与某些已制定的标准保持一致。对于政府项目，这是很典型的。承包商的内部管理系统必须满足 ANSI/ EIA 748 - B[1] 中列出的指导标准，确保政府计划和控制的有效性。这种方法的进展报告称为合同绩效报告。一个行之有效的方法常常是和这些准则相一致的；反之则意味着我们不需要遵从 ANSI/EIA－748，可以使用另外的系统。在这种情况下，进展报告没有特别要求，可以是一个完整的合同绩效报告，可以是一个定制的合同绩效报告，或者某个其他的报告。大多数的大公司都使用经过鉴定的独立系统。

4）工作分解结构——这定义了未来工作的范围（见第 3 章）。该定义是挣值管理系统的关键一步。所有受合同约束的当事方必须就什么属于、什么不属于工作范围达成一致意见。相比之下，组织分解结构（OBS）和项目的组织形式相一致，可以将其与工作分解结构控制账目相匹配。我们可以通过分系统、运转中的组织和可交付产品收集并报告成本。成本的报告通过组织分解结构和工作分解结构实现。工作分解结构应该尽可能简化，要在足够低的水平上进行规划，为我们提供对项目绩效的洞察力和准确定位问题的能力。决定洞察力水平时，我们要兼顾成本和效益。

我们还应该考虑要使用多少控制账目（CA）。答案根据项目不同而不同，但是一个好的经验法则是每一个工作分解结构要素最少有一个账目。如果项目群计划工作分为四级，那么对于四级中的每一个工作分解结构都有一个控制账目。这是简化工作分解结构的另一个原因。要素的准确数量取决于工作、对项目进行监管的政府机构的数量，以及我们需要的控制账目经理（CAM）的数量。控制账目结构应该为政府机构提供对他们各自责任区域的成本和进度绩效的见解。控制账目经理通常是整个项目团队的领导，负责成本、进度和技术性能，他可以监督多个控制账目。如果账目工作是技术性的，那么这个人就应该是技术型的经理；如果工作和某一具体功能有关，比如程序控制或供应链管理，那么这个人就应该是功能型的领导。其目的是要达到账目和控制账目经理任务的很好的平衡。政府和行业应该在这一结构上进行合作。它界定了我们如何就整个生命周期向客户报告项目情况。在生命周期中途明显地改变这一结构，将使成本信息的收集受到影响。我们必须提前投入必要的时间。

5）管理信息系统工具——我们应该考虑使用三种类型的挣值管理工具：包含基线并计算挣值的挣值管理工具，资源丰富的进度安排工具，帮助评估和报告数据的分析工具。我们需要正确的工具来获取数据，生成信息，避免使用那些功能和复杂程度超出我们需要的工具。如果项目团队对满足项目需要的特定工具比较有经验，那么我们应该使用这些工具，加速系统的建立和学习曲线。如果不能正确地选择工具，将会在项目的整个生命周期中遭受挫折，并造成对数据的评估无效。

特别关注：建立挣值管理系统时要考虑以下的风险。

1）很容易误用挣值管理。挣值管理系统的最终崩溃是由于计划基线无法执行。有一个古老的谚语：吃进垃圾，吐出的只能是垃圾。该谚语用在这里很合适。每次月度报告时，系统将用它提醒项目经理。我们应该通过对基线计划现实可行达成一致意见来减缓这一风险，若达不成这样的协议，我们就不应确定计划基线。

2）糟糕的计划导致糟糕的基线，并导致糟糕的绩效，当然也带不来什么惊喜。如果我们对所提供的信息不重视，在建立基线之前不根据需要作出改变，那么项目可能需要在将来的某个时间重新确定基线。如果我们想避免这种情况的发生，可以通过确认项目是否有时间、资源和对计划任务是否有必要的了解来减缓这一风险。

3）我们可能过度应用挣值管理，还可能在流程上过度投入，使客户和项目团队大失所望，看不到它的价值。例如，假设我们有一个项目，其大部分并不复杂且对投入水平要求不高，但是却有一些离散工作；如果我们建立挣值管理系统时有非常详细的高达五级或六级的工作分解结构，要求对数百个活动的进度状况一周更新两次，那么我们很可能就是过度应用了挣值管理。我们本来只需通过一个简化的仅仅三级的工作分解结构，进度只需涉及那些离散的活动，进度状况每月更新一次，就有理由预期得到不错的结果和绩效标志。执行这一水平的管理系统时，它的监管不是很严格，因为从项目团队支持它、客户同意付款、项目经理接收必要的意见来管理项目这几方面看，是很合理的。我们开始时和项目团队就那些简单易行的事情达成一致意见，就能减缓过度应用的风险。最后，项目经理作最终的决定，但是如果我们各方都提前买进必要的工具，执行起来会很容易。

4）一个缺少经验的挣值管理团队将会使系统运行步履维艰。如果这是我们第一次建立挣值管理系统，我们应该聘请一位专家。该专家以前应该做过此类事情，对提出的问题能作出解答。需要确定我们的挣值管理团队从一开始就是最好的团队，不应该挑选那些想要学习、打算以后进行培训的人。我们必须选择那些有经验的挣值管理的拥护者。他们能基于以往的经验，将那些怀疑者的关注纳入该系统，并倾注他们极大的热情；他们知道如何将挣值管理的效益最大化。我们通过对挣值管理团队的业务熟练程度进行实事求是的评估，可以减缓这一风险。如果他们中间没有人曾经自始至终经历过这一流程，我们需要找一位有过这种经历的人。

定义挣值管理团队的角色和责任——挣值管理流程和其他流程很相像，项目团队成员都有特定的角色和责任。对这些信息进行定义是很有必要的，项目经理在确保每一步都能正确实施时会充满信心。一个典型的挣值管理流程团队包括：

1）项目经理。

2）项目控制和业务分析师——政府和行业业务团队在对挣值管理所需的管理信息系统基础设施的管理方面要有一定的经验。它包括挣值管理工具、进度安排工具、分析工具、将进度安排工具和成本数据库同挣值管理工具相链接的应用软件。

3）集成产品团队领导和控制账目经理——这是对项目中自己所涉及的部分制定工作计划，并对其成本、进度、技术管理监督负责的领导人员。

4）进度协调员——一个大型的项目必须有专业的进度协调员，他在进度安排工具方面是专家，能够用挣值管理工具对各个进度进行管理和整合。

当准备建立挣值管理系统时，团队的每个人都应该在基本的挣值管理理念、管理信息系统应用方面接受培训。这样的话，他们在启动流程时，对最好的挣值管理测量技术会有普遍的了解。我们应该有一个随时待命的、准备充分的团队，在项目早期就全力以赴。如果忽视或疏远他们，将导致糟糕的计划基线和糟糕的技术选择，造成报告规范达不到最优。

项目经理来说对于这件事不能袖手旁观。每个团队成员都可能说他们知道挣值管理，但是当要求他们就进度和资源对新基线制定工作计划时，他们却不知道如何完成这项任务。对项目团队的所有人员，我们应该制定一个有文件记录的有组织的培训流程，尽量不对人员作标记。也就是说，我们应该将对人员级别和隶属关系的差异的关注度降至最低。

制定工作计划，建立有效基线——既然系统基础设施和团队已经就位，那就到了制定现实有效的基线的时候了。在项目团队内部为了协作完成计划，我们应该使用经过验证的流程。规划工作时，我们一定要完全公开地发表自己的意见。在这里，团队的计划能力是很关键的。如果基线进度是有缺陷的，与此进度有关的所有的情况报告将会有同等缺陷。一个正规的、可重复的计划流程可以避免这种事情的发生。

当识别要用到的挣值技术时，我们必须十分注意以下两点：

1）项目将要进行的工作的类型；

2）对组成该工作的预定任务的资源分配。

挣值管理计划技术包括投入水平和离散工作包。前者的计划最容易。简单地说，执行任务的人通过参与工作来获得报酬。虽然这是最简单的计划方法，但是我们使用时应该慎重，因为它对于任务中实际发生的事情只能提供很少的参考。

在离散任务进展过程中，为了完成工作，需要一种支付资金的方法。对于持续时间较短的任务，一般是 90 天或更少，一种方法是在任务启动时支付资金的 50%，任务完成后支付剩余的 50%。这种 50/50 的支付方法不是一个硬性的、快捷的惯例，我们可以采用任何合适的比例，比如 80/20 的方法。对于持续时间为 30 天或更短的任务，也可以采用 0/100 的支付方案。另一种方法是先确定任务的若干重要里程碑节点，然后为每个节点制定一个合适的比例。

项目经理应该对各种可用的方法进行研究，然后选择一种最能反映项目如何开展工作的方法。我们也应该参考机构的挣值管理系统描述，文中对公司如何将挣值管理应用于其全部项目进行了概述。评估挣值管理系统时，外部评估人员要用到它。

特别关注：确保计划完整准确。

1）我们必须考虑所有的成本要素——我们要把任务的资源需求转入预算项，把员工工资（人员成本）加到单位财务的一般经费需求上（人员费用）；根据需要，我们也要划拨材料费用。项目经理应该熟悉数据输入流程。新任项目经理可能要考虑亲自制定并参与项目管理办公室控制账目计划。这对资源载入工作和计划包是很好的实践，从中获得的感悟对评估团队的工作很有帮助。

2）在成本受限的情况下制定计划——计划团队经常要被动地满足已经预先设置好的预算。如果资源需求超出了预算帽，我们就必须解决这些缺口。项目经理可能确信，不超出预算帽也能完成这项工作，所以我们把这些缺口作为项目风险来管理。但是如果预算帽太低，不能很好地按时完成任务，那么这些缺口就成了问题，我们必须在任务开始前申请更多的经费（见第 15 章）。

3）未来不确定，遥远的未来更是如此——一旦计划成熟，资源落实到位，且所有工作的全部资金都在合同预算基线之内，下一步就是获得项目经理的正式批准。在 NASA，这通常是在集成基线评审时完成的。在计划项目基线时，我们应该仅仅针对实际的工作

(那里我们有足够的信息定义要做的工作)。这可能是第一个半年、第一年或更长，没有预先确定的期限。这由与进度事件或里程碑事件相链接的工作包组成，未来的工作进入那些和详细的进度活动没有特别链接的计划包。像项目团队要完成详细计划中的工作一样，资源团队要把计划包转化成包含所有详细的资源和进度信息的工作包。该技术通常称为滚动计划方法，它和重定基线是不一样的。在一定程度上我们是在为未来的工作调整（添加定义）计划。项目的规模和复杂程度、需求的稳定性为制定工作计划指出了最好的方法，并从一开始就全部或部分地使用滚动计划方法。

组织成功的集成基线评审（IBR）——到现在为止，团队已经完成了大量的工作。我们已经为挣值管理团队确定了限制条件，定义了工作分解结构、组织分解结构、成本账目、进度、工作包、计划包，决定了运行风险管理系统的管理信息系统工具。现在所有相关方都应该放下手头的工作，把所有的产品提上日程，详细评审挣值管理系统。这次会议被称为集成基线评审。

集成基线评审的主要目的是评估绩效测量基线是否恰当，审查项目计划是否可行。这也是合作方团队之间相互理解的基础。在管理和控制项目的合作方之间，绩效测量基线提供了一个共同的、一致的基础。

对这一步引起重视是很关键的，在评审过程中不能让任何事情分散团队的注意力。一旦基线确定，所有后续的步骤都要用到出自集成基线评审的数据。若不能确保基线准确，可能会引起后期过度的变化。因为大多数项目成员将会卷入到这些变化的部署中，他们的工作会受到不利影响，士气会受到挫伤，整体的生产效率也会下降。

特别关注：

1）多久算太久？团队应该花费多长时间确定基线，并准备好集成基线评审？答案因项目的规模和复杂程度而异，但大多数的政府政策要求集成基线评审在合同签订后的6个月内进行。如果项目周期较短，我们应该尽早进行评审，使源于它的信息得到最大程度的利用。评审需要花费的时间和精力由项目规模和危险程度决定。对于那些特别大型的项目，我们要将集成基线评审聚焦到整个项目的工作包部分，然后在计划包部分完成了详细的计划步骤后，进行逐步增加的集成基线评审。不是所有绩效测量基线的变化都需要集成基线评审，我们应该只对那些真正重大的变化进行评审。

集成基线评审之前，项目经理应该召开数次政府和行业团队会议，评审成本账目计划。其目的是确保每个人对应用于项目始终的技术方案和资源有深刻的理解。如果政府已全部评审了集成基线评审所需要的成本账目计划，而且行业事先考虑了所有的问题和担忧，那么评审应该比较简单，不存在重大的拖尾工作。集成基线评审不是一件合格或不合格的事情，在某种程度上，它的目的是为了加强合作方之间的完全相互理解。

2）联合监督评审——所有流程都应该有书面文件，挣值管理也不例外。在系统描述中，每个公司都应该对其贯彻挣值管理的方法作出文字记录。这是政府和行业监督评审的基础。在监督评审时，稽核员检查现有的项目流程和相关制品，确保项目按照系统描述中的规定来执行挣值管理。防务合同管理处（DCMA）为国防部履行监督职责。大多数民间机构都实行自行监督。NASA 是个例外，它和防务合同管理处签署了谅解备忘录，进行挣值管理监督。监督活动根据项目自身的规模和风险而定，其频率也可以发生变化，但是审计至少每年 1 次。政府可以有选择地进行单方审计，但是我们自己应该在可能的时候进行双方审计，这样有助于彼此了解发现的问题和改进意见。任何情况下，进行监督活动的方针都应该见诸项目计划（见第 3 章）或任务保证计划（见第 10 章）。

14.1.2　通过挣值管理测量绩效

现在我们知道，挣值管理集成了项目的成本、进度和技术性能。在分析开始之前达到可能的最高程度集成是很关键的。要想准确地评估这三个要素中的任何一个，我们都必须将它们通盘考虑。当进度、成本或技术性能的其中之一受到影响时，另外两个都将在一定程度上受到影响。参考其他要素对应的影响结果是确保找到事实真相的一个有效方法。

图 14 - 1 介绍了这一集成的重要性。在图中我们跟踪最新的预算和到目前为止的实际成本。从图中可以看出，项目实际花费在这一点超出了预算。开始时我们会想：“哦，不！我们有麻烦了。”但是有一条关键的信息在图中没有体现出来，我们不知道用这些钱做了多少工作。有一个结论可能是，虽然我们的花费超出了预算要求，但是工作走在了进度安排的前面。不过如果看不到目前为止实际上所做的工作，我们对这一点将无从知道，因此必须引进业绩指标以准确反映项目状况。预算和已完成工作的关系被称为已完成工作的预算成本（BCWP），即通常所说的挣值。当我们使用挣值管理时，可以分析成本和进度，对项目的绩效有一个更好的了解。

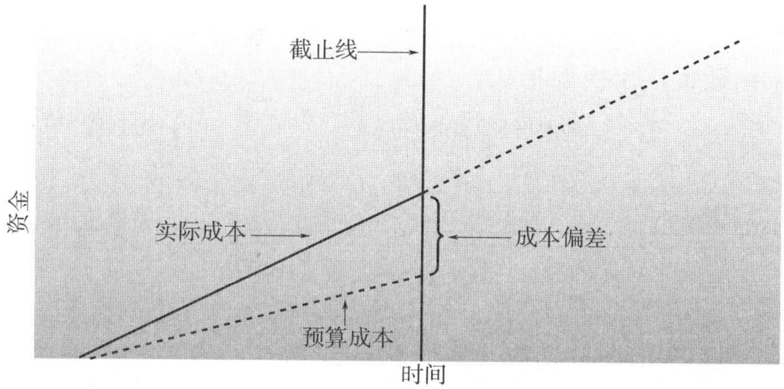

图 14 - 1　计划和实际成本

单通过成本绩效来评估一个项目是不对的，我们需要问的问题是：对于项目已经花费的资源，已经完成了多少工作？如果没有进度信息，我们不会知道项目是否真的会超出预算，还是会提前完工并节省资金

现在我们在报告中加上进度信息，以便对所获得的新发现进行说明。在图 14 - 2 中，我们将挣值管理系统数据附加到在同一个时间段内已完成的工作上。这对项目绩效会得出不同的结论……在这种情况下，绩效并不好。

不仅工作费用超出预算，而且项目进展要比计划慢。这种情况要比原来想的更糟糕。现在项目费用超支，进度落后，但在图 14 - 1 中却并不明显。如果虽然超出计划成本完成了一个太空飞行器，但还是留出了一个受限制的发射窗口（比如火星任务），还勉强可以接受；但是如果费用超支且不能满足要求的发射日期，对任何项目经理来说都不是好兆头。这个进度偏差证实了，不是集成基线评审中计划的所有活动都已经完成。现在我们必须考虑工期延误和预算超支的后果，并花时间调查原因。可能的原因有如下几个：未完全明确原始工作包中的工作；团队对工作效率的估计过于乐观；技术进步风险减缓行动没有按预期筛选出来。

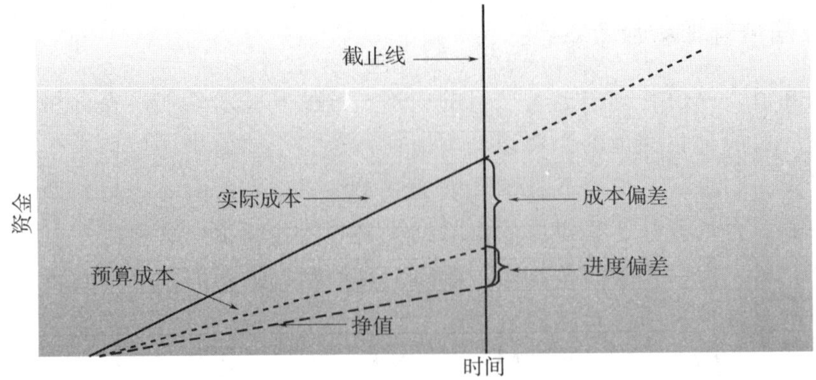

图 14－2　进度进展情况的计划和实际成本

我们一旦将关于进度绩效（挣值）的信息附加进来，就会对项目的真实情况有一个更好的展示，不过还可能有时间对其进行纠正。正是这一附加的信息代表了挣值管理的真正威力

挣值管理的真正价值是它的前瞻能力，而不仅仅针对过去的绩效。运用统计方法推知未来，我们就可以像图 14－3 所说明的那样，预测项目未来的绩效。如果数据显示项目进度将被延误，或者费用超支，那么采取必要的行动是至关重要的。基于过去的绩效，挣值管理系统对未来的绩效提供了主要指标。

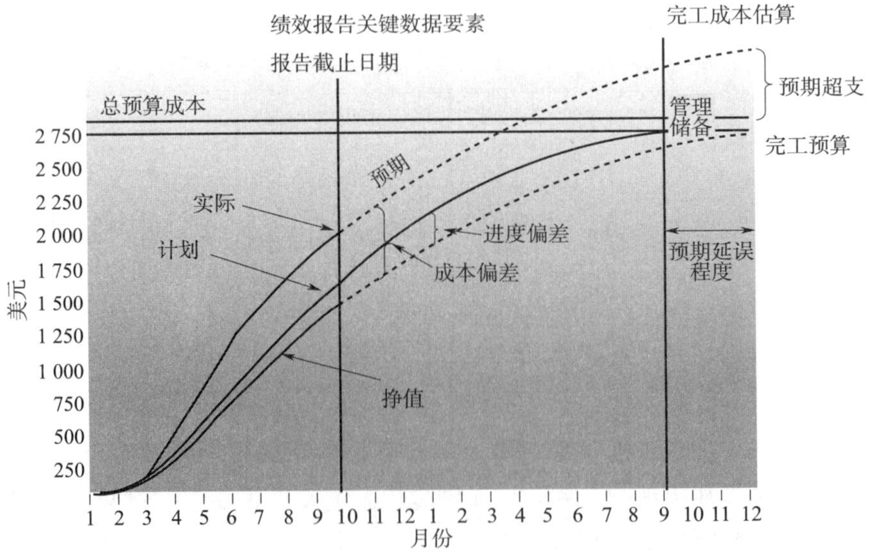

图 14－3　通过挣值管理预测未来

每个项目经理都想知道项目的最终结果是什么。如果除了知道利益相关方希冀之外没有其他更多信息，我们都会对未来有所担忧

新任项目经理应该对挣值管理的指数和如何应用它分析项目绩效特别熟悉。如第 14.3 节中所描述的，使用挣值管理系统数据，并和其他数据集相配合，我们在管理项目团队的工作时就会特别有信心。

成本绩效指数（工作完成时估算）和进度绩效指数是所有挣值管理系统用户最感兴趣的，除此之外，项目团队还可以得到更多信息。这种信息对项目的总体绩效有更强的洞察力。表 14-2 列出了挣值管理数据规范及其定义和相关公式。

表 14-2　挣值管理规范及相关公式①

规范	描述	公式
计划工作的预算成本（BCWS）	所有工作包、计划包等的预算总额，工作完成时的计划数额（包括进程中的工作包），投入总额和计划对给定时间段的投入分配	
已完成工作的预算成本（BCWP）	已完成工作包和已开启计划包的已完成部分的预算总额，投入水平预算的相关部分和投入分配，也称为挣值	
已完成工作的实际成本（ACWP）	在给定的时间段，为完成工作而实际发生和记录的成本	
成本偏差（CV）	已完成工作的预算成本和实际成本的差额	CV＝BCWP－ACWP
进度偏差（SV）	已完成工作的预算成本和计划预算成本的差额	SV＝BCWP－BCWS
成本绩效指数（CPI）	表示已完成工作值和该工作实际成本之间关系的成本效率因子	CPI＝BCWP/ACWP
进度绩效指数（SPI）	表示原始计划进度值和已完成工作值（挣值）之间关系的计划进度效率因子	SPI＝BCWP/BCWS
完工预算（BAC）	项目确定的所有预算总额	
完工时的偏差（VAC）	总预算和完工估算的差额，它表示预期的超出或低于预算的数额	VAC＝BAC－EAC
完成比	估算的已完成工作的数量百分比	完成比＝BCWP/BAC
完工估算（EAC）	实际直接成本、可分配给合同的间接成本、批准的剩余工作的成本估算（直接和间接）；通过积累的指标，可用多种方法进行计算；有些公式最好用于某一生命期阶段；项目经理应该请教项目挣值管理专家	强调进度绩效： ACWP＋[(BAC－BCWP)/(0.8×SPI)＋(0.2×CPI)] 强调成本绩效： ACWP＋{(BAC－BCWP)/[(0.2×SPI)＋(0.8×CPI)]} 快速检查 EAC： ACWP＋(BAC/CPI) 最坏情况计算： ACWP＋[(BAC－BCWP)/(SPI×CPI)] 最好情况： ACWP＋(BAC－BCWP)

续表

规范	描述	公式
最新修正估算（LRE）	和完工估算同义；我们经常将 LRE 用于行业估算，而完工估算一般反映政府估算，但也不总是这样	
剩余工作的预算成本（BCWR）	至今已完成工作的，减去预算成本的完工预算	BCWR＝BAC－BCWP
待完成绩效指数（TCPI）	每一可测量单元将来要使用的预期挣值；有多个公式可供使用	BAC 的 TCPI＝BCWR/（BAC－ACWP） EAC 的 TCPI＝BCWR/（EAC－ACWP） LRE 的 TCPI＝BCWR/（LRE－ACWP）
绩效测量基线（PMB）	绩效测量基线是用于测量项目绩效的一个时间段的预算计划，它由分配给计划成本账目的预算和适当的间接预算组成；为了未来，不在成本账目级计划；绩效测量基线还包括分配给较高级要素的预算和未分配的预算；绩效测量基线等于全部分配预算减去管理储备	
合同预算基线（CBB）	这是原始合同目标成本加上协商后经客户同意的变化和经同意后未定价的变化的估算成本；它也是所有控制账目预算、未分配预算和管理储备的总额	

①掌握这一工具的功能可以对项目有敏锐的洞察力，而这是其他方法做不到的。

特别关注：

1）“我的项目当前正以怎样的效率展开工作?”这一问题的答案是成本绩效指数，即工作的预算成本和实际成本的比值。当项目超出预算时，该比值小于 1。如果成本绩效指数为 91%，说明对于花费的每 1 美元，我们只产生了 91 美分的生产率，可能需要一定的项目应急资金。一个很好的经验法则文件中指出：一旦一个项目完成了 15%～20%，成本绩效指数成本偏差永远不会变得更好，事实上在大多数情况下会更糟。因此我们可以在该点使用挣值管理系统，为项目的最后成本预测一个最好情况下的值。

2）“如果没有发生变化，项目最后的成本是多少?”这一普遍问题的答案是完工估算。它用美元表示，代表在预计完成日期之前所需的资金。

3）“如果没有发生变化，项目将在什么时候完成?”进度方面使用一个和成本绩效指数相似的比率，即进度绩效指数。这一比率表示我们正以多快的速度完成计划工作。同成本绩效指数一样，我们可以使用进度绩效指数推算未来，预测工作将在什么时间完成。这一信息告诉我们除了预算使用情况外的许多事项。它能指出通过任务分析和轨道设计方面的考虑，在发射窗口可能受限的情况下，我们是否要准备好任务发射，比如月亮相位或行星位置。当存在进度绩效指数偏差时，应该用实际的进度来确认这一指数。

14.1.3　报告绩效

NASA 项目挣值管理系统的标准报告是合同绩效报告（CPR）。对于要求挣值管理符合组织管理政策的合同，项目经理务必注意合同中是否包含了合同绩效报告需求。这是一个反映成本和进度状况的月度进展报告。

总的来说，合同绩效报告有如下 5 部分，分别被称为：

1）格式 1——工作分解结构报告。反映当前报告阶段的计划工作预算成本、已完成工作预算成本、已完成工作实际成本，以及从项目开始至今的累积值。它还为工作分解结构要素提供完工预算、行业完工估算和完工偏差。合同绩效报告为完工估算提供三个数值：项目自下而上的完工估算，通过最新绩效计算出的最小和最大预测值。通过这些我们可以定义最坏情况、最好情况和项目完工预期成本。项目经理必须明确，要求采用“如果……应该……”方案时，应该用这些数值中的哪一个。

2）格式 2——功能报告。与格式 1 的规范相同，另外它还提供了功能类别的规范。

3）格式 3——基线报告。为用户提供当前绩效测量基线的内容，介绍原始目标成本和所有的最新变化。

4）格式 4——人力报告。该格式使用和格式 2 相同的功能组织类别，但是它用所投入的人月数来反映绩效。

5）格式 5——偏差分析报告（VAR）。该格式包含格式 1 至格式 4 中重点强调的问题领域的书面总结。

对于价值较小的项目，不必使用合同绩效报告，项目经理可以使用挣值管理的简化报告。它还应该反映工作分解结构要素累积的计划工作预算成本、已完成工作预算成本、已完成工作实际成本、成本偏差和进度偏差，以及每一要素的完工预算、行业完工估算和完工偏差。

在项目分析流程中，要按月提供成本绩效报告。在这一流程中，我们对当前和累积数据进行审查，通过评审成本和进度数据以及所有偏差，查明项目当前状况（实际上，这是一个稍微滞后的状况，因为所用的是上一个完整账目月的成本数据）。一旦我们识别出偏差，一个好的挣值管理分析对于发掘其根本原因是很关键的。

出现偏差的普遍原因包括：

1）由于［将具体原因填入空白处］，我们使用了与计划不同的人工费率，导致高出或低于成本。

2）由于［将具体原因填入空白处］，我们使用了比计划完成工作或多或少的时间，导致高出或低于成本。

3）由于［将具体原因填入空白处］，所需资源无法及时获得，导致成本偏低。

4）由于［将具体原因填入空白处］，技术方案比原来计划得好或不好，导致进度提前或滞后。

5）由于［将具体原因填入空白处］，所交付产品的质量问题，我们需要比计划做更多的测试，导致进度提前或滞后。

为了在空白处正确填写，我们必须进行深层的分析，确保确切了解其原因，而不是简单的假设。

有多种工具可用来简化挣值管理分析，它们可提供自动生成的报告和图表。图 14－4 摘自通过 wlnsight 分析工具产生的偏差图。NASA 在采购地球观测数据信息核心系统期间对其开发利用，该系统是世界上最大的可操作的科学数据宝库。它显示了有待证实的工作分解结构要素和各种挣值管理指数。完成百分比和成本、进度偏差、完工预算、最新修整估算、完工偏差也一同被列出。所有这些功能体系都给出了项目当前状况和预测的完工估算。报告按月份生成，并参与月度项目状况评审，讨论主要集中在红色项上（图中用深灰色表示）。

该报告的信息量很大。作为范例，让我们花点时间来评审其中一个报告项。为了使会议效率尽可能高，管理部门同意不讨论所规定的绿色（图中用中灰色表示）门槛之内的任何项(行)。如果小组掌握着可能对团队从一个新的角度详细理解具体活动提供帮助的新信息，那么可以讨论黄色（图中用浅灰表示）项，但是这通常要留给资源分析师在两次会议之间进行调查，因此会议从第 11 行开始讨论。为了阅读方便，我们在这一行上加了方框。

光环卫星（Aura）开发行动——WBS ♯05－AURADEV，现在已经超过了进度偏差的门槛，是向下的趋势，已经被标记为红色。进度偏差的趋势是向下的，成本偏差也是向下的，但是在绿色门槛值之内，完工偏差已经有所改善。所有的核对符号都不会给出它们所报告的变化趋势的大小，而仅仅是方向。团队继续依次评审第 11 行的数据：光环卫星开发还未完成 50％，大约还有相当于 99 万美元的计划工作还没有做，而这只代表了不到 12％的计划工作量。所有这些得出进度绩效指标为 0.882，所以对于所花费的每 1 美元，本次行动只完成了 88.2 美分的工作。

成本绩效的变化还没有这样糟糕，已经被标记为绿色，但是需引起注意。在团队不可能赶上原始进度的同时，在 50％完工量标记处，成本超出预算 20.4 万美元。检查成本偏差、用百分数表示的成本偏差和成本绩效指标，结果表明：对于所花费的每 1 美元，用户实际上只得到了相当于 0.973 美元的投入。很显然，团队的实际成本和计划相差不大。这可能是原来对进度过于乐观，或者是工作总是被问题所困扰。使用计划工作的预算成本、已完成工作的预算成本和已完成工作的实际成本来计算讨论过的偏差。表 14－3 中最后三列重点关注团队的完工偏差。我们看到完工预算稍高于 1 490 万美元，最后一次的校正估算稍高于 1 410 万美元，完工偏差是＋78.7 万美元，也就是说，账目上有剩余资金。那么，管理部门应该如何应对？完工偏差预测出的这个好消息是否意味着团队应该忽视进度偏差和成本偏差呢？不！它意味着项目团队应该作进一步的分析，明确成本和进度是否在将来会受到不利影响。另外，减缓计划应该就位，降低对成本和进度进一步影响的风险，这些影响可能导致项目或合同的成本超支。如果生产率方面不发生大的变化，则很可能在无需管理部门介入的情况下挽救这一风险。该工具都已经完成了它的使命。

挣值管理系统每月生成可对项目绩效提供必要参考的指数，那些不利的指数应该成为推动纠错行动计划实施以恢复或减小偏差的动力。下面列出的是已经在先前的项目上应用过的行动计划。

1）精简人员数量。所有超时限的项目都存在素质较低的人员，在对项目尽量没有大的影响的情况下，应该将他们调离该项目。

表14–3　地球科学数据和信息系统(ESDIS)项目的挣值管理系统偏差报告管理信息系统①

	Org WES#	Description	SV	CV	VAC	%Compl	SV$	SV%	SPI	CV$	CV%	CPI	ECWS	ECWP	ACWP	BAC	LRE	VAC
1	00000000	TCPLEVELDEPTS	↓	↓	↑	96.41	−3 194.0	−0.32	0.997	−4 137.3	−0.41	0.996	1 001 934.8	1 008 740.8	1 012 878.1	1 046 253.6	1 047 710.1	−1 450.5
2	00-FM	PROGRAMMANAGEM	↔	↑	↑	97.66	00	0.00	1.000	−18.3	−0.21	0.998	8 528.2	8 528.2	8 546.5	8 732.3	8 757.8	−25.5
3	01-FC	PROGRAMOONTROL	↔	↔	↔	97.75	−1.1	−0.01	1.000	−818.2	−8.16	0.925	10 029.4	10 028.3	10 846.5	10 258.8	1 086.1	−827.3
4	02-DM	DATAMANAGEMENT	↔	↓	↓	98.66	00	0.00	1.000	8.5	0.37	1.004	2 277.3	2 277.3	2 268.8	2 308.2	2 299.7	8.5
5	02-FROC	PROCUREMENT	↔	↓	↔	96.77	−5.9	−0.03	1.000	−547.6	−8.13	0.970	17 500.5	17 494.6	18 042.2	18 267.2	18 985.5	−718.3
6	03-SCI	SCENCEOFFICE	↔	↑	↑	98.32	03	0.00	1.000	56.9	0.61	1.006	9 364.9	9 355.2	9 298.2	9 515.1	9 458.5	56.6
7	03-SP	STUDYPOOL	↓	↓	↑	89.17	−1 207.4	−3.51	0.966	96.6	0.29	1.003	34 375.0	33 167.6	33 072.0	37 194.5	37 026.2	168.3
8	04-FAC	SERMCEPOOL	↔	↓	↓	98.00	00	0.00	1.000	−78.7	−0.61	0.994	12 886.3	12 886.3	12 966.0	13 148.8	13 227.5	−78.7
9	04-SYS	SYSTEMENGINEER	↔	↔	↔	99.59	−36.4	−0.17	0.998	426.2	1.95	1.020	21 861.7	21 825.3	21 399.1	21 915.2	21 452.5	462.7
10	04-SYSSUS	SCENCESE-SU	↔	↑	↑	94.35	−22	−0.02	1.000	−96.5	−0.93	0.991	10 380.9	10 378.4	10 475.2	11 001.8	11 096.1	−94.3
11	05-AURADEV	AURADEVELOPMENT	↓	↓	↑	49.50	−990.8	−11.81	0.882	−204.0	−2.76	0.973	8 389.7	7 398.9	7 602.9	14 947.8	14 160.7	787.1
12	05-OOTS	SYSTEMENGRG	↔	↔	↔	99.39	−170.2	−0.61	0.994	−124	−0.06	1.000	27 723.8	27 563.6	27 566.0	27 723.8	27 566.0	157.8
13	05-EMOCEV	FOSEMOS-DEVELOP	↔	↔	↔	100.00	00	0.00	1.000	656.7	3.13	1.032	21 278.7	21 278.7	20 612.0	21 278.7	20 612.0	656.7
14	05-BMOCEVP	EMOS-DEVRM-1	↔	↔	↔	100.00	00	0.00	1.000	−355.7	−0.97	0.990	36 588.1	36 588.1	36 943.8	36 588.1	36 943.8	−355.7
15	06-REL5B	SCENCEDEV-R	↔	↔	↔	100.00	00	0.00	1.000	−859.6	−9.89	0.910	8 686.3	8 685.3	9 554.9	8 685.3	9 554.9	−859.6
16	06-REL6A	SCENCEDEV-R	↔	↔	↔	100.00	00	0.00	1.000	−1 799.6	−21.22	0.825	8 481.9	8 481.9	10 281.5	8 481.9	10 281.5	−1 799.6
17	06-REL6B	SCENCEDEV-R	↔	↔	↔	100.00	00	0.00	1.000	730.4	17.00	1.206	4 297.0	4 297.0	3 566.6	4 297.0	3 566.6	730.4
18	06-RELSUS	SCENCEDEV-S	↓	↓	↔	918.15	71.5	0.19	1.002	−641.7	−1.69	0.983	37 849.7	37 921.2	38 562.9	38 634.9	39 348.3	−713.4
19	08-TEST4X	TEST-REL4X	↔	↔	↔	100.00	00	0.00	1.000	−3.6	−0.52	0.995	697.4	697.4	701.0	697.4	701.0	−3.6
20	08-TEST5A	TEST-REL5A	↔	↔	↔	100.00	00	0.00	1.000	1.1	0.09	1.001	1 286.2	1 285.2	1 284.1	1 286.2	1 284.1	1.1
21	08-TEST5B	TEST-REL5B	↔	↔	↔	100.00	00	0.00	1.000	−738.9	−33.82	0.747	2 185.1	2 185.1	2 924.0	2 924.0	2 924.0	−738.9

①(MIS)的最初选择比较困难，这会很大程度影响到月度报告的生成。选择MIS时，我们应该设想最坏情况下的规范需求。

2）降低技能水平要求，落实师傅指导计划（不同技能水平的人混合搭配）。雇用年轻的、缺少经验的员工，会使每1美元的预算，产生更多的工时。然后战略性地将他们分派给资深员工进行指导。

3）合并各项行动［重新组织控制账目经理（CAM）或集成产品团队职责］，将解放出的资源集中到问题点上。

4）变更技术方案（选用不同的供应商）。

5）对每一风险制定相应的风险减缓计划。

特别关注：最大程度地利用挣值管理报告。

1）坚持核定完工估算——为了确保最大程度的准确性，项目经理和控制账目经理应进行完工估算集成分析，评估所需的满期效率（run - out efficiency）以满足当前的完工估算计划。满期效率是指要确保从今天到项目结束所需的成本绩效指数和进度绩效指数是合理的。它通常被称为待完成绩效指数（TCPI）。这里需普及一些常识，如果项目的已知成本绩效指数为86%，我们真的相信该项目在剩余绩效期内会突然以99%的成本绩效指数运行吗？

2）评估必要的执行效率变化以满足当前完工估算计划，并按照工作指示更新数据。项目经理应该对整个项目进行综合的完工估算，对单独的工作分解结构要素也要进行完工估算。有了综合的完工估算，成本账目经理可以进行彻底的自下而上的评估，核定完成项目工作所需的预期成本和资源。综合完工估算需要一整套文件，我们应该至少每年进行一次，但对于空间系统项目，更普遍的是每6个月进行一次。

3）不建议仅仅为了消除偏差而重定基线。在一定程度上，它是制定现实可行的、对项目未来的实际工作更具指导性的计划的一种方法（例如，针对任务需求的主要变化）。

14.1.4　控制挣值管理系统和基线变化

制定完一个可行的计划和基线之后，我们必须控制计划的变化以保持其完整性，并执行正式的基线变化流程。该基线应该始终反映当前的最新计划，满足已经转化为合同需求的任务目标。

在行业里，我们一般通过两种类型的工作授权文件来批准预算的使用。第一种是主要工作授权（PWA），基于合同中的数额（合同中的资金上限），由客户方的合同主管向项目经理提供。当我们需要改变合同中的数额时，合同主管要通过正式的合同变更来更新主要工作授权。这可以保证从经过协商的合同文件到基线预算的可追溯性。对于政府来说，授权是通过对表格506的执行来完成的。这对项目的控制账目进行了新的责任授权。

第二种授权文件是由项目经理发给项目控制账目经理的。它根据计划工作将主要工作授权分发给控制账目经理，保证单独的工作分解结构账目的可追溯性。我们通常把这称为次要工作授权。此时，根据工作分解结构和组织分解结构，按计划将资金分发给控制账目。现在项目各要素都能用资金支持其各项活动（见第12章）。

不管我们前面投入了多少时间，在项目的生命期当中对已确立的基线进行修改是很自然的事情。我们要通过正式的变更控制流程进行记录，这可以确保各方对基线的变更以及该变更对其他关键文件（比如合同和协议）的影响达成一致意见。一旦识别出所需的变更，我们必须及时完成。大多数以美国国防部作为主要客户的大公司都公布挣值管理系统描述，介绍其挣值管理系统的基本原则，概述其基线管理和控制的方法。

若要变更基线，通常有 2 个主要原因：重新修订计划或重新规划项目。

1）重新修订计划——这主要包括：

· 客户提出的不涉及合同的变更（计划变更，但没有相应的预算变更）。

· 正式的合同变更（需要更多资金投入的变更）。

· 内部提出的变更（项目经理提出变更计划，以满足当前合同需求）。

重新修订计划是对基线管理的正常维护。随着项目的进展，原来很难预测的远期任务变成了我们可以更容易计划的近期任务。很多空间系统项目每次只制定 6 个月至 1 年的详细投入计划。如上所述，那些未来的不够清晰的工作要进入计划包，等晚些时候我们掌握了更多情况后，再对其进行定义。这对那些分阶段实施的项目比较适用，比如软件开发项目，其编程和应用作为可交付项是逐步提交的（见第 16 章）。

2）重新规划项目——为了重新制定现实可行的计划，我们要重新规划项目（也称为重定基线）。由于持续不断的绩效问题，项目经常会遇到这种情况，所以这一术语有负面的含义。如果可能，我们要尽量避免它。但如果有必要，行业和政府的项目经理应该紧密合作，同时通知他们的利益相关方，以制定并通过新计划。当预算不能继续满足合同需求时，我们应该考虑重新规划项目。根据绩效问题的水平，可能有多种不同类型的行动。重新规划大型项目通常可通过综合完工估算、进度评审和集成基线评审来完成。

重新规划的目的不是为了消除所有不利偏差，而是为将来的可以获得更好绩效测量结果的工作制定一个可行的计划。当需要对政府项目作重新规划时，政府项目经理经常需要行业项目经理提供超越目标的基线，并报告以前的所有偏差，这样我们不会漏掉任何对以前绩效（有些情况下可能是无绩效）的反馈。这对支持合同的末期行动至关重要，因为这些结果要用来决定最后的付款。

基线预算的变更贯穿项目的整个生命期。它可以因为外部原因变更，例如政府提出对合同的修改；也可以因为内部原因变更，例如控制账目经理基于对风险的新认识而提出的变更。我们必须对这些变更进行记录，同时要经过相应管理层的批准。项目经理应该要求项目团队使用工作授权文件（WAD）来记录和批准因为合同变更（外部原因造成的）引起的基线预算变更。内部原因造成的变更不会影响总的绩效基线预算，几乎不需要批准，所以适合采用更加简化的形式，比如预算变更要求（BCR）。我们必须在技术状态控制流程中的控制日志中记录工作授权文件和预算变更要求，以跟踪各个变更和保持当前基线的可追溯性。

项目经理应该将上面介绍的变更纳入项目的配置管理计划。将变更流程简单化，对每个人都有益，不过关键还是要确信在项目的生命期内捕获所有的变更及其理由。一个正规的基线维护流程包含如下几个步骤：

1）对变更的基础进行评审；为了得到批准，决定哪种变更文件比较合适。

2）准备变更文件，并获得批准。

3）双方根据所建立的技术状态控制流程，将变更记录在案。

4）预算控制授权人在规定的时间期限内完成变更。

5）项目经理在月度成本报告中汇报该变更。

14.1.5 决定储备金和未分配预算的合理使用

管理储备金（MR）是项目经理预留的用于管理目的而不是用于具体工作的预算，它不是绩效测量基线的一部分。相比之下，未分配预算（UB）是为了未计划的具体工作而附加到绩效测量基线的预算。它通常保存在一个单独的受控账目中，而绩效测量基线则要加上这些资源，或被应用于某时间段的行动（增加的资金）。未分配预算在受控账目中的保存时间不能超过 60 天。

项目经理在这些账目的管理中扮演主要角色。一旦通过滚动流程将工作确定下来，或者需要再一次增加资金时，我们必须确保为未分配预算迅速制定计划并确定基线。我们应该通过书面流程分配管理储备金，绝不掩盖成本超支。管理储备金既不是资金来源，也不是新划拨的资金，在一定程度上它是计划中涉及的不可避免的不确定因素的预算来源。在早期基线阶段，对于在具体计划过程中识别出的风险，我们通常要保留一些预算，将其划拨给那些与风险领域或不确定因素有关的特殊行动。通过有效管理，管理储备金可以为项目经理顺利完成高风险行动保驾护航。

14.1.6 挣值管理案例分析

下面通过一个简单的案例分析来说明挣值管理是如何运作的。

设想一个需要为地面支持设备（GSE）的某个部件开发一种特殊滤波器的项目。该滤波器要求能阻挡那些对发送至控制中心的航天器遥测数据造成破坏的噪声。重新设计地面支持设备系统已经太晚了，而且在更重要的优先项目之前进行完整的热真空试验需要用到试验舱。工程团队估计该滤波器的开发、衰减测试以及同地面支持设备集成要花费 5 000 美元。为了保证进度，需要在 5 周内完成，这样的话测试才能在第七周开始。

在集成基线评审中，计划的定义如下：

1）留出第一周进行同行审查，确认设计更改和采购，并送交材料。为了完成这些事情，我们报价 1 000 美元。

2）第二周开发滤波器。包括材料、人力和保险在内，估计需花费 1 000 美元。

3）第三周和第四周要在试验台上和地面支持设备模拟器中对滤波器进行测试，进行装运前评审。为这些基本的和专业的工作，我们预期要再花费 2 000 美元。

4）第五周是将滤波器组装到实际的地面支持设备中，并进行衰减测试。整个系统通电后，要确保对航天器没有伤害。

5）将滤波器转运至航天器制造厂，工程费用需 1 000 美元。

6）进度表上还有一周的机动时间（见第 3 章）。

现在让我们切换至快进模式。现在是第五周的最后时间，因为同行审查时发现的一个设计错误和零件采购质量问题造成的开发工作延误，团队只完成了板级工作。虽然延误期间不必支付人工费用，但是进度落后了。而且由于新的设计中需要专门的电容器，第一周的零件和材料预算少报了 10%，实际花费 1 100 美元，而不是 1 000 美元。在能够进入到组装和测试阶段之前，还有相当于 1 周的开发资金。如果当时使用了挣值管理系统，通过图 14－4 就可以看出我们希望完成项目的那一天的形势。

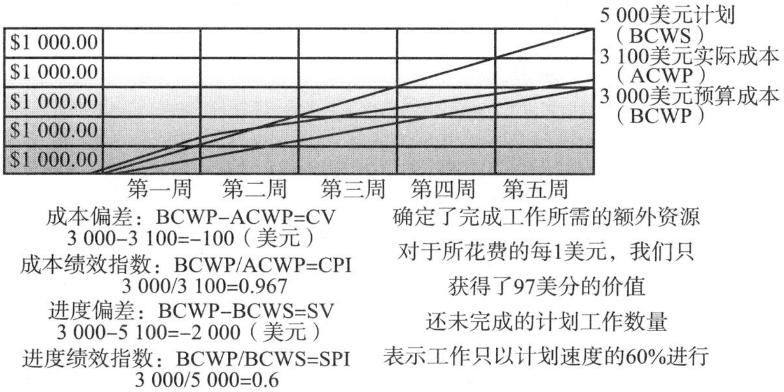

图 14－4　地面支持设备滤波器的挣值管理状态

在该实例中，成本绩效指数包含一个对任何项目都很重要的值，而进度绩效指数（SPI）则揭示了真正的问题。这说明了单纯看成本数据是如何容易引起对实际项目绩效的误解的

图 14－4 说明了问题的真正所在。虽然已完成的工作只比计划超支 3%，但是项目还有 40%的原始工作没做。按照这样的速度，如果所有事情保持不变，且不再有新的风险进一步拖延进度，那么需要 8 周多的时间才能完成该项目。在第二周的末尾就可以明显地看出这样的趋势。

14.1.7　小结

通过这一功能强大的工具的应用中的一些经验法则，我们进行了关于挣值管理的讨论。上述分析是我们多年的、很多大规模政府项目的经验总结，且已应用于我们曾经涉及的几乎每一个项目。

有一点需要注意，这里所列出的各项均源自具体的项目，并在此加以归纳。因此它们不是毫不相干的普遍行为，而是意在提高对一系列候选方案认识的指导原则。

1）如果项目经理和副经理没有融入到他们项目的挣值管理系统中，那么项目团队的其他人也不可能愿意运用它并从中受益。

2）如果挣值管理流程完全由财务团队运作，而没有技术管理人员的参与，那么项目经理将不会对成本和进度偏差的真正原因有很好的领悟，从而导致纠错行动不会像期望的那样有效。

3）如果行业合作伙伴预计项目会超支，那么很可能是乐观估计。政府项目经理应该对完工估算进行从乐观到悲观的预测性运算，并界定一系列潜在影响。

4）对于一个已完工超过 15%～20%的项目：

· 累积的成本绩效指数通常不会从这一点开始改善，实际上可能变得更糟，因此挣值管理系统在该点可预测出可能的最佳完工成本值。

· 在该点超支可能意味着项目遇到了大麻烦。

· 累积成本绩效指数的变化通常不会超过 10%。在大多数情况下，随着项目接近尾声，它会更加恶化。

5）如果项目的成本绩效指数大于 1.5：

· 应该对其范围和预算仔细审查。

· 不管累积绩效如何，都应该进行评审。

6）如果最新修正估算的待完工绩效指数比累积成本绩效指数大的量超过 0.05，则很可能是乐观的。

7）不能很好规划近期工作的项目经理很可能也不会将远期工作规划得更好。项目内部的流程变化是必需的，而挣值管理系统内部的变化并非必需。

8）如果除了目标成本，我们还确立了某个基线，那么将不再测量合同绩效。

9）项目早期的进度偏差是即将出现问题的迹象，表示计划工作没有完成。从某一角度讲，不管项目是否处于关键阶段，它都必须完成，所以我们不能忽视它。

10）如果要安排某项活动，我们应该在进度表中将其作为离散任务进行计划。

11）一个大量依赖软件的项目要比那些不依赖软件的项目更可能出现问题。

14.2　外部评审流程

外部评审流程是监测进度和减缓空间系统开发项目风险的一个有效且常用的工具。这个流程工具很强大，因为它可以为项目各环节提供新鲜和公正的观点，并可带来应付特殊问题的跨项目经验。评审小组可能应项目办公室的要求成立，但评审小组通常由该组织或最终产品的客户授权托管。外部评审小组考察项目的时机通常要与项目的重大里程碑相关联。评审的目的是为项目按计划合理推进提供独立保证，这样有利于根据项目流程及时和适当地修改计划。如果该项目按照目前的计划持续进行，任务就有望成功。具体评审流程请参阅表 14－4。

表 14－4　评审流程①

步骤	流程	讨论所在章节
1	了解外部评审流程	第 14.2.1 节
2	计划评审流程	第 14.2.2 节
3	计划好每次评审	第 14.2.3 节
4	评审准备	第 14.2.4 节
5	实施评审	第 14.2.5 节
6	完成评审后期的要求	第 14.2.6 节
7	经验教训文档化	第 14.2.7 节

①项目是否需要评审根本才是问题，应该在什么时候评审才是问题。项目经理负责将组织和利益相关方的要求纳入早期主进度计划中，以最小的影响换取最大的收益。

在这个流程中，评审小组成员由项目组织外部的专家组成，因为评审流程的基本特征就是客观性。许多组织通过“独立评审小组”或“独立技术成熟度评审小组”类似的名称来强调这一特征。当该项目有来自本项目母公司的人员时，他们必须是完全独立于项目团队的。如果一个评审小组内包含有被评审的项目团队成员，那么就应该向项目经理、组织和利益相关方发出警告。

1993 年 NASA 的第一次哈勃太空望远镜服务任务（也称为哈勃太空望远镜维修任务）是当今的正式外部评审流程的先驱。因为在此之前的 1986 年发生了挑战者号的悲剧，加上 1990 年发现哈勃空间望远镜主镜的球面像差，所以哈勃太空望远镜维修任务的成功对 NASA 的未来是至关重要的。认识到如果出现三次重大航天事故可能造成的后果，NASA 局长要求在发射前对任务的各方面进行多个独立的外部评审。要达到维修任务的万无一失，虽然对独立的外部评审不能直接追溯，但使得这一方法得以延续和拓展。

今天无论是在政府和工业界，外部评审流程和使其发挥作用的独立评审委员会都得到了广泛的应用。许多组织制定了自己的评审流程及其政策。例如，NASA 的政策要求文件，就要求设定一个常设评审委员会，其在 NASA 的正式名称叫做外部评审委员会。项目的决策机构——通常是主要支持单位——任命外部评审小组的负责人，该负责人具有召集权，可推荐小组的其他成员。创建评审小组时，负责人要寻找各个领域的专家，包括项目管理、系统工程、学科工程等，确保所有成员是：

1）当前空间系统业务的最佳实践者；

2）精通他们所代表的技术领域；

3）独立于被评审项目。

理想的评审小组成员有良好的沟通能力，可以清楚地表达自己的意见，并关注其专业领域。

整个项目生命周期期间，外部评审小组人员应保持基本稳定。如果项目经理能够合理利用外部评审小组的话，那么这个评审小组的成员将成为该项目的发起者，并可以降低风险和最大限度地提高成功的概率。随着小组成员对项目的熟悉度和介入程度的加深，以及小组成员的变动，评审小组负责人应不间断地监察评审小组成员的独立性。

14. 2. 1　了解外部评审流程

外部评审流程最一般的形式是呈报项目的重大决策点的客观数据，提交行业的专业知识以解决技术或项目管理问题，并提供一个独立的项目状态评估。项目生命周期的整个过程中，外部评审小组处于一个合适的位置，评审流程则是通过对某些具体目标逐一评审来驱动的。例如，我们可能进行一次评审，以帮助客户代理机构决定是否继续超过其预算来资助某一个项目，或帮助一个技术尚未得到证实的项目作出关键设计方面的决策。这些评审的频率和范围，在很大程度上取决于该项目的规模和危险程度，但评审的重点应始终放在改善项目上，而不只是为了评审而评审。

评审的时间取决于很多因素，但它们通常配合项目的里程碑流程，往往会出现在重大决策点前后，如技术成熟度评估、设计评审，以及发射准备评估。为了最有效地使用外部评审小组，我们需要了解评审的目标如何随着项目的生命周期而变化。在概念设计评审中，其重点是依据技术成熟度、发射质量、成本和进度，评估该任务是否可行，表现在该项目的组织是否了解该任务的范围和任务要求的优先权。因此，评审的目的是评估技术的成熟度、成本和进度的现实可行性，项目计划的完整性，尤其是有关风险规避的内容。在系统需求评审中，目标重点是需求分配。评审是为了全面评估较低级别的技术规范和目标对任务要求的影响，并判断分解流程的现实性和完整性。

在项目开发周期过程中，评审小组关注的重点从需求转向设计方案。在初步设计评审中，评审的目标又转向设计实施。这时，不仅需要关注初步设计的可行性，而且对其实用性也要同样关注。评审小组要评审质量分配、子系统接口和制造方法的详细情况。期间，验证流程也开始变得重要。评审的一个共同问题就是项目是否有经验证的切实可行的计划，以满足客户的要求。此后，就是关键设计评审，这是建造硬件的最后一扇门。在这项评审中，小组要严格评审设计规范、生产计划和评审流程，从而做出是否需要进行大的修改的建议。

但设计通过审批并不是外部评审流程的终点。事实上，有些组织会在项目的集成和测试阶段开始驱动一个单独的外部评审流程。它的重点是提供对硬件，尤其是不合格硬件的客观评估。测试程序要经过严格检查，以硬件已验收合格并符合合同规范为评审和验证的目标。这个流程的最后一项是飞行准备评审，此时，外部评审小组可能要提供一个“飞”或“不飞”（GO / NO－GO）的建议。

常常会出现“哪些评审对程序成功最重要”的良性辩论。对于很多项目来说，关键设计评审最重要。因为这是对硬件制造支出作出重大承诺之前的最后关口。但这也不尽然，在项目的关键阶段，目标是外部评审流程要达到最重要指标，改进这类目标会随项目的不同而不断变化。

例如，作为需要依赖革命性技术的前沿项目来说，外部评审小组最重要的时间是方案设计阶段，也就是要去进行重大开支和前往一个特定的路径之前。在这里，评审能对项目是否有适当的成功机会提供一个公正的评估，尽管有时候其评估结论是残酷的。相比之下，对于影响国家安全的项目，评审的最关键时期也许就是验证阶段，因为这类项目一旦出现飞行故障是让人无法容忍的。总而言之，正确答案大概就是这样；如果外部评审流程设置在项目开始时，那么当遇到关键项目的具体情况时，我们就可以使用它，甚至帮助组织和项目经理尽早确定关键点。

评审的范围一般分为两类：技术性的和项目群的。对于技术评审（如初步和关键设计评审、同行评审，以及技术成熟度评审），该小组应具备必要的专业知识来检测技术方法和继续进行下一阶段或评估发射预备情况。技术评审小组的主要功能是通过与项目团队的直接互动来定期评审项目状况和计划进度。往往由一名在同一个政府组织或公司部门内担任项目任务保障、质量工程或学科工程任务的人员领导。

相比之下，项目群评审（例如，第三方评审、成本评审或确认评审）的重点为成本、进度或风险。该评审可能由客户授权，通过加强内部流程的合理性检查来进行评审。这些评审通常由其他组织（如组织总部、公司办公室、相关的太空计划或技术咨询组织）的各个领域的专家来主持。

为了按照计划进行外部评审，每个负责采购空间系统的政府组织都有其正式的评审流程。表 14－5 概述了一个 NASA 飞行项目评审流程的范本，该表按类型显示了——状态评审、方案评审、同行评审和里程碑评审——以及它们进行评审时对应的项目阶段。美国空军有类似的流程，甚至还有一个定义一般准则和管理一个空间系统开发项目的正式评审的国际标准。在大多数情况下，外部评审小组参与正常的计划进度内的技术和方案评审。他们可能只是形式上的评审委员会、综合委员会的一部分，或完全独立的评审委员会。为了最大限度地提高管理效率，评审可能包括评审时间表上的状态评审（每月或每季度）。虽然没有硬性规定，但外部评审小组的成员要在适当的时候汇报评审情况。

表 14－5　NASA 飞行项目评审范例①

	规划			实施			
阶段	A 阶段前	A 阶段	B 阶段	C 阶段	D 阶段	E 阶段	F 阶段
名称	方案研究	方案开发	初步设计	最终设计	制造、装配与试验	运行	处置
项目群评审		第三方评审前预审、最初设计评审	第三方评审、确认评审	生产准备评审、程序执行评审	生产准备评审		处置评审
状态评审	每月状态评审和每季度状态评审						
同行评审	分系统同行评审						
里程碑评审	任务概念性评审或概念性设计评审	系统要求评审、任务确定评审或系统确定评审	初步设计评审	关键设计评审	系统验收评审 试验准备评审 系统集成评审 安全性和任务保证准备评审或安全性和任务成功评审 运行准备评审 飞行准备评审 发射准备评审	发射后评估评审 紧急事件准备评审 飞行后评估评审	

①政府组织通常已经为所有项目确定一个完整的评审流程。我们要遵循这个流程，但要去除某些对项目没有意义的评审。对于那些与规定有偏差的情况，必须利用规定内包含的豁免流程并要事先获得批准。更多与 NASA 评审有关的目标、准入标准和成功标准等信息可查阅 NPR 7123.1。

14.2.2　计划评审流程

如果项目经理早做计划，并将所需准备的资源和实施行为列入该项目的综合主进度中（见表 14－5），那么外部评审的好处将大大增加，所需的资源和实施行为也会大幅减少。这个流程包括：制定一个明确范围和目标的评审流程计划，什么样的产品需要通过评审，并为每次评审确认并准备条件保障，执行评审，涉及评审中提出的任务项，并汲取经验教训。

确定外部评审小组的目的——第一步是结合主要支持单位的要求，确定外部评审小组的目的。这包括指定小组的权威，以及他们的汇报链。

评审小组的主要支持单位不仅决定目标，而且还决定着评审的范围、类型、数据包(包括他们何时需要向评审群体提供)，并决定评审结果将产生的影响。评审目标通常包括项目群的具体目标，如决定继续支持进入一个新的项目群阶段，或支持独立评估某个技术问题；还包括从标准的指导方针和主要支持单位的流程中衍生而来的一般性目标。外部评审的范围从持续几天或几周的集中和密集评审到低层次但却持续几年的评审均有。评审的范围和产品也是项目阶段一项强大的功能。这在计划过程中，向那些制定标准和典型评审的各级组织咨询官方指导方针是非常有用（和有信息量）的。

一旦我们确定了顶层目标和产品项目开发的整体进度表（见第 3 章），也就确定了每次评审的时间跨度，以及要举行的重要会议和评审、评审时间表，还有同行评审的计划。在计划阶段初期，我们必须确定组织和客户要求，以及那些能够通过外部评审受益的特殊技术或项目群的挑战评审。有些会议是为外部评审委员会单独举行的，而另一些项目群会议则是要求他们出席即可。即使是内部的项目会议，我们也应该让同行评审的人列席，因为同行评审可以加深评审委员会对项目的了解。表 14 - 6 显示的是斯必泽太空望远镜(Spitzer Space Telescope) 项目的评审记录。

表 14 - 6　斯必泽项目外部评审的部分清单①

评审	评审次数	时间	说明
第三方评审	1	1997	独立审查小组尚未成立
关键设计评审	1	1998	独立审查小组第一次参与
年度独立评审	约 6	1998—2001	年度独立评审
季度状态评审	约 38	1998 至今	持续贯穿运行阶段
专门评审	1	2000	独立评审小组对整体项目的深度评审
同行评审	约 20	1998—2002	各个领域，年度独立评审成员参与
试验准备评审	约 8	2000—2002	3 部仪器，集成的低温望远镜、航天器和观测台。如果试验重复，评审就要重复进行
装运前评审	6	2000—2002	3 部仪器，集成的加低温望远镜、航天器和观测台
关键设计评审	2	2000—2001	任务运行评审
软件评审	3	2002—2003	专门评审
运行准备评审	1	2002	发射延迟后升级
任务准备评审	2	2003	发射延迟后升级
返回发射运行评审	1	2003	
发射地点准备评审	1	2003	发射地点准备评审
发射准备评审	1	2003	
飞行准备评审	1	2003	
集成任务保障评审	1	2003	集成任务保障评审
发射后评估评审	1	2003	

①越是技术复杂、政策透明的项目，需要我们计划的外部评审越多。

外部评审小组的选拔——一旦我们制定了评审流程，我们必须确定评审小组负责人和小组成员。有些客户可能已经有主要外部评审的组织或决策权，所以由他们来提名小组负责人。还有些客户授权项目经理选择符合资格的人来担任小组负责人。无论是谁来选拔，小组负责人应该是具有广泛的行业经验，可以引导评审并且能在计划中不断完善评审范围和实施行动的人。该负责人必须有能力且乐于给主要支持单位提供忠告，无论该忠告是好还是坏。

评审小组的其余成员的构成通常是由小组负责人与主要支持单位和项目经理共同商讨决定，以确保行业广度与项目特有的技术深度之间的平衡。因为航天业涉及面相对较窄，小组负责人可向项目经理咨询以了解具有相关经验的人才，特别是涉及复杂技术和有效载荷的人才。对于要招募的小组成员来说，其系统知识与专业技术要平衡，且有好奇心和质疑精神，有良好的沟通技巧，并愿意承诺为项目的持续进行保持稳定的团队关系。这可以避免在每次评审时对小组成员进行再教育。

评审环境的准备——评审流程确立之后，接下来就是会同项目办、外部评审负责人，以及其他独立评审的负责人共同商讨评审计划的细节。我们需要获得所有项目关键人的认同，这有助于制定合理、适当且可支持的具体目标和时间表。

评审小组还有必要协商来自项目的合同支持。即使外部评审流程是强加的，项目经理也要为其买单。如果已经签约的合同中还没有包括外部评审约定，我们就应该想方设法使其列入合同。幸运的是，大多数要求外部评审的组织都至少有一个这样的合同。

在协商过程中，我们应该搜集主要支持单位的要求。每次评审的目标都必须能够与外部评审流程的目标相对应。当项目经理和外部评审负责人就这些目标达成一致时，我们应该分配每次重大评审在项目中的主要责任。早做这些就可以使每次评审的协调人提前思考和计划评审，也可使我们尽可能有效地利用现有的人员，并恰当分散工作量。

主要支持单位简短的开场白是一个项目会议的开启，通常情况下，这也是启动外部评审流程的标志。这样做有两个目的：它表明了主要支持单位与评审小组就评审目标进行沟通，并向该小组透露出主要支持单位是否正在与该项目交流——任何成功项目的一个重要方面。根据评审小组对该项目的背景和教育的要求情况，项目启动会议可能是一个专门的会议，也可能是在第一次正式评审开始之前的简短说明。例如，斯必泽项目就是在独立评审小组第一次介入前，关键设计评审的前一天进行了一次为期半天的具有教育性的简要说明会。

特别关注：在评审计划流程中的目标和难点。

1）目标和产品——这一步的目标是确定清晰可辨和可达成共识的目标、进度时间表、范围和所有计划的外部评审的基本要素。我们必须保持与所有利益相关方的有效沟通。指导方针、标准、准入条件、成功的标准、评审目标、评审小组章程都帮助我们能看到一个完整的流程。这一步的有形产品是评审进度时间表和评审计划。每次评审的定义应包括评审目标的共识声明，确定评审委员会，列出交涉规则和明确各方的责任。与项目计划同步，主要支持单位、外部评审委员会主席以及独立评审的其他负责人应构成评审小组的组成人员，并邀请主要负责人参加。在这一步的最后需要对下述问题作出决定：需要多长时间小组成员可以就位，哪些评审是必需的，小组如何得到资助，向谁汇报评审结果，如何与项目互动，以及谁是小组负责人。

2）难点——为评审设定基调。我们必须在项目团队内部尽早为评审建立适当的基调。除非项目团队接受全面、开放的交流与合作的观念，否则评审工作将非常困难。项目团队抱着最低限要求的观点是不能实现一个独立的和外部评审所提供的价值的。向小组成员展现评审流程是一种非常有用的手段，通过这种方式可展示评审进度，并有利于获得广泛的行业经验。这种完全开放的方法可以使一些不到最后不易被发现的重大风险得到缓解，从而避免更为严重的后果。

3）难点——了解评审目标。我们必须在计划中拿出充足的时间以供项目办、评审负责人和其他监管实体相互协商。每个组织和个人都带着他们各自的看法加入外部评审流程，因此确定清晰的目标是非常重要的（不设定目标是有问题的）。尽早协调并达成共识能够消除导致评审困难的错误方案。例如，有的执行组织有自己的一套评审流程的政策，那就应该以此作为评审计划的出发点。那些指导方针适用于大的、正式的评审，而一般方针应该可以适用于规范更小、不是那么复杂的项目或专门的项目。每月和每季度的状态评审和同行评审可以不那么正规和严格。

4）难点——尽早分配评审责任。外部评审要求在项目团队内部进行艰苦的协调工作，且这方面的工作很难融入正常业务过程中。因此，尽早为每次重大评审确定和分配项目内的领导责任是非常有用和有效的。因为评审小组依靠书面化的文档来引导他们的评估，小组领导需要熟悉项目的文档流程。他们还需要作为一个单个的联络点来及时安排和协调所有的问题，而计划好每次的评审工作。

14.2.3　计划好每次评审

下一步就是制定并逐项列出每次评审的目标、范围和时间。这一步最好是在评审日期前提前做好，参加人员包括外部评审小组负责人、主要支持单位和项目团队。各方都应了解目标和范围，以便能够据此制定计划。这也可以防止评审准备工作做完后出现不必要的分歧。一次单独评审的目标通常是讨论和评估一套具体的技术问题，如一个技术开发的难题、成本估算、设计权衡、硬件验收；或完成了一个项目的里程碑，如初步设计评审、同行评审会议或有其他评审小组参加的大型设计评审。对于大多数正式评审来说，主要支持单位的组织管理程序和流程都明确规定其目标、要求、时间、数据包和成功的标准。

接下来，项目经理或指定人员要与评审委员会主席及其他受影响的利益相关方合作共同制定一个议程表。这个议程表明确地将所有项目主题呈现给听众，小型研讨会可以对关键主题展开更深入和非正式的讨论。议程表还设定了核心会议和出简报的时间。详细的议程表制定完成后，我们需要确定基本准则，商讨来自项目和外部评审小组双方的人员参加会议的时间。

这一步看似简单，设定评审日期事实上是具有挑战性的工作。但是，在确定任何评审的实用性和有效性时，选择合适的人是主要因素之一。我们选择评审日期时需要与项目办、评审小组负责人、调度，以及其他相关参与者相协调。我们需要查验设备的可用性和数据访问规则及可用性。要注意避开节假日和热门休假时段。将确切的日期、地点和议程尽早通知各方，以确保准时参与和作好准备。

决定评审成功的另外一个主要因素是专业知识、技巧和评审主持人的预备工作。因此，我们必须确定各项准备和提交各项议程主题的职责。外部评审会议的准备工作是与项目实施同时进行的，所以我们必须留有足够的时间。条件和设备，包括会议场地、办公场所、项目文件获取（硬件拷贝和软件拷贝）、计算机资源、电话会议所需要的条件、音频视频设备管理，它们的职责均需要预先确定。所有的筹备工作应该有一个指定的联络点。我们必须决定评审过程中是否需要外部正式的或非正式的评审小组的反馈，还必须计划流程、安排日程和制作相应的表格。

特别关注：计划好每次评审时的目标和难点。

1）目标——这一步的目标是获得经过充分协调的详细的议程表，该议程表体现了商定后的评审目标和范围。这一步的有形产品是预定了评审日期和为每次评审制定了详细的议程表。内部产品包括重要参与者的名单和所有计划及筹备工作的责任划分。与项目计划活动同步进行的主要支持单位和外部评审负责人应该完成他们的出席者名单，并提供重要参与者的条件保障信息。组织要求项目经理和评审小组负责人在评审计划中提供这类文档是很常见的。

2）难点——管理每次评审范围。平衡评审范围是一项困难的工作，所以，由不需评审转入进行完整的项目评审时，我们要维持全面和开放的合作。计划评审并与外部评审小组协作有助于达到这种平衡。必须在议程表和进度中为小型研讨会和核心会议安排充足的时间。比较评审目标和成果也是非常重要的。

3）难点——确定利益相关方。其他评审小组经常会与外部评审小组出现在同一时间，这可能会影响评审的议程表和目标。我们应该在发表详细的议程表之前，找出潜在的时间冲突，并与其他评审小组协商各自的角色分工。如果有些信息是不能与所有小组分享的，我们就不得不安排额外的核心会议时间，并在简报中调整与会人员。例如，在一个国际项目中，合作伙伴的评审委员会成员可能就不会参加国际武器贸易条例所限制的项目评审。

4）难点——为变化而计划。外部评审的主要功能之一就是在开发中尽早发现潜在的问题。无论是项目团队还是外部评审小组都有可能不可避免地遇到意外的问题。比较明智的做法是，在同行评审的时间表中预留出一定的时间，以便用于讨论较低层次的新问题时使用。这有利于在项目中利用外部审查小组的专业技术优势，使我们在定期评审中将重点放在已计划的目标上。在航空航天工业中，由于技术问题、资金问题、或者只是估计过于乐观却没能实现等因素，项目时间表是在不断变化的。为适应这些变化而改变计划能够避免评审过程中的进度和资金的挑战。我们可以采用以下两种方法中的一种：一种是虽有刚性时间表，却有灵活的范围；另一种是虽有灵活的时间表，却有刚性的范围。

14.2.4 评审准备

从这一步开始，评审就迫在眉睫了。通常情况下，还有 3 个月的时间为评审作准备。

此时，我们需要开发使评审更有效率和成果的技术、方案和条件保障数据。项目经理需要为会议报告和补充数据作计划，安排所有的条件保障事项，并保持与评审负责人经常性的沟通，以便完善最后的细节。项目经理和指定的评审协调员应该为所有会议准备人员和发言人提供指南和详细说明。发言人应该熟悉要求、成功的标准和评审的目标。标准格式有助于使报告更容易被理解和遵循。它也可以使每个发言人的发言内容涵盖各要点，而没有产生遗漏。每次报告后应留有评审委员会提问的时间。

筹备活动包括会议材料截止时间、内部彩排日期和议程，项目团队也能从这些日程表安排中受益。评审是一件大事。详尽的计划有助于确保其顺利进行，并保证评审委员会的重点放在内容和议题上。一次完整的彩排具有显著的价值，因此有必要进行这种彩排。一个懂行的项目团队在为评审编制完整的计划时甚至可以识别以前未知的问题。有效的方法之一是建立内部评审委员会，以评价报告内容和预估可能出现的问题。这种彩排还能为我们提供一个很好的培训发言人的机会，培训他们如何坦诚、开放地陈述项目成果，而不只是谈项目中的问题和挑战。

评审带来的主要好处是编制流程，因为它可能会使我们注意到以前忽略的想法或建议。它迫使我们去估量我们目前的位置，能使我们确定优势，找到弱点，并重新评估状况。标准格式的评审演示报告可以迫使准备者彻底想清楚之前遗漏的事项。评审也给发言者提供了一个机会来演示进度、介绍解决问题的创新方法，并展示其取得的成就。

除了准备材料外，我们必须照顾到所有的条件保障安排，包括会议标志、会议室、办公场所和视频会议的要求、数据访问的需要，如关键项目文件（项目计划、风险管理计划等）的软拷贝、硬拷贝，以及项目数据库的客户用户账户。

我们应该与评审小组协调所有细节，包括向与会者发送会议时间、日期、地点和访问要求的备忘录。我们还要提前提供演示报告材料和支持文件的副本，让评审小组作好准备，从而使评审更有效。最后，我们应该协调好个别人的远程视频访问要求。

特别关注：筹备评审时的目标和难点。

1）目标——目标是提前完成所有的评审准备工作。项目经理或指定的评审协调员对此负责。当项目团队作好评审准备工作且评审小组已经获得了所有评审细节，包括议程、评审目标、成功的标准、预先评审的副本和补充材料，这一步就算是完成了。这一步的有形产品是报告演示包和补充数据包。内部的产品包括所有条件保障安排、与会者的最终名单、所有演示报告、小型研讨会及简报的责任分工。

2）难点——评审小组不完整。一个常见的困难是与会的评审小组成员太少，无法满足评审目标。我们需要合适的项目团队来解答评审小组的问题，同时也需要核实的评审小组来评估项目面临的技术问题。不完整的评审小组会导致许多后续问题或重复的会议，所以我们必须提前确定项目团队和评审小组的成员能否如期参加评审。任何一项任务都会有很多解决办法，就好像很多工程师在一个房间可以有很多想法。项目团队必须就如何处理这种情况达成一致，这样，才能在开放讨论时避免决定谁代表团队发言可能引起的混乱。

3）难点——数据包不完整。另一个常见的问题是当需要向外部评审委员会展现项目成果时，未获得用来支持项目目前进展情况的数据。同时，我们也不应该实时地向评审小组提供过于复杂的技术数据。提前发送评审信息样本，包括特别简报包，其价值是巨大的，在今天，它比以往任何时候都方便。项目经理们基于网络的工具利用可以使外部评审小组聚焦于他们需要更有效评审的项目管理信息系统的那些部分（见第 6 章）。

4）难点——重申评审的基调。在准备演示材料和进行新排练时，项目经理和评审协调员必须不断地重申完全与开放的信息披露和合作的必要性。排练应该留有足够的指导时间，以允许部分章节或全部章节的重写。

不完整的数据可能会使外部审查小组的工作无法进行，并且限制他们对项目的帮助。有时候评审小组的经验和对项目的深入了解能帮助项目团队检测到缺少的数据，与议题脱节或导致数据失实。在出现这两种情况的任何一种时，评审小组负责人都将向组织和利益相关方汇报，迫使项目经理保护项目行动。

14.2.5　实施评审

评审流程的核心是外部评审小组与项目团队之间面对面的互动，这也是交换技术数据和方案数据的场所。评审通常包括一个对与会者表示欢迎的致辞，通常由项目经理和评审委员会主席或评审小组负责人作开场演讲，接着是发表演示报告，召开评审委员会核心成员会议和简报会。

致辞时，所有与会者都受到欢迎，并按（事先征得评审委员会主席认可的）会场席位介绍来宾。这类评审还应该宣布议程、保障条件、成功标准（最好将此标准的副本分发给评审小组）、参与规则、评审的流程和简略的预期。

此类会议的重头戏是项目团队的演示报告。一名评审主持人（有经验的评审主席会自动充当这一角色）要保证发言者按议程表安排发言，中止与主题无关的讨论，根据需要设置小型研讨会。发言者应时刻保持全面和开放的合作，积极解答问题并与评审委员会保持互动。在评审的结尾，发言者和评审委员会成员应达成共识并表示感谢。

除了主要的演示报告之外，可能还有有选择性的个人次要发言和一些个别团体参与的针对专门问题或话题感兴趣所进行的更详细论述的小型讨论会。主席通常会让各分组讨论会的一名代表来汇报整个小组在会上的讨论内容和结论。

评审的最后议程包括评审小组的核心会议和总结主要问题的实时简报会。届时我们可以判断评审委员会成员的总体印象和将会提出的问题。项目经理应要求评审委员会主席重申后续行动的流程和截止日期，以评审休会之前的不符评审项（RID）或采取行动请求（RFA）。

特别关注：实施评审时的目标和难点。

1）目标——目标是进行有效和完整的评审。如果执行得当，项目团队与外部评审小组之间就可以进行开放、坦诚的讨论。这一步的有形产品是演示、简报和评审小组做的评估文件，以及不符评审项和采取行动请求。内部产品包括一份讨论、问题和发现的问题，以及不符评审项和采取行动请求文件的汇总。

2）难点——未完成的任务。如果评审时有些工作仍然没有完成，项目经理就必须承认它，提出详细的加班补偿计划，并征求评审委员会的赞同，使该计划可被接受且不超过设定的风险阀值。我们不能有侥幸心理，要么期望评委会不会发现未完成的部分，要么期望评委给出未完成的这部分不重要的评价，或者说它只是正常业务中的一部分。

3）难点——专注于负面事物。应该讨论未完成的工作，但项目经理也不应羞于强调自上次评审之后项目团队已完成的工作和已取得的成就。这有助于评审小组了解和评估项目的优先事项。这也能使他们了解有多少预期的任务已经完成了。

4）难点——没有保持评审的基调。很容易失去全面和开放的合作。项目经理和评审管理者应该为评审过程的开放性树立榜样，并将开放性置于项目团队行为的最前列。

14.2.6 完成评审后期的要求

评审后期的后续行动是必不可少的。这包括对所有不符评审项和采取行动请求的应对以及建立可访问的技术数据的数据库。

项目经理和评审管理者应该确保所有的不符评审项和采取行动请求都得到答复。评审主席将雷同的问题或类似的情况进行合并，而项目经理将负责审核这些问题和情况，以防由于合并而造成一些情况的丢失。基于同一个主题或问题的不符评审项和采取行动请求应该组合在一起，以提高效率。我们应该将所有不符评审项和采取行动请求与项目团队中负责对此回应的人名一一列表。这种发起人与响应人一对一的讨论是非常有用的。我们应该在项目中有专人负责与评审主席联系，负责管理和跟踪所有响应。此人负责协调数据交换，提供不符评审项和采取行动请求提出者的反馈，跟踪截止日期，征求主要支持单位的同意，以及终止归档。评审主席决定何时终止不符评审项和采取行动请求。如果我们认为意图已达到，项目经理有权要求组织进行意见分歧的裁决。当然，这应该是不得已而为之的。通常项目经理只在太空任务遭受巨大挑战（例如评审委员会成员在一开始就将一个低风险项目视作一个高风险任务）的前提下，才会行使这一权力。

认识到外部评审的全部好处，并使其在执行和终止时更有效的一种方法就是为演示材料、评审意见以及为未来项目建立的响应建立一个数据库。这对于将来演示终止不符评审项和采取行动请求、解答问题、评估经验教训和归档都是至关重要的。它还可以为将来的评审节省大量的时间。

特别关注：处理评审后期要求的目标和难点。

1）目标——这一步的目标是终止所有悬而未决的行动项和技术关注点，找准关键决策和获取经验教训。有形产品是终止理由、所有不符评审项和采取行动请求的文档材料、演示报告的归档和对未来项目有用的归档文件。

2）难点——悬而未决的问题的不完全终止。如果评审后期流程遗留问题解决得不彻底，可能导致两个难题：一是将会引发将来又一次的评审；二是失去了在项目生命周期内及早处理和解决潜在问题的良机，因为及早解决对其影响是最小的。我们都有过这样的经历，一些看似微小的问题，可能由于进度所限，我们忽视了它，但最终变成了关键且需要花费巨资的问题。所以，项目团队必须及时解决所有悬而未决的问题。

3）难点——信息丢失。一旦问题得到解决，人们经常会丢弃现有材料以及不符评审项和采取行动请求终止的数据。但这些来自外部评审的数据是非常有价值的。由于外部评审演示报告具有全面却简明扼要的特点，因此我们可以将其作为培训项目或评审小组成员的教材。同样，过去评审的信息归档可以提醒外部评审小组成员们上次评审后项目进行到哪了，以及哪些问题已经得到了解决。电子数据库仅仅是一个开端，我们还需要对数据进行编辑整理和筛选，使最终产品更有用。我们应该将上述考虑的因素纳入到信息管理系统的要求中去。

14.2.7　经验教训文档化

最后一步是重新审视整个流程，总结经验教训，并适当地将这些经验教训文档化。评估经验教训应该包括项目参与者、贡献者以及曾经提出重大建议并取得显著成效的人。我们必须鼓励所有项目人员，例如飞行操作人员，在筹划飞行流程和规程时吸取经验教训。这些经验教训对将来计划风险规避活动时是很有用的，并为更准确、更有效地规划未来项目奠定了基础。

特别关注：经验教训文档化的目标和难点。

1）目标——这一步的目标是总结经验教训，并将所有的建议机器带来的相关收益记录下来。关键是记录下那些特定的经验教训是如何在给定的实例中应用的。这一步的有形产品是按照规定的格式将经验教训文档化。项目团队应在可能的情况下，将经验教训转化为可操作的工作以改进流程。

2）难点——总结经验教训所花费的时间和精力。到评审流程的最后，项目团队和外部评审小组都已经花费了大量的资源。虽然去识别、评估解决方案和技术问题需要花费大量的时间和精力，但如果未能以有效和可用的方式总结出经验教训，那么不论是对项目经理，还是未来的项目经理，甚至是整个团体来说，都是一项重大损失。

14.3　项目绩效跟踪与趋势分析

项目绩效测量（PPM）使用一组来自不同监测科目（discipline）的综合输出，以提供更广泛和更清晰的整体项目绩效。每个输出提供一种不同角度的量化和项目绩效的趋势分析，并给出未来的业绩预测。它们单独提供好的信息，当它们结合在一起时可以比任何一个单独的产品提供更多的信息。本节的目的就是为新的项目经理提供一种与项目绩效测量方法相结合的指导。

许多方法可用于项目绩效的跟踪和趋势分析。在项目生命周期早期，我们必须决定使用哪种绩效测量方法来评估项目，在什么细节层次评估，以及团队多长时间进行一次分析，并将它们提交给项目经理采取行动。本节讨论仪表板（dashboard）的概念，它是由定期维护和项目经理随时可用的关键性能指标组成的数据集。仪表板的概念在对管理不同的数据，尤其是在管理大型、复杂的项目时大有帮助。

表 14－7 列出了项目经理和项目团队确认项目风险和边界条件的流程，并将它们转化为项目绩效测量仪表板的原理，以确定项目生命周期中各种重要绩效的相互制衡因素。

表 14－7　项目绩效测量活动①

步骤	流程	讨论所在章节
1	准备项目绩效测量方法的注意事项 a. 确认备份的价值 b. 用正确的信息管理绩效	第 14.3.1 节
2	规划流程 a. 进行初步的风险识别 b. 确定项目的限制条件 c. 对照工作分解结构和综合主计划绘制绩效测量要求	第 14.3.2 节
3	实施项目绩效测量计划 a. 选择项目经理的仪表板 b. 建立内部报告要求 c. 定期作性能分析和趋势预测	第 14.3.3 节
4	随时间变化，调整绩效措施	第 14.3.4 节

①我们需要有一个利用不同的工具搜集信息的过程。项目经理既要考虑这种情况下所需要的特定工具，又要考虑其作为一系列信息中一员的角色。

14.3.1　准备项目绩效测量方法的注意事项

最常见的项目绩效测量方法包括：

1）挣值管理系统（见第 14.1 节）；

2）关键路径和综合主进度分析（见第 3 章）；

3）技术性能指标（见第 7 章）；

4）持续的风险管理（见第 15 章）；

5）资源分析（见第 19 章）。

当太空任务项目超过一定的预算值时，不管是 NASA 还是 DoD 都要求有挣值管理。无论项目大小，NASA 要求对所有的航天项目进行主动持续的风险管理流程。这些政策规范多用于权衡选用何种项目绩效测量方法之时。但单靠这些外部政策不能限制我们为项目专门定制所配需要的组件的能力。

任何绩效测量系统的有效利用都需要整理和分析支持数据。在考虑绩效测量类型时应考虑的因素包括：

1）项目的规模和时间；

2）技术复杂度；

3）风险；

4）资源约束和裕度（进度、资金、人员等）。

这些因素决定了多长时间需要分析和报告一次绩效测量指标，以及情况详细到什么程度。这一步的目的就是帮助项目经理为给定的项目参数选择最好的项目绩效测量的方法。

特别关注：流程的平衡。

1）挣值管理系统产生项目的设计和开发生产力指标，该指标按照进度来表现，在项目完成时，其技术工作单元通过美元来衡量。第 14.1 节详细讨论了挣值管理系统。

通过保存和分析绩效数据的非挣值管理系统来源——不同来源的相同的数据——实际

上，可以增强我们对挣值管理报告本身的信心。发现不符时，我们可以采取纠正措施，以改善挣值管理数据的整体质量，同时，对于提高我们的解读能力也大有裨益。正如航天器设计中的备份，能够避免关键子系统潜在的单点故障，技术和规划非挣值管理数据有助于确定我们通过数据准确地了解绩效，并可由此估算生命周期的结束点。通过其他来源获得的绩效数据的成本可能微乎其微，依靠单一来源的数据来跟踪进度的成本可能更高。

例如，最近的一项使用前载型基线进度时间表（将大部分工作前置）的大型航天器的开发项目极力推崇挣值管理系统。他们认为进度时间表有相当大的资金裕度。

挣值管理生成的绩效指标指数和成本绩效指数的结果表示该项目的执行效率接近100%。然而，当非挣值管理关键路径进度分析与综合主进度时间表不符（例如无裕度）时，项目执行可能就会迥然不同：相对于进度中每年的关键进度，项目的实际进度平均延期 6 个月，并且这还是努力了 30 个月后的结果。以这样的速度，该项目将在未来的 12 个月内耗尽所有可用的时间裕度。这给我们的教训很简单……我们不该完全依赖一种绩效指标。

虽然前面的例子很重要，然而我们应该记住：没有“圣杯”。备份绩效评估的存在并不能为我们提供百分之百的安全性。在项目规划阶段，项目团队必须有意识地通过工作分解结构来绘制绩效数据源，以了解这些数据集之间的接触点和接口。在项目实施阶段，项目团队必须比较和分析这些接口数据，以验证整个项目的状态，具体如下所述。

2）有管理绩效的正确信息——第 14.3.3 节讨论非挣值管理绩效测量的 4 个主要类别（见表 14－9～表 14－12）：

· 技术性能指标；
· 技术资源裕度；
· 进度数据；
· 财务和与成本相关的数据。

在项目实施过程中，项目的业务分析师承担着通过不同角度验证整体绩效的责任。从一开始，我们就必须与他们密切合作。需要让团队了解当需要作决策时，我们打算用哪种绩效测量，以及如何呈报数据（例如，格式和频率）。反过来，项目工作人员也必须让项目经理了解可用数据源的局限性，以及若要获得所需的数据需要做什么工作。

综合这两方面，项目团队的分析师必须熟悉每种可用的绩效测量。挣值管理分析师、调度、成本分析师应该了解彼此的报告和分析，项目的工程技术人员应当定期审查挣值管理的报告，关键路径分析，月费用报告。并在需要加快这种整合的地方制定培训计划。

从一开始，项目经理应该对所有项目成员摆脱他们自己的“沙盒”提出挑战，并从不同的角度审查项目。可以跨越各种数据集综合项目绩效、确定他们的共同趋势和跨越多个数据源的不一致性的分析师，其价值堪比黄金。

14.3.2　规划流程

在哪探究？探究多深？这是我们寻求项目绩效测量方法时常常会问的问题。探得太深（过细）或超出了范围（增加无关的、额外的信息），都有可能导致项目团队停滞不前的风险。探究深度不够或者范围受限太严重，我们获得的信息就会缺乏管理决策所需的精确度。因此，我们的目标是找到一个平衡点，使任务要求的复杂性与相关的风险状况相称，并且在项目实施时，能够适应不断变化的环境。

进行初步的风险识别——当确定一个项目所需的绩效测量数据的数量和深度时，我们必须考虑项目风险源。风险级别越高，需要的绩效数据越多。完成这一步后，我们将会有一个“风险源转换成绩效指标”数据的计划，这种计划是我们按照项目绩效测量方法的基础。

目前的挑战是了解哪些区域要进行风险检查，以便指导建立一个更加完整全面的风险分析，表 14 - 8 为项目经理和业务团队提供了样本问题，以供参考。对每一个潜在的风险源，表中提供了绩效测量方法，我们可以用它来定期检测该风险源的信息。

这些样本问题并不是全部问题。相反，给出它们的目的在于通过对整个项目更加完整的评估以指导新的项目经理，从而改善项目绩效测量方法。

在项目开始时，项目团队就对一些产品的开发给出了风险和深入了解上述许多问题的指标。这些包括技术绩效测量计划、技术开发计划、综合主计划（IMS)，项目计划（见第 3 章)，以及风险管理计划（见第 15 章)。项目经理和项目的高级成员必须标记这些计划的最重要部分，且在项目例会或项目“仪表盘”中给予这些部分充分的重视。

确定项目的制约因素——项目制约因素的概念涉及所有项目的核心实际：我们必须在指定资源水平下的预算、进度和劳动力资源水平限度内，满足绩效要求。而项目资源通常是有限的，很难达到平衡。

在项目规划时，我们必须考虑这些限制，并扩充我们的项目绩效管理方法来检测这些制约因素及其相关的裕度。例如，一项太空任务可能有一个固定的发射窗口（例如火星探测任务)，这就限定了决策空间。因此，我们必须时常监测进度表裕度，确保对赎回时间表的机会识别，并制定加班活动以减轻延迟交付。这里，在挣值管理和关键路径趋势分析时，进度-绩效指标的组合是成功的关键。

每个项目的运行都有一套自己的制约因素，我们必须仔细考虑哪种绩效测量能够对所提供的资源进行积极主动的管理，同时最大限度地提高任务成功的可能性。

特别关注：识别项目制约因素。

1）受进度时间表的驱动——NASA 的冥王星-新地平线项目就是一个在进度时间表约束下成功的航天管理开发项目。约翰斯·霍普金斯大学应用物理实验室负责项目管理。该项目团队成员包括工业界、西南研究院、NASA 和学术界学者。该项目目标是在 2006 年 1 月的发射窗口，以便充分借助木星引力进行机动飞行。如果该项目正好满足发射窗口的日期，这种助力机动飞行会添加足够的 ΔV 进入轨道，从而至少在巡航阶段缩短 4 年的时间。

项目经理和工作人员为该项目制定了一套全面综合的主进度计划，其中包括获得联邦政府的发射批准（由于在航天器的电源系统内有核材料)。发射审批过程必须在规定的时间内完成。为了严格按照综合主计划的进度执行，项目经理不仅要跟踪进度时间表裕度，同时还要注意关键路径的趋势，保证每次关键交付日期的前后浮动与计划不相上下。获得发射许可的政府审批程序过程也需要同样严格的管理，本项目绩效测量的结果重点就是按照原定计划如期在 2006 年 1 月发射。

表 14－8　初步的风险信息①

风险源区域	是否有这类风险存在	推荐使用的数据源
与采购相关的风险——这意味着系统采购往往是一个潜在风险的驱动器	项目是否有长期交付项且处在关键路径上或其附近	关键路径进度分析和趋势分析
	关键硬件的成功交付是否与技术开发相关联	技术性能指标受限于技术成熟度或关键技术成熟的里程碑
	主承包商、分包商和供应商的经验如何	挣值管理系统或进度趋势分析，可以洞察感知到的处于风险中的供应商的情况
	机构内部是否有重大的开发活动	财务和进度趋势分析
	（对于多机构政府项目或国际合作项目）合作伙伴或外部机构是否监控重要交付	因为很难从合作伙伴和通过密切监控现有的进度数据获得可靠的性能数据，密切监控可得到的进度数据
	项目内部开发人员间的主要传递过程是什么	趋势进度和交付方的挣值管理系统性能，监控可得到的突发事件，以便使其对接收方的影响最小化
	哪种测试或大里程碑需要来自多方的硬件或软件交付	关键路径和各方可变化的趋势，监控应对延迟交付的潜在替代方法的状态
	哪里的项目取决于外部多方的决定或行动，潜在的进度影响是什么	跟踪某进度，作出应对任何突发事件的可行性决策
与设计和技术相关的风险——我们必须密切跟踪任何与选择的技术方案有关的风险	什么是驱动绩效主要的要求，哪个工作分解结构元素与此最相关	监测和分析与关键驱动要求相关的技术绩效指标，监测任何可能影响工作分解结构元素和后续进度的意外发生
	在技术开发上我们是否寻求多种发展途径	与技术成熟度或成熟度指标，以及里程碑相应的绩效轨迹和趋势
	什么样的里程碑或时间会触发技术变化或作出实施应急计划的决定	与技术决定门槛相关的常规状况进展，应对潜在突发事件的准备状态
	哪些项目元素在早期成本估算中，我们标记为高风险（由于认知的复杂性）	挣值管理系统成本和进度绩效指数的监测和趋势，关键路径进度趋势
	如何使功率、质量和其他资源相对应的应用设计原则和准则更强大	对资源裕度、开发和突发事件的状态（例如大质量削减计划）的定期监测和趋势分析
其他——这包括项目管理团队在开始时确定的风险和机遇	根据以往经验，绩效数据的哪些地方是令人怀疑的（我们与合作伙伴团队成员一起的跟踪记录是什么）	挣值管理系统或进度趋势分析，其贯穿风险供应商的绩效，与项目工作人员定期进行的实地考察监测相耦合
	对处于关键路径和邻近关键路径的交付来说，什么样的进度灵活性具有可行性（例如改变灵活性，以替代资源换回进度）	利用资源加载进度数据跟踪机会，跟踪财政储备支付的灵活性
	项目实施发现选项是否有随时间变化的机会	发现列表的监控和维护，如果适用，加上监测技术绩效，因为发现选项通常受某种性能下限的约束

①为了组配最适合的测量工具，我们需要进行广泛的风险评估。目的是跨越整个项目找到最高层次的风险。此信息有助于确保绩效信息在必要的详细程度上的有效性。

2）受预算的驱动——另一个限制条件是一个经费投入相对平稳或呈阶梯状的状况。NASA 的重力探测器-B 项目就是这种情况。该项目由斯坦福大学和 NASA 负责监管。20 世纪 90 年代中期，重力探测器-B 获得平稳资助，该项目的执行主要依靠技术开发来测试爱因斯坦广义相对论中的一些预测。

该项目的边界条件是年度预算不能突破上限而且对技术性能的要求不能降低，所留余地也很小，但发射日期不受限制。在本组的边界条件中，能够跟踪研究和开发工作效率，并提供时间进度延误的预警。技术绩效指标（TPM）是极有价值的，因为任何延误都会转化为增加预算支出。

对照工作分解结构和集成主进度绘制绩效测量要求——综上所述，我们必须确定需要引起项目经理关注的项目风险，以及考虑项目的边界条件是如何影响绩效测量要求的。一旦确定这些风险之后，同样需要的是在相应的项目工作分解结构中标识出这些风险。这可以帮助项目团队标识出重点领域（此团队成员必须提供绩效测量数据）。当我们使用一个基础广泛的系统，如挣值管理系统，那么这个标识图还有助于确定包括在挣值管理系统执行综述中的项目元素。其余的元素应由项目挣值管理系统分析师评估，如有异议，可交给项目经理。

我们还必须以综合主计划进度时间表为背景，在上面标识出项目绩效测量要求。在关键路径上或其附近的事件是最重要的。项目经理需要多个绩效指标来确保进度时间表受到破坏时能够及早预警。表 14 - 9 列出了在工作分解结构和集成主进度背景下标识功能数据要求的一些关键问题。

表 14 - 9　制定工作分解结构和综合主进度的绩效数据需求计划①

询问以下问题	找出选择的项目绩效测量办法的关键属性
现有数据是否详细到可以充分理解绩效问题 若有需要，能对该领域深入研究（检查较低层次的数据）吗	若绩效测量数据结构中允许灵活地插入问题，则通常比数据源一成不变的情况更为可取，但这会引起费用的增加。一个非常好的经验法则是，在比已识别的风险至少低一层的工作分解结构中至少能够插入一个问题
所有绩效指标在项目后期起作用了吗 在项目生命周期的后期，绩效测量指标获得最小程度上的使用了吗	在制定早期计划时，应对有适用期的绩效数据加以识别，并对启用或停用这些资源及时作好计划
该项目有方法能够根据时间变化作出灵活调整，如缩小计划范围和弹性安排员工轮班吗	对于很多项目来说，不存在缩小范围选项，平时加班或节假日加班也会受到限制。但是，当项目进度不畅或停滞，或者财政储备有限时，随时准备采用应急方案就显得尤为重要
是否已超过数据过量点	过量数据会使某些可识别的绩效模式变得难以理解，导致“分析瘫痪”。对于这一问题的解决可以归结为管理调整。若风险已消退或解除，在更加清楚可用数据的来源之后，就可以根据时间作出调整。进一步讲，要求过量绩效测量数据比要求太少可能会更好，因为在合同授予后再从供应商那里采办额外的数据，其成本将高得令人望而生畏

①项目绩效测量计划的最后一步是为项目的工作分解结构和综合主进度制定数据要求。这样做可以对管理上需要定期关注的项目的关键领域给予更多支持，确保对关键的近期进度里程碑的了解。这一步也有助于防止项目偏离绩效测量概念太远，也可以防止项目团队为追求额外绩效数据而超负荷工作。

14.3.3　实施项目绩效测量计划

现在准备实施项目绩效测量计划。实施方法可能像活页夹一样简单，可以定期更新；也可能像计算机应用一样复杂，为了输入数据和显示结果，需要进行特别设计。在对这两种实施方法进行选择时，项目复杂程度、项目经理和项目团队的经验是主要驱动力。由于空间任务项目从本质来说很复杂，并且计算机应用越来越普遍，因此我们将重点关注这类方法。

为项目经理提供最高水平的绩效测量记分卡的想法在项目经理圈子中已经讨论了相当长一段时间了，近年来将其称之为仪表板。仪表板类似汽车或飞机的仪表板，可以对项目状态进行精确、实时的测量描述，或者是包含一组关键绩效指标的三孔活页夹。商业销售的仪表板软件可以提供具有强大图形的用户界面，允许用户自选视图用于多层项目管理，其目的是在检查项目的健康状况和绩效时为项目经理节约时间。

在本节中，仪表板指的是项目绩效的浓缩快照视图，要定期将其提交给项目经理。这种视图提供给项目经理的是整个项目进展情况的即时信息，而非一系列软件工具。图 14-5给出了仪表板的实例。

项目仪表板
2007年3月31日

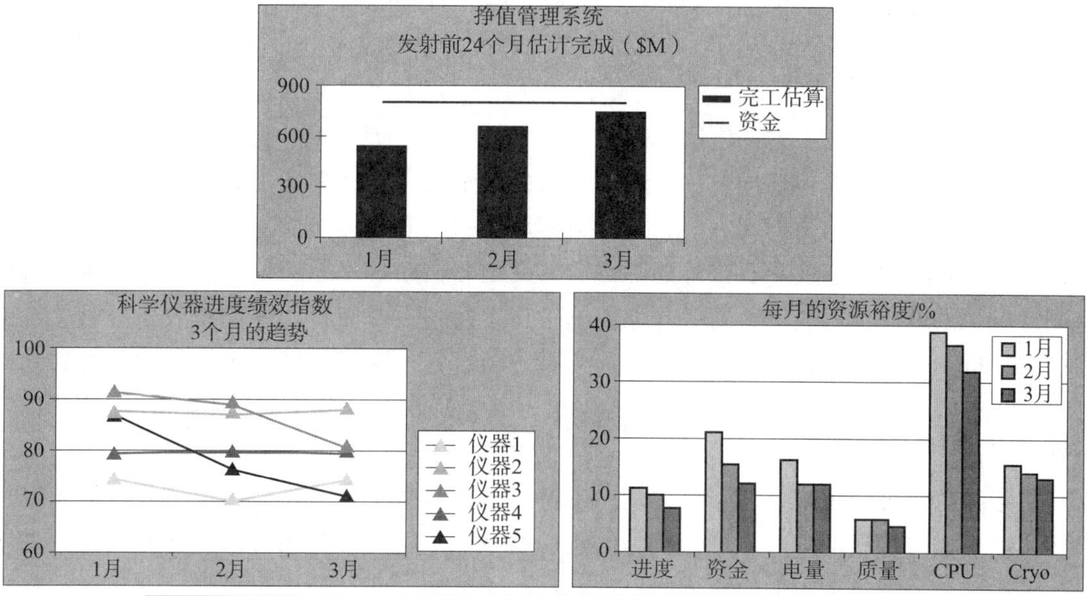

位列前5位的项目风险	L × C	趋势	负责人
仪器5迟于航天器总装测试	4 × 4	↑	仪器经理
科学运行稳定性	5 × 5	↔	首席研究员
资金短缺	3 × 5	↑	项目经理
电源模块迟于总装测试	3 × 3	↓	电源系统经理
质量预算短缺	1 × 4	↓	系统应用工程师

图 14-5　项目管理仪表板

项目绩效测量的动力来源于一系列绩效措施中的累积信息。仪表板在同一个地方展示不同的数据集，可以让我们观察到全部趋势。它只提供信息，项目经理必须对显示的信息加以综合分析

选择项目经理的仪表板——项目可以购买仪表板软件，也可以通过复制绩效指标报告来与当前的绩效测量和趋势保持同步。项目经理对此有决定权，通常基于成本-效益分析（根据项目规模和复杂程度，以及绩效测量工具套件的维护成本或仪表板能力）来作决定。

仪表板上显示的绩效测量要素是动态的。汇总级指标（如成本和进度绩效指数，或者可用的技术、财政，或进度储备与裕量）很可能在项目的生命周期中都保留在仪表板上。然而一旦主要技术或关键交付完成，跟踪该主要技术发展或关键交付进度趋势的指标将不再显示在仪表板上。

除了可以给出项目进展状况的快照，仪表板还是一个与项目团队进行交流的有效的方法。在察看仪表板时，它还提供了对重点区域和项目优先级认真考虑的机会。在仪表板上增加一项绩效指标或将其移至更显眼的位置上都会向团队传达出该活动正受到关注的信息。这对给单个成员的时间非常有限的大项目尤其有用。

建立内部报告要求——实施项目绩效测量过程时，必须对项目团队应如何在例会上报告绩效数据加以考虑。仪表板上显示的要素应在这些会议中起到作用，但我们可能希望对项目状态进行更加深入的研究（比仪表板视图所提供的还要深）。

需要建立按整个工作分解结构等级（以达成连续的最小详细等级向管理层报告）逐级报告的惯例，对于风险较高的情况和专题需要更加详细。绩效数据中的负面趋势，或期望绩效超过预定阈值（例如，成本或进度偏差大于10%），或项目经理仅仅出于慎重的考虑，都能产生更多的细节要求。由于采用了仪表板，例会的内容应为动态的，要能够反映当前问题。

这些例会中也可能包括向较高级别管理层的汇报会。在这类汇报会中，简单的活动指标不能作为内部汇报的主要内容。若没有更实质性的绩效指标予以支持，整个财政年中提供财务、项目成本、进度和员工等外部需求的计划与实际数据为项目团队所能提供的价值将非常有限。就成本的分阶段安排计划或基于里程碑的进度而言，挣值绩效指数、关键路径趋势分析、技术绩效指标分析这些手段为制定项目管理决策提供了相对更为重要的基础信息（与汇报绩效相比）。仅采用那些提供给上级管理层的数据会将项目引入歧途，把资源耗尽误认为任务完成。

定期绩效分析与趋势——项目管理中不考虑单点解决方案。我们用自己的经验领导项目团队经历以项目启动为起点到运营为终点的整个历程。为说明该历程，下面总结一下项目成员在绩效分析任务中的心得体会，以及如何能够使这些活动产生最大效益。必须让项目团队明白走出小团体的“封闭”环境或分析方法的重要性，充分了解绩效指标的广泛内涵（即从系统整体角度出发）。这样才能造就更优秀的工程师、更好的项目队员，以及未来的项目经理。

高级职员参与项目绩效测量过程对项目的进展与成功是必不可少的。项目分析师和工程师应不仅熟悉项目中采用的各种绩效测量与分析，还应参加那些关注数据来源超出了其自身专业领域的会议。挣值、财务与进度分析师应参加技术绩效评审和设计评审。通过参加会议，询问问题，寻找绩效数据之间的相互关系，就可以使项目的绩效测量与管理能力得以验证。在所有项目会议中，项目经理面临的一个重大挑战是创造一个开诚布公的交流氛围；当分析师提出的问题比较尖锐时，子系统工程师或项目经理就会感觉受到挑战，尤其是被问及交付进度时，他们自然就会采取防卫姿态或吞吞吐吐的态度。因为该风险关系到该项工作的领导力，而对所有项目经理来说，管控能力是必需的一项技能（见第 17 章）。

应详细询问的问题举例如下：

1）对于给定的子系统，挣值管理系统数据中体现出的绩效与同一子系统的技术绩效测量指标相关吗？

2）各种考核指标表现出来的趋势具有一致性吗？

3）这些绩效指标是内外一致的吗？

单凭某个小组不能对所有必要问题都作出答复。项目经理必须确保其成员能够贯彻执行这项重要的确认工作。

同样，当对某一类项目绩效数据进行分析与趋势跟踪时，分析师和工程师应通过询问基本问题来估计某一数据点或趋势的重要性。项目将技术资源分配给系统的各组成部分，然后跟踪其绩效，并进行趋势分析。这些资源受系统设计、任务要求和环境的制约。通常，航天系统中需要跟踪的技术资源包括电源、数据传输速率、质量和任务寿命有限的资源（如冷却剂）。观察这些资源随时间的变化趋势，以及这些趋势与关键进度里程碑和决策点之间的关系，我们就能够更加了解项目的风险状况和用来处理负面趋势的应急方案的可用性。简言之，项目绩效测量不仅仅包括成本和绩效（这是其动力）。表 14－10～表 14－13 给出了描述这些数据点的问题范例。

表 14－10　相关技术绩效测量指标①

技术绩效测量指标	注意事项
哪种考核指标可以反映出驱动需求的绩效	必须密切跟踪与项目级的要求有直接关系的考核指标（由客户确定）。采用挣值管理系统、进度和财务报告对这些要求进行绩效跟踪，这对于确保状态和趋势的准确测量是非常关键的
有能区分阈值和目标值的绩效测量指标吗	当考核指标为最小绩效阈值和目标值时，根据进度和预算的压力情况，允许存在一定的灵活性。一旦达到了绩效阈值（并充分验证过），就可以用有限的资源来提高绩效
若完不成绩效阈值，项目可以延期吗	应急预案对处理绩效不良的情况是非常有价值的，但必须根据绩效阈值进行过程跟踪，并且准备好实施应急方案。这些应急方案常常会有严格的时间要求，在项目后期可能就行不通了。应根据绩效测量指标保持一定的趋势，并且了解何时可以实施应急方案，这样就可以在尽可能长的一段时间内保持一定的灵活性
哪一种技术绩效测量指标反映的活动处于项目的关键路径上或接近关键路径	不仅应将技术考核指标审查与业绩风险相关联，还应将其与最接近关键路径相关联。密切遵守这些活动的所有考核指标，就可以及时决策来实施可用的、与进度有关的应急方案。其中包括增加员工数量或采取轮班，技术应急方案，或放宽其他交付的进度
这些技术绩效测量标准能跟踪到所要求技术的成熟度吗	正如关键路径一样，保持重要技术发展的状态和绩效趋势可以让项目经理作出灵活决策。由于已经准备好替代技术，了解趋势发展将有助于使使替代技术对进度的影响降至最小
该项目花费时间与金钱来形成成熟的替代设计与技术了吗	理解这些问题的答案，并用这些决策点来对绩效进行跟踪，就能够作出有效决策。对于能够有效消除与技术开发相关的风险的项目来说，尽管要努力追赶紧迫的发射进度，若能果断地决定停止执行替代方案，就可以有更多精力（和更多资源）来满足极具挑战性的交付日期
决定是否实施这些替代选择的关键决策点是什么	

①项目团队的所有成员（技术与业务）都应参与项目绩效测量。通过技术绩效测量指标来评估技术状态，详见第 7 章。

表 14－11　相关技术资源裕度①

<table>
<tr><th colspan="2">技术资源裕度</th></tr>
<tr><td>现有技术资源储备由谁控制</td><td rowspan="2">如何对资源储备（如电源和质量）进行控制和分配是非常重要的，应对此非常清楚</td></tr>
<tr><td>应如何进行状态评审，如何对储备资源分配作决策</td></tr>
<tr><td>用什么考核指标来跟踪资源成熟度的估计</td><td rowspan="3">保持资源裕度成熟度的考核指标非常重要。随着时间推进，质量估计倾向于增大，要得到复杂的、集约化设计子系统（与货架式黑匣子相反）的实际质量，需要克服重重困难。在航天器集成过程中航天器总线惰性结构组件的质量和电缆的品质给很多项目都带来了麻烦。因此，在航天器总装完成前，应密切观察跟踪质量裕度和成熟度</td></tr>
<tr><td>根据计划，这些估计成熟吗</td></tr>
<tr><td>有对估计值的复杂程度或不确定性进行跟踪的考核指标吗</td></tr>
<tr><td>项目人员编制的趋势如何</td><td rowspan="2">项目中经常会制定员工编制计划，但其在整个寿命周期中一般难以完成，或者远不止预期减员至多少人那么简单。跟踪员工水平，并重点关注重要交叉职能部门（如系统工程、航天器子系统）的劳动力水平，应成为常规分析与跟踪的一部分。要了解到在总装、测试与验证中有多少关键岗位的员工过度加班加点，虽然这是定性的，但却是技术风险增大的重要指标
可以给项目经理提供这些风险指标的考核指标，包括差异报告，或问题解决方案和纠正措施（PRACA）总结。这些影响飞行硬件或软件的关键事件和失误的报告，可以表明项目员工正在过度工作，或显示出了进度压力的影响</td></tr>
<tr><td>项目中人事缺口与关键路径活动、挣值管理系统指数所反映出的绩效，以及技术绩效和资源考核指标之间是怎样的关系</td></tr>
<tr><td>何时放弃了最后一次应急计划</td><td rowspan="2">在项目的生命周期中，针对技术资源的应急方案（替代技术与设计或供应商，减小质量的选择，降低硬件设计规模）的货架期较短。若能知道某一应急方案何时可用，项目经理就可以拥有最大程度的灵活性</td></tr>
<tr><td>应急方案仍然可行吗？若可行，还能维持多长时间</td></tr>
</table>

①项目团队的所有成员（技术与业务）都应参与项目绩效测量。根据系统工程进展的管理裕度定期评估技术状态。技术资源裕度的更多内容详见第 7 章。

表 14－12　相关集成任务进度关键路径和其他进度数据①

<table>
<tr><th colspan="2">关键路径及其他进度数据</th></tr>
<tr><td>我们所报告的进度的进展与相关挣值管理系统结果（进度绩效指数）一致吗</td><td rowspan="2">采用完全综合主进度的关键路径进展来验证挣值管理系统产生的进度计划很直观，应该可以在两系统之间建立起一定程度的信任</td></tr>
<tr><td>它与子系统级别，尤其是与位于关键路径上或关键路径附近的子系统交付有关联吗</td></tr>
<tr><td>当最高级别的未来里程碑（如系统级设计评审，项目级集成与测试的启动）保持不变时，项目中并行工作的级别提高了吗</td><td>提高并行工作的级别，而不放宽交付里程碑的行为称为进度压缩。因为对任务工期估计过于乐观，一些不可预见的问题的影响开始显现，所以绝大多数项目都经历了某种程度上的进度压缩。对压缩情况进行跟踪并按项目级别进行定期评审是非常重要的。作为进度评估的一部分，应对通过采用额外加班回购进度的可用选项加以评审</td></tr>
</table>

续表

<table>
<tr><th colspan="2">关键路径及其他进度数据</th></tr>
<tr><td>可供回购进度的灵活性采取何种方法，程度如何</td><td rowspan="2">必须对这些应急方案的可用性进行跟踪，它们通常只在相对短的一段时间内是有效的。增加直接人工编制、加班，以及周末或工作日的超时工作是在短期内可以采用的所有方法。每种方法也许只能在项目生命周期的某个时间段使用，或者只有某些供应商采用。我们必须在采用该灵活性的较短时间内对其成本进行跟踪，并了解进度缓解的重要性。进度压缩也涉及技术风险增大</td></tr>
<tr><td>在进度的什么阶段，工作分解结构的什么位置可以进行轮班工作</td></tr>
<tr><td>实行加班后，可以对关键路径改善到什么程度</td><td>若项目允许进度压力不断累积，很显然将使得下游里程碑更加难以完成</td></tr>
<tr><td>这些储备金可以用来支付加班费用吗</td><td>制造和处理飞行硬件过程中产生的失误往往会导致项目经理作出允许出现进度压力，以及降低测试参数（包括持续时间）的决定</td></tr>
<tr><td>在测试设备的可用性方面，项目有多少灵活度可以掌握</td><td rowspan="4">这些问题的核心在于决定某些与测试和验证相关的进度里程碑是否不可改变。了解进度中这些事件的发生地，知道其最接近关键路径的位置，清楚所有应急方案（测试延后，采用替代设施，以工程组件代替飞行组件并进行有限的重复测试），这些都可以为项目经理提供重要信息。接近这些里程碑的进展可以影响整个项目进度网络的决策，必须对其加以密切监视</td></tr>
<tr><td>主要测试可以提前或者押后，以适应硬件交付日期的变化吗</td></tr>
<tr><td>可以采用不同于初始计划的硬件配置进行测试吗</td></tr>
<tr><td>指定的应对方案的优点或缺点是什么</td></tr>
<tr><td>项目经理深入了解供应商、仪表经理及子系统经理所控制的进度储备了吗</td><td rowspan="2">子系统、仪表经理和供应商根据拟定的交付日期按常规保持着自己的进度储备。当项目进度存在高风险，或进度压缩增大时，若能够知道在项目经理的掌控之外还有多少裕量，不仅可以提高项目效率，还可以提前交付以提高项目级进度裕度或对不足的资金储备进行管理</td></tr>
<tr><td>通过向前推进工作可以保持项目进度储备吗</td></tr>
<tr><td>若某些项目要素不能提供正式的挣值管理系统报告，其进度是资源装载型（重要活动提供的人月水平）的么？有类似的历史进度绩效数据吗</td><td>所有大项目都可能存在正式挣值管理系统中没有进行跟踪的工作任务。例如，很难在挣值管理系统中找到政府机构的内部研发工作。资源装载型进度可以为评估进展提供合理的替代品。在指定领域中对历史风险的定性评估也能对潜在风险区域作出标注，并强调出重点。甚至制定一个定量的、显示里程碑完成情况的考核指标来代替进度绩效指数考核指标，从而降低产生突发问题的可能性</td></tr>
</table>

①项目团队的所有成员（技术与业务）都应参与项目绩效测量。项目进度信息中趋势评估是项目绩效信息的关键资源。更多进度信息的内容见第 3 章和第 14.1 节。

表 14－13 关联成本与相关数据①

成本及相关数据	
非挣值管理系统承包商的报告（如供应商的 533M）与挣值管理系统中的成本进行关联了吗	月度承包商报告（常在内部会计系统中产生收益）基本不会像挣值管理系统报告那样详细（会在特定成本中心和工作分解结构要素之外增加项目成本）。但是可以采用月度报告（如 533M）对总成本进行简单的交叉核对。可以跟踪工资费用、已交付或订购的材料，以及若干类别的间接费用，并将其与挣值管理系统报告作对比。例如，对于 NASA 内部研发工作来说，担保资金和应付资金的总额，以及这些金额是如何得到的，这些都有助于进行伪挣值管理系统分析（前面已述及）。若机构内部研发活动为投入水平，我们就应对每月的收益进行跟踪，以确保成本确实是线性的。作为绩效分析的一部分，也应对内部人工成本进行抽查，以确定内部劳动力分布系统给出了可靠准确的结果
结合集成主进度中给出的进展时，得到的结果与挣值管理系统报告中成本绩效指数和进度绩效指数相近吗	
机构内部工时和成本与计划一致吗	
如果不一致，能查明是哪些部分没有按计划进行吗	
财政储备充分吗	要达到什么程度才能表示项目拥有充足的储备水平，对于这一点没有硬性规定。项目经理希望储备水平尽可能高，而项目利益相关方则希望储备水平尽可能低。若没有明确的规定，项目经理应向成本估算员（见第 11 章）和专业协会寻求指导。计算储备占所要完成的工作的比例似乎很简单，但实际上需要进行判断，因此主观性较强
还剩余多少尚未动用的管理储备金（即表示还剩余多少比例的工作成本）	
项目未来的活动是否非常明确或本来就是固定价格的，因而不会造成对储备金提出索回的要求	计算过程中，判断的介入存在以下两种方式：1）决定对储备的远期威胁到什么程度时才减少储备量；2）对项目要做的工作进行计算时，是否应包括所有未完成的活动。项目应实事求是地进行内部评估，这样就可以得到对储备可能提出索回的清单、索回金额及其发生的可能性。必须对清单进行实时更新，当某个风险不再存在时，应将其从清单中删除。当最有可能使用进度裕量时，基于对项目编制需求的保守估计，我们还必须注意到所有与项目级进度裕度有关的成本。项目应对该资金需求进行跟踪，并将其作为财政储备的留置权，或者作为项目基线的一部分（假设所有的进度裕量都将被使用）也可以选择对该进度裕量提供资助。后者更为保守 尽管很容易确定项目尚未完成工作的成本，但是对于成本明确、固定价格的活动（如一次性使用运载火箭的采办成本，或系统检测之外的常规业务运营），我们仍可以选择对该数目持怀疑态度。很多项目根据系统开发的预期成本或者生命周期中从启动到运营的成本来计算储备是否充足，运营储备通常要单独计算
整个进度中（包括进度裕度阶段）的工作都有资金支持（不包括财政储备金水平）吗	
项目有其他的灵活性吗	就储备威胁而言，若项目工具包中有其他风险规避或风险减轻方法，这些方法通常会产生相关成本。我们已经在前面讨论过换班工作制，并提到了缩小计划规模、保持可以替代的供应商和技术工艺。无论是否将这些方案看成是对财政储备的威胁，或存在其他情况，项目团队都应对与这些应急方案有关的可用性和成本进行定期更新。项目办应毫不间断地对应急方案的状态进行跟踪，并更新成本和实施效益
为使应急方案处于可实施的准备状态，还需要花钱吗	
当决定实施时还需要额外的花费吗	

①项目团队的所有成员（技术与业务）都应参与项目绩效测量。成本与相关数据资源提供了与项目绩效进行关联的重要机会。有关预算管理更多内容见第 11 章和第 12 章。

14.3.4 随时间变化调整绩效措施

在项目早期，项目团队建立了一系列的技术和项目进展报告制度。随着项目的不断推进，他们慢慢了解到哪些会议应重在信息交流，哪些会议涉及实际工作，哪些会议要作出决策。随着项目进展，一些考核指标被证明能够产生最佳绩效。其他考核指标或者导致绩效差，或者完全不起作用。项目经理对此必须完全清楚，并在汇报和跟踪这些绩效数据时对项目的强项和弱项做出评估，并进行适当调整。

绩效数据的获取、维护与分析都要花钱。只要清楚哪些绩效测量资源可以提供最大价值，就可以对该成本进行最好的管理。不能只拘泥于绩效测量，它们只是用作实施项目的工具。我们还应利用定期汇报例会的用途进行评估——停止举办这些会议会产生什么影响？

在那些已经证实绩效测量存在不足的地方（当意外事件频发时就会显现），我们就需要考虑是否能够获得额外的数据资源以供使用。现有数据资源是否能以最小成本为项目团队提供更多服务？是否还有新的或者可替代的数据资源？最后，项目经理必须作出决定：新绩效数据的成本是否会比不采用新绩效数据来管理该项目的机会成本（或风险）更大。

14.3.5　小结

项目绩效测量技术对于了解项目的运行情况和监测风险区域至关重要，而且其重要性与对绩效趋势的分析不分上下。拟定项目过程中，某些绩效测量技术要求强制执行，而对其他测量技术我们可以进行选择。选择绩效测量标准时，项目经理应仔细考虑项目的初始风险预测和实施项目的约束条件。冗余绩效测量提供的附加安全必须以其维护和分析成本为代价，必须根据项目的规模和复杂程度来对其进行衡量。无论项目绩效提供的细节水平能达到什么程度，还没有工具可以彻底满足项目绩效的要求。

项目实施过程中，如何用项目绩效测量来向项目团队表示我们的优先权，对于地域分布广的项目尤其重要，因为大部分项目员工之间很少有机会进行面对面交流。项目经理可以对仪表板或其他关键测量总结中的内容进行选择。项目经理也需要确定根据哪些绩效测量标准作出对资源分配的主要决策，并确定其评审周期。绩效测量必须是动态的，要能够对出现的风险和负面趋势作出反应。项目团队若能对现有的绩效测量标准及其相互关系做到心中有数，就能够实现这些考核标准的全部价值，进而成功地完成任务。

参 考 文 献

[1] American National Standards Institute/Electronic Industries Alliance. June 2007. ANSI/ EIA - 748 - B—Earned Value Management Systems. ANSI/EI A.

第 15 章　风险管理

杰拉尔德·A·克莱因（Gerald A. Klein，Jr.）
佩罗系统政府服务公司

风险管理（RM）是指我们在负面事件发生前，如何识别、评价、划分优先级和缓减。由于项目执行、进度和资源余量受航天任务的严格制约，项目经理必须通过项目团队全体人员的参与，制定一个切实可行的风险管理流程。风险管理不同于问题管理。问题不是风险，它们是已经发生的风险。这一点看起来显而易见，但很多项目经理和他们的团队却将二者混为一谈。处理问题和处理风险的手段是不同的。本章我们将着重讨论风险，以及如何防止它们变成问题或减少其不利影响。

非正式的风险管理在项目初期就已经展开，项目经理凭经验就可知道潜在的问题。他们非常认真地倾听这些问题的最初征兆，不管是在会议上、走廊里，还是其他任何地方。但这一做法的困难在于停留在他们大脑中的信息，那些没有和项目团队其他人员交流过的信息。本章介绍了如何建立一个正式的风险管理系统。一个正式的风险管理流程可以通过定期的会议和大量分发的综述报告，使每个人都可以轻而易举地获得风险信息。

可靠性是风险管理成功的关键。表 15－1 介绍了如何完成一个系统的风险管理流程。为了保证其可靠性，该流程必须经过审慎考虑，并从项目一开始就认真执行。

表 15－1　如何建立连续的风险管理系统①

步骤	过程	讨论所在章节
1	确定风险管理宗旨	第 15.1 节
2	明确风险管理要求	第 15.2 节
3	制定风险管理计划	第 15.3 节
4	执行风险管理计划	第 15.4 节
5	使风险管理流程自动化	第 15.5 节

①一个可靠的风险管理流程应使项目团队的全体人员致力于识别可能对项目在起步或实际飞行阶段造成不利影响的事件。

15.1　确定风险管理宗旨

风险管理的益处不言而喻，它可以帮助项目团队的每个人理解项目的目标，并确保努力达到这一目标的思想能被共享。它可以使整个团队基于过去的经验预见一些难以预测的问题，并为了任务成功这一共同目标而精诚合作。相反的情况也很普遍——一个持续面对无休止的系列问题的团队通常会采取灭火式的快速响应模式，而不是在下一次行动开始前预见可能出现的问题。

身处空间行业的人们，不管是民用、军用还是私人领域，实际上都是在解决问题。组建一个团队来预见问题而不是解决问题，是一个挑战。图 15-1 列举了一个新任项目经理专注于风险管理时可能碰到的问题。这似乎很复杂，但实际上并非如此。

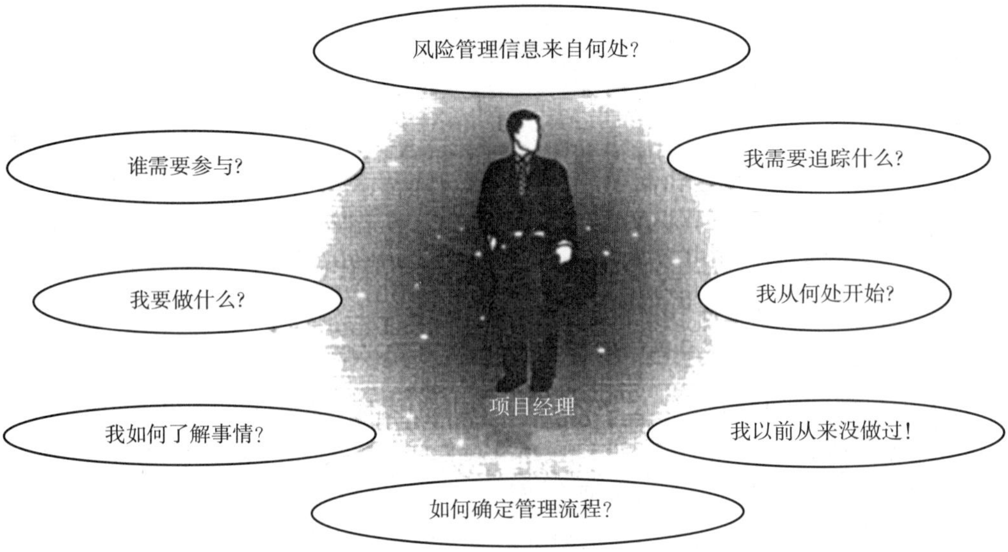

图 15-1　项目经理在风险管理流程中可能遇到的问题

将一个项目团队的注意力从解决问题转向预见问题的想法似乎有些棘手，

但实际上如果我们有了可靠的管理流程，执行起来还是很简单的

15.1.1　明确风险管理流程的覆盖范围

图 15-2 介绍了为某一项目确定风险管理宗旨的步骤。首先要明确风险管理需要付出多大努力，即根据项目规模，为了使风险管理行之有效，需要深入到什么程度。小到可以简单地由一个项目经理来运作，大到可以组建一个风险管理团队。如果项目较小，比如制造一个单一的遥感设备，则风险管理的范围可以适当小一些；而另一方面，如果项目是一个完整的航天器，包括其分系统、相关设备和器件，我们则应该明智地聘请一位专职的风险管理经理；如果项目是一个大的系统工程，包含各种大规模的且地域分布广泛的活动，则项目经理应该考虑组建一个完整的风险管理团队，包括风险管理经理和分派到特定系统或部门的风险管理协调员。

15.1.2　确定参与的程度

我们接下来要确定内部和外部机构参与的程度，即我们用于风险管理流程的措施的力度。图 15-3 介绍了确定参与程度时需要考虑的问题。我们必须确定内部项目机构（如航天器、地面系统、仪器等机构）是否应该管理其内部单位所隐藏的风险。这里指的风险要同时满足以下 2 个标准。

1）不影响项目的其他部分（如影响地面处理算法的敏感器噪声）。

2）不影响项目级的技术要求、预算或进度。

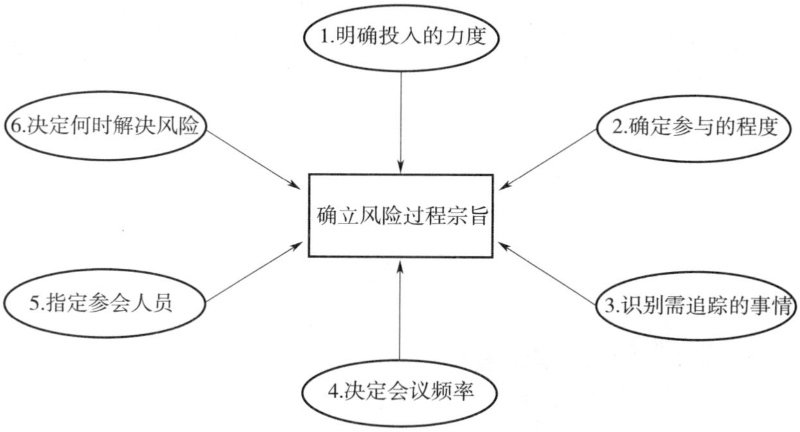

图 15－2　如何确定管理流程的宗旨

项目经理从一开始就要确定项目风险管理的宗旨。为了将这一宗旨完全明确，我们需要考虑这 6 个关键因素

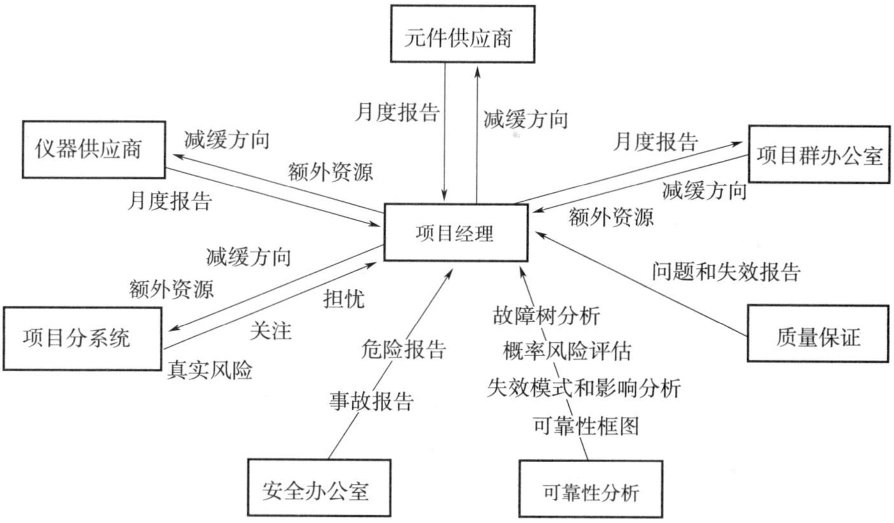

图 15－3　确定参与程度时需考虑的问题

我们需要决定风险管理流程要的正式程度。每个人都要用相同的流程吗？

对于仅可能影响项目内部其他部分的风险，我们需要不同形式的流程吗

我们需要确认外部机构（如仪器供应商、元件供应商、大学合作伙伴、合同转包商）是否有他们自己的风险管理系统。如果有，他们通常收集什么类型的风险数据，又是如何报告的？如果他们没有正式的风险管理系统，我们必须决定是否需要花费项目资源来建立它。了解和这些机构签订的正式协议（例如，关于运作的合同条款、协议书、协议或谅解备忘录）中对风险管理流程的阐述是很关键的。这些协议必须从一开始便对所要求的风险管理条款进行细化；如果后期补充，不但困难，而且代价很大。

如果我们允许内部或外部机构按照他们自己的水准来管理风险，我们就必须搞清楚一个风险需何时上升到项目级风险管理系统。风险管理系统旨在消除项目中影响安全、技术性能、资源或进度的突发情况。当一个潜在的问题可能会影响到超出该机构的项目时，从项目大局考虑，机构负责人必须立即提交风险草案。这同样适用于仪器供应商、合同转包商和其他厂家（关键采购）。

为了解决产出控制和零意外之间的明显矛盾，我们采用了风险控制盒的概念。图 15-4 介绍了这一概念。只要某机构的风险没有超出由项目经理所建立的风险控制盒的各项参数，则该机构仍拥有自主权；但是一旦风险突破了这些参数，该机构必须将其提升到项目级流程，以便采取行动。

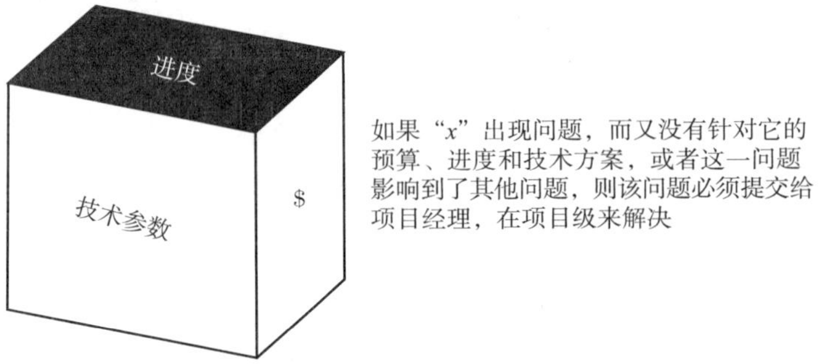

图 15-4　风险控制盒模型

只要仪器供应商、分系统或组件厂商没有超出其工程控制盒，则他们可以在内部解决风险。如果他们不能在规定的期限按时交货，该风险便进入项目级风险管理系统

15.1.3　识别需要跟踪的问题

第三个要作的决定是什么属于风险管理系统，什么不属于风险管理系统。这对系统的效力是很重要的，因为如果纠缠于一些不值得耗费精力的所谓的风险，则很容易陷入泥潭。例如对试验问题的担忧、伪装成风险的问题，以及本应在分系统级解决的风险。在天生就充满危险的航天领域，每件事情似乎都是一个风险。这就给我们在正式的管理系统中界定需要跟踪的问题带来了难度。随着项目的不断进展，团队处理风险的观念和方法也在不断地进步和成熟。参与项目的每个人都要及时了解需要跟踪的问题以及如何将风险管理融入日常的项目管理活动中。

（1）特别关注

要使管理流程深入人心是需要时间的。对于一个项目来说，通常需要花费 6 个月甚至更长的时间来界定什么应纳入风险管理系统。最初的风险会议经常会超出预计的次数，风险委员会讨论的是管理的宗旨，而不是风险本身。这是一个有效的管理流程必须经历的一步，因此要好好计划。在这里耐心很重要。项目经理务必不要为了遵守限定的会议时间而限制大家的讨论（或使其偏离轨道），同样的讨论可以进行多次，所以应该允许大家畅所欲言，而且最好每个人都出席。我们要善于发现那些欲言又止的员工，鼓励他们积极发言。这可以在以后的项目生命周期中节约宝贵的时间。

15.1.4　决定会议频率

项目团队应该讨论风险，并确认一些新的风险。讨论的频率要足以跟上动态的空间系统项目的进展。因此，第四个问题是要决定举行风险管理会议的频率。为了保证效果，风险委员会需要最新的信息和很好的沟通，因此必须定期召集合适的人选，交流心得，作出决策。当然，电话和邮件交流也很重要。但是所有的风险管理相关人聚集一堂进行互动讨论是无法替代的。即使当时不需要采取行动，也应该每月讨论一下所有活跃的风险。迫在眉睫的风险需要更多的关注和更频繁的会议。项目经理要定好基调，对于关键性的风险，一旦发现要及时报告，不需要等到开会。

15.1.5　指定参会人员

现在我们要决定风险会议的参会人员。既然风险管理与项目管理密切相关，并对项目经理的决策产生重要影响，那么风险管理会议要由项目经理来主持，而且项目经理有权分派资金和资源来减缓风险。如果某项目有一个专职的风险经理，则他应该提前给参会者分发风险报告，并在事后分发会议记录。项目的所有资深员工都应该参加，他们可以支持项目经理作出决策，而且很可能对风险及其后果提供最详细的见解。对正在讨论的风险负有责任的各分系统主管应该和风险发现者一同出席。如果不把所有相关人员召集在一起，就有可能对风险的当前状况和待定的减缓行动造成沟通和理解上的问题。

15.1.6　决定何时终止风险

最后，项目经理必须决定何时接受风险并允许其终止。一旦我们将一个风险列入风险管理系统，就要努力阻止其发生，并将影响减至最低，以免其成为问题。为了避免时间和金钱的浪费，我们从一开始就要决定采取何种行动来终止风险。具体操作流程应该使团队能够识别到何时是风险的拐点，以及何时可以接受风险。接受风险需要谨慎行事，且需要管理层的同意，这在某一空间任务项目中会不止一次地发生。大多数的项目都会减缓或排除大多数的风险，有些残存的风险还要带到发射和任务运行中，当然只是极少数。项目之所以能够接受这些风险，是因为它们已经超出了项目的控制能力，并经过了高级管理层和最终用户的批准。在一个项目的航天器早期集成和测试中，飞行软件出现异常。该异常引起了命令和数据处理计算机重置。这应该被划分为严重风险。看过活动记录后，仍不能搞清问题的原因，但是在轨发生这一问题会造成运行严重中断，风险就这样发生了。同时，软件开发团队继续进行指令的开发。这一飞行软件版本在集成和测试中已经运行了 250 多个小时，从未发生故障，即使运行和引起这一异常完全一样的操作也从未出现上述问题。最初的风险不能被终止，因为它的根本原因并未找到；但是该风险可以被接受，因为其表现证明这一问题发生的概率是极低的。

风险发生的可能性达到100%时（此时它是其他系统需要跟踪的问题），或者减小到0%时（比如用户改变要求，某一技术要求被放弃，或者项目完全减缓了风险），我们可以终止风险。我们从一开始就要把我们的宗旨形成文件，使每个人都能理解其根本原因。

15.2　明确风险管理要求

回答完有关宗旨的问题，我们开始为风险管理流程定义要求，流程要求与宗旨是相对应的。我们必须牢记，该流程由项目经理负责，他对流程要求有最后的决定权。但是，为确保它得到适当的关注，强烈推荐项目经理指派其他人来管理。图15-5介绍了作出这一决定的步骤。

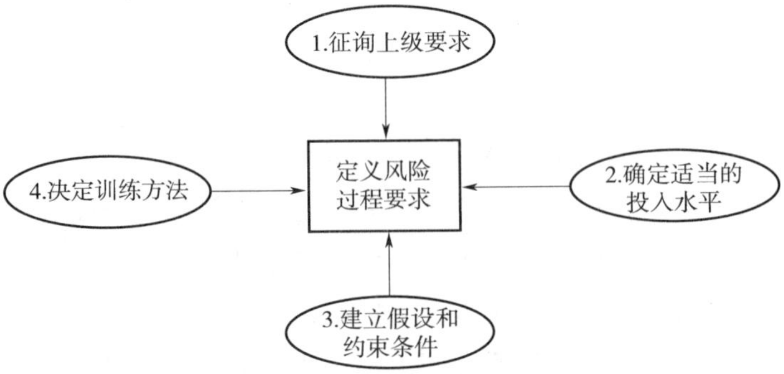

图15-5　决定风险管理要求

项目经理必须从一开始就确定哪些要求会控制项目的风险管理流程。顶层机构要求的确定、运行风险管理流程所需的工作力度、假设和约束条件是风险管理的关键

15.2.1　征求上级机关的要求

定义风险管理流程要求时，我们一定要了解上级机关的想法。最后，由上级机关制定能够满足利益相关方需要的责任规范。大多数项目是由上级机关的要求驱动的，所以我们应该在第一时间征询他们对制定风险管理流程的规范。表15-2介绍了一个典型的风险管理要求等级。决定项目的风险管理要求时，团队需要问以下几个问题：

1）上级机关对风险管理的政策是什么？

2）他们组织制定了特定的标准和指导方针吗？

3）其中哪些是强制性的，哪些是可选择的？

4）有吸收行业内先进实践的灵活性吗？

如果上级机关没有提出正式要求，我们必须在外部找到一个经过验证的适用于该项目的流程。一个很好的资料来源是《美国软件工程协会连续风险管理手册》[1]。为了得到更多信息，可以从网上获取国际标准、行业标准、政府标准、军队标准等文件。评估这些资料时，必须仔细研究和利益相关方、项目机构和任务类型相关的具体情况。如果没有完全符合的模型，应该提取几个模型的精华部分，制定一个专门针对该项目的风险管理系统。

表 15 - 2　风险管理要求等级示例①

等级	描述
全球化标准	国际标准、行业标准、政府标准、军队标准
部门和公司总部	制定政策、指导方针、内部标准、标准操作规程、通用惯例
项目群	制定政策、指导方针、内部标准、标准操作规程、通用惯例、宗旨，受总部约束
项目	制定政策、指导方针、内部标准、标准操作规程、通用惯例、宗旨，受项目群约束
主要供应商	制定政策、指导方针、内部标准、标准操作规程、通用惯例、宗旨，受项目和内部约束
一般供应商	制定政策、指导方针、内部标准、标准操作规程、通用惯例、宗旨，受客户和内部约束

①制定项目的风险管理要求时，项目经理必须始终留意上级的驱动性的要求，以确保项目满足预期效果。

15.2.2　决定流程的投入水平

接下来要决定用于建立并维护一个有效的风险管理系统所需投入的水平。我们需要明确，基于项目预算和工作范围，要动用哪些资源来管理项目的风险。

大多数机构都有一个用于区分航天系统不同部门的现成的分类系统，这是我们定义投入水平的很好的切入点。这是一个花费几亿美元、几百亿美元的计划吗？总共需投入 50 万美元吗？基于项目成本，我们必须知道，一个全职的全身心投入的风险经理是否足以完成风险管理计划。我们必须尽可能地现实一点。需要考虑的因素包括：上下协调的力度、造访供应商、可以从风险的实时信息和教训中受益的相关项目。制定风险管理计划时，我们可能会将最初的估计细化，但是人员配备必须充足，以便从开始就确保流程有效。

（1）定义投入水平的常见隐患

1）忙碌的日子变得更加忙碌——由风险经理来执行风险管理流程要比没有风险经理强得多。制订计划时，我们可以很容易地想象有时间做任何事情的“正常”日子，但是实际并不正常，不管我们对风险管理流程有多支持，我们总是没完没了地有其他事情要做。很多风险管理流程都是因为缺少时间实施而流产的。

2）前期投入，后期获利——成本受限时我们该怎么做？当项目团队了解流程并实际实施时，我们最好将人力投入前置，接受后期人力要求较低的风险。我们有为流程分摊责任的选择权。

3）人员不足导致结果不佳——另一个隐患是没有足够的人员和时间来调查和记录风险。其结果是意想不到的问题在最不利的时间突然出现。空间任务项目经理最糟糕的噩梦是在轨故障后，竟然发现一个团队成员在发射前就想到过这种风险，而该风险本应被减缓，却由于资源缺乏而受阻。

15.2.3　建立假设和约束条件

定义风险管理要求时要考虑的第三个问题是建立假设和约束条件，并记录在风险管理计划中。假设和约束条件并不总是事先就很清楚，我们应该考虑：

1）项目资深员工对风险管理如何设想？

2）他们理解自己也扮演某一角色，并且了解项目经理要求每个团队成员都参与吗？

3）我们要进行项目风险管理培训吗？

4）我们必须采购工具吗？

5）风险将在分系统预算内减缓，还是项目将为风险设立专项意外资金？

6）什么约束条件限制风险管理系统？

不是所有因素都涉及项目本身，任务则代表了最重要的因素。一些例子如下：

1）发射窗口有多小（如太阳同步轨道）？

2）我们在发射窗口之间有多少时间（例如行星任务）？

3）运载火箭的风险是什么（例如第1次发射还是第100次发射）？

4）该项目和其他航天器共用一个运载火箭吗？

5）我们的合作伙伴和供应商有相匹配的现成的风险管理系统吗？或者他们需要建立该系统吗？如果是后者，他们需要项目的帮助吗？

6）供应商有专用的风险管理资源吗？

约束条件无一例外都是预算要求，在这里要单独考虑。风险管理的预算应该和风险管理计划中估计的数额相当。制定风险管理预算时，应该考虑为风险减缓设立意外资金，还要为供应商风险管理（适当的）、支持软件（现成的商业数据库、电子制表软件、文字处理应用软件）和差旅提供资金。

所有这一切的目的都是为了生成一套完整的要求文件，为项目的风险管理系统提供架构。我们希望的是能够满足项目需要的风险管理系统，而不是驱动该项目。如果要求广泛到足以满足这些需要，而风险管理系统又满足这些要求，那么项目团队就可以预见大多数风险，减小其规模，或者在其成为问题之前将其排除。

第一次就做对总是会花费较少的时间——如果未识别出所有的要求，就会导致风险管理系统设计不充分，从一开始就留下严重隐患。等我们认识到系统存有隐患时，已经太晚了。我们会被许多需要我们全身心关注的问题所包围。现在还不是重新设计风险管理流程、培训团队并等待流程开始产生效果的时候。

15.2.4 确定培训方法

培训和经验这两个互补的因素促成了一个可靠的风险管理流程。当我们开发流程要求的时候，应该定义培训要求。我们也可以在合作伙伴和供应商所在地进行项目风险管理流程培训，使他们了解该流程是如何工作的。

现在项目经理有很多资源可以进行风险管理培训。只要我们愿意花时间来计划并实施培训，培训方法本身并不是障碍。在风险讨论的早期进行培训是很有成效的，它可以使项目所有相关人员就风险管理达成一致意见。

15.3　制定风险管理计划

风险管理计划记录了项目的风险管理宗旨、要求、假设和约束条件、角色和责任、与合作伙伴和利益相关方的关系、流程、沟通途径。该计划至少应该包含表 15－3 中所列的章节，每个主要章节还包含推荐的分章节。

表 15－3　风险管理计划推荐内容①

章节	内容描述
引言	介绍项目的风险管理要求、政策、范围、假设和约束条件、与合作伙伴和利益相关方的关系
机构	介绍项目机构，定义风险管理角色和责任
流程综述	介绍高水平的风险管理流程和基本的风险管理信息流
流程详解	对系统如何识别、分析、评级、减缓、跟踪、沟通、终止风险进行详细论述；并定义角色和责任、风险委员会、会议安排和详细的信息流；解释风险管理数据库如何支持流程，包含什么信息，又是如何维护的
风险报告	确定报告内容、报告时间表、何人向何人报告何内容
工具	解释流程中需要用到什么工具和培训，如文字处理软件、电子制表软件、数据库程序、现成的风险管理商用软件

①风险管理计划介绍风险管理流程的各个方面。项目如何执行流程的具体细节特别重要。为保证其有效性，计划必须清楚、完整。

项目经理制定和评审风险管理计划时，应该考虑以下内容：

1）引言——引言部分主要是计划的背景介绍，应该重点说明我们如何计划建立一个适合该项目的风险管理流程。开始最好先对项目进行简单的描述，以及该项目如何适应客户或机构的大局。接下来我们可以介绍项目风险管理要求、政策、范围、假设和约束条件，以及与合作伙伴和利益相关方的关系。

2）机构——这一节要首先解释项目是如何组织的，项目如何与计划相适应，以及它与合作伙伴、一般供应商的关系。它同样制定了详细的风险管理角色和责任，从这里人们可以知道他们在风险管理中被寄予多大的期望。它必须清楚、完整、简明扼要，不要将机构中的任何人遗漏在计划之外。

3）流程综述——流程综述应该能够使读者不必阅读流程的详解章节，就能够完全了解风险管理流程。它应该用流程图来描述，尽量少用说明文字，并用插图说明内部和外部信息流。它还应说明客户、合作伙伴和供应商使用的现有的风险管理流程是如何融入项目的风险管理流程中的。

4）流程详解——本节应该在流程综述的基础上展开，为风险管理流程提供蓝图，不遗漏任何问题。它必须包含足够的信息，使每个人都理解该流程是如何运作的，流程的输入和输出，何人、何时如何做何事。我们应该通过详细的流程图、报告模板、日程表和其他有用的图表来提供支持。本节还应该界定风险管理数据库要跟踪的信息、数据库更新频率，以及如何提取并发布信息。所用数据库应该能识别出授权输入数据的个人身份（参见第 6 章以获取更多关于信息管理的内容）。

5）风险报告——本节应详细定义报告的格式、内容和周期，包括图解风险信息的模板（如报告形式模板）。同时要界定被授权生成风险管理报告、接收风险报告以及内部分发报告的人员名单。

确定计划结构是制定风险管理计划的第一步，项目经理或风险经理应采用和本文提供的相似的提纲，并根据需要添加细节，使计划逐渐成形。计划提纲是符合国际标准、行业标准、政府标准和军队标准的。有的提纲可能已经满足项目需要，不需要进行大量修改。我们也可以从多个提纲中分别挑选不同的部分。不管我们怎么做，风险管理计划决不能和其他项目通用，即不能仅是开头很有新意，而计划内容却已过时。应该介绍如何将风险管理规范和实践应用于该项目，建立一个满足其特定要求的风险管理系统。

制定风险管理计划时，应该召集由项目资深员工、客户、合作方经理、一般供应商、主要供应商参加的会议，目的是讨论风险管理的宗旨和要求。制订计划时，应当从尽可能多的资深员工那里获得尽可能多的意见，这对计划的签字评审阶段是大有裨益的。

对项目的风险管理计划评审的时间到了。风险管理系统涉及的每个机构都必须在计划执行前提供反馈。项目经理必须不断地征求这种反馈。如果客户、合作方或供应商离得比较远，应该在去他们单位出差的时候，在会议上获取这种反馈。这有助于确认他们已经理解了该计划，并已引起重视。

一个完整的风险管理计划应该是综合的、简明的、清楚的，它记录了项目要求、宗旨、假设和约束条件、角色和责任、详细流程和报告。对该计划的贯彻执行造就了一个针对该项目的风险管理系统。

我们必须使计划随流程进展而不断更新。第一年肯定是需要变化的。并且当计划的基线制定时，涉及供应商的计划执行方法应该进行一次更新。项目经理应该使用最新的风险管理计划和变化评审流程，确保项目团队对现行的风险管理有一个普遍的了解。应该每年对计划进行评审，使其准确反映当前的流程。

（1）制订风险管理计划时可能遇到的挑战

1）使用归档文件或凭感觉试试看——一个新的项目经理可能受人误导，认为没有足够时间制订详细的计划。而一个经验丰富的项目经理则对那些给航天系统项目带来灾难的问题是非常熟悉的。这就是为何很多机构，包括 NASA 和 DoD，都强制实行了风险管理。最终，项目经理要掌控风险管理计划的制订，尽管制定者是风险经理。否则，风险管理流程很可能混乱且无效。计划的制订是将我们的想法落实到纸面的机会，所以是可以讨论并完成的。

2）信息占位符不是信息——任何下载的待定文件都是无效的，风险管理计划也一样。当然，我们开始时不会将计划的各个方面都确定下来，但是随着与客户、利益相关方的讨论的深入，一些不确定因素会不复存在，我们就可以达成必要的协议。计划越成熟，沟通质量越好，计划执行就越顺利。当项目从定义流程向细化流程转化时，这将支付很大一笔红利。

3）沟通是成功的关键——风险管理流程失效的最主要原因是项目沟通不利。风险管理计划是指我们如何就流程问题和各方面进行沟通，所以成功的期望值与我们制定、宣传计划内容的好坏息息相关。如果没有清楚地界定谁做什么，什么时间做，那就很可能出现有事无人做的情况。倘若对项目风险管理要求、宗旨、假设和约束条件、角色和责任、与合作方和利益相关方的关系、流程、沟通渠道不了解的话，每个人都不会清楚自己需要做什么，从而导致流程无效且不可重复。

15.4　执行风险管理计划

现在是执行项目的风险管理流程的时候了，图 15－6 介绍了这一阶段的步骤。

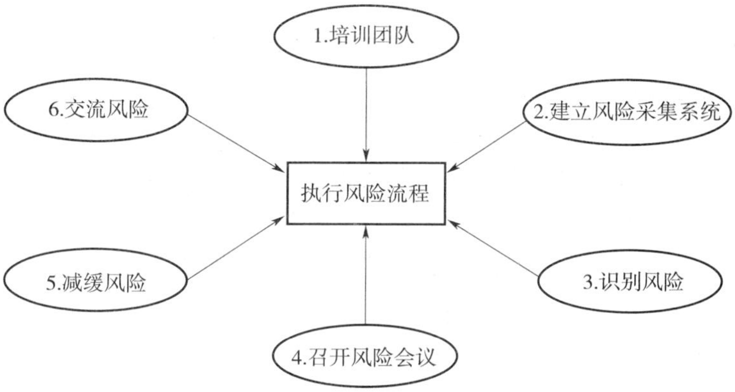

图 15－6　风险流程执行步骤

风险团队在计划执行过程中要完成 6 个步骤，有的步骤还要定期重复，直至任务结束

15.4.1　培训团队

计划执行的开始阶段，所有参与者都需要了解已经通过的宗旨和要求。所以项目的第一次风险管理会议应该是一次培训会，它主要包括两部分内容：1）对连续风险管理的原则进行全面介绍；2）针对项目的风险管理进行培训。这次会议的目的是确保每个人都理解我们打算做什么，以及他们如何适应流程。虽然想法很好，但项目经理不可能指望团队成员能独自阅读并完全理解风险管理计划。

会议不必对执行方法争论不休，因为这项工作已经完成了。该会议是对这一工作的结果进行回顾。要完成项目的大规模的风险管理流程，最好将第一次会议分成两组召开。第一组的人员包括项目管理层和领导层；第二组的人员包括项目团队其他人员。这可以保证会议不转向理论探讨，而是讨论由统一的管理团队制定的执行方法。

15.4.2　建立风险数据采集系统

对于所有新风险，需要一个空间存放，所以我们创建了风险管理数据库，并指定专人维护。如果我们正在使用一个数据库软件（如微软的 Access 软件、FileMaker 的 Pro 软件），而不是现成的专用于风险管理的商用软件，那就有必要限制对项目经理、风险经理或任何风险管理数据库责任人的访问（参见第 6 章以获取更多信息）。

风险管理数据库不必很复杂，但在特定的时间内，它必须支持我们的流程和团队将要采集的风险条目的规模。一些成功的项目只是使用了简单的电子制表软件。

没有最好，只有更好。尽量简单——很容易陷入这样的陷阱：为管理风险建立一个特别的、项目专用的系统。这样做本身就是一种风险，我们必须避免它。这里的问题是：有效管理风险条目的最低要求是什么？很多风险团队已经变成了风险数据库的奴隶，减少了采集已识别风险的时间。为了防止对这一领域的重要性界定不清，流程自动化的问题是被分开讨论的。

15.4.3 识别风险

现在万事俱备，我们要开始连续的风险管理周期：风险识别。为保证有效性，必须通过对管理团队的民意调查（包括内部和外部，见表 15－4），主动寻找风险管理信息。我们还必须收集风险及其状态信息。不能坐等风险信息来找我们，而是必须走出去寻找它。这是风险经理的责任。项目经理或风险经理必须和每一位风险发现者面谈，根据其后果确定真实的风险。风险的起因是重要信息，应该写入风险的文字描述中。如果风险描述没有强调后果（什么可能出错），则很可能真实的风险不会被捕捉到。

表 15－4 典型的风险项来源①

内部	
内部经理	项目经理、观测站经理、仪器经理、系统工程师、分系统主管、地面系统经理
资源经理	进度和计划评审技术图表评估、成本对比．进度评估、挣值分析
安全性	危险分析、事故报告、侥幸和危急情况、审计
可靠性	可靠性框图、故障模式和影响分析、故障树分析、概率风险评估、单点故障
质量保证	问题报告，故障报告，电子、电气和机电（EEE）部分和材料筛选，审计，供应商纠错报告，发展趋势数据资料
工程分析	辐射敏感性、电子发射和敏感性、振动等级、信号集成、不稳定性、热影响
内部经理	项目经理、观测站经理、仪器经理、系统工程师、分系统主管、地面系统经理
项目全体人员	每周情况分析会、特殊专业会、每月情况评审、项目级评审、风险讨论会
总部和项目群办公室	可能添加约束的、项目无法控制的决策
仪器供应商和主要供应商	月度情况报告、风险会议明细、风险清单、监控人员名单、进度和计划评审技术（PERT）图表评估、成本和进度对比评估、挣值分析

①项目涉及的任何人都能识别风险并将其提交至项目的正式流程进行评估，同时采取适当的行动。项目成员在工作中使用的工具通常首先会造成风险暴露，因此很可能预料到风险源。

需要记录的任何风险的最小数据集见表 15－5。

表 15－5　推荐的风险项描述①

风险陈述	由基于事实的潜在问题，以及对问题发生的后果进行概述组成。有的机构要求风险陈述采用表格形式（例如，如果这一糟糕的事情要发生，我们将不得不重新设计一些东西，这会造成成本的增加和进度的严重延误）。陈述的形式是不相干的，关键是要强调某些可能会实际发生并造成负面影响的事情，并阐明其后果
背景陈述	为读者提供有关情况的其他信息，客观正确地论证风险，这是风险陈述的重要补充
日期	将风险报告给项目经理或风险经理的日期
作者	将风险上报并引起重视的团队成员
指定负责人	对风险负责的团队成员或机构
风险类别	风险管理计划（如安全、成本、进度、技术）中定义的风险类别
风险后果	风险发现者或风险委员会指定的后果级别，后果分级原则包含在风险管理计划中
风险可能性	风险发现者或风险委员会指定的风险可能性级别，可能性分级原则包含在风险管理计划中
减缓策略	风险发现者或风险委员会提出的计划，它包括意欲减小风险发生可能性的行动计划和风险变成问题的严重影响，每一个减缓策略的目的都是为了排除对项目产生负面影响的可能性
期限	指出何时必须采取行动，比如短期、中期、长期。每次行动的持续时间要在风险管理计划中予以界定。这些期限的长短可以在项目生命周期内有所变化
触发因素	对风险必须采取行动时的日期或事件。作为下一次的决策点，风险管理计划通常对此加以详述。决策点通常出现在项目进度转折点处
状况	记录和风险相关的状态、行动和事件的流动日志。状况主要包括“谁、什么、何时、如何、哪里”等资料。这些资料由项目经理或风险经理收集

①每个风险都必须将所有必要的有别于其他风险的描述信息、它潜在的影响、谁制定减缓策略等记录在案。项目经理必须确认，所有的风险在录入系统之前都已完全被界定。否则流程将会变得效率低下，并会陷入困境。

基于项目生命周期的推进，风险源会发生变化。例如，可靠性分析通常完成于早期阶段，经过关键的设计评审后，会逐步减少。这些分析对于识别航天器要求和设计风险（如单点故障）是很好的参考。而另一方面，质保报告直到航天器制造时才开始呈报。这些报告不能提供很多风险信息，因为它们记录的是已经发生的问题，但可以帮助我们寻找意料之外的风险。

既然团队知道要报告什么，如何报告，我们就会被新的风险包围。这里有一些可能出现的风险实例，包括推荐的风险陈述和减缓方法。风险实例的陈述采用“如果……则……”的形式。不过我们可以采用能够说明风险事实情况的任何形式，并介绍可能的最坏后果。

实例 1——一个供应商承诺提供一个关键组件（例如惯性参考单元、星跟踪仪、转发器、电池、太阳翼、推进贮箱），但是由于加工问题导致交货期推迟。基于供应商提供的上述信息，这似乎是一个常规的延误。但经过进一步的调查我们发现，供应商实际上正在努力满足要求（如机械、电气、热、辐射、寿命）。首先，我们面临的似乎只是一个简单的进度风险——如果部件 X 交货延误了，那么分系统开始环境试验的时间也要推迟，这很可能影响项目进度。但实际上，因为组件没有满足规范，我们会面临完全不同的飞行风险——如果部件 X 没有满足任务寿命要求，那么它的故障可能扰乱数据流，或者使任务夭折。

该实例说明了完整地理解风险、不表面理解第三方信息的重要性。这同样适用于内部，我们必须收集每一个风险的尽可能多的信息，尽管表面看来是良性的。它同时阐明了背景陈述的重要意义。这一陈述包括对供应商面对的技术挑战和可能对任务造成的影响的简单描述。对进度问题的减缓策略可能是调整环境试验进度，这和技术问题的减缓策略有很大不同（例如评价供应商满足规范的能力，审查候选供应商，获取候选供应商的报价和交货期，分析项目如何帮助供应商满足技术要求，判断放弃某一要求是否合理等）。

实例2——我们知道，某一型号所需的唯一的一台关键试验设备，需要时却排不上队，而且很可能要等到航天器级的环境试验结束后才能闲下来。这台设备对于保证主要仪器正常运转是至关重要的。我们可以将潜在的进度问题作为风险列出。或者在未知悉仪器是否正常的情况下而不得不任其运行，也要将其列为风险。我们只是不能决定该试验设备在未来是否可用。我们不确定要列举什么，所以要推迟风险讨论。

建议将其在开始时列出，作为进度风险。如果仪器A准备试验的时候，XYZ试验设备不可用，那么试验的延误要比仪器交货的延误严重，可能会引起项目进度的延误。随着形势的发展，我们可能考虑发射前不进行关键试验，则风险可能发生变化：如果仪器A不在XYZ设备上进行试验，仪器有可能达不到规范，会降低科学数据的逼真度和准确性。减缓策略可能包括一些针对后续风险的减缓行动，尤其是不需要额外成本的时候。例如，我们可能考虑寻找另外的试验方法来测试仪器A的性能。

风险可能通过意外的信息源来识别。集思广益的自由讨论会是很好的风险信息源——这些会议是风险识别绝佳的催化剂。讨论会上，团队成员应该抓住机会和大家交流夜不能寐的原因。这是风险委员会倾听基层员工意见的好机会，他们的观点经常和项目的管理理念不同。为了会议的有效性，团队所有成员都必须参加。会议的环境要方便大家参与——使员工们发表意见时感觉很放松，不会担心会遭到报复。基于单一的分系统召集的会议，有助于将结果反馈到风险委员会的会议上。

15.4.4 召开风险会议

风险管理流程是团队流程，评估潜在风险的工作是由项目成员组成的团队完成的。为保证成功，项目经理或风险经理必须用最优的方法来计划和召开风险会议。

（1）计划风险会议

为保证有效性，会议必须保证每个月至少召开一次，而且相关人员必须参加。否则有关信息会过时，我们不能充分掌控行动，沟通不畅，从而使风险变成问题的可能性不断增加。当必需的项目评审、非现场状况分析会或其他重要事件与风险会议冲突时，会议不应该被取消。我们或者只召集能够出席的人员开会，或者将会议推迟到下个星期（最好不要晚于下个星期）。当选择前者时，如果某一关键人物不在当地，应该安排电话会议。

制定风险管理计划时，我们要确定风险委员会成员，但不是所有的会议都要求所有的委员参加。每次的参会人员包括风险发现者、他们的经理和有可能受影响的项目必要人员，以确保在会议上能够讨论每个风险的所有情节。

风险会议有多重目的，包括：

1）用风险管理专用数据库来管理风险委员会确认的风险及其当前的状态信息，这些风险要经过正确分类和评级。

2）将所有风险录入数据库，不单单是那些大风险，建立和风险委员会沟通的开放的双向通道。

3）建立有效减缓风险的流程，减小风险发生的可能性和出现问题的严重性。

4）成立能有效监控风险状况的风险委员会，为风险减缓行动提供关键信息。

5）制定对决策和指定行动进行记录和沟通的方法。

（2）管理风险会议

1）会议前要了解风险状况——每次风险会议前，风险经理应该坚持不懈地从各个风险的指定负责人处收集风险的状况信息。如果我们不能有效地收集追踪信息，就不会清楚地了解风险状况，导致决策失误。风险的等级或优先权越高，在决定下一次的行动时，越有必要了解其当前的所有信息。

2）提前通知会议议程——任何项目会议都应该只让需要参加的人出席，让所有人参加所有会议是在浪费时间，因为不是所有人都必须到场。我们不想让项目人员养成这样的习惯：臆断本次会议不会涉及他们的领域，所以他们没必要参加。通知下一次会议时，如果风险经理指定了要研究的风险或涉及的系统，出席人数可适当扩大。

3）保持合理工作量——平衡每次会议的工作量很重要。如果项目的惯例是将会议控制在一小时，那么应该在会议议程上安排尽可能多的在一小时的时间内能够处理完的风险。如果项目识别风险的速度快，和会议频率不匹配，那么我们应该提前和项目团队做如下工作之一：1）延长会议时间；2）增加会议次数。不管采用哪种方法，都要避免因为会议过长而影响团队成员的正常工作，否则，在需要支持的关键时候，可能会有人缺席。

（3）分析风险

在风险委员会会议上，要分析新的风险。对于每个风险，我们都必须做到：

1）判定该风险是否满足进入风险系统的标准。

2）保证对风险情况和后果的陈述实事求是。

3）基于风险委员会的经验，按照新风险发生的可能性和后果进行评级。

4）审查所提出的减缓策略的完整性、准确性和可行性。

5）记录最新的状况信息。

6）基于现在的项目情况进行风险评级。

7）决定何时需要采取什么行动。

识别真正的风险是成功的关键因素。识别真正的风险并无保留地将其提交给风险委员会是一个挑战。表 15-4 介绍了典型的风险源。根据项目宗旨，风险委员会必须学会如何辨别那些需要通过正式流程采取减缓行动的真正的风险。这需要经验，所以我们开始学习处理这种事情的时候不应该气馁。

(4) 分析亮点

1) 确信它是可终止的——进行风险的书面陈述时，除了重点说明基于事实的情况和后果（可能出错的事情）外，我们必须确保它是可以终止的。任何时候我们陈述风险时，都应该这样问：我们怎样才能终止这一风险？

2) 确定最初的可能性等级——当决定一个新风险的可能性等级时，首先要问这样的问题：它发生的可能性大于还是小于 50%？这通常是一个很好的切入点。对于后果等级，我们使用确立项目宗旨时制定的级别。这一级别应出现在风险管理计划文件中。等级也不是绝对科学的，即便我们使用统计数据来支持流程。每一风险的等级是基于数据、经验和直觉的，所以我们不应该因为讨论每一个风险的原始等级而陷于泥潭。随着时间的推移，其等级会逐渐清晰。

3) 确定风险的真实性——通常很难将担忧和关注与风险区分开来。如果我们在一个风险成熟并暴露之前将其输入风险管理系统，那我们是在浪费时间。担忧没有事实依据，关注也不可能变成我们需要追踪的事情。确定一个关注对象是其风险还是担忧的一个非常有用的鉴别标准是其发生的可能性。如果风险发现者不确定如何对风险可能性定级，那么我们应该知道这是为什么。这可能是因为没有足够的可用信息来判别。如果是这样的话，风险很可能没有成熟，还处于担忧或关注的范畴。

(5) 风险减缓行动

一旦风险委员会认为一个风险满足了风险管理计划中规定的条件，我们就需要执行风险计划。我们要决定采取什么行动（预算和资源的分配），谁负责这次行动，以及何时必须行动。我们可以在风险减缓行动之前选择监控它或进一步研究它，但是大多数风险需要马上采取减缓行动。风险委员会负责风险计划，并在风险会议期间承担很多工作。如果需要更多的信息，我们要指派一次限定最后期限的行动。委员会成员也可以在两次风险会议期间举行非正式会议，讨论新的信息，并向项目经理提一些建议。新的计划信息存储在风险状况中，将在下一次委员会会议上讨论。

(6) 记录风险会议结果

应该在会议记录中保存每个风险的状况、风险委员会的最后决策，以及会议出席人员。这对于项目沟通和提供历史记录是很重要的。如果不采用专门的项目行动系统，应该在会议记录中保存行动内容，并在每次会议上评定其状况。

(7) 独立流程评估

对于某些项目，独立评估是惯例（比如重要项目的独立评审小组、国际标准化组织的审计、内部流程的审计）。如果不是这样的话，应该要求对风险管理流程进行独立评审，评价实际流程对流程文件的忠实度和流程的有效性。参见第 14.2 节以获取有关独立评审的更多信息。

15.4.5 沟通风险

项目管理的风险不仅需要在项目团队内沟通，而且还要同管理层进行沟通。所有项目都有风险，关键是风险如何管理。就项目风险及其相关的减缓策略进行沟通是风险报告流程的重要组成部分。

（1）风险报告

风险信息如果在项目内部，和上级管理层，在项目与合作方、供应商之间没有足够的沟通，风险管理流程的价值会大打折扣。风险报告要求通常是托管的，但 3 种最常见的报告格式是：

1）风险列表；

2）以图表为主的用于演示风险的幻灯片；

3）会议记录和行动内容文件。

风险列表可以通过手工生成，也可以通过数据库软件或风险管理专用工具生成。列表可以包含所有风险，不管其状态如何，也可以仅包含那些活跃的、终止的或已被确认的风险。

机构经常要求他们的项目在“顶级风险列表”中列出最高优先权的风险，即公认的项目十大风险。这些列表要报告给管理层，表中列举了项目投入其大部分时间、预算和资源来减缓的风险。表 15-6 介绍了风险列表报告中的风险信息。

表 15-6　风险样本列表①

风险识别号	风险说明评注	日期，作者，负责部门，状况	风险分类，风险结果，风险可能性	减缓策略	减缓效果，期限，诱因，策略
202	风险说明：如果桁架驱动机构没有在我们需要的日期 2007-07-01 交货，那么我们就不能进行组装，从而会影响项目关键流程的进度	2007-06-14 Q. A. Fella 机构 活动的	分类：高，项目执行 结果：4，有危险，上下限为 $7\% < C < 10\%$，减少储备，严重影响关键流程 可能性：4，高，$>60\%$，$<80\%$	调查集成和测试（I&T）进度，决定是否能重新安排组装以适应驱动机构的延误，从而不影响关键流程的进度。定期访问供货商以利于问题的解决。加快组装中损坏的新的电子、电气和机电部件的交货	期限：近期 诱因：2007-07（所需到货日期） 减缓
风险会议（2007-06-21）：指定项目质量工程师到供应商处评估技艺问题。项目人员下周安排访问 状况（2007-06-14）：执行机构供货商联系项目质量保证办公室，报告影响飞行执行机构的技艺问题 危险等级：项目执行 44　　高　　风险数量：1					
121	风险说明：如果供电总线发生在轨短路，那么卫星会断电，造成任务过早结束 背景：虽然不太可能，但供电总线短路故障在以前的任务中确实出现过	2004-04-14 供电系统人员 供电系统 活动的	分类：中，任务绩效 结果：5，任务完全失败 可能性：1，很低，$<0.01\%$	调查其他任务中引起短路的原因，确定本次任务可能的短路应对方案。采取所有必要的措施，以防止故障再次发生	期限：近期 诱因：2004-08（可靠性分析完成日期） 减缓
状况（2004-06-29）：供电系统相关部门进行了分析，希望两周内得出初步结果 风险会议（2004-05-18）：需要尽快调查；系统工程部门查明整个卫星供电系统的布线情况 危险等级：任务绩效 51　　中　　风险数量：1					

续表

风险识别号	风险说明评注	日期，作者，负责部门，状况	风险分类，风险结果，风险可能性	减缓策略	减缓效果，期限，诱因，策略
154	风险说明：如果航天器电池着火，则可能会有人员受到伤害，造成一定的伤亡 背景：本次任务所选用的电池在短路的情况下容易着火	2005－06－14 安全部门人员 系统工程部门 活动的	分类：中，安全 结果：4，非常严重的伤害和破坏 可能性：2，低，$10^{-3}>X>10^{-6}$	研究采取什么措施可防止电池短路	期限：远期 诱因：2006－08（电池交付日期） 减缓

状况（2007－06－29）：调查失效背景和预防措施，从现在起的任何时候都期望分析结果

状况（2007－05－28）：供配电部门针对这一可能性修改设计方案

状况（2007－04－18）：只有一次任务出现过这种问题（全行业的），可能性很小

危险等级：安全 42　　中　　风险数量：1

①风险数据库包含了每个风险的全部信息。按预定格式打印出来的信息就是风险列表。项目经理或风险经理经常梳理这些信息，把关闭的风险放在最后。用这种方式可以首先介绍所有开放的风险。

图表形式（条形图、彩色编码模型）的风险演示经常用来向管理层、利益相关方和客户总结风险状况。和风险列表一样，演示幻灯片可以包含所有风险，也可以只包含特定范畴的风险。有些程序使用彩色编码模型来展示风险的等级分布，如图 15－7（a）和图 15－7（b）所示。

风险的会议记录应该包括会议日期、出席人员、所讨论的风险清单、决策、分配的行动。记录并传播这些信息是很重要的。它变成了项目的历史记录，特别对那些没能出席会议的风险委员会成员是很有用的。因此，我们应该将会议记录归档，保存在项目资料室中，以备以后查阅。

15.5　使风险管理流程自动化

对于那些较小的或不太复杂的项目，项目经理或风险经理可以选择使用普通的计算机软件，如文字处理软件或电子制表软件，手工记录风险数据并生成报告。随着风险流程的日渐普及，软件公司开发出了现成的商用软件工具。机构也可能有自己内部的软件工具。在这些情况下，机构通常要求项目经理使用软件工具时要保持整个项目的连贯性。

个性化的计算机数据库（如微软的 Access、FileMaker 的 Pro）对于大多数的航天系统项目来说，功能足够用了，而且很适用。文字处理软件也可以被采用，但并不是那么地吸引人。它适于文本查找，但是整理数据时，却不如电子制表软件简单，功能也不够强大。因为风险状况是不断变化的，而且情况千变万化，所以数据整理功能就成为一个软件工具首先要考虑的问题。由于规模和外部合作等原因，项目复杂程度不断增加，电子制表软件和文字处理软件逐渐让位给数据库软件，因为后者拥有与生俱来的优异的查找功能。数据库还有可定制的报告生成功能，可以生成连贯的、可重复的报告。

选择自动化软件工具。

顶级风险列表　　2002-11-30

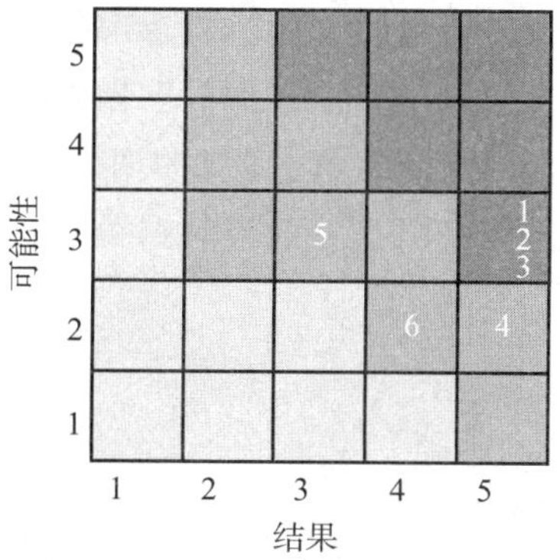

LxC 趋势	等级	风险识别号	方法	风险名称
⇧	1	95	M	一次性运载火箭主发动机关机环境
⇨	2	80	M	传感器A噪声
⇨	3	102	M	飞行电池有效性
⇨	4	91	M	S/C至EEB的电缆
⇨	5	63	M	飞行电池有效性
⇧	6	47	M	CNES可交付

危险程度	LxC 趋势	方法
高	⇩ 减少(改进)	M－减轻
中	⇧ 增加(恶化)	W－观察
低	⇨ 没有变化	A－接受
	· 上月以来的新情况	R－研究

(a) 样本风险5×5略图

风险聚焦　　2002-11-30

排序	风险识别号	风险说明(名称和详细描述)	方法和计划	评注/状况
1 ⇧ 高	95	一次性运载火箭主发动机关机115 Hz LV环境 如果航天器不能承受新的115 Hz处的主发动机关机振动，则航天器和/或敏感器需要重新设计	减缓 故障影响模式可以扩展至5~150 Hz频率范围。因为排查是在航天器上完成的，所以水平较低，准备对情况1进行分析	分析表明敏感器B最容易受主发动机关机环境的影响
2 ⇨ 高	80	敏感器A跳跃噪声 如果跳跃噪声是故障情况的早期标志，敏感器A可能需要设计上的改变	减缓 建立工程团队调查根本原因，识别可能的纠错行动	跳跃噪声是短期的，无法解释的，数量在同一通道不断增加

危险程度　高 ■　中 ■　低 □

(b) 样本风险焦点图

图 15－7　(a) 项目经理必须经常总结风险管理流程的现状，所总结出的风险（标注为特殊的红色或黄色）的具体信息通常要在风险焦点图中体现出来

(b) 管理层想知道的是和项目最具挑战性的风险相关的具体细节

1）安排时间，正确选择——应该花费足够的时间来选择软件工具。我们不想受限于一个无效的、不能满足项目特殊需要，甚至是基本的风险管理需要的软件。流程运行周期越长，问题越多，因此需要采用新的软件。

2）确定流程，选择工具——采用特殊的应用软件工具来解决问题是很有吸引力的。有些项目在确定流程前就购买了软件工具，并希望该工具能够在一定程度上创建流程。大多数情况下，采用这种方法的项目会以流程未能产生预期效果和误用软件工具告终。如果正确应用于现有流程，专用软件是很有效的，所以在选择自动化软件之前，需要先确立流程。如果在人员安排确定之前选择了现成的商用软件，软件约束可能妨碍或限制流程的界定。随着项目特有流程的进展，我们需要最大程度的灵活性，此时现成的商用软件并不适应。如果项目需要变化很大，我们可能不得不重新选择软件，在问题解决之前，这会对风险管理系统造成一些伤害。

15.6　小结

风险管理流程是项目经理最强有力的工具之一。事实上，很多机构都强制要求用它来管理航天项目，而不管该项目经费多少。将其用于流程的各个阶段可以增加其成功融入团队思维方式的概率。所以这不是一个是否要实施风险管理的问题，而是一个如何实施的问题。本文提供的内容可以给项目经理带来最大的成功概率。

参考文献

[1] Murphy, Richard L., Christopher J. Alberts, Ray C. Williams, Ronald P. Higuera, Audrey J. Dorofee, and Julie A. Walker. 1996. Continuous Risk Management Guidebook. Pittsburgh, PA: Carnegie Mellon Software Engineering Institute (SEI).

第 16 章　任务软件流程和注意事项

B・B・普法尔（Barbara B.　Pfarr）①

NASA 戈达德空间飞行中心

A・F・奥本沙因（Authur F.　Obenschain）

NASA 戈达德空间飞行中心

对于空间任务的项目经理来说，任务软件常常是一个很大的未知数。他们很清楚他们需要任务软件，但他们不清楚与软件有关的成本估算、产品开发和产品集成。而这些恰恰可能会导致不切实际的对成本和进度的期望，以及最终影响软件的质量。在今天的空间系统中，软件是关键的组成部分，软件程序的故障或软件程序之间相互作用发生故障，都可能导致任务失败。

首先要了解任务所需的软件种类。如图 16－1 所示，任务软件包括飞行软件，实时的地面任务的数据系统，离线的任务数据系统，如果任务涉及科学，还包括科学数据系统。每一种软件都要受到关注，每一种软件都有不同的侧重点：

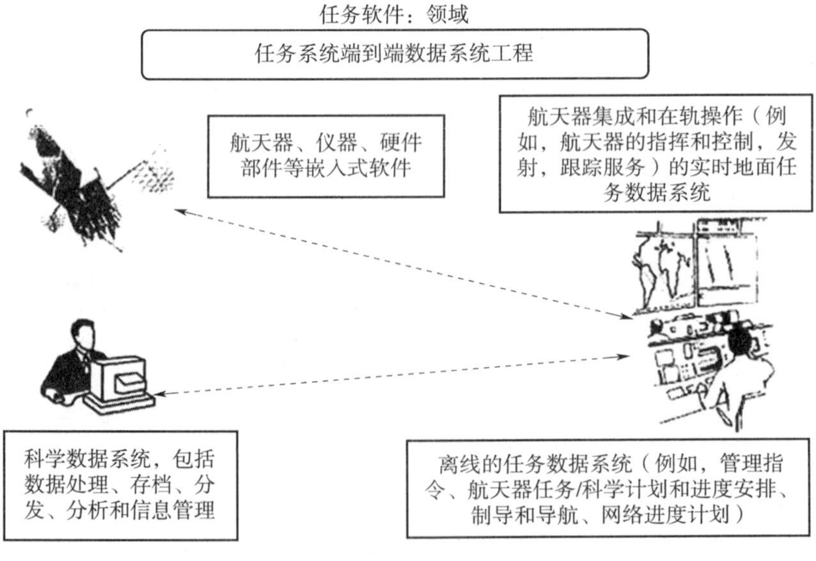

图 16－1　任务软件领域

航天器项目中的软件领域由卫星和仪器控制开始，包括实时的和离线的任务控制地面系统，到科学数据系统终止。这些领域之间的协调需要端到端数据系统工程

①　作者要感谢为本章内容作出贡献的 M・斯塔克（Mike Stark），S・戈弗雷（Sally Godfrey）和戈达德软件流程改进小组的 L・哈洛克（Lou Hallock），B・斯科特（Barbara Scott），J・皮尔逊（Jim Pearson）。

1）飞行软件必须支持持续的关键实时运行，例如，在固定和受约束的环境加上有限的维护机会的情况下，执行姿态控制和健康与安全监测。

2）地面任务控制系统必须支持从指令上行到系统状态评估等的实时和近实时业务，对增加业务是开放的，且往往有充分的阴影维修能力（另有完整的副本系统，以便其在被放置到业务系统前可以改装和测试）。

3）科学数据系统必须保证科学数据的保持力和完整性。

本章介绍任务软件在制定、开发、验证和运行阶段所需的流程。图 16－2 显示了在每个阶段的主要流程。我们的目标是要传达对软件注意事项的理解，以促进项目的成功。在可能的情况下，给出经验教训，或指出可能会犯的错误。软件项目最常见的错误有：制定阶段缺乏明确的要求，开发阶段缺乏项目监测和控制，以及最后两个阶段缺乏时间和资源。

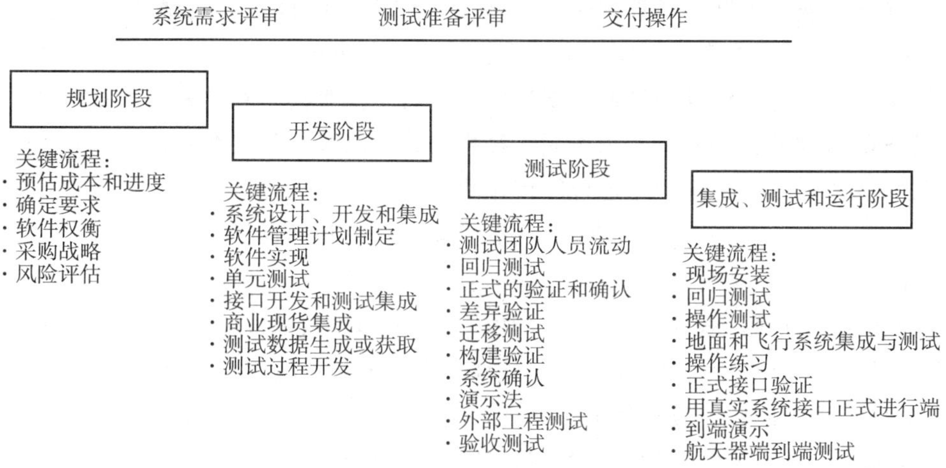

图 16－2　各阶段的任务软件流程

正如硬件一样，任务软件应包括制定阶段、开发阶段、测试阶段、集成和测试阶段。在任务的生命中后期，我们经常要重复这些阶段，例如，当设计有较大改变或者需要增加新能力时

16.1　软件制定阶段

软件团队的组成越早越好。虽然软件包含在硬件中，软件的领导也应该直接向项目经理或项目系统工程师报告。如果软件团队只是作为硬件团队的一部分，那么我们就会失去对项目关键部分的了解。软件团队需要参与项目的制定。软件制定阶段的主要流程是：软件要求的确定（包括系统操作方案和接口要求的方案），与软件相关的权衡研究，制定获取战略和成本估算。在这一阶段的主要文件和交付成果是：

1）飞行和地面软件要求；

2）接口要求；

3）系统操作方案；

4）权衡研究；

5）成本和进度估算；

6）获取策略；

7）风险评估。

16.1.1 软件要求的驱动力

软件开发从来不是“一刀切”，它在很大程度上取决于其他分系统。软件要求的驱动力包括：

1）任务和项目要求——航天器、仪器仪表、操作、性能、进度、资金；

2）任务系统工程——飞行硬件备份、机载自主性和机载故障；

3）制导、导航与控制（GN&C）——制导、导航与控制硬件，控制模式，控制算法和控制选项；

4）科学仪器或敏感器——数据传输速率、与航天器的接口、数据处理、算法和事件处理、有针对性的观测要求、指向要求、数据延迟、数据的完整性；

5）发射前和发射要求——发射专用配置、运载火箭分离、初始轨道太阳捕获；

6）特殊仪器或敏感器要求——地面直接指令、遥测量、指令数据库；

7）飞行软件的测试、维护与远程故障排除策略；

8）电气分系统——处理器、总线、数据存储、电源和通信链接。

卫星系统越是复杂，其飞行软件越是复杂（且昂贵）。飞行软件与硬件的紧密耦合，既有利又有弊。一方面，软件要求要随硬件变化会相应地变化，因此除非飞行硬件定型，否则我们无法完成软件。另一方面，飞行软件经常需要弥补硬件的问题，甚至弥补在集成测试或在轨时出现的问题。复杂的卫星系统，通常也要求复杂的地面系统。无论是飞行软件还是地面软件，被高度限制的飞行数据系统将会增加复杂性。星载备份越多，自主性越强，下行系统的复杂性就越大，而地面系统的复杂性就越小。一般情况下，数据延迟缩短和数据完整性要求增加，会加大地面系统的复杂性。

系统规划很大程度上取决于操作方案的操作人员。事实上，软件工程师应主要致力于系统操作方案的设计，并确定执行该软件应有水平。一个良好的操作方案应该包括对其各部分功能在运作顺利的情况下，以及个别系统出现异常的情况下，是如何工作的进行描述。值得预测的异常事件有：由于流行病的蔓延，30%～40%的操作人员在同一时间生病；或者由于维护操作，主计算机突然死机，且内存丢了一半。为应对这种事故的发生，开发商必须建立一个可靠的系统。采用备份配置就有助于克服这其中的一些问题。

我们应该把运行团队支持软件团队（飞行软件团队和地面软件团队）所需的时间编入预算。我们能以多种方式满足各类要求；有一些需要增加可操作性，而另一些需要减少可操作性。谁将操作这个软件？是有经验的博士，还是刚刚获得学士学位的新手？不同的操作人员对于相应的计算机的外观和触感，以及软件自动化程度的要求上有很大的区别。因此，从将要运行航天器的人中找出他们想要这个软件“怎么做”，就跟找出他们想要它做“什么”一样重要。有几个真实的案例证明，操作团队很不喜欢他们拿到的软件。也有另外一些案例表明，运行方在软件开发前减少所需的软件开发的复杂性。这些例子都是利益相关方协商的结果（见第 5 章）。我们必须保证所有的软件（飞行和地面）利益相关方明白，他们有认真评审软件要求，并与开发商协商，以督促他们研制出正确的产品的责任。

经过与最终用户和其他利益相关方的协商，我们应该设定目标。我们要对每一个里程碑、评审和产品发布设定目标。这些目标应该反映客户的价值。例如，一个客户可能认为编码无误比什么都重要，而另一个却坚持按进度完成。一次发布可能需要支持专门的硬件接口测试。我们必须通过整个开发中收集的数据来维持这些目标，以便计算、显示和描述这些“目标”。这是测量程序的基础，它不仅覆盖成本、进度和性能，而且包括个人贡献、设计决策和判决理由。一个程序员每个月编写 1 000 行代码，每 100 行有 10 个错误；另一个程序员每月只能编写 400 行代码，每 100 行的错误低于 1 个。这两个程序员哪个更好呢？程序员对进度和产品的整体质量产生什么影响？所选择的目标应该纳入管理计划，并在公告牌公布，使之随处可见。

16.1.2　软件权衡

在制定阶段，我们应就影响软件的成本、进度和性能的五个方面进行权衡研究。

首先，要权衡的是飞行数据系统的硬件结构。为降低硬件成本而选择能力不足的硬件体系结构会导致软件成本大幅增加。表 16－1 列出了推荐的余量[5]。由于“适量”（right amount）是一个变动的目标，所以适量的余量是一门涉及管理储备金、通信带宽、内存或其他资源的艺术。变动的因素包括要求的变化性，技术的成熟度，进度的稳定性。如果变化无常使我们夜不能寐，我们就应该时常重新审视和调整余量。

表 16－1　基于经验的推荐飞行软件（FSW）余量①

任务阶段	飞行软件系统要求评审	飞行软件初步设计评审	飞行软件关键设计评审	装运/飞行
方法	估计	分析	分析/测量	测量
平均 CPU（主处理器）	50%	50%	40%	30%
CPU 最后底线	50%	50%	40%	30%
PROM（非易失性存储器在飞行中不被修改）	50%	30%	20%	0%
EEPROM（非易失性存储器在飞行中被修改）	50%	50%	40%	30%
RAM（处理器本地总线中的易失性存储器）	50%	50%	40%	30%
PCI 总线	75%	70%	60%	50%
1553 总线	30%	25%	20%	10%
UART	50%	50%	40%	30%

①数字代表不同的任务阶段和成熟程度。虽然它们不是硬性限制，但为项目经理提供了必要的参考数据（CPU—中央处理单元；PROM—可编程只读存储器；EEPROM—可擦除可编程只读存储器；RAM—随机存储器；PCI—外设单元互连；1553 总线指MIL -STD - 1553；UART—通用异步收发器）

另一种关于架构的考虑的是，采用集中式架构，还是分布式架构。由于时间、数据、事件同步以及较多的指令、遥测、事件等问题，分布式系统会增加软件的复杂性和成本。在任何系统中，时间统筹都是一个关键问题，尤其是在分布式系统中，时间不匹配会对软件造成破坏。我们必须了解、校准和记录时间统筹。我们还必须明白时间统筹的精确和同步要求，并在整个系统中实现这一要求。分布式系统的好处在于可运用多个程序提高计算机的能力，允许采用更复杂的软件和更多备份配置。

另外，还有一个问题是运行软件的处理器和那些处理器的操作系统。在整个项目流程中，我们要时刻关注硬件。特别是要盯住接口，无论是逻辑接口还是物理接口。我们不能相信两个软件开发人员只要使用相同的标准或协议，开发出来的软件的接口就没有问题。这往往需要用比特或字节级的代码进行审计，以保证兼容性。我们还必须了解操作系统。如果没有现成的编译器和相关软件开发工具，软件开发团队将不得不自行研发，从而会增加成本。

第二项权衡研究涉及测试台资源。配备多个测试台成本高，但飞行软件团队必须拥有对所有飞行数据系统单元进行测试的全面的工程试验装置，否则，飞行软件的开发将受到严重影响。为争取时间而与硬件团队共用测试台将导致软件延迟，也会增加成本。

第三项权衡研究涉及地面系统的遥测和遥控处理的功能——地面系统必须满足操作、飞行软件测试和集成与测试的需要。为了使一个系统的设计得既操作简单又便宜，在测试阶段就增加了成本，因为测试团队要为了编制测试程序、工具和设备而付出劳动。

第四项权衡研究涉及飞行和地面系统之间的功能分配。许多活动，如姿态确定可能在任意一个系统中都存在。增加一个星上功能会增加飞行单元的复杂性和成本。因此，在这种情况下，任务的持续时间也是一个因素。另一方面，增加星上功能，即使是在地面已经有了一个相同的功能作为备份，可以大大减少常规执行功能所需的人员，因此可以降低运行成本。在星上进行科学数据处理可以减少下行数据量和简化地面系统，因此通信带宽也是一个权衡因素。

第五项权衡研究涉及地面系统接口的协调，可能包括遥测与遥控系统，飞行力学系统，指令管理系统，数据流系统。如果架构不能提供接口的兼容性，我们可能需要为特定的任务定制软件和增加新的单元来应对不断变化的任务要求，而这两种方式都会使项目成本增加。如果我们还需要自定义的而不是采用标准的数据通信格式，如国际空间数据系统（CCSDS）的数据通信的格式，飞行和地面系统都要修改，从而增加成本和复杂性[3]。我们强调，遵循标准并不减少设计的格式和接口的要求——标准提供了许多我们在应用时必须确定的选择项。

开展这 5 个方面的权衡需要一个良好的软件系统工程师团队与其他分系统的领导的紧密配合。

16.1.3　采办策略

在制定阶段，软件领导应作出有关购置每个软件单元的决定。每个单元的采办方式有

3 种选择：

1）内部团队可以重新开发或在先前开发代码的基础上进行开发；

2）与外部组织订立开发合同；

3）从商业现货获得所需单元。

是由内部团队开发，还是外包开发是很难决定的。我们必须了解软件任务的范围，评估潜在的供应方，以保证供应方的技能与将要承接的软件开发相匹配。供应方必须有承担此项任务的经验和人员。把涉及多方面的大型软件任务交给一个难以胜任开发工作的小公司是不明智的。反之，如果我们让一家大公司来管理一项小型的单项软件任务，就可能导致管理成本与工作不相称。因此，我们需要选择的供应方（无论是内部还是外部），其技能与任务要相匹配。我们还必须关注供应方如何控制成本。那些成本控制历史不佳的组织在评估中也不会得到好评。本节主要讨论外包开发和采购商业现货这两种情况下的采办策略。

如果我们外包开发，软件经理需要拟定征求建议书（RFP），管理甄选流程，并在整个任务开发生命周期中监察承包方的表现（有关采办合同的更多信息见第 13 章）。在征求建议书中必须定义软件管理和流程要求（从项目软件管理计划中派生），包括以下条款：

1）组织规定的信息安全；

2）软件生命周期活动和技术监督要求，包括报告、评审和任何第三方检查；

3）承包商文件的电子版（如果需要的话）；

4）有关对合同支持的程度应包括项目级集成和测试活动。

如果在征求建议书中没有详细说明每个问题，那么在后来的项目中就会出现问题。在征求意见时，应要求承包方提供建议文件：软件管理计划、一份软件方案文件、测试计划草案和交付与操作移交计划。供方评估的技术咨询委员会必须包括具有软件知识的人。由于篇幅限制，承包方不必将精力用在软件上。由软件评审者为承包商提供的产品作出努力，因此在征求意见书中需要将软件产品定义好。

如果我们打算通过商业现货的产品获得单元组件，我们仍然要在这个阶段作好计划[2]。商业现货的计划应包括：

1）我们将如何购买产品；

2）谁将为项目设置和装配；

3）我们需要用来将商业现货产品与系统的其他部分接口连接起来的任何“粘合代码”（将商业现货软件与系统其他部分相连接的代码），以及由谁来编写这些代码；

4）如果产品任一项所需功能丧失，我们如何重新获得它；

5）管理供应商升级的计划；

6）系统使用寿命期内的升级费用和许可证费用；

7）如果有必要，从供应商那里购买技术支持。

商业现货软件可能有超出我们的需要的功能（例如，商业可用的操作系统）。这可能带来“膨胀软件”因子——不必要的功能，占用额外的存储、处理、带宽等。在许多情况下，我们必须消除膨胀软件，以保证它不介入飞行。此外，继续原有系统也是个问题。例如，阿里安-5飞行软件包括阿里安-4数据库中的信息，但在首次试验飞行期间对数控库的访问时导致飞行中止。商业现货产品可能确实是项目的正确选择，但使用商业现货产品比大多数项目经理所想象的要复杂。

在这个阶段，我们也应该把政府的现成产品放在一起计划。政府现成产品软件在技术上类似于商业现货软件，但不存在采购的问题。如果这些软件来自某一机构或机构的部门（如NASA），我们可能需要签订使用协议。

16.1.4 成本和进度估计

软件开发成本的投入巨大。经验表明，一个中等复杂的卫星，其飞行软件开发需要50～80人·年的工时，地面任务控制系统需要40～60人·年的工时。在项目启动时，估算费用并不容易，应交由有经验的软件工程师去办（第11章详细讨论了生命周期成本）。成本估计的基本步骤是大致包括以下几点：

1）软件大小（分系统，功能点，代码行，专家判断，或以前类似的努力）；

2）所需的人员；

3）进度；

4）以美元计算的费用（必须涵盖开发环境，例如硬件、工具、设施、管理费用、差旅等）；

5）硬件，如果项目时间较长，为保证项目进行还要更换硬件。

完成上述步骤后，我们最终确定并批准预算。确定人工成本的方式之一是按某一个典型人物和典型进度建立人员的配置方案。然后，根据当前项目的进度和规模，调整这个人员配置方案曲线，使得曲线下的区域是最佳人员数额。这些曲线的大小取决于软件项目的规模，但不论软件大小如何，曲线的形状应该是相同的。图16-3给出了一个例子。

经验丰富的软件工程师都知道，进度安排比成本估算更难。软件项目的进度安排主要考虑：

1）什么时候获得可用的信息（任务初步设计评审、任务关键设计评审、分系统同行评审、设计评审）？

2）什么时候硬件测试台单元是可用的（电路测试板和工程测试单元）？

3）什么时候集成测试必须收到验收测试版软件（综合性能测试开始时，最终编程必须可供使用）？

信息可用日期标志着编程设计阶段的开始或结束，硬件可用日期标志着编程集成阶段的开始，综合性能测试是最终软件发布前一个重要时间点。为降低任务成本，关键设计评审和集成与测试评审之间相隔的时间被压缩。因为机会的公布（AO）可能就在这段很短的时间内，所以这个时间段不能调整。上述的1）和2）两项有一定的依赖关系，使得编程设计和编程测试的开始日期有拖延的趋势，而机会的公告可能指定很早的交货日期。这就难以调整进度以使编程时间充足，从而减少软件开发的风险。我们通常至少有四个编

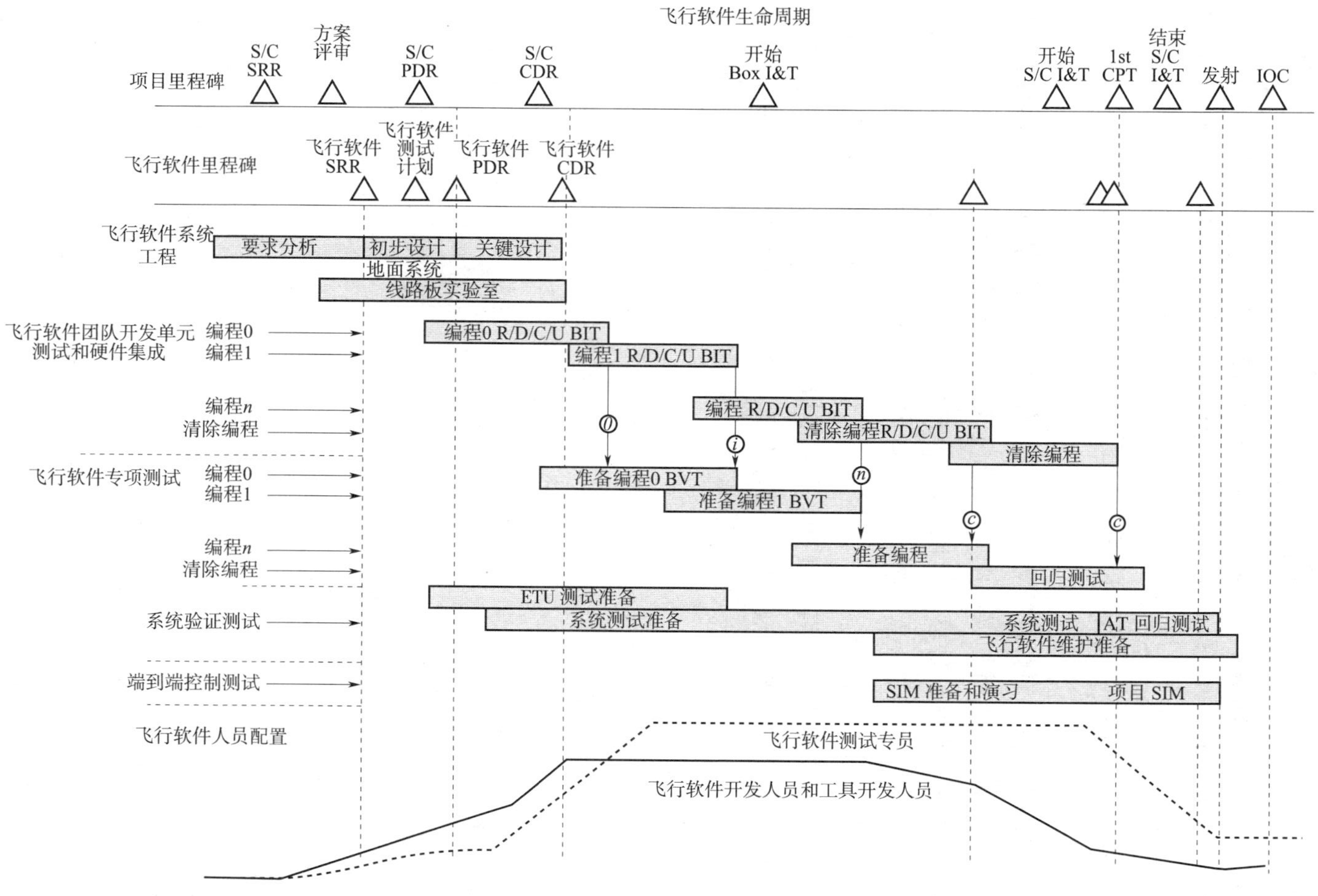

图16-3　按软件生命周期和项目里程碑的飞行软件人员配置方案

最上面一列出了主要项目评审，即系统要求评审，航天器的关键设计评审和集成运行监测。第二行是对应的软件的里程碑。接下来是软件的开发和发布底部的两条曲线是最佳人员配置方案(实线是指开发人员，虚线是指测试人员)，(S / C—航天器；SRR—系统要求评审；PDR—初步设计评审；CDR—关键设计评审；LOC—集成运行监测；CPT—综合性能测试；I&T—集成测试；ICO—初始运行能力；STRR—系统测试准备度评审；ATRR—验收测试准备度评审；R / D / C / U—要求分析 / 设计 / 编码 / 单元测试；BIT—建造集成测试；ETU—工程测试单元；SIM—仿真)

程，其中第一个编程只达到端到端的数据流操作，第四个编程包括大量的故障检测和纠正（通常在生命周期的后期定义），以及清理以前的编程。

编程越多，将功能按逻辑联系整合起来越容易。随着时间间隔的缩小，如果不减少编程数量，不将多个功能整合成一个编程，那么就很难按照进度要求将编程从开发团队移交给测试团队。这也会降低对要求变化和发现问题作出反应的灵敏性度。编程少也意味着，即使严格要求工程测试单元（ETU）按进度移交给测试台，我们仍有机会精确测试时统特性。

成本估算也有可用的工具。对待这些工具我们应该像对待目标软件那样，采取同样严谨的配置管理（CM）。通过配置管理控制成本是保持软件开发进程前后一致的最好方法。

我们经常通过比较现今的项目和以往项目的复杂性建立成本估算模型。如果是这样的模型，我们应该利用组织的另一个（成功的）项目得到实际的成本、进度和人力资源的数据。我们可以利用这些数据来调整模型参数，直到模型结果与项目的实际情况几乎一致。这将产生一个经校准的模型（以此我们可以校正这类事情），其效果比一般说明书所提供的数据更可信。我们在整个开发阶段将继续使用这个成本模型，对计划变更所引起的成本，包括进度、成本和人力，进行独立审查。除非有证据表明有更好的成本估计方法，否则模型估算就是最好的方法。

即使有最好的估算，成本增加也时有发生。其原因包括因预算消减导致开发时间延长，交付进度内不切实际的依赖性（要求不能按时输入，硬件交付延迟），在开发和集成与测试阶段后期冒出的新要求，要求不完整，缺乏必要的开发工具或测试台，商业现货的功能与广告不符，沿用以前项目的编码比预期需要更多的适应性修改[1]，以及发射延迟。在制定阶段经过慎重处理，以上有些情况是可以避免的（如不完整的要求，见第 8 章）。其他一些情况，如降低成本，有待开发中期进行处理。因此，从开发阶段开始至发射准备就绪，计划 20％的成本增加是比较明智的。

16.1.5 软件风险管理

最后，我们应该在本阶段进行风险评估，以便在潜在的风险发生前就将其识别出来（见第 15 章中对风险的详细讨论）。这样，我们可以根据需要，在整个生命周期计划和开展风险处理活动，以避免或减轻对项目的不利影响。风险识别应包括整个组织的一般风险和项目特定风险。通过研究软件方案和架构文件，包括软件系统计划及其相关内容的详细说明，我们可以识别项目特定风险的苗头。这些包括高层次的方案和要求，软件系统架构，进度的限制等。随着项目的进展，通常更多的项目特定风险会变得明显。我们必须定期调整风险管理，以应对新的风险。相关的风险输入一般是针对项目事件，而不是文件。每当项目的环境发生显著变化，可能导致新的风险时，我们也应重启管理流程。

有 4 种类型的“陷阱”会导致软件开发工作的成本增加。

1）成本和进度预估存在固有的不确定性。没有一种预估是完美的。项目经理最好为这种不确定性作三种预估：最坏的，最好的，最有可能的。

2）“我忘了。”这是人们在出现错误时容易说的一句话——例如，我们由于疏忽未将软件质量纳入预算，或未将用户的一个关键的需求纳入发布计划。加强使用标准的工艺和生产、提供样品、核对表格和文件模板等工具，可以减少这类事件的发生。

3）真正不可预见的问题——如供应商停业、硬件单元失灵、需求缓慢发生变化、硬件滞后、漏洞影响流程、集成与测试中的问题、与飞行软件开发无关的发射延迟等。应对这些问题最好的办法是保持足够的储备——30％的储备不算多。为了避免重复预留，项目经理必须知道软件主管是否已留有裕度，留了多少。

4）在软件项目中最常出现的问题往往是我们可以识别并缓解的。风险管理可以处理这些问题。虽然整个项目有一个风险管理系统，但最好还是对软件风险单独列表。

软件主管经理应该查看过去的问题，并选择当前项目可能出现的问题，将其按照发生的可能性和潜在的破坏程度进行分类，并从中逐一制订适当的缓解和应急计划。过去的问题包括：需求的延迟和不断变化，进度压缩，硬件延迟交付，测试台不足，采购的软件不合规格，需要花费更多时间来学习编程语言、开发环境、处理器等新技术。如果确定风险很可能发生，并将严重的影响，我们应该提前将这些风险报送到项目级风险管理委员会，以便该项目的项目经理和系统工程师对其进行了解。图 16-4 展示了风险管理报告表的样本。总之，在软件制定阶段要记住的要点是：

1）软件开发团队应该在制定阶段就介入项目；

2）软件经理应该直接向项目经理报告；

3）计划必须包含足够的开发工具、测试台和仿真器；

4）从开始开发到发射准备期间计划增加 20％的成本是比较明智的；

5）我们应该对沿用的设想提出质疑，并对商业现货认真评估；

6）我们必须保证所有关于交付产品、指标和开发流程的征求意见书都是完整的。

16.2　软件开发阶段

除了代码之外，软件开发阶段还产生许多其他可交付产品。我们应该以与外包开发大致相同的方式，来监督对内部的软件开发。无论是内部软件或外包软件，要求的交付产品包括以下内容：

1）软件管理计划（可能包括配置管理计划、风险管理计划、安全计划，也可以是单独的文件）；

2）软件要求文件；

3）接口要求文件和接口控制文件；

4）软件质量保证计划；

5）软件要求可追溯矩阵；

风险清单　　2006-06-28 当日的状态

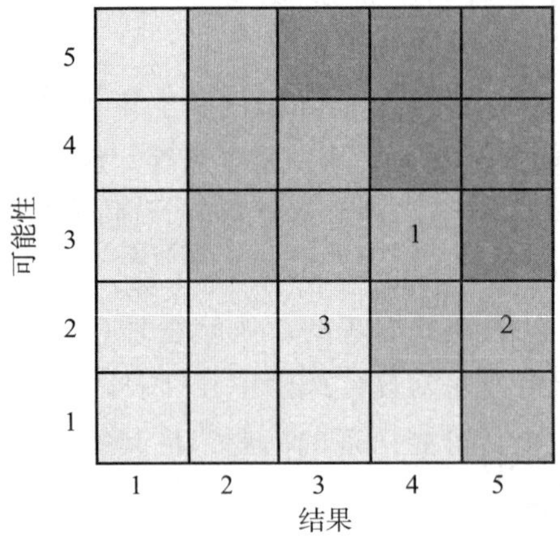

L×C 趋势	等级	风险 ID	方法	风险名称
➡	1	11	M	未选择动态模拟器供应商风险名称
★	2	22	M	减少集成和测试支持
➡	3	21	M	软件再用无法按预算节省

危险程度	L×C 趋势	方法
高	⬇ 减少(改进)	M — 减轻
中	⬆ 增加(恶化)	W — 观察
低	➡ 不变	A — 接受
	★ 上月以来的新情况	R — 研究

风险聚焦　　2006-06-28 当日的状态

等级	风险标志	风险声明	方法和计划	评论和状态
1	2 0 M	未选择动态模拟器供应商 如果没有选择供应商，模拟器将不会按进度送达	减轻 寻求或研究替代方法对软件进行测试，可能要采购高保真模拟器	2006-06-28：不变 2005-09-01：最初的 最初的承包商无法提供，必须从不同的供应商购买模拟器
2	2 2 M	减少I&T支持 人员损失和硬件延迟会影响集成和测试期间的进度	减轻 另一项目提供资源以协助集成和测试团队进行程序开发	2006-02-28 工作 工程管理调动必要的人员，以确保基本的集成和测试 活动的开展

图 16－4　软件开发工作的风险报告示例

在左上方的图是基于概率和影响所表示的风险严重程度，深灰色区域代表风险最大，中等的灰色代表风险中等，浅灰色代表风险最小。对于所有中或高风险，我们绘制一个图表（底部）表示缓解策略和当前状态（L×C＝可能性×结果）

6）功能和详细设计文件；

7）源代码或商业现货产品及任何我们需要安装的产品（商业现货的供应商通常不提供源代码）；

8）软件测试计划；

9）测试和验证矩阵；

10）软件的用户指南；

11）发布信函；

12）交付、安装、操作和维护计划；

13）软件安全计划（可能是系统安全性计划的一部分）；

14）派生的规划信息（包括分配功能的编程计划、进展跟踪电子表格）。

在这一阶段的主要流程包括编写软件管理计划；软件开发和测试，包括监测、检查和评审；项目的监测和指标跟踪；风险管理；软件质量保证。

16.2.1　软件管理计划

软件管理计划之所以重要，不仅因为项目内部管理的原因，还因为它是验证是否符合 ISO 9001 认证的主要验证文件（如果该组织是经过 ISO 9001 认证的）[5]。软件主管应该制订软件管理计划，该计划包括：

1）客户接口，包括要求、进度、交付物、验收准则、客户培训、客户提供的元素和交付后维护；

2）软件的管理办法，包括工作分解结构、团队领导和成员的组织和分工、项目的监测和控制程序；

3）软件技术途径，包括开发流程、采办策略、验证和确认流程和产品保证。

根据项目的大小，配置管理、风险管理、保密和软件安全等可以单独作计划，也可都放在软件管理计划中。

16.2.2　软件安全计划

我们需要软件安全计划来保护安全关键软件（safety critical software）。安全关键软件是软件系统的一部分，其故障可能直接或间接地伤害人体，毁坏系统或损坏系统以外的财产。我们在飞行软件、地面支持软件和设施支持系统中都可以看到安全关键软件。知识丰富的软件工程师应对系统进行危害分析，以确定哪些软件是安全的关键。软件安全计划涉及组织结构、接口、安全要求、报告、评价，以及数据保存以提供安全的产品。软件设计应满足所有功能软件的安全要求，不应放松任何安全控制或流程，不能造成任何额外的危害，必须保持系统在所有操作模式下处于安全状态。我们一定要考虑时序约束、硬件故障、故障迁移、通信、中断、并发、事件顺序、恶劣环境、无效输入，商业现货或可重复使用的软件设计假设、信息流等与安全有关的事项。在系统的开发和测试阶段，甚至在系统的运行阶段，软件安全活动都是持续开展的。即使对安全关键系统进行安全内涵常规的升级和变更，我们也需要进行评估。

16.2.3　软件配置管理

软件配置管理（CM）的目的是建立和维持整个软件生命周期内软件项目产品的完整性。为设立软件配置系统，我们应该做的是：

1）定义授权更改的控制水平、责任和方法；

2）确定配置项；

3）定义配置管理程序；

4）准备配置管理计划；

5）建立软件项目的配置控制委员会；

6）建立配置管理工具和数据库。

一旦系统到位，软件配置管理涉及 4 项主要活动：

1）确定应进行配置控制的工作产品和基线；

2）批准或拒绝建议的更改配置控制项；

3）跟踪状态、报告变更和配置数据；

4）进行审核，以保证受控项满足它们的要求，并被正确地记录。

不管是软件产品还是软件要求都应该进入受控数据库，只有通过配置管理流程我们才能更改数据库。软件配置管理随任务项目级的升高而增高，且必须与之相协调。图 16－5 显示软件配置管理和项目配置管理是如何共同工作的。差异或变更请求（DCR）应交软件控制委员会（CCB），项目的成本、范围、进度或风险的更改，则应转送到项目更改控制委员会。要求变更会影响现有的或尚未开发的软件，如果它影响到现有的软件，我们应该在需求批准后开展第二个差异变更请求。

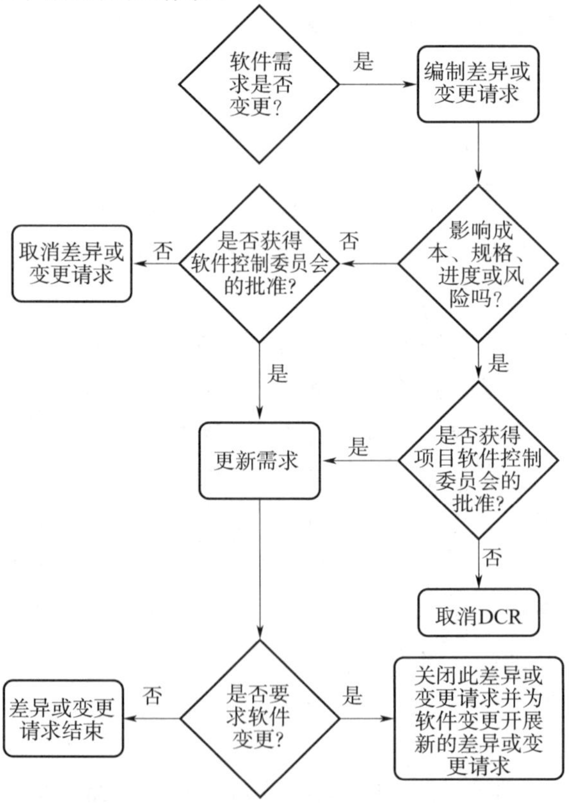

图 16－5　配置管理流程

配置管理系统如何与项目技术状态管理相联系

16.2.4　软件开发与测试

软件开发的术语有时很混乱。通常，我们所说的软件开发包括编程和发布。编程版是指具有最终产品能力的部分系统或部件级软件。发布版是交开发团队外部使用的软件。发布版交付的延误可能会影响项目的其他分系统。大多数软件项目在生命周期内都要经历迭代的生命周期，都要经历要求-设计-编程-测试的流程。表 16－2 显示了这个流程每个阶段的主要输入、输出和活动。我们应执行整个流程，即使同一个团队要执行所有的阶段。跳跃步骤可能缩短开发时间，但会在以后导致更多的错误，结果使花在集成产品的检测和校正的时间更多。

表 16－2　基本的软件流程①

	主要输入	流程步骤	主要输出
要求	·高水平要求 ·系统控制方案 ·客户要求	·分析高水平要求 ·定义详细要求 ·对需求进行评审 ·确定和记录每次需求的确认方法 ·获得批准和基线要求	确定基线，确认需求
设计	·经确认的需求 ·运行背景 ·接口文件 ·重复使用计划 ·硬件限制	·了解需求 ·设计架构和软件单元 ·定义接口 ·估算资源分配和性能 ·对硬件分配所需的处理 ·定义状态转移 ·编写软件架构文件和分析信息	·设计文件 ·需求变更的请求 ·需求可追溯性矩阵 ·系统规模、工作量和进度细化的预估
编程	·经批准的设计文件 ·可引用的编程、发布和实施计划 ·可重复使用或购买的软件组件	·开发工作产品：代码、文件、数据文件、数据库法案、配置文件、重复使用代码的修改和购买的部件所缺少的参数 ·编写辅助文件：用户手册，培训教材，安装程序，帮助文件 ·保持对每项工作产品的检验、同行评审或走查	·工作产品 ·辅助文件 ·升级的要求可追溯性模型
测试	·经批准的产品 ·辅助文件	·测试每个代码单元或组件，并记录结果 ·批准代码单元 ·编制编程集成测试计划和程序 ·将代码单元集成到软件编程中 ·实施和批准编程集成测试	·经批准和试验过的集成软件编程 ·辅助文件，包括编程说明文件

①无论采用什么开发方法，我们都应按照要求—设计—编程—测试的基本流程。每一步都具有关键的输入，活动和输出。

软件开发有许多方法。表 16－3 介绍了其中最常见的几种。对于空间系统来说，由多个编程组成的瀑布式方法灵活性较强，是应对需求变化、成本和进度受控情况的最佳方法。生命周期规划最常见的错误是将原型法与结构化的方法相混淆。原型法用于对新方案和新要求的快速评估，而不必走完整的设计、评审、测试流程。如果方案或要求被证明是可取的，我们必须通过整个开发流程重新开发产品。压缩流程，直接交付原型进行运行操作或航天器集成，可能在日后导致重大问题，是不可取的。

表 16－3 软件开发生命周期方法①

生命周期方法	适用性
瀑布式——先是确定系统需求，然后是设计、编码和测试。一系列编程和发布的修改通常使用该方法	适用于在用户接口和性能需求方面风险低，但是在预算和进度预测和控制方面风险高的项目
螺旋式——先设计和开发一个系统的粗略编程，然后通过不断的迭代更新进行提炼，直到客户满意为止	适用于生命周期演化、生长和需求变更的项目，主要关注早期错误探测和设计漏洞
自动软件合成式——运用工具将要求转化为操作编码。我们用规定的工具产生和保存正式需求。这是一种主动的研究方法，这种方法的实际的工具目前还在开发中	适用于安全关键软件，我们必须证明代码与要求密切相关
原型式——此方法用于在系统要求阶段或要求阶段之前编制一个快速应急的部分实施方案	适用于概念验证阶段，或要求和用户需要不明确或指定不清的情况

①一般说来，任何方法都可用，但某些方法可能更适合于某个项目，这取决于它的主要风险：不断变化的要求、软件安全性、成本和进度等。

在建立一个软件开发计划时，重要的考虑因素包括进度（在制定阶段开展，随着项目的进展进行必要的修改）、编程和发布的大小，硬件和软件进度的依赖性，以及任务的顺序。根据整个项目的时间跨度，各编程以 6～12 个月的时间间隔为宜，以便进行功能升级测试，尽早发现接口问题和完成开发和测试实践的确认。此外，对于平台飞行软件来说，该项目可能有两个开发团队，一个负责开发指令和数据处理软件（C&DH），另一个负责开发姿态控制系统（ACS）软件。姿态控制系统软件编程的测试离不开指令和数据处理软件。因此，谨慎的做法是错开这两种软件的编程，先完成指令和数据处理软件编程。飞行软件团队经常需要编写专门的诊断软件，以帮助飞行数据系统团队建立软件包，这是一种在任务运行阶段，对维护团队非常有用的软件。最后，当安排工作的进度时，如果可能应该先对复杂性软件编程，需求不全或不确定的，推迟到后期编程；并且我们还应尽早建立全闭环操作。

在开发阶段，软件开发团队应进行评审、检测和走查。每个阶段应按照要求-设计-编程-测试的流程进行。每个阶段的流程是类似的，但目的不同。我们要评审基线关键工作产品及预算、进度和风险状况。软件评审应该在相应的系统级项目评审之后进行，这是因为飞行软件依赖于系统和硬件决定，而地面软件依赖于指令和遥测决定。工作产品的制造者普遍认为应由开发团队和测试团队的同行及相关专业（例如卫星导航、制导和控制工程师）的合作伙伴进行检查和走查。检测是为了发现缺陷，走查是为了帮助团队对产品取得共识。我们可以将检测与走查结合起来。早期检测出缺陷比起在集成和测试阶段发现缺陷更能节约成本。经验表明，在开发阶段发现缺陷，需要不到 1 小时来以纠正，而在集成和测试阶段纠正所发现的错误需要 5～18 小时来纠正。

16.2.5 软件项目监控

项目经理大都有这样的软件开发工作经历：软件主管在某个合理的进度节点报告说，该产品已完成了 90%，然后周复一周地称产品完成了 90%，结果是延迟了数周或数月才交付产品。这种情况往往来源于错误的提问："软件开发得怎么样了?"得到的答案往往也是模糊的。懂得提出正确的问题，才能得到明确的状态信息。表 16－4 给出了一些用于提问的一般性问题，我们可以就一般性问题提出若干具体问题，从而找准问题，并决定采取的纠正措施。我们不能就事论事，重要的不只是问题的答案，而且要回答"为什么"。为什么一个模块编写得很好，而同一编程的另一个模块却不行呢？答案通常隐藏在测量程序所包含的数据中。我们必须多次全面地观察单个性能问题（因为它们不能还原为数字）。

项目监控的目的是为了及时、定量地评估一个项目是否进行正常（见第 14 章）。因此，由于超预算和超进度的影响，监控活动未能执行，可能导致延迟发现问题，而给项目带来风险。纠正措施通常是补充工作人员，以保证完成所有必需的工作。第二个可能的措施是软件主管加强对软件的监测，以保证团队的所有活动都能及时进行里程碑评审。如果该行为是名义上的，或者偏差只属于一次性异常，那么我们就不需要报告任何纠正行动。但对数据的分析必须清楚明了。良好的指标也能为判断时的进展提供客观的数据。进展跟踪的数据应包括成本、人员业绩、按进度完成的工作。

一种相当简单的用来监控状态的工具是点计数图。在一个项目的开始，我们将若干个点（以 4 点为例）分配到每个模块，其中一点代表一个已完成的设计，一点代表已完成的代码，一点代表完成的测试检验，一点代表集成阶段。我们首先将可能的点全部绘制出来——如果我们添加或删除要求，点的总数可能会改变。然后，我们绘制所需的生产范围。最后，画出一段给定时间（每 2 周或根据需要而定）内的实际点。图 16－6 显示了一个发

表 16－4　软件开发阶段为确定实际情况而调查的问题①

一般性问题	具体问题	纠正行为
预算和要求是否一致	加入要求了吗 经费削减了吗	增加人员，拓宽要求或者延长进度
要求是否成熟和稳定	是否所有的要求和接口已形成基线 是否存在将带来不稳定的大量更改 是否有很多"待定的"要求 是否拥有一个好的运作方案	调整人员以完成全部需求 保证正在进行对需求的走查和检测
人事安排是否正确	软件团队的关键岗位是否有经验丰富的专家 软件主管是否与项目管理团队密切合作	在进行下一步的工作之前，把重点放在获得合适的人员
我们是否已经与软件主管进行了充分地沟通	状态报告是否足够具体且频繁 我们是否知悉高可能性和影响大的软件风险	为定期举行的会议留出时间，以保证有充足的时间撰写状态报告
我们是否正确执行了流程	检验是否包括主要客户和合作者 是否完成了跟踪纠正 测试计划是否是完整和最新的 配置管理中的项目是否是最新的	保证软件团队了解流程 保证人员足够 由软件保障人员增加独立监控
开发团队在每个编程中是否使所有产品都实现了全功能，是否为保证进度而压缩了流程	是否将编程合并以减少开销 对于后期编程来说，能力是否足够 早期编程的成熟度是否足以支持后期编程的实施 软件团队所需的硬件和算法是否按时提交 开发人员是否有时间进行所有的活动 是否生成计划规定的文件	如果是由等待硬件或算法而导致的延期，则重新分配工作 对于其他所有问题，可缩小要求范围，增加资源或延长进度

①对第一列的一般性问题的答案为"否"时，就可以进入到第二列的具体问题，第三列为应采取的纠正。

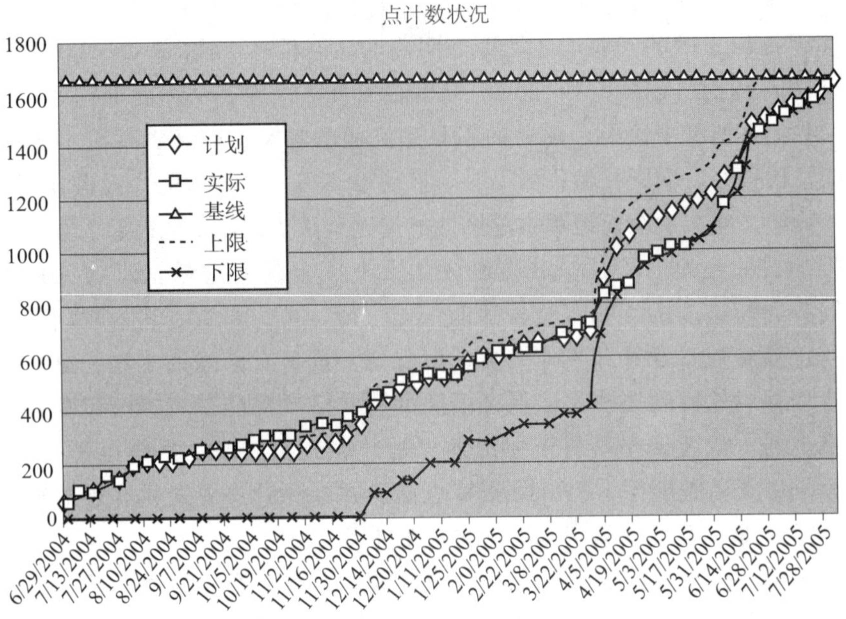

图 16－6 点计数图示例

顶部的线（三角形标记的）是完成项目所需点的总数。虚线和标记为×的实线分别代表上限和下限指导。用菱形标记的线表示要求的进展，用正方形标记的线表示 2005 年 5 月 17 日之前的实际进度。这个项目进展顺利，要求一直保持稳定且实际进度与要求进度相匹配

展相当顺利的实际项目的图形进展；3/4 用这样的方式完成，该项目稍稍落后进度，处于下限。图 16－7 显示了一个进展不是很好的项目；开发远落后于进度，进度必须重新安排，

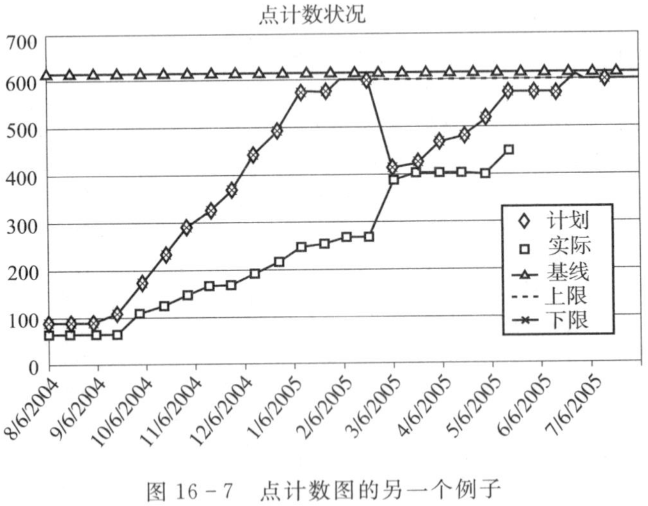

图 16－7 点计数图的另一个例子

顶部的线（用三角形标记的）是完成项目所需点的总数。在 2005 年 3 月 6 日之前，上限和下限（加黑的线）与要求的进展（菱形标记的线）是一致的，此后上限与基线重合。由正方形标记的线表示项目的实际进展。这个项目已远远落后于进度，于是在 2005 年 3 月 6 日不得不调整进度，延迟 5 个月交付

交货时间要比原定晚得多。点计数图并不总是可靠的。如果软件模块的复杂程度差别很大，点计数图可能会显示简单模块的进展，而掩盖更复杂模块存在的问题。这个限制意味着，如果我们使用这种方法，它不应该是确定项目是否按进度发展的唯一因素。

16.2.6　软件保证

软件质量保证适用于软件的整个生命周期。其目标是保证软件的生命周期流程和产品符合要求、标准和程序，对软件的流程和产品的成熟度和质量给出客观的监督。我们应该在开发生命周期之初就获得对软件质量保证的支持，并应根据开发团队的软件管理计划编制软件质量保证计划。一些机构，例如 NASA，会对软件进行分类，航天员安全的关键软件等级最高，其次是机器人的关键软件，接着是非任务关键软件。在进行这种分类的机构中，软件主管和软件保证经理应独立确定分类，然后评价结果，最后联合制订软件保证计划。

任务关键软件还应该进行独立验证与确认（IV&V）。独立验证与确认应该由一个在技术、管理和财政上与开发团队独立的组织完成。他们应该对风险最大的生命周期产品提供额外的评审和分析。为使其评审和分析有效，独立验证与确认机构必须查阅所有项目软件的评审和报告、开发计划和程序、软件代码、软件设计文件和软件报告数据。开发团队为独立验证与确认团队提供这些材料，并回答他们提出的问题和疑虑是需要时间的。我们需要在开发团队的进度中预留出这些时间。开发团队在这方面遇到的最常见的问题是没有向独立验证与确认团队充分说明其评审的价值，或者没有预留出足够的时间与独立验证与确认团队进行互动。有关独立评审的进一步介绍，参见 14.2 节。

总之，要记住在软件开发阶段的注意事项是：

1）软件比代码更重要；

2）要留出时间来编制软件管理计划，包括配置计划和风险管理计划；

3）预留出时间对进度进行评审、走查和进程检测——以期尽早发现问题，降低纠正的费用；

4）使用最适合项目的软件方法；

5）通过经常了解状态和提出查询问题来监控开发阶段；

6）有多个具有增量功能的可测试编程，以避免后期编程出现意外；

7）建立可量化的衡量业绩的指标，如点计数。

16.3　测试阶段

第 16.2.2 节指出，单元测试和编程集成测试是软件开发团队的责任。本节将讨论后续的测试，包括编程验证测试、系统确认测试和验收测试。如果项目规模允许，测试团队可从开发团队分出来的测试团队可以承担这项任务。表 16 - 5 显示了每个测试的主要输入、活动和输出结果。

表 16-5　测试阶段进行的主要测试①

	输入	活动	输出
编程验证测试	• 编程描述，包括要求、已发现但不确定的问题 • 可执行的软件编程，相关文件及运行软件所需的指令 • 编程集成计划、程序和结果	• 验证编程是否按设计操作 • 验证编程是否满足各项功能和性能要求 • 对软件输入、输出、事件或出错等信息加以认证 • 外部接口测试 • 性能测试 • 装载和应力测试 • 长时持续测试	• 经验证的软件 • 验证测试结果 • 测试期间产生的差异的报告
系统确认测试	• 编程验证的输出 • 测试计划和程序 • 工作、经认证的目标环境（FlatSat 或类似的） • 测试就绪评审的成功完成	• 在其目标环境或尽可能接近目标环境的条件下，测试软件（航天器或仪器） • 从整体和“适应目标”的角度关注系统 • 测试软件对航天器异常和故障的响应 • 外部接口测试 • 性能测试 • 负载和应力测试 • 长时持续测试	• 经确认的软件 • 确认测试结果 • 测试期间所产生的差异的报告
验收测试	• 最终软件交付 • 确认测试计划、程序和结果	• 测试最终版软件、发射准备数据库、参数和指令序列； • 软件保证人员应见证测试。应仿真实际的飞行活动，以及对时间非常敏感的高风险活动（例如入轨时刻的加速）	• 验收测试评审 • 验收测试报告
回归测试	• 验收测试系统及其变更 • 验收测试计划和程序	如果验收测试后有新的变更，需要重新确认最终软件	• 回归测试报告

①对于每一个测试，我们列出了其主要输入、活动和输出。不进行任何一项测试都会增加未发现软件错误的风险。

这一阶段的测试比集成软件测试时要多，它需要一个由保真度不断提升的硬件仿真器组成的测试环境。典型的飞行软件测试环境如图 16-8 所示。表 16-6 给出了各个阶段飞行软件测试所需的测试硬件和测试工具。我们也应该在测试台上利用冗余的内箱做验收测试，这样可以测试并执行从主体到备份的切换（以及从备份恢复到主体）。在编程测试阶段不能这样做，因为编程测试字符串通常不包含冗余的内箱。

一般来说，验证我们是否满足需求并确认已取得预期的结果有 4 种方式。首选的方法是演示法，即运行软件，观测所期望的结果。对于给定的编程或发布，演示有时是不可能的。在这种情况下，我们可能需要通过分析进行验证，对输出产品进行额外的计算，若某些功能不可测试，则检查代码本身，或审查单元测试结果。

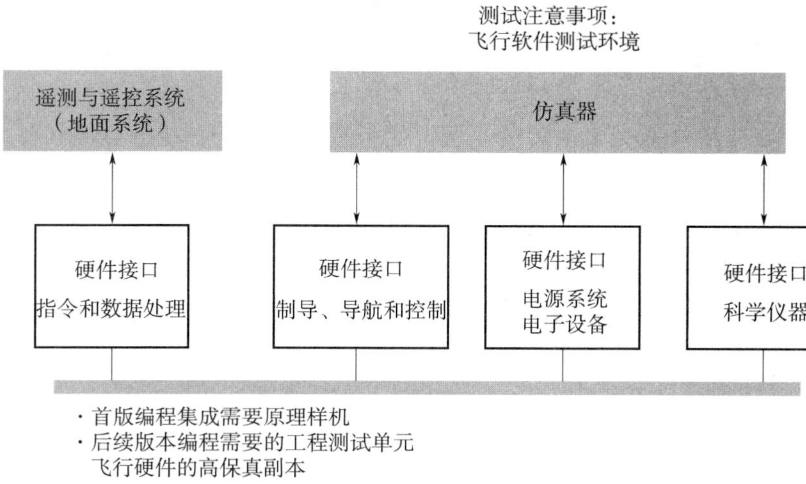

图 16－8　飞行软件的基本测试环境

包括与地面系统的接口在内，与硬件的每个接口都要有仿真器

在软件的测试阶段需要记住的要点是：

1）我们必须为整个测试流程，包括编制测试计划、程序和记录测试结果安排足够的时间和资源；

2）足够的测试工具和硬件是必不可少的；

3）与硬件的每个接口，包括与地面系统的接口都需要仿真器。

表 16－6　每个测试阶段所需的测试硬件和工具①

<table>
<tr><td colspan="4">测试注意事项：测试台不断增加的保真度</td></tr>
<tr><td colspan="2">测试活动</td><td>测试硬件</td><td>关键测试工具</td></tr>
<tr><td colspan="2">单元测试：对单元或组件级的相应要求的功能测试——执行代码的所有路径</td><td>· 普通台式机
· 可使用原理样机测试，测试硬件单元或执行时间运行系统互动</td><td>· 开发工具（例如可视化实时建模工具）
· 单元测试驱动器</td></tr>
<tr><td>编程集成测试：
· 验证标称性能
· 向测试人员报告局限性</td><td>编程验证测试：
· 针对要求的功能测试；
· 性能测试：底线和同步</td><td>· 飞行硬件的原理样机或工程测试单元：配置取决于该编程决定的能力
· 平台监控器：用来采集性能
· 测试不包含设备</td><td>· 仿真器。关键分系统的仿真器——如导航、制导与控制系统，太阳电池阵，仪器……
· 地面系统。遥测与遥控系统及相关的数据库</td></tr>
<tr><td colspan="2">系统确认测试：
· 运行操作工况
· 包括异常、应力测试、长时持续工况、实际地面联系时间</td><td>· 全集成工程测试单元：高保真飞行数据系统模型，包括冗余的硬件，但不包括平台监控器
· 测试热备份（以防主要硬件故障）</td><td>所用工具与编程验证测试相同
· 仿真器
· 地面系统</td></tr>
</table>

①在每个测试阶段，测试硬件和工具的保真度不断增加（阴影部分表示由开发人员进行的测试）。

16.4　集成、测试与运行阶段

在软件生命周期的最后阶段，会有其他项目组织来测试和运行软件。在硬件、软件测试，以及航天器的集成和测试中，项目测试人员第一次使用该软件。我们应该在航天器的第一次综合测试前，完成飞行和地面软件验收测试。任务操作人员还应运行软件来进行任务仿真、发射和早期在轨测试。虽然软件开发人员可能不运行软件，但在测试中应取得开发团队的支持，以便解决运行中出现的问题，并根据需要进行必要的更改和修复。

即使在轨测试之后，任务大多仍然需要相应软件的支持。根据任务的时间长度，我们可能需要进行软件的修改，以适应机载设备运行中出现的硬件问题或变化。对于关键的飞行软件，我们应该保留一个地面系统仿真器来解决轨道上的异常。我们必须保留所有已购买的软件组件的许可证。凡作出变更时，我们就应该进行回归测试，观察变更是否会产生意料外的副作用。在评估项目软件是否已为运行作好准备时，我们应该按照下面的清单进行核查。

16.4.1 软件系统准备就绪

1）确认成功完成了所有处理器上飞行软件表负载和代码修改试验，演示了地面系统和所有将提供软件表或代码修改的飞行软件维护设施之间的运行接口；

2）评审其余要做的工作，包括进度影响，解决方法和风险；

3）评审目前的差异报告状态，包括历史趋势数据和目前未定的差异报告细节；

4）评审目前的增强报告状态，包括历史趋势数据和目前未定的增强报告的细节；

5）评审当前的数据库更改请求状态，包括历史趋势数据和当前未定的数据库更改请求的细节；

6）评审所有已完成测试、结果和遗留问题。

16.4.2 维持工程准备就绪

对发射以后航天器（包括仪器）、地面系统和飞行系统软件工程支持计划的评审，包括维修计划、主要人员、设备、目前状况、培训、组织结构图、进度、遗留问题及解决办法和风险。

16.4.3 任务准备状态测试

1）评审航天器运行测试、修改、验证、确认的结果；

2）评审任务准备就绪测试、修改、验证、确认的结果；

3）评审端到端测试、修改、验证、确认的结果；

4）评审其余待做的事项，包括任何进度的影响、解决方法和风险。

16.4.4 仿真

1）描述仿真器的使用、功能、问题和分系统执行的解决方案。包括对正常发射与在轨早期、特殊和应急等情况下运行的仿真。

· 发射；

· 姿态控制系统；

· 指令和数据处理；
· 通信；
· 飞行软件；
· 电源系统电子设备；
· 任务运行中心；
· 发射之前；
· 其他（列出所有认为重要的其他项目）。

2）评审仿真测试、进度的影响和风险中所有遗留问题。

16.4.5　安全与保密问题

1）评审软件的安全问题，如何解决软件安全问题及其目前的状态；

2）评审软件的保密问题，如何解决软件保密问题及其目前的状态。

16.4.6　应急和限制

1）对系统限制、能详细说明这些限制的数据库的状态和我们需要采取的行动进行评审；

2）对已进行的针对验证限制方面的审计进行评审；

3）评审运行问题升级流程；

4）评审运行的紧急通知流程，包括预警电话的号码；

5）其他评审，包括对进度影响、解决方法和风险的评审。

16.4.7　其余工作

1）列表描述应在发射前完成的所有发射关键工作和预期的完成数据；

2）收集和跟踪此次评审产生的所有问题。

软件集成、测试与操作阶段的要点是：

1）软件验收测试应在第一次航天器综合性能测试之前完成；

2）在项目启动时，需要就该阶段软件团队如何支持飞行操作团队制订计划；

3）在项目一开始，就应该为软件许可证、商业现货软件升级和发射后软件维护制订计划；

4）飞行操作人员应该在航天器测试开始前，尽早熟悉飞行软件。

16.5　软件管理总结

实际上，航天器由软件引起的问题并不少见。一种情况是软件问题造成发射延迟一年以上。另一种情况是由于英制和公制计量单位的不一致，导致航天器失败。第三种情况则是为了省钱，而没有购买高仿真度的飞行软件测试台。他们原计划要在飞行硬件的集成和测试阶段测试软件，但没有分配额外的时间。由于硬件出现问题需要完全占用集成和测试环境，所以飞行软件可用的测试时间被进一步压缩。软件的问题在集成与测试阶段就已显现，要等到他们完全确定，测试才能进行。这些错误往往会由于软件失效而加速恶化。现实中普遍存在的错误有：

1）没有将高层次的项目要求文件中的需求分解到软件要求文件；

2）接受非正式的软件要求文件和随意的软件需求更改（口头协议）；

3）软件规范不严格（例如，没有指定正确的工程单元）；

4）软件要求级别过高，无法实施必要的监控；

5）开发和测试人员的数量及其培训不足；

6）软件走查流程不完善——所需的人员没有配齐，不按流程执行，没有跟踪行动项；

7）未邀请终端用户的代表出席重大评审、走查或验收测试；

8）软件测试计划未能识别会造成软件中止的所有情况；

9）没有充分测试软件组件之间的接口；

10）依赖商业现货，但该产品未达到预期的性能。

参考文献

[1] American Institute of Aeronautics and Astronautics (AIAA). 1993. Guide for Reusable Software: Assessment Criteria for Aerospace Applications (G-010-1993). AIAA Standards Series.

[2] AIAA. 2006. AIAA Guide for Managing the Use of Commercial Off the Shelf (COTS) Software Components for Mission-Critical Systems (G-118-2006). AIAA Standards Series.

[3] The Consultative Committee on Space Data Systems (CCSDS) Data Standards, online at www. ccsds. org.

[4] Goddard Space Flight Center. May 30, 2005. "Flight Software Margin Warnings." GSFC-STD-1000 Revision A—Rules for the Design, Development, Verification, and Operation of Flight Systems ("Golden Rules"), Section 3. 07.

[5] International Organization for Standardization (ISO). Online at http://www. iso. org/iso/home. htm.

[6] NASA Lessons Learned Information System, http://llis. nasa. gov.

第 17 章　项目领导和团队协作能力

查尔斯·卡普斯（Charles Capps）博士
利普斯科姆大学
罗伯特·J·勒罗伊（Robert J. LeRoy）
洛克希德·马丁公司

对首次负责的项目经理来说，项目的成功前景是令人振奋的。项目经理不再扮演无足轻重的角色，而是技术流程、参与该项目的人员和所有支持要素的领导者。在一群每天为一个共同的目标而忙碌奋斗的精英中，你会很轻易地看到项目经理承载的超负荷工作量。此外，上级要求我们按时和在预算范围内交付项目。

项目经理在团队中扮演着重要的角色。能否正确地摆好自己的位置对于项目和团队的成功至关重要。在自信与自负之间找到平衡是关键。如果上级不相信我们能成功地领导项目，我们自然不会被安排在这个岗位上。因此我们需要具备处理多种渠道信息，减少琐碎细节，恰当地运用最重要信息，以及实现预期目标的能力。

几乎没有一个领导能在没有合作和工作伙伴配合的情况下实现任务目标。我们必须凝聚团队力量使团队成员向着成功迈进。我们必须处理好团队成员各种各样的要求，在此基础上塑造为达到共同目标而奋斗的团队精神。这不仅仅关系到所要完成的工作，还关系到团队的相关人员：技术主管、行政管理专家、合同团队、供应商管理小组、信息技术支持人员等。这些人都指望我们去领导他们走向成功。

无论是民用或军事用途的通信卫星，保障国家安全的侦察卫星，拯救生命的气象卫星和在火星上寻找液态水的星际探测卫星，还是探索宇宙起源的宇宙观测平台，从事上述空间领域的大多数雇员在努力完成自身工作的同时，都认为自己在做一件有意义的事情。作为他们的领导者，我们也许会惊奇地发现会有如此多的人敬仰我们。这种高高在上的权力会让别人觉得项目经理有着超出周围人的知识和经验。

项目经理的工作就是交付满足客户所有要求和目的的项目群。要做到这一点，我们需要使我们的团队和团队中的每个人都取得成功。在某些情况下，我们需要面对的不仅仅是项目群本身的问题，还会是来自办公室以外的问题。雇员可能会就经济状况、个人、心灵、情感方面的问题向我们求助。不幸的是，往往在工作量达到顶峰时，这些问题就会凸显出来。一种良好的和健康的在办公室以外的个人生活对团队成员来说是很重要的，同时对于项目的成功也是很重要的。如果有人遇到这些问题时想起我们，是因为他们相信我们会“把别人照顾得很好”。我们需要成为好的听众，不要害怕寻求组织中其他人（例如人事关系）的帮助。我们所处的位置会影响别人的生活，我们需要意识到这一点。

第一本能是要为团队成员解决这类问题，但我们一定要谨慎。作为一个领导者，很容易变得心高气傲，以为我们拥有我们本来没有的能力。我们往往只听到事情的一面。另外，一些我们认识的人可能会令我们失望。团队成员可能在很大程度上负有责任或可能没有告诉我们事实所有的真相。我们应该回避那些我们没有专门经验或没有决策权力的领域。我们应该支持利益相关方。项目经理虽然是领导，但绝非无所不知的人。

正所谓高处不胜寒。当事情进展不顺利时我们和谁去商讨呢？当我们要在并不擅长或不熟悉的领域里作出领导决策和不知道如何回应时，我们和谁商讨呢？如果去请教老板或者同事，也许会使我们感到不舒服。因为团队成员都在看我们如何反应，对外我们也会感觉到有压力。最好的办法是向一位我们完全信任的公司资深员工请教，但这个人必须和我们的项目或上级指挥链没有直接关系。这个人可作为我们的良师益友。如果公司没有建立正式的专家咨询机制，我们只好请教公司的资深员工。但这个人必须完全可靠，且愿意保守秘密。我们必须诚实地对待我们面临的困境，并阐明引发冲突的问题。

最后，我们不能忘记我们从哪里来。早在我们任职的初期，我们就建立了有用的联盟。我们需要利用当我们还处于团队成员的位置时擅长使用的方式来对待他们。我们应当从多个方面来谈论这些成就，比如谈论团队做得如何好或者提出了多么巧妙的建议。这些话将在下属中产生信任感，从而使他们知道他们的工作是受欢迎和有价值的。有时候团队成员会尽最大的努力，其他时候我们需要劝导、惩罚，甚至惩戒。但是没有他们的合作，我们无法取得成功。最重要的是，我们应当保持谦虚的品格。接下来我们将分 5 节对构建个人领导哲学和领导行为学进行深入探讨。

17.1　信奉个人领导哲学

在我们扮演领导角色之前，我们首先必须明白自己是谁，以及我们想要如何强化我们的领导传统。如果我们不知道我们会如何让团队成员像预期那样表现，我们就跳过了至关重要的一步。在项目工作的氛围和文化逐步形成的同时，我们必须明确如何对待那些为我们工作的人。我们需要找到一种工作方式补充完善我们的个性并且形成良好的工作规范。这种优秀的方法就是所谓的“变革型领导理论”[2]。

这里展示的方法介绍了巴斯和他的同事讨论的三种领导特征。这些特征旨在培养员工，激发员工的兴趣，以及增加员工对项目的承诺。所有的项目经理都应该致力于发展这些特征，并将这些特征融入个人领导理念之中：鼓舞激励，智力激发和个性化关怀。图 17－1 展示了依据这种构建的方法如何形成核心领导行为的模型。

表 17－1 提供了一些实例以展示我们如何运用变革型领导特征扮演我们的角色。掌握这些技巧比单干更容易走向成功。

这些活动一开始需要付出很多努力。然而，将其他人的要求加到项目要求中去会付出巨大的代价，主要是因为团队成员会发现我们在乎他们的要求。不论团队成员扮演什么样的角色，作为参与人，他们将拥有所有权和更多的许可权。有句军事名言说道：“首先要照顾好你的人，其他人才会照顾好自己”，这同样适用于空间行业。

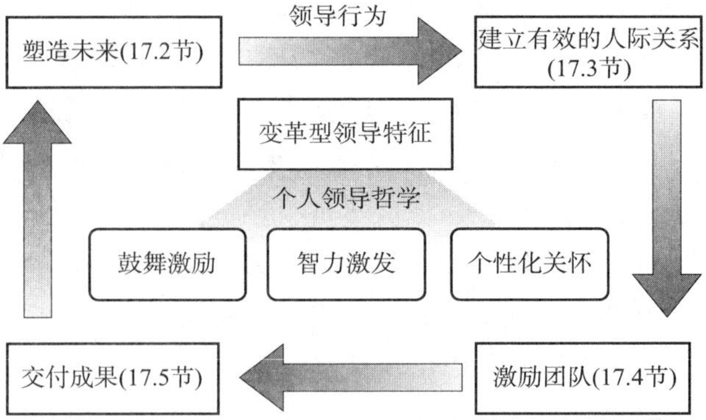

图 17-1　项目领导框架

变革型领导哲学是塑造未来、建立人际关系、激励团队、交付成果的核心组成部分

表 17-1　制定变革型领导方式①

变革型领导特征	领导者的活动
鼓舞激励	把员工的要求放在第一位 ·不断完善自我，践行诚实、高尚的道德行为 ·清楚地表达能够帮助他人看到未来成功的巨大的潜力的愿景和策略 ·强调所有人在追逐梦想过程中一定会取得成功，并获得成长 ·在任何情况下都要做正确的事情和表现出谦虚
智力激发	对工作任务的想法和思路既要有索求也要有奖赏 ·和员工探讨战略和绩效，以营造一个有生命力和创新的环境 ·不过分强调犯过的错误，而要强调应汲取的经验
个性化关怀	最大程度满足每个人的要求是员工成长和发展过程中的重点 ·认识到员工的需求、欲望、才能和梦想 ·做事方式应该像一个教练或是顾问，而不是独裁者

①这个表列举了变革型领导特征如何能在项目和日常事物中作为制度被确立的例子。

批评者可能认为围绕变革型领导方式的努力有点误导人。这些批评者可能更愿意牺牲必须交付成果的员工的利益，而使自身利益最大化。持有这种态度的人很有可能取得突出成绩，但由于员工在严酷环境工作时必然会失去对老板的尊敬，仅仅保持着做必须做的事情的习惯。在空间行业，这不是一个好的领导方式。

接下来的章节描述了我们应培养和掌握的项目领导行为方式。表 17-2 展示了如何将这些行为方式和变革型领导理论特征结合起来。

表 17-2　采用变革型领导特征来实现领导行为方式①

变革型领导特征	领导行为方式			
	塑造未来	建立有效的人际关系	激励团队	交付成果
鼓舞激励 智力激发 个性化关怀	建立团队将要取得的目的和激励创新	用适当的沟通风格和技巧影响和建立团队内部以及外部与商业伙伴有效的人际关系	通过吸引、培养和留任人才建立组织才能，确立关于个人、团队、组织贡献的清晰的期望	确保客户期望值是所有增值项目背后的驱动力量，通过为关键交付产品划分战略优先权来推动执行力

①这些行为方式不仅对团队有好处，而且对组织机构和外部利益相关方也有好处。

17.2　塑造未来

第一个行为方式（见图 17－1）确立了方向，设立了个人和团队目的。要为项目运行确立正确的目的，首先需要了解客户想要什么——也就是准确地了解他们的目的和方向。接下来我们要勾勒和制定建立在这些目的之上的项目愿景。最后，我们与团队成员一起探讨这些愿景，以便使他们了解成功之路。

17.2.1　以客户关键目的为标杆界定项目目的

塑造未来的关键一步就是与团队成员和客户进行沟通，以及界定项目的方向和目的。首先必须把团队的目的与客户和我们所属公司的目的联系在一起。应当鼓励团队成员这样做——让项目目的成为他们自己的动力，为项目的成功作出贡献。我们必须经常重复这件事情，以使团队基于项目目的作出决定。项目经理必须留出时间来关注长远问题和目的设定，而不只是关注日常工作预算、进度和人员等。每个月我们都应该确认团队方向和项目目的是否联系在一起，然后作出必要的改变和修正。

界定和沟通目的会实现很多与塑造未来有关的事情。首先，这种行为鼓励人们创造出创新方案，以实现他们的目的。这也会允许我们评估团队的强项和弱项，从而改善团队的表现。一组清晰的目的会为关于资本改进和内部研发的有效、长期的投资决策奠定基础。目的设定应该在项目和客户之间产生更好的伙伴关系。

我们可以分几个步骤确定目的。首先，我们既考虑长期目的也考虑短期目的。长期目的影响项目当前和未来成果。长期目的包括研发投资、资本运作、为解决执行能力开展的机构变革，或者进入一个新市场。短期目的通常会影响即将到来的里程碑事件，例如完成设计审查，发放详细的计划书，论证准备开发的新技术，或者完成环境测试。短期目的应该为实现长期目的提供帮助。我们应该把项目目的张贴出来，让所有人每天都能看到它们。

目的设定是一个相互合作的过程，应该将领导团队包括在内。既然项目目的应该映射到客户目的中去，我们就必须直接从客户那里找出他们的目的。我们还需要了解客户究竟想要完成什么。有了这方面的信息，我们就可以制定一系列相关目的和预知的挑战（见第 8 章关于要求管理的详细介绍）。如果我们还没有可用的方案，我们就应该寻求建议，或者从经理那里设法获悉公司和客户的项目目的是什么（见第 2 章）。此外我们也可以向管理层询问如下问题：

1）为什么公司决定抓住这次机会？

2）我们从团队为何胜出的报告中学到了什么？

3）这个项目是如何映射到公司的战略目的中去的？

项目经理还应该知道公司的资本投资和内部研发计划。公司的计划应该与项目目的一致。在计划中，一些为了与项目目的一致而产生的小变化会为客户和公司创造一个双赢的局面。战略计划组可以对这个项目的新的资本或内部研发计划进行评估以支持该项目。

同时，项目经理需要定期对项目进行重新评估，从而不断地了解会影响目的实现的事件。客户动态或预算环境的变化会影响长期计划。高层领导、政策或战略目的的改变也会影响到战略计划。必要时我们必须足够灵活以作出应变。

17.2.2 勾勒和制定愿景

项目经理的第一要务就是勾勒和制定愿景，这个愿景确定了团队未来的发展，也提供了项目的决策准则。需要有愿景说明的理由是，项目团队需要有一个方向来向他们指明如何达到项目目的。项目团队需要为他们的计划奠定基础。这项工作也需花费很长时间，并应该将领导团队包括进来。我们不应该试图用预见未来和设计完美愿景的能力给团队和老板留下深刻影响，而是应该创造一个可以应用于项目许多阶段（即使不是全部）的良好愿景。正如第5章所提到的，我们必须明确利益相关方，并考虑项目将如何满足他们的目的，或我们的愿景会如何影响他们的愿景。除了各种层次的客户之外，我们有几个不同层次的管理部门需要我们知会并咨询。这些与客户和内部管理方的拜访和讨论会有助于项目启动和获得认可，但最重要的是，将建立起一个和项目成功紧密相关的、扩大的团队。

愿景指的是我们如何实施项目计划。它涵盖项目从组织管理到技术的实施和部署的诸多方面。我们需要考虑如何运用适当的角色和责任把我们的团队组织起来。我们打算在多大程度上让客户参与项目监督和了解内情，以及如何实现这种监督？而在公司内部，我们又打算如何与职能机构互动？合同的类型会影响这些决策（严格固定价格 Vs. 成本加成）。我们同样需要制定一个关于怎样管理计划性和技术性资源的愿景。计划性事项包括预算和进度，而技术事项包括绩效利润和风险等。相对于产品设计团队，我们打算给我们的系统工程组织多大的权力？我们打算花多大代价鼓励技术创新，以及在财政和进度控制方面冒多大风险？这绝不是我们在制定愿景时要考虑的完整事项列表，但它为我们需要考虑什么提供了想法。最后，我们应该把成功之后如何奖励写进我们的愿景计划。

我们应把我们的愿景和诸如项目管理计划、系统工程管理计划、风险管理计划、资源和进度计划等项目计划编入组织系统图中。经常会发生的错误是，在还没有制定项目愿景以及无法确信这些计划是否能实现愿景的前提下制定了这些计划，或借用了其他项目的计划。更有甚者，经常还会发生的错误是在负责领导和指导该项目的人没有介入项目的情况下就已经确定如何执行该项目。我们的愿景以及实现愿景的计划，是整个项目的基础。我们必须与这些计划的作者一起工作以确保他们将愿景融入计划制订中。否则，项目将不能应对它势必会面临的困难。

17.2.3 沟通愿景和目的

为了让愿景变成现实，团队的文化必须对其加以吸收消化。领导者必须定期地针对愿景进行沟通，同时撰写阐述愿景的报告。他们必须通过把愿景具体化，创建与愿景一致的短期目的，鼓励员工精心制定符合项目愿景的个人愿景。

针对项目愿景和目的的沟通是一个连续不断的活动。领导团队应该带好头。尽管团队中的大多数人曾经帮助制定过愿景，但是在项目启动时仍然应当再次重读愿景。这件事情适合在员工例会上进行。除了领导团队把愿景传达给他们的下属以外，每个人直接听项目经理讲述愿景效果也许会很好。而召开一次全体员工大会就能够达到这个效果。在大会上，借着员工提问的机会，项目经理应向员工阐释愿景以及解释团队如何实现愿景。职能管理部门应当参加这次会议以便聆听第一手的项目愿景演讲。

不断沟通愿景的另外一种方法是，将其指定为对我们直属下级的绩效目的进行年度评估的一个指标。我们也可以为那些可以证明自己通过行动和成绩实现了愿景的员工创建奖励程序。我们必须记住，在整个项目期内，项目团队将不断扩大规模，人员会发生变动。我们面对的艰巨任务会轻易分散人们对于愿景的注意力，因此需要我们不断强化信息。

17.3　建立有效的人际关系

缓和项目团队内部冲突的一个方法是在团队成员之间以及我们与团队成员个人之间培养有效的人际关系。如果团队成员彼此关心，那么他们将会致力于优秀的表现。

17.3.1　了解团队成员

项目能否成功取决于能否尽可能地了解团队成员。这意味着对他们是否有真正的了解，包括两个关键方面：个人方面和技术方面。

首先，必须花时间逐个了解团队成员。这可能意味着要离开舒适的办公室，但这是必要的。最重要的是，我们必须知道每个人的名字，而不仅仅是看他们的胸卡。要养成花时间去找团队成员谈心的好习惯：了解他们所做的工作、工作中所用的技能，以及他们想要从工作中获得的东西。关注最后一项也允许我们减缓对工作的消极方面。但如果这样做的效果不明显，那我们只需简单地问一下——他们是否乐意分享信息。我们必须记住，团队成员与工作密切相关，同时又与完成业务所使用的方法息息相关。他们对于如何提高效率和有效性也许有很好的建议。

项目经理还应该设法去了解团队成员的爱好、兴趣和家庭。我们所处的位置要求与我们一起工作的人承担更多的责任。如果这些人的家庭成员住院或去世，我们一定要记得去探望。这样做会充分显示我们关心照顾下属。我们应该询问他们需要什么并帮助他们解决具体困难：例如食物、紧急救济资金、婴儿看护等。通过这样的方式可以表明我们的关心。这么做是正确的。最后，要注意划清友善和友情之间的界限。我们必须保持我们是老板而不是伙伴的姿态。

第二个关键方面是了解团队成员的工作技能，这有助于激励团队实现目的。每一个团队成员都是不同的。项目经理的工作就是要明确强项和弱项在哪里，然后再决定如何最好地满足每个人的要求。这听起来是一项艰巨的任务，但它是做老板需要具备的技能。通常在最普通的人中隐藏着最好的答案，也就是所谓的藏龙卧虎。

肯尼斯·布兰查德博士在《领导方式与一分钟经理》[3]一书中使用情境领导（situational leadership）这个词来描述发生在员工之间的差异。他提出领导方式取决于对“追随者”（follower）特征的正确认识。有关工作人员可以帮助确定如何利用团队环境的最好方法的两个重要方面是：能力水平（技能）和承诺（对项目的贡献）。如图 17－2 所示，领导者在作出响应时必须根据这些特征的组合采取不同程度的支持和指导行为。该表说明了领导者的 4 种响应方式：指导、培训、支持和授权。

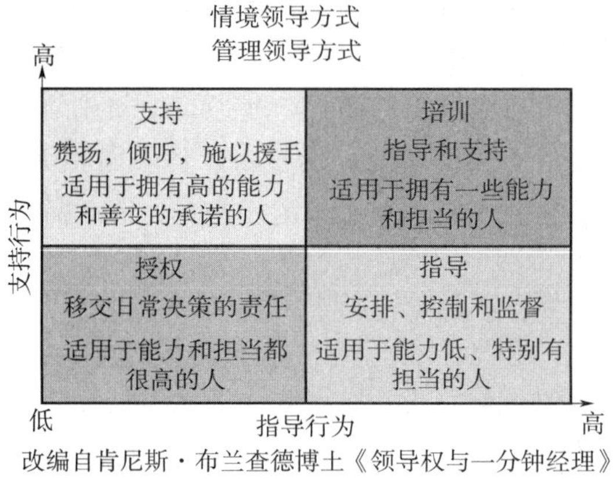

图 17-2 使用情境领导模式的领导方式

领导者应该改变对于团队成员能力水平和承诺的响应（使用已获得许可）

1）指导：适用于那些缺乏技能和信心来做这项工作的团队成员。这种情况下的沟通通常是单向的，因为我们必须告诉他们该做什么。如果有必要，我们必须近距离监督成员的行为，并给予经常性的反馈。这可能意味着会与他们频繁地开会，在会议中我们会阐明为达到一个特定里程碑所必须完成的具体任务，例如初步设计评审。

2）培训：适用于已经具备一定能力但不能确定是否能独立完成工作的团队成员。项目经理既然是决策者，就必须监督其成员完成工作的情况。从这些团队成员中寻求投入资源是一个提高技巧和能力的好方法。我们通过影响他们的想法来增加他们的信任和承诺。我们应该使他们相信他们的工作表现是优秀的，我们期待着他们作为有价值的团队成员的持续成长和发展。以让成员与团队领导一起制定项目里程碑的进度为例，我们在他们制定进度的同时就可以指导他们如何最好地、精确地确定任务。另一个例子是作为评论者参与同行评审，根据以往的经验为同行支招。

3）支持：适用于技巧熟练但在没有监管的情形下缺乏自信地独立工作的员工。我们虽然允许他们作某些任务和过程决策，但仍要参与进来，提供咨询及支持，以建立他们独立工作的信心。通过参与同行评审或者正式的评审，对他们的工作进行观察和评论，表明我们认可并支持他们的工作。

4）授权：适用于对团队成员的技能、承诺和自信完全有信心的情况。虽然我们仍然要参与决策、帮助解决问题，但要让他们自己决定何时需要项目经理的帮助。我们不应该担心对这些人失去控制。他们是项目的主力，仅需要最低限度的监督。我们应当在他们需要我们的场合才与他们交流，例如在团队会议或战略会议中。

17.3.2 建立牢固的联系

我们可以利用我们了解到的团队成员的信息来加强团队内部人员之间的友情。创造一个可以让员工放松、可以从工作的角色中走出来并尽情享受友谊的社交环境。有时我们可以在办公室以外的活动中采用规定的团队建设训练来做这些事情。没有把握做这些事情的项目经理可以寻求管理顾问的帮助，购买相关入门级的出版物，或者在网上找一个合适的活动。不管是什么活动，都应该是很有趣的活动，应该留一些时间让大家尽情欢笑，并且指出个体差异其实是团队成功的一种强大动力。

这些社交情景可能很少是正式的。如果第一次我们选择了团队建设训练，那么下次我们就要安排没有具体议程的活动，目的是为团队提供放松的机会。这可能包括在项目经理或者某位团队成员家中举办一个项目启动庆祝聚会。这样的聚会通常以餐饮的形式来展开，比如叫外卖或是在家准备。招待酒会、烧烤或类似的活动都是庆祝完成重要工作，如设计评审或完成卫星测试的好主意。我们可以考虑举办一年一次的高尔夫户外活动，这样客户也可以参加（现场应该有摄影师来留住这些回忆）。还有一种是举办一年一度的野餐、垒球比赛，不仅邀请客户，同时还邀请他们和团队成员的家人。此时应该包括一些团队成员孩子们的活动。从这些活动中得到的好处是难以量化的，但是如果我们很重视建立牢固的关系，那么团队成员之间良好的人际关系氛围将会产生很多好处。表 17-3 包含一些帮助巩固项目经理和所有的团队成员之间关系的提示。

表 17-3　加强项目团队凝聚力的建议①

重要想法	有效策略
四处走走	看看员工每天都在干什么
了解团队所有的工作	要求参与每天的任务。这样做不是为了做某件工作而是为了告诉员工怎么做工作会更好。更好地了解员工每天做什么和怎么做
找出团队每天最脏的活	参与其中的一些工作，如果有轮班任务，在轮班之间要继续工作，以便 24 小时感受工作环境
亲自写信或者发送电子邮件肯定员工付出的额外努力	使用个人信笺或者使用个人账户发送电子邮件，让员工知道我们已经注意到了他们额外的贡献。一定要按照报告程序给他们的老板抄送一份
召开会议	与做报告的人开会或共进午餐，允许他们提出一些关于项目的问题。会议是非正式的，他们想要讨论的主题也是开放的
识别隐藏的优势	这既是一门艺术，又是一门科学。我们要善于发现谁是最好的思想者、总结者、技术人员和信息搜索者，并发挥他们的特点。有些人想要在幕后工作，有些人则更喜欢在镜头前表现自我。我们可能需要在强调技能的多样化和如何使用这些技能使团队和项目得到改进这两方面表现得富有创造力

①有时简单的活动会给塑造团队精神带来非同凡响的效果。

17.4　激励团队

以取得国际水准的成果为目的的团队成员，肯定会为自己在做一件伟大的工作而感到激动不已。我们也许容易过度重视技术要求和行政管理细节，但是我们必须永远记住团队成员也是人。他们会关心工作氛围。诚实是最重要的。最坏的情况是让他们看到项目经理或领导层以牺牲诚实为代价的妥协，或要求团队成员牺牲自己的诚实。我们必须以身作则，并完全接受循规蹈矩的行为。最后，我们必须为团队不断鼓劲加油。我们不能允许步履不稳。在通往胜利的路上，我们必须在日常工作任务中不断激发热情。不管项目处于哪个重大阶段，团队都应该觉得激励是最重要的。

17.4.1 动员团队

保持团队积极向上的最好办法是要“永远不要让他们看见你的疲劳”，当团队成员越来越了解我们时，他们开始通过倾听我们的语言、关注我们的情绪、根据不用言辞表达的信号来读懂我们的心情。项目经理是对团队鼓劲的啦啦队队长吗？也许是他或她才能够在团队中发起内部竞争，或者只是放低姿态让工作或追逐成功的欲望驱动热情。采用这两种风格中的任何一种都可以获得成功。

在很多情况下，项目经理是教练，要使得团队时刻准备好比赛。让团队成员保持生机勃勃的精神面貌是一个艰巨的任务。对工作的兴奋程度和奉献程度将会逐渐衰退和减弱。这种起伏现象起因于项目进程、企业文化和过程、人事变动、每个人的个性，以及生活中的某些事件等因素。我们会对其中一些因素产生极小的影响，而对其他因素则毫无影响。

虽然造成热情减退的原因有很多，但是项目经理必须对这些症状作出诊断。我们首先必须看看我们自己的行为是否表达出不同寻常的信号。也许团队看起来萎靡不振，那是因为我们充满了厌倦、不满和泄气等情绪。我们的语言、面部表情和行为举止会对团队成员产生很深的影响。因此即使当我们觉得无法胜任自己的职位时，也必须避免这些情绪给团队带来负面影响。

在20世纪60年代早期，约翰·斯塔希·亚当斯提出一个被普遍接受的管理理论，即公平理论，旨在帮助人们理解员工的不同动机。这个理论认为我们都在寻求公正平等，特别是当我们拿自己和别人作比较时[1]。员工会对他们获得的奖励（收入）的比例与他们付出的努力（投入）的比例形成个人看法。然后他们拿自己的比例和组织中与他们相似的人进行比较（见图17－3）。当整个团队都在做这件事情时，如果收入相对投入的比例是平衡的，那么团队成员大多都能保持积极性。但是如果他们觉察到别人得到的更多一些，那么我们很可能看到那些认为自己得到不公平待遇的人会缺乏动力。

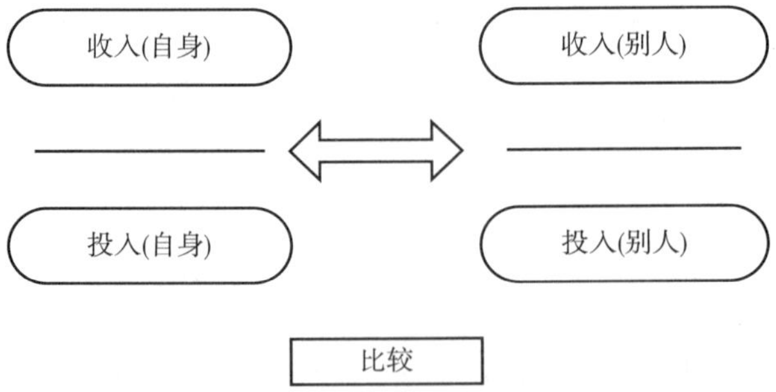

图17－3 公平理论

动力取决于团队成员在和项目其他人进行比较时如何看待他们自己

在这点上要问的关键问题有：

1）一些团队成员是否比另一些人更能干？

2）我们对某个团队成员的赞扬是否会比别人多一些？

3）担任相似角色的团队成员的报酬是否一样？

4）这个项目是否受到和公司其他项目同样的评价？

如果我们对这些问题中的任何一个问题都回答“是”，团队成员很可能在团队动态中对这样的不公平有所反应。实际上现在处理这种情况的最常用措施都是有失偏颇的。如今，我们意识到团队中正在发生着什么。准确地说，我们应当成为每个人都想要成为的那种领导者，并且为此付出努力。

我们也需要通过与团队成员建立牢固的关系，在处理察觉到的不公平问题时，去问他们那些很难回答的问题。我们可以向个人提问，或者从整个团队中寻求信息。如果我们求助于某个团队，我们也许会想要通过书面的或者允许对匿名回答进行选择来获得信息。广开言路是需要勇气的，但是团队成员正在减弱的动力要求我们有所行动。如果我们解决了这些问题，并且没有半途而废，我们会赢得巨大的信赖。

哈克曼和奥尔德姆的工作特征模型理论[4]是动机和工作丰富化领域的特色理论之一。作者以加强员工积极性为目的，为工作评价体系建立了一个构架。与其增加工资和奖励，倒不如以从心理上吸引团队成员。这种方法反映出我们在自己的工作中更喜欢什么。只要有可能，在团队成员日常工作中，我们应当最大限度利用 5 件事：技能的多样性，工作的完整性，任务的重要性，自主性和反馈性。表 17－4 提供了对这 5 件事情的定义，需要重点考虑的事情，以及关于如何增强团队成员工作和角色的建议等问题的更多见解。

表 17－4　利用工作特征模型丰富团队成员的工作①

工作特征组成部分	组成部分的关键特征	加强工作特征的方法
技能的多样性	与工作相关的任务中使用的技能的数量和种类 问题：任务是平凡而又重复的劳动吗，不太需要费心吗	· 当机会出现时，通过让员工干一两件新工作来给工作注入更多令人激动的东西 · 经常性地尽可能寻找改变员工角色或责任的办法
工作的完整性	团队成员能够在多大程度上看到自己完成的最终产品 问题：团队成员完成自己的工作了吗，或是把这项工作转交给别人完成了吗	· 安排能够被一个人或者一个团队中的组成人员完成的任务 · 如果发生了重大变化，要询问始作俑者关于变化的具体情况。设法利用改变、编辑、加工成新形式等方法作为始作俑者的教学机会
任务的重要性	为满足团队、公司或者更高层次社会要求完成的工作的相对重要性 问题：团队成员知道他们完成的工作被团队和公司更高级别人士给予高度评价了吗	· 当讲述任务和预期绩效时，要向员工解释他们要在哪里将战略计划和项目总体融为一体 · 讨论完成的产品如何融入外面的世界，以及交付的产品会给人们的生活带来什么样的影响

续表

工作特征组成部分	组成部分的关键特征	加强工作特征的方法
自主性	团队成员在没有上层干扰下能够多大程度安排工作进度、制定决策和掌控必需的资源 问题： 1）团队成员在执行决定前，会和项目经理就重要的工作决定一起讨论多长时间 2）团队成员会突然想起问一些他们应当知道答案的问题吗	· 当我们把任务和决定委派给团队成员时，应该下放适当的自主权 · 不要从微观角度管理团队 · 描述期望，设立阶段，适当监督和指导，扫清障碍 · 不要在给员工安排任务以后，还替他们干活 · 认识到他们不会采用和我们同样的方式解决问题 · 允许他们在工作中带有自己的印迹——鼓励原创和改革
反馈性	判断团队成员在工作中的表现和对工作氛围的积极影响的能力 把最终的产品和预期相比较，包括来自任务本身和上级的评价性的反馈 问题：我们最近一次告诉员工他们做得很好是在什么时候？我们会向员工展示成品并告诉他们外界的评价吗，会评价交付产品在多大程度上满足预期吗	· 在发展过程的关键空隙中尽可能快地说出评价和看法 · 不要让员工猜测和等待我们的解释 · 高度评价优质的工作，适度评价一般的工作，对第一次出现的不符合标准的工作予以鼓励，一次不够标准的工作应当对随之而来的员工不够努力的工作状态进行批评 · 永远让团队成员知道老板对于他们的工作的评价，尤其当这种评价很积极的时候 · 让员工看到他们的工作与最终交付产品融为一体。展示最终形式的尺寸、颜色、长度和技术规格——这种反馈是物理上的证据，证明他们的工作符合原先的设计

①每项任务包含 5 项关键要素。加强这些要素能够增进员工对工作的热情。

项目经理应当设法最大程度利用最后两个要素：自主性和反馈性。当然，我们不应该把自主权授予经验不足的员工，他们还没能力就如何安排日程和完成工作作出重要的决定。不管怎么样，在恰当的时候，自主权会导致团队成员对责任和成就产生更加深厚的感情。导致的后果是对内在的激励更加在乎。如果团队成员能在项目中获得授权，就会滋生出对圆满完成任务更强烈的欲望。

同样的，我们必须提供关于工作情况的反馈。如果我们不能定期提供，人们将会因为反馈而纠缠不休。如果我们不断地回避这个问题，团队成员将会怀疑我们对他们的工作不满意，不欣赏他们的工作或者对他们的潜力感到失望。要定期与团队成员就工作数量和质量、团队动态、进步和成功和我们满意的水平等进行交流。这些讨论会使大多数员工感到满足，会让员工认为他们与老板的沟通富有成效。

17.4.2　让诚实深深融入工作氛围

没有什么事情能比为从事非法、不道德或者不道德行为的人而工作更让人感觉没有动力了。这种环境下的员工会显得对一切都产生怀疑，其中一些人会做出偏离正轨的工作行为。我们能够传递的最重要的信息是：我们是诚实的，我们的要求就是团队的要求。

20 世纪 90 年代晚期和 21 世纪早期产生了安然公司、MCI/世通公司和许多老总、副总裁、秘书，他们都把诚实放置于门外。他们盗用利益相关方的名义，并且利用他们的影响欺骗员工从事非法活动。拥有权力的人能够诱惑别人做他们通常不会做的事情。我们在做所有事情时，都必须将诚实和道德行为设置为最高标准。而这也并非那么困难的事情。

所有这一切都要从项目经理做起。团队必须知道他们能够信任我们。保持言行一致是至关重要的。要做我们要求别人也做的相同的事情。员工非常熟悉他们老板所玩的游戏。消费账单、采购订单以及交友公关是工作实践中三个花费颇多的领域。如果我们坚信要对别人的预算从严，而对自己的花费却从宽，那我们就是给自己创立了双重标准。这样会减少团队成员对我们的信任，降低诚实和正直的期望门槛。有些年轻的团队成员如果发现我们的轻率行为，也许会认为这是正常的，所有的领导者都会这样做。因此违背诚实原则的影响，从长期来看具有很大毁灭性的。下面是我们应当做的事情：

1）展现诚实——与人做生意诚实守信，直截了当，描述信息和数据要准确和完整。

2）表明我们的立场——分享我们的思想、情感和理由，让他人了解我们的立场。

3）善于听取不同意见——倾听他人，即使他们在想法上和我们发生冲突，也要客观地考虑他们的想法和意见。

4）支持别人——对待别人要尊严、尊重、公平，给他们适当的信任。

我们交友也必须非常小心。如果打破规矩的话将会破坏我们保持诚实的努力。举个例子，一位团队领导者与某位团队成员有着两年的不正当关系，两个人都认为他们的行为是一个秘密。但是他们的关系不像他们想的那样无人知晓，团队成员逐渐对他们产生了严重的鄙视。这种关系以令人不愉快的情形告终，并被公开，两个人都受到了羞辱。在这种处境下的领导者很难重新获得团队信任和尊敬。人们将永远对他或她的动机和诚实议论纷纷，我们决不能犯这种错误。

17.4.3　加油

有很多激励团队和帮助团队成员每天都能看到最终目标的方法。我们可以通过很多努力做到这点，如酬劳奖金、人事调整、项目经理对于最近工作成绩评价短信，或者高层管理人员对某个项目成员的借调。这些事情是项目经理能够做到的。在整个项目阶段都应当做这样的持续努力，同时要避免暂停，我们还要就团队组成的变化作出说明。

为团队加油很大程度上取决于我们如何传递我们的信息：我们需要传递自信、从容和热情。信息必须是清晰和用恰当的言语表达的。我们可以使用那些曾经鼓舞过我们的方法。不擅长在公开场合讲话和作报告的项目经理应当利用公司举办的培训提高他们的技巧。我们应当随着每次讲演努力提高，并且得到信息如何被接收的反馈。

大多数情况下，我们应当尽可能和团队一起庆祝胜利。这包括在里程碑发生的日子及时开会，按照进度表交付关键硬件进行总装以及测试，成功地完成一项关键设计的评审，甚至像给客户交付一个重要的分析报告这样的小事情。这样做的目的是营造一种氛围，在这样的氛围中，所有成员都感觉他们对项目成功是有贡献的。

17.5 交付成果

最后，我们必须交付成果，这不仅仅意味着是交付产品。交付成果意味着带领一个团队一起生产产品，这是个人无法做到的。我们不得不委派团队成员处理日常活动。而项目经理的工作就是了解公司和客户的要求，满足客户的要求是最高优先权。所以我们和团队必须花时间去充分倾听和理解客户的要求，帮助客户对新的问题以及不曾预料到的问题进行思考并得出结论（关于要求参见第 8 章）。在虚拟环境中进行的工作会在交付成果时出现其特殊的挑战。本章最后一节将提供一些关于在虚拟环境中成为一名成功领导者的想法。

17.5.1 传递取得非凡成果的火炬

领导者易犯的共性错误就是觉得我们必须按自己的方式做好每一件事情。毕竟过去我们按这种常规的途径解决问题一直都是成功的。那么为什么要改变呢？在我们处理至关重要的问题时，很难让团队去关照好日常经营活动。但这是我们的工作，因此我们必须传递这一火炬。

我们必须战胜这种“求人不如求己，让别人去不如自己干来得快”的心态。事实上，这也许是对的。但这也是为什么我们现在还是主管的原因。我们已经走过团队成员正在走的路，经历了一些他们将会首次遇见的事情。他们缺乏经验但不缺乏能力。如果我们带着很高的期望值去建立一支强大的团队，那么他们将会不负众望。

但是我们必须知道哪项任务要委派别人去做，哪项任务应当自己处理。资历比较浅的成员应当被交予更加普通和常规的任务，直到他们建立强大的自信心时才可以接受日益增大的责任。我们应当监督他们并且确保他们获得成功。他们可能会犯错误，但是要知道一些最重要的经验都来自他们所犯的错误。如果他们使用和我们不同的做法或者他们没做成的话，我们不应该悄悄地做他们的工作。这会导致错误的经验。他们也许会丧失对自己的信心或者认为他们的工作做得不够好；从此，他们将会不再追求卓越。

同样地，我们需要不再纠缠于细节。我们没有时间一边做所有团队成员的工作，一边还做领导。我们应该站在高处，监督项目进程。从这个有利位置出发，我们根据需要来校正过程。我们可以在我们拥有技能或者经验但是没办法找到他人接替的领域中去体现自己的价值。通过建议或者暗示并让团队成员自己去缩小差距会更好。这样他们将会逐渐重视我们提供的方法。我们也必须记得对他们正确的处理方式给予赞扬并增强他们的信心，即使他们没有按照我们的方式处理问题。

我们可能会对团队成员的成就又惊又喜。采取告诉他们“我们需要什么”，然后把“怎么做”留给他们的工作方式，我们可能会学到了新的东西。他们可能会形成一些比我们原来想的更好的主意。而且，因为拥有了自主性和权力，他们学会了如何解决问题。他们注意到他们的知识和创造力被高度评价。实际上我们正在培养我们的替代者。我们不应当被这个事实吓倒。相反，我们应当为那些我们监督的人不断的进步而感到自豪。

17.5.2　打造卓越品质

交付成果意味着什么？怎样衡量成果？在空间事业中，任务成功是最重要的成果。衡量成功的主要方法是交付一颗满足所有任务目的的在轨卫星。但是项目经理必须意识到对于客户来说，成功也意味着在预算内及时交付成果。这是最根本的，但是与之几乎一样重要的是，成功是如何做到的，以及客户在项目中的体验。我们必须确保的是，满足客户的期望是驱动所有项目活动的动力，同时还要使客户在项目进行中有愉悦的体验。这就叫打造卓越品质。

为了了解客户的期望，我们需要花费时间去全面倾听和理解他们潜在的需求。然后，我们不得不将团队的精力集中在满足那些需求上。举个了解客户潜在需求的例子，与性能最佳化的方案相比，客户更偏爱花费更少且进度风险更小的设计方案（见图 17－4）。我们需要了解顾客愿意接受哪种程度的风险。了解客户究竟想要低成本，还是高效益，或是二者兼顾。这有助于为团队提供短期和长期的方向。举个权衡的例子，微型结构是选择铝材还是相反的复合结构材料；航天器上的结构是选择可展开结构还是固定的结构；航天器的电子设备是选用最新的集成电路板还是选择经过飞行验证的老电子器件。每个决定都会影响性能、成本和进度，都会承担一定程度的风险。项目经理应当对客户希望多大程度上对项目进行监督和发表意见很敏感。他们可能想要参加所有的同行评审，或者想要了解风险、技术状态和评审委员会中的不同意见。我们的项目也许仅仅是大系统中的一个部分。客户需要知道项目中的决定对整个系统和生命周期费用会有什么样的影响。我们需要站在客户的角度来考虑问题。

客户满意度和评价肯定是团队最优先考虑的。首先要让客户成为团队的一部分。这会让客户深入了解到项目的进展和面临的挑战。让客户成为集成产品制造团队的一部分会有助于建立彼此的信任和了解，改善他们与公司工作的体验。我们必须积极努力地去了解客户所处的环境、问题、期望和需求。

我们应当增强客户满意度。项目团队如何处理问题常常是团队能否取得成功的信号。如果问题真的出现了，由于卫星项目群通常涉及集成组件、软件和各分系统，要找出问题所在将面临很多挑战。解决问题和减轻风险应当是优先考虑的。当遇到需要解决的问题时，客户应当在团队里看到一种紧迫的感觉。最难的问题应当交给能力最强和最有经验的人。我们甚至可能需要拜访专家。我们必须对客户的需求作出快速响应以避免失信于人。

我们也应当建立定期评审和跟踪的责任体系。可以用衡量成功的标准体系来追踪项目进展。除了成本和进度绩效测量外，我们应当创建映入客户潜在评价的测量体系。比如开放的风险项的数量，关键技术的技术成熟度，在项目里程碑时进度和成本储备量的总额，以及我们已经证实的需求数量。我们应当和客户一起工作，以培养一套对他们有价值的标准体系。然后我们运用这种标准体系使团队集中力量达到这些目的。其他例子和绩效标准体系的运用参见第 14 章。

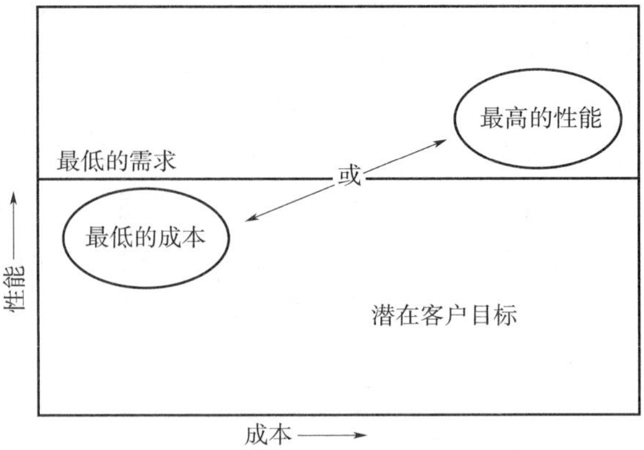

图 17－4　满足客户需求

了解到哪一个环节能确定客户的目标有助我们对项目作出决策

制造卓越品质的责任大部分落在了项目经理肩上。为了帮助团队有效率地工作，我们必须为责任和义务划定清晰的界限，并让客户了解它们。客户应当知道谁对系统工程、分系统交付和系统集成及测试负责。在可能的情况下，我们应当在组织机构关系图上确定与每一位领导地位相当的客户。这样会建立与客户的伙伴关系，并使他们了解情况。划清责任和义务之间的界限会逐步在领导中灌输一种所有权的感觉，这种感觉将会进入每个团队成员心中。

项目经理的领导方法和团队表现决定了客户对项目的体验如何。我们的领导方法和团队工作愿景对团队如何与客户一起工作有重要影响。我们最终的目的是使客户由于希望在其他项目中得到同样的体验而回到我们的团队和公司，并且与他们社交圈内其他人分享那种情感。

17.5.3　在虚拟环境中交付成果

在虚拟团队的世界里，我们不会总能看到所有项目团队成员。电子邮件、远程电信会议、合作网站，以及视频会议使虚拟团队成为可能。但是如何让这样的团队成功运作呢？为了创建必要的环境，我们必须对领导体系特性进行什么样的修改？虚拟团队能够并确实是在工作，但是需要对领导特性进行调谐以使它能发挥功能。

塑造未来、建立有效的人际关系、激励团队，这些我们拥有的能力和与客户还有团队进行双向沟通有很大关系。通过惯用的沟通方法可以传达我们的愿景、目的和方向，但是在虚拟的环境中倾听、从事、参与并且与团队发生密切联系更不容易。我们必须准备好经常探望地处偏远的团队。每个人都需要把外貌和特征与在电话的另一头的声音联系起来。当探望地处偏远的站点时，我们应当花时间进行正式的讨论，而不仅仅是召开非正式会议。

团队成员分布在美国境内甚至全球几个不同的地方的情况给团队动态增添了一个额外的方面。我们必须意识到文化间的差异，比如工作节奏和工作进度，如何提问以及如何回答，还有如何让人们承担责任（见第 20 章）。不管是新闻事件还是体育赛事成绩，我们都应当对时事发生兴趣。这些总是会帮助我们与团队成员建立有效的人际关系，且对团队成员起到激励的作用。

最后，我们可以通过与当地雇佣人员就特定地域话题进行谈话，找出一个中心站点。

当我们与虚拟团队一起工作时，我们需要寻求信息技术人群更多的支持，同时应当相应地编制预算。项目刚开始时，我们需要为此制订计划，使这些人能够从头到尾支持和改善用户系统。当制定虚拟团队计划时，我们必须考虑到训练事宜以及允许在线帮助。要求反馈在虚拟团队中尤其重要。对人们来说，对涉及自身的问题保持平静是很容易的。最终，这些小问题转化成大问题，就会在我们尚未实现这些成效时影响到这一点。

以下是在领导一个虚拟团队时使用的工具（第 6 章对信息系统工具作了进一步的讨论）。对于团队和客户来说，每一项工具都必须是友好的，以使他们能够对此充分利用。让团队参与设计或者按要求制作合作网站是一个好主意，可以使他们感觉到应对网站负责。虚拟团队能够利用现代技术工作，但是技术无法取代领导能力。

（1）对于领导虚拟团队有用的技术

1）合作网站。

· 文件库；
· 项目日程表；
· 会议安排；
· 进程通知；
· 联系名单；

2）安全的电信会议。

3）安全的视频会议。

4）电子白板。

5）电子邮件。

6）即时通信。

17.6　小结

在空间行业中第一次担当项目经理要比在其他行业中承担更高程度的责任。我们被挑选担任这个角色是因为，高层领导认识到我们作为一个领导者和一个知道如何取得成功的人的潜力。本章提供的指导方针为项目成功铺垫基础工作。当我们形成和建立一个管理技能组合时，对下述事项的评价是很重要的：

1）我们和利益相关方的关系；

2）团队成员的幸福感和满足感；

3）重大里程碑交付成果；

4）质量工作；

5）我们自己的满足感。

不是所有这些要素在所有时候都会被给予高度评价，但这是我们发展的方向。如果我们关注我们的领导经验的话，它是没有极限的。

参考文献

[1] Adams, J. S. November, 1963. "Toward an Understanding of Inequity." Journal of Abnormal and Social Psychology, 67: 422 - 436.

[2] Bass, B. M., B. J. Avolio, D. I. Jung, and Y. Becon. 2003. Predicting Transformational and Transactional Leadership. Journal of Applied Psychology, 88 (2): 207 - 218.

[3] Blanchard, Kenneth H., Patricia Zigarmi, and Drea Zigarmi. 2002. Leadership and the One Minute Manager: Increasing Effectiveness Through Situational Leadership. New York, NY: Morrow.

[4] Hackman, J. Richard and Greg R. Oldham. 1980. Work Redesign. Reading, MA: Addison - Wesley.

第 18 章　战略沟通

戴尔·S·米耶特尔（Dale S. Mietla）
Synfusion 公司

在空间项目中，对有效沟通的要求从无止境。如今的项目经理必须在不断变化的环境中交付更大更复杂的空间系统，如图 18－1 所示。

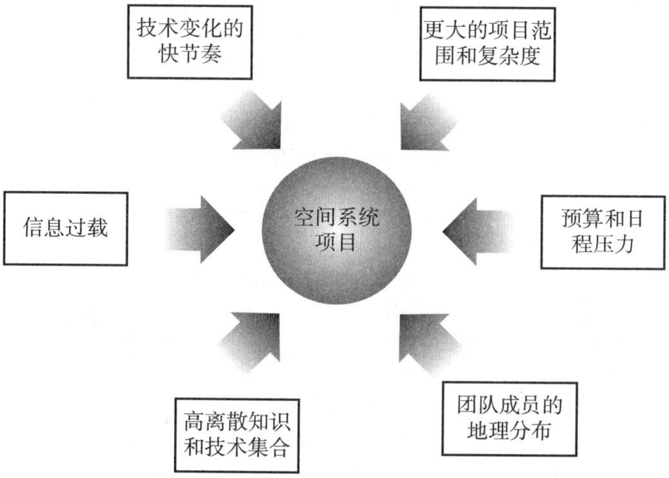

图 18－1　空间项目的复杂环境

这些因素引发项目分解并产生对战略沟通流程的需求

快速变化的技术产生了新材料、小型化，以及比大多数项目团队能接受的更快的费效比降低速度。因此，通常在不增加相应预算和进度的前提下，这些变化反而会促使人们期望系统更大更复杂。而更大的协作范畴和复杂性需要不断增加各种不同的知识和技巧，通常还需要地域分散的团队成员之间的协作。它们也给团队成员和利益相关方众多的使一个人无法辨明目的和意义的文档、数据库和信息。由于项目团队和利益相关方都在为其各自的利益而合作，从而造成了项目分解。

由于人是唯一能综合并理解复杂环境动态变化从而适应这种实时演变的唯一资源，空间系统项目中的科学或工程问题很快会变成人的问题。项目成功取决于人的合作和行动。然而项目经理几乎没有破解这种人情世故的工具。工作分解结构、甘特图等提供了所需的结构和成功路径图，但它们是死板和被动的。组织图确定责任和职责，但对话和工作经常在信息网络（见第 4 章）中进行。网站、电子邮件、即时信息、在线论坛、数据库和其他工具使得对话和信息获取便利一些，但也会使用户不知所措。因为这些工具都不能产生导致项目成功的合作和行动。

复杂项目中最重要的因素是人，而最有效和强有力的途径是战略沟通。许多项目管理书籍传授了关于倾听、开会、解决矛盾和鼓励反馈等有用的技巧。但沟通有其更重要的目的：

战略沟通的目的是通告、说服和动员人们采取有助于实现项目目的的行动。

战略沟通这一术语之所以更适合于项目沟通是因为这种沟通：

1）包括了项目中涉及其利益的所有人；

2）直接与项目目的和策略相连；

3）通过精心设计的规划来实现。

强大的战略沟通能力可以改变项目的分割状态，使利益相关方通过合作实现共同目的。它利用仅有的资源——人力资源可以有效地回应完美的头脑风暴，形成支撑当今的空间项目。

18.1 战略沟通流程

战略沟通功能由 3 项主要活动组成，见图 18－2。

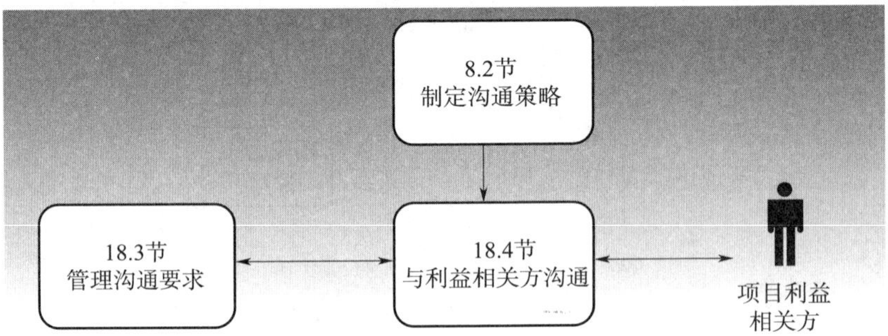

图 18－2 战略沟通流程

战略沟通功能由 3 个主要活动组成，这 3 项主要活动以反应灵敏和直达目的的方式协同工作，满足了沟通要求

上述活动的各相关项中没有标出严格的或者线性的顺序。一般来说，在项目形成阶段，我们应该重点致力于沟通与项目目的和策略的活动一致性。最终形成的战略沟通计划将用于指导项目整个生命周期的沟通活动。除非项目方向改变很大，我们几乎不需要重新制订战略沟通计划。

另一方面，识别和管理沟通要求是一种响应不断改变的沟通要求的实时活动。当要求如流水般出现时，我们对其进行分析、排序，并分组为沟通倡议。这些被称为沟通行动的倡议，生成发布给项目利益相关方的信息。每一次行动都有明确的目标，以通告、说服并动员人们帮助项目实现其目的。当开展行动时，我们要仔细考虑如何更好地满足每一目标。

这 3 项活动在以下步骤中获得平衡：

1）满足项目目的的策略和标准体系；

2）对于复杂的和变化的项目环境的敏捷性和响应性；

3）与利益相关方沟通的过程、工具和技巧。

表 18－1 列举了战略沟通流程的内容，并标明了相应的讨论章节。

表 18－1　战略沟通活动

步骤	流程	讨论所在章节
1	战略沟通流程 · 制定和分析项目任务和目的 · 分析项目和环境 · 制定战略沟通计划	第 18.1 节和第 3 章
2	制定沟通策略 · 制定和分析项目任务和目的 · 分析项目和环境 · 分析利益相关方 · 制定策略 · 计划运作	第 18.2 节 第 18.2.1 节 第 18.2.3 节和第 5 章 第 18.2.4 节 第 18.2.5 节和第 3 章
3	管理沟通要求 · 辨别和分析沟通要求 · 要求排序和分配资源 · 监督要求实施 · 衡量和确保实施	第 18.3 节和第 5 章 第 14 章
4	与利益相关方沟通 · 分析利益相关方 · 创建信息 · 利用沟通渠道 · 管理行动	第 18.4 节 第 18.4.1 节 第 18.4.2 节 第 18.4.3 节 第 18.4.4 节

18.2　制定沟通策略

项目团队趋向于将项目进展报告、新闻发布、会议、情况简报等看做沟通，从而满足组织的要求。这种看法尽管有充分根据，但其沟通范围和潜力是有限的。在项目走向成功的过程中，沟通有一个更加基本和重要的作用。沟通是必不可少的，而且需要有一定的策略。

沟通在空间项目中是至关重要的，因为它：

1）是动员人们为项目做贡献的主要方法；

2）让来自所有项目利益相关方社团的人参与进来；

3）简化项目的所有功能的和组织的要素。

为动员利益相关方，需要一次或二次启发式演讲或被很好地定义的要求集合。我们必须在项目生命周期中维持下述有效沟通能力：

1）支持找到可以帮助项目达到目的的利益相关方；

2）与利益相关方建立信任和良好的关系；

3）评估需要沟通的项目及其环境；

4）对一致、准确地传达给利益相关方的主要信息进行定义；

5）促成沟通基础设施的建成，用来生成和发布信息；

6）设计可以给利益相关方传达信息的行动；

7）衡量沟通活动的效果。

定义准确的沟通策略可将这些活动融于有效持久的运作中。它有助于我们了解项目及其环境、所需要的沟通能力等。它还能确保沟通要素产生期望的结果，即将项目向其目的推进的活动。

沟通策略的目的是将所有沟通活动与项目目的及策略保持一致。为此我们制定了战略沟通计划，表 18-2 定义了有助于该计划的各项活动。接下来我们将按照此表对每一活动进行展开讨论。

表 18-2 沟通策略活动[①]

活动	目的	步骤
制定和分析项目任务和目的	开发和编撰有关项目历史、任务和目的的知识。使得沟通任务和目的与项目的一致	· 评审项目形成文档 · 与项目领导面谈 · 定义沟通的任务、目的和指导原则
分析项目和环境	制定和编撰有关项目范围、进度和资源、挑战和机遇的知识	· 评审项目形成文档 · 与项目领导和利益相关方面谈 · 开发项目的权威知识资源 · 分析沟通对项目的影响
分析利益相关方	制定和编撰项目利益相关方社团的组织联系、大小和发布范围的知识	· 识别利益相关方社团 · 研究该社团的角色、组织关联、规模大小和分布 · 制定利益相关方知识资源 · 分析沟通对利益相关方社团的影响
制定策略	决定如何解决项目沟通面临的挑战和机遇	· 评审项目和利益相关方分析 · 确定主要假设和约束 · 针对沟通挑战和机会制定策略
计划运作	设计一个运作概念来支持沟通的任务、目的和策略	· 定义权限、责任和机构 · 定义沟通政策和程序 · 评估人力、财力和资源要求 · 确定预算和经费来源

①所列的 5 项活动为沟通办公室制定了战略沟通计划和运作概念（CONOPS）。

18.2.1 制定和分析项目的任务和目的

战略沟通的核心是对项目目的及其对于利益相关方价值的完整和准确的理解。所有的战略沟通活动都应该围绕任务内容并有助于项目达到目的。如果有效的沟通能力缺乏关联性和一致性，那么这种沟通要比无效沟通更糟糕。前者会在利益相关方中引入误导信息、混乱信息及混淆——这将对项目造成无法挽回的损失。而后者虽然会给项目利益相关方持续地提供正确的信息，但是其效果有限。

注意：这一章提到了项目沟通官员和沟通团队。但是对于小的项目，沟通官员这一角色由项目团队成员担任，该成员还承担了其他责任，但是已经展示出他的沟通技能。这类小项目的沟通官员需要采用创业方法从项目团队的内部和外部资源建立沟通团队。

沟通官员应该清楚他或她的团队每一位成员都要理解沟通内容的前后关联。以下问题建立了这种情况下的关联：

1）促使项目形成的事件是什么？

2）项目的任务是什么？

3）项目的主要目的是什么？

4）我们怎样衡量成功？

5）达到这些目的的好处是什么？谁将从中受益？

6）为达到这些目的需要采取什么策略？

7）这一项目为什么重要？

沟通官员应仔细分析组成文件，如项目章程、项目计划和资深领导的情况简介。这些将对要解决的问题、对组织的影响、项目所要达到的结果及对于各相关方的利益进行清晰的介绍。与项目领导的面谈是理解项目目的及价值的一个有效方法。沟通官员应该为项目沟通办公室定义任务、目的和指导原则。任务说明书如下：

任务说明：要通告、说服和动员［某某项目名称］利益相关方采取行动，帮助项目满足其目的［解释任务说明］。

沟通目的应该对沟通办公室的长期目标和如何评价目的的完成情况进行定义。他们至少应该指出：利益相关方相互关系的进展；沟通内容的准确性、一致性及关联度；提供内容的及时性；沟通渠道的使用。指导原则应该针对团队工作、透明度、服务、质量和工作环境。

18.2.2　分析项目和环境

通过开发关于项目及其环境的权威知识资源，以任务和目的为核心进行项目分析。下列问题将有助于项目分析：

1）项目将持续多长时间？

2）总预算和每个财政年度的预算是多少？

3）主要里程碑是什么？

4）项目团队有多少人？

5）哪一个内部或外部组织在该项目中发挥着作用？

6）这些组织位于何处？

7）项目如何组织？

8）这个项目与其他项目之间有何关系？

9）重要的机遇与挑战是什么？

项目产品和交流是项目信息的最好来源。因为项目的动态性质，这个“知识簿”需要经常更新。除沟通计划外，我们能利用这一信息使得利益相关方有一个整体的认识。我们应该考虑建立并使用针对总体项目信息的渠道，如项目网站上的常见问题（FAQ）列表。

接着我们应该确定这些项目信息对于沟通有什么影响。我们要分析：所需沟通行动的规模，沟通活动和渠道的地理位置分布，对于行动目的关键的事件，机遇与挑战。

我们也应该列出在每一地点都可利用的媒体资源的详细清单（例如，前厅和自助餐厅里的平板显示屏、外网和内网、电视和广播、打印店、内部邮件传送）。

18.2.3　分析利益相关方

利益相关方分析可以形成权威的知识资源，这些资源涉及利益相关方及其与项目的关系以及他们的价值和利益。一个利益相关方可以分属不同的社团。例如，一个项目工程社团成员也可以属于用户社团。第 5 章详细地讨论了利益相关方的管理。我们应该尽力识别所有利益相关方社团。忽视任何有影响力的利益相关方都可能危及该项目。

18.2.4　制定策略

图 18－3 介绍了制定策略时如何将策略要素中的所有行动融为一体。

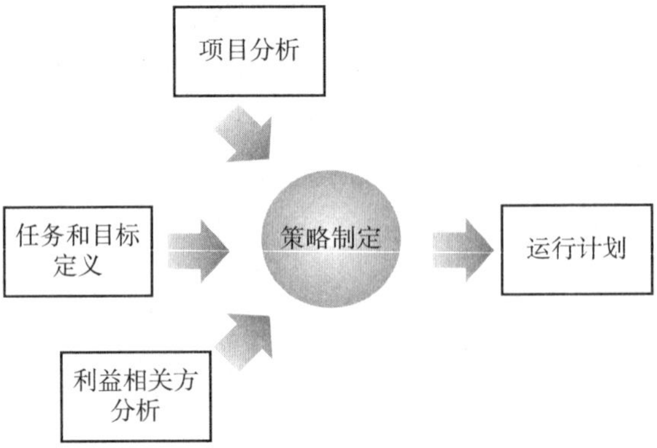

图 18－3　策略制定过程

通过分析项目及其利益相关方，可以形成沟通策略和运作概念

策略制定从任务和目的评审及对项目和利益相关方分析开始。通过这些活动，我们了解该项目的主要假设和约束及其沟通能力。如果任何一点有变化，我们需要重新审核该策略。

沟通策略应该明确地指出项目中的挑战和机遇并对利益相关方进行分析。通常应考虑下列问题：

1）如何建立和维持利益相关方的信任和合作？

2）如何确认信息的一致性？

3）如何使跨越多个分发渠道、组织和地域的信息保持一致性？

4）如何利用可用媒体资源建立可靠的、有良好回应的沟通基础设施？

5）如何发布和管理可用的沟通资源？

6）如何设置沟通开支优先权？

项目经理和沟通官员应该评审沟通策略，以确保沟通方式、方法是互利互惠的、是现实可行的、是可承受的，能够支持沟通目的和指导原则，以及与假设和约束保持有效。

18.2.5　计划运作

运作计划设计了支持沟通任务、实现其目的、执行其策略的运作能力。运作计划向沟通办公室展示了运作概念。这一运作计划应明确：

1）沟通办公室有哪些权力和责任？

2）沟通办公室是何种组织结构？它与该项目的组织机构如何关联？

3）如何实现这一战略沟通过程？

4）如何管理和运营这一办公室？

5）员工要求是什么？

6）沟通办公室应提供何种办公条件（设备、媒介、硬件、软件）？

7）从外部组织可以获得什么办公条件和服务？

8）办公室的职责、条件和员工位于何处？

9）项目年预算是多少？如何确保资金到位？

运作计划完善了战略策划。当项目挑战、机遇、假设和约束改变时，战略沟通计划将随之改变。沟通官员必须明白它是否持续满足项目要求。

沟通团队的所有成员，包括销售商和外部媒体组织构成的扩展团队，都应该加入战略策划，并有权使用所有战略策划的知识资源。良好沟通源自沟通官员和员工的良好意愿。这一办公室应该是战略沟通的最高标准模型。

本章以火灾卫星为例研究战略沟通的过程。

在此卫星立项阶段，火灾卫星项目经理任命史密斯女士为沟通官员，她通过与主要利益相关方面谈及评审项目制品很快建立关于该项目的关键信息。任务策划结果如下：

通知、说服、动员火灾卫星项目利益相关方帮助实现该项目在美国近实时地探测、识别和检测森林火灾的目的。

史密斯女士还要为沟通办公室定义目的和指导原则。她将收集到的信息整理成主要事件列表，这是项目的一个权威知识资源的起始点。在列举该项目的好处时，她指出，该项目将会对拯救生命、财产、野生动物、生态系统和财富产生全国性的影响。

然后史密斯女士使用第 5 章的流程，提出项目下述利益相关方群体的首要关注项。

1）出资者和赞助商——国会、管理和预算办公室（OMB）、美国林业局；

2）用户——美国林业局、州和地方的消防队员、联邦紧急事务管理署（FEMA）；

3）运营商——美国国家航空航天局（NASA）、美国国家海洋和大气局（NOAA）；

4）客户——美国林业局；

5）开发商——空间部长和分包商；

6）其他受益人——一般市民、企业、保险公司、大学。

史密斯女士获得了每个社团的人员和分布信息。然后她主要关注假设、约束、机会和挑战。以下的挑战将是重要的：

1）在提供实实在在的好处之前，很难在整个6年的开发阶段，对项目维持高度的兴趣和支持；

2）具有几种不同的任务、心态和日程的突出利益相关方必须被汇集在一起，作为一个团队来工作；

3）由于发生森林火灾比例较高的美国西部地区将受益最多，其他地区对开发的支持可能很难；

4）国家对预算优先级的改变可能抽走关键资金。

然后，史密斯女士制订了沟通策略，包括：

1）在华盛顿建立强有力的游说和媒体功能；

2）提高公众和个人对于森林火灾是一个不断增长的全国性问题的警觉性；

3）采用面对面和视频格式传达根据利益相关方价值产生的情感内容；

4）利用技术在广泛分散的利益相关方社团之间缩小时间和地点的差异。

最后，她提出了经营理念以支持这一战略，并与项目经理评审了计划。他们确定了可以支持沟通活动的团队成员，她选择和吸引了传媒机构以支持该项目。她确保沟通团队成员了解该计划，并致力于实现其目的。

18.3 管理沟通要求

沟通要求来自于项目内部及其外部环境。我们通过对沟通要求进行分析、排序和分组，获得利益相关方产生和分发关键信息的沟通动议（称为行动）。行动成功与否通过验证相关要求来衡量。我们要提前了解一些沟通的要求，如：

1）项目的形成和结束；

2）伙伴关系或合资企业的形成和解除；

3）重要的里程碑和评审，如初步设计评审和关键设计评审；

4）组织的汇报要求，如每月活动报告；

5）新的产品或服务的可获得性；

6）业务运营的开始时间。

因为意外情况，也可能出现一些要求。例如，在测试过程中一个关键部件的缺陷会导致一个重要的进度拖后。每一个空间项目都可能会遇到要么成功实施要么中断的情况。这些事件对于战略沟通是关键的。项目经理应不断地分析带给沟通要求的机会和风险。管理沟通要求包括四项主要活动：

1）研究——分析每一个沟通要求的内容、范围和影响。还必须分析会引起意想不到的沟通要求的情况。首先，要进行机会和风险分析，然后对问题进行详细分析。我们要查明其对于利益相关方社团的影响，并识别对于解决方案的任何障碍。

2）计划——当研究完成后，我们要将沟通要求加入到要求文档中。我们还要评估沟通的难度、定义与其他要求的关系，并将相似要求分组。然后，我们按其关键程度排序。最后，我们发布资源，启动一个或多个沟通行动。一次沟通行动是针对一个或多个利益相关方社团的一系列交流活动。一个非常大的要求可能需要开展多项周期性的活动。

3）实施——在任何时候，一个或多个沟通行动可能正在进行中。当他们转入沟通行动时，我们要监察其成效。以社团为基础的观点可以确保利益相关方不会负担过重，并且有足够的时间去做需要做的事情。如果负担过重，我们要放宽行动进度。

4）验证——活动结束时，我们要确定我们在多大程度上满足了沟通要求。在大型活动后，沟通团队应当着手进行了经验教训的分析。如果我们不能满足要求，而且要求是正当的，那么就要为这种沟通要求重新制定附加的研究和计划。

图 18-4 说明了一个发生在跨越几年甚至几十年的大型项目中模式。在这个图中，时间代表一个项目从形成到结束的生命周期。

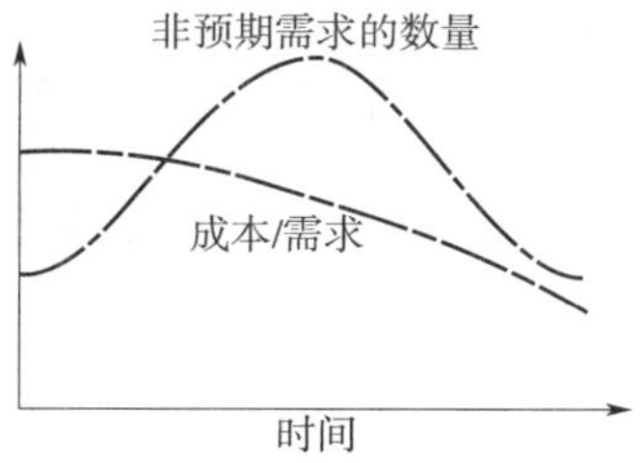

图 18-4　项目整个生命周期的沟通要求

当成本高及意料之外的沟通要求的数量迅速增加时，意味着该项目面临的风险最大

沟通要求在项目开始和接近结束时是最可预见的。在这些时候，对于沟通活动，组织的要求是主要驱动力。在大型、复杂项目中如出现意外情况，不确定性和风险意味着由于不可预料情况出现，造成一些不可预测的沟通要求的增加。另一方面，在开始时，因为经验和成熟的方法有限，满足每一个要求的成本是最大的。随着知识、相互关系、沟通基础设施和团队的表现更好，每次沟通的成本会随之下降。

最大的挑战往往发生在项目进行中，一些意想不到的要求开始爬升，而沟通办公室此时尚未全面运作。不应该只是在沟通办公室工作，而是应该与沟通官员密切合作，以助于对要求排好顺序、平衡工作量，并建立长期的素质和能力。早期的沟通错误会损害利益相关方的关系，削弱项目领导层的信心，而且会致使项目正当应该产生动力时却处于损害的控制过程中。这种处理问题的耐心是有益处的。

火灾卫星进行了两年多，到 2010 年已经步入满足其目的的正轨。但在 2006 年年底，航空航天领导意识到美国林业局的预算可能遭到削减。2008 年火灾卫星预算可能被削减高达 20%！这一挑战是高度政治性的，要求卓越的沟通能力。项目经理立刻联络史密斯女士。

他们对提出的预算削减开展机会和风险分析。问题的根源分析认定预算优先权转移的原因。虽然该项目已完成了大量的工作，满足了其里程碑要求，而且还获得了利益相关方群体之间的支持。但预算削减 20%将增加技术风险和延迟系统运行近 1 年。项目经理认定若要成功就必须在 2008 年为火灾卫星项目提供其预算的 95%。沟通办公室马上开始工作。决策者将在短短 6 个月内作出最终决定!

18.4　与利益相关方沟通

这项活动是沟通的基本功能。我们从全面地了解沟通开始。

沟通——传递信息、思想和感情，从而使对方满意地接受、理解，并采取行动。

在最基本的层面上，一个沟通的完整过程包括发信人、信息、媒介和收信人，如图 18 -5 所示。

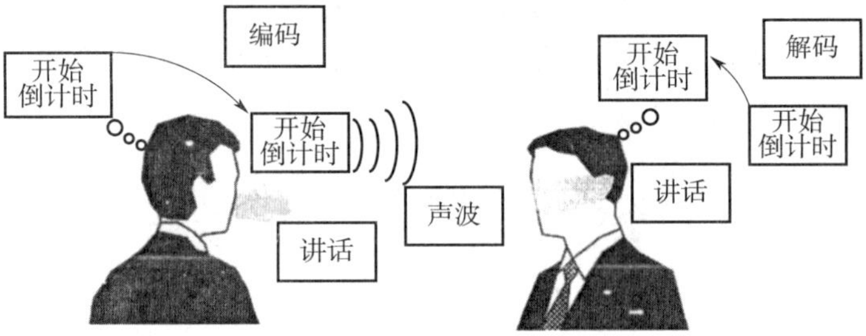

图 18 - 5　沟通的基本组成部分

沟通使用信息以在发信人和收信人的头脑创建一致性含义

发信人创建信息（现在开始倒计时）并使用一种方法来进行信息编码（将想法转换成英语口语："开始倒计时"），所以它可以通过一个媒介被传送到收信者（讲话，使得声波通过空气传播）。收信人收到信息（声波到达鼓膜），解码（将声波转换成听到的英文），并通过比较先验知识理解信息。信息的数量和类型是无限的，但信息编码、传输和解码受可用技术和科学规律制约。

我们必须明白，信息不具有意义。发信人心里有一个意思，但不能直接传达这个意思（我们仍然不确定有心灵感应）。收信人通过与他或她的已有知识比较来决定其意义。这是沟通的软肋。将相同的信息发送到不同的人，可以产生不同的含义。在我们的日常生活中每天都有这样的情况发生，当我们说我认为你的意思是"这个"时，往往会发现那人的意思其实是"那个"。在一个项目中，每天有数以千计的沟通，误解和误解基础上的行动的可能性总是存在的。稍后在本章稍后将讨论我们如何应对这一挑战。

图 18 - 2 说明了与利益相关方的沟通如何与其他活动产生联系。这类活动提出并实现沟通活动，以满足要求并支持沟通策略。这些行动可以是针对一个特定事件的短期活动，如即将到来的初步设计评审，或针对持续要求的长期活动，如在其整个生命周期中建立和维持项目的金融支持。与利益相关方沟通，包括如下四项主要活动：

1）社团分析，旨在了解利益相关方社团的价值观、信仰和利益。

2）信息产生，提出利益相关方必须接受、理解、并对其采取行动的信息、想法和感受。

3）渠道应用，为信息、信息包选择传输渠道，并将其打包传给利益相关方。

4）行动管理，协调内容传送的时间和地点，以便信息有最好的效果。

18.4.1　分析利益相关方

利益相关方社团分析比在做战略规划时的利益相关方分析更详细。它侧重于了解将为项目成功采取行动的人力资源。战略沟通的最高目的是动员利益相关方以帮助项目达到其目的。这是与成功相关的唯一定义。没有帮助该项目成功的动员管理进度报告是一种失败的沟通。因此，项目经理与团队成员的走廊谈话不是动员后者完成一项重要任务的沟通方式。这些都将错失机会。战略沟通利用了项目利益相关方的价值观、信仰、利益和看法。因此我们要这样做：

1）告知与他们相关的、感兴趣的内容。对这些信息不感兴趣的利益相关方将被筛选出来。

2）说服他们以有利于项目的方式查看与项目相关的主题或问题。如果没有利用价值观和信仰产生情感的火花，利益相关方将维持其目前的状况。

3）提供一个他们需要做什么的清晰描述来动员他们。否则，他们可能会采取与项目适得其反的行动。

表 18－3 定义了一个利益相关方组合（stakeholder portfolio）包含的主要活动。当项目或环境变化时，我们应该评审和更新这些活动。我们将对这些活动展开讨论。

表 18－3　社团分析活动①

活动	目的	步骤
定义利益相关方社团	将项目的利益相关方细分成具有相同目的和利益的社团	· 分析利益相关方之间的关系 · 确定细分方案 · 定义利益相关方社团
构建利益相关方组合	确定利益相关方社团并为其建立权威知识	· 与利益相关方面谈 · 分析面谈结果 · 修订社团定义 · 构建利益相关方组合
跟踪社团成员	维护关于所有利益相关方和他们社团的联系信息	· 建立和维护利益性相关者联系信息 · 建立和维护社团相互关系信息

①这些活动开发利益相关方组合，并维持社团成员名单。

定义利益相关方社团——正如第 5 章所讨论的，我们用共同特点和利益将利益相关方分类并定义利益相关方社团。我们提出沟通策略时，就已经开始创建利益相关方汇总表。当详细分析发现新的信息时，我们应该评审和更新该表。

构建利益相关方组合——利益相关方组合定义验证分类方案的可行性，加深我们对每个社团的了解。我们可能搞错有关利益相关方的角色和利益，或者忽视一些社团。这项活动有助于我们确保组合是完整的、一致的、准确的。

我们通过面谈收集有关利益相关方社团信息并确认他们的利益。我们还需要确定他们喜欢的沟通方式（例如产品网站、在线用户论坛、电子邮件提醒）。我们能够将组合扩大为包括利益相关方汇总表中的列项。添加比较容易过期的信息，如相互关系的当前状态或特别引人注目的问题，为设计交流活动增加组合的价值。我们通过下面的问题来保持利益相关方组合中的信息：

1）我们遗漏了哪些社团？信息是完整、准确和最新的吗？

2）目前的分类方案仍然是一个管理和针对沟通的有用和经济的方法吗？

3）哪个社团对于项目是最重要的？我们与这些社团有良好关系吗？

4）一个或多个社团将仔细关注什么即将发生的事件或状况？他们将对什么感兴趣？

有一种类型的利益相关方社团往往容易被人忽视——即具有影响力的人或机构。这些个体往往不在组织结构图上，但在动员关键利益相关方时是重要的，应该在每一个利益相关方组合中被放在突出位置。利益相关方之间关系的网络分析往往揭示了一个非正式情况，即在影响别人的看法时，某些思想领袖发挥着有影响力的作用。具有影响力的人可能是每个人都要去该机构征求建议的领导，或是首席研究人员或科学家。沟通团队应该仔细考虑这样的人，并确定如何动员他们去激励其他利益相关方。

与社团成员保持联系——利益相关方成员的管理虽然简单，但是需要耗费时间。这样做可以与每一个利益相关方保持联系信息，并及时更新社团成员名单。利益相关方及其社团名单的准确性和完整性对沟通是必不可少的。要绘制一张他们之间的关系图，因为有些利益相关方可能属于多个社团。

维护联系信息的责任往往落在项目管理办公室一些不幸的人身上，他们似乎永远无法保持列表的最新状态，因此沟通团队应该承担起这个责任。

火灾卫星沟通办公室开始考虑处理提出的2008年预算削减的20%的问题。他们与美国林业局的官员会面以确认2008年预算的主要决策者。评审总统预算的管理和预算办公室、国会预算委员会的成员中的一些人被认为是主要决策者。因为航空航天协会不能直接影响这些利益相关方，讨论的重点转向那些能够影响他们的人。他们选定美国林业局局长、美国消防协会和美国保险公司的国会议员为游说者。由于时间短但所需的投入强度大，他们排除了动员广大市民和企业参与。

沟通团队开始对这些利益相关方进行详细分析。对于决策者，分析研究主要集中在投票记录、过去的预算决定、过去有关委员会的听证会记录和其他现有的信息。该小组认为，美国林业局局长与管理和预算办公室利益相关方的影响最大。他们还决定游说拉拢美国国会的利益相关方，因为他们有“现场”的知识和关系。然后团队研究哪些人可能是向决策者提出令人信服故事的最有效人选。经过多次电话后，他们确定了三个成功的游说者。

18.4.2 创建信息

大部分项目的沟通集中在通知利益相关方。但是，战略沟通是为了动员他们开展行动，从而使得项目受益。因此，信息的创建是指创建与动员信息有关的内容，影响利益相关方的观点和使得利益相关方与项目利益保持一致。这项具有挑战性但很重要的工作通常是短周期的，这有助于结束那些产生无效结果的工作。信息的创建集中在战略沟通要求的三个“W”，即为什么、什么和谁？我们在渠道使用中讨论为什么和如何（见第18.4.3节）。

一个信息从发信人的想法通过渠道传达一个概念到收信人的头脑中。如果两个人的想法都以相同的概念结束，我们就实现了一致性。由于有些因素扭曲了信息的含义，一致性是难以达到的。一个信息获得的含义是基于已有的知识——事实、经验、价值观、信念和意见。不同的人可以将相同的信息理解为不同的含义。渠道也可能扭曲含义。通过人的方式传递信息，可以读到和发现身体语言的可视线索，这与收音机传递的信息是非常不同的，在收音机里语音语调是情感内容的唯一线索。我们有如下三个基本方法来减少含义被扭曲：

1）添加上下文线索，增加信息的丰富性；

2）与其他附加信息一起阐述原始信息；

3）要求收信人复述信息给发信人，看看是否一致。

战略沟通使用所有这些方法。一个信息必须具有逻辑和情感的内容，以提高收信人理解其本意的可能性。其次，次要信息附加于主要信息，以提供更多的细节。最后，分发之前，我们对每个社团的一小部分信息进行测试，以增加一致性。

信息创建显示的信息是明确的、令人信服的、一致的、完整的、关联的、有说服力的和有动机的。表 18－4 定义了创建内容的活动。在该表后面的段落里，我们将展开论述每一类活动。

表 18－4　信息创建活动①

活动	目的	步骤
定义目的	将沟通要求转换为可衡量、可完成的目标	· 分析沟通要求 · 定义项目目标和测度 · 确定利益相关方社团
制订计划	决定实现项目目标的策略，定义行动，使每一社团去实现	· 确定所有相关的社团 · 分析和确定相互关系及社团的期望 · 制定达到目标的策略 · 为每一个社团执行策略定义所需的行动
撰写信息	产生主要的和次要的信息 动员利益相关方采取所需的行动	· 分析利益相关方的价值、信仰、利益和想法 · 为每一个社团定义主要信息 · 为每一社团定义次要信息 · 综合和修订信息集
测试信息	确认主要和次要信息的有效性	· 在测试中确定参加的利益相关方 · 发送信息文档 · 与利益相关方面谈 · 修订主要的和次要的信息

①这些活动提出并测试在沟通活动中使用的主要的和次要的信息。

定义目标——一个有效的信息要从了解项目的成功需要什么开始。对沟通的要求可能是组织的政策（例如，每月的管理简报）、预定的项目事件或里程碑（例如，关键设计评审），或者已经出现的情况（例如，可能的预算削减）。我们要分析它并将其转换成一个特定的项目目标——在某一特定日期可以衡量和实现的所需要的结果。面向目标的沟通可以确保沟通要求、信息、所需的利益相关方行动和项目目的之间的直接关联。

以下步骤可将沟通要求转换成项目目标：

1）分析要求，以了解其需要、内容及对项目的影响。如果有必要，与要求提出者面谈，以确保我们了解沟通活动的需要。

2）定义具体的项目目标、用来衡量其成果的指标体系、何时必须完成项目以及如何将其与该项目的目的保持一致。该目标应阐明项目的预期成果。

3）确定对于目标最基本的利益相关方社团，定义在达到该目标的过程中每一个社团的角色。

下面继续以火灾卫星为例，表 18－5 为未确定的预算削减描述项目目标。在这个例子中，有两组利益相关方社团发挥作用。

表 18－5　项目目标实例①

要求	分析	项目目标	社团
针对管理和预算办公室和国会打算提出为 2008 年火灾卫星预算削减 20% 的提案	该预算削减是由联邦预算优先级不断变化造成的。2008 年削减 20%将增加技术风险，延迟将近 1 年才能投入使用，项目进度目前落后 2 周，低于预算 5%。挣值分析表明项目处于正轨	为 2008 财年确保项目资金 评价指标：确保 2008 财年 95%的资金 日期：2007－06－01 所有项目目的都取决于 2008 财年的项目资金	决策者：管理和预算办公室，国会 有影响力的人：美国林业局，美国消防局，美国相关保险公司

①火灾卫星项目经理建立了确保 95%或更多的财年资金这一项目目标。

制订计划——为实现项目目标，需要为每个参与的社团制订策略和具体的行动计划。这往往增加了沟通的范围，因为我们可能需要有更多的社团参与。例如，使用具有动员影响力的人可能是策略关键。该策略将行动计划与一个有可能成功的总体方法联系起来。

表 18－5 建立在火灾卫星案例的基础上。沟通团队制定动员有影响力的人的策略，以影响关键预算决策者。然后，为实现这一点，他们增加了两个具体行动：1）由美国林业局局长向管理和预算办公室提出申请修改总统预算；2）如果申请不成功，通过游说国会议员来呼吁。团队必须说服林业局局长支持该项目。他们还必须聘用航空航天协会的管理团队来确保游说者为其服务。

撰写信息——随着战略和行动计划的完成，我们创建信息以动员利益相关方。有效的信息是针对具体社团的，因为他们利用了社团成员的价值观、信仰、利益和意见。一些信息可能会在一个社团发挥很好的作用，但在另一个社团并非如此。计划中所需的行动也是针对具体社团的。每个社团都有一个扮演的角色，且信息必须明确要做什么。

在创建一个信息时，对作者来说，从选定的利益相关方角度考虑问题是有帮助的。这使我们能够更好地理解可能会选择或过滤的信息，哪些信息可能会引起行动所需的情绪反应。最强大的感染力是在受众心灵中引起共鸣。

信息制定是一个生成利益相关方信息文件的高度创造性的过程。这通常只需一页或两页文字，不应与我们发送给利益相关方的沟通信息混淆。我们在这里主要关注信息而不是渠道。为每一个目的社团制定一个利益相关方信息文件时，我们应采取以下步骤：

1）评审社团的利益相关方的剖面。尤其是评估他们相互关系的状态、价值观、信仰和利益，以及展示利益相关方前景的想法。

2）评审选定的社团所需的行动和决定如何通知、说服、动员他们。他们有足够的信息来采取所需的行动吗？他们可能会选择和保留什么类型的信息？他们将剔除哪些信息呢？这些信息应该如何利用他们的兴趣和意见，以产生改变和行动所需的精神力量？

3）鉴于上述情况，写出一些简短的警句或言简意赅的策划书来抓住利益相关方的注意力。这一创造性的一步可以集思广益。在这一点上，我们不要刻意去制定一套精心制作的信息。

4）获取主要信息的说服力、清晰度的草拟清单，如何使得其被记住？他们不应该隐藏负面含义、使用陈词滥调或明显利用核心价值观、信仰和利益（没有人喜欢被公开操纵）。改进信息、选择三到五个将能抓住利益相关方注意力并产生行动所需的精神力量的信息。将信息连成一个动人的故事。

5）用次要信息增强主要信息。次要信息是提供背景、相关性以及其他细节的附加内容，置于主要信息之中。利益相关方有时对这些问题的信息掌握得很少。次要信息应完整地通知他们，并加强主要信息在逻辑（例如，事实、比较、图表、统计）和情感（例如，“未来完全处于危险之中”）方面的感染力。次要信息还可以帮助我们明确主要信息暗藏的含义。

6）评估和完善一套完整的信息，使之成为完善的动人故事。这个故事可以告知、说服、动员利益相关方吗？它有开端、中间和结尾吗？信息将被选中并保留吗？故事是否吸引利益相关方的兴趣吗？这些信息告知利益相关方他们需要做什么，且为什么和何时做吗？如果你是利益相关方，故事会促使你采取行动吗？

当所有利益相关方的信息文件采集完成时，我们应该评估这些文件以确保信息相得益彰并且相互一致。相互矛盾的信息，即使采自不同的利益相关方，也都会破坏他们对项目的信任。因为来自不同利益相关方的人将会互相沟通！沟通计划的实例如表 18－6 所示。

表 18－6　沟通计划的实例①

分析	项目目标	策略	社团	所需行动
该预算削减是由联邦预算优先级不断变化造成的。2008 年削减 20%将增加技术风险，延迟将近 1 年才能投入使用，项目进度目前落后 2 周，低于预算 5%。挣值分析表明项目处于正轨	为确保 2008 财年项目资金 评价指标：确保 2008 财年 95%的资金 日期：2007－06－01 所有项目目的都取决于 2008 财年项目资金	利用有影响力的人动员决策者减少或取消预算削减	·美国林业局局长	2007－01－10，说服林业局局长呼吁管理和预算办公室修改总统的预算
			·美国林业局局长	2007－01－15，恳求林业局局长根据管理和预算办公室反应呼吁
			·美国航空航天协会管理层	2007－02－15，保护游说议员者的安全（如果管理和预算办公室呼吁失败）
			·国会 ·美国消防局 ·美国相关保险公司	2007－05－01，游说议员者呼吁国会成员（如果管理和预算办公室呼吁失败）
			·国会 ·美国消防局 ·美国相关保险公司	2007－06－01，获得美国林业局预算状态

①这个沟通计划指出每一个社团为达到确保 2008 财年资金的项目目标必须采取的具体行动。

火灾卫星项目沟通团队有一个集思广益的会议来产生主要信息，他们期望与管理和预算办公室同国会产生共鸣并起到动员作用。美国林业局局长和国会游说者将利用这些信息去说服决策者，以减少或消除预算削减。该沟通团队评估社团分析的细节后，认识到次要信息将需要采用受众的语言——有说服力的数字来生成强大的商业案例！史密斯女士回忆说，火灾卫星项目讲述了一个引人注目的情感故事，这个故事可能会与决策者的政治和爱国主义价值观产生共鸣。拯救生命、财产、野生动物、旅游休闲资源和金钱有很好的爱国主义的光环。

在这次集思广益会议结束时，团队记载了下列草拟的主要信息：

1）森林火灾使家庭及其家园处于危险之中，破坏我们宝贵的国家资源；

2）早期发现火灾，最大限度地减少生命和资源损失，并显著降低灭火和重建费用；

3）火灾卫星项目探测早期火灾，并提供有效的协调消防响应所需要的信息；

4）火灾卫星项目拯救生命、家园、企业和我们国家的宝贵资源；

5）拟议的美国林业局 2008 年预算削减将使得火灾卫星项目推迟近 1 年运行；

6）在延迟的 1 年内，灭火和重建的成本费用大大超过拟议的 2008 财年预算削减节约的成本；

7）保留火灾卫星项目 2008 财年预算以节省金钱、拯救生命和资源！

随着草拟的主要信息的完成，沟通团队开始行动为次要信息收集支持信息。次要的信息将包含向决策才提供有说服力的商业案例的数字。该团队发现，在 2005 年烧毁了 900 万英亩森林的火灾灭火中，联邦政府花了 8.75 亿美元。受影响社团的经济损失每年高达数亿美元。在找到支持上述所有七个主要信息的次要信息后，团队决定与美国林业局内的游说者和值得信赖的个人测试这些信息。

测试信息——我们绝不能忽视测试信息。因为产生和发布不能与利益相关方利益一致的信息，或无法恰当地动员他们的沟通是一个代价昂贵的过失。另一方面，我们负担不起测试每一个对项目有限分发和影响的进展报告或信息。

我们应该测试主要的和次要的信息。这涉及与社团中可信的利益相关方分享各利益相关方的信息文件以获得信息有效性的反馈。他们评审信息文件后，我们应该在面谈时问以下问题：

1）信息是明确且毫不含糊的吗？

2）信息抓住你的注意力了吗？

3）信息是什么？

4）信息使你反感了吗？

5）在该项目中，信息与你的利益相关吗？

6）你对该信息的看法是什么？

7）信息促使你采取行动了吗？

8）如果是这样，你将采取什么样的行动？

为了增加反馈，我们可以在上述问题中增加许多“为什么”或“为什么不呢”。反馈有助于我们加强和改进信息。如果他们需要重大修订，我们应重新进行测试。当测试中发现问题的有利反应时，利益相关方的信息文件应经过核准并以此为基础。

18.4.3 利用沟通渠道

现在沟通团队必须决定在何处放置信息，以及如何将他们置于该处。关注点已从信息转移到渠道——这里有很多的机遇、挑战和权衡。日新月异的技术变革不断创造着新的沟通方式。表 18－7 表明了一些当今可用的沟通渠道，文档的数目几乎是无止境的。

表 18－7 沟通渠道实例①

渠道	格式	储存器	发布	应用要求
按需视频	MPEG	网站目录中的文件	互联网流	计算机，网络浏览器，MPEG 播放器，眼睛，耳朵
邮寄视频	MPEG	CD 里的文件	邮件	具有 MPEG 解码器的 CD 播放器，眼睛，耳朵
适中的视频	VHS 或 DVD	磁带的磁道	教室	VCR 或 DVD 播放器，具有喇叭的电视监视器，眼睛，耳朵
邮寄册子	印刷	印在纸上	邮寄	眼睛
电邮册子	PDF	邮件的附件	网络电邮	计算机电邮软件，PDF 浏览器，眼睛
出席演讲	英文	通过空气传播的声波	视听室	耳朵（眼睛可选）
广播演讲	英文	通过空气传播的声波	广播电台	收音机或电视，耳朵

①技术进步提供接近利益相关方社团的很多方法。

了解渠道的工作，其重要性小于了解他们如何增强或扭曲信息、或影响收信人的经验。录音机播放的讲话被视为与在礼堂举行的演讲不同。播放磁带一般是一个无伴的经历，除了语音语调外没有其他线索来帮助收信人了解信息。礼堂里的演讲是一个共享的经历，可以是互动的，其线索更丰富（例如，语音语调、肢体语言和观众的反应）。

同样重要的是渠道应置于收信人要求的地方。会议要求收信人前往会议地点，并学会聆听。阅读在线 PDF 文件并不意味着旅行，它需要硬件、软件和眼睛。通过渠道强加的要求有助于确定利益相关方是否选择接收沟通。一个忙碌的人，可以决定略过会议或不花时间去下载访问信息需要的软件。所以，鉴于其对于利益相关方的影响，应该仔细权衡渠道选择。

选择渠道时，沟通团队应考虑个性化、到达和互动性要求的程度，以动员各利益相关方社团。

个性化——为一个社团的个别成员定制信息的程度。

到达范围——利益相关方的目标社团收到信息的范围。

互动性——发信人和收信人实时或接近实时地沟通交流内容的程度。

在一个庞大而复杂的项目环境中，为社团中每一个利益相关方创建一个单独的信息是不经济的。但是，我们也可以利用有关的人或社团的实际情况使内容个性化。沟通可以是高度个性化的（包括有关人员的事实），有点个性的（包括有关社团的事实），或非个性化的（广大受众）。个性化的信息更容易抓住目标收信人的注意力。

然后，当为满足项目目的（见第 18.2 节）而制定策略时，我们应确定信息的达到范围，即有目的的利益相关方社团的范围。我们可以针对某一个小社团，或社团的一部分，也可针对整个社团、一些社团或所有社团发送信息。个性化和服务范围的不同文件都是可能的。例如，针对整个社团的信息可能包括个体（个性化）的事实。或者我们可能针对没有个性化的一小部分社团发信息。

需要显著变化的项目目的往往通过互动可以达到最好的实现——发信人和收信人有机会讨论信息。面对面交流是非常引人注目的、有说服力的和有动员效果的沟通方式。互动提供有关的信息的反馈，是建立相互关系、评估利益和相关紧迫问题的强有力方法。

表 18－8 列出在常见类型渠道中，在个性化、到达范围、互动性方面的权衡。我们应该使用每个社团的行动计划，以决定哪些渠道可能提供最好的结果。

表 18－8　沟通渠道的权衡①

渠道类型	个性化	到达范围	互动性
面对面，打电话	高	低	高
情况简报	中	高	中
会议	高	中	高
网站（多媒体）	高	高	中
印刷品	高	高	差
电视/广播电台，视频	中	高	差

①选择正确的渠道需要利用沟通目的和经济考虑来权衡渠道的限制条件。

决定渠道使用的另一种权衡是发布方法。发布方法有两种：推和拉。

推方法——发信人倡导的信息传输。

拉方法——收信人倡导的信息传输。

推方法的例子是演讲、电子邮件、电视节目、备忘录和简报。它的优点是沟通团队控制发布的时间。这给了我们一些自信，相信利益相关方会在适当的时间和地点收到信息。缺点是我们无法获悉利益相关方是否感兴趣。你的信息可能会被收到，但是却被忽略了。相比之下，由于是利益相关方倡导的方式，因此拉方法（在一定程度上）表明了他们的兴趣。但是，我们几乎无法控制他们何时或者是否收到信息。网站、下载、视频点播是拉方法的例子。表 18－9 列出了三个渠道使用的主要活动。接下来将展开论述每一项活动。

表 18-9　三种渠道使用的活动[①]

活动	目的	步骤
渠道分析和选择	为传递信息给利益相关方确定最有效渠道	· 评估信息和利益相关方行动计划 · 确定个性化、到达范围和互动性的级别 · 选择最有效的渠道 · 评估经济性和按需要修订渠道选择
渠道策划书	为沟通的生成和发布定义详细要求	· 确定渠道要求 · 制定渠道策划书 · 评估和批准策划书
生成和发布	产生满足渠道策划书要求的沟通	· 评估策划书 · 产生沟通 · 评估和通过最终产品

①这些活动为沟通选择了最合适的渠道，通过选择的渠道生成传递信息等。

渠道分析和选择——信息渠道选择是一个多维问题。我们必须考虑个性化、到达范围、互动性、位置、定时、控制、发布方法和利益相关方对渠道位置的要求。选择最有效的渠道的策略是：

1）为建立一般的认识而为附加的沟通作准备时，如果主题是简单易懂的，那么采用印刷品或多媒体沟通是非常有效的。对于复杂的主题，具有互动的简报可能会产生更好的结果。

2）如果是为了说服和动员，最有效的媒介是面对面。这也提供了变化所需的逻辑和情感的内容，是个性的和互动的。视频是很好的第二选择。一个脚本好的视频，可以有力吸引情感。

3）不受电子邮件或备忘录的诱惑。利益相关方每天被这样的信息轰炸，反而会反感其中许多信息。因此应选择一个能吸引并抓取利益相关方注意力的沟通渠道。

4）将目标社团的位置与库存可用的媒体资产所存放的位置进行比较。这有助于我们了解可以使用哪些渠道。

5）面试利益相关方以确认他们关注的、喜欢的格式和发布信息的方法。要充分考虑用户对渠道所处位置的要求。避免很难使用或要求用户改变他们行为的渠道。

6）考虑采用多种渠道，以到达相同的利益相关方社团。人们需要多次听到信息才会保留它。在同一社团的利益相关方中可能对渠道有着不同的偏好。通过多种渠道重复一致的信息更容易被听到并保留。

7）我们需要决定是否使用推或拉的方法。如果利益相关方必须在同一时间和地点收到信息，我们应该使用推的方法。通过中介，例如有影响力的人，可能会失去信息的完整性。

选定上述策略时，应综合考虑两项经济方面的因素。如果社团之间的信息有重叠，使用相同的渠道以到达他们，可以节省资金，且仍然有效。此外，某些渠道价格昂贵，而且不能很好地扩展，例如，如果社团很大或地域上广泛分布，那么采用面对面沟通会花费很多钱。从沟通的角度来看，有效的方式可能未必是经济上可行的。

火灾卫星沟通团队通过美国林业局中值得信赖的个人完成了主要的和次要的信息测试。当游说者开始呼吁国会议员时，他们将作进一步的测试。现在，他们必须选择使用最有效的途径。因为说服议员作出决策是至关重要的，这类沟通渠道必须是个人的和互动的，而且受众非常少。渠道必须传达火灾卫星故事中的情感内容以及在次要信息中的事实。毫无疑问，面对面和视频可能是这种沟通首选的渠道。

为满足这一要求，团队将重点转移到沟通计划中的每个部分：

1）火灾卫星项目经理将与美国林业局项目经理一起工作以安排与局长的会面。如果后者偏好简报会，那么就要准备一份专业制作的PPT。具有主要和次要信息的事实列表也要附上，以方便局长向行政管理预算局呼吁。按照局长的要求，航空航天协会将会提供更多的信息。

2）如果局长的呼吁失败，火灾卫星项目经理将与航空航天协会的管理团队联系并争取游说者的支持。附后的（leave-behind）主要事实列表将会被呈现给该协会。项目经理将使用每月进度报告，以确保公司的管理团队了解项目的当前情况。与协会的关系将由该协会理事会在午餐或晚餐时初步探索。

3）游说者将要求与国会议员面对面以讨论火灾卫星的预算。沟通团队担心游说者可能扭曲信息，因此他们制作一个简短的视频来传达事实和情感故事的情节。关键的事实列表也一并被附上。游说者将被引荐给国会议员传达关键信息，并在每次会面时留下视频和主要事实列表。随着最后期限临近，将致电游说国会议员来监察，并确定拟议的预算削减的状态。

史密斯女士同意所选定的渠道，沟通团队开始为每次沟通制品草拟渠道策划书。制作视频将需要较长的交付时间，DVD必须能在不同的设备条件下完美运行。如果国会议员或其职员碰到任何使用不方便或运行时间过长的DVD产品，他们就不会播放这种视频。制作视频需要专业知识而项目团队却不具备。幸运的是，该项目在其早期阶段与在华盛顿顶尖的媒体公司建立了关系。

渠道策划书——我们一旦选择了某些渠道，就要为每一个渠道制定策划，定义沟通的制作者和发布者所要满足的要求。在策划中包含的信息取决于渠道类型。例如，如果是一个有影响力的人在闭路电视上讲话，策划应包括脚本，如何推销演讲，以及播出的细节（例如持续时间、时间、频道）。或者如果我们决定制作一本小册子，并通过内部邮件分发，那么就要确定该策划书的布局、主要的图形、字体、颜色和数量。对于要放在该项目网站上的视频的制作，策划书要确定演员、场景、剧本、布景、分辨率、文件大小和张贴时间表。渠道策划书应该在一份文件中，其中包括生成和发布的主要里程碑和评审日期。

我们可能会将一些生成和发布工作外包给一个厂商。对于渠道在设施和设备方面需要重大投资时尤其正确，如视频制作、广播或大型印刷工作。如果我们外包生成和发布工作，就必须仔细审查内容评审所需的次数，从而使我们在需要进行一些变动时，不会影响成本及生成和发布的时间。

生成和发布——策划书经过评审并通过后，我们根据策划编写内容，将信息和媒介融为一体。一些沟通，如小册子和视频，制作好后稍后发布。其他像闭路电视广播或演讲，制作后实时发布。我们应该对实时沟通进行试运行，以在实时播出前解决所有问题。

18.4.4　管理行动

大多数战略沟通活动是复杂的、多维的，如图 18－6 所示。

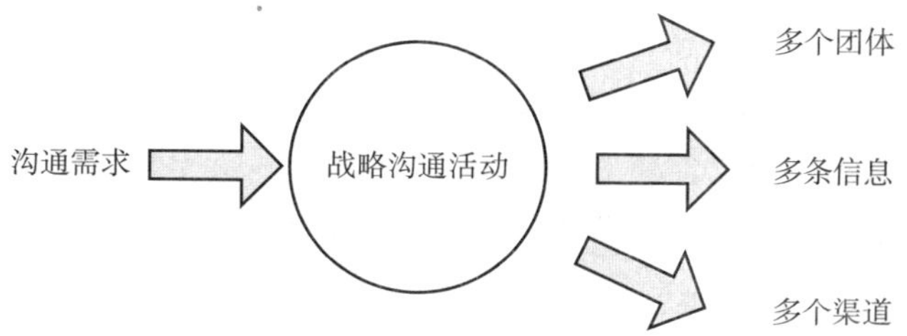

图 18－6　战略沟通的多维性

一个综合性的沟通方式应确保通过多个渠道重复发给多个社团的信息是一致的

通过多种渠道跨多个社团接收多个信息的沟通管理需要采取综合办法。综合沟通确保所有利益相关方针对一个给定信息将获得一致的信息，而不考虑他们如何收到或他们是何社团。这种做法是必要的，因为：

1）不一致的信息破坏了对项目的信心。它也削弱了信息的影响力。如果我们的信息给了相冲突的指示，我们怎样才能动员利益相关方采取行动？

2）重复信息会增加利益相关方保留它的可能性。因为利益相关方具有不同的行为和渠道偏好，跨渠道重复信息对引起目标社团关注并保留信息是更有用的。

综合沟通最终是为了信息控制——跨渠道信息的配置管理。这是一个值得称赞的目标，但它可能难以完全实现。通过印刷品传达的信息是不太可能在利益相关方的头脑中产生与在电视上等同信息的相同含义。代表该项目转达信息的第三方可能会修改或添加信息。失真总是存在的，我们应该最大限度地减少失真。

沟通活动管理使用综合沟通方法开展活动，通过指定的渠道将信息传递给利益相关方。活动规模和持续时间的范围，可以从持续数天或数周紧凑安排的事件（例如评审或培训）到时间宽泛的长期举措（例如建立和保持项目的资金支持）。这类沟通活动是沟通办公室对沟通要求的有组织的反应。当沟通要求获得通过时这种活动就开始了。当我们定义项目的目的、战略，为每个目标社团所需的行动时，行动所需的结果变得清晰起来。而当我们确定所使用的渠道时，其任务、依赖关系、责任，完工日期就变得明确了。一次行动必须在正确的时间，通过正确的渠道给有目的利益相关方传达所有信息以实现该项目的目的。表 18－10 列出了沟通行动管理的两个主要活动。接下来将对每项活动展开论述。

行动设计——一个行动是在时间和空间上与一个或多个有针对社团进行的一个系列沟通事件。最合乎逻辑的组织是目标社团。例外的例子是在两个或两个以上的社团必须进行同样的行动时，或者是如果在分别发送动员信息给这些社团之前，必须通知两个或两个以上的社团。应该遵循以下步骤设计行动：

表 18-10 沟通行动的管理活动①

活动	目的	步骤
行动的设计	为满足项目目的及执行定义的策略确定日程和资源	· 评审沟通要求和计划 · 确定沟通行动的活动、日程和资源 · 评审和完善沟通行动 · 批准和沟通与沟通团队和厂商的行动
行动监察和控制	实时衡量行动结果，为行动成功按需要进行调整	· 衡量行动的活动进程 · 根据需要修订信息、渠道、资源和日程

①这些活动使用综合的沟通方法来设计、启动和管理沟通行动。

1）评审沟通要求、项目目的、策略战略、目标社团和创建信息时定义的行动计划。此信息提供行动的内容和计划。

2）创建行动的名称和主题。名称应该表达沟通要求或项目的目的。主题应该是激励参与行动的人的动员口号。

3）使用策略、目的社团和活动计划为行动创建工作分解结构。工作分解结构通常先按社团分解出来，然后再按每个社团所需的活动分解，但有共同的活动或信息时另当别论。使用渠道策划书来列出任务、里程碑、评论、附件、资源和每个渠道的完工日期。资源分发应该反映信息的生成和发布的外购决策。

4）通过细读以社团为基础的工作分解结构组成部分，来确定将最好实现目的和执行策略的时机掌控和依存关系。一些社团需要同时接收信息使影响最大化吗？在他们影响其他社团之前，我们需要准备和测试有影响力的人吗？

5）寻找跨越多个地理位置的渠道以发现是否有一个可以按先后顺序排列的序列要求。例如，是否存在一个演讲者被安排在不同时间到不同地点的讲演？能否找到最有效和最经济的地点和日期安排？

6）评审通过每一渠道发布信息的要求以确定沟通要求。例如，如果我们要通过闭路电视向多个地点广播信息，那么就要在每个地点配备足够的电视接收机。我们还需要通知利益相关方有关广播的日期和时间。

当沟通行动设计完成后，我们必须评审以确认其使用综合的沟通方法。我们要如何确保通过多个渠道传递信息的一致性？我们如何跨渠道重复信息以提高清晰度和保留的可能性？我们开始解决在评审中出现的任何问题，以完善需要的计划，然后批准行动。沟通团队和厂商（如需要）应了解沟通行动策略和日程表，以及他们的角色和责任。

当我们最后重新结合火灾卫星的实例时，该团队已完成了所有的渠道策划书。史密斯女士命名该行动为“火灾卫星 2008 财年预算削减”，并提出一个沟通行动口号：“一分钱都不能少！”这个渠道策划书决定每个沟通行动所需要的资源。为这一要求的沟通计划确定重要里程碑和依存关系。史密斯女士与媒体公司评审并完善这一行动计划。最后，她与火灾卫星项目经理评审和完善了该计划。

随着沟通行动计划到位，项目团队成员聚集在一起来开展行动。这个沟通行动的成功将由一种尺度——必须获得 2008 财年火灾卫星预算的 95%或更多来衡量！

行动监察和控制——我们应该监察沟通行动的有效性，关注利益相关方是否积极回应信息，并采取必要的行动。然后，我们根据需要进行调整。如果利益相关方社团都没有回应信息，我们应该考虑对信息、渠道和行动进行过程中的调整。

18.5 将战略沟通付诸实践——经验教训

在项目形成时建立了项目沟通办公室。第一个具有重要意义的沟通事件将是新项目的公告！由于沟通对项目成功非常重要，因此沟通官员应直接报告给项目经理。此人应具备所有项目沟通的权力和责任。

沟通办公室的员工应具备以下五种角色：

1）分析师——分析要求和形势，定义和评估指标，细分社团，研究社团价值观、信仰、兴趣和看法。

2）策划师——管理要求文档、设计和管理沟通行动。

3）编写者——使用各种沟通工具制定和测试信息。

4）媒体专家——评估和选择渠道，并与媒体组织生成和发布沟通。

5）技术员——开发和维护所需沟通基础设施。

一个人可能会担当一个或多个以上的角色，或几个人承担一个角色。对于规模较小的项目，应该有一个相当于全职（FTE）的工作人员，对于较大的项目，应该有三个全职员工。我们不应该外包分析师、策划师、编写者的角色。

建立沟通办公室要付出很多努力。沟通官员应与沟通团队一起完成战略规划活动，并获得项目经理批准该战略沟通计划。分析师应该开始细分和分析社团，并排出利益相关方职务的第一关注方。策划师应该开始分析项目计划，以确定沟通要求。编写者应编写项目公告。媒体专家应开始构建与组织内外的媒体组织的关系。这些工作对生成和发布信息是至关重要的，因此在需要他们的服务之前，我们应该充分了解他们的能力和经验。技术人员应该与团队一起工作，以定义和建立沟通基础设施。我们应该选择和部署项目计划，合同管理和沟通工具。进度表将是最重要的工具。当沟通办公室全面投入运作时，监察运作中以下常见的错误是明智的：

1）管理层未能认识到沟通的战略重要性。他们认为项目沟通作为信息支持功能，应由项目行政办公室管理，只需安排一个兼职员工就可以完成沟通。沟通成为资金不足时被忽视而事后又后悔的马后炮。当这种情况出现时，需要一个沟通策略，项目经理应介入以转危为安。

成功的关键因素：确保高层管理人员的支持到位，确保他们了解战略沟通的重点和重要性——通告、说服、动员人们采取行动以助推项目实现目的。

2）沟通团队未能与利益相关方和传媒机构建立联系。沟通团队认为他们不需要通盘考虑利益相关方的利益和看法或无需测试信息就可以知道答案。他们很少与媒体组织和利益相关方社团发展富有成效的关系。

成功的关键因素：利用一切机会接触并与利益相关方社团和媒体组织取得联系，以建立和维持信任基础上的富有成效的关系。战略沟通对人际关系最重要。

3）沟通团队只关注已知的、可预见的沟通要求。随着时间的推移，团队生成大量的备忘录和进度报告，因而忽略了该项目遇到的许多严峻情况。事实上，团队甚至可能不知道，该项目还面临着一些重要的挑战。

成功的关键因素：不断评估项目面临的机会和风险环境，并将其转换成沟通要求。战略沟通是项目经理动员人们抓住机遇、规避风险的最有力工具。

4）沟通团队未能管好信息的一致性。相互矛盾的信息传给利益相关方社团，产生了混乱并使人失望。而利益相关方又未能在该项目的领导层信心减弱时采取行动。

成功的关键因素：使用一个综合沟通方式，保证所有受众、地点和时间传递信息的一致性。战略沟通产生目的导向的信息是明确的，且对行动的要求是一致的。

5）沟通团队主要关注渠道。讨论完沟通要求后，很快转到讨论更新网站或给项目简报添加文章。很少考虑着手分析所涉及的社团，很少制定一个动员利益相关方的信息。利益相关方不理会大多数沟通信息。

成功的关键因素：显示与利益相关方的利益相关的信息，并开发利用其价值观、信仰、兴趣和看法，以动员并调动他们为该项目的最佳利益行事。战略沟通生成了可付之于行动的动员信息。

6）沟通团队未能创造性地考虑渠道策略。项目网站更新、电子邮件和会议迅速填满沟通团队每星期的日程。利益相关方忽略邮件，而会议成为一个做白日梦的机会。利益相关方都抱怨：他们没有很好地得到关于该项目的通告，并不能确定他们需要作出的贡献。

成功的关键因素：使用多个沟通渠道，以确保信息被收到，如果信息是非常重要的，可使用利益相关方一定会注意的沟通渠道（例如面对面）。战略沟通使用重复性和创造性信息，从而提高了信息关注度。

7）沟通团队未能衡量沟通活动的结果。他们未能建立确定满足沟通要求成功的指标。在行动中或之后他们没有关注利益相关方的行为。

成功的关键因素：确定利益相关方应做什么，衡量沟通是是否促使他们这样做。沟通策略是目的导向的，成功由人们采取的使得项目受益的行动定义。

我们以开始讲到的观点结束这一章。空间项目是大型的、复杂的、动态的。人们是唯一具有综合和理解复杂环境中的动态，以及适应实时展现的变化的先天能力的资源。成功与否取决于人们的合作和行动。战略沟通是项目经理动员人们采取行动，帮助项目实现其目的的最有效、最强大的工具。

第19章　决策

米歇尔·S·多尔森（Michael S. Dobson）项目管理专业人员
系统管理中心
保罗·康波纳蒂翁（Paul Componation）博士
阿拉巴马大学
特德·利曼（Ted Leemann）
系统管理中心
斯科特·P·哈钦斯（Scott P. Hutchins）
NASA马歇尔空间飞行中心

"作决定是困难的，也因此愈发珍贵。"
——拿破仑·波拿巴

我们每天都作决策，但大多数是非正式、凭直觉的。那么为什么我们在空间系统设计和管理中需要一个正式的决策过程呢？决策的几个方面表明对这种形式的需求。这些方面包括固有的复杂性、所涉及的不确定性，以及需要满足的多个目标以及多个利益相关方要求存在冲突[3]。一个正式的、缜密的过程对这些决策有益，在这个过程中，我们：

1）制定指导方针，确定哪些技术问题需要正式的分析和评估。

2）确定解决方案的评估标准。

3）针对需要决策的事宜，提供解决方案。

4）选择评估方法和工具。

5）根据已确立的准则和选定的方法评估备选解决方案。

6）根据评估准则从备选方案中选择解决方案。

7）报告分析结果，包括建议、效果和修正措施。

8）从决策分析活动中赢得工作成果。

决策制定作为书的一章来说，是一个太大的话题，所以项目经理应为在这个重大的话题上寻找附加资源。本章给出了改善任务关键决策质量和一致性的常用工具和方法。表19-1描述了决策过程应包括的步骤。本章将讨论每一个步骤及一个项目经理为确保遵循过程步骤可能提出的关键问题。

表 19－1　决策过程[①]

步骤	过程	讨论所在章节
1	确定我们需要决策什么 · 获得正确答案的第一步是问对问题 · 什么是决策 · 有什么风险 · 何种背景下作决策 · 谁应该来决策	第 19.1 节和第 19.2.4 节
2	构建决策框架 · 决策不是在真空中制定出来的 · 确定那些影响正确选择的环境、组织、相关任务和主要不确定性等因素	第 19.2 节
3	选择方法 · 哪种工具最适合这个决策 · 正式的和非正式的方法有很多 · 非正式的决策一般在很大程度上来自于直觉 · 正式的过程记录决策，帮助达成共识并运用客观的方法，但需要较多的时间和精力	第 19.3 节和第 19.6 节
4	产生备选方案 · 确定一个答案前，多找几个答案 · 建立备选方案的评估标准 · 制定备份方案，以防首选方案行不通	第 19.3 节、第 19.4 节和第 19.6 节
5	评估备选方案 · 选择评估方法和工具，按制定的评估准则检查解决方案 · 找出那些可能会歪曲决策过程的认知和感知偏差	第 19.5 节和第 19.6 节
6	作出选择 · 选择最优的解决方案，记录过程、考虑过但被否决的备选方案及采用的理由 · 列出需要的步骤，并执行决策	第 19.6 节
7	试验和评估 · 评估决策影响 · 确定已经被否决的策略的可能结果 · 准备需要的文档 · 为未来决策积累经验教训	第 19.6 节和第 19.7 节

①一个系统的决策过程涉及从确定问题到试验和评估解决方案的一系列过程。

19.1　确定我们需要决策什么

正确提问是找到答案的第一步。通常情况下，决策者会急于完成这一步，以为他们已经明白了。13（thirteen）的一半是什么？“6.5”是数学答案，但如果我们正在为一本小册子设计样式，那么“thir”（或 teen，或者 1 或 3）可能是更好的答案。正确的答案要求问题是正确的。

一开始，我们把决策问题写下来，它是否清楚？与手边的问题是否相关？决策过程的参与者是否理解它？作出的决策有什么区别？谁必须参与？项目经理是否拥有、参与并评审决策？该决策是另一个更大决策的一部分吗？

例如，在火灾卫星的个案研究中，主要的系统工程师应在基本需求表述中建立共识："美国需要一个更有效的手段探测和监测火灾。"没有一致的意见，我们不能作出有意义的决策。有了一致的意见，我们可以确定项目的范围。我们不能假设其他人已经这样做了，有时利益相关方仓促地跳过最初的步骤进入工程。所以决策制定的第一步是确定目标。如果没有这么做，我们就犯了所谓的"Ⅲ型错误"，即对错误问题的正确答案。

在一个复杂的决策中，确定和界定目标通常是一个团队的事。我们有许多资源来帮助界定目标，这些资源包括运行方案、任务陈述和需求文件。我们对目标、目标的定义和相关优先级达成统一（见第 8 章）。归纳这些结果有助于决策参与者共享同一个基础。表 19－2是一个某企业资源规划（ERP）系统潜在目标的例子。

表 19－2　某企业资源规划系统目标示例①

序号	名称	实施企业资源规划系统的目标
1	内部收益率	项目的内部收益率要满足或超过公司最低期望收益率，即 25％
2	企业资源规划要求	计算机集成制造系统要满足各部门提出的要求，这些部门包括生产、后勤、进度安排和应付款项
3	服务能力	卖方在收到通知的 24 小时内，回应并解决 95％已报告的系统问题
4	工程支持	工程支持级别（用劳动小时数衡量）是支持系统的设计和安装所要求的
5	风险	技术、成本和进度风险的级别是由实施团队确定的

①在选择 ERP 系统时，这些目标中的每一个都是重要的。

不是所有的目标在制定时都是同等的，也不必都是兼容的。我们应当排出目标的顺序，以便进行正确的权衡，得到最佳的结果。随着目标数量的增大、利害关系的升高和利益相关方的增多，这将会更难。

处理大量目标的一种方式是将目标按其重要性从高向低排列，然后使用一种标准排序法，如秩和或倒数排序（见表 19－3）。这些方法使我们只需基于目标的排序，就能快速对目标加权。这两种技术中，目标的加权（优先级）总和都是 100％。但秩和法更为普遍，并在目标权重按重要性递减时，提供相对线性的下降。

表 19－3　秩和与倒数排序①

目标	秩和			倒数排序		
	(A) 排序	(B) 倒排序	(C) 加权 (B) /∑ (B)	(A) 排序	1/ (A)	(C) 加权 (B) /∑ (A)
内部收益率	1	5	5/15＝0.33	1	1	1/2.28＝0.44
企业资源规划要求	2	4	4/15＝0.27	2	0.5	0.5/2.28＝0.22
服务能力	3	3	3/15＝0.20	3	0.33	0.33/2.28＝0.14
风险	4	2	2/15＝0.13	4	0.25	0.25/2.28＝0.11
工程支持	5	1	1/15＝0.07	5	0.20	0.20/2.28＝0.09
	∑＝15			∑＝2.28		

①这些方法让决策者只基于目标的重要性顺序来加权。表中秩和产生的权重相对线性下降。因为对第一个目标赋予了更多重视，倒数排序产生了非线性权重分布。

我们不能总是在开始时就确信我们提出了正确的问题，但是一旦我们作出决策，我们应当返回到这一步以确信我们已经作了切题的和适当的选择。

确定议题的问题：

1）谁是决策者？

2）每个人发挥着什么作用？

3）问题的实质是什么？

4）何处、何时必须作出决策？

5）为什么作这个决策是必要的？

6）我们如何衡量它的准确性和适用性？

19.2 构建决策框架

决策权威哈蒙德（Hammond）等人[9]说："对提的好的决策问题良好的解决方案几乎总是比对提的不好的决策问题的完美解决方案要好得多。"对一个成功结果的最重要贡献是在起始阶段。

我们如何界定一个问题在很大程度上决定了我们如何解决它。决策的背景被称为一个框架，时间压力是否为一个因素？风险是高还是低？这是一个威胁还是机遇？问题是否复杂？可用的信息多吗？还是只有一些梗概？数据是否模糊或不完整？形势是动态的还是稳定的？

众所周知的挑战者号发射前与塞奥科（Thiokol）公司的视频会议反映出许多这样的决策框架。时间的压力是很大的，风险也很高，问题很复杂，数据既模糊又不完整，形势是动态的，这些因素约束了决策的过程。

在复杂的空间系统中，环境通常不理想，如果我们有更多的钱，如果政策不同，如果程序不要求这一项，决策框架可能会不同，决策本身也会不同。与满足进度要求相比，技术专家更倾向于正确地把事情做好，但组织环境可能迫使他们屈服于进度要求。

"五个为什么"法是一种改善决策框架的方式。我们不想以对待表层的方式来代替对待根源。我们多问"为什么"而不是问完为什么就按答案行动。按照经验法则（拇指法则），如果我们问五次"为什么"，我们可能会更容易确定实际问题。

1）为什么塞奥科公司的工程师不愿意同意挑战者号发射？答案：O 型环。

2）为什么他们担心 O 型环？答案：温度降到零下。

3）为什么低温使我们不安？答案：O 型环可能更易被烧穿。

4）为什么我们担心 O 型环被烧穿？答案：热气将溢出。

5）为什么我们担心热气会溢出？答案：可能导致灾难性的爆炸。

在各个阶段，"为什么"的回答可能被扩大。我们看到的温度相关的影响是什么？我们有什么关于 O 型环失效的证据？溢出气体造成爆炸的概率有多大？在那个系统中，爆炸的影响可能是什么？

另一个方法是尝试不同的视角。通过担任另一个角色，决策者可能会获得更完整的视野。一个工程师需要从管理层的角度去看这个世界，管理者常常需要从技术的角度提醒自己世界的样子。正如《项目管理层的六个维度》[7]中所写的，挑战者号事故前，发生在塞奥科公司工程师和管理层之间那场知名的观点之争，使双方都不能看到对方合理的需求，可以说影响了最终决策。

还有一种方法是列出“候选决策”。在挑战者号的例子中，潜在的决策包括：

1）这种技术状态下绝不发射。

2）明天发射。

3）明天不发射。

  a）天气好转后再发射。

  b）进一步分析或研究后再发射：

    · 多长时间？

    · 代价是什么？

    · 关注什么问题？

  c）采取专门的修补措施后再发射：

    · 什么措施？

    · 什么时间？

    · 为什么是这种措施？

完整的决策框架应该提供时间性、精确性和成本标准；希望的或强制性的目标清单；以及公认的分析方法。

框架性问题：

1）我们是否已经正确地界定了问题？

2）对这个决策的优先级是否达成了共识？

3）哪些组织和外部因素影响决策的制定？

19.2.1　风险和不确定性

决策者面临着众多的挑战。关键的、确定的信息可能难以得到，后果可能是灾难性的。冲突的利益相关方的愿望可能是不兼容的。而且时间总是在时钟的滴答作响中一点点过去。因此，人们总是试图避免作出艰难的选择，避免陷入“分析瘫痪”的困境，或者把这个烫手的山芋扔给别人。BOGGSAT（一群小伙子和姑娘围坐聊天）过程太普遍了，当围坐聊天很可能是决策过程的一部分时，合适的结构（即选择正确的“一群小伙子和姑娘”）是必要的。

风险和不确定的双重挑战使过程变得复杂。在典型风险中，我们知道各种结果的可能性和影响。风险管理涉及：1）评估风险，包括它出现的概率和出现时的结果；2）决定如何应对风险（避免、缓解、转移或接受威胁风险，利用、提高、共享或接受机会风险）。（第 15 章详细论述了风险。）因为一个项目是暂时的和唯一的，我们不必了解可能结果的范围，也很少会掌握可靠的概率信息。

关键的决策信息常常是主观的和被价值驱动的。一项工程评估可能告诉我们一个事件发生的概率是42%，后果是损失2 160万美元和3条生命。但是这项评估并没有告诉我们是否值得去冒这个风险。从价值观——组织、任务相关的或道德——考虑是否值得。有些价值观是假设的、含蓄的，有些可以被量化，有些（通常是政治方面的考虑）甚至在讨论时不能记录。

决策还常常需要权衡，因为完美的解决方案可能并不存在，每种潜在的选择可能都有不利的地方，或者伴随着风险和不确定性。某种程度上，比起做出一个常规性的“好”的决策，从一堆差的方案中选出最不差的那一个需要更多的技巧和勇气。

一个决策的结果本质上不是决策质量的证明，尤其当涉及概率时。概率可能明显倾向于一个积极的结果，但是低概率事件还是可能发生。如果一个人作了愚蠢的决策，但又很幸运，尽管有好的结果，其决策仍然是一个愚蠢的决策。一个好的决策过程在大多数时候可以提高我们所希望的结果的概率。

决策过程必须经常公开，且可供审计。我们不仅必须知道我们制定的决策，还要了解导致这个决策的过程。如果结果是差的，其他人（老板、客户、国会委员会）决定——事后看来有利益——决策是否合理和适当。

这引出被称为CYA（保护好你自己的资产）的合理（并不总是合适的）战略，即决策不必要从任务的角度制定，而是以万一产生不好的结果时确保责备和惩罚落到别处的方式。作家弗莱彻·科内贝尔（Fletcher Knebel）说过：“决策是当一个人找不到别人去承担时作出来的”[12]。

有足够的时间和资金，即使是最复杂的问题也可以被设计和研究，得出最优的决策。但是当不能得到足够的时间和资金时，我们仍然需要作出决策，并负起责任。没有哪一个正式的过程或方法能够消除决策中所有的风险。工具和方法可以有帮助，但最终成功的决策需要好的判断。好的判断则来自经验和智慧。

风险和不确定性问题：

1）我们知道多少？知道的东西有多可靠？

2）我们知道我们不知道的吗？

3）一个给定的结果有多确定？

4）是否存在利益相关方或政治冲突？

5）出错的后果是什么？

6）我们有多少时间收集信息？

7）哪些值是重要的，每一项应该有的权重是多少？

8）是否有积极的结果，还是说所有的选项都会带来风险和不确定性？

19.2.2　组织和任务相关背景

如我们所提到的，制定决策框架必须包含对组织和任务陈述的评估。有时我们听到这个评估被指责是“政治性的”，但这不一定是坏事。当任务从民用转向军用、从经济发展转向科学研究、从非营利转向营利、从试飞员转向学校教师时，正确的答案就会发生变化。

决策包含两种复杂性，首先是问题和我们要作的权衡的技术复杂性；第二是组织的复杂性：涉及的人数、我们必须咨询的部门或工作小组、人员和小组之间沟通的现有关系、组织文化和政治压力。

决策的重要性取决于其后果和被附加的限制。不正确的非关键决策造成的损害是可以接受的，但我们仍然不期望它发生。关键的决策指错误的选择带来不期望的严重后果，它分为 4 类。

1） 时间关键决策：必须在很窄的时间窗口内作出决策。

2） 安全性关键决策：具有潜在的伤害或死亡威胁。

3） 商务或财务关键决策：影响组织的未来或资金。

4） 任务关键决策：涉及完成目的的项目的能力。

一些关键决策属于项目范围内——项目经理可以作出决策，另一些决策则超出项目范围。某些关键决策必须由外部专家来制定。法律上的和规章制度的决策必须由律师事务所制定。技术状态更改可能需要技术状态控制委员会的批准。我们必须确定我们是否可以制定这个决策，如果不能，就将其移交给合适的决策者。

关于决策还有两句口号：“别只是站在那，做些事”和与之相反的，“别只做事，站在那儿”。两句都是有价值的，关键在于决定对手头的决策采取哪种理念。第一个问题是我们是否面临一个实际问题，如果是，问题的性质是什么；第二个问题是我们是否应该采取行动，如果是，如何行动。这给了我们四种选择，如图 19－1 所示。

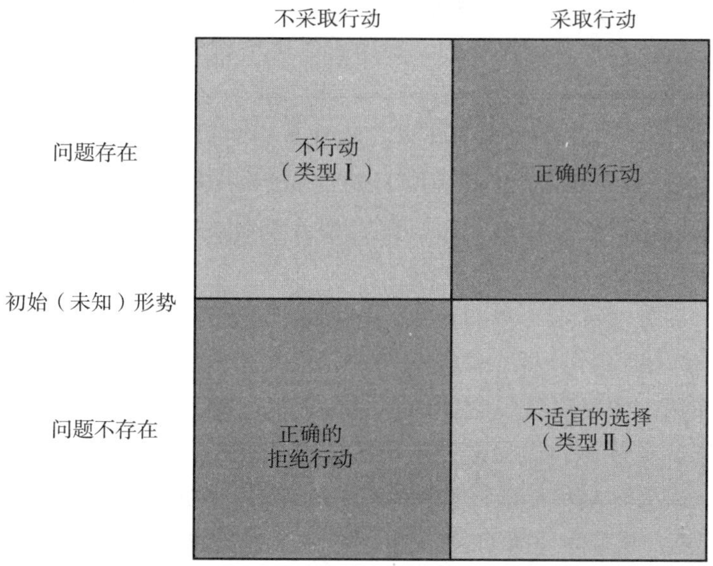

图 19－1　分析决策可选择的办法

决策，包括不采取行动的决策，可以分为四类，两类适宜，两类不适宜我们必须考虑行动或等待可能引起的机会和负面后果。如果错过机会的后果更严重，则应倾向于采取行动。如果不适宜的行动可能造成更大的损害，则应倾向于推迟决策，积累更多的信息并重新评估。

组织和任务背景的相关问题：

1）决策是否包括一些关键的考虑，比如安全、重要的商务或财务后果、法律责任、任务相关的主要妥协？

2）对决策是否有政策、程序、规章或法律上的限制？

3）我们必须考虑政治或公共信息方面的问题吗？

4）对这个决策，我们需要在组织中达成多少共识？

5）决策是否由合适的人负责，还是说我们必须转交给适合的决策者。

19.3　选择方法

决策制定过程的下一步是选择方法。用大锤钉地毯钉不是一个好主意，决策方法占用的时间、精力或资源不应超出决策所具有的价值。但它必须足够严谨，能支持我们提出建议和作出选择。在结果不好的情况下，必须为决策评估过程提供足够的细节。那是最高境界。当可供决策的时间比较急促时，我们可能没有足够多的时间来合理地运用工具。不幸的是决策仍然需要制定。

表 19－4 列出了备选评估方法的范围。这个表并没有涵盖所有方法，案例研究（见第 19.8 节）中使用了另一种不同的方法。

许多因素影响我们选择方法。我们的数据有多好、多完整？获取缺失的数据需要花多少时间和金钱？利益相关方对进展程度感觉如何？我们常常必须既要考虑客观数据，又要考虑主观数据。当然，数据不同于知识。数字不是决策，它们只是决策的输入。

客观数据实际上一般是定量的，尽管一些数字我们是得不到的。主观的数据——实际上是心理的或行为的——可能同样重要。有时我们可以通过调查、访问和层次分析过程把至少一部分主观数据变为定量的（见第 18 章）。两种类型的输入都有价值。表 19－5描述了数据可能采用的形式。我们应当把我们评估方法的选择建立在这些问题的基础上。

许多评估工具和方法可用于空间计划，包括力场分析、决策树、决策标准、凯普纳-特里戈（Kepner－Tregoe）分析、评级和加权、层次分析法和优化法。其中大部分方法既用于定性决策，又用于定量决策。它们的不同在于：所需的时间和精力不同，能处理的决策的复杂程度不同。决策树和优化法处理定量数据是最好的。

力场分析——正反两方列表法至少可以追溯到本杰明·富兰克林，力场分析使这个列表增加了洞察力。当前的事态，不管它可能如何发展，是改善状态的力和阻碍它的力之间的平衡，我们可以通过往正向增加力或从反向消除力、增大现有的正向力或减小现有的反向力使事态好转。力场分析还可以考虑客观和主观信息。表 19－6 示出了力场分析的方法。

表 19－4　决策评估的方法①

方法	使用的时机	描述
纯直觉法	当制定决策的时间很短（紧急）时。当数据不清楚、不完整或模糊时。当使用更正式的方法来作决策时，可以作为制衡法对其进行评估。精确性可以随经验而提高	“直觉”决策不走正式的决策过程。但当时间很短时，它可能是唯一可用的工具。直觉法常常是其他更正式的方法的补充。如果我们做了完整的分析，直觉强烈地告诉我们某些事错了，听从直觉是个好主意
图表法	当多项选择需要考虑和评估时。作为集思广益的一个部分。当数据需要分类时。尽量少用三维图表，因为很难解释它	选项表、正反两方列表或者力场分析（下面会有描述）都使用图表法
启发式方法	当决策时间很短时。当更正式的分析不能给出明确的答案时。作为制衡法。精确性可以随培训而改善。常常被描述为描述性决策法	在这个方法中，通常从实际经验中获得的规则能对决策起到引导作用。举例来说，在解决问题时，传统的启发法是：“如果问题很难理解，试着画一张图”
定性分析模型	为确保完整的决策框架、背景和可供选择的方案被全面、完整地描述。当大量数据需要组织时。当我们为作出一项决策需要平衡竞争价值时。普遍使用的工具是影响图	这些模型旨在对手头上的事情进行全面详细的描述
定量分析模型	当统计数据用于支持决策模型时。当复杂的事情需要全面详尽的阐述时。两个普遍使用的工具是预期货币值（EMV）和预期效益理论（EUT）	这涉及建立复杂的统计模型来解释手头的事情
模拟法	当我们需要看到决策的结果时。当决策的实施比选择哪个决策更重要时。当我们有时间开发模拟或当模拟法已经具备时。当我们需要解决关于结果的争论时。当我们想要博弈不同的战略时。常常用于评估和支持战略规划	模拟法通过对选定系统的关键特征和行为予以体现，来实现对一些真实的事物、状态或过程的模拟
真实系统试验	当我们有时间和资金时。当决策需要真实试验时。当我们需要影响大量未来选择的决策（或大量资金）时。常常在需要对问题的情形全面了解或在第一时间处理复杂的问题时需要	如果我们想知道某物是否工作，我们必须对实物进行试验。成熟的启发法、模型和模拟能够实现很好的预测，但是仍可能遗漏了只有真正的试验才能发现的变量

①正式的、非正式的、分析性的、直觉性的评估工具都在有效的决策中有自己的位置。

表 19－5　数据形式和确定性程度①

客观数据	精确位置估计（确定性的） 期望值（对概率数据的确定性汇总） 估计范围 概率分布
主观数据	个人（专家）意见 相对排名 估计范围 组织或任务背景中权力和权威人物的意见

①数据以多种形式和确定性程度出现，我们必须了解所得到数据的性质和来源，以合理使用。

表 19－6　力场分析①

正向力⇒	反向力⇐
正式的决策过程	决策者缺少权威
技术知识和技能	有必要进行技术权衡
有效的培训课程	人手短缺，无法送人去参加培训

①该表列明了改善或恶化组织决策的各种力。为改变形势，必须增加或增大正向力，或者消除或减弱反向力。

加性模型——在加性模型中，每种备选方案的多个加权与其分数的乘积相加，为每个备选的设计方案计算出了一个唯一的分数。数据收集的通用形式如表 19－7 所示。

表 19－7　加性模型①

		备选方案		
目标	加权	Ⅰ	Ⅱ	Ⅲ
1				
2				
3				
4				
合计：				

①这个数据收集的通用形式适用于多种决策。

使用加性模型时，在决策分析中收集数据以丰富模型通常是最耗时间的步骤之一。有两点，特别重要，首先是为每个目标确定绩效范围、阈值和最佳效果；第二是一个标准化的尺度，这样每个目标的绩效可以与其他目标相联系。普遍使用的是五分制。奇数制考虑的则是中间值。表 19－8 给出了一个例子。

表 19－8　目标评估单①

级别	分数	描述
完美	5	技术目前处于现场操作阶段，正在接受Ⅳ类（应力）试验
非常好	4	技术已经过Ⅲ类（原型样机）试验
好	3	技术已经过Ⅱ类（演示样机）试验验证以检查形状、配合和功能
中等	2	技术已经过Ⅰ类（面包板）试验验证以检查功能性
差	1	技术已经过分析试验验证

①强调技术目标的分数和描述。

决策树——决策树对财务决策特别有价值，它可以比较不同的可供选择方案的预期货币值（EMV）。图 19－2 示出一个例子。但是记住最佳预期货币值并不自动等于最佳决策是很重要的，我们应当尝试改变一个或多个假设，看看是否导致决策树结果的变化。在 1 年多的期间里，数字可能不引人注意，但如果我们把这个期限改为 2 年，决策可能会相反。应牢记数字只是决策的输入，不是决策本身。决策树方法需要客观的定量的数据。

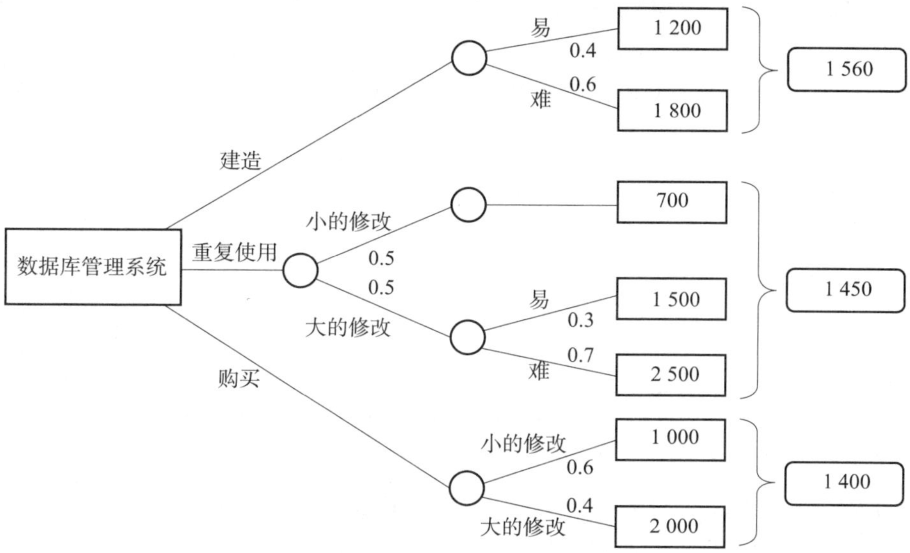

图 19－2　决策树

决策树对建立一套数据库管理系统可能采取的三种战略的财务影响进行了比较：建立、重复使用或购买。选择建立预期货币值为 1 560，看上去是最好的财务选择

决策标准——我们可以把最佳结果的“必须”和“希望”转变为一套决策标准，然后对每一个备选方案进行分析，确定它们在多大程度上能符合这些标准。为此，决策者应当为每一个标准赋予权重，依据是标准对关键利益相关方的相对重要性。高质量的评估标准会在备选方案之间作出有意义的辨别，且相互独立，可以前后一致地界定和使用。“必须”和“希望”既可能是客观的，也可能是主观的；既可能是定量的，也可能是定性的。凯普纳-特里戈分析法提供了一种显示和分析数据的结构，如表 19－9 所示。

表 19－9　凯普纳-特里戈分析法①

决策陈述：													
评估标准：		备选方案 1			备选方案 2			备选方案 3			备选方案 4		
“必须”（可/不可）：													
“希望”	加权	分数			分数			分数			分数		
		意见	列（R）	R/W	意见	列（R）	R/W	意见	列（R）	R/W	意见	列（R）	R/W
最高分（10×W）													
总分数													

①当“必须”和“希望”用于每项备选方案时，这个工具使我们可以对“必须”和“希望”进行列出、加权和排序。

评级和加权——在进行凯普纳-特里戈分析时，我们首先对各备选方案满足标准的程度评分。对决策标准本身按影响程度加权。表 19－10 给出了火灾卫星设计的 4 种备选方案及它们满足三条标准——成本、质量和传感器数据的质量的程度，标准是加权的。在这个例子中，决策时（传感器数据）质量的重要性是成本的 3 倍。

表 19－10 评级和加权表①

备选方案	A	B	C	D
成本（加权 1）	第 4	第 1	第 3	第 2
质量（加权 2）	第 4	第 3	第 1	第 2
传感器数据质量（加权 3）	第 3	第 4	第 2	第 1
评级×加权	21	19	11	9

①这里我们对火灾卫星设计的 4 种备选方案进行排序和加权。

备选方案“A”的成本和质量都是最高的，（传感器数据）质量的分数排第 3，加权总分数是 21。备选方案“D”成本和质量都是排第 2，而且（传感器数据）质量最好，总的加权分数是 9。在这些加权的标准中，最低分数的备选方案提供的是最佳平衡。对于相同或非常接近的分数，明智的做法是查看单个标准。表 19－10 中，D 有两个结果排第 2，一个结果排第 1（后者是最重要的标准），因此 D 还是优于 C，C 在最重要的标准上的分数较低，成本也只居第 3 位。

成对比较法——前面的例子比较了 4 个变量，每个都有加权。而一些决策矩阵涉及的变量要多得多。对这种复杂性的正常响应是消减变量的数量，但这可能导致关键的信息或重要的变量从缝隙中漏掉。

成对比较法让我们可以通过把决策定性和定量因素简化为一系列“一对一”的比较，然后将比较的结果进行合成处理来考虑决策的定性和定量因素。几个商业软件包可供使用，特别是针对数值众多的复杂决策的情况。电子制表软件程序也可以进行成对比较。图 19－3 示出一个选择运载火箭的多变量方法。

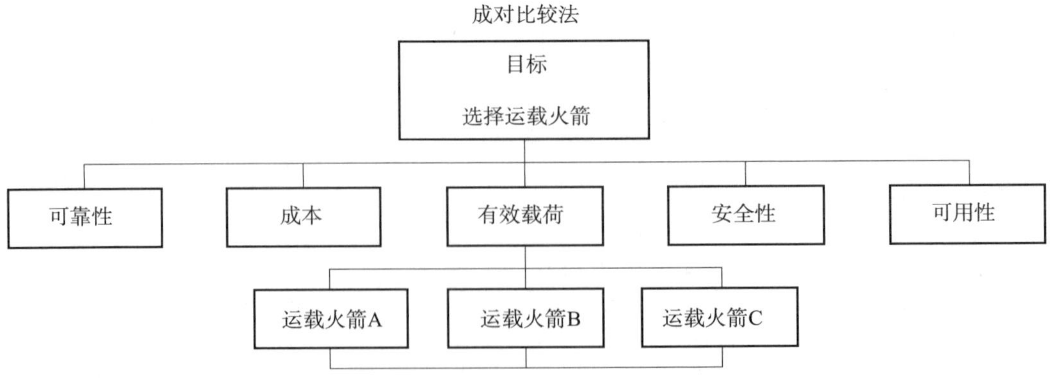

图 19－3 基于成对比较方法的运载器选择模型

本图依据 5 个质量标准对 3 个不同的运载火箭进行评级。标准既可以是定量的，也可以是定性的为建立一个比较标准的相对加权表，我们建立了如表 19－11 所示的矩阵。然后我们使用 1－10 分来判断一个标准与其他每一个标准相比的相对优先和相对重要程度。1 分代表标准相同，5 分表示行的标准优先程度强，10 分表示优先程度极强。例如，表 19－11 中，可靠性的优先程度高于有效载荷，在有效载荷这一行和可靠性这一列中 0.20（5 的倒数）的分数反映了相同的可靠性优先程度高于有效载荷。然后我们把各行的数字相加，得到行的总和。用每一行的和除以列总和，将结果转化为百分数，成为标准的相对加权。结果（表 19－11 的最右手列）见图 19－4。

表 19－11　成对比较法顶级标准加权①

	有效载荷	可靠性	可用性	成本	安全性	行总和	加权
有效载荷		0.20	0.33	1.00	2.00	3.53	8%
可靠性	5.00		2.00	4.00	6.00	17.00	41%
可用性	3.00	0.50		2.00	5.00	10.50	25%
成本	1.00	0.25	0.50		8.00	9.75	23%
安全性	0.50	0.17	0.20	0.13		1.00	2%
列总和	9.50	1.12	3.03	7.13	21.00	总和 41.78	

①表中概括了一系列成对比较，以及各项标准相对加权。

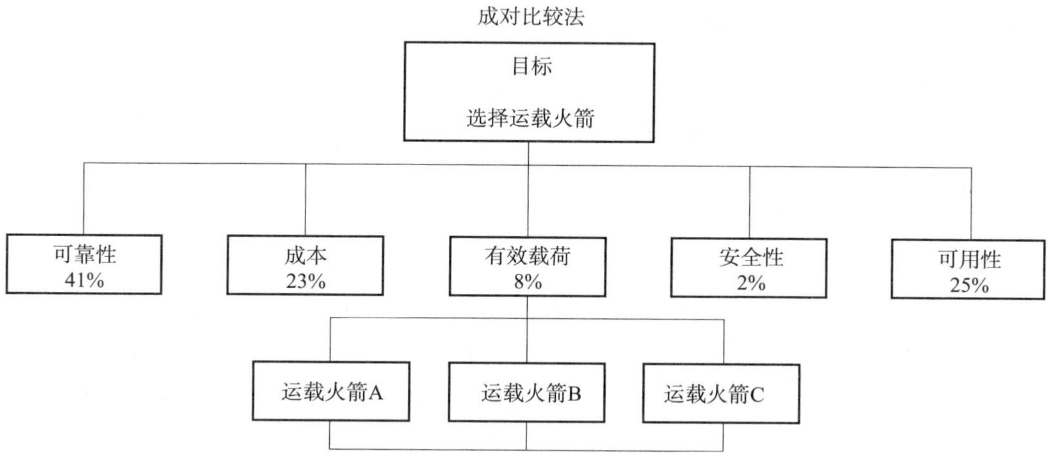

图 19－4　运载火箭选择标准的相对加权

不同标准有了权重，所以它们对最后答案的影响将是成比例的

现在我们可以用表 19－12 中所有数据形成的唯一的总和对备选方案进行数值的比较。在这个表中，完美＝100%，非常好＝80%，好＝60%，中等＝20%，差＝0%。

表 19－12　备选方案评级①

	可靠性	成本	有效载荷	安全性	可用性	总分
加权	41%	23%	8%	2%	25%	
运载器 A	好	差	完美	中等	完美	0.58
运载器 B	非常好	完美	好	非常好	差	0.62
运载器 C	完美	完美	差	完美	好	0.81

①各运载火箭的各项标准的相对分数计算出来后与各项标准的加权相乘，为进行有意义的比较提供总分。

优化法——可获得明确的数值时，我们有很多工具来优化决策，其中有线性规划、整数规划、专业网络规划、非线性规划、建模和数演算法。这些超出了本章的范围，更多的信息请参考《优化运筹学》[15]、《运筹学导论》[11]或《运筹学：导论》[16]。

方法选择问题：

1）么方法适用于这个决策？

2）用这种方法需要多少时间和资金？

3）在这个决策上，我们能投入多少？

4）这个决策的价值是什么？

5）项目中还需要制定其他什么决策？

6）可获得什么数据？

7）数据的质量和详细程度如何？

8）要考虑的因素是客观的、主观的、价值驱动的或未知的吗？

19.4　产生备选方案

必须对大量的矿石进行加工才能得到少量的黄金。在解决问题和制定决策中，大量的备选方案通常能产生质量较佳的结果。只考虑单个备选方案、只用“公事公办”方法或者要求一个完美的解决方案可能妨碍选择，有时很致命。

产生备选方案的一个方式是头脑风暴。有许多头脑风暴的方式，但它们都不对头脑风暴阶段（见表 19－13）出现的想法进行评估或批评。当然之后我们会进行评估，如果一种办法不能产生好的结果，我们会尝试另一种。

许多方法能促使想法的产生。我们应当特别充分地利用组织内和组织外的现有知识。在这个过程的最后，团队将会有大量的不同质量和适用性的备选方案。

确定备选方案的问题：

1）还可能有哪些不同的决策？

2）我们可以建立可能选择的矩阵吗？

3）存在什么不好的或错误的选择？为什么它们是不好或是错的？可以对它们改进吗？

4）对现有问题的解决方案可能导致什么样的新问题和风险？

表 19 - 13　头脑风暴法[①]

传统头脑风暴	传统头脑风暴是一个著名的方法，大多数专业人士都熟悉它。对想法数量的追求胜过质量。保持快节奏。把每一条建议或每一个想法都写下来
德尔菲头脑风暴	德尔菲法设计用于使“团体迷思”最小化。它有几种变化的形式。在“沉默的”德尔菲中，被选参与者（通常是领域专家）把想法写下来，然后将其收集、复制并分发。团队成员向整个团队提供对这些想法的反馈
反向头脑风暴	如果团队困在反向思维的框架里，会考虑问相反的问题：“为什么我们确信我们不能成功?”对影响决策的障碍、限制、壁垒和其他不利因素都进行头脑风暴，像在传统头脑风暴中一样使用同样的“不批评”规则。之后探讨怎样可以克服这些障碍。其中一些障碍将会被证明很棘手，但是其他障碍一旦被公开，也许可以被克服
逆向头脑风暴或情景策划	假想项目超出预期的成功，对获得成功的所有原因进行头脑风暴

①虽然基本的头脑风暴过程已被广泛了解和应用，但一些改进和策略可以帮助其在多种情况下更好地发挥作用。

19.5　评估备选方案

决策制定流程中的下一步是使用前面选择的方法来评估备选方案。一旦作出决定，潜在的结果要承受剩余风险和二次风险。剩余风险是使用解决方案后遗留的风险，二次风险是由提出的解决方案产生的新风险。

纯粹风险只有不利的一面。如果飞行器发射时没爆炸，我们的处境也不是良好——我们只是避免了更糟的处境。换言之，如果风险没有发生，我们赢得现状。“商业”风险可能有积极的结果。如果经济可行，我们想要消除纯粹风险，但是有时我们需要增加项目的商业风险以期得到积极的结果。第 15 章对风险进行了详细的探讨。

我们需要对我们正在考虑的备选方案进行灵敏度分析。数据中微小的变化是不是使我们选择了不同的备选方案？如果是，我们可能希望使用不同的分析工具。

备选方案评估问题：

1）对正在考虑的各个备选方案必须作什么样的权衡？

2）这个备选方案会产生二次风险吗？如果会，我们能充分减缓它吗？

3）实施各个备选方案将花费多少时间和资金？

4）是商业风险（潜在正面影响）还是纯风险（只有负面影响）？

5）我选择的方法会给我带来有用的结果吗？

6）假设中的微小变化会导致结果或成本的重大变化吗？

19.6　作出选择

流程的下一步是选择解决方案。这个选择应基于前面步骤中所完成的分析，但并不由分析控制。任何评估工具都不能将每件事量化。人的直觉、判断和智慧扮演着必不可少的角色。对重要的决策，尤其在安全关键领域，我们应当把分析、考虑的备选方案和最终选择的理由用文件记录下来。

团队会带来冲突，冲突不仅不可避免，而且当处理得当时，是令人想要的。目标是达成一致。一致不是必须100%同意，而是团队所有成员都可接受的决策。表19－14描述了一些决策选择的方法。每种方法都有其适用的时间和场合。在下列情况下，团队可能作出有效的决策：

1）对难题或问题界定明确。

2）就谁对这个决策负责达成一致。

3）赋予团队的权限很明确。

4）团队规模适合集体决策过程。

如果不具备这些情况，决策可能仍然是必需的，即使它的质量会受到一些影响。

表19－14　决策选择的方法①

类型	优点	缺点	使用时机
权威规则	迅速	认同降低，潜在的认知偏差	危机或紧急情况
咨询	高效率、偏差可能性小	被滥用	日常运行决策
少数规则	高效率	认同降低，潜在的团体迷思	开明的领导联盟［当少数人对潜在的风险选择具有否决权时（如安全性）］
多数规则	高效率	疏远少数	非关键的集体决策
一致达成的规则	集体认同	耗费时间	认同很重要

①我们使用的方法取决于决策的性质和环境。

19.6.1　决策中直觉和逻辑过程的使用

在进行选择时，我们必须辨别什么时候使用直觉，什么时候使用逻辑过程。直觉是不进行有意识的思维时的模式识别。与受控的思维或分析相比，它是自动思维。正式的和直觉的决策制定策略都有价值。美国海军陆战队指挥控制条令[17]就推荐在许多情况下，使用直觉作为决策工具：

直觉法基于一种信仰，相信正在进行的战争本质上是艺术而不是科学，对任何问题而言，都没有绝对正确的答案。直觉性的决策是基于更深的信仰，因为判断力是从经验、训练和思考中得来的，指挥官会制定出可行的第一解决方案……直觉性的决策通常要比分析性决策快得多……对绝大多数战术决策和作战决策来说，直觉法要合适得多。

是什么使直觉这么有价值？我们在获取大多数的知识、智慧和见解时是无意识的。成功或失败的决策、同事的知识和错误、组织文化、我们读过的书籍、看过的电视节目和电影的日常接触，这些共同提供了一个坚实的平台，为决策打下了基础。

为使直觉更强更有效，当我们使用分析过程时，也应该考虑运用直觉进行决策，并对此进行记录，有结果后进行评估。尤其当我们对系统工程管理、项目管理或项目群管理很生疏时，在进行适当的分析前制定和记录直觉决策是一个好的实践。如果直觉和分析产生冲突，我们应当与相关的同事和有经验、可信赖的顾问商量，以确定实际的决策。这种对思维的直觉部分的反馈有助于随着时间的推进而改善直觉决策的质量。当时间很短、决策很关键时，好的直觉的确是有价值的。

直觉是可以训练的，一个航天飞机的驾驶员在模拟机上失事许多次，在这种经历下，人可以存活，而且这种经历也是可以重复体验的。但心理的演练、经验教训交流和类似的方法有助于为更好地运用直觉进行决策奠定基础。每个项目完成时一个好的做法是将直觉选择和通过分析得到的决策进行比较，并把它们与实际结果进行比较。如果我们的直觉选择导致了一个不好的结果，确定是什么把我们引入歧途很重要。如果我们坚持这样做，我们会发现我们的直觉决策的质量在稳步提高。

我们既不应当忽略直觉方法，也不应当忽略正式的方法。如果我们的直觉在大声尖叫，警告我们说正式决策过程已经将我们引导到错误的结论上去，我们应当认真地再次审视正式的过程。另一方面，如果正式过程显示我们的直觉是错误的，可能引起危险，我们应当仔细审视可能使我们的判断失真的感知偏差。

直觉问题：

1）我的直觉是否推荐了某一决策？

2）正式的决策过程是否得出了同样的结论，还是得到不同的决策？

3）通过使用直觉我有可能考虑到哪些不属于正式决策过程中的因素？

4）直觉选择被确认了吗？它会妨碍考虑其他（或许是更好的）备选方案的过程吗？

5）知道最终结果时，直觉比实际制定的决策更对还是更错？

19.6.2　避免感知偏差和决策陷阱

决策陷阱和偏差也可以影响我们的决策，我们甚至察觉不到这一点。我们的文化、语言、认知偏差和压力在我们制定的每个决策中都起一部分作用。我们必须识别和了解每个部分的影响。

文化——“原谅他吧，”乔治·萧伯纳的《凯撒和克娄巴特拉》中尤利乌斯·恺撒说：“他是一个野蛮人，以为他自己部落和岛屿的风俗习惯就是自然法则。”所有文化——组织的和其他的——都是由其成员的价值观、信仰、态度、行为、个性及优先考虑的事项构成的。文化因素不管是积极的还是消极的，都会对决策产生复杂的、有时是微妙的影响（对文化的详细论述见第 20 章）。

例如，NASA 有一个政策保证把对人的生命的风险降到最低。但这不是每个组织或文化——或在一个特定文化的任何时候的必然选择，它是一个价值决策。这个特别的标准被 NASA 自觉地达到了，但组织文化其他部分的发展并没有这个自觉的过程。

哥伦比亚号事故调查委员会报告[4]指出，NASA 文化对哥伦比亚号的事故有责任，“阿波罗时代在 NASA 形成了特殊的‘能做到’文化，其标志就是在面对看似不可能逾越的挑战时的不屈不挠，……这种文化……认为风险和失败对于空间任务来说是不可避免的。”像这种“能做到”的坚韧是没有错的，但是如果我们制定决策是基于不再有效的因素，决策就容易出错。航天飞机时代与阿波罗时代不同，但文化标准却固执照旧，而且强烈地抵触变化。

语言——语言影响我们的感知。英语中在一个词的前面加上“in”常常把它变成相反的意思：“ingratitude”（忘恩负义）是“gratitude”（感恩）的反义词。但是“flammable”（易燃的）和“inflammable”（易燃的）却是同义词。我们不能想当然地认为我们使用的词总是能按我们希望的被理解（见第 18 章）。

认知偏差和决策陷阱——认知偏差和决策陷阱以许多形式表现，而且常常对决策影响深远。表 19－15 列出一些常见的例子。

表 19－15　常见的决策陷阱和偏差①

单次和多次行动的决策	如果我们发射 1 颗卫星时有失败的概率，我们会感觉所有的鸡蛋都放在了一个篮子里。而发射 10 颗卫星每次有同样的失败概率时却感觉更安全。但是如果失败的影响没有减少，那么决策的状况并没有好转
一厢情愿	人们常常对期望的事件估计过高，对不期望的事件估计过低，这是由乐观主义或“组织啦啦队”引起的，对不好结果的设想就是不忠
团体迷思	在《影响力：说服心理学》中，社会心理学家罗伯特·西奥迪尼描述了“社会认同”，人们在不确定的决策中通过发现别人认为什么是对的来决定什么是对的[2]。站在多数人的对立面是很难的，即使是坚定的不墨守成规的人也会感觉到压力。如果我们是最后一个表决是否同意发射的人，而且前面的每个人都已同意，那么同意的压力是很大的
现状偏向	谚语说：“如果它没坏，就不要修它。”变化被认为是伴随着固有的风险的。当有较多的选择时，现状偏向就强。现状还带有一种对错误决策的免疫力：对决策者来说，它被认为带来较低的由个人引起的风险。IT 经理们曾经这么说：“没人会因为购买 IBM 而被解雇。”
过于自信	我们倾向于高估我们自己和组织的能力。坐在驾驶员的位置很舒服。而批评组织的能力似乎带有不忠的味道
可获得性偏差	更近或更生动的信息在决策中起着被夸大的作用。每年在车祸中丧生的人比恐怖袭击中的受害者多得多，但由于恐怖袭击留给人的印象极端强烈，因此在决策者看来，要远比实际情况可怕得多。那些导致航天飞行器毁损的事件，不管发生的概率有多小，也会对下一次发射产生被夸大了的影响
支持性证据	人们倾向于寻求那些支持他们观点的信息，而忽视或轻视反对他们观点的信息
锚定偏差	人们倾向于给首先得到的信息给过多的权重，特别是当数据量较大时
沉没成本偏差	人们倾向于以能证明过去的选择合理的方式来制定决策，西奥迪尼在一份研究报告称，赛马场的赌徒下赌注后，就愈发相信他们下注的马将赢得比赛。一旦人们形成了立场，他们会经受很大的压力来一如既往地带着这个立场工作

①总的来说，我们看待世界的方式并不总是准确的，如果不纠正的话，各种决策陷阱和偏差可能会导致严重的错误。

简单地了解这些偏差有助于克服它们。决策团队还可以使用下列方法：

1）收集更多的数据。

2）请不赞同者评审。

3）在选择行动措施前对全部备选方案清单进行集体讨论。

4）避免在讨论开始时就表明立场。

5）指定一个“故意唱反调”的团队。

6）避免夸大扭转现状的努力。

7）使团队最大程度的多样化，确保考虑到不同的观点。

8）确定并检查用于预测的假设。

9）寻找直接的统计数据。

10）复查并确认所有证据已被检查。

11）避免询问能够导致已经证实的证据的引导性问题。

12）有意地从不同角度审视问题。

13）找出新的数据和不同的观点。

14）找出未参与以前决策过程的人的观点。

15）认识到决策只影响未来，不影响过去。

压力——人们会经历不同程度和类型的压力，对此有不同的反应。总的来说，确定一个人压力程度的两大特征分别是：1）在特定情况下缺乏控制；2）缺乏解脱感。

许多因素给项目经理带来了压力。时间压力、个人对决策的影响、睡眠和运动量、药物（如咖啡因）及个人生活中的问题都是常见的影响因素。压力是很难避免的，且它对决策有各种影响。在压力状态下，情绪对决策制定起着很大的作用，人们倾向于限制他们接受的信息量，并以简单的形式处理这些信息。问题的某部分会受到过度的关注，尤其是负面的信息。我们更容易陷入决策陷阱和偏见。

我们不可能总能把压力消除掉，一些最需要的决策就是在最差的压力情况下制定的。我们应当尽可能地多花点时间——甚至几个深呼吸也会有帮助。这么做也有助于找出其他的观点。

决策偏差问题：

1）我们把什么样的价值观、信仰和文化观念带到了这个决策中？

2）决策者正在承受什么样的压力？

3）我们采取了什么步骤来避免常见的决策陷阱？

4）这个过程推荐的决策是什么？

5）是一个备选方案明显较好，还是几个选择几乎同样可取？

6）使用不同的方法会产生不同的结果吗？

7）我们的直觉判断是否警告我们推荐的决策不正确？

19.7 试验和评估

如前所述，好的过程并不一定产生好的结果。预测未来从来都不是一门精密科学，我们应当将决策过程和决策结果分开进行评估。后见之明（hindsight）是有用的工具，但是我们必须牢记，从实际事件来看好像非常明显的事情，对决策者来说是不一样的。

另一个评估决策方法是将实际结果与想要的结果相比较。如果存在差异，则关键的问题是“为什么”。知道了实际结果后团队使用不同过程的话，是否会做得更好？是否应当修改未来决策的过程？在结果上是否存在一个趋势，尤其是不好的结果？如果是，可能是过程问题。

试验和评估问题：

1）实际结果与想要的结果是否相同？

2）实际结果是否受随机事件或意外事件的影响？

3）决策过程是否正确？

4）是否应当修改该领域未来决策过程？

下面让我们看看应用于国际空间站项目的决策过程。

19.8　案例研究：决策过程应用于国际空间站节点 3 号舱的发射—激活

下述案例说明决策过程在实际工作中的应用。它涉及对国际空间站运行限制的预期变更。这个潜在的变更对空间站一个主要的组装活动的成功完成产生了严重的威胁。让我们来看看我们的决策过程是如何发生的。

国际空间站节点 3 号舱（见图 19－5）是一个圆柱体的加压舱，能为国际空间站提供额外的对接口。它还带有关键的电子设备和生命保障系统。节点 3 号舱预定于 2009 年[①]由航天飞机发射运送至国际空间站。

图 19－5　节点 3 号舱安装示意图

这是示出节点 3 号舱安装在国际空间站上时如何呈现的 CAD 示意图[8]

① 实际于 2010 年 2 月发射。——译者注

在关键设计评审完成、硬件建造开始之后，国际空间站计划制定了新的、高优先级的舱外活动运行限制。这些新的限制意味着建造顺序的改变。

节点 3 号舱将必须在其节点 1 号舱临时对接点停留长达 24 小时以上才离开，而不是原来的 12 小时。这就产生了一个问题：不能为外壳加热器供电。对接在节点 1 号舱上时，节点 3 号舱将处于违反其热限制和“被冻住”的严重风险中。

节点 3 号舱是国际空间站最后的主要组件之一，它的成败将决定国际空间站的最终运行能力。项目群经理将作出关于修正行动的最后决策。

国际空间站项目群办公室组建了节点 3 号舱“发射—激活（launch - to - activation，LTA）团队”（下面简称团队）来评估这个问题，并提出备选方案解决这一新的问题。什么才是避免节点 3 号舱临时对接在节点 1 号舱期间被冻住的最好的方法呢？团队由节点 3 号舱项目办公室、节点 3 号舱硬件承包商、舱外活动办公室和国际空间站计划办公室的代表组成[14]。

19.8.1　目标和构建决策框架

如果时间允许，审阅现有信息总是明智的。团队审阅了 23 份技术论文和同行评审文件，以了解什么因素影响舱外活动中航天员的工作表现。他们验证时间线和训练作为舱外活动目标，还确定了其他的目标。

团队选择了四个目标，并按照技术专家达成的一致意见对其进行了排名。他们还用李克特五分量表制定了评分标准（见表 19 - 16）。

表 19 - 16　评估影响舱外活动工作表现的四条准则①

分数	对现有舱外活动操作时间的影响（排名第一）	舱外活动中航天员显著疲劳的可能性（排名第二）	任务的复杂性和舱外活动乘组人员的训练（排名第三）	工作可达性和可到达包络问题（排名第四）
完美（5）	对现有舱外活动时间的任何影响都在 6.5 小时舱外活动工作日的标称计划指南内	对增加舱外活动任务会增加超出现有预计程度的人体全身疲劳或局部手疲劳有轻微的担心	新的舱外活动任务简单，可能不需要针对这次任务进行专门的乘组人员训练	初始的工作现场分析表明所有预期的发射—激活电缆连接、戴着手套的手能到达的区域和舱外活动装备（EMU）的可达包络能很容易地超出舱外活动的要求
非常好（4）	要求计划时间在 6～6.5 小时之间。标记为应该担忧的事项，但是可以接受，不需要对舱外活动运行的要求超差放行	中等程度	中等程度，预期需要 1～2 次专门的训练课程	中等程度
好（3）	要求计划时间在 6.5～7 小时之间。可以接受的前提是获得舱外操作管理层的批准	对增加舱外活动任务会增加超出现有预计程度的人体全身疲劳或局部手疲劳有中等程度的担心	新任务的复杂度中等，预计要为舱外活动人员进行 2～3 次的专门训练	对舱外活动乘组人员戴手套的手和舱外活动装备可到达的区域来说，预期有几个有限但是可接受的工作空间，有待对工作场所进行出更详细的评估

续表

尚可（2）	要求的计划时间在7～7.5小时之间。需经舱外活动管理层的批准正式对舱外活动的要求超差放行	中等程度	中等程度，预期需要4～5次专门的训练课程	中等程度
差（1）	要求计划时间多于7.25小时。须经高级别的空间站管理层批准才能正式对舱外活动的要求超差放行	对增加舱外活动任务会增加超出现有预计程度的人体全身疲劳或局部手疲劳有较高程度的担心	新任务很复杂，预计要为舱外活动人员进行6次以上的专门训练	对舱外活动人员而言，预期有1个或更多有限的工作空间。根据对工作场所进行的更详细的评估，预计戴手套的手和可到达区域的要求不可接受。很可能需要研发独特的辅助设备或工具，来协助舱外活动乘组人员

①这些准则用于决定哪个方法将被用于将节点3号舱安装在国际空间站上（见图19-6）。

19.8.2 选择方法

团队随后确定了针对这个决策最好的方法。目标是以相对低的成本获得高质量的评估数据。他们选择了3个评估活动：

1）舱外活动工作要素任务模拟——作为对既定的在中性浮力实验室（NBL）里进行的节点3号舱外活动训练的补充，进行一个具有中等保真度的模拟实验［中性浮力实验室是一个大型水下舱外活动（EVA）设施，用于模拟舱外活动操作，使用真实的舱外活动装备和国际空间站硬件模型］。模拟的操作任务要素将是发射—激活备选方案的代表。中性浮力实验室的时间和资源限制妨碍了对所有备选方案的完全模拟，但是部分模拟仍可以提供特定任务要素数据、工作难度、潜在的疲劳因素和未来的训练要求。

2）舱外活动专家访谈——与参与中性浮力实验室模拟的舱外活动乘组人员和训练工作人员交谈，内容涵盖模拟结果和与备选方案有关的过去舱外活动的经验。由此预测无法直接测量的基本任务的时间、相对工作复杂度和训练要求及与疲劳相关的问题。

3）基于计算机的工作现场分析——使用计算机建模进行初步的工作现场分析，以了解每种备选方法的节点3号舱电缆布线和与节点1号舱的连接下的舱外活动装备的可达包络和到达区域的条件。

19.8.3 产生备选方案

所有的备选方案都涉及设计、建造，以及安装将节点1号舱电源连接到节点3号舱外壳加热器的电缆。图19-6提供了一个发射—激活电缆布线的原理图。

1）备选方案Ⅰ——在轨安装发射—激活电缆：在发射—激活的舱外活动操作期间，将13米的发射—激活电缆的一端连接在节点3号舱外壳加热器的电源连接器上，沿节点3号舱的长度走线并固定，再连接到节点1号舱的电源上。

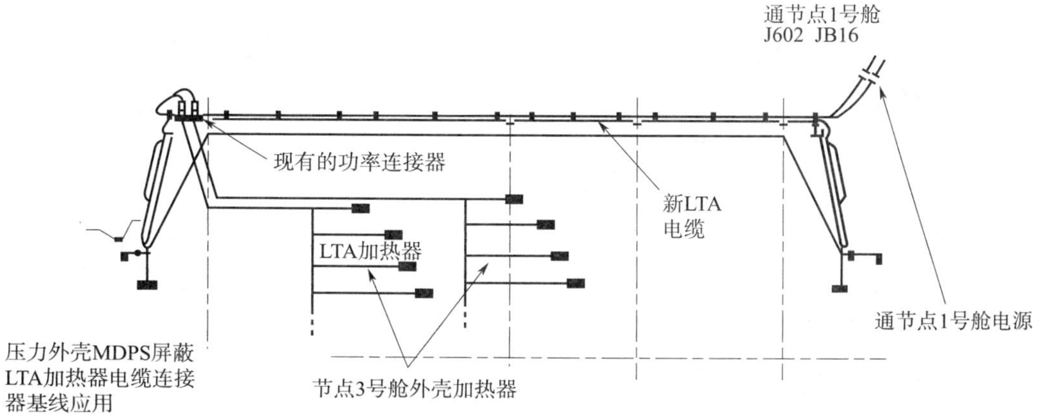

图 19－6　节点 3 号的发射—激活电缆加热器[1]

新的发射—激活电缆必须由舱外活动乘组人员连接（LTA：发射-激活；MDPS：流星体和碎片防护屏蔽）

2）备选方案Ⅱ——地面安装发射—激活电缆——在节点 3 号舱的屏蔽上面：电缆在地面安装，沿节点 3 号舱的长度固定在它的防护屏蔽上面。电缆的各端通过一次舱外活动来连接。

3）备选方案Ⅲ——地面安装发射—激活电缆——在节点 3 号舱的屏蔽下面：与备选方案Ⅱ类似，但电缆安装在防护屏蔽下面。

19.8.4　评估备选方案

团队根据达成一致的标准对每一个备选方案进行评估，这些标准包括：对时间的影响、航天员疲劳的可能性、任务复杂度和可达性。结果论述如下。

对目前舱外活动操作时间的影响——团队进行了时间研究评估，以确定对舱外活动时间的影响。他们检查了每种备选方案，并把预期的任务分为主要的工作要素。

备选方案Ⅰ的结果。备选方案Ⅰ预期花的时间比其他两个长，所以团队首先把这个任务的要素确定下来。然后备选方案Ⅱ和Ⅲ的工作要素也可以确定下来，并与备选方案Ⅰ进行比较。

建造好一个发射—激活电缆硬件的模型后，训练乘组人员在节点 3 号舱计划的 5 小时训练结束时进行了备选方案Ⅰ的操作任务。这个在训练课程结束时的搭载评估机会带来的额外的好处是可以重复预期的在轨任务顺序。新电缆的安装和连接活动必须在计划好的工作日结束时进行，届时乘组人员的疲劳是个真正的问题，因此这种模拟有助于团队获得合理的任务疲劳读数以及时间和任务复杂度的数据。

然后团队通过使用教科书《工作设计》[13]中描述的时间研究程序为备选方案Ⅰ确定标准的操作时间。

由于时间和资源的限制，只能进行一次循环。团队以分钟为单位记录完成工作任务花费的时间；考虑等级因素后调整了实际的测量；使用时间研究程序和团队建议来建立时间容限。根据模拟，团队确定了备选方案Ⅰ预期的舱外活动操作任务时间是 57 分钟。

备选方案Ⅱ和Ⅲ的结果。因为团队不能再进行一次模拟来测量备选方案Ⅱ和Ⅲ的时间，他们根据备选方案Ⅰ的结果对时间进行了估计。得出的标准的任务时间和标准等级汇总如表19－17所示。

表19－17　舱外活动任务时间评估①

备选方案Ⅰ	尚可	57分钟
备选方案Ⅱ	非常好	35分钟
备选方案Ⅲ	完美	19分钟

①从时间的角度来看，备选方案Ⅲ表现最好。

航天员显著疲劳的可能性——在模拟的最后，团队与乘组人员进行了面谈，讨论了每种备选方案疲劳的可能性因素。他们指出，实际的发射—激活电缆的连接任务必须放在现有的6小时工作日的最后，并按顺序在其他任务完成后进行。这与乘组人员在他们5小时训练课程结束时发射—激活进行电缆连接的模拟任务相同。

团队使用了伯格的主观自感劳累分级法[13]来帮助乘组人员描述和评估工作要素对人体全身和局部手疲劳的影响。根据模拟和过去的经验，乘组将造成人体和手疲劳不适的要素按照0（无不适感）～10（极度不适）的等级进行了评级，然后他们对准则2——舱外活动航天员显著疲劳的可能性给出总体分数。

团队与乘组一起把备选方案Ⅰ的结果与备选方案Ⅱ和Ⅲ的预期工作要素进行了比较。乘组估计了备选方案Ⅱ和Ⅲ的难易程度，并从全身和局部疲劳的角度评估了它们。表19－18汇总了疲劳评估的结果。

表19－18　航天员疲劳评估准则①

备选方案Ⅰ	尚可	对额外的发射—激活任务带来的疲劳有中等程度至高等程度的担忧。长时间大量的电缆操作和移动。为了固定和连接一条不牢固的电缆，估计需要48项重大的手动操作
备选方案Ⅱ	好	对额外的发射—激活任务带来的疲劳有中等程度的担忧，工作时间稍多于备选方案Ⅰ的一半，需要检查移动，需要在节点3的各端部署电缆。电缆固定和连接动作减少到20个
备选方案Ⅲ	完美	对额外的发射—激活任务带来的疲劳有低等程度的担忧，需要增加的工作时间非常短，电缆操作是最短的，预计为了固定和连接电缆的手动操作会少于10项

①备选方案Ⅲ在这个准则中评分最好。

任务复杂度和乘组训练——然后团队与训练团队进行了面谈，讨论了任务复杂度，估计了每一备选方案需要的训练。在下述情况需要特别训练的前提下，他们确定了讨论内容：

1）任务高度复杂，需要多个步骤和工具。

2）任务安全性很关键，需要非常高的成功概率具。

3）在避免危险方面，误差要小具。

4）在时间方面，事件的顺序对于完成任务和舱外活动装备的忍耐极限很关键。

对所有的备选方案来说，时间是决定是否需要更多专门训练的关键要素。在生命保障系统到达忍耐极限之前安装上电缆是很关键的。虽然预期的任务没有一个是特别复杂的，但所有备选方案都至少有一些专门的操作需要增加训练。训练效果的评估结果汇总于表 19－19。

表 19－19　评估航天员需要训练的准则①

备选方案Ⅰ	尚可	预估的 1 小时时间的专门电缆部署和布线工作要素将可能要求有 4～5 次在中性浮力实验室里的专门训练，或者其他专业训练
备选方案Ⅱ	好	为专门的外部电缆检查和线路末端圆锥形电缆专门的布线构型任务预期需要 2～3 次专门的训练
备选方案Ⅲ	非常好	预期只需要 1～2 次备选方案Ⅲ专门的中性浮力实验室训练

①这个准则中备选方案Ⅲ的评分最好。

工作可达性和到达包络的潜在问题——在中性浮力实验室运行期间进行了初始的工作可达性和到达包络的评估。备选方案Ⅰ的评估被用于说明任何可能使舱外活动可达性和可达包络出现问题的区域。一个关注点是在节点－3 与节点－1 连接处的工作空间有限，影响发射-激活任务活动。

团队获得了工作现场分析（WSA）团队的帮助，使用计算机辅助建模帮助确定各备选方案潜在的可达性和可达包络问题。工作现场分析团队对各备选方案在紧凑工作区域进行的工作任务中预期的乘组位置和到达性和可达包络要求进行了建模[10]。其结果是模拟的补充。表 19－20 汇总了这个评估。

表 19－20　评估航天员在连接节点 3 号舱与国际空间站连接时的工作可达性和到达包络的准则①

备选方案Ⅰ	非常好	完全通过舱外活动安装发射—激活电缆的好处是几乎没有紧凑可达区域问题，预期没有问题
备选方案Ⅱ	尚可	工作现场分析表明可能会违反舱外活动乘组和舱外活动装备的可达要求。预安装的发射—激活电缆由舱外活动乘组放在非常靠近节点－1 的位置，可能会妨碍乘组松开已收好的电缆。可能需要重新设计电缆布线、研发新的电缆处理工具或需要其他的操作工作区
备选方案Ⅲ	好	预计可达包络和可达距离可接受，等待更详细的硬件信息

①这个准则中备选方案Ⅰ的评分最好。

19.9　小结

发射—激活团队使用排名倒数方法[5]进行打分和比较各备选方案，并提供建议。四种选择准则按优先级排名。当每个人都认同第一个目标最重要时，这个方法就是建立权衡准则的相对加权的好方法。发射—激活团队在舱外活动团队和国际空间站管理层的指导下，把时间线建立为最重要的准则。排名倒数模型分析和评估结果汇总于表19－21。

进行选择和评估：

这个分析结果提供了充分的区别，以使团队给出一个备选方案。备选方案Ⅲ——发射前在节点 3 号舱的防护屏蔽下面安装发射—激活电缆、然后通过舱外活动连接电缆的各端——是最有吸引力的选择。该分析重点关注舱外活动的工作绩效准则，并为国际空间站项目管理者的权衡研究决策提供了新的见解和更清晰的建议。

最后团队不得不停止分析，开始报告结果。一个关键的问题是，“我们有足够的洞察力来提出一个合理的建议吗?”这个问题可能很难回答。决策分析不像其他形式的建模，很难证实我们建立的模型是实际情况的精确反映。

表 19－21　排名倒数权衡模型用于将定性分数转化为定量分数①

排名倒数					节点 3 号舱发射—激活电缆备选方案					
准则	(A) 排名	(B) 1/ (A)	加权计算 (B) /Σ [1/ (A)]	加权	备选方案Ⅰ 舱外活动 安装评估	分数 (加权× 评估)	备选方案Ⅱ 舱外活动 安装评估	分数 (加权× 评估)	备选方案Ⅲ 舱外活动 安装评估	分数 (加权× 评估)
舱外活动时间	1	1.00	1/2.083	0.48	尚可 (2)	0.96	非常好 (4)	1.92	完美 (5)	2.4
疲劳	2	0.50	0.5/2.083	0.24	尚可 (2)	0.48	好 (3)	0.72	完美 (5)	1.2
任务复杂度和训练	3	0.33	0.33/2.083	0.16	尚可 (2)	0.32	好 (3)	0.48	非常好 (4)	0.64
可达性和可达包络	4	0.25	0.25/2.083	0.12	非常好 (4)	0.48	尚可 (2)	0.24	好 (3)	0.36
	总计	2.083		1	备选方案Ⅰ总分	2.24	备选方案Ⅱ总分	3.36	备选方案Ⅲ总分	4.60

①本表为比较三种备选方案提供了支持。根据准则和所进行的评估，总分最高的备选方案（备选方案Ⅲ）是最可能的候选方案。

参考文献

[1] Alenia Aerospazio. December 2004. "Node 3 Launch—To—Activation Report." N3 - RP - AI - 0180. Turin, Italy.

[2] Cialdini, Robert B., Ph. D. 1993. Influence: The Psychology. New York, NY: Quill/William Morrow.

[3] Clemen, Robert T. and Terence Reilly. 2001, Making Hard Decisions with Decision Tools Suite, 2nd Edition. Pacific Grove, CA: Duxbury/Thomas Learning.

[4] Columbia Accident Investigation Board (CAIB). August 2003. Columbia Accident Investigation Board Report. Washington, DC: U. S. Government Printing Office.

[5] Componation, Paul. 2 June 2005. "ISE 734, Decision Analysis" Lecture Notes, University of Alabama in Huntsville, Alabama.

[6] Crocker, Lori; Stephanie E. Barr; Robert Adams; and Tara Jochim. May 2003. "EVA Design Requirements and Considerations." NASA Johnson Space Center EVA Office Technical Document, No. JSC 28918.

[7] Dobson, Michael and Heidi Feickert, 2007. The Six Dimensions of Project Management: Turning Contraint Into Resournces, Reston, VA: Management Concepts.

[8] European Space Agency (ESA), n. d., ca 2000. http://www.spaceflight.esa.int/users/index.cfm?act=default.page&level=11&page=1981.

[9] Hammond, John S., Ralph L. Keeney, and Howard Raiffa. 2002. Smart Choices: A Practical Guide to Making Better Life Decisions. New York, NY: Broadway Books.

[10] Harless, D. 2005. "Preliminary Node 3 LTA WSA." Johnson Space Center, Houston, TX.

[11] Hiller, Frederick S. and Gerald J. Lieberman, 2005. Introduction to Operations Research. New York, NY: McGraw - Hill.

[12] Knebel, Fletcher. Original source unavailable. http://thinkexist.com/quotes/.fletcher_knebel/.

[13] Niebel, Benjamin and Andris Freivalds. 2003. Methods, Standards, and Work Design, 11th Edition. New York, NY: McGraw - Hill Companies, Inc.

[14] Node 3 Program Management Review (PMR). January 2005. "Briefing for Node 3 LTA." Marshall Space Flight Center, Alabama.

[15] Rardin, Ronald L. 1998. Optimization in Operations Research. 1st Edition. Upper Saddle River, NJ: Prentice Hall.

[16] Taha, Hamdy A. 2006. Operations Research: An Introduction. 8th Edition. Upper Saddle River, NJ: Prentice Hall.

[17] US Marine Corps. October 1996. MCDP6—Command and Control. Washington, DC: Department of the Navy.

第 20 章　跨文化管理项目

迈克尔·F·塔克（Michael F. Tucker）博士、（国际）注册管理咨询师
塔克国际有限公司

运行系统与超级明星进行对比：这些人错在哪？——格伦·罗伯特是一个大规模、长周期空间项目的新项目经理。这个项目包括两支主要的队伍，一个来自他的组织，还有一个则来自具有引领学科能力的另一个组织。格伦具有军事背景，对自己组织和管理复杂项目的能力很有自信。他在自己的组织中很适应，其组织主要从事体系、政策和程序的规划、建立和实施。其项目都是严格监控、有序和可预计的。格伦与引领学科的组织一起工作时遇到了困难，因为他们对如何把事情做好具有不同的观点。对他们来说正确的结构不是最重要的。另一位队伍领导钱德拉·杰亚拉姆博士说过："让我们以可以使我们抵达目的地的任何方式来组织和重组吧。"他们的队伍中有一些对项目至关重要的杰出的科学家。这些科学家受人尊重，同时也面临着前所未有的局面。

当这两支队伍最终相遇时，杰亚拉姆博士的团队陷入他们自我的想法和过度分析的世界中。格伦说："看，我们尊重你们为项目带来的东西，但我们不得不按我的运行计划前行，并坚持下去。"杰亚拉姆博士回答："我们想要确信我们将最好的科学带给了这个项目，并对任何阻碍我们努力的事情感到不愉快。"格伦在推动项目上面临巨大压力，但他又不想疏远杰亚拉姆博士的人。他怎样才能使他们看到他的方法是最好的呢？

在西班牙选择承包商——亚历克斯·库鲁斯是一个空间计划国际项目团队的领导者，她在项目中把西班牙的一个机构作为直接的合伙人。对方与她接应的人伊格尼科·多明戈斯与他的团队去过几次美国，亚历克斯的团队也去过西班牙。由于进度和工作优先级的原因，亚历克斯在这两个国家都没有和多明戈斯相处太多的时间。多明戈斯曾邀请她在西班牙共进晚餐，但她没能找出时间。

这个项目不得不选择一个西班牙的分承包商负责一个关键项目组件。亚历克斯和她团队的两个成员去西班牙与伊格尼科一起工作来选择这个分承包商。他们还带来了他们竞选分承包商的程序，但伊格尼科有不同的方式。他说："我想用一家和我合作了很长时间的公司，这家公司的领导是我的堂兄，我知道他会干得很好。"亚历克斯解释他们为什么需要以最低的价格找一家最好的分承包商，"我们的竞标方法让我们能看到几家公司，且以最低的成本挑选一家最能满足我们要求的公司。"伊格尼科说他已经了解了其他的公司，而他堂兄的公司是最好的。

几次会议后，伊格尼科很明显不想使用竞标流程。亚历克斯的团队返回了美国，他们对伊格尼科感到担忧并且不愿意用他堂兄的公司。

（西班牙在透明国际腐败指数中的 159 个国家中排名 23，排名第 1 最不腐败，排名 159 最腐败。西班牙的腐败指数是 7，满分 10 为最不腐败，美国排名 17，指数是 7.6。）

美-日会议和协议——李·阿马迪主管一个含有日本人的空间项目。他在项目中工作得很努力，目前很疲倦和急躁。“我们给日本人的信息和材料似乎永远不够，每次我们需要达成协议时，他们就要求更多的时间和信息。”他们团队中的 6 个人刚从日本回来。他们试图就项目的一个关键部分与日本人达成协议。他安排了一系列与耀西·田村牵头的日本团队的头脑风暴会议。美国团队参加的人很多，而日本人参加的很少。耀西说他将和他的团队一起工作并安排一个去美国的行程以介绍他们的方法。目前这个项目的进度已经拖延且预算已超支，他不知道还能对耀西抱什么期望。阿马迪先生工作很认真，并需要使耀西明白及时决策和满足项目里程碑的重要性。耀西曾经招待过美国团队一次，但效果不怎么好。摆在美国人面前的是他们不认识也不想吃的食物，还要要求他们站起来唱歌！

事件的解释和讨论——干扰项目成功的事件中含有什么样的文化问题？如果项目经理显露出某种特质，他们可能会更成功。这些特质是什么？

罗伯特先生基于其组织“控制”型文化[11]着手处理他的项目。对他来说，项目成功很大程度取决于命令和可预测性、一个严谨的运行计划和结构。杰亚拉姆博士的团组有着“能力”型文化，强调想法、概念和技术，科学的思想和理论的追求在其中占统治地位。罗伯特先生可能不应当试图改变杰亚拉姆博士团队的文化，也不应当试图把他的团队转变为能力型。创造一个“合作”文化、充分利用跨组织团队和合作伙伴关系来实现协同是一种更好的方式。

为实现这个目的，罗伯特先生还必须发挥某些个人特质，包括：

1）对其他方法的开放思想。

2）在协同解决方案中纳入不同方法的灵活性。

3）实现这一点的耐心。

在库鲁斯女士的案例中，主要的美国-西班牙文化差异来自于美国对客观竞争的偏好与西班牙基于亲缘关系的风格。对于库鲁斯女士的思维模式来说，竞标是客观和公平的，这种情况下，腐败的机会也低。而另一方面，多明格斯先生推荐他堂兄的公司，是扩展他自己，赢得他自己的名誉。这两种类型是由个人主义-集体主义维度的文化差异引起。这是“在特定的个体利益或团体利益文化中采取行动的程度”[7]。美国在个人主义的 74 个国家排名中排第 1，而西班牙排名 30。表 20-1 比较了这两种风格。

表 20-1　团体风格对比个体风格①

团体风格	个体风格
“我们”的意识	“我”的意识
亲属和派系以忠诚作为交换照顾个人	个人照顾自身和直系亲属
团体利益战胜个体利益	个体利益先于团体利益

续表

团体风格	个体风格
偏好工作生命的“全人”（whole person）方式	个人生命和职业生命分开
合作和和谐	个体间的竞争
忠诚战胜效率	效率战胜忠诚

①一种文化强调个人主义，另一种强调集体主义。这些差异有助于解释工作关系的偏好，跨文化团队的成员应当将其牢记在心。

库鲁斯女士需要处理她自己和多明戈斯先生之间的这种文化差异。她需要表现某些个人特质以达成解决方案。这些特质[14]是：

1）对其他方法的开放思想。

2）在解决方案中纳入不同方法的灵活性。

3）与多明戈斯先生建立关系时的社会适应性。

4）建立对多明戈斯先生的足够信任。

5）承担风险，采用超出她认同范围的方法。

我们会在本章后面的内容中全面地描述每一个特质。

所以，库鲁斯女士在这时应当做什么？顺应文化的解决方案是试图在西班牙的体系中运行。她可能要花一些社会时间与多明戈斯先生建立一种信任关系，然后她可以开始了解多明格斯先生的堂兄，评估他公司的能力。如果该公司具备资质，项目可以把它作为分承包商。如果它不具备资质，库鲁斯女士可以与多明戈斯先生一起干点别的，不让他丢面子。

在第三个案例中，美-日文化差异与决策制定和等级制度相关。日本偏重集体主义的文化（在霍夫斯泰德的个人主义等级中排名 33～35），具有一致同意的决策风格，所花时间会多于美国风格。日本人对避免不确定性的要求很高，因而导致对详尽信息和细节的需求（日本在霍夫斯泰德避免不确定性的等级中排名 11～13，而美国排名 62）。阿马迪先生的混合式头脑风暴的尝试不奏效是因为日本人在其他人面前，尤其是高层面前随意表达未经证实的想法时会感到不舒服。阿马迪先生需要了解这些文化差异，并表现出：

1）对日本人方法的开放思想。

2）与日本风格一起工作时的灵活性。

3）与日本人建立关系时的社会适应性。

4）对日本人制定决策所需的时间和对信息和细节的需求要有耐心。

5）参加卡拉 OK 时有幽默感。

现在，阿马迪先生应当做什么来准备日本人的来访，并试着把项目引入正轨呢？他应该为这次来访留出尽可能多的时间，安排一些联合团队的社会活动。他应当开始了解田村先生，并与他建立信任关系。最后，他不应期望在日本人返回日本一段时间后就会有结果。

我们来看本章的主要目的：1）帮助项目经理把文化的主题思想带入到了解和管理项目队伍中；2）帮助项目经理处理国际项目跨文化方面的问题。国际文化管理在当前全球化的时代已经变得非常重要。团队工作是目前跨国界工作的一种首选方法。

文化为组织及其人员提供一致性，设置边界、基本规则、预期和优先级，对生产力很重要[11]。许多组织尽全力为他们的管理者准备技术、财务、战略和战术方面的职位，但是他们忽略了可以使项目成功或终止的文化的方面。我们在国际合资企业的令人沮丧的记录中看到这些，大多数企业由于文化差异在前五年遭遇失败。

下面是每个项目经理应当能够回答的 5 个问题，本章根据这些问题进行了整理：

1）什么是文化，它为什么重要？

2）为管理组织文化，我能做什么？

3）国家文化差异是什么，我如何管理这些差异？

4）我需要什么技巧和能力来成为高效的跨文化项目经理？

5）我如何能成功地管理我的跨文化项目？

20.1　文化及其重要性

组织或项目团队文化的两个简单但实用的定义是：

1）我们在这里为了成功而做事的方式[11]。

2）组织中的人员或团队在进行他们的工作并相互联络以及与外界联系时被期望的、被接纳的和被支持的或被奖励的方式的组合[13]。

例如，如果一个项目文化重视相互依赖，则团队成员知道人们期望他们不遗余力地相互协助，寻求团队解决方案。团队要准备接纳这种行为，并且正式和非正式地支持或奖励它。组织文化是国家文化的子集。我们在组织中应如何表现取决于我们居住的地方、我们的教养及我们社区和国家的行为准则和价值观。所以在讨论组织或项目文化之前，我们要介绍一下国家文化。

20.1.1　国家文化

上述对文化的定义也适用于国家文化（虽然我们下面会给出更华丽的定义）。国家文化还以独特的方式把事情推向成功。他们的成员知道对他们的期望是什么，当他们满足这种期望时可以感到被接纳，当获得支持或奖励时继续他们的适应的文化行为。个人竞争在美国文化中很受推崇，而对日本文化来说集体的和谐更能被接受。国家文化的定义包括：

文化是区分一组人与另一组人的集体设计思维模式[6]。

这一文化的定义暗示人类被赋予相当多的相同的物质，但是他们后天受父母、兄弟姐妹和老师等模式的影响成为了文化的人（cultural being）。

文化是学习行为方式的集成系统，具有特定社会成员的特征。文化是指特定人群的总的生活方式，它包括这人群思考、说话、做事和行为的所有方面——其习惯、语言、态度和感觉的共享系统。文化被一代代地学习和继承[9]。

这一定义说明文化无处不在——很难确定文化不包含什么。文化通过学习的方式而发展这个概念与霍夫施泰德（Hofstede）的程序观念类似，即遗传与文化没什么关系。一对加拿大父母收养的中国婴儿将成为加拿大文化的人，而不是中国文化的人。

文化隐藏的比它展示的要多，隐藏的东西非常不可思议，对它自己的参与者隐藏得最有效[5]。

以上说法假设了文化相对论的重要性。除非我们遭遇另一种文化，否则“我们在这里做事的方式”似乎对每个人来说都很自然、很期待。只有当我们接触到非常不同的信仰、价值观和行为时，我们自己的文化才显现出不同。

文化以如下方式表现：

1）价值观——文化的最深层次的表现，改变最慢。

2）沟通——口头语言和非语言行为。

3）思维方式——主要方式包括线性的、循环的和中断的。线性思维形容的是西方国家的方式，喜欢以有效的、低语境的方式从 A 到 B。循环思维描述的是亚洲国家，语境很重要，只能在许多事情都考虑到后才能到达结果“B”。中断思维描述的是阿拉伯国家，一连串的思路被人们的意见所打断。

4）行为模式——遵守接受行为准则的方式。

5）作用——一种文化的主要功能以及如何定义这些功能，如父亲、母亲、领导人、管理者、总工程师等。

一个实用的说明国家文化如何运转的方式是用冰山进行类比[2]，如图 20－1 所示。

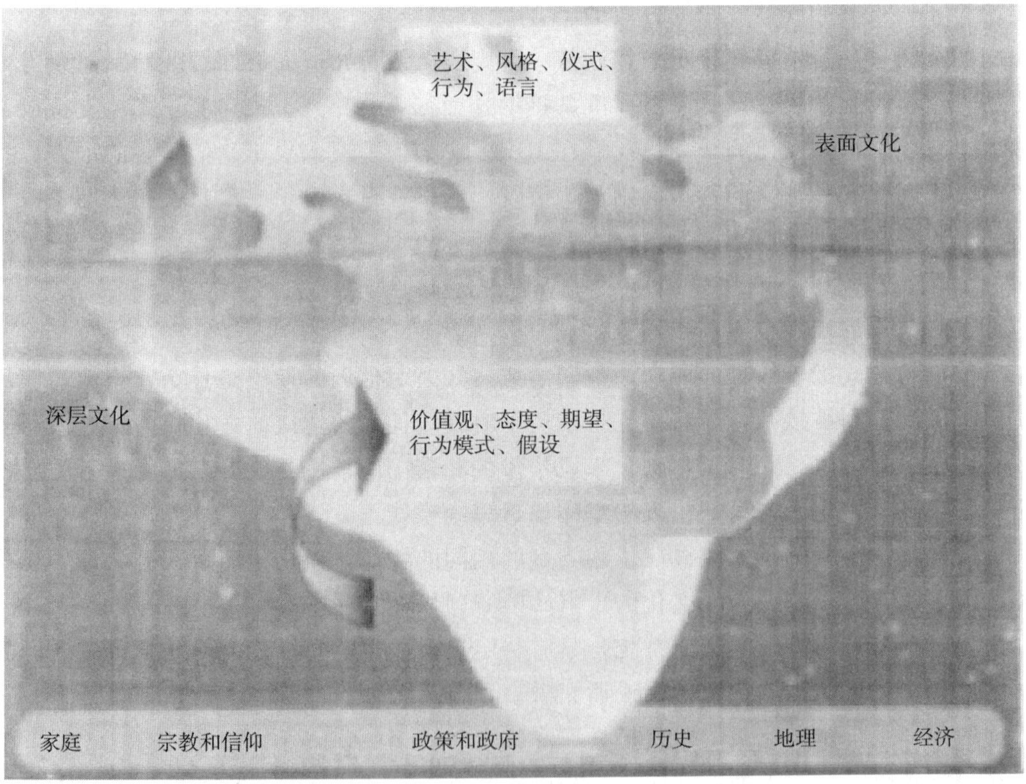

图 20－1　国家文化冰山模型

我们可以用这个文化模型来理解项目团队成员的国家文化，以及预期他们的行为

冰山只有大约 11%的质量在水面以上，而其余的都在水面以下。将其应用于文化中，我们把可以观察到的或出现在意识层的东西称为表面文化，观察不到的或潜意识的东西称为深层文化。

一个国家的深层文化依赖于它的历史、地理等基础。这些基础会引起共同的价值观、看法、期望、行为模式和假设，这些转而在表面文化中推动着日常生活。例如：美国的地理和历史导致政府系统支持个体自由，从而引起个人的创新精神和竞争性。我们在美国每天都可以看到这样的情况，以个体为单位，而不是家庭、部落或（通常来说）宗教团体。相反，宗教和信仰对阿拉伯国家影响很大。穆斯林在许多阿拉伯国家中占主导地位，一个人的身份由他或她与阿拉（真主）的关系决定，价值观由家庭、部落和宗教教派确定。在某些阿拉伯国家，基于古兰经的伊斯兰教教法是国家的法律。

20.1.2　组织或团队文化

图 20－2 说明我们如何使冰山模型适应于组织或团队。

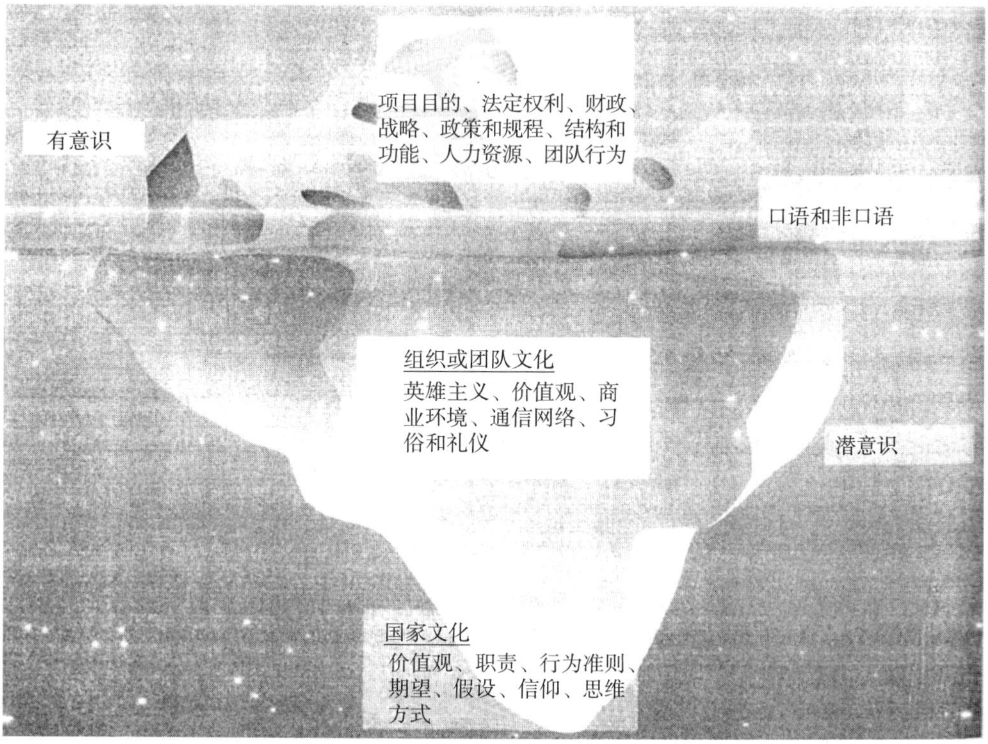

图 20－2　组织或团队文化的冰山模型

我们把冰山模型扩展到包含国家和组织或团队文化。我们可以用它来帮助理解不同团队成员的行为并打造一个在文化上更加协同的团队

这个模型暗示一个组织或团队的有意识的、可观察到的方面产生自其隐藏文化的潜意识方面。而且一个组织或团队的文化受其所在国很大的影响。例如，工作在俄罗斯航天局的团队比美国人更具集体主义或团组风格。俄语词 sobornost，意为集体主义精神或团结

精神，而美国的自我实现观念与其截然不同。实际上，第一个俄罗斯空间站的名字是和平号，参考的是俄罗斯的农村公社。

与国家文化相近，组织文化通过价值观、行为模式、期望、历史、沟通方式等来表现。创始人和领导者具有极大的影响力。项目经理可以使用这个模型更好地理解她或他的国家文化并阐明介入项目的其他组织的文化。如果我们在项目策划的早期就做到这些，我们可以避免图 20－3 所示的“冲突”。

图 20－3 示出了当两个组织或团队文化在长期项目中发生冲突时可能发生什么，或当两个组织融合时，在航天工业基地会普遍发生的事。团队在意识层面花了大部分的时间和精力，但冲突区发生在潜意识层面，因为在这个层面做事的方式是不同的。

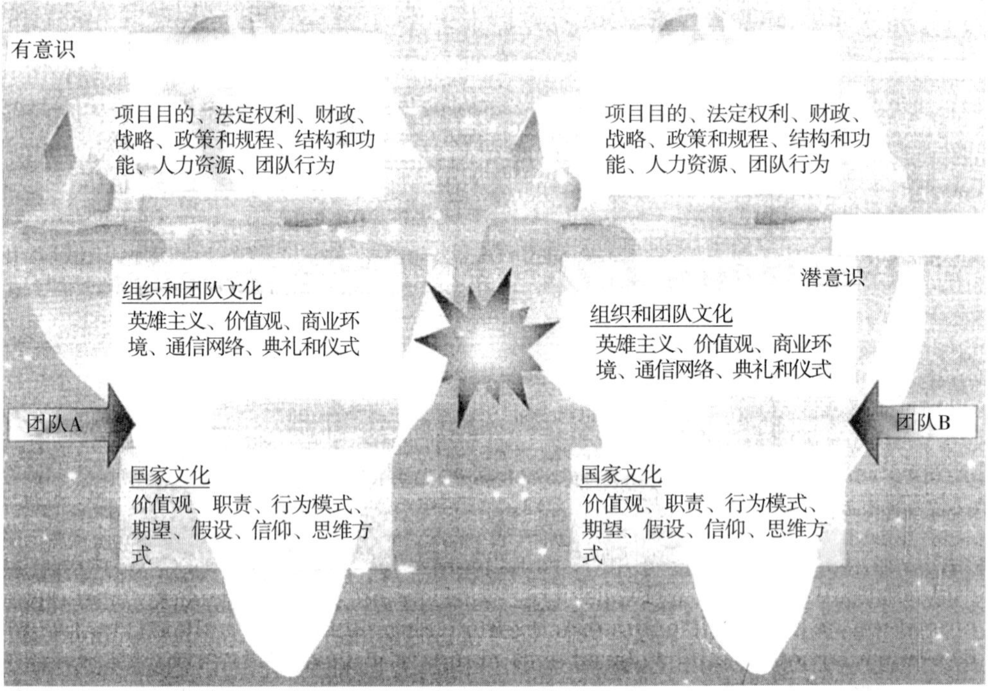

图 20－3　当两种文化冲突时

当两个团队一起工作存在困难时，通过关注组织和国家文化层面而非只关注有意识的、任务层面，我们可以对局势进行最佳管理

一个例子是在一个国际合作项目中，团队 A 由俄罗斯人组成，与 NASA 的美国人（团队 B）一起工作。这两个团队必须考虑冰山表面下的因素。俄罗斯的集体主义风格需要由美国的个人主义风格平衡，以使两个团队能共同有效地运行。

20.2　管理组织文化

当人们一起工作时，文化就自然形成了。文化将他们绑在一起并规定了工作行为的模式。团队的领导者或项目经理有机会塑造和管理这个文化，并应把它考虑为最高的优先级。文化会自己形成——项目经理应当是设计师（第 4 章详细描述了项目组织）。当一个空间项目的团队成员来自同一个组织时，这个工作相对简单，我们只需要把组织文化的最强方面放到意识层并使用它的价值观和行为模式指导项目。但当项目涉及不同组织时，工作就变得复杂得多。表 20－2 示出组织文化的四种主要类型[11]。

表 20－2　组织文化的四种类型①

	成功的定义	成功的方式	与客户和委托人接触	社会化基础
控制	·支配权 ·最大	受到并保持控制	·控制 ·唯一可行的	军事组织
技能	·优先权 ·最好	追求卓越	提供最好的价值 ·无可比拟 ·独一无二 ·发展现状	教育组织
培养	更充分地 实现潜能增长	人的成长和发展	·更充分地实现潜在价值和潜能 ·实践 ·提升和充实	宗教组织
合作	协同配合	完全利用团队	·合作伙伴 ·我们一起做	家庭

①此表反映文化的特征和文化类型的差异。

从表 20－2 可以明显看出，合作型文化对涉及不同组织人员的空间项目是最适合的。项目经理可以通过采取以下步骤实现这类文化：

1）了解我们和我们团队的成员来自何处——家乡组织文化。

2）确定家乡文化和期望的合作文化的最大鸿沟。

3）打破阻碍，不以老方式做事。创造工作风格的新行为模式，支持自由流动的多文化团队工作。

对于罗伯特先生来说，要由控制文化转变为合作文化，他必须：

1）放弃支配地位。

2）像重视系统、功能和结构一样重视人。

3）充分信任团队的力量，而不是命令和控制。

同样，对于沃尔特博士来说，要由技能文化转化为合作文化，他必须：

1）放弃成为最好，选择对所有合作伙伴都好的解决方案。

2）重视团队的力量，而不是个体明星。

这听起来简单易行，但实际上相当具有挑战性。简单地了解文化的差异性和它们的影响仅是重要的第一步，接下来我们必须对期望的行为建模，团队依靠项目经理来设定行为模式和期望值。我们必须花时间了解文化的差异，并首先改变我们自己的行为。

20.2.1　改善团队文化

如果我们的项目文化不理想，我们可以以几种方式改善它[3]。

1）向团队成员通报项目状态，包括好的和坏的消息。我们应当在项目团队工作的常规评审中做这件事。

2）推动团队成员间对想法、问题、机会和兴趣的共享，特别是与那些项目新人的共享。尽可能地给新成员以归属感。

3）组织团队的社会活动，如非正式午餐、茶歇、晚餐和访问承包商工厂或有竞争性的项目。不要做得太夸张，不要占用团队成员的个人业余时间。

4）尽可能地对团队环境起到建议、指导、培训、推动和促进作用，在这个环境中我们给人员提供支持、鼓励、奖励、挑战性的工作和社会互动。

5）将竞争者在做什么和竞争威胁对项目团队可能意味着什么告知团队。

6）让团队知道项目和它的工作是重要的和紧迫的。让大多数高层主管来访，并让团队成员向他们简单介绍其工作。

7）减少项目成员间的拘泥形式。

项目经理应维持能产生获胜效果的团队文化内的平衡，保持人们的积极性和相对幸福感，让他们实现自己的抱负和目的，同时实现项目的抱负和目的。

20.2.2 管理冲突

我们还必须及早地处理冲突问题（见第 17 章）[3]。

人们一起工作时，团队成员在团队中承担各自的角色，这就具备了争执、分歧、职位斗争和智力竞争的环境。我们如何处理这个冲突会影响项目和组织文化。

冲突在任何组织工作中都是不可避免的，尤其是当项目团队包含不同的特殊技能的人时。对项目的功能输入的分歧发生了。功能专家与其他功能专家的沟通也存在问题。不同的偏见、伦理、道德、价值观和喜好是冲突继续进行的基础。

管理项目团队中固有的冲突可以通过在解决争议时的讨论和争论来化解。冲突的一个好处是团队成员在解决冲突和管理项目资源中积极寻求一致的团队文化。另一个好处是对项目团队角色和其他利益相关方有更好的了解。解决冲突还有助于人们适应项目的动态性质和利益相关方有时强加于项目的相反的要求。

形成项目团队时，我们应当提出这个重要的问题：我们将如何处理和解决这个团队中的冲突？让团队成员谈谈他们将如何处理冲突会给我们一次适当管理和解决冲突更好的机会。最好在尽可能低的层次将冲突解决。管理高层应当少介入，因为他们不了解细节。只有当团队不能解决冲突或者冲突在组织中产生较大影响时，高层才应该介入。

20.3 管理国家文化差异

我们可以用多种方式比较和对照国家文化，而且有一个著名的研究和出版团体应运而生了［见跨文化研究国际杂志（IJIR）和跨文化出版社（Intercultural Press)］。本节讨论国际空间项目管理中涉及国家文化差异的 5 个概念。

20.3.1　团体风格对比个体风格

第一个概念是自我认同，它在相关团体和个体中根深蒂固。对一个国际项目经理，这个概念是了解和对待项目队伍成员的基础。霍夫施泰德[6]以如下的描述定义了这个维度：

在特定的文化中为个体或团体利益所采取行动的程度。个人主义社会是一个“自我”的文化，个体应该照顾他们自己，与社会团体的关系是灵活独立的关系。群体社会更偏爱被归属于“我们”，个体要为他们的父母、家族或组织的财富作出贡献以换取支持。

由这个定义引出的个体对比团体的风格在前面的表 20－1 中已经给出。

霍夫施泰德在他的研究中发现，美国最具个人主义文化，紧随其后的是英国和它以前的殖民地以及北欧。最具团体风格的五个国家都在拉丁美洲。亚洲、非洲和阿拉伯国家也是具有团体风格的国家。表 20－3 为与这些差异共事的国际项目经理示出了两者的含义。

表 20－3　采用团体风格还是个体风格①

团体风格	个体风格
雇员在工作中和非工作中有着广泛的和重要的关系网和责任网或大家庭和朋友	关系和责任只对近亲重要。必须为工作、职业和公司作出牺牲
需要保全面子	需要立即给出真相
熟练的人际交往技能，对口语和非口语沟通敏感	工作导向，关注沟通的目标内容
偏好雇员生命的全人（whole person）方式对比．分段人（segmented person）方式	对全人方式感到不舒服
与组织对准较难——在家庭和朋友网中更自然地找准自己的位置	更自然地将个人的价值观和目的与组织的价值观和目的对准

①本表比较了团体风格文化和个体风格文化，我们可以用它来帮助管理那些不同于自己的团体文化。

20.3.2　权力距离

权力距离的概念是一个度量人们感觉到的与有权力的那些人的距离的有用的方式。一个国际项目经理可以根据国际团队中国籍的比例，用权力距离来调整他或她的领导风格和对团队成员的期望。表 20－4 描述这些文化差异和这两种管理风格。

霍夫施泰德[6]给出权力距离的定义如下：

在一个文化中主管和下级之间可以接受的不平等程度或距离。独裁型社会（权力距离大）倾向于严格的等级结构，个体知道他们的位置和角色的限制。参与型社会（权力距离小）寻求地位平等和不同权利层次之间的相互依赖。

表 20－4　参与型对比等级型①

权力距离小的参与型	权力距离大的等级型
参与、协商方式	等级或“自上而下”的方式
非正式	正式（保守）

续表

权力距离小的参与型	权力距离大的等级型
所有人应有同等权利	掌权者享有特权
以任务为中心的务实组织	金字塔结构
独立，主动	依赖、服从

①本表根据拥有权力的人与没有权力的人之间的距离度比较文化的不同方面。

参与型、权利距离指数小的国家和地区有北欧、美国和以色列。等级最明显、权利距离大的国家是马来西亚，然后是拉丁美洲和阿拉伯国家。表 20-5 给出了不同权力距离的含义。

表 20-5　采用等级型还是参与型①

权力距离大的等级型	权力距离小的参与型
依赖管理等级	期望个体行动和责任
关注个体职位，而不是组织	关注组织
有限的个体责任	广泛共享的组织责任

①这里是在权力距离方面不同的文化可能相互作用的一些方式。

20.3.3　避免不确定性

一个国际项目经理必须研究来自不同国家的项目成员可以接受的不确定性的程度。这些在所提供信息的数量和频率方面以及可接受风险的程度上均不同。表 20-6 给出了这些区别。

霍夫施泰德[6]定义的避免不确定性如下：

不同文化的人在处于非正式组织的、冒险的、不明确的或不可预测的情形下的焦虑程度。避免不确定性的社会是结构导向的，倾向于行为和管理的刚性法规，并能容忍较小的偏差。能够应付不确定性的社会是风险导向的，鼓励创造力和冒险。

表 20-6　容忍不确定性对比避免不确定性①

容忍不确定性	避免不确定性
应当冒险获得成功并实现回报	根据责任程度只冒有限的风险
追究过失是有益的，表现出成熟和意愿来冒风险	避免追究过失，保全面子和身份

①本表根据他们应付不确定性的能力对两种文化进行了比较。

避免不确定性低的国家是加拿大、美国和英国。避免不确定性高的国家是希腊、日本、秘鲁和法国。表 20-7 给出这个维度的含义。

表 20-7　避免不确定性的维度①

容忍不确定性	避免不确性
期望绝对地了解和遵守规则和程序	需要明确的指示，规则和程序的理由，以及了解不服从的负面作用
为达到结果期望适当的冒险和变化	只接受增量小的冒险和变化

①本表提出当文化对如何应付不确定性不同时可以相互合作的方式。

20.3.4　单时制对比多时制文化

这些术语来自爱德华·霍尔[5]的著作，指文化对时间的处理——单时制指单一的时间观和时间使用，多时制指时间的多次使用和多种时间解释。表 20-8 说明其区别。

多时制文化是以关系为基础的，高度发展的一套社会人际交往能力需要与它们有效结合（见图 20-4）。单时制文化则更加以工作为中心。这样的文化中的人喜欢快速到达目的，不在大量的聊天或关系建立上浪费时间。

表 20-8　单时制对比多时制文化①

单时制文化	多时制文化
认真对待时间承诺	时间承诺是要实现的目标
严谨地遵守计划	经常随意改变计划
强调及时性	及时性以关系为基础
短期关系	一生的关系
一次做一件事	同时做许多事
重视隐私	重视人和关系
尊敬隐私权，很少借入或借出	相互的义务，借入或借出很频繁和容易

①本表在如何对待时间方面对两种文化进行了对比。我们可以用它来预期团队成员的行为属于两种主要风格的哪一种。

单时制和多时制文化的另一个差异是沟通风格。单时制文化是低语境/高内容的。口头的或书面的文字比事情怎么说、对谁（领导层中）说和在什么情况或语境下说重要。另一种方式（高语境/低内容）是多时制文化的特征。图 20-4 说明这些语境的风格，还建议低语境文化沟通从细节开始，然后扩展到归纳概括，而高语境文化先笼统地沟通，再以迂回的方式进入细节。以低语境沟通的国家和地区包括：北美、德国、瑞士和斯堪的纳维亚。以高语境沟通的国家和地区包括：拉丁美洲、法国、台湾地区、中东、菲律宾、意大利、马来西亚、北非、日本、西班牙、中国、朝鲜、希腊和墨西哥。

下列准则对“单时”与“多时”有有效结合很实用。

1）学习多时制文化中对待时间的态度、它的管理和沟通风格[10]。

2）积极影响多时制合作伙伴以了解关键时间表的重要性——就不服从的负面作用进行沟通。

3）花时间建立关系。多时制生活和工作在一个复杂的网络中，他们更愿意为一个信赖的朋友做事，而不是遵守一个项目计划。

4）不要对多时制合作伙伴似乎心不在焉并同时做着几件事而感到不安——多时制就是如此，如果关系已经建立并维护好，他们就会专心了。

5）对说什么、如何沟通和对谁沟通十分小心。高语境聆听者更关注事情如何说，而低语境的人则不是。

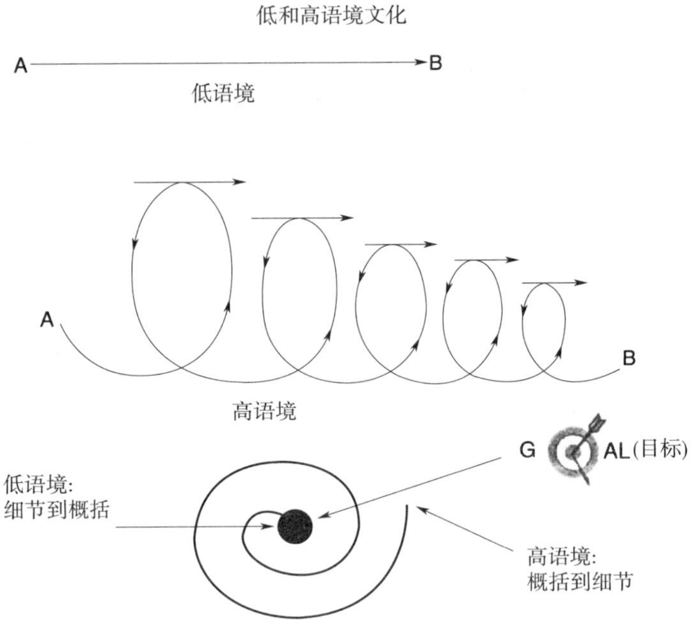

图 20－4　单时制和多时制文化的沟通风格

我们可以使用它改善来自这两类文化的团队成员之间的沟通（这是由 K·R·戈登于大约 2007 年提出的）

20.4　高效的跨文化项目经理

前面已经讨论了国家和组织文化，我们可能会问：“我在处理这些文化问题时怎样成为一个更高效的项目经理?”图 20－5 给出了一个跨文化管理效能的模型。

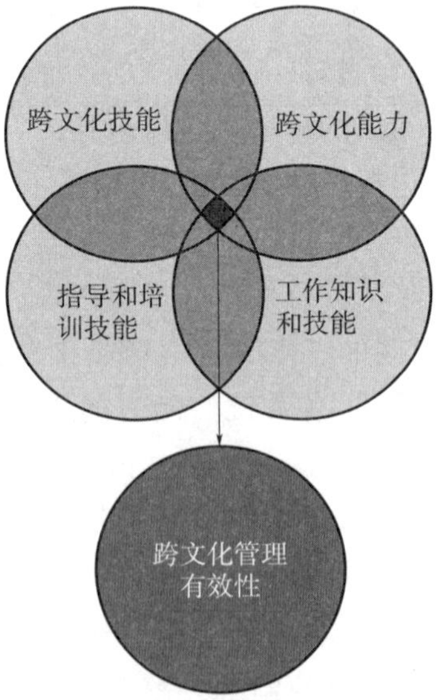

图 20－5　文化管理效能模型

这是一个技能和能力的四个重叠领域的模型，代表一个高效的跨文化项目经理的特征这四个技能和能力的重叠区域通向成功的管理。大多数项目经理被选出来管理团队是因为他们的技术知识和技能。从这个模型学到的东西令他们相当惊讶，他们可能只有 25% 跨文化效能所需要的东西。本节关注模型的另外 75%。

20.4.1　跨文化能力

在个人的层面，一个项目经理采用一套特殊的态度和品质或能力相结合的管理风格可以更有效。对外派国家的跨文化适应占外籍经理工作绩效变化的约 45%。这种适应与社会人际交往风格、对人的信任、人际交往的兴趣和社会适应性[14]的能力高度相关。这些能力还能帮助项目经理跨组织文化工作。图 20－6 给出了这些能力的描述。

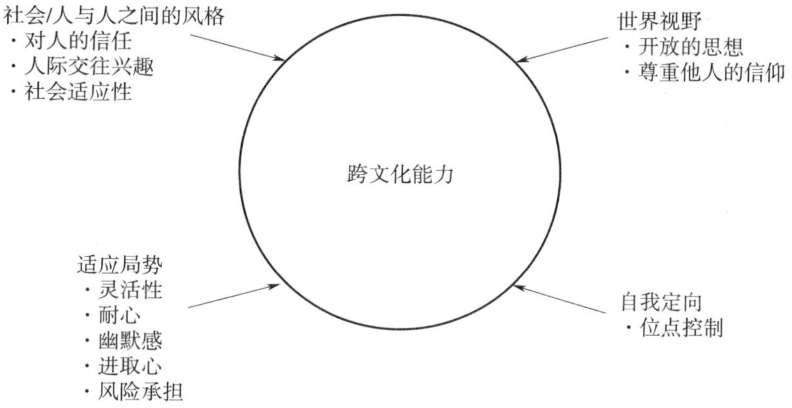

图 20－6　人际交往能力

本图展示出便于跨文化工作的四组能力

社会和人际交往风格——这部分能力涉及与其他文化的人建立有效的联系以及进入社交场合的能力，社交场合在世界的许多地方都是生活和工作的很大一部分。这部分能力包括：对人的信任、人际交往兴趣和社会适应性。

对人的信任——对他人的信任态度对与不同文化的成员形成有意义的关系是必要的。如果我们认为别人让我们失望，我们会表现出怀疑和不信任，这可能会减慢或阻碍与别人的互动和获得他们国家和文化的知识。即使我们感到信任是需要赢得的东西，我们也必须冒一定的风险，信任他人，与来自新文化的人员共事。通过对信任的价值变得敏感，项目经理可以提升文化的积极方面。

下面对信任的讨论来自参考文献［3］：

项目领导人的一个关键挑战是管理项目成员和项目其他利益相关方，因此团队文化的一个主要特征是信任——一个人对项目相关人员的诚实、能力和品质感到安全。信任是对团队的能力和人格有信心。信任团队是感到团队成员在做影响团队、项目和其他利益相关方的决策和实施中是有响应和负责任的。团队和高级管理层之间必须存在信任，这些管理者必须具有项目如何能适应企业更大的目的和目标的视野。

信任是多年培养的关系中的一个条件，而一个轻率的行为就可能损坏或毁灭它。信任很容易被破坏，它需要项目成员相互坦诚相待，让彼此了解他们的立场。信任对形成和维系一个项目团队是特殊的挑战，在项目团队中不同学科的人们必须为共同的项目目的齐心协力。信任的精髓是一个人的话就是他或她的契约。高效能的团队有意识地形成一个职业信任的坚实基础。他们：

1）互相依靠。

2）依赖于一贯高质量的承诺。

3）只承诺他们可以交付的事情。

人际交往兴趣——与他人相处时的兴趣和欢乐是形成有意义关系的关键。朋友、同事和熟人的支持非常有助于成功的跨文化协作。一些人喜欢独自工作和休闲，在某些场合是可行的。但与那些喜欢与他人在一起的人相比，那些在选择与他们交往的人时非常挑剔、很少与他人或文化相互交流的人较难应对。与他人交往便于学习语言、了解文化并建立有意义的职业和个人友谊。

社会适应性——在不熟悉的社会环境下感觉良好对跨文化的管理至关重要。招待客户、潜在客户或同事常常是工作的一部分。在与新人交往时我们必须要感到轻松，即使他们来自另一种背景、语言或文化。前几次会面可能会紧张，但这常常起着决定性的作用。成功需要花时间去了解客人或主人的预期、互惠规则和礼物的赠送。需要逐渐熟悉和了解对方，与他们互动，并建立友谊。这并不意味着回避，而是享受差异。有社会舒适感的人在各个层面会有更多的互动，对其他的文化和国家也有更多的了解。

当来自单时制文化的项目经理与来自多时制文化的人一起工作时，这三种社会人际交往能力极其重要（见表 20－8）。

世界视野——世界视野能力是思想开放并尊重他人的信仰。有着世界视野的那些人可以不带偏见地了解并重视他人的思想和感受。

开放的思想——人们对自己国家的价值观、观念、产品和做事的方式感觉的强烈程度，他们对其他国家、文化和民族的观念和方式的接受和无偏见程度在跨文化管理中是很重要的。思想开放对跨文化效能起着决定性作用。每种文化都有其独特的习俗、习惯和信仰，我们需要接受和尊敬它们，认为它们对那种文化是合理的。思想开放的个体能够接受不同于自己的生活方式和信仰，不会感到自己国家的做事方式天生优越。他们不会在与自己国家进行对比时产生明显的厌恶感。他们愿意与其他文化的人平等互动，重视其文化知识和习俗，寻求相互接受。

相反，感觉自己的价值观和观念优于他人的那些人很可能对新的文化感到威胁。他们可能对它显示出鄙视，并感到很难形成有意义的关系或获得关于这种文化的有价值的知识。这个态度对处理跨文化差异是无效的。虽然我们不必牺牲我们的价值观，但是一个思想开放的态度对成功的跨文化管理是最基本的。

尊重他人的信仰——尊重来自其他文化的人的政治和宗教观点对有意义的跨文化关系是很关键的。在许多文化中，争论这样的问题是不适当的，尤其是对于局外人。即使是出于好意的争论对与其他文化的人的关系也可能是毁坏性的，在有些国家甚至是危险的。在我们了解我们谈话的对象之前或者在我们足够了解该文化从而可以处事得体之前，我们应当克制，不要进行这些讨论。即便如此，有时也最好保持沉默。企图让他人相信某人的政治或宗教观点是对的，可能会引起那些对自己的宗教或政治观点感觉强烈的人的敌对态度。当与其他文化的人互动时，即使在强烈保留个人观点时，尊敬他人信仰的能力是难能可贵的。

适应局势——有效地适应跨文化局势，包括灵活性、耐心、幽默感、进取心和风险承担的能力。将这些能力用于不同的或不确定的跨文化情况会产生更正面的和压力小的结果。

灵活性——愿意考虑不同于我们通常采用的观点和行动计划对跨文化管理至关重要。接受处理和解决问题的新理念和新方式使得与不同于我们自己观念的人一起工作更加容易。当我们进行跨文化工作时，传统的文化暗示对我们可能不再适用，找到对问题的新的解决办法或思维方式可能很难。日常工作情况可能变化很快，所以在考虑问题或工作上我们必须做到灵活以求有效。

耐心——在不期望的推迟或令人沮丧的形势面前，耐心对跨文化工作的人至关重要。我们必须了解不同的文化在时间和时效性的概念方面有多么不同。一些文化主要使用钟表和日历来计量和测量时间，而其他文化则以更优雅和轻松的态度对待时间，不同意“时间就是金钱”的格言。严守时间或如何快和如何精确地满足期限和进度的期望可能会与其他人的态度和价值观产生冲突。我们必须试着了解我们工作的环境，尽可能实际地调整对时间和速度的预期。

幽默感——用幽默对付困难的、紧张的或混乱的局面、自然和轻松地面对挑战对管理跨文化的人员是有价值的技能。从容地应对错误、从中吸取教训、不太把它们放在心上，可以减少压力，有助于平缓紧张状态。轻蔑的幽默是不恰当的，但健康的幽默感，包括自嘲是可以提高人的绩效的。

进取心——愿意对新的、挑战性的局势负责、在做必需的工作时愿意牵头是跨文化项目经理的宝贵特征。成功的人在形势需要时负起责任，不会对他们交往的文化和人麻木不仁。他们避免过于主动或使他人为难。进取心高的人易于深入了解其他国家和人民，并与他们紧密互动。

风险承担——接受挑战、承担风险和应对变化对跨文化成功是最基本的。这样的人能够走出他们舒适的环境，即使是当结果不确定时。极端的风险承担通常是不明智的，但当人们避开他们周围生活的未知因素时，则很少能享受或了解一个新的文化。

自我定向—位点控制——对我们的行动和能力在我们生活的事件结果中起直接作用的这种信仰对管理跨文化至关重要。我们可能感觉运气或外部力量起很大的作用，或者我们所做的很大程度上取决于他人的需要。尤其在跨文化管理的初始阶段，我们可能遇到困难的问题或形势。相信我们能够控制局势并朝解决的方向努力至关重要。通过自我定向，并承认某些事情实际上超出了我们的控制，我们就可以以积极的方式面对挑战和机会。有着强烈个人控制感的人可以更好地与跨文化的人员沟通和互动。

能力评估——我们用外派适应表（Overseas Assignment Inventory，OAI）[13]来评估这些能力。已经进行了约17 000个外派适应表的评估，包括250个NASA国际项目经理。

图20－7给出一个用 NASA 方法根据数据库绘出的外派适应表轮廓。阴影区域代表每个维度的平均分数（±1/2 标准偏差）。完成一个外派适应表评估以及对整个团队评估是一个好办法，这还包括一个改进指南，因此我们可以认识自己的强项，改善我们的薄弱环节。做过这个的项目团队在他们的外派过程中对文化的驾驭更顺利。

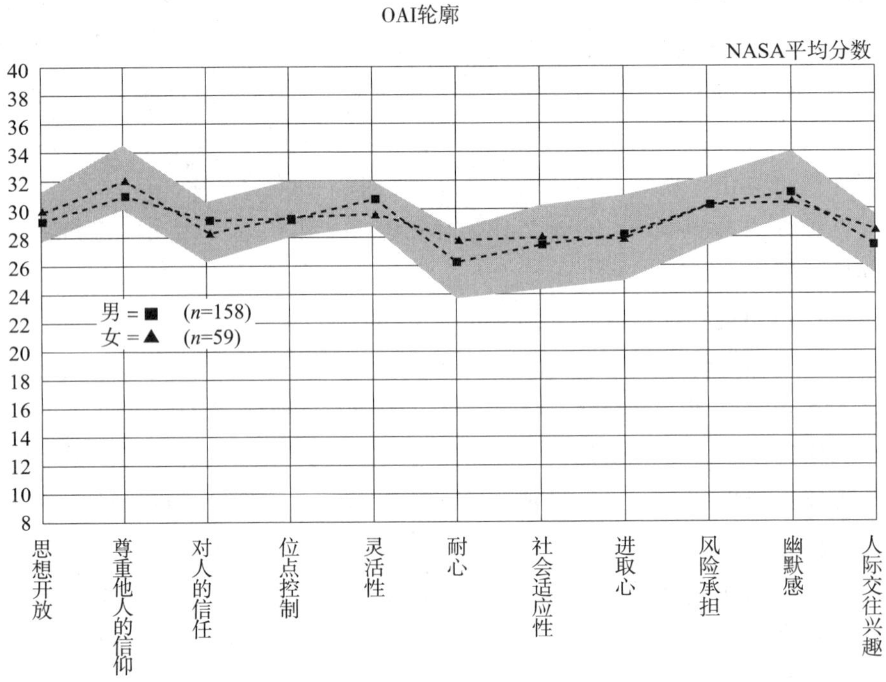

图 20－7 跨文化能力的评估

本图给出了一个与大型数据库比较的 NASA 采样（已得到 Tucker 国际的许可）

20.4.2 跨文化技能

一旦我们评估和改进了上述能力，我们仍需将它们应用到我们的管理风格中。我们首先需要学习和分析相关国家和组织的深层文化，这对预见和适应不同的文化风格提供了一个框架。下面我们给出做这件事需要的一些技能。

当我们把其他文化的人的行为用我们自己的文化深度解读时，我们可能就犯了大错。在我们把行为的真正基础与他人的深层次文化联系起来之前，我们必须停止判断。例如对于美国经理来说，信任的一个重要方面是"迅速告知真相"，尤其针对一个问题或者坏消息。来自另一种文化的人可能因为等级、保全脸面和人际关系而不这么做。美国人可能将其理解为不值得信任，而实际上别人是在试图保全脸面和维系关系。

能说另一种语言是一种显著的跨文化技能，但沟通的非言语维度不那么明显。非言语信号传递着大量的含义。在一些文化中，信息的全部语境包含了比文字本身更多的含义。例如在一个日本的商业会议中，谁出席、座位的安排、他们的面部表情、语调、身体姿势和社交礼仪传达着实质性的信息。文字是惯有的，在内容方面可能更模糊。在所有文化中，当文字和非言语的互动相互冲突时，人们倾向于相信非言语的信息。当进入一种新的文化时，我们必须了解非言语发出的复杂信息，读懂文化信号，明白他人通过他或她的本土非言语代码发出的信号。下面列出一些非言语的维度。

（1）身体距离和身体接触

1）人们站着的一般距离有多远？

2）在不同的情况和关系中这个距离如何变化？

3）不同的身体姿势可能与什么含义相关？

4）眼神接触是连续的、断断续续的还是躲避的？这在下级/上级、平级、男/女或父母/孩子间是否有变化？

5）穿着是正式的还是不太正式的？

（2）手势和身体动作

1）手和胳膊如何表达想法和感情（指向、表达尊重等）？

2）外国人无意做的手势是否被认为是冒犯？

3）是否有外国人应当识别的不熟悉的手势？

（3）面部表情

1）通常是否容易通过面部表情表明人们的感觉如何？

2）某些面部表情是否会让对这个文化很陌生的人立即理解？

社交维度与非言语维度同样重要，某些行为模式——常常是指社交礼仪——表达着至关重要的信息。这些行为模式是在很小的时候就学到的，在自己的文化语境中很少会被误解。但是遵循我们自己的文化行为模式可能会在新的文化中传达一种非预期的信息。下列社交维度是国际项目经理应当记住的重要的事情。

（4）与人会面

1）哪里是社交会面的好的场所？是否为商业目的？

2）适当的介绍有多重要？如何进行？

3）刚一见面时，什么是适当的话题？不同的性别是否有不同的话题？

4）什么样的邀请可以更好地了解某人？

5）在会面中采取主动有多重要？什么样的行为会被认为是太具攻击性的？这在不同性别间有何不同？

（5）招待

1）在不同类型的重大社交活动中应当什么时间到达？到达过早或过晚的含义是什么？

2）如何知道在重大社交活动中什么时候离开？可以离开的信号是什么？

3）什么时候请回复（RSVP）是必要的？

4）在不同类型的重大社交活动中应当给男主人或女主人带什么？

5）不同的场合中什么样的着装是适当的？

6）是否理所当然地认为一个邀请应包含家庭的其他成员？

7）有没有应当遵循的特殊的座位礼仪？

8）在参加宴会后是否需要寄出一封感谢信？

9）需要时什么是拒绝邀请的最好方式？

10）招待是否应是答谢性的？如何做，在什么时间段内？是否取决于邀请是社交的或商业的？

（6）礼物交换

1）在商业或社交场合什么时候交换礼物？

2）接受礼物时适当的举止是什么？

3）礼物是否总是应当包起来？

4）如果接受了礼物，我是否想回送礼物？回送的礼物是否应与我接受的礼物具有同等价值？

5）如果接到一个非常贵重的礼物，由于某种原因让我感到不合适或感到不安时我应当怎么做？

6）我怎么知道别人是否喜欢我的礼物？我怎样表达自己喜欢这个礼物？

7）如果我的公司对礼物交换有严格的规定，我该怎么做？

8）对不同的场合，什么礼物适合，什么礼物不适合？

（7）礼貌和尊重

1）不同的场合中适当的问候和道别语是什么？是否有性别的区别？是否应该有任何身体接触？

2）在不同的环境中我们可以如何表达欣赏？什么语言和手势是适当的？像“请”和“谢谢”这样的词语应该常用还是少用，或以不同的方式表达？

3）如何给予或接受赞美？

4）是否需要列队（站队）？

5）有没有礼貌的方式拒绝食物和饮料？

6）脱帽或脱鞋的礼仪是什么？

7）什么样的身体相关的言谈举止可能是冒犯性的（擤鼻涕、剔牙、搔痒、手插兜等）。

20.4.3　指导和培训技能

一个真正高效的项目经理在许多方面是一个指导者和培训者，团队成员依靠经理给予管理和指导。在国际项目中，这常常意味着要在展示技术知识和个人的、感性的固定风格之间达到困难平衡。这对管理来自多时制文化的人尤其正确，多时制文化中“全人”方式是合乎习俗的。这些文化中的领导者应该非常了解他们的人员，并在工作场所范围之外与他们相处。

我们不想在这里给出指导论述，我们推荐读者查阅参考文献［8］。但是下述几点适用于跨文化指导。一个国际项目经理如果担任另一种文化的人的指导者或培训者，就必须考虑文化对指导和学习过程的影响。参与性的、经验性的西方风格与亚洲、中东和非洲强调死记硬背学习的更传统的、说教式的风格相反。西方指导老师对书面的材料必须非常细心，因为学生将记住其给出的东西。同样他们将接受口头信息，没有太多的质疑、评论或讨论。期望指导课程生动、互动和创新的指导老师将会很失望。鼓励参与者扮演更主动的学习者的角色需要在指导或教授过程中花费更多的时间。

跨文化指导者还应当考虑高语境和低语境以及个人主义和集体主义的对比。西方的指导者代表低语境、个人主义文化，关注说的内容，期望人们对他们自己的行动负责。在指导来自高语境、集体主义文化的人时，以不失脸面以及在他人面前维持个人的骄傲、荣誉和自尊的方式给予负面反馈是非常重要的。

20.5　项目管理中的跨文化协同

能够培养所有四个技能-能力领域的项目经理在管理跨国际文化和跨组织文化中可能更成功。本节介绍一个被证明很成功的跨文化项目管理的方法。它被称为跨文化协同，图 20-8 将它与两种其他的方法进行了对比。文化主导型的模型Ⅰ在空间项目中很常见。组织主导型（要么提供最多的资金，要么具有所需要的技术）带来它的管理和组织风格，不理会合作伙伴的建议。这个模型假定所有的人都很相似，不考虑文化的多样性和复杂性。这导致合作伙伴感觉他们被看成了下级，从而不考虑可能更难于获得、但从长远看比较优秀的解决方案。第 2 个模型使组织间的距离较近，可以避免或解决主要领域的紧张状态和困难局面。第 3 个模型[1]：

是一种管理文化多样性影响的方法，涉及管理者形成组织政策、战略、结构和基于（但不限于）个体组织成员和客户的文化模式实践的过程，文化协同型组织创造了超越其成员个体文化的管理和组织的新形式。这种方法承认构成多文化组织的民族间的相似性和差异性，建议我们既不忽视也不低估文化的多样性，而是把它看做是一种规划和发展组织的资源。

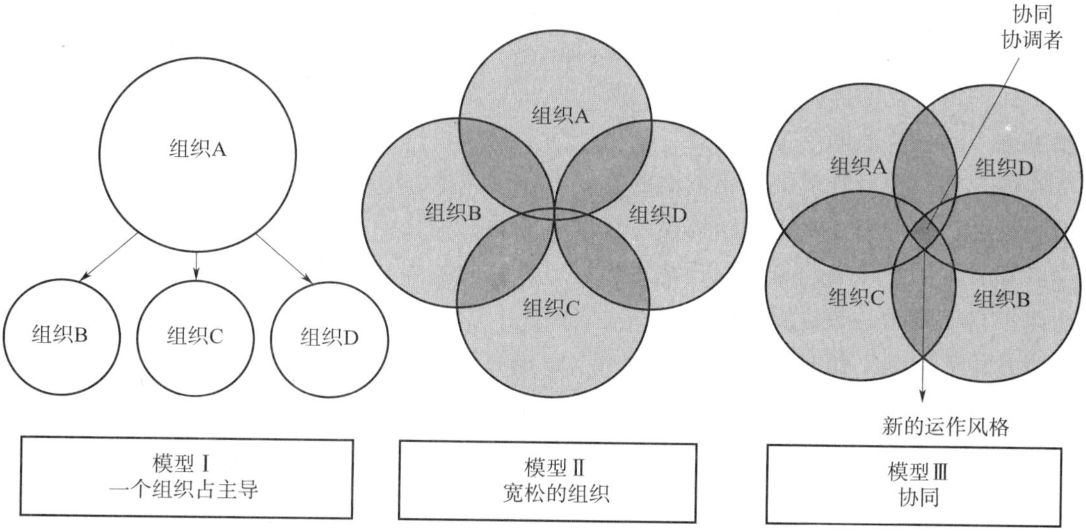

图 20-8　项目管理中的跨文化协同

本图对比了三种不同的项目文化风格（由阿德勒[1]提出）

协同方法的一个例子是美国 NASA 的管理者与俄罗斯管理者一起工作的经历。在这个项目中，NASA 的方法是“组件建造和试验”，这意味着在组装前试验每个组件，然后试验整个系统。俄罗斯人使用的是“组装试验”方法，他们没有资源实现组件试验方法，一起工作的两个团队想出一个使二者结合的方法——一些但不是全部组件在组装前进行试验，使项目在较短的时间内得到成功。

实施协同方法的项目团队在其跨文化义务关系中呈现出高质量。下面将列出了高质量的九个特征。我们可以用这些特征作为新项目的目标，或者作为正在进行项目的“检查”清单。实现这个高质量需要关注跨文化管理以及财务、后勤和技术方面的过程。我们必须留出时间与国际合作伙伴讨论这些问题。

高质量的跨文化关系呈现下列 9 个特征：

1）任何一方不占主导；

2）努力深入了解；

3）相互学习；

4）花时间关注过程和沟通；

5）表示相互尊敬；

6）各方承诺双赢的结果；

7）克服相互的成见；

8）各方建立信任；

9）对他人的方法不予判断。

20.6 小结

本章论述了管理空间项目文化方面的五个关键问题，定义并讨论了国家和团队文化，介绍了几个指导项目经理了解和处理其团队内部以及与合作伙伴之间的文化问题的模型，提出了处理跨文化的团队文化和沟通挑战的方法，介绍了跨文化管理效能模型，这个模型包括了能力和技能的四个重叠设置。最后，为空间项目推荐了跨文化协同模型。

本章论证了项目管理中文化方面的重要性，这看上去有点棘手，因为文化的许多方面是看不见的。阿德勒[1]对比这样描述：管理者能看见文化吗？不能。通常无论是管理者还是学者都看不见文化影响组织的日常运转。通常好的管理者把自己看做是超越护照的，好的组织把自己看做是超越国籍的。

当几组人一起工作时，文化就出现了[4]。它们或者仍然是潜意识的、看不见的，可能对项目造成损害；或者可能变成有意识、看得见的并成为成功的强有力的力量。

参考文献

[1] Alder, Nancy J. , 1991. International Dimensions of Organizational Behavior. (2nd Edition). Boston, MA: PWS - KENT Publishing Company.

[2] Berger, Peter L. and Thomas Luckmann. 1966. The Social Construction of Reality; a Teratise in the Sociology of Knowledge. (1st Edition). Garden City, NY: Doubleday.

[3] Cleland, David I. and Lewis R. Ireland. 2002. Project Management: Strategic Design and Implementation. (4th Edition). New Yory, NY: McGraw - Hill.

[4] Deal, Terrence E. , and Allan A. Kennedy. 1982. Corporate Cultures: The Rites and Rituals of Corporate Life. Reading, MA: Addison - Welsey.

[5] Hall, Edward Twitchell. 1959. The Silent Language. (1st Edition). Garden City, NY: Doubleday, Anchor Books Edition (1973).

[6] Hofstede, Geert H. 1991. Cultures and Organizations: Software of the Mind. London: McGraw - Hill.

[7] Hofstede, Geert H. and Gert - Jan Hofstede. 2005. Cultures and Organizations: Software of the Mind. (2nd Edition). New York, NY: McGraw - Hill.

[8] Kilburg, Richard R. 2000. Executive Coaching: Developing Managerial Wisdom in a World of Chaos. Washington, D. C. : American Psychological Association.

[9] Kohls, L. Robert. 1979. Survival Kit for Overseas Living. Chicago, IL: Intercultural Network/SYSTRAN Publications.

[10] Morrison, Terri, Wayne A. Conaway, and George A. Borden. 1995. Kiss, Bow or Shake Hands: How to Do Business in Sixty Countries. Avon, MA: Adams Media.

[11] Schneider, William E. 1994. The Reengineering Alternative: A Plan for Making Your Current Culture Work. Burr Ridge, IL: Irwin Professional Publishing.

[12] Triandis, Harry Charalambos. 1995. Individualism and Collectivism. Boulder, CO: Westview Press.

[13] Tucker, Michael F. Ca. 1985. Personal communication with Shephen H. Rhinesmith.

[14] Tucker, Michael F. Ronald Bonial, and Ken Lahti. May - July 2004. "The Definition, Measurement and Prediction of International Adjustment and Job Performance Among Corporate Expatriates." International Journal of International Relations 28: 221 - 251.

[15] Tucker, Michael F. n. d. www. tuckerinternational. com.

第21章　项目管理成熟度

戴维·W·伯内特（David W. Burnett）
Eutting Edge Communications 有限责任公司
史蒂夫·索夫（Steve Sauve）
Sovay Solutions 有限责任公司

项目管理成熟度（PMM）是一项严格评估项目优势和劣势的方法，为我们提供了改进项目绩效的纠正措施。项目管理成熟度评估与年度体检类似，即医生通过检查以确定就医者身体的主要系统是否健康、功能是否良好，然后针对检查出的问题开出处方，最后由就医者决定是否采纳建议。类似地，项目管理成熟度评估相当于一项项目常规检查（通常是年度的）。专家评审项目并提出增进“健康”的建议，最后由项目经理决定对哪些建议予以采纳。

表21-1列出了评估和实施项目管理成熟度的流程。虽然看起来简单，但实施起来非常复杂，而且需要项目团队整体的参与和支持。其中，项目团队包括项目经理及其下属和项目管理成熟度流程执行团队。为了预留项目管理成熟度的资源要求和评审的时间，常规的项目管理成熟度评估应被列入项目计划。这项举措保证了项目管理成熟度评估在项目基线范围内。

表21-1　项目管理成熟流程①

步骤	流程		讨论所在章节
1	选择适当的项目管理成熟度模型		第21.1节
2	执行项目管理成熟的过程（第21.2节）	a. 实施评估	第21.2.1节
		b. 确定弱项	第21.2.2节
		c. 建立和实施纠正措施	第21.2.3节
		d. 监督改进	第21.2.4节
		e. 重复此过程	第21.2.5节
3	建立项目基准		第21.3节

①项目管理成熟度评估过程由项目外团队完成。团队采用适当的模型收集数据并执行评估，识别劣势并给出改进措施的建议。项目经理实施适当的改进措施并监督进展。流程是迭代的。

21.1　选择适当的项目管理成熟度模型

任何项目管理成熟度评估都采用一种结构化的模型，即采用详细的问题清单来质疑项目状态和流程。模型包括针对所收集的回答衡量项目成熟度的标准。这种模型提供了评估项目“健康”状况的重要方法。大多数的模型聚焦在对母体组织愿景、所期望的项目成熟度和改进，通过评估大量项目的健康状况来确定母体组织的总体项目管理能力。所以，此项目从母体组织中全部项目的经验间接获益，而且未来项目也会从此项目的成熟度数据中获益。

虽然母体组织的成功非常重要，在与任何母体组织的行为保持一致的前提下，项目经理应该通过此评估最大化他们负责项目的成功。随着项目复杂程度的增加，由项目经理领衔的项目管理成熟度行为的重要性也在增大。随着项目复杂程度的减少，我们可能会选择依赖母体组织当前的或过去的努力结果。当根据项目复杂程度确定了所采用具有项目特点的流程时，项目经理必须保证项目团队在项目生命周期内实施项目管理成熟度流程。以上为本章的重点，本章将以项目经理的视角而不是母体组织或评估专家的视角论述项目管理成熟度评估。

应该选取什么模型？项目管理成熟度模型的选取取决于项目的类型（例如，硬件、软件、组件、分系统、系统）。当有多个模型适用时，项目经理应采用与母体组织对相同类型项目评估的模型。选取的模型一般对应一个项目的生命周期，但在一些情况下对模型继续支撑该项目项目管理成熟度评估的适用性进行重新估计也是非常必要的。如果模型不再适用，项目经理应与母体组织协调以剪裁流程或选择一项更合适的解决方案。一旦母体组织选择了合适的模型，项目团队应以此为基础剪裁检查单、矩阵和预期来聚焦此流程。本章将在最后对当前应用的典型项目管理成熟度模型进行总结（参见第 21.4.1 节）。

本章讨论的流程适用于工业或政府的任何空间任务项目。大量的内部和外部专家支撑并促进了此方法的实施，项目经理应利用他们的优势。同时，我们坚信项目经理会对此流程负全责并采用此流程改进项目，而并非仅是应付母体组织和利益相关方的管理要求。

表 21－2 列出了应考虑的主要问题和项目管理成熟度模型一般涉及的评估领域。这些数据来源于多个面向不同重点和理论的模型。在项目的全部阶段内，所考虑的全部要素并非同等重要，但我们必须讨论项目从方案阶段（高不确定性）到运行阶段（最低不确定性）的全部要素。对于当前阶段的重要因素，我们要格外注意，同时也不能忽视在未来阶段所要求的其他因素。本章后几节将说明各阶段的关键要素。

表 21－2　项目管理成熟度模型典型评审领域[①]

项目管理成熟度要素	评估领域
组织机构和领导	· 分工与责任 · 由其他项目获得经验和对母体组织提供教训 · 设施 · 技能和人力资源 · 供应商介入
业务管理	· 进度里程碑、任务和关系 · 与项目进度相联系的成本 · 进展监视系统 · 预算变更 · 资源利用 · 合同范围、条款和条件管理 · 供应商范围、成本和进度管理
沟通	· 上行与下行沟通流程 · 可达信息系统 · 团队范围连通性 · 测量、监视和报告 · 项目评审

续表

项目管理成熟度要素	评估领域
执行	· 系统构架和工程管理 · 风险和机会管理 · 变更管理 · 数据管理 · 系统和软件工程流程 · 硬件设计和开发流程 · 生产流程 · 运行和支持计划 · 供应商技术管理
质量	· 质量要求 · 监视、测量和报告 · 审计和评估 · 供应商质量管理
战略计划	· 战略战术 · 任务、目的和目标 · 投资 · 效益和回报 · 长期项目路线图
支持	· 客户关系 · 利益相关方满意度 · 采办策划 · 关键政府和预算决策者

①表中列出了大多数模型的关键要素检查清单，清单中的项目由几个 PMM 模型提炼得到。

(1) 特殊考虑

1) 时间——一些项目经理完全忽视了项目管理成熟度，另一些则太快地开展了全范围的项目管理成熟度；以上两种极端均不可取。本章介绍了一种在项目生命周期内完成预期结果的迭代方法。在项目生命周期早期阶段重点关注最重要的属性，并随着项目阶段的转换不断提升成熟度等级。

2) 实施——为了确保项目管理成熟度评估能够正确地开展，应利用母体组织（或产业）的项目外资源。这可以使项目管理成熟度评估开展得更容易并保证了评估的目标明确。此外，还应在公司内设立提供过程、工具、人力和从其他公司获取经验的职能性机构。

3) 选择模型——当母体组织拥有公司级项目管理成熟度的专业技能，项目经理应采用相同的成熟度模型，以保证项目可以从以往的成熟度评估的反馈数据、测度标准和经验教训中获益。当母体组织未拥有公司级项目管理成熟度的专业技能时，项目经理必须选取一种模型。实施团队通常会推荐一种模型，但是应注意项目管理成熟度选项和每个选项的可用数据；这样可避免一种模型适用全部的观点。表 21－7 给出了主要的项目成熟度模型。

4）生命周期中期模型的转换——应基于项目类型选取成熟度模型：硬件、软件、组件、分系统或系统。通常情况下，在项目生命周期内应保持一个模型，但是在某种情况下，有必要进行重新评估。如果模型无法继续支撑项目活动，应进行剪裁或选取更合适的模型。每一个项目管理成熟度模型对公司、项目和产业都有广泛的覆盖性。剪裁是通过对详细成熟度模型和相关的检查项目的仔细考虑后，达到与项目特点相一致。模型剪裁中，我们应该提问："模型的这个部分是否对项目很重要?"如果回答是肯定的，我们必须认真地评估这部分的优劣；如果回答是否定的，把这个部分列成表并在后续阶段中进行考虑。对于剪裁并没有一个标准的方法。项目经理和团队必须拥有优秀的决断能力以确定哪个模型对于该项目最合适。

5）风险与回报——成熟度模型帮助指导我们成功完成项目，是以往项目结果的综合并使用数据与目前项目进行对比。通过一系列的问题对项目过程进行调查与评估来评定项目的"健康"状况，最终以量化的得分对其进行表示。通过与基准的比较以找到我们应该改进的方面和需要保持的优势。注意事项：有时"实施项目管理成熟度"变成了项目的主要目标，不但不能使项目获益，还分散了项目的主要目标。高分来自于极好的项目绩效。在应用模型框架中证明的优异绩效，引领项目走向成功。

21.2　执行项目管理成熟的过程

本节描述了在项目生命周期内实施项目管理成熟度的迭代步骤和如何提高成功部署的机会。项目管理成熟度的应用引入了第 19 章论述的决策过程以保持关注重点、向下选择纠正措施和在项目里程碑或关键事件时开展的解决方案。

21.2.1　实施评估

大多数模型都有问题清单，而且通常是包括"组织机构""业务管理"等内容的分类方法。实施团队应提供执行评估的技术和物资保障。实施团队通常还有相关领域的专家资源；公司内部的职能性团体拥有技术、程序和公司过程领域的专家。介入的人力、时间和活动取决于项目所处阶段、规模、复杂程度和项目经理。

评估通常包括 8～12 个部分，每个部分包括许多问题。同时列表并描述不同的成熟度等级。诚实的回答问题是个耗时但很有价值的过程。团队成员必须对问题有统一的认识，不试图争论或挑战其中的说明。对于一个给定的说明，由于是基于主观输入，"4"级和"5"级的差别往往是细微的。我们需要花费大量的时间试图去理解每一个字的含义。在这种情况下，团队应退回并提问："我们是否处在领域中我们应该在的地方（例如供应商管理)?"如果答案是肯定的，我们应该继续并不要担心这个说明确切的含义；当回答是否定时，我们要进行修正。

21.2.2 确定弱项

下一步是找出项目最需要改进的地方。识别弱项需要对比一个公司或产业的标杆。标杆识别了产业、门类和对比分析的最佳实践。母体组织一般通过提供可用的标杆来帮助项目管理成熟度评估。

项目团队必须在项目目标内评定弱项，以确保能理解并解决它们。由于我们可能没有充足的时间来列出全部弱项，我们就需要针对改进领域的重要程度进行排序。在职能性机构的支持下，项目经理应选取拥有项目最紧迫价值的领域。例如，我们在分包合同管理中存在一项弱项，但项目分包商很少且并非在关键路径上，所以此领域的等级在当前的优先等级中较低。我们可以推迟在此领域的改进并等到项目有更多的分包商介入时再对此领域进行改进。

总体来讲，我们应选取最困难的方面，即阻碍项目最大改进的方面。选取容易的改进方面虽容易获得进展，但收效甚微。因此，选取容易的改进是不正确的。

21.2.3 建立和实施纠正措施

纠正措施计划规定了改进的途径。职能性机构帮助项目团队建立此计划，并在必要时提供技术支持和来自其他项目的经验。此计划应：

1）充分、彻底地实施有效的改进——换句话说，是可达到的；

2）采用测度标准以保证合理的进展；

3）在成本和进度允许的范围内；

4）得到全部团队的认可；

5）定期对结果进行评审；

6）有一位负责人负责按计划开展；

7）为负责推进的机构提供反馈以将经验利用最大化。

21.2.4 监督改进

俗话说："可以被衡量的事情，就能做好。"我们应定期对纠正措施计划进行评审（例如，在项目状态每周例会上）。同时，应对测度标准进行监视以保证方向的正确性，并按照计划实施，在必要时对改进进行检查。项目经理一般在每月的项目状态评审时，通过职能性机构报告进展和组织管理情况。

21.2.5 重复此过程

以上是实施项目管理成熟度评估的总体信息。我们知道了项目管理成熟度评估是什么、不同模型的共同属性和由谁来开展这个过程。同时理解了可确保项目成功最高可能性的特殊考虑。当前的关键是在项目成熟过程中持续执行此过程。通过持续执行此过程可以尽早地识别和确定项目中不成熟的内容。

重点是由于模型并非完全与项目的本质和特点或环境相匹配，项目管理成熟度过程并不能保证成功。项目经理必须与团队和母体组织对项目管理成熟度的目的进行沟通，必须彻底地讨论以明确方法，而后选择方向和流程。决断是关键——由团队确认项目经理的决断，而不是盲目地实施一个成熟度模型。成熟度模型的采用需要团队的智慧。项目管理成熟度是有价值的，但需要管理和领导方面的持续关注才能达到最佳效果。

21.3　建立项目基准

我们通过一系列的阶段——即系统采办生命周期——对空间项目进行管理。第 1 章讨论了采办生命周期的类型，这些采办类型都采用相同的结构方法开发复杂的空间系统。本章采用国防部采办生命周期进行论述。图 21－1 展示了其主要的阶段[1]。这些阶段展示了项目从方案到实现过程中，设计方案的成熟和风险降低的严格过程。

系统采办前期		系统采办		维护
方案细化	技术开发	系统开发和论证	生产和部署	运行和维护

图 21－1　系统采办生命周期

此图表述了国防部空间任务项目生命周期

在项目走向成熟过程中对项目管理成熟度模型进行调整非常有益。我们必须集中精力解决最重要的问题。例如，在一个新技术项目的初始阶段聚焦于制造能力的提升不利于项目资源的利用。我们确实需要规定这些过程并在生产开始之前解决它们，同时重点是要与项目活动和时间安排相适应。

项目经理与协同项目团队和职能性机构在准备项目管理计划时，共同建立每个生命周期阶段的项目管理成熟度目的，包括选取最重要的标准和评价方法。我们必须与利益相关方一同审查这些目的（第 5 章深入讨论了沟通战略），并在项目计划中对成功准则进行备案。项目经理控制此过程并应当清楚结果用于驱动此阶段的需求。项目团队和职能性机构而后发布文件。这将告诉团队哪些是重要的并保证当团队人员变动时保持项目实施的一致性。反复研究基本决定的做法是不正确的。我们应建立计划并执行计划。

案例研究简介——下一代通信系统可为采办生命周期内项目成熟度模型的应用提供案例参考。这个理想系统包括一系列卫星的设计、开发、部署、运行等全部方面，同时也包括诸如航天器、有效载荷、地面测控系统、地面网络体系、发射场系统和后勤保障等主要工程大系统，另外还有一系列外部的利益相关方介入。如此庞大的规模增大了项目中沟通和严格应用过程的重要性。下面几节会通过案例研究提出每一个阶段包括的范围和成熟度的特殊内容，而这些内容和观念是从以往政府空间项目实际经验中收集得到的。

21.3.1　系统采办前期

系统采办前期阶段建立项目组织机构和业务方法、定义要求、降低技术和物资风险，且包括以下两个子阶段：方案细化和技术开发。在此阶段高成熟度的目标领域包括以下几个方面：

1）确定项目组织机构；

2）确定、集成并建立顶级成本与进度的产品基线；

3）规定并采用连续风险管理和机会管理过程；

4）确定战略性的采办计划；

5）确定支持计划。

系统采办前期的目的——此阶段项目管理成熟度的目的是获得质量记录和项目初始方案的开发过程。此阶段并不强调具体的设计、生产和质量过程，这些内容将在后面提到。

此阶段的一些过程可能较新而无法与组织的其他机构完全协调以实现高的项目管理成熟度分数。同时我们也不需要各领域的详细信息。例如，对于进度，可能三个层次的里程碑（主要、主要支持和季度）就够了，每月、每周或每日的里程碑在以后编制。如果此阶段的团队规模很小，仅通过电子邮件、短信和讨论就可以完成沟通，详细的信息系统可能就显得有些多余，项目可能也会因此在一些相关方面得到低分。但是，聚焦最重要的领域将有利于我们为后面的阶段做好准备。

系统采办前期内涵——在此阶段，不会研究项目管理成熟度模型或过程的全部方面，那需要几年的时间。我们将注意力集中于建立项目基本结构和降低技术风险。项目经理应该尽力在最重要的方面争取“5”分，同时保持对后续阶段所需要的过程和方法的关注。一项完整的项目管理成熟度评价可能会得到“2～3”分，但如果最重要的因素都得到了“5”分则表明该项目健康，并可以转入下一阶段。

虽然此阶段是涵盖方案设计和技术验证的技术性阶段，但我们仍然要对项目组织机构和业务方面进行特殊考虑。对于包括众多分系统的复杂空间系统，项目通常围绕工作分解结构进行组织。了解所需的技能后，优先招聘具有这些技能的人员——如果没有此方面技能的人员，世界上最好的过程也毫无意义。合同要求是关键的，因为它反映了客户想要采购什么。一项含糊不清的、不明确的或是未完成的合同会导致在实施过程中出现重大问题，特别是对于包含技术或政策问题的项目。重点对待这些方面将为项目成功提供基础。

在执行过程中，团队必须识别出会导致项目“脱轨”的风险，除此之外我们也要努力减轻技术、成本或进度风险。当原始计划脱轨时，这是经常发生的（更多的细节见第15章），我们必须对这些风险排序，建立风险减轻计划，每月（或者每周）进行风险评审。一个项目除了成本风险以外总还会有很多其他已识别的风险，这也是为什么项目团队对风险优先权的判断很重要的原因。

在此阶段，我们创造出一切项目成功所需的内容，而不应将这些问题遗留到后面的阶段中，因为在后续阶段中成本和进度风险会大幅增加。同时我们还必须重点保持对测度标准的关注，特别是第7章和第14章中讨论的技术绩效管理（TPM）。项目经理确认项目要求矩阵、软件、主要性能指标和技术成熟程度，以了解项目是否在正轨上。

最后，我们必须把握项目常规评审。项目经理需要明确掌握技术进程；常规和专项评审（见第 14.2 节）是保证全部问题快速显现的重要机制。在此机制下，提出必要的纠正措施并保持项目在正轨上。

表 21－3 给出了系统采办前期阶段应关注的领域。对于关键路径事项要有详细进度和成本数据，但是过于详细的进度（对于非关键组件）会分散对于关键内容管理的注意力。相比于低优先级的工作，我们更需要正确地判断并聚焦组织影响、业务基线、要求、技术和方案验证。

表 21－3　系统采办前期项目管理成熟度涉及领域①

组织机构和领导	· 规定并记录分工与责任 · 设施和计算计划获得批准 · 确定关键技能；批准人事计划；规定培训计划 · 把握自制或购进决策 · 确定并邀请供应商竞聘项目团队中的职位
业务管理	· 确定进度，到可以为技术风险降低来分配时间的级别 · 详细计划技术关键路径进度 · 确定项目合同——保证彻底、清晰的理解 · 确定供应商合同；供应商介入工作说明
沟通	· 建立支持团队协作的非正式沟通流程 · 选择信息系统并开始实施 · 开展项目、团队和供应商评审
执行	· 规定系统体系基线 · 通过权衡研究规定要求和初始向下分配 · 开发并跟踪技术性能测度（TPM）；建立可接受阈值 · 实施变更控制和数据管理；实施项目顶层基线管理 · 选择风险管理过程并说明风险减轻计划 · 确定硬件和软件方案设计，包括对零件报废的考虑 · 完善技术开发和验证 · 确定并计划新的生产过程
质量	· 技术开发与论证的实现质量 · 将质量考虑引入项目计划
战略计划	· 建立并评审后续阶段的战略 · 建立项目任务、目的和目标 · 确保内部研究经费到位 · 确定长效组织机制的保障条件
支持	· 明确客户预期 · 规定关键决策者；开发联络计划；建立“项目售卖”观点 · 与支持团队一起论证和评审任务效用

①这些领域应在项目进入下一阶段前成熟。

系统采办前期案例研究——在方案细化阶段初期，下一代通信系统工程团队开展了包括系统到各段（segment）级别大范围的权衡工作。采用选定的项目管理成熟度模型评价技术状态管理的方法。根据不同的轨道、航天器构型、地面网络方位和任务控制位置，团队注意到正在管理系统中 1 000 种以上的变更。通过项目变更委员会来处理选项，团队意识到他们并没有严格地执行标准模型的过程（例如没有标准的图表编号方案），导致了技术状态的失控。

为了纠正这种情况，团队在满足模型标准要求的基础上，为变更管理制定了详细过程。不仅包括系统编号方式的变更，还包括对于分系统技术状态事项的详细基线控制。结果更加有效地执行了标准，但纠正措施繁多。变更委员会随后退回到低级别（不必要的）的细节，权衡研究即刻停止了。在仔细考虑的基础上，团队制定了段级别（空间、地面等）编号方式的方案。仅有影响到接口的变更才会通过变更委员会；其他低级别的变更由于只对其自身有影响，仅在段内进行管理和监控。经验表明，缺失技术状态管理导致混乱、太多项目初期过多的限制，以及项目经理必须采用项目管理成熟度模型标准为指南而不能是未被质疑的要求。

21.3.2 系统采办

在系统采办阶段，项目从任务需求和一系列基本要求逐步成熟为完善的系统。此刻，我们将注意力放在降低风险，技术、成本和进度绩效，必要计划和程序的开发，相关工程获得的数据管理，系统设计，向生产的转移，以及系统生产上。

此阶段是项目生命周期难度最大的阶段，项目管理成熟度是对于项目经理来说主要的信息来源之一。由于上一阶段完成了大部分的技术开发，此阶段由一个强大的团队致力于设计、开发和生产。

系统采办阶段分为两个子阶段：1）系统开发和论证；2）生产与部署。接下来的小节将分别对其进行讨论。

系统开发与论证的目的——在上一阶段，我们建立了项目组织机构的结构，选定了供应商，实施了战略，并减轻了关键技术风险。此阶段，将注意力集中于：

1）使系统体系和运行方案成熟；

2）减轻全部遗留的项目风险；

3）详细计划和综合成本控制；

4）严格的变更管理；

5）完成硬件与软件设计，达到工程要求；

6）开展生产、质量和其他专业计划；

7）向生产转移；

8）完成并确认项目要求。

此阶段项目管理成熟度的目的是实施稳定的过程和管理使项目设计逐步成熟。此阶段达到高成熟度所涉及的方面有：

1）控制设计活动；

2）控制变更；

3）建立快速开发原型样机、工程测试单元和飞行鉴定单元的计划，并记录演变过程；

4）确定向生产转移。

与设计、开发和向生产转移相关的一切都应该非常成熟。不需要重点管理的领域包括战略计划（此时正在执行此计划，将在后面进行优化）、项目组织机构（除关键技术攻关小组外都应该很稳固）和详细的生产矩阵（是下一阶段的任务）。总之，项目建造中任何过程或工具都应该非常成熟。

系统开发和论证阶段结果——在此阶段，详细的基线计划很重要。我们必须制定详细的（细到周和日的里程碑）项目进度。团队制定进度并执行。项目经理对于需要多年研制的空间项目需要考虑滚动计划进度，并至少完成一年的低层次的详细进度，其余的项目在较高层次进行计划。这使我们可以避免在每周评审时花费时间检查其问题已经解决了的数据。最后，我们必须将项目成本（减去合理的管理储备）直接与进度衔接。

对项目、团队、供应商和功能等级进行的每周评审也很重要。大多数工程师都很具有创造力并非常努力。如果发现了一个问题，他们本能的反应是“解决它”，并假设他们会及时解决问题。但是，情况通常是项目管理团队发现问题较晚，以至于无法低成本地按计划进行。每周项目评审使问题暴露并引起项目团队的注意。当问题显现，我们可以通过项目和职能资源快速解决它，这就显示了评审过程正在趋于成熟。所有涉及设计创造的工程和业务过程都应在之前的项目中完成验证且现在已非常成熟。

在系统开发和论证阶段，必要时我们开发并证实新的生产过程。项目经理参与开发过程，且必须保证这些过程已准备好。为了达到项目管理成熟度高分数，我们应该优化组织过程；任何一个过程必须进行合理的改进。由于通常难以把握开发环境的严格要求，我们应该对拥有限制试验的新过程格外小心。

虽然关注点在执行方面，我们在此阶段中仍然要保持对战略计划的关注，这在项目启动时和对于未来增长都很重要。我们也必须与支持组保持联系以保证项目售出。他们要掌握项目成功和问题，以求获得基金支持和其他政治保障。

表 21－4 显示了系统开发和论证阶段应考虑的方面。人事在此阶段很关键，所以我们应建立很成熟的人事计划。没有正确的人力，全部工具和过程也无法挽救项目。我们必须尽早对获得、激励和挽留关键人员问题高度关注。

表 21－4 系统开发与论证阶段项目管理成熟度涉及的领域[①]

组织机构和领导	• 明确组织机构内责任、权力和义务的分配 • 重点在人事安排和技能开发上满足此阶段的增长的要求；开展培训以保证技能知识（例如，技术、合同、进度、经费、质量、运行） • 按工作分解结构来绘制项目组织机构并分配工作范围 • 关注此阶段内相关的产品：系统工程、硬件和软件设计、工程发布、向生产转移计划和其他“软”产品 • 重申并支持任务目的和目标 • 保持供应商作为团队成员参与和负责

续表

业务管理	· 规定最低可分配工作包以下一个级别的进度（每周、每日里程碑） · 评审详细关键路径进度 · 建立详细的综合成本和进度基线；把全部成本与已计划的任务联系起来（充分的管理裕度（7%～10%） · 分配工作包（包括成本、进度和资源分配）至最低的适当等级；确保每个人知道自己的工作内容并获得完成工作必需的资源 · 对早期风险识别和减轻在基线基础上进行预测 · 严格执行项目合同；没有未授权工作 · 协商供应商合同；让供应商认可交货、成本、质量和技术性能
沟通	· 建立正式沟通以确保项目信息传输畅通 · 保证信息系统运行正常，团队全体成员和利益相关方能够获得相关数据 · 通过每周项目评审和团队内部评审促进管理的透明度
执行	· 系统体系基线稳定；限制此级别的变更活动 · 规定并分配要求；排除每个计划中“待确定”的项目 · 依据技术性能管理（TPM）手段管理纠正措施；无不尽人意的技术性能管理 · 在全级别范围内，实施严格的变更控制和数据管理 · 实施风险管理；将详细风险减轻计划加入到成本和进度基线；规定项目补偿风险的方法 · 选择并采用工程过程和工具 · 评审并实现工程图样和设计文件 · 实现专项工程和向生产转移的计划 · 选择、裁剪并开发（必要时）生产过程；在生产前完成测试
质量	· 开发、实现并实施质量计划 · 确保设计团队包含质量工作 · 把握质量评审（硬件、软件和文件）
战略计划	· 开发并验证未来项目方向和阶段性目标 · 说明产品改进备选计划
支持	· 满足客户预期 · 告知关键决策者项目的状态；保持“项目售卖”观点

①当进入系统开发与论证阶段时，项目各方面都要积极参与。我们必须确保全部活动都成熟到相似的等级。不要对所有活动进行测量或在一个方面花费太多时间，否则将导致项目总体不能变得成熟。

生产和部署案例研究——在首发下一代卫星生产过程中，一个分系统集成试验时，出现了一项关键异常问题。项目经理召集了异常问题评审团队会议。他们将问题范围缩小到一个可能的星上无线电频率源间电磁干扰（EMI）问题。为了证实这个推断，团队进行了附加分析和试验，并预测这将会占用额外 30 天时间。建立异常问题评审团队并查找问题已经投入了 7 天时间，项目进度现在估计至少要延误 6 周。而更糟的是，为了节省成本，在设计阶段末期电磁干扰领导就离岗了。重新召回电磁干扰领导的时间将项目进度进一步延误到 8 周，还不包括需要进行设计更改的时间。此项目生产阶段的进度仅有 3 个月的裕度，项目面临着严重的交货节点拖延问题。

项目管理团队由此获得的经验是他们应该事先组建一个通用的异常问题评审团队，根据问题情况由适当的专家给予支持。他们也应识别并参与项目，每个重要工程至少有一个代表（即使是兼职）。虽然不可能预测会出现哪些问题，但我们可以规定一些基本的可以在问题出现时快速识别和解决的技术。这个简单的改进可以成倍减少出现异常问题时的处理时间，并使用更少的进度裕度，同时也给交付节点减轻了压力。

在首次发射前 14 个月，项目团队开始完善发射和运行早期的详细进度。他们开展对项目早期进度风险的多数据统计评估，并提出需要在发射日期（此里程碑很难拖延）前至少有 2 个月的进度裕度。但是系统集成和运行准备的人员给出的首次进度评估结果是只剩下一周的裕度。发生了什么呢？在之前的项目阶段中，向运行和发射准备转移的进度级别太高。当团队采用统计风险分析时，他们没有充足的数据来确定实际的进度风险，所以进度裕度出现了错误。

下一代项目拥有很多复杂的外部接口，所以合练和培训活动就会延长早先预测的较粗进度。因为团队没有适当考虑附加的复杂问题，它变成了发射的关键路径。由于发射日期不可延误，他们只好决定延误非任务范围的关键培训和合练，直到航天器安全在轨运行。这虽然保证了发射日期，但推迟了初始工作能力提升进度。

项目管理团队获得的经验是“下游数据不能等待太久才加入主进度”，另外“也不能太早的加入”。团队必须引入可预见的复杂度和风险进行评估，以确定哪些需要更多详细进度和何时将下游进度加入项目主进度。

系统开发和论证阶段案例研究——在系统开发和论证阶段，下一代沟通管理团队跟踪每段的风险。这包括风险描述；如果风险发生，对成本、进度和进程的影响；以及通过主要设计里程碑和试验来降低风险的关键决策点。在验收试验中功率放大器突然失效（严重后果风险之一），项目经理需要评估剩余管理裕度和段预算以实施恢复计划。

项目团队应采用管理抵消风险机会的过程来完善风险过程（项目管理成熟度模型标准认定它们开展得很好）。机会识别替代路径或减小范围或技术绩效可以节省项目成本。如果从一个异常问题中恢复花费了比项目本身更多的时间和成本，机会过程则提供了一系列预设置的决策来恢复预算或进度。给我们的启示是需要预先设置主动的机会过程，否则风险过程不是完全成熟的。

继续讨论上面那个例子，在系统开发与论证阶段中期，主管要求的经理离开了该项目。项目很快聘用了另一位高级主管，使得要求分解、分配和确认等此阶段关键任务没有受到影响。在项目管理成熟度评审中，我们注意到变更委员会对要求修改的活动翻了一番还多。此后的调查揭示了要求管理中一项重要的缺陷——即对于要求分析和证实材料很少。

新的要求管理的主管与之前那一位有着不同的背景，所以对一些关键要求的理解不同。这也对从属的要求有一定的影响。但是理解的不同可以通过对要求的背景和分解的详细分析报告抵消。在变更过程中，这些分析报告会伴随着要求并给出附加理解和更全面的数据（见第 8 章对要求的详细讨论）。这给我们的启示是，一个好的过程必须降低输入的影响来避免混淆并交付一致的产品。从项目管理成熟度的角度来说，要保证过程是可量化和可重复的。选择适当的模型有助于做到这一点。

生产与部署的目的——生产与部署阶段将设计推向项目运行。此阶段项目管理成熟度目的是最大化质量与过程效率，并开展项目的持续改进。此阶段焦点为：

1）以现有工程实现最终产品制造；

2）变更的稳定性及迅速解决工厂内现场更改；

3）经验证的制造和质量过程；

4）按时交付全部组件、零部件和材料；

5）技能符合生产需要；

6）获得持续改进的可量化生产数据；

7）与其他组织部门分享数据；

8）项目试验和预部署审计；

9）发射、初始运行和客户验收。

此阶段达到高成熟度所涉及的领域有：

1）经验证的过程；

2）具备技能的人员；

3）可量化的生产数据；

4）组织经验；

5）持续改进。

生产与部署阶段内涵——在此阶段，我们拥有充足的改进机会。在一项多年的项目中，新机会往往从学习、时间、技术和过程改进中得到。我们应该跟踪、记录、排列和实施机会，以保证优化成本和质量。

测度标准可以提供可量化的生产数据。我们需要对其进行定期的评审以查明产品、过程和质量改进。我们还应与组织机构内其他部门分享这些数据，以传播经验并提升过程成熟度。

在此阶段内质量是重中之重。在设计的基础上，我们开发并应用了质量计划，深化了“质量是每个人的工作”的理念。现在，我们对质量测度标准和实施持续质量改进进行评审。同时也通过独立的质量评审以保证项目可满足客户的标准。

在此阶段要重新实施战略计划。在项目生命周期内不断涌现出项目改进的新思想，但是我们不能实施，因为这些不在已批准的基线内。现在我们可以采用这些想法，并将这些想法排序并开发预计划产品改进（P3I）计划。我们将这个计划加入到战略计划中并实施。项目经理与客户一同建立预计划产品改进活动的目的，并努力证明未来的改进效果或继续改进。

表 21－5 显示了生产和部署阶段应重点考虑的领域。项目由工程和设计转向生产，我们需要人员的转移来适应项目的阶段变化。否则，大多数过程应按照以前继续，并在可能时进行改进。

表 21－5　生产与部署阶段项目管理成熟度涉及的领域①

组织机构和领导	· 继续组织机构内责任、权力和义务的分配 · 保持关键技能；解散工程人员；增加生产与运行人员 · 关注此阶段内相关的产品：向生产转移；生产；向运行转移 · 保持供应商交货认可；按要求提供现场支持和联络 · 在生产中对峰值活动的保障（经费和人员）
业务管理	· 保持与上一阶段相同的进度和成本分配精确程度 · 保留重要的成本和进度管理储备以支持生产问题 · 实施并保持早期识别与减轻项目问题的详细测度标准 · 保持供应商承诺；对现场问题快速反应 · 识别、选取和跟踪降低成本和持续改进的机会
沟通	· 继续应用沟通过程和工具 · 识别持续过程改进的机会 · 开展信息系统升级和增强
执行	· 保持要求基线稳定；限制此级别的变更活动 · 快速完成必需的为满足项目要求的变更；保持严格的技术状态控制 · 为了生产保障建立评审委员会 · 避免“我可以做得更好”的心态；当达到要求时即刻停止 · 对生产和异常反应计划开展维护 · 确认并采用生产过程和工具 · 采用生产测度标准进行持续改进 · 采用测度标准以预测和避免下行问题 · 根据要求基线核实系统 · 实施功能性和物理技术状态审计来支持交付 · 交付并部署产品
质量	· 评审质量矩阵并实施纠正 · 确保团队成员以质量为重 · 母体组织开展独立的质量评估 · 实行持续质量改进
战略计划	· 为事先的产品改进选择并评审候选方案 · 确认战略计划与组织动力的一致性 · 将新任务、增强特点和后续活动加入到战略计划中 · 公司资源与战略计划一致 · 与客户协商来获得经费
支持	· 满足客户预期 · 告知关键决策者项目的一般状态；保持“项目售卖”观点 · 开发选择加强预计划产品改进任务应用；秉承“改进新项目或继续工作”的观点

①在此阶段，我们将重点放在质量和改进上。

21.3.3　维护

在维护阶段，系统已达到全面运行的能力，包括全方位的系统运行和维护。对于复杂的空间系统，此阶段是长期的。地面运行任务按计划严格进行。此阶段应证明该项目可以通过每天交付关键信息和数据来满足客户要求，同时也以此识别和实施新产品改进。项目全部过程在此阶段应非常成熟。每日系统运行必须完善、严格并从团队和项目经验中获益。

此阶段达到高成熟度所涉及的领域有：

1）规定任务运行保障计划，全部合同机制健全以保证必要时的快速响应；

2）确保全部的计划（合练、服务培训、应急运行模拟等）仍然成熟且被执行；

3）应用健全的持续改进过程；

4）在整个组织机构内开展对经验和异常报告的学习。

维护阶段内涵——表 21－6 显示了维护阶段重点考虑的领域。在此表述的项目管理成熟度应是所有要素的完全成熟的项目管理成熟度。此阶段继续加强优秀的执行行为。除此特点之外，还包括各专业的数据采集、持续质量改进、成本降低、在其他组织和集体内分享数据和应用预计划产品改进系统性能。

此阶段内，项目达到了团队力求达到的完美阶段。系统成熟、达到全部运行目标，同时通过持续改进有较长的寿命。这是值得骄傲的。项目经理和团队期盼更多的令人激动的事并且想在新项目中重复此过程一点也不奇怪——从第一步：系统采办前期开始！

表 21－6　维护阶段项目管理成熟度涉及的领域①

组织机构和领导	· 继续组织机构内责任、权力和义务的分配 · 建立效率更高的保证项目运行和维护的组织机构 · 开展预计划（pre－planned）产品改进和持续过程改进 · 为高峰期人员能力解决异常问题作计划 · 把签约供应商纳入工程支持和维护队伍
业务管理	· 为成本和进度情况采集量化数据 · 识别和实施持续改进的领域 · 实施严格的合同变更控制；未开展非授权工作 · 在上级和职能组织机构间分享数据和过程
沟通	· 实施沟通过程和工具 · 关注支撑运行的日常联系 · 识别持续过程改进的机会 · 开展信息系统升级和增强
执行	· 实施连续运行（项目运行、培训、维护工程） · 保证对运行异常的快速反应和解决 · 常规采集和分析运行数据 · 实施持续产品和过程改进 · 策划硬件和软件的升级 · 策划零件报废措施 · 识别并形成预计划产品改进文件 · 执行已证实的预计划产品改进变更
质量	· 保持实行持续质量改进
战略计划	· 后续开发和实施战略计划
支持	· 开发选择预计划产品改进完善的任务应用；秉承“改进新项目或继续工作”的观点

①在此阶段，项目全部过程应达到成熟。

维护阶段案例研究——下一代通信系统初始运行已经 4 年且距最终运行还有 1 年。由于地面站必须在发射前就绪以支持发射前合练和培训，所以地面站硬件已经运行超过 5 年。大多数下一代通信系统的高速数据传输硬件运行寿命一般为 5～7 年，之后会开始出现故障。在耗尽备用件后，项目团队与卖家联系并进行更换。但是市场寿命一般会比运行寿命短 2～3 年，所以卖家会把精力投入到兼容性很差的新一代产品中。大多数的数据管理软件都是围绕硬件而设计和制作的，所以零件的报废一直威胁着系统性能。项目团队已经将核心软件从硬件中剥离出来，他们从而就能采用新的协议和指令写新的软件。他们与卖家协同工作并规定当前甚至是今后 10 年内的升级路线，以此来保证不会再出现此类问题。全部这些严格限制了连续运行成本预算，但是这些对于系统未来的生存能力很必要。

对我们的启示是零件报废能影响系统的每个部分（而并不仅仅是部署部分），我们必须在商业供应协议中考虑零件报废的问题（见第 9 章对此此问题的详细论述）。我们需要在项目计划中说明成本和技术资源。幸运的是，团队最开始开发的软件构架允许升级，并与项目管理成熟度思路一致；否则此情况会是灾难性的。下一代通信系统向硬件与软件完美地升级转移，项目被认为是成功的。

21.4　小结

项目管理成熟度对于评估运行效率和保证过程顺利实施很重要。我们不应该盲目地采用其概念，而应该针对每个项目进行剪裁并独立完成。

最后，项目经理的决断和领导使项目管理成熟度评估具有量化成果。好的项目过程、团队准备程度和灵活性，以及领导层的决断是项目成功的关键，且都是项目管理成熟的指标。

项目成熟模型示例——本节回顾了业界主要的项目成熟度模型。表 21－7 说明了模型并提供了统一资源定位网址（URL）用以获得网上附加数据。此清单不用于个人资格证明；仅是对项目健康状况和状态的评估。

表 21－7 包括了大量的项目管理成熟度模型的信息。大量的模型类型、采用信息的容量和过程团队迫切期待、提供协助等都对过程的实施提出了挑战。项目经理对模型是否符合工作范围、是否满足项目特殊阶段的目标以及与客户和母体组织期望的一致性等负责。

表 21－7　截止至 2006 年 11 月，业界主要采用的项目管理成熟度模型[①]

序号	模型名称及相关网址	描述
1	EFQM 卓越模型（EFQM Excellence Model） http：//www. efqm. org/	EFQM 卓越模型于 1992 年提出，为评估机构提供了用于欧洲质量奖的评估框架。此模型基于九个方面并在结构化的管理系统中应用了基本概念，此模型没有规定的框架
2	Hartman SMART－PM 模型（Hartman's SMART－PM Model） http：//www. innovation. ca/innovation2/hartman/FrancisHartman. ppt	通用的项目管理模型：收集了项目管理最佳实践。部分结果已对外发布，仍处于持续研究中
3	创新成熟度模型（Innovation Maturity Model） http：//www. product － masters. com/maturitymodeloverview. pdf	针对机械产品和机电产品，关注产品创新的市场为基础的评估。此模型是诊断性质的。描述了为了提高成熟度而实施的组织机构当前状态的评估

续表

序号	模型名称及相关网址	描述
4	Baldrige 国家质量奖（Baldrige National Quality Award） http：//www. quality. nist. gov/	Baldrige 奖由美国总统授予商业——制造和服务、或大或小的——和教育与健康组织机构，并采用七个方面进行判别：领导层，战略计划，客户和市场，测量、分析和知识管理，人力资源，过程管理，结果 Baldrige 的标准反映了一个组织机构可以对自身进行评估的管理实践。此标准被国际认可，且表述了一般的组织机构间共享经验的方法。同时也是 Baldrige 国家质量奖评选过程的基础
5	项目管理成熟度模型（PMMM） http：//www. pmsolutions. com	项目管理成熟度模型在商业上广泛采用，遵守软件工程学会（SEI）能力成熟度模型（CMM）的五个成熟度等级，采用项目管理学会《项目管理知识指南》中的九个领域来衡量成熟度提升。此模型提供了组织机构内先进开发和先进项目管理改进战略计划的逻辑路径
6	Kerzner 项目管理成熟度模型（Kerzner PMMM） http：//www. iil. com/pm/kpmmm/	Kerzner 项目管理成熟度模型是各种不同规模的公司评估和改进组织机构内综合项目管理进程的已被业界验证的工具。易于接受的通过成熟度曲线衡量组织机构进程的基准工具，使得此指南能适应任何类型的公司
7	综合项目管理成熟度模型（OPM3） http：//www. pmi. org/prod/groups/public/documents/info/pp _ opm3faq _ general. asp	项目管理学会（PMI）综合项目管理成熟度模型是首个由项目管理学会发布的综合标准，拥有三个连锁元素：知识、评估和改进。知识元素描述了综合项目管理和项目管理成熟度，解释了其重要性和如何认识综合项目管理成熟度（能力和与其一致的应达到的结果）。评估描述了组织如何按照知识元素中描述的成熟度衡量自身的项目管理和成熟度。改进元素帮助确定和选择从当前成熟状态向更高的应达到的成熟状态的路径
8	普林斯 2（PRINCE2） http：//www. 12manage. com/methods _ ccta _ prince2. html	控制环境下的项目（普林斯，PRINCE）由英国中央计算机和电信部于 1989 年为 IT 项目管理开发完成。普林斯 2（PRINCE2）是在此技术的基础上于 1996 年完成的通用项目管理方法。此方法立即被 IT 环境以外的项目采用，现在已成为英国项目管理默认的标准。此方法根据管理阶段来划分项目，以此促进资源的有效控制和常规进程监视。当前的版本由政府商业办公室于 2005 年发布
9	人员能力成熟度模型（P－CMM） http：//www. sei. cmu. edu/cmm－p/	卡耐基梅隆软件工程学会的人员能力成熟度模型(P－CMM)于 1995 年发布，是帮助组织成功解决其关键人员问题的框架。基于当前人力资源、知识管理和综合开发等领域的实践，人员能力成熟度模型引导组织机构提升管理和开发其人员的过程。其帮助组织机构识别员工实践、建立持续人员开发程序、设置改进优先权、基于过程改进综合员工开发、建立卓越文化等
10	能力成熟度综合模型（CMMI） http：//www. sei. cmu. edu/cmmi/general/general. html	卡耐基梅隆软件工程学会能力成熟度综合模型（CMMI）是一种为组织机构提供高效过程要素的过程改进方法。可被用作对项目、部门或母体组织过程改进的指南。此模型帮助集成传统上分开的组织职能，设置过程改进目的和优先次序，提供质量过程的指南，提供当前过程评估的参考点。模型包括产品从方案到交付和维护的生命周期中开发和维护活动的最佳实践。系统工程能力成熟度模型和软件能力成熟度模型的最佳实践于 2000 年加入到了能力成熟度综合模型解决方案中。此模型原本为支持美国国防部采办过程而开发，同时也吸取了 ISO/IEC 15504 国际标准中的思想

续表

序号	模型名称及相关网址	描述
11	ISO/IEC 15504 http：//www. sqi. gu. edu. au/spice/	ISO/IEC 15504 也被称为软件过程改进和能力确定（SPICE），是由国际标准化组织（ISO）与国际电工委员会（IEC）的联合技术分委会开发的用于软件过程评估的框架。此套文件提供评估软件过程的结构性方法是为了达到以下目的： · 通过或代表组织改进自身的过程 · 通过或代表组织确定能达到特殊级别要求的能力 · 通过采购者确定供应商能达到特殊级别要求的能力 · 此过程评估框架是建立在具体过程实例评估的基础上的。每个过程实例均划分为 5 个能力等级，每个等级是此等级内实际打分的集合
12	Trillium 模型（Trillium） http：//www. sqi. gu. edu. au/trillium/	Trillium 模型由加拿大贝尔（Bell Canada）公司建立，合并了 ISO 9000 系列、软件能力成熟度模型和 Malcolm Baldrige 标准的要求，以及 IEEE 的软件质量标准。Trillium 适合电信业并关注客户视角。Trillium 模型中的实践来源于一个关注产品开发和支持能力的基准。此模型全面覆盖软件开发生命周期、大多数系统和产品开发与支持活动和重要的相关市场活动。模型中描述的大多数实践都可以直接应用于硬件开发
13	联邦航空局——综合能力成熟度模型（FAA - iCMM） http：//www. faa. gov/about/office _ org/headquarters _ offices/aio/business _ value/iCMM/index. cfm	联邦航空局（FAA）通过综合能力成熟度模型（FAA - iCMM）的指导进行了过程改进，达到了高效的过程。此模型于 1997 年发布，1.0 版本综合了软件、系统工程和软件采办的能力成熟度模型。2.0 版本建立在集成方案的基础上并提供了跨公司改进的最佳实践的单一模型。此模型综合了以下的标准和模型：ISO 9001：2001，EIA/IS 731，Malcolm Baldrige 国家质量奖和总统质量奖标准，CMMI - SE/SW/IPPD 和 CMMI - A，ISO/IEC TR 15504，ISO/IEC 12207 和 ISO/IEC CD 15288
14	V 模型（V - Model） http：//www. scope. gmd. de/vmodel/en/	V 模型规定了统一的 IT 产品开发程序，是德国联邦局和国防项目标准。因为是对外公开的，很多公司也在采用该模型。此模型与普林斯 2 类似，描述了项目管理和系统开发的方法。V 模型当前的版本于 2005 年 2 月发布。此模型与能力成熟度综合模型不同。能力成熟度综合模型仅描述了需要做什么，而 V 模型同时还描述了如何以及何时做什么，以及谁负责去做

①模型的选择是关键，且取决于项目特点。

参考文献

[1] Defense Acquisition University (DAU). Sep. 2005. Introduction to Defense Acquisition Management, 7th ed. Ft. Belvoir, VA: DAU Press.

[2] Carnegie Mellon Software Engineering Institute (SEI). August 2006. CMMI for Development, Version 1.2. Pittsburgh, PA: SEI.

[3] SPICE Project Organization. 1998. ISO/IEC TR 15504-1—Information Technology—Software Process Assessment (Parts 1-9). International Organization for Standardization.

第 22 章　项目管理中的战略问题

弗兰克·B·斯特里克兰（Frank B. Strickland，Jr.）
Edge 咨询公司
约翰·R·卡萨尼（John R. Casani），托马斯·R·加文（Thomas R. Gavin），
切斯特·N·萨萨基（Chester N. Sasaki）
喷气推进实验室，加州理工学院
理查德·W·福尔斯（Richard W. Fox），迈克尔·C·杰森（Michael C. Jansen）
NASA 林登·B·约翰逊空间中心
威廉·H·格斯腾迈尔（William H. Gerstenmaier）
NASA 总部

为了从本书介绍的项目管理资源得出一些结论，我们关注对项目经理具有重要战略意义的三个问题。第一，国会监督——持续对话的原则，研究美国行政机构与议会代表机构的相互影响。这种相互影响通常出现在远高于新项目经理的组织级别。本项研究针对行政机构的项目经理，旨在增加对那些在项目环境里拥有大权力、重要但彼此间不熟悉的人们的认识。

第二个关键问题是“任务范式”，它对一个重要问题进行了一种令人注意的研究：利益相关方对于项目成功评价的判断可能与项目经理实际的假定不同。这种分歧会导致项目被认为不太成功，或者更糟糕，而忽视了系统的实际技术性能。这个概念违背了我们的直觉。这对所有从事项目管理的人员提出了挑战，使他们重新评估他们对项目环境的了解。

第三个也是最后一个重要问题是关于 NASA 国际空间站的具有挑战性的案例研究。这项研究是“对国际空间站项目群风险管理的定量风险分析”，将测试项目经理对于项目管理专业的了解，以及如何将这些项目管理专业与大规模、复杂的空间系统相结合。

22.1　国会监督——持续对话的原则

每个从事空间项目的军事和政府民用项目经理，都通过国会拨款和授权过程（这些过程的详细讨论见第 12 章）获得项目资金和使用这些资金。然而，国会对项目的影响不仅在于批准每年的预算，还有对政府执行部门持续的监督。由于项目的大小和其他因素，项目经理可能不会与国会进行定期的接触。但是，考虑国会对项目资金和监督的影响，项目经理必须了解国会如何影响项目，以及项目经理的表现又如何对监督产生积极的影响。随着时间的推移，所有的项目经理都将增加与国会的接触。书面的预算说明和请求最终会送到国会议员的听证会。一些项目经理在参议员和众议员参观工厂、地面站、发射场和项目

办的时候，甚至对他们盛情款待。无论交流的形式如何，我们必须了解影响国会监督过程的行为因素，以及如何为自己的项目处理好与国会的关系。

许多项目经理对待国会的监督活动要么漠不关心，要么持有敌对情绪。两种情绪都不利于成功。国会独立批准并拨发项目基金款项，对国会监督表现出冷淡或是敌意可能导致减少基金甚至取消项目等不同程度的惩罚。许多对国会的敌意常来自传闻，将有伤感情。而这些潜在的看法完全误解了国会在政府平衡中所起的作用。

2000 年，一个空军预算官员站在白板前，向我解释国会批准预算的过程。我当时是公司的核心成员，但刚刚被委派为国家最大的空间项目——国家侦察项目的法律主管。我清楚地记得，他在白板上写的令人眼花缭乱的新的缩略词和活动情况。那时我对于展现在我面前的政府预算部门存在一些蔑视。然而，那个成功的官员在那天对话中所作的聪明的结论，清晰地停留在我的脑海：

“现在，这看起来是简单直接的过程，明确规定了通向目标的主要里程碑。然而，预算过程不仅仅是如此，也是政府部门与国会之间的一种持续的对话。”

持续的对话——这是个非常重要的观点，立即给我留下深刻的印象。

我马上明白了，这个预算官员非常清楚地通晓大多数新项目经理甚至一些老练的项目经理所不能领悟或有效应用的理念。为了弥补这方面的不足，我们需要有根据、无偏见地看待国会监督的责任和监督的文化背景。唯有如此，新的项目经理才能认识预算过程中持续对话的必要性。

为了达到理解并有效执行这种关系的目的，本节提供有关国会监督和影响国会行为因素的知识，也包含实际操作原理，可供项目经理用来参与国会的监督过程。

22.1.1 预算对话

政府部门与国会之间在预算过程中的对话与预算过程本身截然不同。

我们可以图解过程，安排活动参数，追踪进展，甚至为理想的行为建立模型。一个过程拥有自身全部的技术语言来描述它的活动、任务和工作步骤。而人们之间的交流几乎不存在这种技术特点。从讨论的目的来看，对话是处理人际关系、信任和其他与预算过程无关但围绕预算过程的人性因素。

每一个优秀的项目经理都知道项目管理不仅仅是完成工作结构分解、预算分配表、规范和项目的其他技术方面，也要进行领导、开展团队建设、激励动员和其他社会文化活动[3]。同样，预算过程不仅是项目目标合约、国会预算说明书、听证会以及拨款授权行为。在这些正式的过程里程碑之间是持续对话，对话产生的结果（拨款和授权行为），这与正式里程碑产生的影响一样重要。我们必须有能力将对话与过程融合，形成一套完全有效的方法。

22.1.2 国会监督：项目经理的年度体检

我们可以将国会监督比做年度体检。没人爱好体检，但是体检对于保持良好健康状况是必不可少的。我们对国会监督所起的作用及其价值有着相似的评价。空军（空间）前助理秘书长曾经就政府部门的本质说过：

“如果你把 10 个执行部门的官员关在屋里，给他们 100 万美元但不分配任务。一年后再去找他们，他们仍没有工作但需要补充资金。”

虽然这个官员的玩笑话是虚构的，但历史表明，国会对政府部门的监督有着足够的理由。国会监督对于处理政府部门固有的低效率和偶然失职是必需的。近几年已经形成了一些监督机制。

国会监督——责任。年度拨款过程是明显的监督机制。它使用符合宪法明确的权力来控制并监督支出。但是除了拨款听证会，国会使用一系列技术和工具进行调查，批准授权和应个人和议员要求召开的非正式的调查听证会。也有外部机制来支持监督过程，如法定的检查员和国会委员会。例如，在 2001 财年《国防防御情报授权法案》中，国会建立了国家安全空间委员会和国家侦察局。这个司法部门坚持认为国会权力是立法功能所必不可少的。

现代权力的滥用和丑闻导致了严厉的国会监督。越南战争和水门事件已经过去很久，这些混乱的事件迫使国会评价并加强对政府部门的监督。例如 1973 年，参议院武装部队委员会要求国防部提交关于主要武器系统采办的第一个五年计划。

虽然加强国会监督对于减少政府部门的丑闻是必要的，但国会中出现了过度监督的情况。例如，在 20 世纪 90 年代中期，一些议员成为“更快、更好、更省”空间系统概念的积极支持者。有些当时是项目经理的人痛苦地回忆起某些议员宣布制造诸如小卫星的航天器的设计具体细节，要求制造更快、成本更低。国会这种过度的监督导致如“未来成像系统”等一些项目在设计开始阶段就已失败。

国会和政府部门日益强调全面改善政府的行为。表 22－1 列出了国会在 1990—2002 年制定的要求政府部门提高行为质量的 6 项主要法规。两党的总统均在自己制定的国家政策中对改善机构部门的行为做出了要求。在联邦预算持续增加的压力下，特别是对于可自由决定经费支出的民用空间项目，我们能预测，国会和政府部门会继续关注项目执行情况。

表 22－1　提高政府部门行为质量的法规①

年份	法律	描述
1990	首席财务官法案	在每个机构设立首席财务官，实行账目和财务系统
1993	政府绩效与结果法案	要求所有机构确定战略目标，达到这些目标的策略和评估进展的执行计划
1995	管理和预算办公室通告 A－123，管理责任和控制	要求每个机构建立可审计、可控制的过程，包含识别材料缺陷的流程
1982	联邦管理人员的财务操守法案	要求持续评价和报告每个政府部门的内部账目和管理控制系统的适应性
1996	信息技术管理改革法案	要求机构在信息技术支出之前，制定与整体战略相符的技术战略和计划
1997	文书缩减法案	指导机构采取措施以减少或消除基于纸张的业务
2002	电子政务法	责成机构采取新的措施使业务、政策和信息向基于网络的电子化的转变

①国会通过了许多法律来规范监督过程。了解这些监督法的内容和相关性，可以使项目经理在日益强调项目执行质量的情况下有效地响应并重视监督。

国会监督——利益。政府部门的官员本能地认为监督职能是惩罚性的，但是监督委员会和分委员会却在国会中成为政府部门项目利益的拥护者。这对国家安全空间项目来说尤其如此。例如，国家安全空间项目是国会全方位的国内和国家安全利益的一小部分。委员会规定只有少量的议员具有监督权。通过组织针对国家安全空间项目的分委员会和委员会，议员实际上从整体上保护这些项目不受国会监督，尽管他们不宣扬这一点。因此，项目拥护者的名单中应包含执行监督职能的人士。

举一个例子，考虑2002财年总统对分类空间项目的预算要求和众议院常设情报委员会（HPSCI）主席最初的行动。常设情报委员会主席通知每个众议员，分类预算可以通过适当的安全通道获得。因此，非常设情报委员会的议员也能通过适当的安全途径了解主要空间项目的预算和技术的复杂性。实际结果是535个议员依赖委员会里拥有空间项目检查权力的同事。对于项目经理，这有助于将所有个体成员的行动聚焦于整体的委员会。然而这也增加了项目经理和行政机构与委员会共同执行有效监督过程的责任。如果公众感觉负有责任的委员会是失败的，国会作为一个整体将像20世纪70年代中期一样行动，意识外的结果可能进一步阻碍我们提供高质量的空间系统的能力。

22.1.3 信任网

国会是监督者，又是拥护者。这种看似矛盾的说法实际上使政府部门项目办和监督委员会之间、监督委员会和国会之间、国会和美国人民之间，建立起信任网。政府部门官员正确的认识应是他们是公仆。而实际上，他们向总统而不是向公众答复。在政府部门里真正的官员只有一个——总统，他必须答复人民。另一方面，所有535个议员直接对公众负责。这在美国人民和政府间建立了一种授权的信任。政府部门的项目经理学习从事监督过程不仅有利于年度拨款和授权，而且增强了管理人员和政府之间必不可少的信任。就像年度体检一样，监督的长远利益超过了因监督带来的不愉快。

项目经理和支持他们的立法联络处参加了监督过程的许多具体环节——从预算内容到检查后勤。透明度是建立相互信任关系中任何活动的一个重要特征。我们应怎样提供透明度并建立信任呢？第一，必须避免隐瞒坏消息的任何尝试。相信情报部门里的专家不说谎很容易，但相信他们会和盘托出困难则困难得多。众议院里的一名专业人员曾经说过："优秀的项目经理来访问，10%的时间用于听好消息，90%时间用来了解为什么事情没办好及他们需要采取什么措施。"国会并不期望维持超级大国的地位是容易的，也不指望降低费用，但是期望专家能区分出好事、坏事和丑事，一个人不说真话，就失去信任；但困难的项目出现不可预期的麻烦时，并不会失去信任。

成员的价值通过成员对我们项目的了解程度来衡量，不论好坏。如果我们首先报告坏消息，好的专业人员将会对此产生信任，并因此在国会里提供支持以纠正问题。

第二，我们必须如实地报告坏消息。国会每天会收到各种各样的请求，因此在支持某些观点时会纠结于众多的信息之中。我们需要实事求是地报告。这样的报告和项目中关于解决问题的跟踪记录证明，将帮助我们在监督过程中获得所需的信任和支持。

22.1.4　理解国会的文化和行为

现在我们来关注影响国会监督和预算过程的组织特点和文化特点。国会和其他任何机构一样，其行为取决于它本身的组织和文化功能。

大多数政府部门官员有意或无意地认为影响国会行为的因素与政府部门的类似。空军（空间）前助理秘书长观察发现，许多政府部门官员因此不理解国会。下面三种关于国会文化和行为的观点可能“令人震惊地揭露”政府部门没明确地认识到他们对国会的态度[3]。理解这些观点将使项目经理提高认识，自觉有效地参加监督对话。

观点 1——国会是一个政治组织。政府部门官员经常抱怨国会行为具有政治动机。一些项目经理认为国会的政治本质十分讨厌，他们在情况介绍会和听证会上以肢体语言表示对国会成员的蔑视。我们不应鄙视国会对诸如特殊利益和政府资助等问题的政治本质。国防项目（包括空间项目）也受特殊利益的影响。不过国家安全空间项目通常受政治动机影响较小。对于秘密空间项目，监督委员会的文化和程序有助于使政治动机花费受到控制。对于项目经理来说，如何对国会的政治本质作出反应是一个关键问题。

立法部门当然具有政治性，它最初就是这么设计的，尤其是两年选举一次的众议院。公民选举议员在国会代表他们所在的地区、州的利益，也代表国家的利益。那就是说，项目经理不得参与政治进程。政府官员在管理政策和项目中禁止与政治相结合。大多数项目经理并不违反这些法律和政策，但是他们会因项目与国会的政治牵连而浪费了宝贵的时间和精力。他们必须关注自己的事情——绩效、成本和计划，即使牵涉政治，最好选择带来积极结果的策略。良好的项目绩效是对我们最好的支持。

特殊的考虑——私人企业的项目经理参与政治过程。本节的讨论同样适于私人企业项目经理。但是私人企业雇员也是国会的选民——他们交税、投票、支持政治竞选。这些项目经理可能误以为他们能够而且应当为自己的项目建立政治基础。国会议员的确关注他们的选民，包括国家安全空间企业里的选民，因此私人企业项目经理可能改变合法的选民利益以支持他们的项目。然而，他们必须牢记两点。

第一，即使政治关系应用得当，对于绩效不好的项目仍不会有帮助。就像军用的和政府民用的空间项目，对于私人企业项目来说，项目执行中良好的绩效、进度和成本是对项目最好支持。第二，当这种支持符合政府部门的记录与策略时，私人企业的项目经理最容易得到国会的支持。私人企业项目经理可能帮助国会阻碍政府部门计划，但是国会很少会帮助没有政府部门持续支持的项目。

观点 2——国会与政府部门不同。由于不了解二者的区别，人们总是希望别的组织的行为与自己的组织一样。项目经理可能希望国会的行为至少与政府部门相似，甚至同他们自己的组织一样。这里存在两个困境值得我们注意。

第一个困境在于立法机关的考虑与政府部门的决定存在差异。国会与政府部门不同，即使它的想法是很不成熟的，也必须公开讨论。媒体会通过社评、晚报、漫画等迅速抨击议员的失言。如果不注意自己言行，国会很容易出现在媒体的漫画中。但是大多数议员就像他们所代表的民众一样，努力工作，深切关心自己的国家。像政府一样，即使有议员失职，但是有更多的议员在诚实、勤勉地执行自己该做的工作。

政府和国会之间面向过程的不同在于国会中没有人说了算。这导致了第二个困境。资格老的和职位高的议员有较高的话语权，但国会完全没有像政府部门那样发布命令。国会实施职能需要全体同意，这是一个需要长时间的商讨与对话的过程。这会导致很多行动迟缓。例如，在 1981—2006 年当中有 23 年，部分或全部的拨款到账——无疑这是国会最重要的行动——都是推迟的。

项目经理和他们立法联络处（LL）必须及早并经常协调特别的行动，以符合国会行为的节奏。项目经理必须努力预测重建项目的请求，在提出正式请求之前就开始提前与国会进行初步协调。例如在 2001 财年初期，立法联络处和项目经理考虑到该财年后期可能会出现项目重建的要求，他们在官方要求发布到国会的很久之前，就开始与国会进行初步的情况介绍会和对话。政府官员提出重建项目的实施方案，同时就即将到来的行动尽早与国会进行定期的沟通，使得这个超过 1 亿美元的重建项目在 2 周内就顺利获得国会批准。

观点 3——众议院和参议院不同。众议院和参议院最明显的不同在于人数的差异[1]。有 100 名参议员必须做 435 名众议员所做的工作，参议员任期时间是众议员的 3 倍。这是由于二者的不同文化和规则造成的。事实上，参议院和众议院对政府部门的许多提议经常持有不同的观点，至少最初讨论时如此。参见表 22-2 中 2005 财年拨款委员会拨款账目的例子。

表 22-2　2005 财年众议院和参议院拨款委员会的拨款记录①

项目名称	总统预算要求/百万美元	众议院拨款额度/百万美元	参议院拨款额度/百万美元
天基雷达	327	275	100
转型通信卫星	775	100	400

①参议院和众议院都属于立法机构，但并不意味着二者在文化上是相同的——实际上恰好相反。我们必须认识到与我们相关的是哪一个，从而调整我们的预期。

我们不必抱怨两院之间缺少内在联系——某空间管理人员对 2006 财年预算额度所作的反应——我们应该期望众议院和参议院表现不同的立场。这为政府谈判创造了机会与挑战，但重点在于政府部门参与这个讨论。

项目经理必须根据形势的需要，调整项目信息和与众议院或参议院的约定。此时最重要的人是组织的立法联络官，这个人应是团队的成员，并非常了解情况。联络官分析项目预算请求和监督委员会关注点之间的对标和联系。只有拥有详尽的信息并定期参与项目活动，立法联络官才能协助项目经理针对参议院和众议院不同的观点来调整信息。

22.1.5　小结

有关预算及监督过程的社会文化原理和知识理论上是简单易懂的。然而实际上，建立并维持与国会有效的对话是很大的挑战。语言与传闻会使项目经理的态度和行为轻率，从而使项目受到损害。国会也存在许多执行问题，这进一步束缚了我们有效参与监督过程及交付项目成果的能力。项目经理必须关注他们所控制的因素——项目的绩效和项目经理的行为与态度。

项目经理若仅关注项目管理的技术方面，而忽视社会文化方面，将不会成功。同样，我们不仅要了解预算过程，而且要了解这个过程中与国会的监督对话。这里提供的信息旨在帮助项目经理更好地了解国会监督的性质和影响国会监督行为的因素。理解了这些并在实际工作中反复使用这些原则，我们就能成功地参与监督我们行为的机构。

22.2 任务范式

每个空间项目都存在规定项目所处环境的外部问题，环境是任务成功重要的基础。成功的定义对每个团体来说并不是一样的。内部或外部压力提出了明显影响项目的问题及如何评价项目。这些因素包括项目所有阶段的管理、成本和进度。它们影响了前期计划、项目领导的关注点、项目从计划到执行的系统关注点、用户的关注点，以及组织的长期效益。

这个概念的核心及项目经理处理这个问题的方法，就是任务范式。任务范式指导项目经理在任务威胁及余量管理、管理结构、资源评估等问题上作出决定。我们将详细讨论任务范式并提供应对项目挑战的框架。

任务范式的材料在 1992 年由空间政策中心（CSP）开发，这是一家管理咨询公司，现在的业务越做越大。这是由于大量竞争性的空间任务（商业的、民用的、军事的）在推动技术发展的同时受到成本和时间的限制而造成的。

下面列举了本节使用的一些术语和概念：

1）任务范式，主要针对 NASA 项目，也普遍适用于军事，商业方面的空间项目群。

2）科学是空间任务主要的对象，通常指获得的知识。

3）政治是指项目的用户目标或业务目标，包括实际考虑。

4）仪器和航天器是技术或能力载体，仪器偏重目标，航天器偏重业务或实际考虑。

22.2.1 理解任务范式的概念

空间政策中心研究为什么一些项目看起来比其他项目成功，关键词是“看起来”。他们发现利益相关方对于成功的看法很大程度上取决于他们对项目的预期，而不是项目的实际性能。这些预期与空间政策中心称作的任务范式有很大关联。项目被看做比较成功并不受项目经理或项目团队的信仰所驱动。这是关键。项目的内容——它的任务范式——为项目经理在项目环境中的管理提供了合适的框架。

为了正确地应用这个模型，项目经理必须了解用户。在 NASA，项目通常为两类用户服务：科学或技术团体（它们有自己的数据返回或技术改进的安排）和政治团体（有自己的国内或国外政策的目标）。这两类用户的兴趣和关注重点通常并不一致。科学要求倾向于开放式目标，政治要求通常要受到成本限制。项目的成功在于为两类团体都产生价值，或者极端的情况下要确认必须服从其中哪一个。于是，任务范式被广泛定义为两类用户社团的需求。

空间政策中心的研究提出了 4 种基本的任务范式，反映了不同的目标和关于技术和资金情况的优先级：

1）科学驱动（通常是天基科学任务，也含技术展示任务）——严格的科学和技术要求驱动性能，成本和进度考虑在第二位。

2）仪器驱动（或者是天基有效载荷）——仪器要求驱动科学和航天器性能两方面，成本和进度在第二位。

3）航天器性能驱动——资金上限或继承航天器能力驱动科学和仪器要求。

4）成本驱动——资金限制驱动整个项目。

正如预期的那样，科学和技术团体倾向于支持任务范式 1）和 2)，受仪器的驱动。相比之下，政治团体支持预算驱动的范式 3）和 4)。不同范式的组织结构、项目过程及步骤可能是不同的。因此，项目经理必须确认，用户（而不是项目经理或项目团队）认为这四种范式中哪种对任务是有效的。

图 22－1 显示了这些范式的不同点。右侧小图显示了每种范式的自变量和应变量。科学驱动范式将成本看做结果（应变量)，而成本驱动范式限制了科学的项目（这里科学是应变量，而成本是自变量)。中间范式包括仪器或有效载荷驱动范式，其中仪器能力驱动科学和航天器要求，航天器驱动范式中航天器能力驱动科学和有效载荷使成本最低。这里存在的细微差别值得考虑，例如在行星任务中，项目的进度取决于固定的发射时机。这种情况是行星任务所特有的，因为轨道力学决定了固定的发射日期。对于任何没有类似发射日期限制的任务，进度具有与成本或资金相同的优先级。

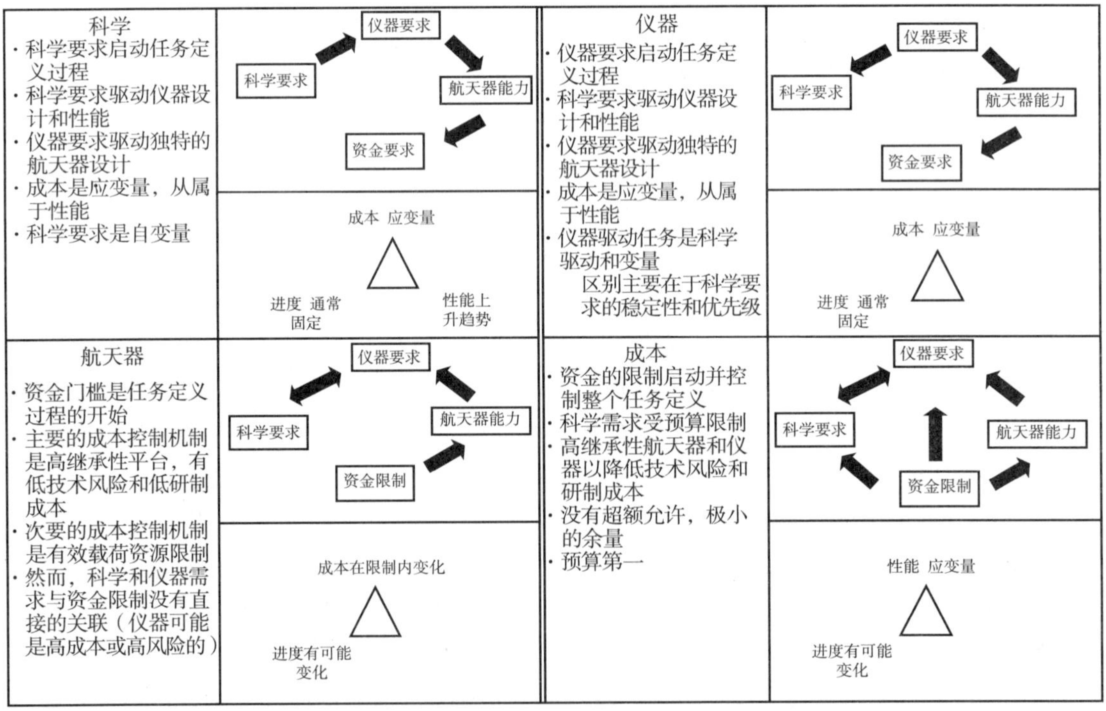

图 22－1　科学、仪器、航天器能力、成本驱动的范式

类似代数方程式有自变量和应变量，任务也存在驱动和被驱动的特性。用户、利益相关社团与项目经理有着不同的驱动力

新的项目经理为什么应该关注这些范式？理解任务范式的重要性是很必要的，因为项目所采用的范式直接反映了用户的预期和理解。科学社团对符合他们目标的需求促使任务范式从成本驱动向科学驱动转移。同样，政治团体关注成本管理促使任务范式从科学驱动向成本驱动移动。这两类团体定义任务成功或失败的标准不同：政治任务范式中，一项任务可能在发射之前就宣告失败，而科学驱动范式通常需要等到任务结束后才能评判。在政治驱动范式中，成本受限会压制或冲淡技术任务的成功。

这里列举了一些例子来说明这一点。

1）科学驱动任务的例子：NASA 的两个大型科学观测台，哈勃空间望远镜（HST）和斯皮策空间望远镜（SST），就是科学驱动范式的主要样板。哈勃空间望远镜最初的故障是由于其非最佳的反射镜形状而导致性能退化，并不是由于预算超出或纠正缺陷的高成本。斯皮策空间望远镜尽管也超出了成本，但同样被认为是巨大的成功。

2）成本驱动任务的例子：NASA 的发现项目是在成本限制的巨大压力下执行的。该项目从概念阶段到发射一直面临着一旦成本超出将被取消的威胁。近期采用这种范式的任务还有深度撞击号和黎明号。两个项目虽然都已发射，但由于成本超出面临取消的威胁，管理过程异常艰难。

表 22－3～表 22－6 详细阐述了在不同任务范式、不同项目阶段中，科学和政治两种团体的管理问题、预期和看法。这些信息将用来结合实例阐述我们必须应对的策略问题框架。

表 22－3　任务范式的概念和定义问题①

任务范式	主要的假定任务的理由	任务用户	对已评估的成本和成本增加的敏感程度	成功的定义	批评项目管理的原因
科学驱动	科学回报最大	科学团体	高初始项目成本评估和认为成本增长是实际的	满足科学团体要求	不满足科学要求
仪器或有效载荷驱动	预定科学回报最大	科学团体	高初始项目成本评估和认为成本增长是实际的	满足技术和性能要求	不能满足仪器性能要求
航天器能力驱动	在平台限制内科学回报最大	· 科学团体 · 政府部门和国会	C 阶段批准要求的成本和风险管理；强调预测成本	在没有或很少的成本增加下，获得高质量科学回报	不能提供规定的平台功能；明显的成本增加
成本驱动	在固定成本下可接受的科学回报	· 政府部门和国会 · 科学团体	全过程受成本限制	任务停留在规定的预算内	成本增加，科学回报不充足

①项目经理必须分清 A 和 B 两个阶段的问题以开展活动，满足适应利益相关方的期望。

表 22-4　任务范式的执行问题[①]

任务范式	控制点（技术或成本）	谁控制这些手段	要求控制的态度和激励	成本控制态度和激励
科学驱动	没有固定的控制点	科学用户（科学控制）	项目中自行决定	项目中自行决定
仪器或有效载荷驱动	已规定或定义的科学要求	项目办公室（工程控制）	·强制的或仪器要求 ·航天器中自行决定	项目中自行决定
航天器能力驱动	已规定或定义的空间系统能力和接口	项目办公室（工程控制）	·强制的或航天器 ·对仪器也有要求	·项目中有效载荷自行决定 ·对航天器有要求
成本驱动	项目资金和分配	政治用户（政策控制）	委员会要求	对有效载荷和航天器均有要求

①项目经理必须分清阶段 C 和 D 中的特殊问题，开展活动，以满足利益相关方的期望。

表 22-5　理解科学团体的预期[①]

任务范式	对任务科学目标的认知度	关于 C 阶段中自行改变范围的用户预期	关于 C 阶段中不可预见的技术风险的预期
科学驱动	科学目标是首要的	如果更改有利于项目科学回报，则接受更改	项目应该做任何满足性能目标所需要做的事
仪器或有效载荷驱动	预定的科学目标是首要的	·有效载荷性能和设计指标要求固定不变 ·支持一切提高可靠性和灵活性的变更	项目应该做任何满足性能目标所需要做的事
航天器能力驱动	在航天器固定的资源内科学回报最大	·在预算内考虑有效载荷范围的变更 ·可能使用高性能仪器来扩大回报	发展风险最小，但项目必须遵从性能承诺
成本驱动	在允许的固定预算内获得尽可能多的科学回报	预算范围内允许自行变更	在 C 阶段之前消除技术风险，通过缩小规模防止成本增加

①我们必须认识到用户的预期与任务范式存在紧密联系，使得我们设定的项目预期与任务能提供的结果相适应。

表 22-6　了解政治团体预期[①]

任务范式	A/B 阶段中对成本和成本增长的敏感度	关于 C 阶段中自行变更范围的预期	关于 C 阶段中不可预见的技术风险的预期
科学驱动	高初始项目成本评估和成本增长被认为实际的	期望自行变更范围，使科学回报最大	作为挑战科学和工程要求的结果，可容忍技术风险
仪器或有效载荷驱动	高初始项目成本评估和成本增长被认为是实际的	·仪器性能目标的变更最小 ·为适应仪器目标可能导致航天器变更	如果仪器采用新技术的成本不过度，有些技术风险是可以接受的
航天器能力驱动	C 阶段批准的要求成本和风险管理；强调预测成本	·期望项目维持航天器设计 ·如果成本可控，且影响其他要素，支持适度的变更	如果仪器采用新技术的成本由项目的储备金支付，有些技术风险是可以接受的。
成本驱动	成本全过程很难调整	预算范围内允许随意变化	·在 C 阶段之前消除技术风险 ·通过缩小规模，防止避免成本增加

①我们必须认识到用户的预期与任务范式存在紧密联系，我们设定的项目预期与任务能交付的结果相适应。

（1）选择正确的范式

经验表示，无论是设计还是默认，空间任务的任务范式一般在方案阶段确定，任务范式包括对客户目的和目标的理解，直接或间接地应包含：

1）成功的定义；

2）激励性结构的定义；

3）角色和责任的定义；

4）可接受风险等级的认同。

范式还驱动了研制、执行、运行阶段的顶级管理过程，这些过程明确了角色和责任、性能评价准则、处理问题或权衡的程序及基本规则、沟通及控制要求的方法和程序。一个成功的项目始于项目经理和用户对任务范式的统一。

选择正确的范式需要了解科学和政治两个用户社团的重点和限制。在正确的范式下执行项目能简化管理的范围和减轻负担。其重要性随项目的大小的增加而增加。

（2）什么情况下范式会出错

在错误的范式下执行项目将碰到很多麻烦，这种情况下，即使良好的管理也很难控制甚至很难恢复项目。在项目研制阶段开始之前，范式可以改变，但需要克服一些困难。在项目进入研制阶段之后，范式的改变要困难得多。因为项目开始之后，用户轻易地接受范式的改变是冒有风险的。

范式出错在于其首选不当，低估了项目的技术复杂性，或者建立了低效的激励性结构。

1）首选不当通常是由于项目经理对赞助者的兴趣的理解出现错误或偏差。我们应在任务定义阶段对赞助者的需求进行客观的、不受限制的分析，以减小理解的偏差（见第 5 章）。

2）低估项目的技术复杂性是一个普遍的问题。为了避免这种情况，我们需要在执行阶段之前对需求、技术风险、成本进行充分的评估。

3）激励性结构加强了所有执行机构的承诺（见第 13 章对激励的详细讨论）。但是如果他们发出混合信号，并允许特殊的利益来驱动项目偏离原先的范式，便会出现差错。我们必须：向每个责任方提供明确定义的目标；拥有检查程序；建立有意义的激励以加强范式目标的一致性。

用户喜好的转变对项目始终是一个威胁，会导致范式转变。这种转变尤其会发生在方案阶段后期，此时权衡研究结果确认改变方案是必要的。外部因素，比如战争或环境灾难，会导致在各方都同意原来的项目范式后，用户的重点发生改变。外界因素造成的范式转变可能无法避免，但是对客户的持续分析应提供关于这些变化的警告，以便项目经理进行相应演变。图 22－2 给出了 NASA 经历过的项目范式转变的例子。

图 22－3 给出了任务范式的总结。仪器驱动和航天器驱动范式是科学驱动范式向成本驱动范式的过渡，科学驱动和仪器驱动范式相似，成本驱动则与航天器驱动范式相似。

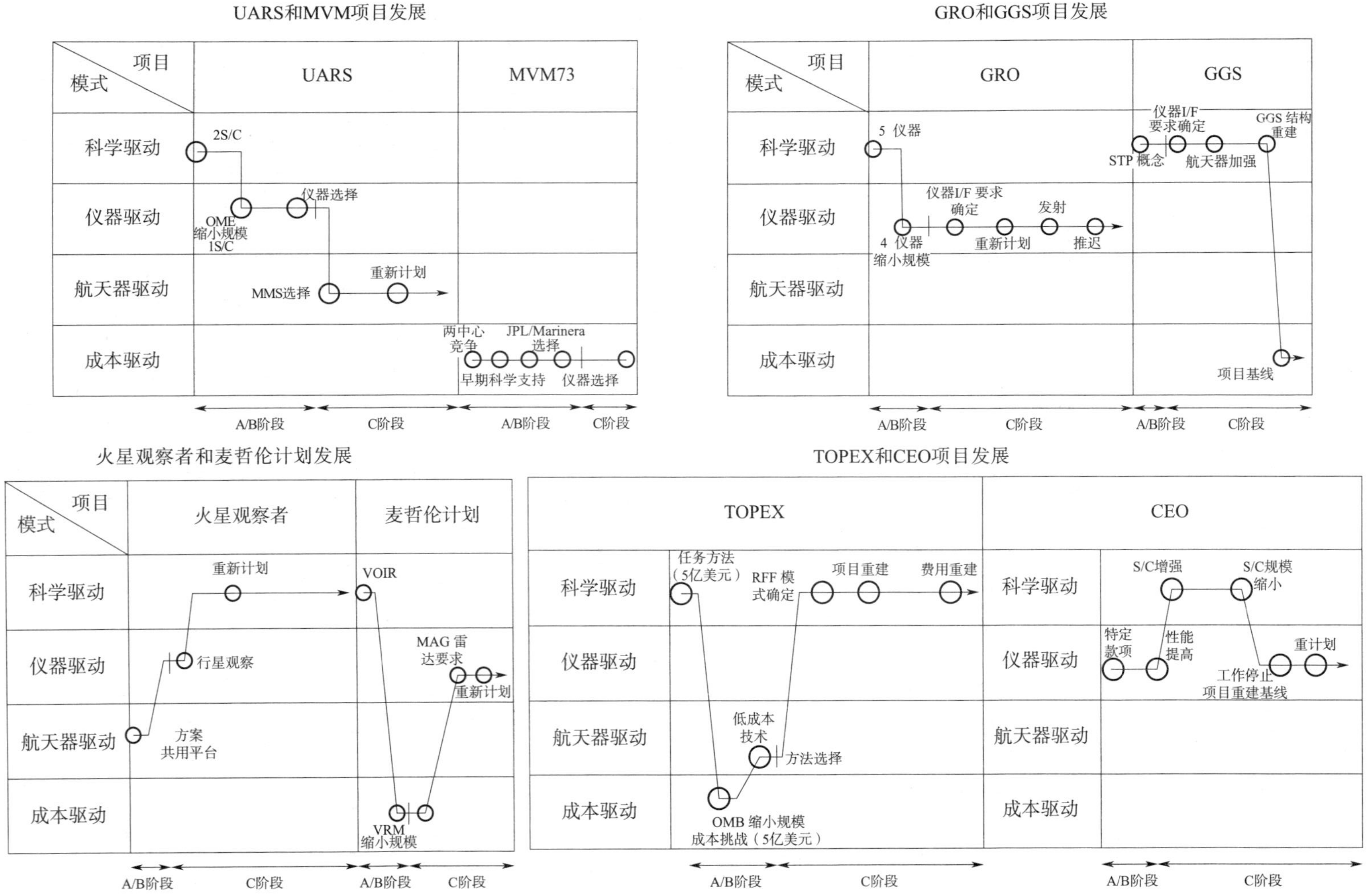

图22-2　范式转变的例子

项目进程中范式的转变很常见。我们必须改变项目团队的方法来适应新的预期(UARS—高层大气层研究卫星；MVM—水手10号双星探测；GRO—康普顿伽马射线天文台；GGS—地球空间科学；TOPEX—海洋地形试验；GOES—对地静止运行环境卫星)

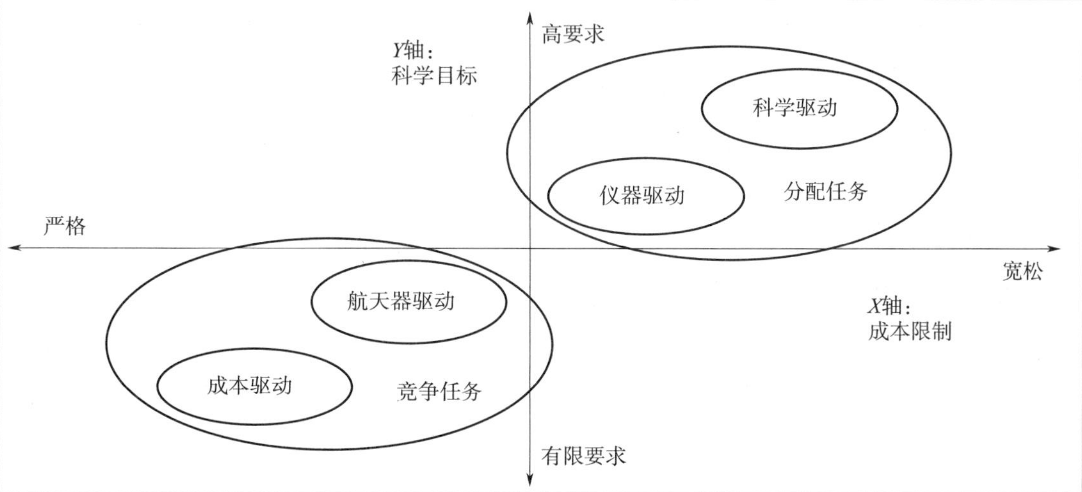

· 了解用户
· 在方案阶段尽早选定范式
· 项目与用户社团之间意见一致
· 所有的参与者支持并重视范式

图 22-3　任务范式的总结

任务范式受到科学目标和成本限制这两种相互竞争因素的影响。了解范式能让我们有效地管理以满足任务预期

22.2.2　从威胁到战略问题

项目管理就是对内部风险和外部观念的控制。从组织到具体流程、从技术方法到预算控制，任何事都立足于使风险最小或成功的可能性最大。为了实现所预期的最终状态，我们需要理解对任务成功的威胁，在此基础上组织当前的活动。

对任务成功的威胁是项目管理的主要问题，可分为三类：计划的、技术的和成本/进度的。这些分类并不是相互独立的，但我们在此分别处理以求简化。表 22-7 列举了许多可信的威胁。

表 22-7　空间任务项目经历的威胁①

计划威胁的来源示例	
· 不稳定的项目要求 · 未定义一级要求和成功准则 · 资金状况不佳和预算不稳定 · 相关的资金（多种来源的资金） · 合伙人能力的限制 · 任务的互相影响（一项任务推迟另一项任务的启动）	科学驱动范式中的计划威胁可通过制定计划以维持要求稳定来解决。在极端情况下，通过建立政治范式来控制成本和进度

续表

技术威胁的来源示例	
·过高的功能和性能要求 ·对新技术的依赖 ·任务的复杂性 ·仪器的数量（随着数量增加） ·接口的复杂性 ·可展开部件（如太阳能电池阵、磁力计、天线） ·基于继承的设计 ·技术余量太少	科学驱动范式与政治或成本驱动范式相比，能容许新技术、复杂仪器产生的高风险，或低性能余量。相反，成本驱动范式更适合高继承、低技术和已证实的低风险的项目
成本和时间威胁的来源示例	
·对要求的理解不完全 ·设想是基于假定的经验或以往项目的相似性 ·个人经验有限 ·未定义的或不充分的缩小规模选择方案 ·最小的成本保留和时间余量	科学驱动范式中存在要求的转变，问题出现时需要项目经理具有协商成本和进度的能力。此类项目通常没有以前类似的项目（比如哈勃空间望远镜只有一个）。相反，政治和成本驱动项目需要：明确定义的，稳定的要求，成本上升情况下预先制定的计划，以及可增加预算余量以缓解成本增长，而无须重新协商预算

①项目经理必须经常预测对项目的威胁。通过了解这些威胁的不同来源，项目就能够组织资源和活动，以防止威胁或降低其影响。

22.2.3 处理任务范式中的关键问题

任务范式是项目执行所处的领域。它为解决重大问题构建了框架，主要规定了我们应该如何处理这些问题。我们不能控制所有的问题，但理解这些问题有助于弄清项目运行的环境。例如，不可控制的计划要素，包含项目要求和资金状况等。四种任务范式对这三类威胁需要不同的解决方法；实际上，就是组织、流程和余量管理三方面的问题。

（1）组织问题

组织方法和结构的决定出现在项目周期的前期。此时，重大问题包括项目目标、相应的机构组织和可用的资源（包括资格和能力），以及战略伙伴。除这些重大问题外还有组织与工作分解结构之间的协调、任务与职责，选择项目团队成员等执行过程中的一般性问题。项目目标符合项目群和机构战略目标，我们必须在合适的任务范式框架内达到这些目标。

组织结构和合作关系应该反映对项目范式的深刻理解，因为它影响到成功的准则、科学要求、项目重点和内部资源要求。例如，科学驱动范式通常能向组织结构和人员配置，提供传统的、没有技术失败的方法，而成本驱动任务可能要求选择更简洁的方法。成本设计是成本驱动任务常用的方法，要求有能力的团队执行。

许多空间项目对于一个单独的组织来说，往往范围太广、太复杂，因此战略伙伴是关键。合伙人应该具有互补的技能和能力、合适的经验和过程及相互接受的文化。执行方法、任务和职责、监督和领悟的程度都是项目经理必须处理的重大问题。合伙人能力或经验的不足、或文化不能相容可能导致他们采取与原来明显不同的执行方法。文化上的不适应是非常困难的，通常需要用严格的规定和合同（更多关于文化的讨论见第 20 章）加以说明来解决。合同中的激励性结构（在第 13 章讨论）在科学驱动任务和成本驱动任务中也有所不同。

为了在任务目标的范式和项目环境方面达成统一，我们必须与用户、利益相关方建立关系。我们必须决定这些用户参与监督和理解项目的程度。用户清楚他们的职位，但建立一个共同的框架有助于避免以后在要求、进度或成本方面产生的矛盾。

（2）流程问题

流程是以可重复方式执行项目的方法，覆盖了任务整个生命周期中的方方面面。这里的重要问题是遵守的程度，也就是项目偏离或调整流程的方法。

1）技术开发规划。每个开发新技术的项目都应准备技术开发计划，包括关键技术成熟度的里程碑。

2）除了那些专用于技术演示的项目外，凡项目都应在初步设计评审前在相关的运行环境中演示新技术的飞行状态、组件和功能（或相当的内容）。

3）凡设计基线中包含新技术的项目都要制订新技术的鉴定和确认计划。

4）项目在运行阶段结束之前，应完成每项新技术的发射后技术性能评价。项目结论应向首席技术官报告。

5）项目应在初步任务系统评审前，制定初步运行方案，并在初步设计评审前批准。

6）对任务运行系统（MOS）和地面数据系统（GDS）的要求应在对它们进行初步设计评审前制定、形成文件，并经过批准。

7）除非有效费比更高的设施，所有项目均应使用 NASA 的设施进行通信、跟踪、数据处理和任务运行。

8）任务运行系统（包括地面数据系统）设计规范——包括接口规范——应在该系统关键设计评审前制定、形成文件并获得批准。

9）每个项目都应编制地面数据系统软件管理计划（参见第 16 章），或者纳入项目级计划，或者作为独立的计划。所有地面数据系统软件（包括内部和外部提供的软件组件）均应符合该管理计划，将用于任务危险度评估并相应地分类。

10）在发射前，项目制定发射和飞行运行前期的飞行程序，制定任务关键点（如入轨、进入/下降/着陆）和任务技能点（如科学操作、空气制动）的执行程序。

11）项目应在任务运行系统/地面数据系统关键设计评审之前编制每个任务阶段的操作流程方案，并加以确认。

12）项目制定执行任务运行的规则，在发射前形成文件，并经批准。

13）项目应识别重复飞行系统的活动中可重复利用的程序部分（模块），这些模块有文件，有产品，并经航天器或测试台测试过。

14）项目通过协商承诺，由 NASA 及其机构提供任务运行（E 阶段）所需要的服务。

15）项目通过深空任务系统（DSMS）服务协议获得深空任务系统服务。服务细节经过协商并形成详细的任务要求文件。

这些流程对于处理计划的、技术的和成本/进度威胁都是很重要的。流程的进行带来了两个重要方面。第一个是在开发阶段（更多信息见第 14 章）定义综合基线（IB），综合基线是成本和进度均受限制的任务取得成功的关键。这个基线是项目经理评估并执行提议的变更的参考。变更评估包括技术、成本和进度的影响，但不用按任务范式分别评估。

第二个方面是成本估算和进度编制。成本估算不仅包括使用模型建立成本计划作出初步估算（更多信息见第 11 章生命周期成本估算），而且包括这些计划如何适应风险和不确定性问题、储备金以及评审过程。用户必须了解与成本相关的假定和不确定性，以及他们对因此产生的风险的接受程度。

流程旨在使项目结构化、可协调以及可预测，而任务范式有助于理解哪些问题更重要。因此，目标、资金额度、时间限制和风险容忍度不同的项目，在未完全偏离平常的机构流程情况下，至少会转移要求或调整重点。

剪裁流程以适应项目的方法很多。比如适当偏离标准化组织和工作分解结构、调整规定的检查流程和风险管理流程、定制科学数据管理流程、偏离余量管理标准、限制工程实际应用、调整任务保证和软件独立的认证与确认。项目经理必须在定义基线时，将修订方法的依据形成文件。这样做能主动地处理管理问题，并优化未来人员的变动。

（3）余量问题

处理战略问题的一个主要手段是使用余量，由机构或项目制定细节。项目要保持计划余量和技术余量，为项目的策划、执行和风险缓解提供弹性空间。余量管理包括以下 6 个步骤：

1）决定适合项目的技术余量管理方法。

2）决定适合项目的计划余量管理方法。

3）在整个项目生命周期内跟踪并积极地管理这些余量。

4）对进度、成本、质量、功率、计算机输出、储存器、任务范围，以及其他任何影响任务成功的关键参数或资源等的余量进行细化。

5）余量的管理是项目经理和项目其他主要成员（例如系统工程师、有效载荷管理人、航天器管理人、财政资源管理人）的一项持续性任务。另外，项目经理定期地或在项目主要里程碑评审中评估并报告余量。

6）当余量明显偏离计划时，执行修正措施和缓解计划。

图 22－4 给出了利用余量来平衡风险的例子。第 15 章详细介绍了风险管理的细节。

接下来将给出使用余量平衡风险的例子。每种范式使用余量的方式不同。

科学驱动——科学驱动范式要求最强的计划灵活性和技术灵活性。有人可能认为处理保留不是关键，因为成本增加也许更具有包容性。另一方面，高初始成本通常能被接受，并且保守的成本估计的量级可能为天。成本方面的策略，也就是高初始成本与将来成本增加的关系，取决于现状的评估和将来的政治环境。在行星任务中，进度通常是固定的。当

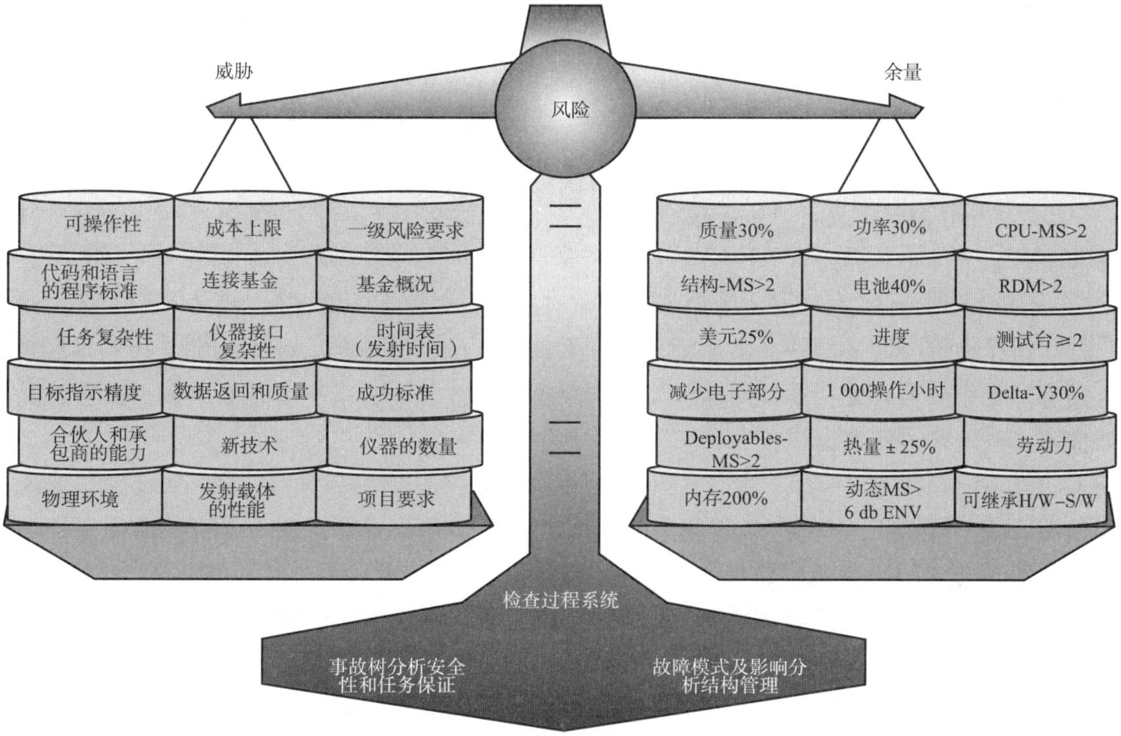

图 22－4　实现风险平衡

一种成功的方法是提供多项选择。项目经理缺少选项就只能对现实的问题作壁上观，而不能成为事件的处理者

（MS—安全余量；RDM—辐射设计余量；ENV—环境；H/W—硬件；S/W—软件）

进度不固定时，我们将进度和成本一样作为独立变量处理。在科学要求及其增长不确定的情况下，较大的技术保留通常是合理的。

仪器/有效载荷驱动——这种范式与科学驱动类似，差别仅在于仪器驱动科学要求。也就是我们需要调整科学来适应仪器的能力，通常仪器代表了最新的技术。例如 NASA 的地球观察-1 技术开发项目，其任务目标就是验证新的超光谱仪。这时，成本和进度是因变量，使两者最小化的压力通常不是很大。

航天器能力驱动——当成本和进度受限，而风险容忍度又较小时，我们通常使用继承的航天器或有效载荷。质量、功率以及计算能力等的技术余量可能会因为飞行系统的任务被剪裁而减少。同样，对成本和进度余量的要求可能会放松，而评审过程更多关注继承性，而不是设计。但是重要的是，我们要证实继承性，确定要求、环境和测试程序都确实是类似的、可继承的。

成本驱动——为了平衡风险，成本驱动范式要求分别应用成本、进度和技术的余量。继承性航天器和仪器（或组件或分系统继承）能帮助降低成本和风险。我们应该在 C 阶段前消除重大的风险，并确定弥补未来风险的选项。技术余量可能是使成本-风险权衡最有利的折中方法。

22.2.4 小结

项目经理能通过以下手段处理项目管理中的战略问题：

1）定义任务范式，将其分为科学驱动、仪器驱动、航天器驱动和成本驱动 4 类范式，并认识到这些范式在项目生命周期中什么时候可能转变。

2）利用所有任务中固有的威胁领域，包括计划、技术、和成本/进度威胁，来定义任务范式框架下的重大问题。

3）利用合适的手段（组织管理、流程和余量控制）来处理这些问题。

认识任务范式的重要性无论如何强调也不过分，项目经理若不这样做，必然会遭到严重困难。主要的投资者、项目经理和项目团队必须对范式及其结果有统一的理解，才能就保证项目成功达成共识。

22.3 案例研究：应用定量风险分析对国际空间站项目进行风险管理

在 20 世纪 90 年代后期，NASA 国际空间站（ISS）项目面临明显的预算超支，主要是由于研制问题和第一个俄罗斯舱段发射推迟。由于进度延长，项目的成本风险增加，所以需要加强对减少预算储备金影响的关注。为此，项目经理在国际空间站项目群办公室内建立评估办公室，其宪章是对有效项目群控制不断增大的风险暴露提出洞察。该办公室后来形成评估、成本估算和进度办公室（ACES）。

22.3.1 背景和最初的风险分类

2001 年前，国际空间站项目群的风险管理系统有一个包含两类已识别的风险的数据库："留置观察"和"威胁"。留置观察是指基本确定，但对预算的影响不确定的风险；威胁是不太可能发生的风险。此时，管理团队面临在轨装配带来的严重技术挑战，风险管理数据库中增加了许多的高成本风险。因此，在 6 年的预算期里，所有风险的总价值很快超过了 20 亿美元。大量的风险导致成本进一步超出预估。

管理群团队需要对项目的健康状况有更好的认识。风险评估是需要改进的一个领域，评估、成本估算和进度办公室早期完成的任务之一是将风险可能性分为三级：1 级、2 级和 3 级。1 级风险发生的可能性超过 50%，2 级风险发生的可能性为 50%，3 级风险发生的可能性低于 50%。然而仍然不能准确地评估风险可能对预算准备金影响的程度。

项目控制人员一致认为风险列表过于夸大，也就是说表中列举的风险仅小部分变成了实际问题，并且假定当风险实际出现时，立即会影响成本。国际空间站需要客观的风险评估工具，来提高对风险影响预测的准确性。评估、成本估算和进度管理人员决定执行一项基于定量风险分析（QRA）技术的评估流程。

22.3.2 国际空间站风险管理流程中引进定量风险分析

2002 年，评估、成本估算和进度办公室委托 Futron 公司开发定量风险分析（QRA）

技术。Futron 根据 NASA 1964—1993 年的 347 个项目风险对成本影响的大量数据建立了模型[4]。模型将所有风险相关项分为三类：设计与研制、过程、管理。对每一类风险，定义了综合的影响因素，确定增大或减小每个风险项的成本影响预测，将预测的影响归一化为数据库记录的实际风险级别。经过校准这些因素后，Futron 也建立了等级为 1/2/3 的风险的概率分布，以量化风险发生的可能性。

定量风险分析工具采用蒙特卡罗模拟风险识别，使用单项的风险成本评估，评估的结果为：

1）等级分布；

2）不确定性分布；

3）风险拥有者的评估价值。这个工具比原始的定性风险列表提供较为可靠的风险发生预测，尤其在给定的财年里有效，但是预测在此财年以外的风险则不太可信，和原来的风险表一样易变。实际上，当风险数据库增加或减少风险项时，估算的成本影响等级会猛增或骤降。易变性也随风险分类的改变而出现。

评估、成本估算和进度团队面对极端复杂的国际性合作项目，改进风险管理过程是一个挑战。考虑到风险表的易变性，定量风险分析工具不能准确地应用于所有的财年也就不奇怪了。但问题在于，“它能否提高项目识别和控制风险实现的能力”。如果答案是肯定的，那么管理人员将从两方面受益：

1）改善对影响国家重要资源的决策；

2）增加成本预测的准确性，从而影响到不同的利益相关方团体。

基于其他项目和项目群的经验，评估、成本估算和进度团队的结论是：

1）项目风险的出现实际上比推测的结果的易变性更稳定；

2）定量风险分析工具进一步的改进可能提高长期预测的准确性。

22.3.3　国际空间站风险识别评估

2003 年，评估、成本估算和进度办公室开展了研究，以确定在项目群过去实际出现过的风险中，是否存在某种样式。研究关注 2 个问题：

1）风险项对于项目群储备金的影响（按美元计）的百分比多大？

2）风险的出现与三类风险之间存在何种关联？

将 1999 年起的风险列表数据按处理风险的项目群风险咨询委员会（PRAB）会议的日期排列，反映了 2001 年年外（out - year）预算发展应用中风险管理方法的改变（下面的几幅图中标记为 PMR - 01）。在这之前留置观察被认为是 1 级风险；威胁是 2 级和 3 级风险的组合。图 22 - 5 总结了这些数据。

将这些数据转化为每财年的平均风险值（以美元记），如图 22 - 6 所示，显示出两种趋势：

1）基本风险等级的上升和下降受先前的和现在的风险管理方法制约。

2）周期性的 30%的下降/反弹趋势受年外预算使用计划执行的制约。

将这些数据转化为 1 级风险（留置观察）和 2/3 及风险（威胁），显示了 1 级风险是

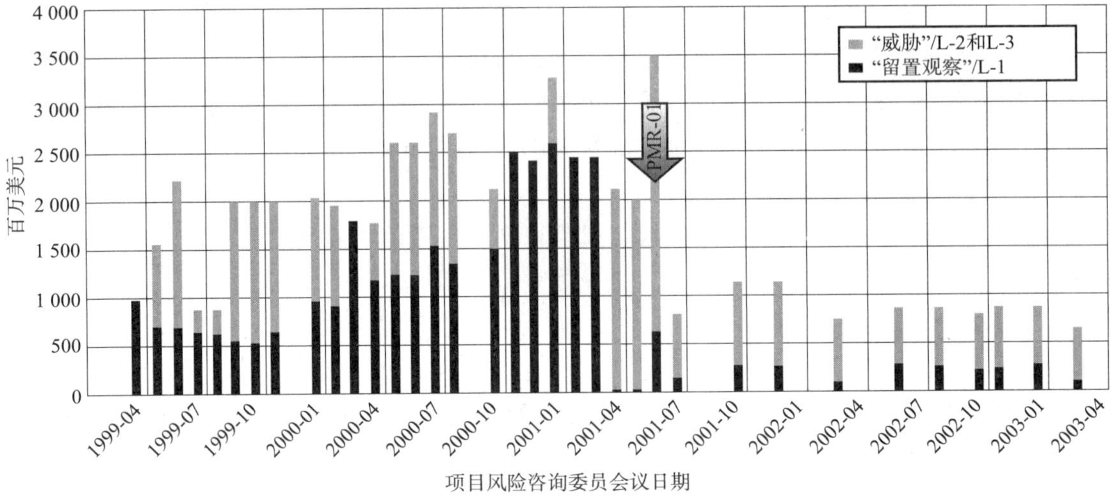

图 22-5　1999—2003 国际空间站风险史

关键的项目过程例如风险管理发生改变时，项目经理应该发现是否引起其他相关变化，以了解这一改变如何影响项目

以前综合风险等级增长的主要驱动力。2/3 级风险是随后的综合风险等级降低的主要驱动力。图 22-7 和图 22-8 显示了这种趋势。近期的趋势反映了由于 2 级风险的可能性增加，管理团队促使 2 级风险转向 1 级风险，与成熟项目逐渐降低的风险特征形成对比。

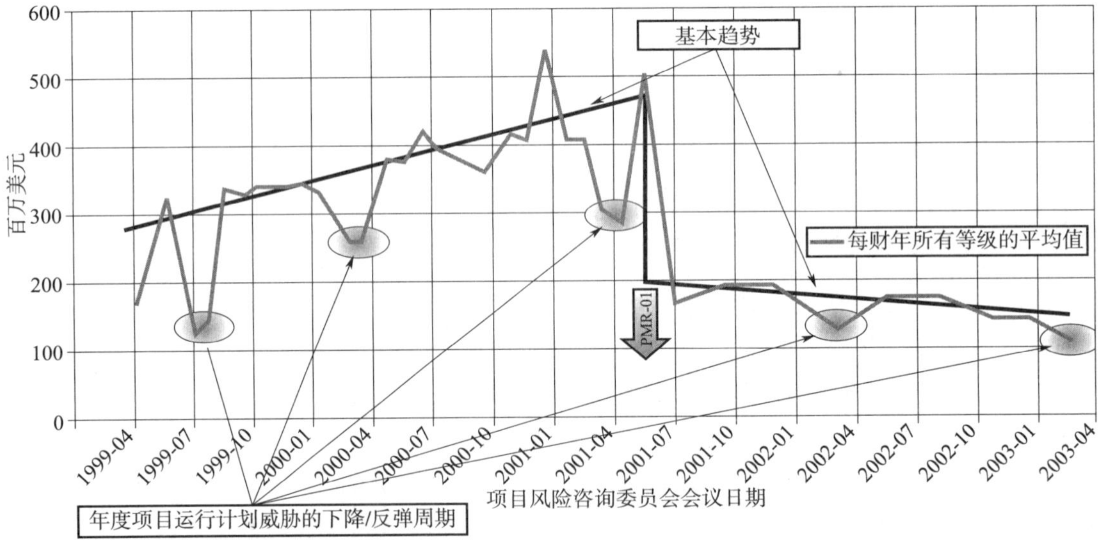

图 22-6　国际空间站风险数据转化为每财年平均风险值

取平均消除了数据扰动，使得趋势更加直观。这有助于更好地评价流程变化带来的影响

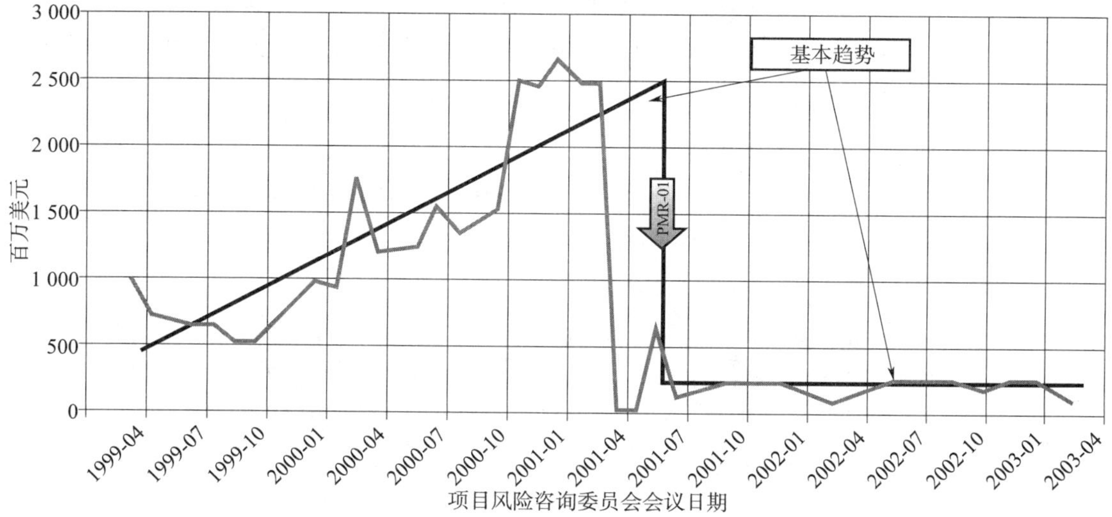

图 22-7 国际空间站出现 1 级风险的趋势

国际空间站的综合风险（以美元计），包含 1 级风险和 2/3 级风险。1 级风险的项目储备金风险的近期趋势相对恒定，反映了 2 级风险总是上升为 1 级风险，因为 1 级风险消失而 2 级风险特征更明显

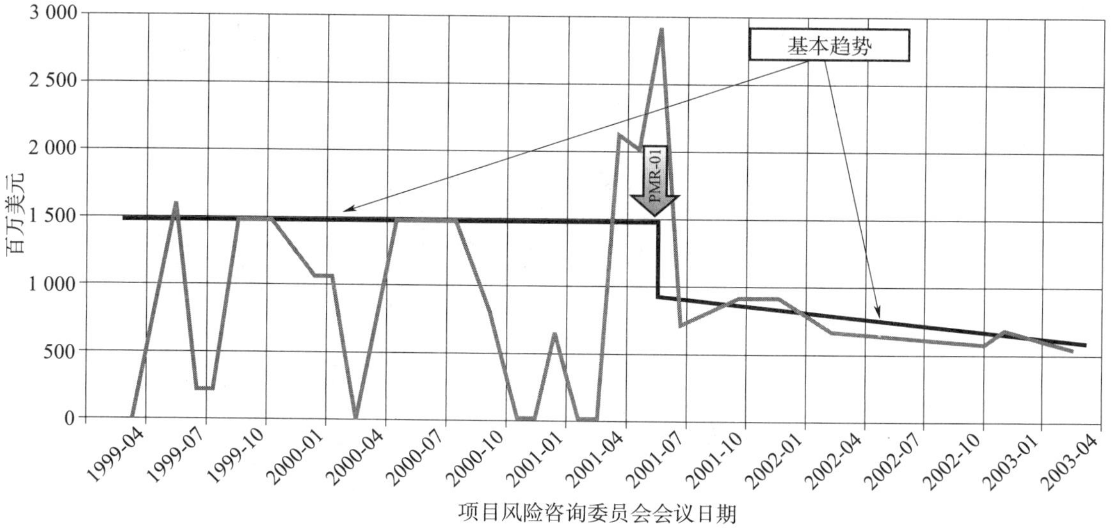

图 22-8 国际空间站出现 2 级风险的趋势

2、3 级风险对于项目储备金近期的影响呈下降趋势，这说明项目团队识别了少数新风险来取代了由于项目日益成熟而消退的风险

分析项目储备金变化的数据，确定了 2001 财年和 2002 财年风险成为现实问题的成本百分比。选择这两个财年是因为它们有完整的文件记载并代表过去和现在的风险管理实践。图 22-9 采用与风险管理无关的统计，表明所列全部风险的 20％实际发生，并影响储备金。与预期的一致，1 级风险影响项目储备金比 2、3 级之和还多。

为了覆盖多年发生的风险，年内和年外储备金的保证总计为列表威胁的 27％，并呈半高斯分布（见图 22－9）。这种高斯分布特性表明统计与风险无关，这是使用蒙特卡罗法的基本原则。可以推出图 22－10 所示的假说，即财年的年外储备金保证与先前年份对此财年实际发生的风险储备金保证的总和一致。

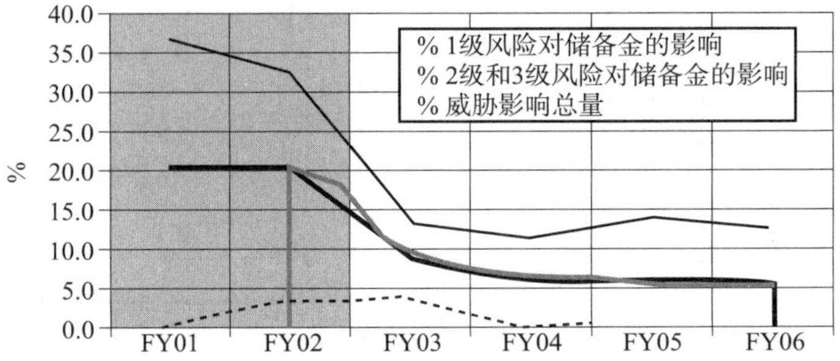

图 22－9　国际空间站风险成为问题的百分比

根据定义，1 级风险很可能成为问题，这已为数据所证实。而 2 级和 3 级风险发生的可能性较低，对储备金使用的影响较小。更有启发性的结果是，年内风险实现率保持恒定，与风险管理实践的改变无关

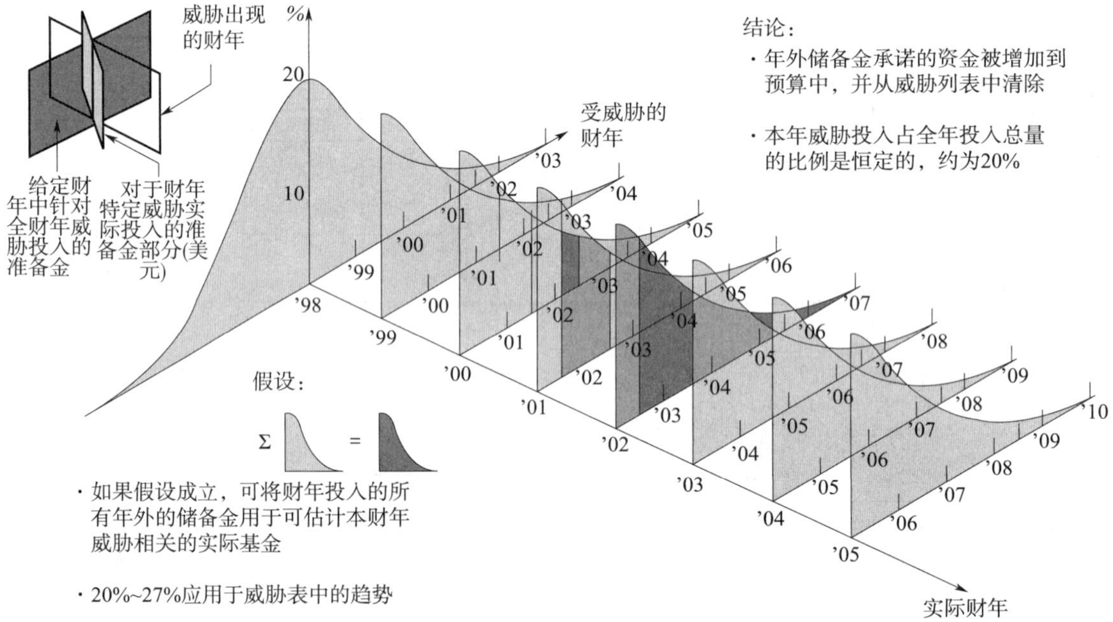

图 22－10　预测财年储备金要求的年外投入

目标是拥有适当的预算储备金；太少项目不能在发生问题时作出调整，太多则会失去利益相关方的信任

这导致了粗量级地预测风险发生方法的发展。这个方法又称历史预测法（HPM），它要求维持每个财年的历史平均威胁，将其分为 1 级和 2/3 级。这个方法是对财年的总威胁的历史平均值乘以 20％的因子（5 年里威胁总值的动态平均值），以预测对储备金的影响。类似的，对总风险值（对所有财年）乘以 27％的因子，以估计对全部预算过程中对储备金的总影响。使用 2002 财年的数据，对本年威胁应用历史预测法迅速聚集到对储备金与风险相关实际使用（见图 22－11）。对于 2000 财年中期的威胁列表数据，预测结果不超过

2002 财年实际储备金影响的 8%。它的表现与下面的方法相比更可取：

1）风险列表过高预测对储备金的影响，超过 400%。

2）正在使用的定量风险分析工具，其风险的发生被高估近 300%。

我们应当在定量风险分析工具中吸取这些经验，改进定量分析工具以适应国际空间站风险管理的应用，并尽可能提高其长期精度。

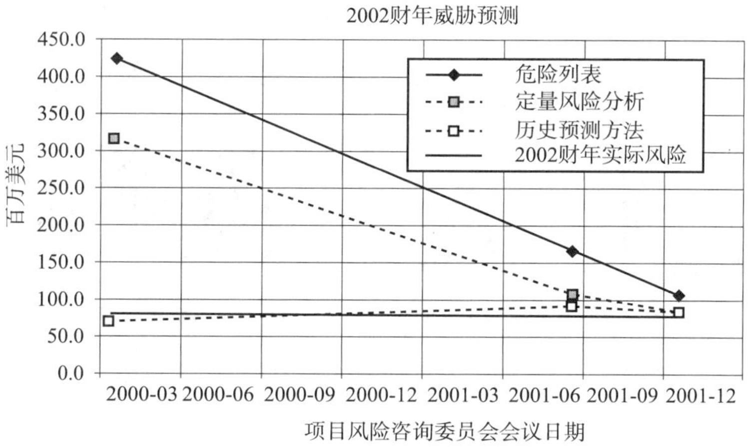

图 22-11　历史预测法预测储备金受到的影响

在使用 HPM 作为改进定量风险分析的基础之前，已使用实际数据对历史预测法进行了测试，验证了潜在威胁发生的假说

22.3.4　定量风险分析的改进

修改定量风险分析工具以反映项目风险管理实践经验，其关键在于定量风险分析模型中 1/2/3 级风险的概率分布。按 Futron 的假定，最初分布简单地将概率划分为三级。1 级威胁的概率在 0.67～1.00 的范围，中间值为 0.84；2 级风险在 0.33～0.67 范围内，中间值为 0.5；3 级风险在 0.00～0.33 范围内，中间值为 0.17。风险发生的研究发现 1 级风险存在更大的影响，这表明概率分布需要调整。

尽管目标是改进定量风险分析使预测比较准确，但评估、成本估算和进度团队决定在新的版本里设计 20%的保守量。本年度最高的观测到的 1 级风险发生率为 66%，所以新的 1 级风险分布的中间值为 79%（66%的 120%）。上限为 100%，因此下限设定为 58%，以维持对称。年外 1 级风险发生概率有很大的不同，为 47%，为了保证年外 1 级风险分布独立的中间量为 57%（47%的 120%），受上限 100%的限制，下限设定为 14%，以维持对称。对应的，2/3 级分布也按类似的方式改进。图 22-12 显示了原始的和改进后的 1/2/3 级概率分布。图中分布只是概念性的说明，精确的数值可能存在不同，以维持曲线下面积为 1。

图 22-12 表明，未改进的定量风险分析工具预计对储备金的影响从本年度 3 000 万美元的风险（平均分给 1 级、2 级、3 级风险）调整到约 1 500 万美元。改进的定量风险分析，命名为定量风险分析-2，对本年度的预期低于 900 万美元，其他年份都少于 700 万美元。

<table>
<tr><th></th><th>改进前的定量风险分析</th><th>改进后的定量风险分析-2</th></tr>
<tr><td>概率</td><td>• 0～100%的概率谱平均分给 3 类风险
1 级（L1）：预期值为 84%（所有财年）
2 级（L2）：预期值为 50%
3 级（L3）：预期值为 17%
• 无数据情况下的假定</td><td>• 1 级、2 级、3 级概率分布集中的每项威胁研究
1 级：预期值 79%（本年）
预期值 57%（年外）
2 级：预期值 6%
3 级：预期值 2%</td></tr>
<tr><td>简化视图</td><td>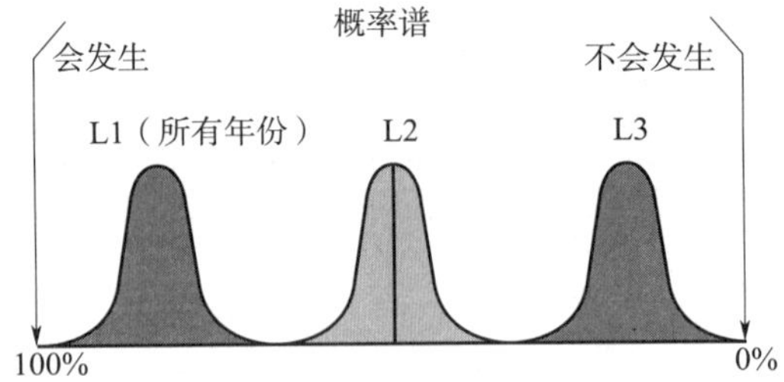
</td><td>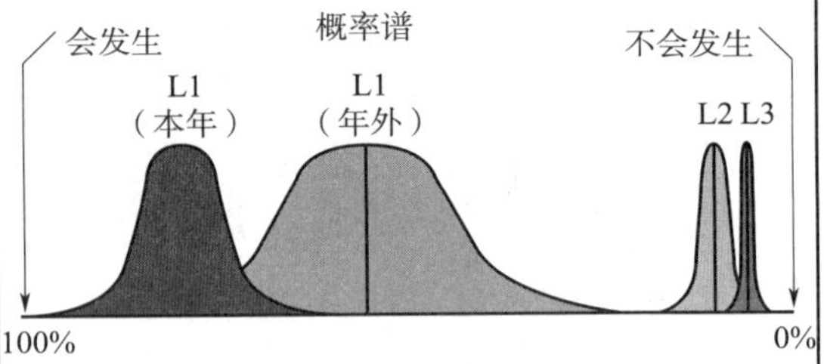
</td></tr>
<tr><td>简化样例</td><td><table>
<tr><th></th><th>($)M</th><th>MFY</th><th>FY+1</th><th>FY+2</th><th>FY+3</th><th>FY+4</th><th>FY+5</th></tr>
<tr><td>威胁列表</td><td>L1:</td><td>10</td><td>10</td><td>10</td><td>10</td><td>10</td><td>10</td></tr>
<tr><td></td><td>L2:</td><td>10</td><td>10</td><td>10</td><td>10</td><td>10</td><td>10</td></tr>
<tr><td></td><td>L3:</td><td>10</td><td>10</td><td>10</td><td>10</td><td>10</td><td>10</td></tr>
<tr><td>QRA</td><td>L1:</td><td>8.4</td><td>8.4</td><td>8.4</td><td>8.4</td><td>8.4</td><td>8.4</td></tr>
<tr><td></td><td>L2:</td><td>5.0</td><td>5.0</td><td>5.0</td><td>5.0</td><td>5.0</td><td>5.0</td></tr>
<tr><td></td><td>L3:</td><td>1.7</td><td>1.7</td><td>1.7</td><td>1.7</td><td>1.7</td><td>1.7</td></tr>
</table></td><td><table>
<tr><th></th><th>($)M</th><th>MFY</th><th>FY+1</th><th>FY+2</th><th>FY+3</th><th>FY+4</th><th>FY+5</th></tr>
<tr><td>威胁列表</td><td>L1:</td><td>10</td><td>10</td><td>10</td><td>10</td><td>10</td><td>10</td></tr>
<tr><td></td><td>L2:</td><td>10</td><td>10</td><td>10</td><td>10</td><td>10</td><td>10</td></tr>
<tr><td></td><td>L3:</td><td>10</td><td>10</td><td>10</td><td>10</td><td>10</td><td>10</td></tr>
<tr><td>QRA-2</td><td>L1:</td><td>7.9</td><td>5.7</td><td>5.7</td><td>5.7</td><td>5.7</td><td>5.7</td></tr>
<tr><td></td><td>L2:</td><td>0.6</td><td>0.6</td><td>0.6</td><td>0.6</td><td>0.6</td><td>0.6</td></tr>
<tr><td></td><td>L3:</td><td>0.2</td><td>0.2</td><td>0.2</td><td>0.2</td><td>0.2</td><td>0.2</td></tr>
</table></td></tr>
</table>

图 22-12　改进的定量风险分析工具用的修订后概率分布

改进是反复的，使用过去的数据：调整参数以准确地反映获得的经验

调整后的本年预测（870 万美元，而列表分析是 3 000 万美元）是 29%，相当保守。同样方法对整个预算的预测（4 120 万美元对列表分析的 18 000 万美元）是稍低的 23%保守量。在实际中，由于 2 级、3 级威胁价值仅为总风险列表的 1/3，2 种预测（年内的和整个预算窗口的都）将由 1 级风险主导，因而也是保守的。

22.3.5　定量风险分析过程的改进

在改进工具本身的同时，团队研究并实行了对定量风险分析过程的一些改进。首先是建立了一个新等级——0 级，它代表：

1）风险一定会发生，但暂时还没发生；

2）风险对项目储备金具有确定的影响。

这类风险不满足蒙特卡罗分析的统计要求，应按定常的输入处理。也就是说，它们在定量风险分析处理之前被排除在风险列表外，然后在结果中又全部加进去。这类风险的例子包括国会征税和 NASA 总部预算的调整。

第二点改进在于维持并报告每个财年定量风险分析点估计动态的平均值，吸取开展历史预测法的经验。这个过程的改变也会缓解预计风险出现的历史，因为项目风险等级与管理决定方式相比，易变性较小。

为了便于理解定量风险分析数据，向高层管理人员报告的过程也进行了修订，以减少对储备金的实际影响。因此认为定量风险分析预估是将要到来的风险影响。最后，团队在进度中增加了任务以改进年度分析。因此要有适当的资源以便掌握风险等级的长期趋势和开展风险管理实践。

更进一步的提高也是可能的。为了使财年结束时预估趋于 0，目前正进行试验的改进是对“本年度将出现的”影响预估乘以影响因素。这表明财年内风险发生可能性将降低，并能实际地处理任何项目同时日益受限于资金的投入。

22.3.6　当前应用和典型结果

评估、成本估算和进度办公室在一些评价中使用了改进的定量风险分析。风险对储备金影响的估计是评估、成本估算和进度早期警告系统的组成部分，每月要报告国际空间站项目群的进展。这些数据主要给出全年花费的预估，包括自下而上的和基于价值的两种评估。而且，定量风险分析产生的数据能支持成本控制分析。

图 22－13 显示了整个 2006 财年的业绩。2006 年国际空间站为潜在风险的储备金总计约 2 亿美元，定量风险分析在年初的预估约为 4 000 万美元。接近一半在前些年已经实现，有项目储备金改变记录可查。定量风险分析预计的稳定性特性——采用平均法的副产品——与风险列表的易变性相比特别明显。在财年年初预计存在 30％的保守量，这满足计划要求。但这和风险列表最初 5 倍的预期不同，并不是过度的保守量。也不同于威胁列表，定量风险分析预测快速汇集于 2006 年发生的对储备金的实际影响。

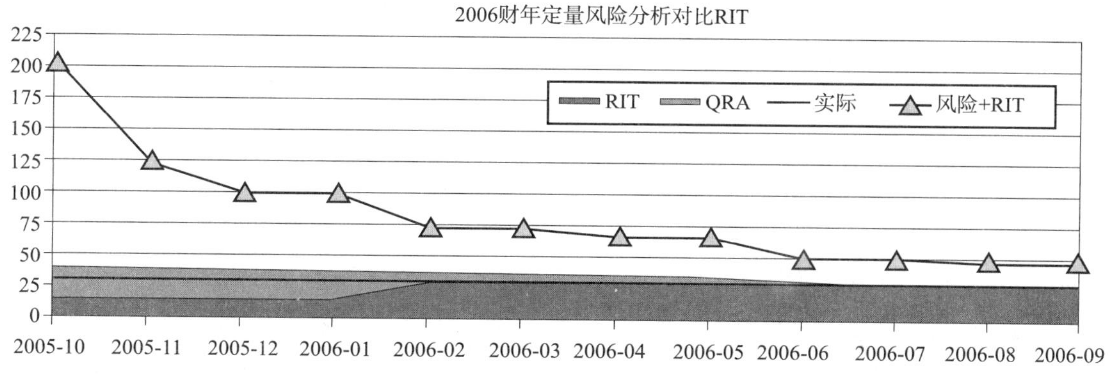

图 22－13　2006 财年定量风险分析工具的使用

定量风险分析工具的使用显示：由于出现的风险已在风险管理过程中加以识别，使预算储备金消耗的预测得到明显改善。这个工具的使用改善了项目预算规划、成本预测和资源管理（RIT—随时间出现的影响）

22.3.7　小结

评估、成本估算和进度团队对国际空间站项目群加强的风险管理非常成功，取得了两项明显的改进。第一是对项目的每个风险都进行潜在的成本影响的估计，使风险量化。第二是采用基于（经改进的）项目储备金影响历史的定量估计方法，来预测风险的出现。

改进的定量风险分析方法，反映了国际空间站项目群与风险相关的特点和管理团队的风险管理实践，是项目控制的又一非常有用的工具。它对风险出现的可靠推测是评估、成本估算和进度对项目储备金影响、全部资金的可用性和年底实际成本等进行预测的基础。评估、成本估算和进度预测已成为让他们对项目管理人员控制成本和管理储备金建议的组成。在预算受到持续的严格限制的情况下，定量风险分析不仅对有根据的风险管理，而且对有效的项目成本控制，都是非常重要的。

参考文献

[1] Baker, Ross K. 2001. House and Senate, (3rd edition) . New York: W. W. Norton and Company.

[2] Gray, Clifford F. and Erik W. Larson. 2003. Project Management: The managerial Process, (2nd edition) . Boston, MA: McGraw - Hall/Irwin.

[3] Hall, Keith R. 2005. Presentation to NRO Leaders on Congressional Oversight.

[4] Hazel, Walter L. 2002. International Space Station Quantitative Risk Assessment (QRA) of ISS Program Cost Threats and Risk, ISS Budget Threat Quantitative Risk Analysis Process and Procedure, Contract NAs9 - 01054 Mod 4, Futron Corporation.